स्वामी विवेकानन्द संचयिता

[प्रतिनिधि रचनाओं का संचयन]

स्वामी विवेकानन्द संचयिता

सम्पादक
रामशंकर द्विवेदी
अर्चना त्रिपाठी

राजकमल प्रकाशन

ISBN : 978-81-267-2735-3

मूल्य : ₹995

पहला संस्करण : 2018

प्रकाशक : राजकमल प्रकाशन प्रा. लि.
1-बी, नेताजी सुभाष मार्ग, दरियागंज
नई दिल्ली-110 002

शाखाएँ : अशोक राजपथ, साइंस कॉलेज के सामने, पटना-800 006
पहली मंजिल, दरबारी बिल्डिंग, महात्मा गांधी मार्ग, इलाहाबाद-211 001
36 ए, शेक्सपियर सरणी, कोलकाता-700 017

वेबसाइट : www.rajkamalprakashan.com
ई-मेल : info@rajkamalprakashan.com

मुद्रक : बी.के. ऑफसेट
नवीन शाहदरा, दिल्ली-110 032

SWAMI VIVEKANAND SANCHAYITA
Edited by Ramshankar Dwivedi & Archana Tripathi

प्रारम्भिकी

फ्रांस के रोम्याँ रोला को पत्र में गुरुदेव रवीन्द्रनाथ टैगोर ने कुछ इस भाँति लिखा था—"यदि आप भारत को जानना चाहते हैं, तो पहले स्वामी विवेकानन्द का अध्ययन कीजिए।" उनमें सब कुछ सकारात्मक है, नकारात्मक कुछ भी नहीं। स्वामी जी की वाणी बड़ी ही प्रगाढ़ता के साथ भारत के आत्मस्वरूप का परिचय देती है, कहा जा सकता है कि उन्हें जाने बिना भारतीयता को नहीं जाना जा सकता।

आज चरैवेति-चरैवेति का युग है। व्यक्ति मन सीधे विश्वमन से संयुक्त हो गया है। वर्तमान समय में जबकि देश की आधी से अधिक जनता पैंतीस वर्ष की आयु से अधिक की है, भारत युवाओं का देश कहा जा सकता है। स्वामी जी के भाषण, आख्यान, लेख और पत्र सभी कुछ नित्य-नवीन आनन्द से युक्त हैं। उनमें भविष्य का शिल्प गढ़ने की शक्ति है। वे सदा के लिए समाज-सन्दर्भगत हैं। ऐसे में विवेकानन्द साहित्य का यह संचयन निश्चय ही युवाओं में एक समयानुकूल नवीन ऊर्जा का उन्मेष करेगा, ऐसी आशा है। आज जो समय चल रहा है उसमें देश की कर्मठता और बहुमुखी प्रतिभा की और भी अधिक आवश्यकता है। युवाओं का एक खेमा इस ओर तीव्र गति से उत्तरोत्तर बढ़ भी रहा है जो बड़ा मेधावी है परन्तु, उन पर तीव्रता की गति इतनी प्रभावी है कि उनका व्यक्तिगत जीवन एक टेक्निकल फ्रेम बनकर रह गया है। भारतीयता के संवेदनों के लिए वहाँ स्थान ही नहीं है। फिर भी भारत के वायुमंडल में कुछ ऐसी निहित श्रेष्ठता है कि ये युवा पहले की तुलना में बहुत अधिक निडर और साहसी हो गए हैं। दूसरी ओर प्रतिक्रियात्मक वैज्ञानिक जड़ता भी इनके जीवन में अधिकार जमाकर इनका बहुत कुछ अहित कर रही है। स्वामी जी ने एक स्थान पर कहा भी है—"मेरे देश को इस समय साहस तथा वैज्ञानिक शिक्षा की जरूरत है। भारतीय संस्कृति की असली सफलता इसमें है कि यहाँ का वैज्ञानिक भी इस बात पर

पूरा भरोसा कर सके कि भारत के पास आज भी आध्यात्मिकता का अक्षय भंडार है जिसके सम्पर्क में आकर उसके अन्दर संसार को पलटकर रख देने तक की शक्ति आ सकती है।

स्वामी जी ने प्रयासपूर्वक यह सिद्ध कर दिखाया कि धरती के सभी मतवादों का समन्वय वेदान्त की सार्वभौमिकता में ही सम्भव है। सचमुच आज सम्पूर्ण विश्व विविधता में एकता की ओर तेज गति से बढ़ रहा है। संचार क्रान्ति के बाद तो पूरा विश्व सिमटकर एक पिंड ही बन गया है। स्वामी जी ने धर्म का जो रूप प्रस्तुत किया है वस्तुत: वह इसी युग के काम का है। एक ऐसा धर्म जो पुस्तकों, व्याख्यानों और प्रवचनों की सीमा से बाहर निकलकर व्यावहारिकता का पक्षधर है।

संसार के इस तीव्रतर बदलाव के कुछ चिन्ताजनक पक्ष भी हैं। संसार के अनेक स्थलों पर आतंकवाद जिस तेजी से पाँव पसार रहा है उसका कोई स्थायी हल ढूँढ़े नहीं मिल रहा है। गरीबी की समस्या जहाँ-की-तहाँ खड़ी है। भ्रष्टाचार, पापाचार, जातीय संघर्ष और शैक्षणिक अवमूल्यन में इजाफा ही हुआ है। ऐसे में भारत का पुनर्निर्माण करने की आवश्यकता है। इसके लिए स्वामी जी जैसे महान शिल्पकार के वैचारिक मार्गदर्शन की हमें अत्यधिक आवश्यकता है। ताकि हम अपनी खोई हुई महान सांस्कृतिक सम्पत्ति को पुनरुज्जीवित कर सकें। हमारे राष्ट्रीय जीवन में ऐसी व्यवस्था उत्पन्न हो सके जिसमें ढलकर हम परिष्कृत हो सकें। हमें फिर से याद आ जाए कि धर्म ही हमारी विशिष्टता है।

इस सब के लिए युवाओं को स्वामी जी के साहित्य के बार-बार अध्ययन की आवश्यकता है। उनके विचारों के समीप जाने की आवश्यकता है। उनके आख्यानों की पुनर्व्याख्या करने की आवश्यकता है।

आशा की जा सकती है कि इस संकलन के लेख, व्याख्यान कक्षालाप और कविताओं के शक्तिशाली वचन युवाओं के लिए एक नवीन युग का सूत्रपात करेंगे। धर्मान्धता, संघर्ष, घृणा और आतंक का नाश होगा। विश्व में प्रेम का राज्य स्थापित हो सके, इसी भाव से इस संकलन के रूप में स्वामी जी के चरणों में दो पुष्प चढ़ाते हुए हम युवाओं से आशा करते हैं कि वे भारतीय हैं, उनका धर्म है स्वामी जी के वचनों को पढ़ना, ताकि मानवता का कल्याण हो सके, उनका स्वयं का कल्याण हो सके।

यह तो सर्वविदित ही है कि स्वामी जी मानवतावादी थे। वे अखिल मानवात्मा का कल्याण चाहते थे। उनकी वाणी की सार्वभौमिकता का आधार यही है। स्वामी जी ने एक बार कहा था—हमारा सबसे बड़ा दोष परमत असहिष्णुता है। इसलिए सहिष्णुता, शान्ति और सहयोग ही हमें एक-दूसरे के निकट ला सकता है। स्वामी जी की 150वीं जयन्ती पर जब राजकमल के प्रबन्ध निदेशक अशोक महेश्वरी ने हमारे सामने स्वामी जी की वाणी का सामयिक युवाओं के लिए प्रासंगिक एक संचयन तैयार करने का प्रस्ताव रखा, तब हमने इसे खुशी के साथ स्वीकार कर लिया। यहाँ एक प्रसंग याद आता है। एक बार महर्षि श्री अरविन्द के शिष्य डॉ. नीरोदवरण ने उनसे प्रश्न किया था कि आप आर्य मासिक पत्रिका कैसे निकालते हैं। डॉ. नीरोदवरण और महर्षि अरविन्द पायचारी करते हुए वार्तालाप कर रहे थे। तब श्री अरविन्द ने उत्तर दिया था कि जब महीने में एक सप्ताह रह जाता तब प्रेसवाला याद दिलाता कि आर्य निकलना है और सिर्फ सात दिन बचे हैं। श्री अरविन्द ने आगे कहा कि बस मैं लिखने बैठ जाता और लगातार लिखता रहता। जो कुछ लिखता सीधे प्रेस में चला जाता। इस तरह सात दिन में एक सौ पृष्ठ का मैटर लिख जाता। इस पर डॉ. नीरोद ने पूछा कि आप इतने पृष्ठ सप्ताह में बिना किसी बाहरी सहायता के कैसे लिख डालते थे। इस पर महर्षि ने उत्तर दिया कि इस दिमाग में अभी इतना मैटर सुरक्षित है कि यदि मुझे एक सौ वर्षों तक ऐसे एक सौ आर्य निकालने पड़ें तो भी मैटर समाप्त नहीं होगा। अचरज में भरकर डॉ. नीरोद ने उत्तर दिया कि तब तो हम लोग एक बहुत बड़ी ज्ञान राशि से वंचित हो गए। श्री अरविन्द ने जो उत्तर दिया वह अत्यन्त महत्त्वपूर्ण है। उन्होंने कहा कि अभी हमारा देश श्री रामकृष्ण परमहंस और स्वामी विवेकानन्द की वाणी को समझने के लिए ही तैयार नहीं हुआ है। पहले उसे समझ ले तब उसे और भी कुछ दिया जाए।

श्री अरविन्द की उक्ति स्वामी विवेकानन्द की 150वीं जयन्ती पर कितनी प्रासंगिक है। इस संचयन के मूल में यह वाणी भी उत्प्रेरक रही है।

—सम्पादक द्वय

अनुक्रम

व्यायान, प्रवचन एवं कलापक्ष

समालाप

वार्तालाप एवं संलाप

रचनानुवाद-गद्य

रचनानुवाद-पद्य

पत्रावली

व्यायान, प्रवचन एवं कलापक्ष

साधना के प्राथमिक सोपान

राजयोग आठ अंगों में विभक्त है। पहला है यम—अर्थात् अहिंसा, सत्य, अस्तेय (चोरी का अभाव), ब्रह्मचर्य और अपरिग्रह। दूसरा है नियम—अर्थात् शौच, सन्तोष, तपस्या, स्वाध्याय (अध्यात्म-शास्त्रपाठ) और ईश्वर-प्रणिधान अर्थात् ईश्वर को आत्म-समर्पण। तीसरा है आसन—अर्थात् बैठने की प्रणाली। चौथा है प्राणायाम—अर्थात् प्राण का संयम। पाँचवाँ है प्रत्याहार—अर्थात् मन की विषयाभिमुखी गति को फेरकर उसे अन्तर्मुखी करना। छठा है धारणा—अर्थात् किसी स्थल पर मन का धारण। सातवाँ है ध्यान। और आठवाँ है समाधि—अर्थात् अतिचेतन अवस्था। हम देख रहे हैं, यम और नियम चरित्र-निर्माण के साधन हैं। इनको नींव बनाए बिना किसी तरह की योग-साधना सिद्ध न होगी। यम और नियम के दृढ़प्रतिष्ठ हो जाने पर योगी अपनी साधना का फल अनुभव करना आरम्भ कर देते हैं। इनके न रहने पर साधना का कोई फल न होगा। योगी को चाहिए कि वे तन-मन-वचन से किसी के विरुद्ध हिंसाचरण न करें। दया मनुष्य-जाति में ही आबद्ध न रहे, वरन् उसके परे भी वह जाएगी और सारे संसार का आलिंगन कर लेगी।

यम और नियम के बाद आसन आता है। जब तक बहुत उच्च अवस्था की प्राप्ति नहीं हो जाती, तब तक रोज नियमानुसार कुछ शारीरिक और मानसिक क्रियाएँ करनी पड़ती हैं। अतएव जिससे दीर्घ काल तक एक भाव से बैठा जा सके, ऐसे एक आसन का अभ्यास आवश्यक है। जिनको जिस आसन से सुभीता मालूम होता हो, उनको उसी आसन पर बैठना चाहिए। एक व्यक्ति के लिए एक प्रकार से बैठकर सोचना सहज हो सकता है, परन्तु दूसरे के लिए, सम्भव है, वह बहुत कठिन जान पड़े। हम बाद में देखेंगे कि योग-साधना के समय शरीर के भीतर नाना प्रकार के कार्य होते रहते हैं। स्नायविक शक्ति-प्रवाह की गति को फेरकर उसे नए रास्ते से दौड़ाना होगा, तब शरीर में नए प्रकार के स्पन्दन या क्रिया शुरू होगी; सारा शरीर मानो नए रूप से गठित हो जाएगा। इस क्रिया का अधिकांश मेरुदंड के भीतर होगा; इसलिए आसन के सम्बन्ध में इतना समझ लेना होगा कि मेरुदंड को सहज भाव से रखना आवश्यक है—ठीक सीधा बैठना होगा—वक्ष, ग्रीवा और मस्तक सीधे और समुन्नत रहें, जिससे देह का सारा भार पसलियों पर पड़े। यह तुम सहज ही समझ सकोगे कि वक्ष यदि नीचे की ओर झुका रहे, तो किसी प्रकार का उच्च चिन्तन करना सम्भव नहीं। राजयोग का यह

भाग हठयोग से बहुत कुछ मिलता-जुलता है। हठयोग केवल स्थूल देह को लेकर व्यस्त रहता है। इसका उद्देश्य केवल स्थूल देह का सबल बनाना है। हठयोग के सम्बन्ध में यहाँ कुछ कहने की आवश्यकता नहीं, क्योंकि उसकी क्रियाएँ बहुत कठिन हैं। एक दिन में उसकी शिक्षा भी सम्भव नहीं। फिर, उससे कोई आध्यात्मिक उन्नति भी नहीं होती। डेलसर्ट और अन्य आचार्यों के ग्रन्थों में इन क्रियाओं के अनेक अंश देखने को मिलते हैं। उन लोगों ने भी शरीर को भिन्न-भिन्न स्थितियों में रखने की व्यवस्था की है। हठयोग की तरह उनका भी उद्देश्य दैहिक उन्नति है, आध्यात्मिक नहीं। शरीर की ऐसी कोई पेशी नहीं, जिसे हठयोगी अपने वश में न ला सके। हृदय-यंत्र उसकी इच्छा के अनुसार बन्द किया या चलाया जा सकता है—शरीर के सारे अंश वह अपनी इच्छानुसार चला सकता है।

मनुष्य किस प्रकार दीर्घजीवी हो, यही हठयोग का एकमात्र उद्देश्य है। शरीर किस प्रकार पूर्ण स्वस्थ रहे, यही हठयोगियों का एकमात्र लक्ष्य है। हठयोगियों का यह दृढ़ संकल्प है कि हम अस्वस्थ न हों। और इस दृढ़ संकल्प के बल से वे कभी अस्वस्थ होते भी नहीं। वे दीर्घजीवी हो सकते हैं, सौ वर्ष तक जीवित रहना तो उनके लिए मामूली सी बात है। उनकी 150 वर्ष की आयु हो जाने पर भी, देखोगे, वे पूर्ण युवा और सतेज हैं, उनका एक केश भी सफेद नहीं हुआ, किन्तु इसका फल बस, यहीं तक है। वटवृक्ष भी कभी-कभी 5000 वर्ष जीवित रहता है, किन्तु वह वटवृक्ष का वटवृक्ष ही बना रहता है। फिर वे लोग भी यदि उसी तरह दीर्घजीवी हुए, तो उससे क्या ? वे बस, एक बड़े स्वस्थकाय जीव भर रहते हैं। हठयोगियों के दो-एक साधारण उपदेश बड़े उपकारी हैं। सिर की पीड़ा होने पर, शय्या-त्याग करते ही नाक से शीतल जल पियो, इससे सारा दिन मस्तिष्क ठीक और शान्त रहेगा और कभी सर्दी न होगी। नाक से पानी पीना कोई कठिन काम नहीं, बड़ा सरल है। नाक को पानी के भीतर डुबाकर गले में पानी खींचते रहो। पानी अपने आप ही धीरे-धीरे भीतर जाने लगेगा।

आसन सिद्ध होने पर, किसी-किसी सम्प्रदाय के मतानुसार नाड़ी-शुद्धि करनी पड़ती है। बहुत से लोग यह सोचकर कि यह राजयोग के अन्तर्गत नहीं है, इसकी आवश्यकता स्वीकार नहीं करते। परन्तु जब शंकराचार्य जैसे भाष्यकार ने इसका विधान किया है, तब मेरे लिए भी इसका उल्लेख करना उचित जान पड़ता है। मैं श्वेताश्वतर उपनिषद् पर उनके भाष्य[1] से इस सम्बन्ध में उनका मत उद्धृत करूँगा—'प्राणायाम

---

1. प्राणायामक्षयितमनोमलस्य चित्तं ब्रह्मणि स्थितं भवतीति प्राणायामो निर्दिश्यते। प्रथमं नाडीशोधनं कर्तव्यम्। ततः प्राणायामेऽधिकारः। दक्षिण-नासिकापुटमंगुल्यावष्टभ्य वामेन वायुं पूरयेत् यथाशक्ति। ततोऽनन्तरमुत्सृज्यैवं दक्षिणेन पुटेन समुत्सृजेत्। सव्यमपि धारयेत्। पुनर्दक्षिणेन पूरयित्वा सव्येन समुत्सृजेत् यथाशक्ति। त्रिः पंचकृत्वो वा एवं अभ्यस्यतः सवनचतुष्टयमपररात्रे मध्याह्ने पूर्वरात्रेऽर्धरात्रे च पक्षान्मासात् विशुद्धिर्भवति।

—श्वेताश्वतरोपनिषद्, शांकरभाष्य ॥ 2 । 8 ॥

था। वे वापस चले गए। परन्तु फिर शीघ्र ही देखा कि भोजन करने पर प्राण तेजस्वी रहते हैं और न करने पर मुरझाने लगते हैं। तब वे पुनः गुरु के पास आए और कहा, "गुरो, आपने क्या प्राणों को आत्मा कहा है?" गुरु ने कहा, "स्वयं तुम इसका निर्णय करो, तुम वही हो।" उस अध्यवसायशील शिष्य ने गुरु के यहाँ से लौटकर सोचा, 'तो शायद मन ही आत्मा होगा।' परन्तु वे शीघ्र ही समझ गए कि मनोवृत्तियाँ बहुत तरह की हैं; मन में कभी सद्वृत्ति, तो कभी असद्वृत्ति उठती है; अतः मन इतना परिवर्तनशील है कि वह कभी आत्मा नहीं हो सकता। तब फिर से गुरु के पास आकर उन्होंने कहा, "मन आत्मा है, ऐसा तो मुझे नहीं जान पड़ता। आपने क्या ऐसा ही उपदेश दिया है?" गुरु ने कहा, "नहीं, तुम्हीं वह हो, तुम स्वयं इसका निर्णय करो।" वे देवपुंगव फिर लौट गए; तब उनको यह ज्ञान हुआ, "मैं समस्त मनोवृत्तियों के परे एकमेवाद्वितीय आत्मा हूँ। मेरा जन्म नहीं, मृत्यु नहीं, मुझे तलवार नहीं काट सकती, आग नहीं जला सकती, हवा नहीं सुखा सकती, जल नहीं गला सकता है, मैं अनादि हूँ, जन्मरहित, अचल, अस्पर्श, सर्वज्ञ, सर्वशक्तिमान पुरुष हूँ। आत्मा शरीर या मन नहीं, वह तो इन सबके परे है।" इस प्रकार वे देवता ज्ञानप्रसूत आनन्द से तृप्त हो गए। पर उस असुर बेचारे को सत्य-लाभ न हुआ, क्योंकि देह में उसकी अत्यन्त आसक्ति थी।

इस जगत् में ऐसी असुर-प्रकृति के अनेक लोग हैं; फिर भी देवता-प्रकृतिवाले बिलकुल ही न हों, ऐसा नहीं। यदि कोई कहे, "आओ, तुम लोगों को मैं एक ऐसी विद्या सिखाऊँगा, जिससे तुम्हारा इन्द्रिय-सुख अनन्त गुना बढ़ जाएगा," तो अगणित लोग उसके पास दौड़ पड़ेंगे। परन्तु यदि कोई कहे, "आओ, मैं तुम लोगों को तुम्हारे जीवन का चरम लक्ष्य परमात्मा का विषय सिखाऊँगा," तो शायद उनकी बात की कोई परवाह भी न करेगा। ऊँचे तत्त्व की धारणा करने की शक्ति बहुत कम लोगों में देखने को मिलती है; सत्य को प्राप्त करने के लिए अध्यवसायशील लोगों की संख्या तो और भी बिरली है। पर संसार में ऐसे महापुरुष भी हैं, जिनकी यह निश्चित धारणा है कि शरीर चाहे हजार वर्ष रहे या लाख वर्ष, अन्त में परिणाम एक ही होगा। जिन शक्तियों के बल से देह कायम है, उनके चले जाने पर देह न रहेगी। कोई भी व्यक्ति पल भर के लिए भी शरीर का परिवर्तन रोकने में समर्थ नहीं हो सकता। शरीर और है क्या? वह कुछ सतत परिवर्तनशील परमाणुओं की समष्टि मात्र है। नदी के दृष्टान्त से यह तत्त्व सहज बोधगम्य हो सकता है। तुम अपने सामने नदी में जलराशि देख रहे हो; वह देखो, पल भर में वह चली गई और उसकी जगह एक नई जलराशि आ गई। जो जलराशि आई, वह सम्पूर्ण नई है, परन्तु देखने में पहली ही जलराशि की तरह है। शरीर भी ठीक इसी तरह सतत परिवर्तनशील है। उसके इस प्रकार परिवर्तनशील होने पर भी उसे स्वस्थ और बलिष्ठ रखना आवश्यक है,क्योंकि शरीर की सहायता से ही हमें ज्ञान की प्राप्ति करनी होगी। यही हमारे पास सर्वोत्तम साधन है।

सब प्रकार के शरीरों में मानव-शरीर ही श्रेष्ठतम है; मनुष्य ही श्रेष्ठतम जीव है। मनुष्य सब प्रकार के प्राणियों से—यहाँ तक कि देवादि से भी श्रेष्ठ है। मनुष्य से श्रेष्ठतर कोई और नहीं। देवताओं को भी ज्ञान-लाभ के लिए मनुष्य-देह धारण करनी पड़ती है। एकमात्र मनुष्य ही ज्ञान-लाभ का अधिकारी है, यहाँ तक कि देवता भी नहीं। यहूदी और मुसलमानों के मतानुसार, ईश्वर ने देवदूत और अन्य समुदय सृष्टियों के बाद मनुष्य की सृष्टि की। और मनुष्य के सृजन के बाद ईश्वर ने देवदूतों से मनुष्य को प्रणाम और अभिनन्दन कर आने के लिए कहा। इबलीस को छोड़कर बाकी सबने ऐसा किया। अतएव ईश्वर ने इबलीस को अभिशाप दे दिया। इससे वह शैतान बन गया। इस रूपक के पीछे यह महान् सत्य निहित है कि संसार में मनुष्य-जन्म ही अन्य सबकी अपेक्षा श्रेष्ठ है। निम्नतर सृष्टि—पशु आदि मन्दबुद्धि की है, कि यह प्रधानत: तम से निर्मित हुई है। पशु किसी ऊँचे तत्त्व की धारणा नहीं कर सकते। देवदूत या देवता भी मनुष्य-जन्म लिये बिना मुक्ति-लाभ नहीं कर सकते। इसी तरह मनुष्य-समाज में भी अत्यधिक धन अथवा अत्यधिक दरिद्रता आत्मा के उच्चतर विकास के लिए महान् बाधक है। संसार में जितने महात्मा पैदा हुए हैं, सभी मध्यम वर्ग के लोगों से हुए थे। मध्यम वर्गवालों में सब शक्तियाँ समान रूप से समायोजित और सन्तुलित रहती हैं।

अब हम अपने विषय पर आएँ। हमें अब प्राणायाम—श्वास-प्रश्वास के नियमन के सम्बन्ध में आलोचना करनी चाहिए। चित्तवृत्तियों के निरोध से प्राणायाम का क्या सम्बन्ध है ? श्वास-प्रश्वास मानो देह-यंत्र का गतिनियामक प्रचक्र (fly-wheel) है। एक बृहत् इंजन पर निगाह डालने पर देखोगे कि पहले प्रचक्र घूम रहा है और उस चक्र की गति क्रमश: सूक्ष्म से सूक्ष्मतर यंत्रों में संचारित होती है। इस प्रकार उस इंजन के अत्यन्त सूक्ष्मतम यंत्र तक गतिशील हो जाते हैं। श्वास-प्रश्वास ठीक वैसा ही एक गतिनियामक प्रचक्र है। वही इस शरीर के सब अंगों में जहाँ जिस प्रकार की शक्ति की आवश्यकता है, उसकी पूर्ति कर रहा है और उस प्रेरक-शक्ति को नियमित भी कर रहा है।

एक राजा के दरबार में एक मंत्री था। किसी कारण से राजा उस पर नाराज हो गया। राजा ने उसे एक बड़ी ऊँची मीनार की चोटी में कैद कर रखने की आज्ञा दी। राजा की आज्ञा का पालन किया गया। मंत्री भी वहाँ कैद होकर मौत की राह देखने लगा। मंत्री की एक पतिव्रता पत्नी थी। रात को उस मीनार के नीचे आकर उसने चोटी पर कैद हुए पति को पुकारकर पूछा, ''मैं किस प्रकार तुम्हारी रक्षा करूँ ?'' मंत्री ने कहा, ''अगली रात को एक लम्बा मोटा रस्सा, मजबूत डोरी, एक बंडल सूत, रेशम का पतला सूत, एक भृंग और थोड़ा सा शहद लेती आना।'' उसकी सहधर्मिणी पति की यह बात सुनकर बहुत आश्चर्यचकित हो गई। जो हो, वह पति की आज्ञानुसार दूसरे दिन सब वस्तुएँ ले गई। मंत्री ने उससे कहा, ''रेशम का सूत मजबूती से भृंग

के पैर में बाँध दो, उसकी मूँछों में एक बूँद शहद लगा दो और उसका सिर ऊपर की ओर करके उसे मीनार की दीवार पर छोड़ दो।'' पतिव्रता ने सब आज्ञाओं का पालन किया। तब उस कीड़े ने अपना लम्बा रास्ता पार करना शुरू किया। सामने शहद की महक पाकर मधु के लोभ से वह धीरे-धीरे ऊपर चढ़ने लगा, और अन्त में मीनार की चोटी पर जा पहुँचा। मंत्री ने झट उसे पकड़ लिया और उसके साथ रेशम के सूत को भी। इसके बाद अपनी स्त्री से कहा, ''बंडल में जो सूत है, उसे रेशम के सूत के छोर से बाँध दो।'' इस तरह वह भी उसके हाथ में आ गया। इसी उपाय से उसने डोरा और मोटा रस्सा भी पकड़ लिया। अब कोई कठिन काम न रह गया। रस्सा ऊपर बाँधकर वह नीचे उतरा और भाग खड़ा हुआ। हमारी इस देह में श्वास-प्रश्वास की गति मानो रेशमी सूत है। इसके धारण या संयम कर सकने पर पहले स्नायविक शक्ति-प्रवाहरूप (nerve currents) सूत का बंडल, फिर मनोवृत्तिरूप डोरी और अन्त में प्राणरूप रस्से को पकड़ सकते हैं। प्राणों को जीत लेने पर मुक्ति प्राप्त होती है।

हम अपने शरीर के सम्बन्ध में बड़े अज्ञ हैं, कुछ जानकारी रखना भी हमें सम्भव नहीं मालूम पड़ता। बहुत हुआ, तो हम मृत देह को चीर-फाड़कर देख सकते हैं कि उसके भीतर क्या है और क्या नहीं; और कोई-कोई इसके लिए किसी जीवित पशु की देह ले सकते हैं। पर इससे हमारे अपने शरीर का कोई सम्बन्ध नहीं। हम अपने शरीर के सम्बन्ध में बहुत कम जानते हैं। इसका कारण क्या है ? यह कि हम मन को उतनी दूर तक एकाग्र नहीं कर सकते, जिससे हम शरीर के भीतर की अति सूक्ष्म गतियों तक को समझ सकें। मन जब बाह्य विषयों का परित्याग कर देह के भीतर प्रविष्ट होता है और अत्यन्त सूक्ष्मावस्था प्राप्त करता है, तभी हम उन गतियों को जान सकते हैं। इस प्रकार सूक्ष्म अनुभूतिसम्पन्न होने के लिए हमें पहले स्थूल से आरम्भ करना होगा। देखना होगा, सारे शरीर-यंत्र को चलाता कौन है, और उसे अपने वश में लाना होगा। वह प्राण है, इसमें कोई सन्देह नहीं। श्वास-प्रश्वास ही उस प्राण-शक्ति की प्रत्यक्ष अभिव्यक्ति है। अब, श्वास-प्रश्वास के साथ धीरे-धीरे शरीर के भीतर प्रवेश करना होगा। इसी से हम देह के भीतर की सूक्ष्म से सूक्ष्म शक्तियों के सम्बन्ध में जानकारी प्राप्त कर सकेंगे और समझ सकेंगे कि स्नायविक शक्ति-प्रवाह किस तरह शरीर में सर्वत्र भ्रमण कर रहे हैं। और जब हम मन में उनका अनुभव कर सकेंगे, तब उन्हें, और उनके साथ देह को भी हमारे अधिकार में लाने के लिए हम प्रारम्भ करेंगे। मन भी इन सब स्नायविक शक्ति-प्रवाहों द्वारा संचालित हो रहा है। इसीलिए उन पर विजय पाने से मन और शरीर, दोनों ही हमारे अधीन हो जाते हैं, हमारे दास बन जाते हैं। ज्ञान ही शक्ति है, और यह शक्ति प्राप्त करना ही हमारा उद्देश्य है। इसलिए हमें प्राणायाम—प्राण के नियमन—से प्रारम्भ करना होगा। इस प्राणायाम-तत्त्व की विशेष आलोचना के लिए दीर्घ समय की आवश्यकता है—इसको अच्छी तरह समझाते बहुत दिन लगेंगे। हम उसका एक-एक अंश लेकर चर्चा करेंगे।

हम क्रमश: समझ सकेंगे कि प्राणायाम के साधन में जो क्रियाएँ की जाती हैं, उनका हेतु क्या है और प्रत्येक क्रिया से देह के भीतर किस प्रकार की शक्ति प्रवाहित होती है। क्रमश: यह सब हमें बोधगम्य हो जाएगा। परन्तु इसके लिए निरन्तर साधना आवश्यक है। साधना के द्वारा ही मेरी बात की सत्यता का प्रमाण मिलेगा। मैं इस विषय में कितनी भी युक्तियों का प्रयोग क्यों न करूँ, पर तुम्हारे लिए वे प्रमाण नहीं होंगी, जब तक तुम स्वयं प्रत्यक्ष न कर लोगे। जब देह के भीतर इन शक्तियों के प्रवाह की गति स्पष्ट अनुभव करने लगोगे, तभी सारे संशय दूर होंगे। परन्तु इसके अनुभव के लिए प्रत्यह कठोर अभ्यास आवश्यक है। प्रतिदिन कम-से-कम दो बार अभ्यास करना चाहिए, और उस अभ्यास का उपयुक्त समय है प्रात: और सायं। जब रात बीतती है और पौ फटती है तथा जब दिन बीतता है और रात आती है, इन दो समयों में प्रकृति अपेक्षाकृत शान्त होती है। ब्रह्ममुहूर्त और गोधूलि, ये दो समय मन की स्थिरता के लिए अनुकूल हैं। इन दोनों समयों में शरीर बहुत कुछ शान्त रहता है। इस समय साधना करने से प्रकृति हमारी काफी सहायता करेगी, इसलिए इन्हीं दो समयों में साधना करनी आवश्यक है। यह नियम बना लो कि साधना समाप्त किए बिना भोजन न करोगे। ऐसा नियम बना लेने पर भूख का प्रबल वेग ही तुम्हारा आलस्य नष्ट कर देगा। भारतवर्ष में बालक यही शिक्षा पाते हैं कि स्नान-पूजा और साधना किए बिना भोजन नहीं करना चाहिए। कालान्तर में यह उनके लिए स्वाभाविक हो जाता है; उनकी जब तक स्नान-पूजा और साधना समाप्त नहीं हो जाती, तब तक उन्हें भूख नहीं लगती।

तुममें से जिनको सुभीता हो, वे साधना के लिए यदि एक स्वतंत्र कमरा रख सकें, तो अच्छा हो। इस कमरे को सोने के काम में न लाओ। इसे पवित्र रखो। बिना स्नान किए और शरीर-मन को बिना शुद्ध किए इस कमरे में प्रवेश न करो। इस कमरे में सदा पुष्प और हृदय को आनन्द देनेवाले चित्र रखो। योगी के लिए ऐसे वातावरण में रहना बहुत उत्तम है। सुबह और शाम वहाँ धूप और चन्दन-चूर्ण आदि जलाओ। उस कमरे में किसी प्रकार का क्रोध, कलह और अपवित्र चिन्तन न किया जाए। तुम्हारे साथ जिनके भाव मिलते हैं, केवल उन्हीं को उस कमरे में प्रवेश करने दो। ऐसा करने पर शीघ्र वह कमरा सत्त्वगुण से पूर्ण हो जाएगा; यहाँ तक कि, जब किसी प्रकार का दु:ख या संशय आए अथवा मन चंचल हो, तो उस समय उस कमरे में प्रवेश करते ही तुम्हारा मन शान्त हो जाएगा। मन्दिर, गिरजाघर आदि के निर्माण का सच्चा उद्देश्य यही था। अब भी बहुत से मन्दिरों और गिरजाघरों में यह भाव देखने को मिलता है; परन्तु अधिकतर स्थलों में लोग इनका उद्देश्य भूल गए हैं। चारों ओर पवित्र चिन्तन के परमाणु सदा स्पन्दित होते रहने के कारण वह स्थान पवित्र ज्योति से भरा रहता है। जो इस प्रकार के स्वतंत्र कमरे की व्यवस्था नहीं कर सकते, वे जहाँ इच्छा हो, वहीं बैठकर साधना कर सकते हैं। शरीर को सीधा रखकर बैठो। संसार में पवित्र चिन्तन का एक स्रोत बहा दो मन-ही-मन कहो, ''संसार में सभी सुखी हों, सभी शान्ति लाभ

करें, सभी आनन्द पाएँ।'' इस प्रकार पूर्व, पश्चिम, उत्तर, दक्षिण, चारों ओर पवित्र चिन्तन की धारा बहा दो। ऐसा जितना करोगे, उतना ही तुम अपने को अच्छा अनुभव करने लगोगे। बाद में देखोगे, 'दूसरे सब लोग स्वस्थ हों,' यह चिन्तन ही स्वास्थ्य-लाभ का सहज उपाय है। 'दूसरे लोग सुखी हों,' ऐसी भावना ही अपने को सुखी करने का सहज उपाय है। इसके बाद जो लोग ईश्वर पर विश्वास करते हैं, वे ईश्वर के निकट प्रार्थना करें—अर्थ, स्वास्थ्य अथवा स्वर्ग के लिए नहीं, वरन् हृदय में ज्ञान और सत्य-तत्त्व के उन्मेष के लिए। इसको छोड़ बाकी सब प्रार्थनाएँ स्वार्थभरी हैं। इसके बाद भावना करनी होगी, 'मेरा शरीर वज्रवत् दृढ़, सबल और स्वस्थ है। यह देह ही मेरी मुक्ति में एकमात्र सहायक है। इसी की सहायता से मैं यह जीवन-समुद्र पार कर लूँगा।' जो दुर्बल है, वह कभी मुक्ति नहीं पा सकता। समस्त दुर्बलताओं का त्याग करो। देह से कहो, 'तुम खूब बलिष्ठ हो।' मन से कहो, 'तुम अनन्त शक्तिधर हो,' और स्वयं पर प्रबल विश्वास और भरोसा रखो।

हिन्दू दार्शनिक चिन्तन के सोपान

धार्मिक मतों का जो प्रथम वर्ग हमारे सम्मुख दिखाई पड़ता है—मेरा अर्थ यथार्थ धार्मिक मतों से है, न कि अत्यन्त निम्न श्रेणी के मतों से, जो 'धर्म'-संज्ञा के योग्य ही नहीं हैं—उन सभी में दैवी स्फूर्ति तथा 'ईश्वर-नि:श्वसित' आप्त वाक्य आदि की कल्पना समाविष्ट है। धार्मिक मतों का प्रथम वर्ग ईश्वर की कल्पना से प्रारम्भ होता है। हमारे सम्मुख यह विश्व है और यह विश्व किसी पुरुषविशेष द्वारा निर्मित किया गया है। इस विश्व-ब्रह्मांड में जो कुछ है, सभी उसी ईश्वर द्वारा रचा गया है। उसके साथ, आगे चलकर, आत्मा की कल्पना आती है कि यह शरीर है और इस शरीर के भीतर ऐसा कुछ है, जो शरीर नहीं है। हमारी जानकारी में धर्म की यही सबसे आदिम कल्पना है। भारतवर्ष में हमें इसके कुछ थोड़े से अनुयायी मिल सकते हैं, परन्तु यह कल्पना बहुत पहले ही त्याग दी गई। भारतीय धर्मों का प्रारम्भ बड़े विचित्र ढंग से हुआ है। बहुत सूक्ष्म छानबीन, विश्लेषण और अनुमान करने पर ही हम यह सोच सकते हैं कि भारतीय धर्मों की कभी वह अवस्था रही होगी। जिस प्रस्तुत रूप में हम उन्हें पाते हैं, वह तो दूसरी सीढ़ी है, प्रथम नहीं। सबसे प्राथमिक अवस्था में सृष्टि की कल्पना बड़ी ही विचित्र है और वह यह है कि इस सम्पूर्ण विश्व की रचना ईश्वर की इच्छा से शून्य में से की गई है; इस सृष्टि का अस्तित्व नहीं था और उस शून्य से ही यह सब निकला है। द्वितीय अवस्था में हम देखते हैं कि इस सिद्धान्त में शंका उठाई जा रही है। असत् से सत् की उत्पत्ति कैसे हो सकती है?[1] वेदान्त में सर्वप्रथम सही प्रश्न पूछा गया है। यदि यह विश्व सत्तात्मक है, तो वह किसी सद्वस्तु से ही निकला होगा; क्योंकि यह समझना सरल था कि सर्वत्र शून्य से तो शून्य ही निकलता है। मानवीय हाथों से जो कुछ भी कर्म किया जाता है, उसके लिए उपादानों की आवश्यकता हुआ करती है। यदि गृह-निर्माण हुआ है, तो पहले उसका उपादान विद्यमान था; यदि नाव बनी है, तो उसकी सामग्री पहले से विद्यमान थी; यदि कोई हथियार बनाए गए हैं, तो उनकी भी सामग्री पहले से ही थी। कार्य की उत्पत्ति इसी प्रकार हुआ करती है। अत: यह स्वाभाविक ही था कि शून्य में से इस ब्रह्मांड की रचना की प्राथमिक कल्पना त्याग दी गई और जिस उपादान से यह विश्व

1. कथमसतः सत् जायेत इति॥ छान्दोग्योपनिषद्॥ 6।2।2॥

गढ़ा गया है, उस उपादान के अनुसन्धान का प्रारम्भ हुआ। धर्म का समग्र इतिहास यथार्थ में इस उपादान-कारण की खोज ही है।

किस उपादान से यह सब गढ़ा गया है ? निमित्त-कारण या ईश्वर के प्रश्न को अलग रखो, इस प्रश्न को अलग रखो कि ईश्वर ने विश्व की रचना की, सबसे बड़ा प्रश्न तो यह है कि उस ईश्वर ने इसे किस उपादान से बनाया ? सभी दर्शनशास्त्र मानो इसी प्रश्न पर निर्भर हैं।

इस समस्या का एक उत्तर यह है कि प्रकृति, ईश्वर और जीव, ये तीनों अनादि और अनन्त सत्ताएँ हैं, वे मानो तीन नित्य समानान्तर रेखाएँ हैं, जिनमें से प्रकृति और जीव परतंत्र हैं और ईश्वर स्वतंत्र। प्रत्येक जीव जड़-परमाणु के समान ईश्वर की इच्छा पर पूर्णतया अवलम्बित है। अन्य विषयों का विचार करने के पूर्व हम जीव सम्बन्धी विचार को ही लेंगे और इससे यह देखेंगे कि सभी वेदान्ती दर्शनशास्त्र पाश्चात्य दर्शनों से किस प्रकार अत्यन्त पृथक् हैं। भारत के सभी दार्शनिकों का एक सामान्य मनस्तत्त्व रहा है। उनके दार्शनिक सिद्धान्त चाहे जो रहे हों, पर उन सबका मनोविज्ञान एक ही रहा है, जो प्राचीन सांख्य दर्शन का है। उसके अनुसार, ज्ञान की प्रक्रिया स्पन्दनों के अत:संचार द्वारा होती है। ये स्पन्दन पहले बाह्य इन्दियों के पास आते हैं, बाह्य इन्द्रियों से वे अन्तरिन्द्रियों में पहुँचते हैं, अन्तरिन्द्रियों से मन में, मन से बुद्धि में और वहाँ से उस वस्तु में, जो एक इकाई है, जिसे वे आत्मा कहते हैं। आधुनिक शरीरविज्ञान को लेने पर हम देखते हैं कि उसने सभी भिन्न-भिन्न संवेदनाओं के केन्द्रों का पता लगा लिया है। पहले वह निम्न श्रेणी के केन्द्रों का पता लगाता है, तत्पश्चात् उसे उच्च श्रेणी के केन्द्र प्राप्त होते हैं। ये दोनों केन्द्र भारतीय मनस्तत्त्व की अन्तरिन्द्रियों और मन से बिलकुल मिलते-जुलते हैं; पर अभी तक शरीरविज्ञान को एक ऐसा केन्द्र नहीं मिला है, जो अन्य सभी केन्द्रों पर नियमन करे। अत: वह यह नहीं बता सकता कि इन सभी केन्द्रों में एकसूत्रता कहाँ से आती है, कहाँ पर ये केन्द्र एक होते हैं। मस्तिष्क में सब केन्द्र अलग-अलग हैं और वहाँ कोई ऐसा एक केन्द्र नहीं है, जो अन्य केन्द्रों का नियमन करे। अत: जहाँ तक हिन्दू-मनोविज्ञानशास्त्र की गति है, इस विषय में उसका विरोध नहीं हुआ है। इस प्रकार की एकसूत्रता अवश्य होनी चाहिए, ऐसी एक सत्ता अवश्य रहनी चाहिए, जिसमें सभी विभिन्न संवेदनाएँ प्रतिबिम्बित होंगी—केन्द्रित होंगी, जिससे कि ज्ञान पूर्ण रूप से निष्पन्न हो सके। जब तक इस प्रकार की कोई वस्तु न हो, तब तक मैं तुम्हारे विषय में, किसी चित्र या अन्य वस्तु के सम्बन्ध में कोई कल्पना नहीं कर सकता। यदि एकसूत्रता लानेवाली वह वस्तु न हो, तो हम केवल देखेंगे ही, फिर कुछ समय के बाद केवल श्वास ही लेंगे, फिर केवल सुनेंगे, आदि-आदि; और जब मैं किसी मनुष्य को बोलते सुनूँगा, तब मैं उसे बिलकुल नहीं देखूँगा, क्योंकि सभी केन्द्र अलग-अलग हैं।

यह शरीर परमाणुओं से बना है, जिन्हें हम भौतिक पदार्थ कहते हैं, और वह जड़

और चेतन है। उसी प्रकार, जिसे वेदान्ती सूक्ष्म शरीर कहते हैं, वह भी जड़ और अचेतन है। उनके मतानुसार यह सूक्ष्म शरीर जड़ तो है, परन्तु पारदर्शी है और अत्यन्त सूक्ष्म परमाणुओं से बना है—इतने सूक्ष्म कि वे किसी भी अनुवीक्षण यंत्र से नहीं दीख सकते। उसका कार्य क्या है ? वह सूक्ष्म शक्तियों का आधार है। जैसा कि वह स्थूल शरीर स्थूल शक्तियों का आधार है, वैसे ही सूक्ष्म शरीर सूक्ष्म शक्तियों का आधार है, जिन्हें हम 'विचार' कहते हैं। यह विचार-शक्ति विभिन्न रूपों में प्रकाशित होती रहती है। अत: पहले तो यह शरीर है, जो स्थूल जड़ पदार्थ है और स्थूल शक्तिमय है। जड़ पदार्थ के बिना शक्ति नहीं रह सकती। उसके रहने के लिए जड़ पदार्थ चाहिए ही। इसीलिए स्थूलतर शक्तियाँ शरीर में काम करती हैं; और वे ही शक्तियाँ सूक्ष्मतर बन जाती हैं। जो शक्ति स्थूल रूप में काम कर रही है, वही सूक्ष्म रूप में कार्य करती है और तब विचार में परिणत हो जाती है। इनमें कोई भेद नहीं है, केवल इतना ही है कि एक उसी वस्तु का स्थूल और दूसरा सूक्ष्म रूप है। इस सूक्ष्म शरीर और स्थूल शरीर में कोई पार्थक्य नहीं है। सूक्ष्म शरीर भी भौतिक है, केवल इतना ही कि वह अत्यन्त सूक्ष्म जड़-वस्तु है। जैसे यह स्थूल शरीर स्थूल शक्तियों के कार्य का साधन है, ठीक उसी तरह सूक्ष्म शक्तियों के कार्य का साधन यह सूक्ष्म शरीर है। अब प्रश्न यह है कि ये सब शक्तियाँ कहाँ से आती हैं ? वेदान्त दर्शन के अनुसार प्रकृति में दो सत्ताएँ हैं : एक 'आकाश' कहलाती है—वह पदार्थ है, अत्यन्त सूक्ष्म है; और दूसरी 'प्राण' कहलाती है—वह शक्ति है। जो कुछ भी हम देखते हैं, अनुभव करते हैं या सुनते हैं—जैसे वायु, पृथ्वी या और भी जो कुछ—वे सबके सब भौतिक पदार्थ हैं—इसी आकाश से उत्पन्न हुए हैं। यह आकाश प्राण की क्रिया से परिवर्तित होकर सूक्ष्म से सूक्ष्मतर या स्थूल से स्थूलतर बनता रहता है। आकाश के समान प्राण भी सर्वव्यापी है और सभी वस्तुओं में ओतप्रोत है। आकाश मानो जल के सदृश है और सृष्टि की अन्य सब वस्तुएँ उसी जल से बने हुए हिमखंडों के समान जल में तैर रही हैं। प्राण ही वह शक्ति है, जो इस आकाश को इन सभी विभिन्न रूपों में परिवर्तित करती है। स्थूल शरीर आकाश से बना हुआ उपकरण है, जिसके द्वारा प्राण स्थूल रूपों में—जैसे पक्षियों के संचालन, चलने, बैठने, बोलने आदि में—प्रकट होता है। सूक्ष्म शरीर भी आकाश से—अत्यन्त सूक्ष्म आकाश से बना है, जिसके द्वारा वही प्राण विचाररूपी सूक्ष्म भाव में प्रकट होता है। अत: पहले तो यह स्थूल शरीर है, उसके परे यह सूक्ष्म या लिंग-शरीर है और उसके भी परे जीव, अर्थात् यथार्थ मनुष्य है। जैसे नख कई बार काटे जा सकते हैं और तो भी वे हमारे शरीर के भाग हैं, अलग नहीं, ठीक इसी प्रकार का सम्बन्ध स्थूल शरीर और सूक्ष्म शरीर का है। ऐसी बात नहीं है कि मनुष्य के एक सूक्ष्म शरीर होता है और एक स्थूल शरीर भी; शरीर तो एक ही है, पर जो अंश अधिक समय तक टिकता है, वह सूक्ष्म शरीर है और जो शीघ्र नष्ट हो जाता है, वह स्थूल है। जैसे मैं इस नख को अनेकों बार काट सकता हूँ, ठीक उसी तरह मैं लाखों

बार इस स्थूल शरीर का पात कर सकता हूँ, पर सूक्ष्म शरीर बना ही रहेगा। द्वैतवादियों के मतानुसार, यह जीव या यथार्थ मनुष्य अत्यन्त सूक्ष्म, लघु है।

यहाँ तक हम देखते हैं कि मनुष्य ऐसी सत्ता है, जिसका पहले तो स्थूल शरीर है, जो अति शीघ्र नष्ट हो जाता है, और तत्पश्चात् उसका सूक्ष्म शरीर है, जो युग-युगान्तरों तक बना रहता है और तत्पश्चात् जीव है। वेदान्त-मत के अनुसार यह जीव ठीक वैसा ही अनन्त है, जैसा कि ईश्वर। प्रकृति भी अनन्त है, पर वह परिवर्तनशील अनन्त सत्ता है। प्रकृति का उपादान—प्राण और आकाश—अनन्त है, पर उसका विभिन्न रूपों में चिरंतन परिवर्तन होता रहता है; किन्तु जीव आकाश से या प्राण से सृष्ट नहीं हुआ है। वह भौतिक पदार्थ नहीं है और इसी कारण चिरंतन रहनेवाला है। वह प्राण और आकाश के किसी संघात का परिणाम नहीं है; और जो संघात का परिणाम नहीं है, वह कभी नष्ट नहीं किया जा सकता; क्योंकि कारणस्वरूप को पुनः प्राप्त होना ही नाश है। स्थूल शरीर आकाश और प्राण से बनी हुई यौगिक वस्तु है, अतः वह विघटित, नष्ट हो जाएगा। सूक्ष्म शरीर भी दीर्घ काल के बाद नष्ट हो जाएगा। पर जीव तो अयौगिक तत्त्व है और इसीलिए वह कभी नष्ट नहीं होगा। उसके कभी उत्पन्न न होने का भी यही कारण है। किसी अयौगिक तत्त्व की उत्पत्ति कभी नहीं हो सकती। वही युक्ति यहाँ भी लागू है। जो यौगिक है, उसी की उत्पत्ति होती है। सम्पूर्ण प्रकृति, जिसमें लाखों और करोड़ों जीवात्माएँ हैं, ईश्वर की इच्छा की वशवर्ती हैं। ईश्वर सर्वव्यापी, सर्वदर्शी, निराकार विभु है और वह प्रकृति के माध्यम से नित्य क्रियाशील है। यह सम्पूर्ण प्रकृति उसी के वश में है। वही नित्य विधाता है। द्वैतवादियों का यही मत है तब यह प्रश्न उठता है कि यदि इस सृष्टि का विधाता ईश्वर है, तो उसने इस प्रकार की दुष्ट सृष्टि की रचना क्यों की? हमें इतना कष्ट क्यों भोगना पड़ता है? वे कहते हैं, यह ईश्वर का अपराध नहीं है। हम अपने दोष के कारण कष्ट भोगते हैं। हम जो बोते हैं, वही काटते हैं। हमें दंड देने का उसका अभिप्राय नहीं है। मनुष्य दरिद्र, अन्धा या लूला-लँगड़ा होकर जन्म लेता है, इसका कारण क्या है? कारण यह है कि इस प्रकार जन्म लेने के पूर्व उसने कुछ किया था। जीव नित्य काल से विद्यमान रहा है, वह कभी उत्पन्न नहीं किया गया था। वह सर्वदा कई प्रकार के कर्म करता रहा है। हम जो कुछ करते हैं, उसकी प्रतिक्रिया हम पर होती है। यदि हम शुभ कर्म करते हैं, तो हमें सुख मिलेगा और अशुभ कर्म करते हैं, तो दुःख मिलेगा। इसी प्रकार जीव सुख और दुःख प्राप्त करता रहता है और भिन्न-भिन्न प्रकार के कर्म करता जाता है।

मृत्यु के उपरान्त क्या होता है? सभी वेदान्तमतवादी स्वीकार करते हैं कि यह जीव स्वभावतः ही शुद्ध है; परन्तु वे कहते हैं कि अज्ञान से इसका सच्चा स्वरूप ढका हुआ है। जिस प्रकार अशुभ कर्मों से इसने अपने को अज्ञान के आवरण में ढक लिया है, उसी प्रकार शुभ कर्मों द्वारा यह फिर से अपने असली स्वरूप का ज्ञान प्राप्त करता है। वह सनातन है, स्वभावतः शुद्ध है। प्रत्येक जीव स्वभावतः शुद्ध ही होता है।

जब शुभ कर्मों द्वारा उसके सब पापों और दुष्कर्मों का नाश हो जाता है, तब जीव पुनः शुद्ध हो जाता है और इस प्रकार शुद्ध होकर वह देवयान को चला जाता है। उसकी वागिन्द्रिय मन में प्रविष्ट हो जाती है। तुम शब्दों के बिना चिन्तन नहीं कर सकते। जहाँ चिन्तन है, वहाँ शब्द होने ही चाहिए। जैसे शब्द मन में प्रवेश करते हैं, वैसे ही मन 'प्राण' में परिणत हो जाता है और 'प्राण' जीव में। तब जीव शीघ्र शरीर से बाहर निकलकर सौर-प्रदेश को चला जाता है। इस विश्व में एक के बाद दूसरे अनेक लोक हैं। यह पृथ्वी भूलोक है, जिसमें चन्द्र, सूर्य और तारागण हैं। उसके परे सूर्यलोक है और उसके उस पार दूसरा लोक है,जो चन्द्रलोक कहलाता है। उसके भी परे विद्युल्लोक है और जब जीव वहाँ पहुँचता है, तब एक दूसरा जीव, जो पहले ही पूर्ण हो गया है, उसका स्वागत करने आता है और उसे दूसरे लोक में, परमोच्च लोक में जिसका नाम ब्रह्मलोक है, वहाँ ले जाता है। वहाँ जीव नित्यकाल निवास करता है और पुनः जन्म या मरण को नहीं प्राप्त होता। वहाँ वह अनन्त काल तक आनन्द भोगता है और केवल सृष्टि-उत्पादन-शक्ति को छोड़कर शेष सब प्रकार की शक्तियाँ प्राप्त करता है। विश्व का केवल एक ही विधाता है और वह है ईश्वर। कोई भी व्यक्ति ईश्वर नहीं बन सकता। द्वैतवादियों की धारणा है कि यदि तुम अपने को ईश्वर कहते हो, तो यह ईश-निन्दा है। सृजन करने की शक्ति के सिवाय अन्य सभी शक्तियाँ जीव को प्राप्त हो जाती हैं और यदि जीव शरीर धारण करके संसार के विभिन्न भागों में कार्य करना चाहे, तो कर सकता है। यदि वह जीव सभी देवताओं को अपने सम्मुख उपस्थित होने की आज्ञा दे, यदि वह अपने पूर्वजों को बुलाना चाहे, तो वे सभी उसकी आज्ञा के अनुसार आ जाते हैं। उसकी शक्तियाँ ऐसी रहती हैं कि उसे अब कोई दुःख नहीं होता और यदि वह चाहे, तो अनन्त काल ब्रह्मलोक में निवास कर सकता है। यही वह उच्च गतिप्राप्त पुरुष है, जो ईश्वर के प्रेम को प्राप्त कर चुका है, जो पूर्णतः निःस्वार्थ, पूर्णतः शुद्ध बन गया है, जिसने अपनी समस्त वासनाओं का परित्याग कर दिया है और जो ईश्वर की पूजा और भक्ति के सिवा और कुछ नहीं करना चाहता।

दूसरे लोग भी हैं, जो इतनी उच्च अवस्था को नहीं पहुँचे हैं; जो सत्कार्य करते हैं, परन्तु बदले में कुछ पाना चाहते हैं। वे कहते हैं कि गरीबों को वे इतना दान करेंगे, पर बदले में वे स्वर्ग को जाना चाहते हैं। जब वे मरते हैं, तो उनकी कौन सी गति होती है? वाचा-शक्ति मन में प्रविष्ट हो जाती है, मन 'प्राण' में और 'प्राण' जीव में प्रवेश करता है। जीव निकलकर चन्द्रलोक को जाता है और वहाँ वह दीर्घ काल तक बहुत सुख में रहता है। जब तक उसके पुण्य कर्मों का प्रभाव बना रहता है, तब तक वहाँ वह सुख भोगता है; और जब पुण्य कर्मों का क्षय हो जाता है, तब वह पुनः नीचे उतरता है और इस पृथ्वी पर अपने कर्मों के अनुसार जन्म ग्रहण करता है। चन्द्रलोक में जीव उस अवस्था को प्राप्त करता है, जिसे हम 'देवता' कहते हैं तथा ईसाई और मुसलमान 'देवदूत'। ये देवता कुछ विशिष्ट पदों के नाम हैं। उदाहरणार्थ, देवराज 'इन्द्र' एक पद

का नाम है, सहस्त्रों मनुष्य उस पद को प्राप्त करते हैं। जब कोई पुण्यशील पुरुष, जिसने सर्वश्रेष्ठ वैदिक कर्मों का अनुष्ठान किया है, मृत्यु को प्राप्त होता है, तब वह देवताओं का राजा बन जाता है। उस समय तक पुराना इन्द्र नीचे उतरकर मनुष्य बनकर रहता है। जैसे यहाँ राजा बदलते रहते हैं, उसी प्रकार देवताओं को भी मरना पड़ता है। स्वर्ग में सभी मरेंगे। मृत्युरहित स्थान एक ब्रह्मलोक ही है, जहाँ न जन्म है, न मृत्यु।

इस प्रकार जीव स्वर्ग को जाते हैं और वहाँ बड़े सुखपूर्वक रहते हैं, सिर्फ जब-तब असुर उन लोगों का पीछा करते हैं। हमारी पौराणिक कथाओं में ऐसे असुरों का वर्णन है, जो कभी-कभी देवगणों को सताते हैं। हम सभी पुराणों में पढ़ते हैं कि ये असुर और देव किस प्रकार लड़े, असुरों ने कभी-कभी देवों पर विजय भी प्राप्त की। कई बार ऐसा दिखता है कि असुरों ने इतने क्रूर कर्म नहीं किए, जितने कि देवों ने। उदाहरणार्थ, सभी पुराणों में देवता स्त्रियों के प्रति आसक्त पाए जाते हैं। इस प्रकार जब उनके पुण्य का फल समाप्त हो जाता है, तब वे पुनः नीचे गिरते हैं। मेघों के माध्यम से वृष्टि के द्वारा आकर वे किसी अन्न या पौधे में प्रविष्ट हो जाते हैं और जब मनुष्य उस अन्न या पौधे को खाता है, तब उसके शरीर में पहुँच जाते हैं। पिता उन्हें वह भौतिक सामग्री देता है, जिसमें से वे अपने कर्मों के उपयुक्त शरीर धारण कर लें। जब वह शरीर उनके लायक नहीं रह जाता, तब उन्हें अपने लिए अन्य शरीर निर्माण करना पड़ता है। फिर हम यहाँ बहुत से दुष्ट लोग देखते हैं, जो सभी तरह के पैशाचिक कर्म करते हैं। वे फिर से पशु होकर जन्म लेते हैं; और यदि वे बहुत ही बुरे होते हैं, तो वे अति नीच पशु का जन्म लेते हैं या पेड़-पत्थर बन जाते हैं।

देवयोनि में जीव कुछ भी कर्म संचित नहीं करते; केवल मनुष्य ही कर्म करता है। कर्म का अर्थ है ऐसा काम, जिसका कोई फल हो। जब मनुष्य मरता है और देव बन जाता है, तब तो उसका समय केवल सुख भोगने का ही रहता है और उस समय वह नए कर्म नहीं करता। वह तो उसके पूर्वकृत शुभ कर्मों का पारितोषिक है। जब पुण्य कर्मों का क्षय हो जाता है, तब अवशिष्ट कर्मों का फल मिलना प्रारम्भ होता है और तब वह नीचे पृथ्वी पर उतरता है और पुनः मनुष्य बन जाता है। यदि वह बहुत अच्छे कर्म करता है और शुद्ध हो जाता है, तो वह ब्रह्मलोक को प्राप्त होकर पुनः यहाँ नहीं लौटता।

निम्नतर योनियों से क्रम विकसित होते समय जीव के लिए पशु एक संचरण-स्थिति है। और समय पाकर पशु मनुष्य बन जाता है। यह एक महत्त्वपूर्ण तथ्य है कि जैसे-जैसे मनुष्यों की संख्या बढ़ती जा रही है, वैसे ही वैसे पशुओं की घट रही है। पशु-आत्माएँ मनुष्य बन रही हैं। पशुओं के बहुत से वर्ग पहले ही मनुष्य बन चुके हैं; अन्यथा वे कहाँ चले गए?

वेदों में नरक की कोई चर्चा नहीं है। पर हमारे पुराणों में, हमारे अर्वाचीन धर्मग्रन्थों में, यह विचार आया कि नरकों का सम्बन्ध जोड़े बिना कोई धर्म सर्वांगीण नहीं हो

सकता। अतः उन्होंने सभी प्रकार के नरकों की कल्पना की। इन नरकों में से कुछ में तो मनुष्यों को चीरकर उनके दो टुकड़े कर दिए जाते हैं और उन्हें कुचल-कुचलकर कष्ट दिया जाता है, तो भी वे नहीं मरते। वहाँ उनको लगातार अत्यन्त दुःख पहुँचाया जाता है। पर ये ग्रन्थ इतना कहने की दया तो करते हैं कि यह सब केवल कुछ काल के लिए ही रहता है। उस अवस्था में दुष्कर्मों का फल भोग लिया जाता है और भोग पूर्ण होने पर वे पुनः पृथ्वी पर आकर नया अवसर प्राप्त करते हैं। अतएव, यह मनुष्य-शरीर एक महान् अवसर है। यह शरीर कर्मयोनि कहलाता है, जहाँ हम अपने भाग्य का निर्माण करते हैं। हम एक महान् वृत्त में दौड़ रहे हैं और उस वृत्त में यही एक बिन्दु है, जो हमारे भविष्य का निर्णायक है। अतः यह मनुष्य-शरीर ही सबसे बढ़कर समझा जाता है; मनुष्य देवों से भी बढ़कर है।

यहाँ तक हुआ शुद्ध और सरल द्वैतवाद। इसके पश्चात् उच्चतर वेदान्ती तत्त्वज्ञान सामने आता है। उसका कहना है कि ऐसा नहीं हो सकता। इस विश्व का उपादान-कारण तथा निमित्त-कारण, दोनों ईश्वर ही हैं। यदि तुम कहते हो कि ईश्वर एक असीम पुरुष है, जीवात्मा भी असीम है और प्रकृति भी असीम है, तब तो तुम असीमों की संख्या अनन्त रूप से बढ़ा रहे हो, जो सर्वथा असंगत है; तुम समस्त तर्कशास्त्र को चकनाचूर करते हो। अतः ईश्वर ही इस विश्व का उपादान तथा निमित्त, दोनों प्रकार का कारण है, वह इस विश्व को अपने में से ही बाहर प्रकट करता है। तब यह कैसी बात है कि ईश्वर ही ये दीवालें और यह मेज बन गया है; ईश्वर ही शूकर, हत्यारा और जो कुछ इस संसार में अशुभ वस्तुएँ हैं, वह सब बन गया है? हम कहते हैं कि ईश्वर पवित्र है। तब भला वह ये सब भ्रष्ट वस्तुएँ कैसे बन सकता है? हमारा उत्तर यह है कि ठीक वैसे ही, जैसे मैं एक आत्मा हूँ और मेरे एक शरीर है, और एक दृष्टि से यह शरीर मुझसे भिन्न नहीं है, तो भी मैं—सच्चा मैं—यथार्थ में शरीर नहीं हूँ। उदाहरणार्थ, मैं कहता हूँ—मैं बालक हूँ, युवक हूँ, या वृद्ध हूँ, पर मेरी आत्मा में कोई परिवर्तन नहीं होता। आत्मा तो वही बनी रहती है। उसी प्रकार यह समस्त विश्व अपने अन्तर्भुक्त समग्र प्रकृति और असंख्य आत्माओं के साथ मानो ईश्वर का अनन्त शरीर है। वह इस सम्पूर्ण विश्व में ओतप्रोत है। अकेला वही अपरिवर्तनशील है, पर प्रकृति तो बदलती रहती है और आत्माएँ भी। प्रकृति और जीवात्मा के परिवर्तन का उस ईश्वर पर कोई परिणाम नहीं होता। प्रकृति किस प्रकार बदलती है? अपने रूपों में; वह नए-नए रूप धारण करती है। पर आत्मा उस तरह नहीं बदलती। आत्मा ज्ञान की न्यूनाधिकता से ही घटती और बढ़ती है। दुष्कर्मों से आत्मा संकुचित हो जाती है। ऐसे कर्म, जो आत्मा के यथार्थ स्वाभाविक ज्ञान तथा पवित्रता को घटाते हैं, दुष्कर्म कहे जाते हैं। और वे कर्म, जो आत्मा की स्वाभाविक महिमा को प्रकट करते हैं, सत्कर्म कहे जाते हैं। ये सभी आत्माएँ शुद्ध थीं, पर वे संकुचित हो गई हैं; ईश्वर की दया से और सत्कर्म करने से वे पुनः विकसित होकर अपनी सहज शुद्धता को प्राप्त कर लेंगी। हर एक

को समान अवसर प्राप्त है और अन्त में प्रत्येक का उद्धार होना निश्चित है। पर इस विश्व का अन्त नहीं होगा; क्योंकि वह तो सनातन है। यह दूसरा मत है। पहला मत द्वैतवाद कहा जाता है। दूसरे मत में यह धारणा है कि ईश्वर, आत्मा और प्रकृति, ये तीनों हैं, तथा आत्मा और प्रकृति ईश्वर के शरीर हैं और इसलिए ये तीनों मिलकर एक इकाई का निर्माण करते हैं। यह दूसरा मत आध्यात्मिक विकास की उच्चतर अवस्था सूचित करता है और इसका नाम है 'विशिष्टाद्वैत'। द्वैतवाद में विश्व ईश्वर-संचालित एक बड़ा यंत्र माना गया है और विशिष्टद्वैत में वह एक ऐसा शरीर माना गया है, जिसमें परमात्मा ओतप्रोत है।

सबसे अन्त में अद्वैतवादी हैं। वे भी यह प्रश्न उठाते हैं कि ईश्वर ही इस विश्व का उपादान तथा निमित्त, दोनों कारण होना चाहिए। इस तरह, ईश्वर ही यह सम्पूर्ण विश्व बन गया है, इस बात को अस्वीकार नहीं किया जा सकता, पर जब ये दूसरे लोग कहते हैं कि ईश्वर आत्मा है और विश्व उसका शरीर, तथा यह शरीर परिवर्तनशील है, पर ईश्वर परिवर्तनरहित है—अद्वैतवादी कहते हैं, यह सब नूर्खता है। इस स्थिति में ईश्वर को इस विश्व का उपादान-कारण कहने का क्या अर्थ है ? कार्यरूप धारण करनेवाला कारण ही उपादान-कारण है; कार्य और कुछ नहीं, वरन् कारण का ही दूसरा रूप है। जहाँ कहीं तुम्हें कार्य दिखाई देता है, वह कारण की हो पुनरावृत्ति है। अत: यदि यह विश्व कार्य है और ईश्वर कारण, तो विश्व को ईश्वर की ही पुनरावृत्ति होनी चाहिए। यदि तुम कहो कि यह विश्व ईश्वर का शरीर है और यह शरीर संकुचित एवं सूक्ष्म होकर कारण बन जाता है तथा उसी में से इस विश्व का विकास होता है, तो इस पर अद्वैतवादी कहते हैं कि स्वयं ईश्वर ही यह विश्व बन गया है। अब यहाँ एक बहुत सूक्ष्म प्रश्न उठता है। यदि यह ईश्वर ही यह विश्व बन गया है, तो तुम और ये सभी चीजें ईश्वर ही हैं। निश्चय ही। यह पुस्तक ईश्वर है, प्रत्येक वस्तु ईश्वर है। मेरा शरीर ईश्वर है, मेरा मन ईश्वर है और मेरी आत्मा भी ईश्वर है। तब फिर जीवों का यह नानात्व क्यों है ? क्या ईश्वर करोड़ों जीवों में बँट गया है ? क्या वह एक ईश्वर करोड़ों जीवों में परिणत हो जाता है ? तब यह फिर कैसे हुआ ? वह अनन्त शक्ति और सत्ता, वह एकमेव विश्वात्मा विभाजित कैसे हो गई। अनन्त के खंड करना असम्भव है। वह विशुद्ध चिदात्मा इस विश्व में कैसे परिणत हो सकती है ? और यदि वह विश्व में परिणत हुई है, तब तो वह परिवर्तनशील है। यदि वह परिवर्तनशील है, तो वह प्रकृति का अंश है; और जो कुछ भी प्रकृति है, परिवर्तनशील है, वह तो जन्म लेता और मरता है। यदि हमारा ईश्वर परिवर्तनशील है, तो वह एक दिन अवश्य मरेगा। इस बात को ध्यान में रखो। पुनश्च, ईश्वर का कितना अंश यह विश्व बन गया है ? यदि तुम कहो 'क' (बीजगणित का अज्ञात परिणाम), तब तो ईश्वर अब 'ईश्वर ऋण क' है और इसलिए वह वही ईश्वर नहीं है, जैसा कि इस सृष्टि के पूर्व था, क्योंकि उतना ईश्वर यह सृष्टि बन गया है।

अत: अद्वैतवादी कहते हैं, ''इस विश्व का कोई निरपेक्ष अस्तित्व ही नहीं है; यह सब माया, मिथ्या है। यह सम्पूर्ण विश्व, ये देवगण, ये देवदूत, जन्म और मरण के चक्र में पड़े हुए ये सारे प्राणी तथा उन्नत और अवनत होते हुए ये असंख्य जीवात्माएँ—सभी के सभी स्वप्नमय हैं।''‘जीव’ नामक कोई वस्तु है ही नहीं। नानात्व भला कैसे हो सकता है? है केवल एक अद्वितीय अनन्त सत्ता ही। जैसे एक ही सूर्य विभिन्न जलाशयों में प्रतिबिम्बित होकर अनेक भासता है और जल के करोड़ों बुलबुले करोड़ों सूर्य का प्रतिबिम्ब प्रकट करते हैं तथा प्रत्येक बुलबुले में सूर्य का पूर्ण प्रतिबिम्ब रहता है तथापि वास्तव में सूर्य तो एक ही है, उसी प्रकार ये सब जीव भिन्न-भिन्न मनों में प्रतिबिम्ब ही हैं। ये विभिन्न मन अनेकों बुलबुलों के समान उसी एक आत्मा को प्रतिबिम्बित करते हैं। ईश्वर ही इन सब भिन्न-भिन्न जीवों में प्रतिबिम्बित हो रहा है। स्वप्न किसी सत्य वस्तु के बिना नहीं हो सकता और वह अनन्त सत्ता ही वह सत्य वस्तु है। तुम शरीर, मन या जीवात्मा के रूप में स्वप्नमय हो, तुम्हारा यथार्थ स्वरूप तो वही सत्, चित् और आनन्द का है। तुम्हीं इस विश्व के ईश्वर हो। तुम्हीं सम्पूर्ण विश्व को प्रकट कर रहे हो और अपने में लय कर रहे हो। अद्वैतवादियों का यही सिद्धान्त है। अत: ये सब जन्म और पुनर्जन्म, आना और जाना, सभी मायिक कल्पना मात्र हैं। तुम तो अनन्त हो। तुम भला कहाँ जा सकते हो? सूर्य, चन्द्र और समस्त विश्व तुम्हारे इन्द्रियातीत स्वरूपसागर में बिन्दु मात्र हैं। तुम्हारा जन्म और मरण कैसे हो सकता है? मैंने कभी जन्म नहीं लिया, न कभी लूँगा। मेरे न कभी पिता थे, न माता ही, न मित्र, न शत्रु; क्योंकि मैं तो सत-चित्-आनन्दस्वरूप हूँ। सोऽहम्, सोऽहम्। तब इस दार्शनिक मत के अनुसार अन्तिम ध्येय क्या है? यही कि, जो यह ज्ञान प्राप्त कर लेते हैं, वे विश्व के साथ एक हो जाते हैं। उनके लिए समस्त स्वर्ग, यहाँ तक कि ब्रह्मलोक भी विनष्ट हो जाता है, सारा स्वप्न दूर हो जाता है और वे अपने को विश्व का अनादि-अनन्त ईश्वर पाते हैं। वे अपने अनन्त ज्ञान एवं आनन्दस्वरूप यथार्थ व्यक्तित्व की प्राप्ति कर लेते हैं और मुक्त हो जाते हैं। क्षुद्र वस्तुओं में सुख-भोग की इच्छा का अन्त आ जाता है। हम आज इस छोटे-से शरीर और क्षुद्र व्यक्तित्व में ही आनन्द मानते हैं। तब वह आनन्द कितना अधिक न होगा, जब यह समस्त विश्व मेरा शरीर हो जाएगा। यदि एक शरीर में सुख है, तो जब सभी शरीर मेरे हैं, तब कितना अधिक सुख न होगा! तभी मुक्ति प्राप्त होती है। यही अद्वैत वेदान्त का सिद्धान्त है।

वेदान्त दर्शन ने ये ही तीन श्रेणियाँ निर्धारित की हैं और हम उससे आगे नहीं बढ़ सकते; क्योंकि हम एकत्व के परे कैसे जा सकते हैं? जब कोई विज्ञान एकत्व तक पहुँच जाता है, तब वह किसी भी उपाय से और आगे नहीं बढ़ सकता। इस निरपेक्ष सत्ता या तुरीय के परे तुम नहीं जा सकते।

इस अद्वैत दर्शन को सभी मनुष्य ग्रहण नहीं कर सकते। यह कठिन है। सबसे पहले तो वह बुद्धि द्वारा समझने के लिए बहुत कठिन है। उसके लिए अत्यन्त तीक्ष्ण

बुद्धि, साहसिक विवेक चाहिए। दूसरी बात यह है कि वह अधिकांश जनसमुदाय के अनुकूल नहीं है। इसीलिए ये तीन श्रेणियाँ हैं। प्रथम श्रेणी से आरम्भ करो। उसको अच्छी तरह सोच-विचारकर समझ लेने पर द्वितीय श्रेणी आपसे आप खुल जाएगी। जैसे एक जाति आगे बढ़ती है, वैसे ही व्यक्ति को भी आगे बढ़ना पड़ता है। धार्मिक विचार के अत्युच्च शिखरों तक पहुँचने में मानव-जाति ने जिस क्रम को ग्रहण किया है, वही क्रम प्रत्येक व्यक्ति को ग्रहण करना होगा। अन्तर यही है कि जहाँ मानव-जाति को एक श्रेणी से दूसरी श्रेणी में पहुँचने के लिए लाखों वर्ष लगे हैं, वहाँ पर व्यक्ति मानव-जाति का समग्र जीवन अपेक्षाकृत बहुत स्वल्प अवधि में व्यतीत कर लेगा। परन्तु हम में से प्रत्येक को इन श्रेणियों में से होकर जाना होगा। तुम में से जो अद्वैतवादी हैं, वे अपने जीवन के उस काल की ओर लौटकर देखें, जब तुम कट्टर द्वैतवादी थे। ज्यों ही तुम सोचते हो कि तुम शरीर और मन हो, त्यों ही तुमको यह सम्पूर्ण स्वप्न ग्रहण करना होगा। यदि तुम उसके एक अंश को ग्रहण करते हो, तो तुमको उसे सम्पूर्ण रूप से ग्रहण करना होगा। जो मनुष्य कहता है कि देखो, यह संसार है, पर ईश्वर (सगुण) नहीं है, वह मूर्ख है; क्योंकि यदि सृष्टि है, तो उसका कारण तो रहेगा ही, और वही कारण 'ईश्वर' कहलाता है। कारण को बिना जाने तुम्हें कोई कार्य नहीं मिल सकता। ईश्वर तभी विलुप्त हो सकता है, जब इस संसार का लोप हो जाए। तब तुम ईश्वर (निर्गुण) हो जाओगे और तुम्हारे लिए यह संसार न रह जाएगा। जब तक 'मैं शरीर हूँ', ऐसा स्वप्न तुममें बना हुआ है, तब तक तुम अपने को जन्म लेनेवाला और मरनेवाला ही पाओगे। पर ज्यों ही वह स्वप्न भंग हो जाएगा, त्यों ही यह स्वप्न भी भंग हो जाएगा कि तुम जन्म लेते हो और मरते हो, और साथ ही यह स्वप्न भी कि इस विश्व का अस्तित्व है। वही वस्तु जो आज हमें विश्व के रूप में दीख रही है, ईश्वर (परब्रह्म) दिखाई देगी और वही ईश्वर, जो इतने दीर्घ काल तक बाहर प्रतीत होता था, अब अन्तःस्थ, अपनी स्वयं आत्मा ही प्रतीत होगा।

ईश्वर का दार्शनिक विवेचन

ईश्वर कौन है? 'जिससे विश्व का जन्म, स्थिति और प्रलय होता है',[1] वही ईश्वर है। वह 'अनन्त, शुद्ध, नित्य मुक्त, सर्वशक्तिमान, सर्वज्ञ, परम कारुणिक और गुरुओं का भी गुरु है,' और सर्वोपरि, 'वह ईश्वर अनिर्वचनीय प्रेमस्वरूप है।'[2] ये सारी परिभाषाएँ निश्चय ही सगुण ईश्वर की हैं। तो क्या ईश्वर दो हैं? एक सच्चिदानन्दस्वरूप, जिसे ज्ञानी 'नेति-नेति' करके प्राप्त करता है और दूसरा, भक्त का यह प्रेममय भगवान्? नहीं, वह सच्चिदानन्द ही यह प्रेममय भगवान् है, वह सगुण और निर्गुण, दोनों है। यह सदैव ध्यान में रखना चाहिए कि भक्त का उपास्य सगुण ईश्वर, ब्रह्म से भिन्न अथवा पृथक् नहीं है। सब कुछ वही एकमेवा-द्वितीय ब्रह्म है। पर हाँ, ब्रह्म का यह निर्गुण निरपेक्ष स्वरूप अत्यन्त सूक्ष्म होने के कारण प्रेम एवं उपासना के योग्य नहीं। इसीलिए भक्त ब्रह्म के सापेक्ष भाव अर्थात् परम नियन्ता ईश्वर को ही उपास्य के रूप में ग्रहण करता है। उदाहरणार्थ, ब्रह्म मानो मिट्टी या उपादान के सदृश है, जिससे नाना प्रकार की वस्तुएँ निर्मित हुई हैं। मिट्टी के रूप में तो वे सब एक हैं, पर उनका आकार या अभिव्यक्ति उन्हें भिन्न कर देती है। उत्पत्ति के पूर्व वे सबकी सब मिट्टी में अव्यक्त भाव से विद्यमान थीं। उपादान की दृष्टि से अवश्य वे सब एक हैं, पर जब वे भिन्न-भिन्न आकार धारण कर लेती हैं और जब तक वह आकार बना रहता है, तब तक वे पृथक्-पृथक् ही प्रतीत होती हैं। एक मिट्टी का चूहा कभी मिट्टी का हाथी नहीं हो सकता, क्योंकि गढ़ जाने के बाद उनकी आकृति ही उनमें विशेषत्व पैदा कर देती है, यद्यपि आकृतिहीन मिट्टी की दशा में वे दोनों एक ही थे। ईश्वर उस निरपेक्ष सत्ता की उच्चतम अभिव्यक्ति है, या दूसरे शब्दों में मानव-मन निरपेक्ष सत्य की जो उच्चतम धारणा कर सकता है, वही ईश्वर है। सृष्टि अनादि है, और उसी प्रकार ईश्वर भी अनादि है।

वेदान्त-सूत्र के चतुर्थ अध्याय के चतुर्थ पाद में यह वर्णन करने के पश्चात् कि मुक्ति-लाभ के उपरान्त मुक्तात्मा एक प्रकार से अनन्त शक्ति और ज्ञान प्राप्त करती है, व्यासदेव एक दूसरे सूत्र में कहते हैं, ''पर किसी को सृष्टि, स्थिति और प्रलय की

---

1. जन्माद्यस्य यतः ॥ ब्रह्मसूत्र ॥ 1 । 1 । 2 ॥
2. स ईश्वर अनिर्वचनीयप्रेमस्वरूपः ।

शक्ति प्राप्त नहीं होगी'', क्योंकि यह शक्ति केवल ईश्वर की ही है।[1] इस सूत्र की व्याख्या करते समय द्वैतवादी भाष्यकारों के लिए यह दर्शाना सरल है कि परतंत्र जीव के लिए ईश्वर की अनन्त शक्ति और पूर्ण स्वतंत्रता प्राप्त करना नितान्त असम्भव है। कट्टर द्वैतवादी भाष्यकार मध्वाचार्य ने वराहपुराण से एक श्लोक लेकर इस श्लोक की व्याख्या अपनी पूर्व परिचित संक्षिप्त शैली में की है।

इसी सूत्र की व्याख्या करते हुए भाष्यकार रामानुज कहते हैं, ''ऐसा संशय उपस्थित होता है कि मुक्तात्मा को जो शक्ति प्राप्त होती है, उसमें क्या परम पुरुष की जगत्सृष्टि आदि रूप असाधारण शक्ति और सर्वनियन्तृत्व भी अन्तर्भूत हैं? या कि, उसे यह शक्ति नहीं मिलती, और उसका गौरव केवल परम पुरुष का साक्षात् दर्शन भर प्राप्त करना है? तो इस पर पूर्व पक्ष यह उपस्थित होता है कि मुक्तात्मा का जगन्नियन्तृत्व प्राप्त करना युक्तियुक्त है; क्योंकि शास्त्र का कथन है, 'वह शुद्धरूप होकर (परम पुरुष के साथ) परम एकत्व प्राप्त कर लेता है' (मुंडकोपनिषद्, 3।1।3)। अन्य स्थान पर यह भी कहा गया है कि उसकी समस्त वासना पूर्ण हो जाती है। अब बात यह है कि परम एकत्व और सारी वासनाओं की पूर्ति परम पुरुष की असाधारण शक्ति जगन्नियन्तृत्व बिना सम्भव नहीं। इसलिए जब हम यह कहते हैं कि उसकी सब वासनाओं की पूर्ति हो जाती है तथा उसे परम एकत्व प्राप्त हो जाता है, तो हमें यह मानना ही चाहिए कि उस मुक्तात्मा को जगन्नियन्तृत्व की शक्ति प्राप्त हो जाती है। इस सम्बन्ध में हमारा उत्तर यह है कि मुक्तात्मा को जगन्नियन्तृत्व के अतिरिक्त अन्य सब शक्तियाँ प्राप्त हो जाती हैं। जगन्नियन्तृत्व का अर्थ है—विश्व के सारे स्थावर और जंगम के रूप, उनकी स्थिति और वासनाओं का नियन्तृत्व। पर मुक्तात्माओं में यह जगन्नियन्तृत्व की शक्ति नहीं रहती, उनकी परमात्मदृष्टि का आवरण अवश्य दूर हो जाता है और उन्हें ब्रह्म की अबाध अनुभूति हो जाती है। यह शास्त्र द्वारा सिद्ध होता है। शास्त्र कहते हैं, ''जिससे यह समुदय उत्पन्न होता है, जिसमें यह समुदय स्थित रहता है और जिसमें प्रलय काल में यह समुदय लीन हो जाता है, तू उसी को जानने की इच्छा कर—वही ब्रह्म है।' यदि यह जगन्नियन्तृत्व-शक्ति मुक्तात्माओं का भी एक साधारण गुण होता, तो उपर्युक्त श्लोक फिर ब्रह्म की परिभाषा नहीं हो सकता, क्योंकि उसके जगन्नियन्तृत्व-गुण से ही उसका लक्षण प्रतिपादित हुआ है। असाधारण गुणों के द्वारा ही किसी वस्तु की परिभाषा होती है। अत: इस प्रकार के वाक्यों द्वारा ही उसकी परिभाषा होती है—'वत्स, आदि में एकमेवाद्वितीय ब्रह्म ही था। उसमें इस विचार का स्फुरण हुआ कि मैं बहु सृजन करूँगा। उसने तेज की सृष्टि की।' 'आदि में केवल एक ब्रह्म ही था। वह एक विकसित होने लगा। उससे क्षत्र नामक एक सुन्दर रूप प्रकट हुआ। वरुण, सोम, रुद्र, पर्जन्य, यम, मृत्यु, ईशान—ये सब देवता क्षत्र हैं।' 'पहले आत्मा ही थी; अन्य कुछ भी स्पंदमान नहीं था। उसे सृष्टि-सृजन का विचार आया

1. जगद्व्यापारवर्जं प्रकरणादसन्निहितत्वाच्च ॥ ब्रह्मसूत्र ॥ 4।4।17।

और फिर उसने सृष्टि कर डाली।' 'एकमात्र नारायण ही था, न ब्रह्मा, न ईशान, न द्यावा-पृथ्वी, नक्षत्र, जल, अग्नि, सोम और न सूर्य। अकेले उसे आनन्द न आया। ध्यान के अनन्तर उसके एक कन्या हुई—दश-इन्द्रिय।' 'जो पृथ्वी में वास करते हुए भी पृथ्वी से अलग हैं,... जो आत्मा में रहते हुए...इत्यादि।' इनमें श्रुतियों ने परम पुरुष को जगत् के नियंतृत्व का कर्ता माना है। जगत् के नियंतृत्व के इन वर्णनों में मुक्तात्मा का ऐसा कोई स्थान नहीं है, जिससे जगन्नियंतृत्व का कार्य उसमें स्थापित हो सके।''[1]

दूसरे सूत्र की व्याख्या करते हुए रामानुज कहते हैं, ''यदि तुम कहो कि ऐसा नहीं है, वेदों में तो ऐसे अनेक श्लोक हैं, जो इसका खंडन करते हैं, तो, वास्तव में वेदों के उन-उन स्थानों पर केवल निम्न देवलोकों के सम्बन्ध में ही मुक्तात्मा का ऐश्वर्य वर्णित है।''[2] यह भी एक सरल समाधान है। यद्यपि रामानुज समष्टि की एकता स्वीकार करते हैं, तथापि उनके मतानुसार इस समष्टि के भीतर नित्य भेद हैं। अतएव, यह मत भी लगभग द्वैतभावात्मक होने के कारण, जीवात्मा और सगुण ब्रह्म (ईश्वर) में भेद बनाए रखना रामानुज के लिए सरल था।

अब इस सम्बन्ध में प्रसिद्ध अद्वैतवादी का क्या कहना है, यह समझने का प्रयत्न करें। हम देखेंगे कि अद्वैत मत द्वैत की समस्त आशाओं और स्पृहाओं को किस प्रकार अक्षुण्ण रखता है, और दिव्य मानवता के परमोच्च भविष्य के साथ सामंजस्य रखते हुए समस्या का अपना समाधान प्रस्तुत करता है। जो व्यक्ति मुक्ति-लाभ के बाद भी अपने व्यक्तित्व की रक्षा के इच्छुक हैं—उन्हें अपनी आकांक्षा को चरितार्थ करने और सगुण ब्रह्म का आनन्द प्राप्त करने का यथेष्ट अवसर मिलेगा। ऐसे लोगों के बारे में भागवत पुराण में कहा है, ''हे राजन्, हरि के गुण ही ऐसे हैं कि समस्त बन्धनों से मुक्त आत्माराम ऋषि-मुनि भी भगवान् की अहैतुकी भक्ति करते हैं।''[3] सांख्य में इन्हीं लोगों को इस कल्प में प्रकृतिलीन कहा गया है; सिद्धि-लाभ के अनन्तर से ही दूसरे कल्प में विभिन्न जगतों के प्रभुओं के रूप में प्रकट होते हैं। किन्तु इनमें से कोई भी कभी ईश्वर-तुल्य नहीं हो पाता। जो ऐसी अवस्था को प्राप्त हो गए हैं, जहाँ न सृष्टि है, न सृष्ट, न स्रष्टा, जहाँ न ज्ञाता है, न ज्ञान और न ज्ञेय, जहाँ न 'मैं' है, न 'तुम' और न 'वह', जहाँ न प्रमाता है, न प्रमेय और न प्रमाण, जहाँ 'कौन किसको देखे'—वे पुरुष सबसे अतीत हो गए हैं और वहाँ पहुँच गए हैं, जहाँ 'न वाणी पहुँच सकती है, न मन' और जिसे श्रुति 'नेति, नेति' कहकर पुकारती है। परन्तु जो इस अवस्था की प्राप्ति नहीं कर सकते, अथवा जो उसकी इच्छा नहीं करते, वे उस एक अविभक्त ब्रह्म को प्रकृति, आत्मा और इन दोनों में ओतप्रोत एवं इनके आश्रयस्वरूप ईश्वर—

---

1. ब्रह्मसूत्र, रामानुज भाष्य ॥ 4 । 4 । 17 ॥
2. द्र. ब्रह्मसूत्र 4 । 4 । 18 का रामानुज भाष्य।
3. आत्मारामाश्च मुनयो निर्ग्रंथा अप्युरुक्रमे।
   कुर्वन्त्यहैतुकीं भक्ति इत्थंभूतगुणा हरिः ॥ श्रीमद्भागवत ॥ 1 । 7 । 10 ॥

इस त्रिधा विभक्त रूप में देखेंगे। जब प्रह्लाद अपने आपको भूल गए, तो उनके लिए न तो सृष्टि रही और न उसका कारण; रह गया केवल नाम-रूप से अविभक्त एक अनन्त तत्त्व। पर ज्यों ही उन्हें यह बोध हुआ कि मैं प्रह्लाद हूँ, त्यों ही उनके सम्मुख जगत् और कल्याणमय अनन्त गुणागार जगदीश्वर प्रकाशित हो गए। यही अवस्था बड़भागी गोपियों की भी हुई थी। जब तक वे 'अहं'-ज्ञान से शून्य थीं, तब तक वे सभी कृष्ण हो गई थीं। पर जैसे ही उन्होंने कृष्ण को उपास्य-रूप में देखा, वे फिर से गोपी की गोपी हो गईं, और तब तत्काल 'उनके सम्मुख पीताम्बरधारी, माल्यविभूषित, साक्षात् मन्मथ के भी मन को मथ देनेवाले मृदु हास्यरंजित कमलमुख श्री कृष्ण प्रकट हो गए।'[1]

अब हम आचार्य शंकर की ओर फिर आते हैं। वे कहते हैं, ''अच्छा, जो लोग सगुण ब्रह्मोपासना के बल से परमेश्वर के साथ एक हो जाते हैं, पर साथ ही जिनका मन अपना पृथक् अस्तित्व बनाए रखता है, उनका ऐश्वर्य ससीम होता है या असीम ? यह संशय आने पर पूर्व पक्ष उपस्थित होता है कि उनका ऐश्वर्य असीम है, क्योंकि शास्त्रों का कथन है, 'उन्हें स्वराज्य प्राप्त हो जाता है', 'सब देवता उनकी पूजा करते हैं', 'सारे लोकों में उनकी कामनाएँ पूर्ण हो जाती हैं।' इसके उत्तर में व्यास कहते हैं, 'हाँ, जगत् के नियंत्रण की शक्ति को छोड़कर।' मुक्तात्मा को सृष्टि, स्थिति और प्रलय की शक्ति के अतिरिक्त अन्य सब अणिमादि शक्तियाँ प्राप्त हो जाती हैं। रहा जगत् का नियन्तृत्व, वह तो केवल नित्य सिद्ध ईश्वर का होता है। कारण कि शास्त्रों में जहाँ-जहाँ पर सृष्टि आदि का प्रसंग आया है, उन सभी स्थानों में ईश्वर की ही बात कही गई है। वहाँ पर मुक्तात्माओं की कोई चर्चा नहीं है। जगत् के परिचालन में केवल उसी परमेश्वर का हाथ है। सृष्टि आदि सम्बन्धी सारे श्लोक उसी का निर्देश करते हैं। फिर 'नित्य सिद्ध' विशेषण भी दिया गया है। शास्त्र यह भी कहते हैं कि अन्य जनों की अणिमादि शक्तियाँ ईश्वर की उपासना तथा ईश्वर के अन्वेषण से ही प्राप्त होती हैं। अतएव, जगन्नियन्तृत्व में उन लोगों का कोई स्थान नहीं। इसके अतिरिक्त वे अपने-अपने चित्त से युक्त रहते हैं, इसलिए यह सम्भव है कि उनकी इच्छाएँ अलग-अलग हों। हो सकता है कि एक सृष्टि की इच्छा करे, तो दूसरा प्रलय की। यह द्वन्द्व दूर करने का एकमात्र उपाय यही है कि वे सब इच्छाएँ अन्य किसी एक इच्छा के अधीन कर दी जाएँ। अतः निष्कर्ष यह निकला कि मुक्तात्माओं की इच्छाएँ परमेश्वर की इच्छा के अधीन हैं।''[2]

अतएव भक्ति केवल सगुण ब्रह्म के प्रति की जा सकती है। 'जिनका मन अव्यक्त में आसक्त है, उनके लिए मार्ग अधिक कठिन होता है।'[3] हमारी प्रकृति के प्रवाह पर

---

1. तासामाविरभूच्छौरिः स्मयमानमुखाम्बुजः।
पीताम्बरधरः स्रग्वी साक्षात् मन्मथमन्मथः॥ श्रीमद्भागवत॥ 10। 32। 2॥
2. ब्रह्मसूत्र, शांकर भाष्य ॥4।4।17॥
3. क्लेशोऽधिकतरस्तेषामव्यक्तासक्तचेतसाम् ॥गीता॥12 ।5॥

ही भक्ति निर्विघ्न सन्तरण करती रह सकती है। यह सत्य है कि हम ब्रह्म के सम्बन्ध में कोई ऐसी धारणा नहीं बना सकते, जो मानवीय लक्षणों से युक्त न हो। पर क्या यही बात हमारे द्वारा ज्ञात प्रत्येक वस्तु के सम्बन्ध में भी सत्य नहीं है? संसार के सर्वश्रेष्ठ मनोवैज्ञानिक भगवान् कपिल ने युगों पूर्व यह सिद्ध कर दिया था कि हमारे समस्त बाह्य और आन्तरिक विषय-ज्ञानों और धारणाओं में मानवीय चेतना एक उपादान है। अपने शरीर से लेकर ईश्वर तक यदि हम विचार करें, तो प्रतीत होगा कि हमारी प्रत्यक्षानुभूति की प्रत्येक वस्तु दो बातों का मिश्रण है—एक है यह मानवीय चेतना और दूसरी है एक अन्य वस्तु—यह अन्य वस्तु जो भी हो। इस अनिवार्य मिश्रण को ही हम साधारणतया 'सत्य' समझा करते हैं। और सचमुच, आज या भविष्य में, मानव-मन के लिए सत्य का ज्ञान जहाँ तक सम्भव है, वह इसके अतिरिक्त और अधिक कुछ नहीं। अतएव यह कहना कि ईश्वर मानव धर्मवाला होने के कारण असत्य है, निरी मूर्खता है। यह बहुत कुछ पाश्चात्य आदर्शवाद (idealism) और यथार्थवाद (realism) के झगड़े के सदृश है। यह सारा झगड़ा केवल इस 'सत्य' शब्द के उलट-फेर पर आधारित है। 'सत्य' शब्द से जितने भाव सूचित होते हैं, वे समस्त भाव 'ईश्वरभाव' में आ जाते हैं। ईश्वर उतना ही सत्य है, जितनी विश्व की अन्य कोई वस्तु। और वास्तव में, 'सत्य' शब्द यहाँ पर जिस अर्थ में प्रयुक्त हुआ है, उससे अधिक 'सत्य' शब्द का और कोई अर्थ नहीं। यही हमारी ईश्वर सम्बन्धी दार्शनिक धारणा है।

संक्षेप में राजयोग

यह निम्नांश कूर्मपुराण के एकादश अध्याय से मुक्त अनूदित राजयोग का संक्षिप्त विवरण है :

योगाग्नि मनुष्य के पाप-पिंजर को दग्ध कर देतो है। तब सत्त्वशुद्धि होती है और साक्षात् निर्वाण की प्राप्ति होती है। योग से ज्ञान-लाभ होता है; ज्ञान फिर योगी की मुक्ति के पथ का सहायक है। जिनमें योग और ज्ञान, दोनों ही वर्तमान हैं, ईश्वर उनके प्रति प्रसन्न होता है। जो लोग प्रतिदिन एक बार, दो बार, तीन बार या सारे समय महायोग का अभ्यास करते हैं, उन्हें देवता समझना चाहिए। योग दो प्रकार के हैं; जैसे—अभावयोग और महायोग। जब शून्य तथा सब प्रकार के गुण से रहित रूप से अपना चिन्तन किया जाता है, तब उसे अभावयोग कहते हैं। और जिस योग के द्वारा आत्मा का आनन्दपूर्ण, पवित्र और ब्रह्म के साथ अभिन्न रूप से चिन्तन किया जाता है, उसे महायोग कहते हैं। योगी इनमें से प्रत्येक के द्वारा ही आत्म-साक्षात्कार कर लेते हैं। हम दूसरे जिन योगों के बारे में शास्त्रों में पढ़ते या सुनते हैं, वे सब योग इस उत्तम महायोग के—जिसमें योगी अपने को तथा सारे जगत् को साक्षात् भगवत् स्वरूप देखते हैं—साथ एक श्रेणी में शामिल नहीं हो सकते। यह सारे योगों में श्रेष्ठ है।

यम, नियम, आसन, प्राणायाम, प्रत्याहार, धारणा, ध्यान और समाधि, ये राजयोग के विभिन्न अंग या सोपान हैं। यम का अर्थ है—अहिंसा, सत्य, अस्तेय, ब्रह्मचर्य और अपरिग्रह। इस यम से चित्तशुद्धि होती है। शरीर, मन और वचन के द्वारा कभी किसी प्राणी की हिंसा न करना या उन्हें क्लेश न देना—यह अहिंसा कहलाता है। अहिंसा से बढ़कर और धर्म नहीं। मनुष्य के लिए जीव के प्रति यह अहिंसा-भाव रखने से अधिक और कोई उच्चतर सुख नहीं है। सत्य के द्वारा हम कर्म-फल के भागी होते हैं; सत्य से सब कुछ मिलता है; सत्य में सब कुछ प्रतिष्ठित है। यथार्थ कथन को ही सत्य कहते हैं। चोरी से या बलपूर्वक दूसरे की चीज को न लेने का नाम है अस्तेय। तन-मन-वचन से सर्वदा सब अवस्थाओं में मैथुन का त्याग ही ब्रह्मचर्य है। अत्यन्त कष्ट के समय में भी किसी मनुष्य से कोई उपहार ग्रहण न करने को अपरिग्रह कहते हैं। अपरिग्रह साधना का उद्देश्य यह है कि किसी से कुछ लेने से हृदय अपवित्र हो जाता है, लेनेवाला हीन हो जाता है, वह अपनी स्वतंत्रता खो बैठता है और बद्ध एवं आसक्त हो जाता है।

निम्नलिखित साधन भी योग में सफलता के लिए सहायक हैं और वे हैं नियम अर्थात् नियमित अभ्यास और व्रत-परिपालन। तप, स्वाध्याय, सन्तोष, शौच और ईश्वर-प्रणिधान—इन्हें नियम कहते हैं। व्रतोपवास या अन्य उपायों से देह-संयम करना शारीरिक तपस्या कहलाता है। वेद-पाठ या दूसरे किसी मंत्रोच्चारण को सत्त्वशुद्धिकर स्वाध्याय कहते हैं। मंत्र जपने के लिए तीन प्रकार के नियम हैं—वाचिक, उपांशु और मानस। वाचिक से उपांशु जप श्रेष्ठ है और उपांशु से मानस जप। जो जप इतने ऊँचे स्वर से किया जाता है कि सभी सुन सकते हैं, उसे वाचिक जप कहते हैं। जिस जप में ओठों का स्पन्दन मात्र होता है, पर पास रहनेवाला कोई मनुष्य सुन नहीं सकता, उसे उपांशु कहते हैं। और जिसमें किसी शब्द का उच्चारण नहीं होता, केवल मन-ही-मन जप किया जाता है और उसके साथ उस मंत्र का अर्थ स्मरण किया जाता है, उसे मानसिक जप कहते हैं। यह मानसिक जप ही सबसे श्रेष्ठ है। ऋषियों ने कहा है—शौच दो प्रकार के हैं, बाह्य और आभ्यन्तर। मिट्टी, जल या दूसरी वस्तुओं से शरीर को शुद्ध करना बाह्य शौच कहलाता है, जैसे—स्नानादि। सत्य एवं अन्यान्य धर्मों के पालन से मन की शुद्धि को आभ्यन्तर शौच कहते हैं। बाह्य और आभ्यन्तर, दोनों ही शुद्धि आवश्यक हैं। केवल भीतर पवित्र रहकर बाहर अशुचि रहने से शौच पूरा नहीं हुआ। जब कभी दोनों प्रकार के शौच का अनुष्ठान करना सम्भव न हो, तब आभ्यन्तर शौच का अवलम्बन ही श्रेयस्कर है। पर ये दोनों शौच हुए बिना कोई भी योगी नहीं बन सकता। ईश्वर की स्तुति, स्मरण और पूजा-अर्चनारूप भक्ति का नाम ईश्वर-प्रणिधान है।

यह तो यम और नियम के बारे में हुआ। उसके बाद है आसन। आसन के बारे में इतना ही समझ लेना चाहिए कि वक्षस्थल, ग्रीवा और सिर को सीधे रखकर शरीर को स्वच्छन्द भाव से रखना होगा। अब प्राणायाम के बारे में कहा जाएगा। प्राण का अर्थ है, अपने शरीर के भीतर रहनेवाली जीवनी-शक्ति, और आयाम का अर्थ है, उसका संयम। प्राणायाम तीन प्रकार के हैं—अधम, मध्यम और उत्तम। वह तीन भागों में विभक्त हैं, जैसे—पूरक, कुम्भक और रेचक। जिस प्राणायाम में 12 सेकंड तक वायु का पूरण किया जाता है, उसे अधम प्राणायाम कहते हैं। 24 सेकंड तक वायु का पूरण करने को मध्यम प्राणायाम और 36 सेकंड तक वायु का पूरण करने को उत्तम प्राणायाम कहते हैं। अधम प्राणायाम से पसीना, मध्यम प्राणायाम से कम्पन और उत्तम प्राणायाम से उच्छ्वास अर्थात् शरीर का हल्कापन एवं चित्त की प्रसन्नता होती है। गायत्री वेद का पवित्रतम मंत्र है। उसका अर्थ है, 'हम इस जगत् के जन्मदाता परम देवता के तेज का ध्यान करते हैं, वे हमारी बुद्धि में ज्ञान का विकास कर दें।' इस मंत्र के आदि और अन्त में प्रणव लगा हुआ है। एक प्राणायाम में गायत्री का तीन बार मन ही मन उच्चारण करना पड़ता है। प्रत्येक शास्त्र में कहा गया है कि प्राणायाम तीन अंशों में विभक्त है—जैसे, रेचक अर्थात् श्वास-त्याग, पूरक अर्थात् श्वास-ग्रहण और

कुम्भक अर्थात् स्थिति, धारण। अनुभव-शक्तियुक्त इन्द्रियाँ लगातार बहिर्मुखी होकर काम कर रही हैं और बाहर की वस्तुओं के सम्पर्क में आ रही हैं। उनको अपने वश में लाने को प्रत्याहार कहते हैं। अपनी ओर खींचना या आहरण करना—यही प्रत्याहार शब्द का प्रकृत अर्थ है।

हृत्कमल में या सिर के ठीक मध्य देश में या शरीर के अन्य किसी स्थान में मन को धारण करने का नाम है धारणा। मन को एक स्थान में संलग्न करके, फिर उस एकमात्र स्थान को अवलम्बनस्वरूप मानकर एक विशिष्ट प्रकार के वृत्ति-प्रवाह उठाए जाते हैं; दूसरे प्रकार के वृत्ति-प्रवाहों से उनको बचाने का प्रयत्न करते-करते वे प्रथमोक्त वृत्ति-प्रवाह क्रमशः प्रबल आकार धारण कर लेते हैं, और ये दूसरे वृत्ति-प्रवाह कम होते-होते अन्त में बिलकुल चले जाते हैं। फिर बाद में उन प्रथमोक्त वृत्तियों का भी नाश हो जाता है और केवल एक वृत्ति वर्तमान रह जाती है। इसे 'ध्यान' कहते हैं। और जब इस अवलम्बन की भी कोई आवश्यकता नहीं रह जाती, सम्पूर्ण मन जब एक तरंग के रूप में परिणत हो जाता है, तब मन की इस एकरूपता का नाम है समाधि। तब किसी विशेष प्रदेश या चक्रविशेष का अवलम्बन करके ध्यान-प्रवाह उत्थापित नहीं होता, केवल ध्येय वस्तु का भाव (अर्थ) मात्र अवशिष्ट रहता है। यदि मन को किसी स्थान में 12 सेकंड धारण किया जाए, तो उससे एक धारणा होगी; यह धारणा द्वादश गुणित होने पर एक ध्यान, और यह ध्यान द्वादश गुणित होने पर एक समाधि होगी।

सूखे पत्तों से ढकी हुई जमीन पर, चौराहे पर, अत्यन्त कोलाहलपूर्ण या डरावने स्थान में, दीमक के ढेर के समीप, अथवा जहाँ अग्नि या जल से किसी भय की आशंका हो, जहाँ जंगली जानवर हों, जो स्थान दुष्ट लोगों से भरा हो—ऐसे स्थानों में योग की साधना करनी उचित नहीं। यह व्यवस्था विशेषकर भारत के बारे में लागू होती है। जब शरीर अत्यन्त आलसी या बीमार मालूम होता हो अथवा जब मन अत्यन्त दुःखपूर्ण रहता हो, तब भी साधना नहीं करनी चाहिए। किसी गुप्त और निर्जन स्थान में जाकर साधना करो, जहाँ लोग तुम्हें बाधा पहुँचाने न आ सकें। अपवित्र जगह में बैठकर साधना मत करना, वरन् सुन्दर दृश्यवाले स्थान में या अपने घर की एक सुन्दर कोठरी में बैठकर साधना करना। साधना में प्रवृत्त होने के पहले समस्त प्राचीन योगियों, अपने गुरुदेव तथा भगवान् को प्रणाम करना और फिर साधना में प्रवृत्त होना।

ध्यान का विषय पहले ही कहा जा चुका है। अब ध्यान की कुछ प्रणालियाँ वर्णित की जाती हैं। सीधे बैठकर अपनी नाक के ऊपरी भाग पर दृष्टि रखो। तुम देखोगे कि उससे मन की स्थिरता में विशेष रूप से सहायता मिलती है। आँख के दो स्नायुओं को वश में लाने से प्रतिक्रिया के केन्द्रस्थल को काफी वश में लाया जा सकता है, अतः उससे इच्छा-शक्ति भी बहुत अधीन हो जाती है। अब ध्यान के कुछ प्रकार कहे जाते हैं। सोचो, सिर के ऊर्ध्व देश में एक कमल है, धर्म उसका मूलदेश है, ज्ञान उसकी

नाल है, योगी की अष्ट सिद्धियाँ उस कमल के आठ दलों के समान हैं और वैराग्य उसके अन्दर की कर्णिका है। जो योगी अष्ट सिद्धियाँ आने पर भी उनको छोड़ सकते हैं, वे ही मुक्ति प्राप्त करते हैं। इसीलिए अष्ट सिद्धियों का बाहर के आठ दलों के रूप में, तथा अन्दर की कर्णिका का परवैराग्य अर्थात् अष्ट सिद्धियाँ आने पर भी उनके प्रति वैराग्य के रूप में वर्णन किया गया है। इस कमल के अन्दर हिरण्मय, सर्वशक्तिमान, अस्पर्श, ओंकारवाच्य, अव्यक्त, किरणों से परिव्याप्त परम ज्योति का चिन्तन करो। उस पर ध्यान करो।

और एक प्रकार के ध्यान का विषय बताया जाता है : सोचो कि तुम्हारे हृदय में एक आकाश है, और उस आकाश के अन्दर अग्निशिखा के समान एक ज्योति उद्भासित हो रही है—उस ज्योतिशिखा का अपनी आत्मा के रूप में चिन्तन करो, फिर उस ज्योति के अन्दर और एक ज्योतिर्मय आकाश की भावना करो; वही तुम्हारी आत्मा की आत्मा है—परमात्मस्वरूप ईश्वर है। हृदय में उसका ध्यान करो। ब्रह्मचर्य, अहिंसा, महाशत्रु को भी क्षमा कर देना, सत्य, आस्तिक्य—ये सब विभिन्न व्रत हैं। यदि इन सबमें तुम सिद्ध न रहो, तो भी दुःखित या भयभीत मत होना। प्रयत्न करो, धीरे-धीरे सब हो जाएगा। विषय की लालसा, भय और क्रोध छोड़कर जो भगवान् के शरणागत हुए हैं, उनमें तन्मय हो गए हैं, जिनका हृदय पवित्र हो गया है, वे भगवान् के पास जो कुछ चाहते हैं, भगवान् उसी समय उसकी पूर्ति कर देता है। अतः ज्ञान, भक्ति या वैराग्य के माध्यम से उनकी उपासना करो।

'जो किसी से घृणा नहीं करते, जो सबके मित्र हैं, जो सबके प्रति करुणा-सम्पन्न हैं, जिनका अहंकार चला गया है, जो सदैव सन्तुष्ट हैं, जो सर्वदा योगयुक्त, यतात्मा और दृढ़ निश्चयवाले हैं, जिनका मन और बुद्धि मुझमें अर्पित हो गई है, वे ही मेरे प्रिय भक्त हैं। जिनसे लोग उद्विग्न नहीं होते, जो लोगों से उद्विग्न नहीं होते, जिन्होंने अतिरिक्त हर्ष, भय और उद्वेग त्याग दिया है, ऐसे भक्त ही मेरे प्रिय हैं। जो किसी का भरोसा नहीं करते, जो शुचि और दक्ष हैं, सुख और दुःख में उदासीन हैं, जिनका दुःख चला गया है, जो निन्दा और स्तुति में समभावापन्न हैं, मौनी हैं, जो कुछ पाते हैं, उसी में सन्तुष्ट रहते हैं, जिनका कोई निर्दिष्ट घर-बार नहीं, सारा जगत् ही जिनका घर है, जिनकी बुद्धि स्थिर है, ऐसे व्यक्ति ही मेरे प्रिय भक्त हैं।'[1] ऐसे व्यक्ति ही योगी हो सकते हैं।

नारद नामक एक महान् देवर्षि थे। जैसे मनुष्यों में ऋषि या बड़े-बड़े योगी रहते हैं, वैसे ही देवताओं में भी बड़े-बड़े योगी हैं। नारद भी वैसे ही एक अच्छे और अत्यन्त महान् योगी थे। वे सर्वत्र भ्रमण किया करते थे। एक दिन एक वन में से जाते हुए उन्होंने

1. गीता॥ 12। 13-19॥

देखा कि एक मनुष्य ध्यान में इतना मग्न है और इतने दिनों से एक ही आसन पर बैठा है कि उसके चारों ओर दीमक का ढेर लग गया है। उसने नारद से पूछा, ''प्रभो, आप कहाँ जा रहे हैं?'' नारद जी ने उत्तर दिया, ''मैं बैकुंठ जा रहा हूँ।'' तब उसने कहा, ''अच्छा, आप भगवान् से पूछते आएँ, वे मुझ पर कब कृपा करेंगे, मैं कब मुक्ति प्राप्त करूँगा।'' फिर कुछ दूर और जाने पर नारद जी ने एक दूसरे मनुष्य को देखा। वह कूद–फाँद रहा था, कभी नाचता था, तो कभी गाता था। उसने भी नारद जी से वही प्रश्न किया। उस व्यक्ति का कंठस्वर, वाग्भंगी आदि सभी उन्मत्त के समान थे। नारद जी ने उसे भी पहले के समान उत्तर दिया। वह बोला, ''अच्छा, तो भगवान् से पूछते आएँ, मैं कब मुक्त होऊँगा।'' लौटते समय नारद जी ने दीमक के ढेर के अन्दर रहनेवाले उस ध्यानस्थ योगी को देखा। उस योगी ने पूछा, ''देवर्षि, क्या आपने मेरी बात पूछी थी?'' नारद जी बोले, ''हाँ, पूछी थी।'' योगी ने पूछा, ''तो उन्होंने क्या कहा?'' नारद जी ने उत्तर दिया, ''भगवान् ने कहा, 'मुझको पाने के लिए उसे और चार जन्म लगेंगे।' '' तब तो वह योगी घोर विलाप करते हुए कहने लगा, ''मैंने इतना ध्यान किया है कि मेरे चारों ओर दीमक का ढेर लग गया, फिर भी मुझे और चार जन्म लेने पड़ेंगे!'' नारद जी तब दूसरे व्यक्ति के पास गए। उसने भी पूछा, ''क्या आपने मेरी बात भगवान् से पूछी थी?'' नारद जी बोले, ''हाँ, भगवान् ने कहा है, 'उसके सामने जो इमली का पेड़ है, उसके जितने पत्ते हैं, उतनी बार उसको जन्म ग्रहण करना पड़ेगा।'' यह बात सुनकर वह व्यक्ति आनन्द से नृत्य करने लगा और बोला, ''मैं इतने कम समय में मुक्ति प्राप्त करूँगा!'' तब एक देववाणी हुई ''मेरे बच्चे, तुम इसी क्षण मुक्ति प्राप्त करोगे।'' वह दूसरा व्यक्ति इतना अध्यवसाय सम्पन्न था! इसीलिए उसे वह पुरस्कार मिला। वह इतने जन्म साधना करने के लिए तैयार था। कुछ भी उसे उद्योगशून्य न कर सका। परन्तु वह प्रथमोक्त चार जनमों की ही बात सुनकर घबरा गया। जो व्यक्ति मुक्ति के लिए सैकड़ों युग तक बाट जोहने को तैयार था, उसके समान अध्यवसाय सम्पन्न होने पर ही उच्चतम फल प्राप्त होता है।

भक्ति

केवल कुछ धर्मों को छोड़कर सगुण ईश्वर की कल्पना प्राय: सभी धर्मों में प्रचलित रही है। जैन और बौद्ध को छोड़कर संसार के सभी धर्मों ने सगुण परमेश्वर की कल्पना स्वीकार की है, और उसी कल्पना से भक्ति और उपासना का उदय हुआ है। यद्यपि बौद्ध और जैन सगुण परमेश्वर को नहीं मानते, तथापि वे अपने धर्म-संस्थापकों की ठीक वैसी ही पूजा करते हैं, जिस प्रकार इतर धर्मोपासक सगुण ईश्वर की। किसी एक ऐसे उच्चतर व्यक्ति की पूजा और भक्ति, जो मनुष्य को उसके प्रेम का प्रतिदान प्रेम दे सके, सर्वत्र दिखाई देती है। विभिन्न धर्मों में यह प्रेम और भक्ति भिन्न-भिन्न अवस्थाओं में विभिन्न परिमाण से प्रकट होती आई है। निम्नतम अवस्था है 'बाह्य उपचार' अथवा कर्मकांड; इस अवस्था में सूक्ष्म कल्पनाओं की धारणा असम्भवप्राय होती है। इसलिए वे निम्नतम भूमिका पर लाई जाकर फिर स्थूल रूप में परिणत की जाती हैं। फलत: अनेक प्रकार के रूपाकारों तथा उनके साथ अनेक प्रतीकों का उदय होता है। विश्व के समस्त इतिहास से प्रकट होता है कि इन मूर्त विचारों तथा प्रतीकों द्वारा ही मनुष्य ने निर्गुण को ग्रहण करने का प्रयत्न किया है। घंटियाँ, संगीत, पोथी, मंत्र-तंत्र, मूर्तियाँ और धर्म के अन्यान्य बाह्य अनुष्ठान—ये सब इसी श्रेणी में समाविष्ट होते हैं। मनुष्य की इन्द्रियों द्वारा ग्रहण होने योग्य कोई भी वस्तु तथा निर्गुण की कल्पना सुगमता से करा देनेवाली कोई भी स्थूल आकृति पूजा का विषय बन जाती है।

प्रत्येक धर्म में समय-समय पर ऐसे सुधारक जन्म लेते आए हैं, जिन्होंने सभी प्रतीकों और बाह्य अनुष्ठानों का विरोध किया है। किन्तु उनका यह विरोध व्यर्थ रहा है, क्योंकि मनुष्य जब तक मनुष्य है, अधिकांश जन-समाज कोई ऐसा मूर्त प्रतीक अवश्य चाहेगा, जिसका वह आश्रय ले सके, जिसको केन्द्र मानकर अपने मन के विचारों को गूँथ सके। मुसलमानों और प्रोटेस्टेंट ईसाइयों ने सभी प्रकार के बाह्यानुष्ठानों के निराकरण के लिए महान् प्रयास किया है, परन्तु इतना होते हुए भी कर्मकांड उनमें घुसे पड़े हैं। उनका बहिष्कार नहीं किया जा सकता। बहुत प्रयास के बाद केवल इतना ही हो जाता है कि जन-समाज एक प्रतीक को छोड़कर दूसरे को ग्रहण कर लेता है। वही मुसलमान जो काफिरों के हर बाह्य अनुष्ठान, प्रतीक, मूर्ति या पूजा को पाप समझता है, जब वह स्वयं काबे की मस्जिद में जाता है, तो इस तरह नहीं सोचता। जब कोई

धर्मशील मुसलमान प्रार्थना करता है, तो उसके लिए यह आवश्यक है कि वह अपने को काबे में खड़ा हुआ समझे। जब वह हज को जाता है, तो मस्जिद के दीवाल में लगे हुए काले पत्थर को उसे चूमना पड़ता है। कयामत के अन्तिम दिन इस पत्थर पर अंकित करोड़ों हज करनेवालों के चुम्बन विश्वस्त लोगों के लाभ के लिए गवाही के रूप में उठ खड़े होंगे। काबे में जिमजिम नामक एक कुआँ है। मुसलमानों का विश्वास है कि अगर कोई इस कुएँ का थोड़ा भी पानी निकाल पाए, तो सम्पूर्ण पापों से उसे क्षमा दे दी जाएगी और न्यायदान के दिन उसे दूसरा शरीर प्राप्त होगा तथा वह सदा जीवित रहेगा। दूसरे धर्मों में प्रतीकोपासना इमारतों के रूप में प्रकट होती है। प्रोटेस्टेंट पन्थवाले ऐसा समझते हैं कि गिरजाघर अन्य स्थानों से अधिक पवित्र होता है। गिरजाघर ही मानो स्वयं प्रतीक है। या उस 'पवित्र पुस्तक' अर्थात् बाइबिल की बात लो। बाइबिल की कल्पना उनके लिए किसी भी अन्य प्रतीक से अधिक पवित्र है।

अतएव, प्रतीकोपासना के विरुद्ध उपदेश देना व्यर्थ है। और प्रतीकों के विरुद्ध उपदेश ही हम क्योंकर दें? मनुष्य प्रतीकों का उपयोग न करे, इसका कोई कारण नहीं है। मनुष्य उनका प्रयोग इसलिए करता है कि वे कुछ लक्षित भावों के संकेत स्वरूप होते हैं। यह विश्व ही एक प्रतीक है, जिसके द्वारा हम उसके परे और पीछे स्थित वस्तु को ही ग्रहण करने का यत्न कर रहे हैं। लक्ष्य है आत्मा, न कि जड़ वस्तुएँ। इसलिए मूर्तियाँ, घंटियाँ, मोमबत्तियाँ, ग्रन्थ, गिरजाघर, मन्दिर और अन्यान्य पवित्र प्रतीक बहुत अच्छे हैं और अध्यात्मरूपी पौधे की बाढ़ के लिए बहुत उपयोगी हैं; लेकिन इनका उपयोग बस यहीं तक है, इससे अधिक नहीं। अधिकांश लोगों के विषय में यही दीख पड़ता है कि इस पौधे की बाढ़ आगे नहीं हो पाती। किसी सम्प्रदाय में जन्म लेना अच्छी बात है, पर सम्प्रदाय में ही मर जाना दुर्भाग्य है। अध्यात्मरूपी पौधे की बाढ़ में मदद पहुँचानेवाले उपासना-प्रकारों की सीमा में जन्म लेना अच्छा है, किन्तु इन उपासनाओं के घेरे में ही यदि उसकी मृत्यु हो जाए, तो यह स्पष्ट है कि उसका विकास नहीं हुआ, उस आत्मा की उन्नति नहीं हुई।

इसलिए अगर कोई कहे कि प्रतीकों, बाह्य अनुष्ठानों तथा रूपों की सदैव ही आवश्यकता है, तो यह गलत है। लेकिन अगर वह कहे कि मन के अविकसित काल में आत्मोन्नति के लिए वे आवश्यक हैं, तो सत्य होगा। किन्तु यह आत्मोन्नति कोई बौद्धिक विकास है, ऐसी भ्रमपूर्ण धारणा तुम्हें न कर लेनी चाहिए। एक मनुष्य चाहे असाधारण बुद्धिमान हो, परन्तु फिर भी सम्भव है कि आध्यात्मिक क्षेत्र में वह अभी निरा बच्चा ही हो। किसी भी क्षण तुम इसकी परीक्षा ले सकते हो। तुममें से प्रत्येक व्यक्ति ने सर्वव्यापी परमेश्वर में विश्वास करना सीखा है। वही सोचने की कोशिश करो। तुममें कितने कम लोग सर्वव्यापित्व की कल्पना कर सकते हैं! अगर तुम बहुत प्रयत्न करो, तो तुम्हें समुद्र की, आकाश की, विस्तृत हरियाली की या मरुभूमि की ही कल्पना आएगी। लेकिन ये सब स्थूल आकृतियाँ हैं; और जब तक तुम अमूर्त की

कल्पना अमूर्त रूप से ही नहीं कर सकते और जब तक निराकार के रूप में ही तुम्हें अवगत नहीं होता, तब तक तुम्हें इन आकृतियों का, इन स्थूल मूर्तियों का आश्रय लेना ही होगा। ये आकृतियाँ चाहे मन के अन्दर हों, चाहे मन के बाहर, इससे कुछ अधिक अन्तर नहीं होता। हम सब जन्म से ही मूर्तिपूजक हैं। और मूर्तिपूजा अच्छी है, क्योंकि यह मनुष्य के लिए अत्यन्त स्वाभाविक है। इस उपासना से परे कौन जा सकता है? केवल वही, जो सिद्ध पुरुष है, जो अवतारी पुरुष है। बाकी सब मूर्तिपूजक ही हैं। जब तक यह विश्व और उसमें की मूर्त वस्तुएँ हमारी आँखों के सामने खड़ी हैं, तब तक हममें से प्रत्येक मूर्तिपूजक है। स्वयं यह विश्व ही एक विशाल प्रतीक है, जिसकी हम पूजा कर रहे हैं। जो कहता है कि मैं शरीर हूँ, वह जन्म से ही मूर्तिपूजक है। हम हैं आत्मा, जिसका न कोई आकार है, न रूप, जो अनन्त है और जिसमें जड़त्व का सम्पूर्ण अभाव है। अतएव, जो लोग अमूर्त की धारणा तक नहीं कर सकते, जो शरीर या जड़ वस्तुओं का आश्रय लिए बिना अपने वास्तविक स्वरूप का चिन्तन नहीं कर सकते, वे मूर्तिपूजक ही हैं। और फिर भी, ऐसे लोग एक दूसरे को 'तुम मूर्तिपूजक हो' कहते हुए आपस में कैसे झगड़ते हैं! दूसरे शब्दों में, प्रत्येक कहता है कि मेरी ही मूर्ति सच्ची है, दूसरों की नहीं!

इसलिए इन बचकानी कल्पनाओं का हमें त्याग कर देना चाहिए। हमें उन मनुष्यों की थोथी बकवास से परे चले जाना चाहिए, जो समझते हैं कि सारा धर्म शब्दजाल में ही समाया है, जिनकी समझ में धर्म केवल सिद्धान्तों का एक समूह मात्र है, जिनके लिए धर्म केवल बुद्धि की सम्मति या विरोध है, जो धर्म का अर्थ केवल अपने पुरोहितों द्वारा बतलाए हुए कुछ शब्दों में विश्वास करना ही समझते हैं, जो धर्म को कोई ऐसी वस्तु समझते हैं, जो उनके बाप-दादाओं के विश्वास का विषय था, जो कुछ विशिष्ट कल्पनाओं और अन्धविश्वासों को ही धर्म मानकर उनसे चिपके रहते हैं और वह भी केवल इसलिए कि यह अन्धविश्वास उनके समस्त राष्ट्र का है। हमें इन कल्पनाओं को त्याग देना चाहिए। अखिल मानव समाज को हमें एक ऐसा विशाल प्राणी समझना चाहिए, जो धीरे-धीरे प्रकाश की ओर बढ़ रहा है, अथवा एक ऐसा आश्चर्यजनक पौधा, जो स्वयं को उस अद्भुत सत्य के प्रति शनैः-शनैः खोल रहा है, जिसे हम ईश्वर कहते हैं। और इस ओर की पहली हलचल, पहली गति सदा बाह्य अनुष्ठानों तथा स्थूल द्वारा ही होती है।

इन सभी बाह्य अनुष्ठानों के अंतराल में एक कल्पना मुख्यत: दिखेगी, जो दूसरी सब कल्पनाओं में श्रेष्ठ है। वह है नाम की उपासना। तुममें से जिन लोगों ने पुराने ईसाई धर्म का अथवा अन्य धर्मों का अध्ययन किया है, उन्होंने शायद देखा होगा कि सभी धर्मों के अन्तर्गत यह नामोपासना की कल्पना है। नाम अत्यन्त पवित्र माना जाता है। ईश्वर का पवित्र नाम सब नामों से और सब पवित्र वस्तुओं से पवित्रतर है, ऐसा हम बाइबिल में पढ़ते हैं। ईश्वर के नाम की पवित्रता अतुलनीय मानी गई है और ऐसा

समझा गया है कि यह पवित्र नाम ही परमेश्वर है। और यह सत्य है, क्योंकि यह विश्व नाम और रूप के अतिरिक्त और है ही क्या? क्या शब्दों के बिना तुम सोच सकते हो? शब्द और विचार एक दूसरे से अलग नहीं किए जा सकते। तुममें से कोई उनको अलग कर सकता हो, तो प्रयत्न कर देखो। जब कभी तुम सोचते हो, तो शब्द और आकृतियों द्वारा ही। एक के साथ दूसरा आता ही है; नाम रूप की याद दिलाता है और रूप से नाम का स्मरण होता है। यह सम्पूर्ण विश्व मानो परमेश्वर का स्थूल प्रतीक है, और उसके पीछे है, उसका महिमान्वित नाम। प्रत्येक शरीर है रूप, और उसके पीछे रहता है उसका नाम। ज्यों ही तुम अपने किसी मित्र के नाम को याद करते हो, उसकी आकृति तुम्हारे सामने खड़ी हो जाती है; और ज्यों ही तुम उसके शरीर की आकृति मन में लाते हो, उसका नाम तुम्हें याद आ जाता है। यह तो मनुष्य के सहज स्वभाव में ही है। दूसरे शब्दों में, मनोविज्ञान की दृष्टि से, मनुष्य के चित्त में रूप के बोध के बिना नाम का बोध नहीं हो सकता और न नाम के बोध के बिना रूप का। वे दोनों अलग नहीं किए जा सकते। एक ही लहर के वे बाहरी और भीतरी अंग हैं। इसीलिए नाम का इतना माहात्म्य है और दुनिया में वह सब जगह पूजा जाता है—चाहे जान-बूझकर, चाहे अनजाने, मनुष्य को नाम की महिमा मालूम हो ही गई।

हम यह भी देखते हैं कि भिन्न-भिन्न धर्मों में पवित्र पुरुषों की पूजा होती आई है। कोई कृष्ण की पूजा करता है, कोई ईसा मसीह की; कोई बुद्ध को पूजता है, कोई अन्य विभूतियों को। इसी तरह, लोग सन्तों की पूजा करते आ रहे हैं। सैकड़ों सन्तों की पूजा संसार में होती रही है और उनकी पूजा क्यों न हो? प्रकाश के स्पंदन सर्वत्र विद्यमान हैं। उल्लू उसे अँधेरे में देखता है; इसी से स्पष्ट है कि वह वहाँ विद्यमान है, मनुष्य भले ही उसे न देख सके। मनुष्य को वह स्पंदन केवल दीपक, सूर्य, चन्द्रमा इत्यादि में दिखाई देता है। परमेश्वर सर्वत्र विद्यमान है। वह घट-घट में प्रकट हो रहा है, लेकिन मनुष्य को वह मनुष्य रूप में ही दृष्टिगोचर, उपलब्ध होता है। जब उसकी ज्योति, उसका अस्तित्व, उसका ईश्वरत्व मानवी मुखमंडल पर प्रकट होता है, तभी मनुष्य उसकी पहचान कर सकता है। इस तरह मनुष्य सर्वदा मानव-रूप में परमेश्वर की पूजा करता आ रहा है और जब तक मनुष्य मनुष्य रहेगा, वह ऐसा करता ही जाएगा। वह भले ही ऐसी पूजा के विरुद्ध चिल्लाए, भले ही उसके प्रतिकूल प्रयत्न करे, पर ज्यों ही वह परमेश्वर-प्राप्ति का प्रयत्न करेगा, उसे प्रतीत हो जाएगा कि स्वभावतः ही वह ईश्वर का विचार मनुष्य में ही कर सकता है।

अतएव, प्रायः प्रत्येक धर्म में हम तीन मुख्य बातें देखते हैं, जिनके द्वारा परमेश्वर की पूजा की जाती है। वे हैं प्रतिमाएँ या प्रतीक, नाम और देव-मानव। प्रत्येक धर्म में ये बातें हैं और फिर भी लोग एक दूसरे से लड़ना चाहते हैं। एक कहता है, ''यदि संसार में कोई प्रतिमा सच्ची है, तो वह मेरे धर्म की; कोई नाम सच्चा है, तो मेरे धर्म का और कोई देव-मानव है,तो मेरे ही धर्म का। तुम्हारे तो केवल कपोलकल्पित हैं।''

इन दिनों ईसाई पादरी कुछ नरम हो गए हैं। वे मानने लगे हैं कि पुराने धर्मों के विभिन्न पूजा-प्रकार ईसाई धर्म के पूर्वाभास मात्र हैं, परन्तु फिर भी उनके मत से ईसाई धर्म ही सच्चा धर्म है। ईसाई उत्पन्न करने के पहले ईश्वर ने अपनी शक्तियाँ जाँच लीं, इन पूजा-पद्धतियों का निर्माण कर उसने अपने बलाबल को नापा और अन्त में ईसाई धर्म की उत्पत्ति हुई। उनका आजकल ऐसा कहना कुछ कम प्रगतिसूचक नहीं है। पचास वर्ष पूर्व तो वे लोग यह भी स्वीकार करने को तैयार न थे; उनके धर्म को छोड़कर और अन्य कुछ भी सत्य न था। यह भाव किसी धर्म, किसी एक राष्ट्र या किसी एक जाति का वैशिष्ट्य नहीं है; लोग तो हमेशा यही सोचते रहे हैं कि जो कुछ वे करते आए हैं, वही ठीक है और अन्य लोगों को भी वैसा ही आचरण करना चाहिए। विभिन्न धर्मों के तुलनात्मक अध्ययन से हमें यहाँ बहुत सहायता मिलेगी। इस अध्ययन से यह मालूम हो जाएगा कि जिन विचारों को हम अपने—केवल अपने—कहते आए हैं, वे सैकड़ों वर्ष पूर्व दूसरे लोगों के मन में विद्यमान थे, और कभी-कभी तो उनका व्यक्त रूप हमारे अपने विचारों से कहीं अधिक अच्छा था।

ये तो उपासना के केवल बाह्य अंग हैं, जिनमें से होकर मनुष्य को गुजरना पड़ता है। किन्तु यदि वह सच्चा है, यदि वह सचमुच सत्य की प्राप्ति करना चाहता है, तो उसे इन बाह्य अंगों से ऊँचा उठकर ऐसी भूमि पर पहुँचना होगा, जहाँ ये बाह्य अंग शून्यवत् हो जाते हैं। मन्दिर और गिरजा, पोथी और पूजा, ये धर्म की केवल शिशुशाला मात्र हैं, जिनके द्वारा आध्यात्मिक शिशु पर्याप्त बलवान होता है, जिससे वह उच्चतर सीढ़ियों पर पैर रखने में समर्थ होता है। यदि उसकी इच्छा है कि उसकी धर्म में गति हो, तो ये पहली सीढ़ियाँ आवश्यक हैं। ईश्वर-प्राप्ति की पिपासा उत्पन्न होने के साथ ही मनुष्य में सच्चा अनुराग, सच्ची भक्ति उत्पन्न हो जाती है। पर ऐसी पिपासा है किसे?—प्रश्न तो यही है। धर्म न तो मतों में है, न पन्थों में और न तार्किक विवाद में ही। धर्म का अर्थ है आत्मा की ब्रह्मस्वरूपता को जान लेना, उसका प्रत्यक्ष अनुभव प्राप्त कर लेना और तद्रूप हो जाना। हम ऐसे अनेक लोगों से मिलते हैं, जो परमेश्वर, आत्मा और विश्व के गूढ़ रहस्यों के बारे में बातें किया करते हैं। किन्तु एक-एक को लेकर यदि तुम उनसे पूछो "क्या तुमने परमेश्वर का प्रत्यक्ष दर्शन किया है, क्या तुम्हें आत्मानुभव हुआ है?" —तो ऐसे कितने निकलेंगे, जो 'हाँ' कह सकें? और फिर भी लोग एक दूसरे से लड़ते चले आ रहे हैं! एक समय भारत में विभिन्न सम्प्रदायों के अनुयायी इकट्ठे हुए और आपस में लड़ने लगे। एक कहता था कि यदि कोई परमेश्वर है, तो वह है 'शिव'। दूसरा कहता था 'विष्णु', और इस तरह उनके वाद-विवाद का कोई अन्त न था। उस राह से एक योगी जा रहा था। विवादकों ने उसे पुकारा और उससे अपना निर्णय देने को कहा। जो मनुष्य शिव को सर्वश्रेष्ठ ईश्वर बतलाता था, उससे उसने पहले पूछा, "क्या तुमने शिव जी को देखा है? क्या तुम उनसे परिचित हो? यदि नहीं, तो तुम कैसे कहते हो कि वे सर्वश्रेष्ठ हैं?" फिर उसने विष्णुभक्त

से पूछा, "क्या तुमने विष्णु को देखा है?" और इस तरह प्रत्येक से यही प्रश्न पूछने पर उसे ज्ञात हुआ कि उनमें से किसी को परमेश्वर के विषय में कुछ भी ज्ञान न था। और इसीलिए वे आपस में इतना लड़ रहे थे, क्योंकि अगर उन्हें सचमुच ही कुछ मालूम होता, तो वे कभी न लड़ते। जब घड़ा पानी से भरा जाता है, तो शब्द करता है, पर जब पूरा भर जाता है, तो आवाज निकलनी बन्द हो जाती है। अतएव, सम्प्रदायों की आपस की लड़ाई से ही यह बात सिद्ध होती है कि वे धर्म के बारे में कुछ नहीं जानते। उनके लिए धर्म तो केवल ग्रन्थों में लिखने योग्य शब्दजाल मात्र है। प्रत्येक मनुष्य चटपट एक बड़ी पुस्तक लिखने बैठ जाता है, उसे जितनी मोटी हो सके, बनाने की चेष्टा करता है, जो किताब उसके हाथ लग जाए, उसी में से चोरी कर लेता है और इसके लिए कृतज्ञता-प्रकाशन तक नहीं करता! फिर, संसार में पहले से ही मची हुई गड़बड़ी को और भी अधिक बढ़ा देने के लिए उस पुस्तक को वह दुनिया के सम्मुख प्रस्तुत कर देता है।

अधिकांश मनुष्य नास्तिक हैं। मुझे इस बात का आनन्द है कि पाश्चात्य देशों में एक दूसरे ही प्रकार के नास्तिकों की जाति इन दिनों पैदा हो गई है। मेरे कहने का तात्पर्य है जड़वादी। वे हृदय से नास्तिक हैं। वे धार्मिक नास्तिकों से अच्छे हैं। ये धार्मिक नास्तिक दाम्भिक होते हैं, ये धर्म के बारे में लड़ते हैं, धर्म की बड़ी-बड़ी बातें करते हैं, पर उसे पाना नहीं चाहते, उसका प्रत्यक्ष अनुभव लेना नहीं चाहते और न उसे समझना ही चाहते हैं। ईसा मसीह के ये शब्द स्मरण रहें, 'तुम माँगो और वह तुम्हें दिया जाएगा; तुम ढूँढ़ो और तुम उसे पाओगे। तुम खटखटाओ और तुम्हारे लिए दरवाजा खुल जाएगा।' ये शब्द बिलकुल सत्य हैं, आलंकारिक या काल्पनिक नहीं हैं। परमेश्वर के एक सबसे महान् पुत्र के हृदय के रक्त में से वे बह निकले थे। वे ऐसे शब्द हैं, जो स्वयं अनुभव करने के बाद निकले हैं। ऐसे व्यक्ति से निकले हैं, जिसने परमेश्वर का प्रत्यक्ष अनुभव किया था, जिसे उसका प्रत्यक्ष स्पर्श हुआ था, जिसने उसके साथ वास किया था, उसके साथ बातचीत की थी और वह भी साधारण रूप से नहीं, बल्कि जैसे हम इस दीवार को देख रहे हैं, उससे भी सैकड़ों गुना अधिक प्रत्यक्ष रूप से। प्रश्न तो यह है कि परमेश्वर को चाहता है कौन? क्या तुम ऐसा समझते हो कि दुनिया के ये सब लोग परमेश्वर को चाहते हैं, पर उसे पा नहीं सकते? असम्भव । दुनिया में ऐसी कौन सी इच्छा है, जिसका विषय बाहर दुनिया में विद्यमान नहीं है? मनुष्य चाहता है कि वह साँस ले और वह देखता है कि उसके साँस लेने के लिए हवा विद्यमान है। मनुष्य खाने की इच्छा करता है और वह देखता है कि खाने के पदार्थ उसके सम्मुख विद्यमान हैं। इच्छाएँ क्यों उत्पन्न होती हैं? इसलिए कि उनके विषय बाहर विद्यमान हैं। प्रकाश विद्यमान था, इसलिए आँखों ने जन्म लिया और शब्द विद्यमान था, इसलिए उसने कानों को जन्म दिया। इस तरह मनुष्य की प्रत्येक इच्छा किसी-न-किसी बाह्य विद्यमान वस्तु के कारण ही उत्पन्न हुई है। तो फिर पूर्णत्व की इच्छा, अन्तिम ध्येय

पर पहुँचने की इच्छा तथा प्रकृति से परे जाने की इच्छा यह स्वयं ही क्योंकर उत्पन्न हो सकती है? ऐसी कोई वस्तु होनी ही चाहिए, जिसने इस इच्छा को मनुष्य के हृदय में पैदा किया है और उसके हृदय में इसका वास कराया है। इसलिए जिस व्यक्ति में यह इच्छा उत्पन्न हुई है, वह अवश्य ही अपने ध्येय को पहुँच जाएगा। हम एकमात्र परमेश्वर को छोड़ अन्य सब वस्तुएँ चाहते हैं। तुम अपने आसपास जो कुछ देखते हो, वह धर्म नहीं है। गृहस्वामिनी ने अपने बैठके में दुनिया के सारे फर्नीचर इकट्ठा कर रखे हैं और मान लो, एक ऐसा फैशन निकल पड़ा कि जापान की भी कोई-न-कोई चीज घर में अवश्य होनी चाहिए। अत: वह एक जापानी फूलदान मोल ले आती है और उसे भी अपने कमरे में रख देती है। अधिकांश लोगों के लिए धर्म ऐसा ही है; उनके पास सब तरह की उपभोग की सामग्री है, और यदि वे उसमें धर्म की थोड़ी सी खुशबू न छोड़ें, तो ठीक नहीं होगा, क्योंकि अन्यथा समाज आलोचना करेगा। समाज हमसे यह अपेक्षा करता है और इसीलिए मनुष्य कोई-न-कोई धर्म अपना लेता है। आज दुनिया में धर्म की यही अवस्था है।

एक शिष्य अपने गुरु के पास गया और बोला, ''महाराज, मैं धर्म-लाभ करना चाहता हूँ।'' गुरु ने उस युवक की ओर देखा और चुप रहे। वे सिर्फ मुस्करा दिए। वह युवक प्रतिदिन आता और धर्म की उपलब्धि करने का आग्रह करता। पर वे वृद्ध उस युवक से अधिक अनुभवी थे। एक दिन जब धूप खूब कड़ाके की पड़ रही थी, उन्होंने उस शिष्य से अपने साथ अवगाहनार्थ नदी चलने के लिए कहा। जब वे नदी में पहुँच गए, तो गुरु ने उससे पानी में डुबकी लगाने को कहा। ज्यों ही उस युवक ने डुबकी लगाई, गुरु ने बलपूर्वक उसे पानी के अन्दर डुबाए रखा। उसके कुछ क्षण छटपटाने के बाद उन्होंने उसे छोड़ दिया। जब वह पानी के बाहर आया, तो वृद्ध ने पूछा, ''अच्छा, मेरे बच्चे, बताओ तो सही, जब तुम पानी के अन्दर थे, तब सबसे अधिक क्या चाहते थे?'' युवक ने उत्तर दिया, ''केवल एक साँस।'' तब गुरु ने कहा, ''क्या तुम ईश्वर को भी इतनी ही तीव्रता से चाहते हो? यदि ऐसा है, तो फिर उसे एक क्षण में पा जाओगे।'' जब तक तुम्हें ऐसी प्यास नहीं लगती, तुम अपनी बुद्धि को लेकर अथवा अपनी पुस्तकों या मूर्तियों को लेकर चाहे जितनी भी कोशिश करो, तुम्हें धर्म-लाभ न होगा। जब तक तुममें ऐसी प्यास उत्पन्न नहीं होती, तुम नास्तिक से किसी भी प्रकार श्रेष्ठ नहीं हो! अन्तर यह है कि नास्तिक ईमानदार हैं और तुम उतना भी नहीं हो।

एक महात्मा अक्सर कहा करते थे, ''मान लो, इस कमरे में चोर घुसा हो और किसी तरह उसे पता चल जाए कि पासवाले कमरे में बहुत सा सोना रखा हुआ है और दोनों कमरों के बीच की दीवाल भी बहुत कमजोर है। ऐसी अवस्था में उस चोर की क्या दशा होगी? उसे न तो नींद आएगी, न उसे खाने या अन्य कोई काम करने में रुचि रह जाएगी। उसका सारा मन इस बात में ही लगा रहेगा कि सोना किस तरह हाथ

लगे। क्या तुम ऐसा समझते हो कि यह निश्चित विश्वास होते हुए भी कि परमात्मा सुख, आनन्द एवं ऐश्वर्य की खान है और वह हमारे पास ही है, लोग ऐसा ही आचरण करते रहेंगे, जैसा कि आज वे कर रहे हैं और परमेश्वर-प्राप्ति का तनिक भी प्रयत्न न करेंगे ?'' ज्यों ही मनुष्य विश्वास करने लगता है कि परमेश्वर विद्यमान है, वह उसे पाने के लिए पागल हो जाता है। लोग अपनी राह भले ही जाएँ, लेकिन जब मनुष्य को यह विश्वास हो जाता है कि जैसा जीवन वह आज व्यतीत कर रहा है, उससे कहीं ऊँचा जीवन व्यतीत कर सकता है और ज्यों ही उसे निश्चित रूप से यह अनुभव होने लगता है कि इन्द्रियाँ ही सर्वस्व नहीं हैं, यह मर्यादित जड़ शरीर उस शाश्वत, चिरन्तन और अमर आत्मानन्द के सामने कुछ नहीं है, तो वह उन्मत्त हो जाता है और उस परमानन्द को स्वयं ढूँढ़ निकालता है। यह वह पागलपन है, वह प्यास है, वह उन्माद है, जिसका नाम है धर्म-भाव की 'जागृति' और जब वह जाग्रत हो जाता है, तो मनुष्य धर्मप्रवण बनने लगता है। पर इसके लिए बहुत समय लगता है। ये सब प्रतीक और विधियाँ, ये प्रार्थनाएँ और ये तीर्थयात्राएँ, ये ग्रन्थ, घंटियाँ, मोमबत्तियाँ और पुरोहित—ये सब पूर्व तैयारियाँ मात्र हैं। इनसे मन का मैल दूर हो जाता है। और जब जीव शुद्ध हो जाता है, तो स्वभावत: ही वह पवित्रतास्वरूप परमात्मा की ओर जाना चाहता है। शताब्दियों की धूल से सना लोहा जिस तरह लोहचुंबक के पास पड़े रहने से भी उसकी ओर नहीं खिंचता, और जैसे वह धूल साफ हो जाने के बाद वही लोहा चुंबक की ओर स्वयं खिचने लगता है, उसी प्रकार युगानुयुग की धूल से, अपवित्रता, दुष्टता और पापों से सना हुआ यह जीव जब अनेक जन्मों के बाद इन उपासनाओं और विधियों द्वारा, दूसरों की भलाई और सर्वभूतों के प्रति प्रेम द्वारा शुद्ध हो जाता है, तब उसका स्वाभाविक आध्यात्मिक आकर्षण जाग्रत हो जाता है, वह जाग उठता है और परमेश्वर की ओर जाने का यत्न करने लगता है।

तो भी, ये विधियाँ और प्रतीक केवल आरम्भ के लिए उपयुक्त हैं, यह ईश्वर के प्रति सच्चा प्रेम नहीं है। सर्वत्र हम प्रेम के बारे में सुना करते हैं। प्रत्येक व्यक्ति कहता है, ''ईश्वर से प्रेम करो।'' मनुष्य यह नहीं जानता कि प्रेम करने का तात्पर्य क्या है; यदि वह जानता होता, तो इस तरह बकवाद न करता। प्रत्येक मनुष्य कहता है कि वह प्यार कर सकता है और कुछ ही समय बाद उसे दिखने लगता है कि प्यार करना उसके स्वभाव में ही नहीं है। हर एक स्त्री कहती है कि वह प्यार करती है, पर शीघ्र ही उसे पता लग जाता है कि वह प्यार नहीं कर सकती। दुनिया में प्यार सिर्फ बातों में है। प्यार करना बड़ा कठिन है। प्यार है कहाँ? तुम कैसे जानते हो कि प्रेम का अस्तित्व है? प्रेम का पहला लक्षण यह है कि वह व्यापार नहीं जानता। जब तक एक मनुष्य दूसरे से कुछ लाभ उठाने के लिए प्यार करता है, तब तक तुम समझ लो कि वह प्रेम नहीं है। वह तो दुकानदारी है। जहाँ कहीं खरीदने और बेचने का सवाल आया, वहाँ प्रेम नहीं है। इसलिए जब मनुष्य ईश्वर से प्रार्थना करता है, ''मुझे यह दो,

मुझे वह दो'', तो यह प्रेम नहीं है। यह प्रेम कैसे हो सकता है ? मैं तुम्हारी स्तुति करता हूँ और तुम बदले में मुझे कुछ दो। बस, यही उसका स्वरूप है—सिर्फ दुकानदारी!

एक समय एक बड़ा राजा शिकार खेलने जंगल में गया। उसकी वहाँ एक साधु से भेंट हुई। थोड़ी देर की बातचीत से राजा साधु से इतना प्रसन्न हो गया कि उसने उनसे कहा, ''महाराज, कुछ भेंट स्वीकार कीजिए।'' साधु ने उत्तर दिया, ''नहीं, मैं पूर्ण सन्तुष्ट हूँ। ये वृक्ष मुझे खाने को फल देते हैं। स्वच्छ जल के ये सुन्दर झरने मेरी प्यास बुझाते हैं। मैं इन गुफाओं में सोता हूँ। चाहे तुम सम्राट् ही क्यों न हो, मुझे तुम्हारी भेंट की कोई चाह नहीं।'' सम्राट् बोला, ''कम से कम मुझे पवित्र करने और सन्तोष देने के लिए तो आप कुछ भेंट स्वीकार कीजिए तथा मेरे साथ नगर में पधारिए।'' अन्त में साधु मान गए और वे उस सम्राट् के साथ महल में आए। वहाँ उन्होंने सोना, रत्न, संगमरमर तथा अन्य अत्यन्त आश्चर्यजनक वस्तुएँ देखीं। प्रत्येक स्थान में ऐश्वर्य और प्रभुता चू सी रही थी। सम्राट् ने साधु से एक मिनट ठहरने के लिए कहा और एक कोने में जाकर प्रार्थना करने लगा, ''हे परमेश्वर, मुझे और अधिक धन दे, और अधिक सन्तान दे, और अधिक भूमि दे''—आदि-आदि। इधर साधु उठ खड़े हुए और चलने लगे। सम्राट् ने जब देखा कि वे जा रहे हैं, तो उनके पीछे दौड़कर बोला, ''महाराज, ठहरिए। आपने मेरी भेंट तो स्वीकार ही नहीं की।'' साधु मुँह फेरकर बोले, ''भिखारी, मैं भिखमंगों से कुछ नहीं माँगता। तुम मुझे क्या दे सकते हो ? तुम तो खुद ही माँग रहे थे।'' अत: यह प्रेम की भाषा नहीं है। यदि तुमने ईश्वर से माँगा, ''मुझे यह दे, वह दे,'' तो फिर तुम्हारे प्रेम में और दुकानदारी में अन्तर ही क्या रहा ? प्रेम का पहला लक्षण यह है कि प्रेम व्यापार नहीं जानता। प्रेम सदा देता ही आया है, लेता कभी नहीं। ईश्वर का पुत्र कहता है, ''यदि ईश्वर की इच्छा हो, तो मैं उसे अपना सर्वस्व देने को तैयार हूँ, लेकिन इस दुनिया में उससे मैं कुछ नहीं चाहता। मैं उसे इसलिए प्यार करता हूँ कि मैं प्यार करना चाहता हूँ और बदले में कुछ चाह नहीं रखता। परमेश्वर सर्वशक्तिमान है या नहीं, यह जानने की मुझे क्या चिन्ता ? मैं उससे न किसी प्रकार की सिद्धि चाहता हूँ, न उसकी शक्ति की कोई अभिव्यक्ति। मेरे लिए इतना ही पर्याप्त है कि वह प्रेममय प्रभु है। इससे अधिक मैं और कुछ नहीं जानना चाहता।''

प्रेम का दूसरा लक्षण यह है कि वह भय नहीं करता। जब तक मनुष्य परमेश्वर की ऐसी कल्पना करता है कि वह एक हाथ में पुरस्कार और दूसरे हाथ में दंड लिए बादलों के ऊपर बैठा हुआ एक व्यक्ति है, तब तक वहाँ प्यार नहीं हो सकता। क्या तुम डराकर किसी से प्यार करा सकते हो ? मेमना क्या शेर से प्यार कर सकता है और चूहा, बिल्ली से या गुलाम, मालिक से ? गुलाम कभी-कभी प्यार सा करता हुआ दिखाता है, पर क्या वह प्यार है ? भय में प्यार तुमने कब और कहाँ देखा ? वह तो सदैव एक विडम्बना होती है। प्यार के साथ भय का विचार कभी नहीं आता। मान

लो, एक युवती माँ सड़क से जा रही है। यदि उस पर कोई कुत्ता भौंकता है, तो वह पासवाले घर में चट दौड़ जाती है। अब कल्पना करो कि दूसरे दिन वह अपने बालक को लिये हुए रास्ते से जा रही है और इतने में एक शेर झपट पड़ता है। उस दशा में वह क्या करेगी? बच्चे को बचाने के लिए वह स्वयं को शेर के मुँह में डाल देगी। प्यार ने उसका सारा भय जीत लिया। इसी तरह ईश्वर के प्यार के विषय में जानो। किसे यह चिन्ता है कि ईश्वर दंड देनेवाला है या पुरस्कार? प्रेमी के ऐसे विचार ही नहीं होते। मान लो, एक न्यायाधीश अपने घर आता है। उसकी पत्नी उसे किस रूप में देखेगी? न तो न्यायाधीश के रूप में और न पुरस्कार या दंड देनेवाले के रूप में, वरन् एक पति के रूप में, एक प्यार करनेवाले के रूप में। उसके लड़के उसे किस दृष्टि से देखेंगे? प्यार करनेवाले पिता की दृष्टि से, न कि दंड या पुरस्कार देनेवाले अधिकारी की दृष्टि से। इसी प्रकार परमेश्वर के सुपुत्र उसको दंड देनेवाले या पुरस्कार देनेवाले की दृष्टि से कभी नहीं देखते। जिन्होंने कभी प्रेमास्वादन नहीं किया है, वे ही डरते और काँपते हैं। समस्त भय निकाल बाहर करो। परमेश्वर दंड देनेवाला है या पुरस्कार देनेवाला, ये भीषण कल्पनाएँ मनुष्य की जंगली अवस्था में ही उपयुक्त हैं। कुछ मनुष्य अत्यन्त बुद्धिप्रधान होने पर भी अध्यात्म-दृष्टि से जंगली ही होते हैं। ऐसे मनुष्यों के लिए ये कल्पनाएँ सहायक हो सकती हैं। पर वे मनुष्य, जो धार्मिक हैं, जिनकी धर्म की ओर गति हो रही है, जिनके अन्तश्चक्षु खुल गए हैं, इन कल्पनाओं को बालक की कल्पनाओं के समान समझते हैं—निरी मूर्खता समझते हैं। ऐसे मनुष्य भय की समस्त कल्पनाओं को निकाल डालते हैं।

तीसरा लक्षण इससे भी उच्चतर है। प्रेम सदा ही सर्वोच्च आदर्श रहा है। जब मनुष्य पहली दो अवस्थाएँ पार कर लेता है, जब वह दुकानदारी छोड़ देता है और डर निकाल डालता है, तब उसकी समझ में आने लगता है कि प्रेम सदा सर्वोच्च आदर्श रहा है। एक सुन्दर स्त्री एक कुरूप से प्यार करती है, तथा एक सुन्दर पुरुष एक कुरूप स्त्री से प्यार करता है—क्या ऐसा इस दुनिया में अनेकों बार नहीं हुआ है? यह आकर्षण क्यों? देखनेवालों को वह केवल कुरूप मनुष्य या कुरूप स्त्री ही दिखलाई देती है, पर प्रेमी को नहीं। प्रेमी को तो अपनी प्रेयसी सब जीवों में अत्यन्त सुन्दर दिखाई देती है। ऐसा क्यों? वह सुन्दरी, जो एक कुरूप मनुष्य को प्यार करती है, अपने मन में विद्यमान अपने सौन्दर्यविषयक आदर्श को मानो उस पर आरोपित कर देती है, और वह जो पूजती तथा प्यार करती है, वह उस कुरूप मनुष्य को नहीं, बल्कि अपने उसी आदर्श को। वह मनुष्य तो मानो उद्दीपक मात्र है और वह स्त्री उस पर अपना वह आदर्श आरोपित कर उसे ढक लेती है। इस तरह वह उसकी पूजा का पात्र बन जाता है। यह बात प्रेम के प्रत्येक दृष्टान्त में लागू होती है। हममें से बहुतों के बहन या भाई दिखने में बिलकुल ही साधारण होते हैं, लेकिन यह कल्पना ही कि वे भाई या बहन हैं, उन्हें हमारे निकट सुन्दर बना देती है।

हर व्यक्ति अपने आदर्श की कल्पना प्रक्षिप्त करके उसे ही पूजता है, यही तत्त्वज्ञान इसकी पार्श्वभूमि में है। यह बाह्य जगत् केवल आलम्बनों का जगत् है। जो कुछ हम देखते हैं, वह हमारे मन का प्रक्षेप ही है। सीपी में रेत का एक कण घुस जाता है और उसे क्षुब्ध करने लगता है। उस क्षोभ से सीपी में स्राव पैदा होता है और रेत का कण उस स्राव से बिलकुल ढक जाता है और इस तरह एक सुन्दर मोती बन जाता है। इसी प्रकार, बाह्य वस्तुओं में हमें केवल उद्दीपन मिलता है और उन पर अपने आदर्शों को आरोपित कर हम अपने जगत् की सृष्टि करते हैं। दुष्ट मनुष्य इस संसार को पूर्ण नरक देखता है और अच्छा मनुष्य इसी को पूर्ण स्वर्ग। प्रेमियों के लिए दुनिया प्रेम से भरी है, पर द्वेष करनेवालों के लिए द्वेष से। झगड़नेवाले केवल लड़ाई ही देखते हैं, पर शान्त व्यक्ति देखते हैं केवल शान्ति। इसी तरह सिद्ध पुरुष केवल परमेश्वर को ही देखते हैं, अन्य किसी को नहीं। अतएव हम सदा अपने सर्वोच्च आदर्श की ही पूजा किया करते हैं। और जब हम उस अवस्था को पहुँच जाते हैं, जब हम आदर्श को आदर्श के ही रूप में प्यार करते हैं, तब समस्त विवाद और संशय लुप्त हो जाते हैं। इसकी किसे चिन्ता है कि परमेश्वर इन्द्रियों द्वारा प्रत्यक्ष देखा जा सकता है या नहीं ? वह आदर्श मुझमें से कभी लुप्त नहीं हो सकता, क्योंकि वह तो मेरी सत्ता का एक अंश है। जब मुझे अपने स्वयं के अस्तित्व में संशय होगा, तभी मैं उस आदर्श में शंका करूँगा, और चूँकि मैं अपने अस्तित्व में कभी संशय नहीं करता, इसलिए उस आदर्श में भी कभी नहीं कर सकता। इसकी चिन्ता किसे है कि परमेश्वर सर्वशक्तिमान और साथ ही साथ दयामय है अथवा नहीं ? यह किसे चिन्ता है कि वह मानवसमाज को पुरस्कार देनेवाला है, या उसे एक निरंकुश शासक की दृष्टि से देखनेवाला अथवा एक सदय सम्राट् की दृष्टि से देखनेवाला है ?

प्रेमी तो इन सब कल्पनाओं से अतीत हो चुका है। वह पारितोषिक और दंड, शंका और भय से, वैज्ञानिक तथा अन्य प्रमाणों के पार हो गया है। प्रेम का आदर्श ही उसके लिए पर्याप्त है, और क्या यह स्वतः प्रमाण नहीं है कि यह विश्व प्रेम की ही अभिव्यक्ति मात्र है ? अणु का अणु से कौन संयोग करता है और परमाणु परमाणुओं से कैसे जुड़ जाते हैं ? ग्रहों को एक दूसरे की ओर कौन दौड़ाता है ? वह क्या है, जिससे मनुष्य मनुष्य की ओर खिंचता है और पुरुष स्त्री की ओर, स्त्री पुरुष की ओर, जीव जीव की ओर और सम्पूर्ण विश्व मानो एक केन्द्र की ओर ?—वह है प्रेम। छोटे–से छोटे अणु से लेकर उच्चतम जीव में यह प्रकट हो रहा है। यह प्रेम सर्वशक्तिमान और सर्वव्यापी है। वह प्रेमस्वरूप परमात्मा ही चेतन तथा अचेतन में, व्यष्टि तथा समष्टि में आकर्षण के रूप में प्रकट हो रहा है। विश्व को गतिमान करनेवाली अगर कोई शक्ति है, तो वही है। उसी प्रेम की प्रेरणा से ईसा मसीह मानव जाति के लिए अपना जीवन दे देते हैं, बुद्ध एक पशु तक के लिए, माँ बच्चे के लिए और पति पत्नी के लिए। इसी प्रेम से अनुप्रेरित हो मनुष्य अपने देश के लिए प्राण दे देते हैं; और यह विचित्र

भले ही दिखे, पर इसी प्रेम की प्रेरणा से चोर चोरी करता है और खूनी खून! इन उदाहरणों के पीछे तत्त्व एक ही है, पर उसकी अभिव्यक्ति भिन्न है। विश्व को गति देनेवाली एकमात्र शक्ति यह प्रेम ही है। चोर को सोने से प्यार होता है; प्यार यहाँ भी है, किन्तु वह पथभ्रष्ट हो गया है। इस तरह हम देखते हैं कि सब दुष्कृत्यों और सब सत्कार्यों के पीछे यह शाश्वत प्रेम ही कार्यान्वित हो रहा है। कल्पना करो कि न्यूयार्क के गरीबों के लिए एक हजार डॉलर का दानपत्र एक मनुष्य लिखता है और उसी समय, उसी कमरे में दूसरा एक मनुष्य अपने मित्र के जाली दस्तखत तैयार करता है। वह प्रकाश, जिसमें दोनों लिखते हैं, एक ही है, लेकिन उसके उपयोग के अनुसार प्रत्येक अपने काम के लिए उत्तरदायी होगा। प्रकाश के लिए न तो प्रशंसा है और न दोष। प्रेमस्वरूप परमात्मा सर्वातीत होने पर भी प्रत्येक वस्तु में प्रकाशमान है। विश्व में अगर कोई ऐसी संचालक शक्ति है, जिसके अभाव में इस दुनिया के एक क्षण में टुकड़े-टुकड़े हो जाएँगे, तो वह है प्रेम, और यह प्रेम ही परमेश्वर है।

अरे, यदि कोई स्त्री अपने पति से प्यार करती है, तो पति के लिए नहीं, बल्कि पति में विद्यमान आत्मा के कारण ही। अरे, ऐसा कोई पुरुष नहीं था, जिसने पत्नी को पत्नी के नाते प्यार किया हो, बल्कि किया उसने पत्नी में विद्यमान आत्मा के नाते से। किसी व्यक्ति ने कभी भी किसी वस्तु से प्यार आत्मा को छोड़ अन्य किसी वस्तु के कारण नहीं किया है।[1] यहाँ तक कि इतनी निन्दित स्वार्थी वृत्ति भी उसी प्यार की अभिव्यक्ति है। इस खेल से जरा हटकर खड़े रहो, उसमें भाग न लो, पर इस अद्‌भुत दृश्यावली को—इस महान् जीवन-नाटक को, जो दृश्य पर दृश्य खेला जा रहा है, देखो, और इस अद्‌भुत समन्वित स्वर-लहरी को सुनो—सब कुछ उसी प्रेम का प्रकाश है। स्वार्थी वृत्ति से भी आत्मा बढ़ती ही जाएगी और दुगुनी-चौगुनी बढ़ेगी। एक आत्मा, एक व्यक्ति विवाह कर लेने से दो हो जाता है। बच्चे होने पर अनेक, और इस तरह वृद्धि करते-करते अन्ततः वह सारे संसार को, समस्त विश्वब्रह्मांड को अपनी आत्मा के रूप में अनुभव कर लेता है। वह पूर्ण विकसित होकर उस प्रेम के साथ एकरूप हो जाता है, जो विश्वव्यापी है, अनन्त है, वह प्रेम, जो स्वयं भगवान् है।

इस तरह हम परा भक्ति पर आते हैं, जहाँ प्रतीक तथा रूपाकार विलीन हो जाते हैं। जो इस परा भक्ति को पहुँच जाता है, वह किसी सम्प्रदाय विशेष का होकर नहीं रह सकता, क्योंकि सब सम्प्रदाय उसमें ही विद्यमान हैं। वह किस पन्थ का हो सकता है?—क्योंकि सब मन्दिर और गिरजाघर तो उसमें ही विद्यमान हैं। ऐसा कौन सा गिरजाघर है, जो उसके लिए काफी हो सके? ऐसा मनुष्य स्वयं को किन्हीं मर्यादित कल्पनाओं द्वारा बाँध नहीं सकता। जिस असीम प्रेम से वह एकरूप हो गया है, उसकी सीमा कहाँ हो सकती है? हम देखते हैं कि जिन धर्मों ने प्रेम के इस आदर्श को अपनाया है, उन्होंने उसे अभिव्यक्त करने का भी पूरा प्रयत्न किया है। यद्यपि हम समझ सकते

1. बृहदारण्यकोपनिषद्॥ 4।5।6॥

हैं कि यह प्रेम क्या चीज है और यद्यपि इस दुनिया में सब प्रकार का प्रेम तथा आकर्षण उस अनन्त प्रेम की ही विविध अभिव्यक्तियाँ हैं, जिसका वर्णन करने का प्रयास विभिन्न सम्प्रदायों के साधु-सन्तों ने किया है, तो भी हम यही देखते हैं कि उन्होंने भाषा की सारी शक्तियों का उपयोग किया है और प्रेम की मांसलतम अभिव्यंजनाओं को दिव्य रूप दे दिया है।

एक यहूदी राजर्षि ने गाया है तथा भारतवर्ष के ऋषिगण भी गाते हैं, "ओ प्रियतम, अपने अधरों का एक चुम्बन हमें दे—तेरे चुम्बन से तेरे लिए हमारी पिपासा बढ़ती ही जाती है, सारे दुःख दूर हो जाते हैं। वर्तमान, भूत, भविष्य सब भूल जाता है और अकेले तुझमें ही हम मग्न हो जाते हैं।" जब प्रेमी की समस्त वासनाएँ नष्ट हो जाती हैं, तो उसका मतवालापन ऐसा ही होता है। वह तो कहता है, "कौन मुक्ति की परवाह करता है? किसे छुटकारा पाने की चिन्ता है? कौन पूर्ण बनना चाहता है? किसे स्वातंत्र्य की परवाह है? न मैं धन चाहता हूँ, न स्वास्थ्य। न मैं सौन्दर्य चाहता हूँ, न बुद्धि। दुनिया में जो दुख विद्यमान हैं, उनमें मुझे बारंबार जन्म लेने दे; मैं कभी शिकायत न करूँगा। बस, मुझे तू अपने से प्यार करने दे, प्यार के लिए प्यार करने दे।"

यही है प्रेम का उन्माद, जो इन गीतों में प्रकट हो रहा है। सबसे उच्च, सर्वाधिक अभिव्यंजक तथा गहरा एवं आकर्षक मानवीय प्रेम स्त्री और पुरुष के मध्य होता है। इसीलिए प्रगाढ़ भक्ति के प्रकट करने में ऐसी भाषा का उपयोग किया गया है। मानवी प्रेम का यह उन्माद साधुओं के प्रेमोन्माद की एक अस्पष्ट प्रतिध्वनि मात्र है। ईश्वर के सच्चे भक्त प्यार से पागल बन जाना चाहते हैं, 'ईशोन्मत्त' बन जाना चाहते हैं। वे तो प्रेम के उस प्याले को पीना चाहते हैं, जो प्रत्येक धर्म के साधु-सन्तों द्वारा तैयार किया गया है, जिसे उन महात्माओं ने अपने हृदय के रक्त से भरा है और जिसमें ऐसे प्रेमियों की समस्त आशाएँ घनीभूत हो केन्द्रित हुई हैं, जिन्होंने भगवान् को बिना किसी उपहार की इच्छा के प्यार किया है, केवल प्यार के लिए ही प्यार किया है। प्रेम ही प्रेम का उपहार है और इस उपहार की क्या ही महिमा है! यही एकमात्र ऐसा है, जो सम्पूर्ण दुःखों का अन्त कर देता है। यही एकमात्र प्याला है, जिसके पीने से भव-रोग नष्ट हो जाता है। मनुष्य में दैवी उन्माद आ जाता है और वह यह भी भूल जाता है कि मैं मनुष्य हूँ।

इस प्रकार हम देखते हैं कि यह सब विविध सम्प्रदाय अन्त में पूर्ण एक्य के साधारण केन्द्र में जा मिलते हैं। हम आरम्भ सदैव द्वैत से करते हैं। ईश्वर एक पृथक् सत्ता है और मैं एक पृथक् सत्ता हूँ। फिर दोनों के बीच प्रेम उत्पन्न होता है। मनुष्य ईश्वर की ओर जाने लगता है और ईश्वर मानो मनुष्य की ओर आने लगता है। मनुष्य ईश्वर के प्रति पितृभाव, मातृभाव, सख्यभाव, मधुरभाव इत्यादि जीवन के विभिन्न भावों को ग्रहण करता है; और अन्तिम लक्ष्य की प्राप्ति तब होती है, जब वह अपने उपास्य से एकरूप हो जाता है। 'तू ही मैं, मैं ही तू। तुझे पूजकर मैं अपनी पूजा करता हूँ और

अपने को पूजकर तेरी।' यह उसी की पराकाष्ठा है, जिसे लेकर उसने अपनी साधना आरम्भ की थी। आरम्भ में, मनुष्य का प्रेम वस्तुतः आत्मा से ही था, लेकिन क्षुद्र अहंकार के प्रभाव से वह प्रेम स्वार्थी बन गया। अन्त में जब आत्मा का क्षुद्र भाव नष्ट होकर उसका अनन्त स्वरूप प्रकाशित हो गया, तब उस प्रेम की पूर्ण दीप्ति प्रकट हो गई। वह ईश्वर, जो आरम्भ में कहीं दूर स्थान में अवस्थित सा मालूम होता था, अब अनन्त प्रेमस्वरूप हो गया। स्वयं मनुष्य का ही रूपान्तर हो गया। वह ईश्वर के निकट आता जा रहा था, अपने में भरी हुई निस्सार वासनाओं को हटाता जा रहा था। वासनाओं का लोप होते ही उसकी सारी स्वार्थ-बुद्धि लुप्त हो गई, और चरम लक्ष्य पर पहुँचकर उसने देखा कि प्रेम, प्रेमी तथा प्रेमास्पद सब एक ही हैं।

(मेडिसन स्क्वेयर कन्सर्ट हॉल, न्यूयॉर्क में 9 फरवरी, 1896 को दिया हुआ भाषण)

हिन्दू धर्म के सामान्य आधार

लाहौर पहुँचने पर आर्य समाज और सनातन धर्मसभा दोनों के नेताओं ने स्वामी जी का भव्य स्वागत किया। स्वामी जी ने अपने अल्पकालीन लाहौर-प्रवास के दौरान तीन भाषण दिए। पहला 'हिन्दू धर्म के सामान्य आधार', पर, दूसरा 'भक्ति' पर और तीसरा विख्यात भाषण 'वेदान्त' पर था। उनका पहला भाषण निम्नलिखित है :

स्वामी जी का भाषण

यह वही भूमि है, जो पवित्र आर्यावर्त में पवित्रतम मानी जाती है, यह वही ब्रह्मावर्त है, जिसका उल्लेख हमारे महर्षि मनु ने किया है। यह वही भूमि है, जहाँ से आत्म-तत्त्व की उच्चाकांक्षा का वह प्रबल स्रोत प्रवाहित हुआ है, जो आनेवाले युगों में, जैसा कि इतिहास से प्रकट है, संसार को अपनी बाढ़ से आप्लावित करनेवाला है। यह वही भूमि है, जहाँ से उसकी वेगवती नद-नदियों के समान आध्यात्मिक महत्त्वाकांक्षाएँ उत्पन्न हुईं और धीरे-धीरे एक धारा में सम्मिलित होकर शक्तिसम्पन्न हुईं और अन्त में संसार की चारों दिशाओं में फैल गईं तथा वज्र-गम्भीर ध्वनि से उन्होंने अपनी महान् शक्ति की घोषणा समस्त जगत् में कर दी। यह वही वीर भूमि है, जिसे भारत पर चढ़ाई करनेवाले शत्रुओं के सभी आक्रमणों तथा अतिक्रमणों का आघात सबसे पहले सहना पड़ा था। आर्यावर्त में घुसनेवाली बाहरी बर्बर जातियों के प्रत्येक हमले का सामना इसी वीर भूमि को अपनी छाती खोलकर करना पड़ा था। यह वही भूमि है, जिसने इतनी आपत्तियाँ झेलने के बाद भी अब तक अपने गौरव और शक्ति को एकदम नहीं खोया। यही भूमि है, जहाँ बाद में दयालु नानक ने अपने अद्भुत विश्व-प्रेम का उपदेश दिया; जहाँ उन्होंने अपना विशाल हृदय खोलकर सारे संसार को—केवल हिन्दुओं को नहीं, वरन् मुसलमानों को भी—गले लगाने के लिए अपने हाथ फैलाए। यहीं पर हमारी जाति के सबसे बाद के तथा महान् तेजस्वी वीरों में से एक, गुरु गोविन्द सिंह ने धर्म की रक्षा के लिए अपना एवं अपने प्राण-प्रिय कुटुम्बियों का रक्त बहा दिया। और जिनके लिए यह खून की नदी बहाई गई, उन लोगों ने भी जब उनका साथ छोड़ दिया, तब वे मर्माहत सिंह की भाँति चुपचाप दक्षिण देश में निर्जन-वास के लिए चले गए और अपने देश-भाइयों के प्रति अधरों पर एक

भी कटु वचन न लाकर, तनिक भी असन्तोष प्रकट न कर, शान्त भाव से इहलोक छोड़कर चले गए।

हे पंचनद देशवासी भाइयो! यहाँ अपनी इस प्राचीन पवित्र भूमि में, तुम लोगों के सामने मैं आचार्य के रूप में नहीं खड़ा हुआ हूँ; कारण, तुम्हें शिक्षा देने योग्य ज्ञान मेरे पास बहुत ही थोड़ा है। मैं तो पूर्वी प्रान्त से अपने पश्चिमी प्रान्त के भाइयों के पास इसीलिए आया हूँ कि उनके साथ हृदय खोलकर वार्तालाप करूँ, उन्हें अपने अनुभव बताऊँ और उनके अनुभव से स्वयं लाभ उठाऊँ। मैं यहाँ यह देखने नहीं आया कि हमारे बीच क्या-क्या मतभेद हैं, वरन् मैं तो यह खोजने आया हूँ कि हम लोगों की मिलन-भूमि कौन सी है। यहाँ मैं यह जानने का प्रयत्न कर रहा हूँ कि वह कौन सा आधार है, जिस पर हम लोग आपस में सदा भाई बने रह सकते हैं; किस नींव पर प्रतिष्ठित होने से वह वाणी, जो अनन्त काल से सुनाई दे रही है, उत्तरोत्तर अधिक प्रबल होती रहेगी। मैं यहाँ तुम्हारे सामने कुछ रचनात्मक कार्यक्रम रखने आया हूँ, ध्वंसात्मक नहीं। कारण, आलोचना के दिन अब चले गए और आज हम रचनात्मक कार्य करने के लिए उत्सुक हैं। यह सत्य है कि संसार को समय-समय पर आलोचना की जरूरत हुआ करती है, यहाँ तक कि कठोर आलोचना की भी; पर वह केवल अल्प काल के लिए ही होती है। हमेशा के लिए तो उन्नतिकारी और रचनात्मक कार्य ही वांछित होते हैं, आलोचनात्मक या ध्वंसात्मक नहीं। लगभग पिछले सौ वर्ष से हमारे इस देश में सर्वत्र आलोचना की बाढ़ सी आ गई है, उधर सभी अन्धकारमय प्रदेशों पर पाश्चात्य विज्ञान का तीव्र प्रकाश डाला गया है, जिससे लोगों की दृष्टि अन्य स्थानों की अपेक्षा कोनों और गली-कूचों की ओर ही अधिक खिंच गई है। स्वभावतः इस देश में सर्वत्र महान् और तेजस्वी मेधासम्पन्न पुरुषों का जन्म हुआ, जिनके हृदय में सत्य और न्याय के प्रति प्रबल अनुराग था, जिनके अन्तःकरण में अपने देश के लिए और सबसे बढ़कर ईश्वर तथा अपने धर्म के लिए अगाध प्रेम था। क्योंकि ये महापुरुष अत्यधिक संवेदनशील थे उनमें देश के प्रति इतना गहरा प्रेम था, इसलिए उन्होंने प्रत्येक वस्तु की, जिसे बुरा समझा, तीव्र आलोचना की। अतीतकालीन इन महापुरुषों की जय हो! उन्होंने देश का बहुत ही कल्याण किया है। पर आज हमें एक महावाणी सुनाई दे रही है, 'बस करो, बस करो!' निन्दा पर्याप्त हो चुकी, दोष-दर्शन बहुत हो चुका! अब तो पुनर्निर्माण का, फिर से संगठन करने का समय आ गया है। अब अपनी समस्त बिखरी हुई शक्तियों को एकत्र करने का, उन सबको एक ही केन्द्र में लाने का और उस सम्मिलित शक्ति द्वारा देश को प्रायः सदियों से रुकी हुई उन्नति के मार्ग में अग्रसर करने का समय आ गया है। घर की सफाई हो चुकी है। अब आवश्यकता है उसे नए सिरे से आबाद करने की। रास्ता साफ कर दिया गया है। आर्य सन्तानो, अब आगे बढ़ो!

सज्जनो! इसी उद्देश्य से प्रेरित होकर मैं आपके सामने आया हूँ और आरम्भ में ही यह प्रकट कर देना चाहता हूँ कि मैं किसी दल या विशिष्ट सम्प्रदाय का नहीं

हूँ। सभी दल और सभी सम्प्रदाय मेरे लिए महान् और महिमामय हैं। मैं उन सबसे प्रेम करता हूँ, और अपने जीवन-भर मैं यही ढूँढ़ने का प्रयत्न करता रहा कि उनमें कौन-कौन सी बातें अच्छी और सच्ची हैं। इसीलिए आज मैंने संकल्प किया है कि तुम लोगों के सामने उन बातों को पेश करूँ, जिनमें हम एकमत हैं, जिससे कि हमें एकता की सम्मिलन-भूमि प्राप्त हो जाए; और यदि ईश्वर के अनुग्रह से यह सम्भव हो तो आओ, हम उसे ग्रहण करें और उसे सिद्धान्त की सीमाओं से बाहर निकालकर कार्यरूप में परिणत करें। हम लोग हिन्दू हैं। मैं 'हिन्दू' शब्द का प्रयोग किसी बुरे अर्थ में नहीं कर रहा हूँ, और मैं उन लोगों से कदापि सहमत नहीं, जो उससे कोई बुरा अर्थ समझते हों। प्राचीन काल में उस शब्द का अर्थ था—सिन्धु नदी के दूसरी ओर बसनेवाले लोग। हमसे घृणा करनेवाले बहुतेरे लोग आज उस शब्द का कुत्सित अर्थ भले ही लगाते हों, पर केवल नाम में क्या धरा है? यह तो हम पर ही पूर्णतया निर्भर है कि 'हिन्दू' नाम ऐसी प्रत्येक वस्तु का द्योतक रहे, जो महिमामय हो, आध्यात्मिक हो, अथवा वह ऐसी वस्तु का द्योतक रहे जो कलंक का समानार्थी हो, जो एक पददलित, निकम्मी और धर्म-भ्रष्ट जाति का सूचक हो। यदि आज 'हिन्दू' शब्द का कोई बुरा अर्थ है तो उसकी परवाह मत करो। आओ, अपने कार्यों और आचरणों द्वारा यह दिखाने को तैयार हो जाओ कि समग्र संसार की कोई भी भाषा इससे ऊँचा, इससे महान् शब्द का आविष्कार नहीं कर सकी है। मेरे जीवन के सिद्धान्तों में से एक यह भी सिद्धान्त रहा है कि मैं अपने पूर्वजों की सन्तान कहलाने में लज्जित नहीं होता। मुझ जैसा गर्वीला मानव इस संसार में शायद ही हो, पर मैं यह स्पष्ट रूप से बता देना चाहता हूँ कि यह गर्व मुझे अपने स्वयं के गुण या शक्ति के कारण नहीं, वरन् अपने पूर्वजों के गौरव के कारण है। जितना ही मैंने अतीत का अध्ययन किया है, जितनी ही मैंने भूतकाल की ओर दृष्टि डाली है, उतना ही यह गर्व मुझमें अधिक आता गया है। उससे मुझे श्रद्धा की उतनी ही दृढ़ता और साहस प्राप्त हुआ है, जिसने मुझे धरती की धूलि से ऊपर उठाया है और मैं अपने उन महान् पूर्वजों के निश्चित किए हुए कार्यक्रम के अनुसार कार्य करने को प्रेरित हुआ हूँ। ऐ उन्हीं प्राचीन आर्य की सन्तानो! ईश्वर करे, तुम लोगों के हृदय में भी वही गर्व आविर्भूत हो जाए, अपने पूर्वजों के प्रति वही विश्वास तुम लोगों के रक्त में भी दौड़ने लगे, वह तुम्हारे जीवन से मिलकर एक हो जाए और संसार के उद्धार के लिए कार्यशील हो!

भाइयो! यह पता लगाने के पहले कि हम ठीक किस बात में एकमत हैं तथा हमारे जातीय जीवन का सामान्य आधार क्या है, हमें एक बात स्मरण रखनी होगी। जैसे प्रत्येक मनुष्य का एक व्यक्तित्व होता है, ठीक उसी तरह प्रत्येक जाति का भी अपना एक व्यक्तित्व होता है। जिस प्रकार एक व्यक्ति कुछ विशिष्ट बातों में, अपने विशिष्ट लक्षणों में अन्य व्यक्तियों से पृथक् होता है, उसी प्रकार एक जाति भी कुछ विशिष्ट लक्षणों में दूसरी जाति से भिन्न हुआ करती है। और जिस प्रकार प्रकृति की व्यवस्था

में किसी विशेष उद्देश्य की पूर्ति करना हर एक मनुष्य का जीवनोद्देश्य होता है, जिस प्रकार अपने पूर्व कर्म द्वारा निर्धारित विशिष्ट मार्ग से उस मनुष्य को चलना पड़ता है, ठीक ऐसा ही जातियों के विषय में भी है। प्रत्येक जाति को किसी न किसी दैवनिर्दिष्ट उद्देश्य को पूरा करना पड़ता है, प्रत्येक जाति को संसार में एक सन्देश देना पड़ता है तथा प्रत्येक जाति को एक व्रतविशेष का उद्यापन करना होता है। अत: आरम्भ से ही हमें यह समझ लेना चाहिए कि हमारी जाति का वह व्रत क्या है, विधाता ने उसे भविष्य के किस निर्दिष्ट उद्देश्य के लिए नियुक्त किया है, विभिन्न राष्ट्रों की पृथक्-पृथक् उन्नति और अधिकार में हमें कौन सा स्थान ग्रहण करना है, विभिन्न जातीय स्वरों की समरसता में हमें कौन सा स्वर अलापना है। हम अपने देश में बचपन में यह किस्सा सुना करते हैं कि कुछ सर्पों के फन में मणि होती है और जब तक मणि वहाँ है, तब तक तुम सर्प को मारने का कोई भी उपाय करो, वह नहीं मर सकता। हम लोगों ने किस्से-कहानियों में दैत्यों और दानवों की बातें पढ़ी हैं। उनके प्राण 'हीरामन तोते' के कलेजे में बन्द रहते हैं और जब तक उस 'हीरामन तोते' की जान में जान रहेगी, तब तक उस दानव का बाल भी बाँका न होगा, चाहे तुम उसके टुकड़े-टुकड़े ही क्यों न कर डालो। यह बात राष्ट्रों के सम्बन्ध में भी सत्य है। राष्ट्रविशेष का जीवन भी ठीक उसी प्रकार मानो किसी बिन्दु में केन्द्रित रहता है, वहीं उस राष्ट्र की राष्ट्रीयता रहती है और जब तक उस मर्मस्थान पर चोट नहीं पड़ती, तब तक वह राष्ट्र मर नहीं सकता। इस तथ्य के प्रकाश में, हम संसार के इतिहास की एक अद्वितीय एवं सबसे अपूर्व घटना को समझ सकते हैं। हमारी इस श्रद्धास्पद मातृभूमि पर बारम्बार बर्बर जातियों के आक्रमणों के दौर आते रहे हैं। 'अल्लाहो अकबर' के गगनभेदी नारों से भारत-गगन सदियों तक गूँजता रहा है और मृत्यु की अनिश्चित छाया प्रत्येक हिन्दू के सिर पर मँडराती रही है। ऐसा कोई हिन्दू न रहा होगा, जिसे पल-पल पर मृत्यु की आशंका न होती रही हो। संसार के इतिहास में इस देश से अधिक दु:ख पानेवाला तथा अधिक पराधीनता भोगनेवाला और कौन देश है? पर तो भी हम जैसे पहले थे, आज भी लगभग वैसे ही बने हुए हैं, आज भी हम आवश्यकता पड़ने पर बारम्बार विपत्तियों का सामना करने को तैयार हैं; और इतना ही नहीं, हाल में ऐसे भी लक्षण दिखाई दिए हैं कि हम केवल शक्तिमान ही नहीं, वरन् बाहर जाकर दूसरों को अपने विचार देने के लिए भी उद्यत हैं; कारण, विस्तार ही जीवन का लक्षण है।

हम आज देखते हैं कि हमारे भाव और विचार भारत की सरहदों के पिंजड़े में ही बन्द नहीं हैं; बल्कि वे तो, हम चाहें या न चाहें, भारत के बाहर बढ़ रहे हैं, अन्य देशों के साहित्य में प्रविष्ट हो रहे हैं, उन देशों में अपना स्थान प्राप्त कर रहे हैं और इतना ही नहीं, कहीं-कहीं तो वे आदेशदाता गुरु के आसन तक पहुँच गए हैं। इसका कारण यही है कि संसार की सम्पूर्ण उन्नति में भारत का दान सबसे श्रेष्ठ रहा है; क्योंकि उसने संसार को ऐसे दर्शन और धर्म का दान दिया है, जो मानव-मन को संलग्न

रखनेवाला सबसे अधिक महान्, सबसे अधिक उदात्त और सबसे श्रेष्ठ विषय है। हमारे पूर्वजों ने बहुतेरे अन्य प्रयोग किए। हम सब यह जानते हैं कि अन्य जातियों के समान, वे भी पहले बहिर्जगत् के रहस्य के अन्वेषण में लग गए, और अपनी विशाल प्रतिभा से वह महान् जाति, प्रयत्न करने पर, उस दिशा में ऐसे-ऐसे अद्‌भुत आविष्कार कर दिखाती, जिन पर समस्त संसार को सदैव अभिमान रहता। पर उन्होंने इस पथ को किसी उच्चतर ध्येय की प्राप्ति के लिए छोड़ दिया। वेद के पृष्ठों से उसी महान् ध्येय की प्रतिध्वनि सुनाई देती है—अथ परा, यया तदक्षरमधिगम्यते—'वही परा विद्या है, जिससे हमें उस अविनाशी पुरुष की प्राप्ति होती है।' इस परिवर्तनशील, नश्वर प्रकृति सम्बन्धी विद्या—मृत्यु, दुःख और शोक से भरे इस जगत् से सम्बन्धित विद्या बहुत बड़ी भले ही हो; एवं सचमुच ही वह बड़ी है; परन्तु जो अपरिणामी और आनन्दमय है, जो चिर शान्ति का निधान है, जो शाश्वत जीवन और पूर्णत्व का एकमात्र आश्रय-स्थान है, एकमात्र जहाँ ही सारे दुःखों का अवसान होता है, उस ईश्वर से सम्बन्ध रखनेवाली विद्या ही हमारे पूर्वजों की राय में सबसे श्रेष्ठ और उदात्त है। हमारे पूर्वज यदि चाहते, तो ऐसे विज्ञानों का अन्वेषण सहज ही कर सकते थे, जो हमें केवल अन्न, वस्त्र और अपने साथियों पर आधिपत्य दे सकते हैं, जो हमें केवल दूसरों पर विजय प्राप्त करना और उन पर प्रभुत्व करना सिखाते हैं, जो बली को निर्बल पर हुकूमत करने की शिक्षा देते हैं। पर उस परमेश्वर की अपार दया से हमारे पूर्वजों ने उस ओर बिलकुल ध्यान न देकर एकदम दूसरी दिशा पकड़ी, जो पूर्वोक्त मार्ग से अनन्त गुनी श्रेष्ठ और महान् थी, जिसमें पूर्वोक्त पथ की अपेक्षा अनन्त गुना आनन्द था। इस मार्ग को अपनाकर वे ऐसी अनन्य निष्ठा के साथ उस पर अग्रसर हुए कि आज वह हमारा जातीय विशेषत्व बन गया, सहस्रों वर्ष से पिता-पुत्र की उत्तराधिकार-परम्परा से आता हुआ आज वह हमारे जीवन से घुल-मिल गया है, हमारी रगों में बहनेवाले रक्त की बूँद-बूँद से मिलकर एक हो गया है, वह मानो हमारा दूसरा स्वभाव ही बन गया है, यहाँ तक कि आज 'धर्म' और 'हिन्दू' ये दो शब्द समानार्थी हो गए हैं। यही हमारी जाति का वैशिष्ट्य है और इस पर कोई आघात नहीं कर सकता। बर्बर जातियों ने यहाँ आकर तलवारों और तोपों के बल पर अपने बर्बर धर्मों का प्रचार किया, पर उनमें से एक भी हमारे मर्मस्थल को स्पर्श न कर सका, सर्प की उस 'मणि' को न छू सका, जातीय जीवन के प्राणस्वरूप उस 'हीरामन तोते' को न मार सका। अतः यही हमारी जाति की जीवनी शक्ति है, और जब तक यह अव्याहत है, तब तक संसार में ऐसी कोई ताकत नहीं, जो इस जाति का विनाश कर सके। यदि हम अपनी इस सर्वश्रेष्ठ विरासत आध्यात्मिकता को न छोड़ें तो संसार के सारे अत्याचार-उत्पीड़न और दुःख हमें बिना चोट पहुँचाए ही निकल जाएँगे और हम लोग दुःख-कष्टाग्नि की उन ज्वालाओं में से प्रह्लाद के समान बिना जले बाहर निकल आएँगे। यदि कोई हिन्दू धार्मिक नहीं है तो मैं उसे हिन्दू ही नहीं कहूँगा। दूसरे देशों में, भले ही मनुष्य पहले राजनीतिक हो

और फिर धर्म से थोड़ा सा लगाव रखे, पर यहाँ भारत में तो हमारे जीवन का सबसे बड़ा और प्रथम कर्तव्य धर्म का अनुष्ठान है और फिर उसके बाद, यदि अवकाश मिले, तो दूसरे विषय भले ही आ जाएँ। इस तथ्य को ध्यान में रखने से, हम यह बात अधिक अच्छी तरह समझ सकेंगे कि अपने जातीय हित के लिए हमें आज क्यों सबसे पहले अपनी जाति की समस्त आध्यात्मिक शक्तियों को ढूँढ़ निकालना होगा, जैसा कि अतीत काल में किया गया था और चिर काल तक किया जाएगा। अपनी बिखरी हुई आध्यात्मिक शक्तियों को एकत्र करना ही भारत में जातीय एकता स्थापित करने का एकमात्र उपाय है। जिनकी हृत्तंत्री एक ही आध्यात्मिक स्वर में बँधी है, उन सबके सम्मिलन से ही भारत में जाति का संगठन होगा।

इस देश में पर्याप्त पन्थ या सम्प्रदाय हुए हैं। आज भी ये पन्थ पर्याप्त संख्या में हैं और भविष्य में भी पर्याप्त संख्या में रहेंगे; क्योंकि हमारे धर्म की यह विशेषता रही है कि उसमें व्यापक तत्त्वों की दृष्टि से इतनी उदारता है कि यद्यपि बाद में उनमें से अनेक सम्प्रदाय फैले हैं और उनकी बहुविध शाखा-प्रशाखाएँ फूटी हैं तो भी उनके तत्त्व हमारे सिर पर फैले हुए इस अनन्त आकाश के समान विशाल हैं, स्वयं प्रकृति की भाँति नित्य और सनातन हैं। अत: सम्प्रदायों का होना तो स्वाभाविक ही है, परन्तु जिसका होना आवश्यक नहीं है, वह है इन सम्प्रदायों के बीच के झगड़े-झमेले। सम्प्रदाय अवश्य रहें, पर साम्प्रदायिकता दूर हो जाए। साम्प्रदायिकता से संसार की कोई उन्नति नहीं होगी; पर सम्प्रदायों के न रहने से संसार का काम नहीं चल सकता। एक ही साम्प्रदायिक विचार के लोग सब काम नहीं कर सकते। संसार की यह अनन्त शक्ति कुछ थोड़े से लोगों से परिचालित नहीं हो सकती। यह बात समझ लेने पर हमारी समझ में यह भी आ जाएगा कि हमारे भीतर किसलिए यह सम्प्रदाय-भेदरूपी श्रमविभाग अनिवार्य रूप से आ गया है। भिन्न-भिन्न आध्यात्मिक शक्ति-समूहों का परिचालन करने के लिए सम्प्रदाय कायम रहें। परन्तु जब हम देखते हैं कि हमारे प्राचीनतम शास्त्र इस बात की घोषणा कर रहे हैं कि यह सब भेद-भाव केवल ऊपर का है, देखने भर का है, और इन सारी विभिन्नताओं के बावजूद इनको एक साथ बाँधे रहनेवाला परम मनोहर स्वर्ण सूत्र इनके भीतर पिरोया हुआ है, तब इसके लिए हमें एक दूसरे के साथ लड़ने-झगड़ने की कोई आवश्यकता नहीं दिखाई देती। हमारे प्राचीनतम शास्त्रों ने घोषणा की है कि एकं सद्विप्रा बहुधा वदन्ति—'विश्व में एक ही सद्वस्तु विद्यमान है, ऋषियों ने उसी एक का भिन्न-भिन्न नामों से वर्णन किया है।' अत: ऐसे भारत में, जहाँ सदा से सभी सम्प्रदाय समान रूप से सम्मानित होते आए हैं, यदि अब भी सम्प्रदायों के बीच ईर्ष्या-द्वेष और लड़ाई-झगड़े बने रहें तो धिक्कार है हमें, जो हम अपने को उन महिमान्वित पूर्वजों के वंशधर बताने का दु:साहस करें!

मेरा विश्वास है कि कुछ ऐसे महान् तत्त्व हैं, जिन पर हम सब सहमत हैं, जिन्हें हम सभी मानते हैं—चाहे हम वैष्णव हों या शैव, शाक्त हों या गाणपत्य, चाहे प्राचीन

वेदान्ती सिद्धान्तों को मानते हों या अर्वाचीनों के ही अनुयायी हों, पुरानी लकीर के फकीर हों अथवा नवीन सुधारवादी हों—और जो भी अपने को हिन्दू कहता है, वह इन तत्त्वों में विश्वास रखता है। सम्भव है कि इन तत्त्वों की व्याख्याओं में भेद हो—और वैसा होना भी चाहिए, क्योंकि हमारा यह मानदंड रहा है कि हम सबको जबरदस्ती अपने साँचे में न ढालें। हम जिस तरह की व्याख्या करें, सबको वही व्याख्या माननी पड़ेगी अथवा हमारी ही प्रणाली का अनुसरण करना होगा—जबरदस्ती ऐसी चेष्टा करना पाप है। आज यहाँ पर जो लोग एकत्र हुए हैं, शायद वे सभी एक स्वर से यह स्वीकार करेंगे कि हम लोग वेदों को अपने धर्म-रहस्यों का सनातन उपदेश मानते हैं। हम सभी यह विश्वास करते हैं कि वेदरूपी यह पवित्र शब्द-राशि अनादि और अनन्त है। जिस प्रकार प्रकृति का न आदि है न अन्त, उसी प्रकार इसका भी आदि-अन्त नहीं है। और जब कभी हम इस पवित्र ग्रन्थ के प्रकाश में आते हैं, तब हमारे धर्म-सम्बन्धी सारे भेद-भाव और झगड़े मिट जाते हैं। इसमें हम सभी सहमत हैं कि हमारे धर्म विषयक जितने भी भेद हैं, उनकी अन्तिम मीमांसा करनेवाला यही वेद है। वेद क्या है, इस पर हम लोगों में मतभेद हो सकता है। कोई सम्प्रदाय वेद के किसी एक अंश को दूसरे अंश से अधिक पवित्र समझ सकता है। पर इससे तब तक कुछ बनता बिगड़ता नहीं, जब तक हम यह विश्वास करते हैं कि वेदों के प्रति श्रद्धालु होने के कारण हम सभी आपस में भाई-भाई हैं तथा उन सनातन, पवित्र और अपूर्व ग्रन्थों से ही ऐसी प्रत्येक पवित्र, महान् और उत्तम वस्तु का उद्‌भव हुआ है, जिसके हम आज अधिकारी हैं। अच्छा, यदि हमारा ऐसा ही विश्वास है तो फिर सबसे पहले इसी तत्त्व का भारत में सर्वत्र प्रचार किया जाए। यदि यही सत्य है तो फिर वेद सर्वदा ही जिस प्राधान्य के अधिकारी हैं तथा जिसमें हम सभी विश्वास करते हैं, वह प्रधानता वेदों को दी जाए। अतः हम सबकी प्रथम मिलन-भूमि है 'वेद'।

दूसरी बात यह है कि हम सब ईश्वर में विश्वास करते हैं, जो संसार की सृष्टि-स्थिति-लय-कारिणी शक्ति है, जिसमें यह सारा चराचर कल्पान्त में लय होकर दूसरे कल्प के आरम्भ में पुनः अद्‌भुत जगत्-प्रपंच रूप से बाहर निकल आता एवं अभिव्यक्त होता है। हमारी ईश्वर विषयक कल्पना भिन्न-भिन्न प्रकार की हो सकती है—कुछ लोग ईश्वर को सम्पूर्ण सगुण रूप में, कुछ उन्हें सगुण पर मानव भावापन्न रूप में नहीं, और कुछ उन्हें सम्पूर्ण निर्गुण रूप में ही मान सकते हैं, और सभी अपनी-अपनी धारणा की पुष्टि में वेद के प्रमाण भी दे सकते हैं। पर इन सब विभिन्नताओं के होते हुए भी हम सभी ईश्वर में विश्वास करते हैं। इसी बात को दूसरे शब्दों में ऐसा भी कह सकते हैं कि जिससे यह समस्त चराचर उत्पन्न हुआ है, जिसके अवलम्ब से वह जीवित है और अन्त में जिसमें वह फिर से लीन हो जाता है, उस अद्‌भुत अनन्त शक्ति पर जो विश्वास नहीं करता, वह अपने को हिन्दू नहीं कह सकता। यदि ऐसी बात है तो इस तत्त्व को भी समग्र भारत में फैलाने की चेष्टा करनी होगी। तुम इस ईश्वर का चाहे

जिस भाव से प्रचार करो, ईश्वर सम्बन्धी तुम्हारा भाव भले ही मेरे भाव से भिन्न हो, पर हम इसके लिए आपस में झगड़ा नहीं करेंगे। हम चाहते हैं, ईश्वर का प्रचार, फिर वह किसी भी रूप में क्यों न हो। हो सकता है, ईश्वर सम्बन्धी इन विभिन्न धारणाओं में कोई अधिक श्रेष्ठ हो; पर याद रखना, उनमें कोई भी धारणा बुरी नहीं है। उन धारणाओं में कोई उत्कृष्ट, कोई उत्कृष्टतर और कोई उत्कृष्टतम हो सकती है, पर हमारे धर्म-तत्त्व की पारिभाषिक शब्दावली में 'बुरा' नाम का कोई शब्द नहीं है। अतः, ईश्वर के नाम का चाहे जो कोई जिस भाव से प्रचार करे, वह निश्चय ही ईश्वर के आशीर्वाद का भाजन होगा। उसके नाम का जितना ही अधिक प्रचार होगा, देश का उतना ही कल्याण होगा। हमारे बच्चे बचपन से ही इस भाव को हृदय में धारण करना सीखें—अत्यन्त दरिद्र और नीचातिनीच मनुष्य के घर से लेकर बड़े से बड़े धनी-मानी और उच्चतम मनुष्य के घर में भी ईश्वर के शुभ नाम का प्रवेश हो!

अब तीसरा तत्त्व मैं तुम लोगों के सामने प्रकट करना चाहता हूँ। हम लोग औरों की तरह यह विश्वास नहीं करते कि इस जगत् की सृष्टि केवल कई हजार वर्ष पहले हुई है और एक दिन इसका सदा के लिए ध्वंस हो जाएगा। साथ ही, हम यह भी विश्वास नहीं करते कि इसी जगत् के साथ शून्य से जीवात्मा की भी सृष्टि हुई है। मैं समझता हूँ कि इस विषय में भी हम सब सहमत हो सकते हैं। हमारा विश्वास है कि प्रकृति अनादि और अनन्त है; पर हाँ, कल्पान्त में यह स्थूल बाह्य जगत् अपनी सूक्ष्म अवस्था को प्राप्त होता है, और कुछ काल तक उस सूक्ष्मावस्था में रहने के बाद पुनः उसका प्रक्षेपण होता है तथा प्रकृति नामक इस अनन्त प्रपंच की अभिव्यक्ति होती है। यह तरंगाकार गति अनन्त काल से—जब स्वयं काल का ही आरम्भ नहीं हुआ था तभी से—चल रही है और अनन्त काल तक चलती रहेगी।

पुनः हिन्दू मात्र का यह विश्वास है कि मनुष्य केवल यह स्थूल जड़ शरीर ही नहीं है, न ही उसके अभ्यन्तरस्थ यह 'मन' नामक सूक्ष्म शरीर ही प्रकृत मनुष्य है, वरन् प्रकृत मनुष्य तो इन दोनों से अतीत एवं श्रेष्ठ है। कारण, स्थूल शरीर परिणामी है और मन का भी वही हाल है; परन्तु इन दोनों से परे 'आत्मा' नामक अनिवर्चनीय वस्तु है जिसका न आदि है, न अन्त। मैं इस 'आत्मा' शब्द का अंग्रेजी में अनुवाद नहीं कर सकता, क्योंकि इसका कोई भी पर्याय गलत होगा। यह आत्मा 'मृत्यु' नामक अवस्था से परिचित नहीं। इसके सिवाय एक और विशिष्ट बात है, जिसमें हमारे साथ अन्यान्य जातियों का बिलकुल मतभेद है। वह यह है कि आत्मा एक देह का अन्त होने पर दूसरी देह धारण करती है; ऐसा करते-करते वह एक ऐसी अवस्था में पहुँचती है, जब उसे फिर शरीर धारण करने की कोई इच्छा या आवश्यकता नहीं रह जाती, तब वह मुक्त हो जाती है और फिर से कभी जन्म नहीं लेती। यहाँ मेरा तात्पर्य अपने शास्त्रों के संसारवाद या पुनर्जन्मवाद तथा आत्मा के नित्यत्ववाद से है। हम चाहे जिस सम्प्रदाय के हों, पर इस विषय में हम सभी सहमत हैं। इस आत्मा-परमात्मा के

पारस्परिक सम्बन्ध के बारे में हमारे मत भिन्न हो सकते हैं। एक सम्प्रदाय आत्मा को परमात्मा से अनन्त काल तक अलग मान सकता है, दूसरे के मत से आत्मा उसी अनन्त अग्नि की एक चिनगारी हो सकती है, और फिर अन्यों के मतानुसार वह उस अनन्त से एकरूप और अभिन्न हो सकती है। पर जब तक हम सब लोग इस मौलिक तत्त्व को मानते हैं कि आत्मा अनन्त है, उसकी सृष्टि कभी नहीं हुई और इसलिए उसका नाश भी कभी नहीं हो सकता है, उसे तो भिन्न-भिन्न शरीरों से क्रमशः उन्नति करते-करते अन्त में मनुष्य शरीर धारण कर पूर्णत्व प्राप्त करना होगा—तब तक हम आत्मा एवं परमात्मा के इस सम्बन्ध के विषय में चाहे जैसी व्याख्या क्यों न करें, उससे कुछ बनता-बिगड़ता नहीं। इसके विषय में हम सभी सहमत हैं। और इसके बाद आध्यात्मिकता के क्षेत्र से सबसे उदात्त, सर्वाधिक विभेद को व्यक्त करनेवाले और आज तक के सबसे अपूर्व आविष्कार की बात आती है। तुम लोगों में से जिन्होंने पाश्चात्य चिन्तन-प्रणाली का अध्ययन किया होगा, उन्होंने सम्भवतः यह लक्ष्य किया होगा कि एक ऐसा मौलिक प्रभेद है, जो पाश्चात्य विचारों को एक ही आघात में पौर्वात्य विचारों से पृथक् कर देता है। वह यह है कि भारत में हम सभी, चाहे हम शाक्त हों या सौर या वैष्णव, अथवा बौद्ध या जैन ही क्यों न हों—हम सब के सब यही विश्वास करते हैं कि आत्मा स्वभावतः शुद्ध, पूर्ण, अनन्त, शक्तिसम्पन्न और आनन्दमय है। अन्तर केवल इतना है कि द्वैतवादियों के मत से आत्मा का वह स्वाभाविक आनन्दस्वभाव पिछले बुरे कर्मों के कारण संकुचित हो गया है एवं ईश्वर के अनुग्रह से वह फिर विकसित हो जाएगा और आत्मा पुनः अपने पूर्ण स्वभाव को प्राप्त हो जाएगी। पर अद्वैतवादी कहते हैं कि आत्मा के संकुचित होने की यह धारणा भी अंशतः भ्रमात्मक है—हम तो माया के आवरण के कारण ही ऐसा समझते हैं कि आत्मा अपनी सारी शक्ति गँवा बैठी है, जब कि वास्तव में उसकी समस्त शक्ति तब भी पूर्ण रूप से अभिव्यक्त रहती है। जो भी अन्तर हो, पर हम पर एक ही केन्द्रीय तत्त्व पर पहुँचते हैं कि आत्मा स्वभावतः ही पूर्ण है और यही प्राच्य और पाश्चात्य भावों के बीच एक ऐसा अन्तर डाल देता है जिसमें कहीं समझौता नहीं है। जो कुछ महान् है, जो कुछ शुभ है, पौर्वात्य उसका अन्वेषण अभ्यन्तर में करता है। जब हम पूजा-उपासना करते हैं, तब आँखें बन्द कर ईश्वर को अन्दर ढूँढ़ने का प्रयत्न करते हैं, और पाश्चात्य आपने बाहर ही ईश्वर को ढूँढ़ता फिरता है। पाश्चात्यों के धर्मग्रन्थ प्रेरित (inspired) हैं, जब कि हमारे धर्मग्रन्थ अन्तःप्रेरित (expired) हैं, निःश्वास की तरह वे निकले हैं, ईश्वरनिःश्वसित हैं, मंत्रद्रष्टा ऋषियों के हृदयों से निकले हैं।[1]

यह एक प्रधान बात है, जिसे अच्छी तरह समझ लेने की आवश्यकता है। प्यारे भाइयो! मैं तुम लोगों को यह बताए देता हूँ कि यही बात भविष्य में हमें विशेष रूप

1. Inspire का व्युत्पत्तिमूलक अर्थ है—श्वास का बाहर से अन्दर जाना और Expire का—श्वास का भीतर से बाहर निकलना।

से बार-बार बतलानी और समझानी पड़ेगी। क्योंकि यह मेरा दृढ़ विश्वास है और मैं तुम लोगों से भी यह बात अच्छी तरह समझ लेने को कहता हूँ कि जो व्यक्ति दिन-रात अपने को दीन-हीन या अयोग्य समझे हुए बैठा रहेगा, उसके द्वारा कुछ भी नहीं हो सकता। वास्तव में अगर दिन-रात वह अपने को दीन, नीच एवं 'कुछ नहीं' समझता है तो वह 'कुछ नहीं' ही बन जाता है। यदि तुम कहो कि 'मेरे अन्दर शक्ति है' तो तुममें शक्ति जाग उठेगी। और यदि तुम सोचो कि 'मैं कुछ नहीं हूँ,' दिन-रात यही सोचा करो, तो तुम सचमुच ही 'कुछ नहीं' हो जाओगे। तुम्हें यह महान् तत्त्व सदा स्मरण रखना चाहिए। हम तो उसी सर्व शक्तिमान परम पिता की सन्तान हैं, हम सब कुछ हैं, हम सब कुछ कर सकते हैं, और मनुष्य को सब कुछ करना ही होगा, हमारे पूर्वजों में ऐसा ही दृढ़ आत्मविश्वास था। इसी आत्मविश्वास रूपी प्रेरणा-शक्ति ने उन्हें सभ्यता की उच्च से उच्चतर सीढ़ी पर चढ़ाया था। और, अब यदि हमारी अवनति हुई हो, हममें दोष आया हो तो मैं तुमसे सच कहता हूँ, जिस दिन हमारे पूर्वजों ने अपना यह आत्मविश्वास गँवाया, उसी दिन से हमारी यह अवनति, यह दुरवस्था आरम्भ हो गई। आत्मविश्वासहीनता का मतलब है ईश्वर में अविश्वास। क्या तुम्हें विश्वास है कि वही अनन्त मंगलमय विधाता तुम्हारे भीतर से काम कर रहा है? यदि तुम ऐसा विश्वास करो कि वही सर्वव्यापी अन्तर्यामी प्रत्येक अणु-परमाणु में—तुम्हारे शरीर, मन और आत्मा में ओत-प्रोत है, तो फिर क्या तुम कभी उत्साह से वंचित रह सकते हो? मैं पानी का एक छोटा-सा बुलबुला हो सकता हूँ, और तुम एक पर्वताकार तरंग; तो इससे क्या? वह अनन्त समुद्र जैसा तुम्हारे लिए, वैसा ही मेरे लिए भी आश्रय है। उस जीवन, शक्ति और आध्यात्मिकता के असीम सागर पर जैसा तुम्हारा, वैसा ही मेरा भी अधिकार है। मेरे जन्म से ही, मुझमें जीवन होने से ही, यह प्रमाणित हो रहा है कि तुम्हारे समान, चाहे तुम पर्वताकार तरंग ही क्यों न हो, मैं भी उसी अनन्त जीवन, अनन्त शिव और अनन्त शक्ति के साथ नित्य संयुक्त हूँ। अतएव, भाइयो! तुम अपनी सन्तानों को उनके जन्म-काल से ही इस महान्, जीवनप्रद, उच्च और उदात्त तत्त्व की शिक्षा देना शुरू कर दो। उन्हें अद्वैतवाद की ही शिक्षा देने की आवश्यकता नहीं, तुम चाहे द्वैतवाद की शिक्षा दो या जिस किसी 'वाद' की, जो भी तुम्हें रुचे। परन्तु हम पहले ही देख चुके हैं कि यही सर्वमान्य 'वाद' भारत में सर्वत्र स्वीकृत है। आत्मा की पूर्णता के इस अपूर्व सिद्धान्त को सभी सम्प्रदायवाले समान रूप से मानते हैं। हमारे महान् दार्शनिक कपिल महर्षि ने कहा है कि पवित्रता यदि आत्मा की प्रकृति न हो, तो आत्मा बाद में कभी भी पवित्रता को प्राप्त नहीं हो सकती, क्योंकि जो स्वभावतः पूर्ण नहीं है, वह यदि किसी प्रकार पूर्णता पा भी ले, तो वह पूर्णता उसमें स्थिर भाव से नहीं रह सकती, उससे पुनः चली जाएगी। यदि अपवित्रता ही मनुष्य का स्वभाव हो, तो भले ही वह कुछ समय के लिए पवित्रता प्राप्त कर ले, पर वह सदा के लिए अपवित्र ही बना रहेगा। कभी न कभी ऐसा समय आएगा, जब वह पवित्रता घुल जाएगी, दूर हो जाएगी, और

फिर वही पुरानी स्वाभाविक अपवित्रता अपना सिक्का जमा लेगी। अतएव हमारे सभी दार्शनिक कहते हैं कि पवित्रता ही हमारा स्वभाव है, अपवित्रता नहीं; पूर्णता ही हमारा स्वभाव है, अपूर्णता नहीं। इस बात को तुम सदा स्मरण रखो। उस महर्षि के सुन्दर दृष्टान्त को सदैव स्मरण रखो, जो शरीर त्याग करते समय अपने मन से अपने किए हुए उत्कृष्ट कार्यों और उच्च विचारों का स्मरण करने के लिए कहते हैं।[1] देखो, उन्होंने अपने मन से अपने दोषों और दुर्बलताओं की याद करने के लिए नहीं कहा है। यह सच है कि मनुष्य में दोष हैं, दुर्बलताएँ हैं, पर तुम सर्वदा अपने वास्तविक स्वरूप का स्मरण करो। बस यही इन दोषों और दुर्बलताओं के दूर करने का अमोघ उपाय है।

मैं समझता हूँ कि ये कतिपय तत्त्व भारतवर्ष के सभी भिन्न-भिन्न सम्प्रदायवाले स्वीकार करते हैं, और सम्भवत: भविष्य में इसी सर्वस्वीकृत आधार पर समस्त सम्प्रदायों के लोग—वे उदार हों या कट्टर, पुरानी लकीर के फकीर हों या नई रोशनीवाले—सभी के सभी आपस में मिलकर रहेंगे। पर सबसे बढ़कर एक अन्य बात भी हमें याद रखनी चाहिए, खेद है कि इसे हम प्राय: भूल जाते हैं। वह यह है कि भारत में धर्म का तात्पर्य है 'प्रत्यक्षानुभूति', इससे कम कदापि नहीं। हमें ऐसी बात कोई नहीं सिखा सकता कि 'यदि तुम इस मत को स्वीकार करो तो तुम्हारा उद्धार हो जाएगा; क्योंकि हम उस बात पर विश्वास करते ही नहीं। तुम अपने को जैसा बनाओगे, अपने को जैसे साँचे में ढालोगे, वैसे ही बनोगे। तुम जो कुछ हो, जैसे हो, वह ईश्वर की कृपा और अपने प्रयत्न से बने हो। किसी मतामत में विश्वास मात्र से तुम्हारा कोई विशेष उपकार नहीं होगा। 'अनुभूति', 'अनुभूति' की यह महती शक्तिमयी वाणी भारत के ही आध्यात्मिक गगनमंडल से आविर्भूत हुई है, और एकमात्र हमारे ही शास्त्रों ने यह बारम्बार कहा है कि 'ईश्वर के दर्शन' करने होंगे। यह बात बड़े साहस की है, इसमें सन्देह नहीं; पर इसका लेशमात्र भी मिथ्या नहीं है, यह अक्षरश: सत्य है। धर्म की प्रत्यक्ष अनुभूति करनी होगी, केवल सुनने से काम नहीं चलेगा; तोते की तरह कुछ थोड़े से शब्द और धर्म विषयक बातें रट लेने से काम नहीं चलेगा; केवल बुद्धि द्वारा स्वीकार कर लेने से भी काम न चलेगा—आवश्यकता है हमारे अन्दर धर्म के प्रवेश करने की। अत: ईश्वर के अस्तित्व पर विश्वास रखने का सबसे बड़ा प्रमाण यह नहीं है कि तर्क से सिद्ध है; वरन् ईश्वर के अस्तित्व का सर्वोच्च प्रमाण तो यह है कि हमारे यहाँ के प्राचीन तथा अर्वाचीन सभी पहुँचे हुए लोगों ने ईश्वर का साक्षात्कार किया है। आत्मा के अस्तित्व पर हम केवल इसलिए विश्वास नहीं करते कि हमारे पास उसके प्रमाण में उत्कृष्ट युक्तियाँ हैं, वरन् इसलिए कि प्राचीन काल में भारतवर्ष के सहस्रों व्यक्तियों ने आत्मा के प्रत्यक्ष दर्शन किए हैं; आज भी ऐसे बहुत से हैं, जिन्होंने आत्मोपलब्धि की है; और भविष्य में भी ऐसे हजारों लोग होंगे, जिन्हें आत्मा की प्रत्यक्ष अनुभूति होगी। और जब तक मनुष्य ईश्वर के दर्शन न कर लेगा, आत्मा की उपलब्धि न कर

1. ॐ क्रतो स्मर कृतं स्मर क्रतो स्मर कृतं स्मर। ईशोपनिषद् 17॥

लेगा, तब तक उसकी मुक्ति असम्भव है। अतएव, आओ, सबसे पहले हम इस बात को भली-भाँति समझ लें; और हम इसे जितना ही अधिक समझेंगे, उतना ही भारत में साम्प्रदायिकता का ह्रास होगा, क्योंकि यथार्थ धार्मिक वही है, जिसने ईश्वर के दर्शन पाए हैं, जिसने अन्तर में उसकी प्रत्यक्ष उपलब्धि की है। तब तो, 'जिसने उसे देख लिया, जो हमारे निकट से भी निकट और फिर दूर से भी दूर है, उसके हृदय की गाँठें खुल जाती हैं, उसके सारे संशय दूर हो जाते हैं और वह कर्मफल के समस्त बन्धनों से छुटकारा पा जाता है।'[1]

हा हन्त! हम लोग बहुधा अर्थहीन वागाडम्बर को ही आध्यात्मिक सत्य समझ बैठते हैं, पांडित्य से भरी सुललित वाक्य-रचना को ही गम्भीर धर्मानुभूति समझ लेते हैं। इसी से यह सारी साम्प्रदायिकता आती है, सारा विरोध-भाव उत्पन्न होता है। यदि हम एक बार इस बात को भली-भाँति समझ लें कि प्रत्यक्षानुभूति ही प्रकृत धर्म है तो हम अपने ही हृदय को टटोलेंगे और यह समझने का प्रयत्न करेंगे कि हम धर्म-राज्य के सत्यों की उपलब्धि की ओर कहाँ तक अग्रसर हुए हैं। और तब हम यह समझ जाएँगे कि हम स्वयं अन्धकार में भटक रहे हैं और अपने साथ दूसरों को भी उसी अन्धकार में भटका रहे हैं। बस, इतना समझने पर हमारी साम्प्रदायिकता और लड़ाई मिट जाएगी। यदि कोई तुमसे साम्प्रदायिक झगड़ा करने को तैयार हो तो उससे पूछो, "तुमने क्या ईश्वर के दर्शन किए हैं? क्या तुम्हें कभी आत्म-दर्शन प्राप्त हुआ है? यदि नहीं, तो तुम्हें ईश्वर के नाम का प्रचार करने का क्या अधिकार है? तुम तो स्वयं अँधेरे में भटक रहे हो और मुझे भी उसी अँधेरे में घसीटने की कोशिश कर रहे हो? 'अन्धा अन्धे को राह दिखावे' के अनुसार तुम मुझे भी गड्ढे में ले गिरोगे।" अतएव किसी दूसरे के दोष निकालने के पहले तुमको अधिक विचार कर लेना चाहिए। सबको अपनी-अपनी राह से चलने दो—'प्रत्यक्ष अनुभूति' की ओर अग्रसर होने दो। सभी अपने-अपने हृदय में उस सत्यस्वरूप आत्मा के दर्शन करने का प्रयत्न करें। और जब वे उस भूमा के, उस अनावृत सत्य के दर्शन कर लेंगे, तभी उससे प्राप्त होनेवाले अपूर्व आनन्द का अनुभव कर सकेंगे। आत्मोपलब्धि से प्रसूत होनेवाला यह अपूर्व आनन्द कपोल-कल्पित नहीं है; वरन् भारत के प्रत्येक ऋषि ने, प्रत्येक सत्यद्रष्टा पुरुष ने इसका प्रत्यक्ष अनुभव किया है। और तब, उस आत्मदर्शी हृदय से आप ही आप प्रेम की वाणी फूट निकलेगी; क्योंकि उसे ऐसे परम पुरुष का स्पर्श प्राप्त हुआ है, जो स्वयं प्रेमस्वरूप है। बस तभी हमारे सारे साम्प्रदायिक लड़ाई-झगड़े दूर होंगे; और तभी हम 'हिन्दू' शब्द को तथा प्रत्येक हिन्दू-नामधारी व्यक्ति को यथार्थतः समझने, हृदय में धारण करने तथा गम्भीर रूप से प्रेम करने व आलिंगन करने में समर्थ होंगे। मेरी बात पर ध्यान दो, केवल तभी तुम वास्तव में हिन्दू कहलाने योग्य होंगे, जब 'हिन्दू' शब्द को सुनते

1. भिद्यते हृदयग्रन्थिश्छिद्यन्ते सर्वसंशयाः।
क्षीयन्ते चास्य कर्माणि तस्मिन् दृष्टे परावरे॥ मुंडकोपनिषद् 2।2।8॥

ही तुम्हारे अन्दर बिजली दौड़ने लग जाएगी। केवल तभी तुम सच्चे हिन्दू कहला सकोगे, जब तुम किसी भी प्रान्त के, कोई भी भाषा बोलनेवाले प्रत्येक हिन्दू-संज्ञक व्यक्ति को एकदम अपना सगा और स्नेही समझने लगोगे। केवल तभी तुम सच्चे हिन्दू माने जाओगे, जब किसी भी हिन्दू कहलानेवाले का दुःख तुम्हारे हृदय में तीर की तरह आकर चुभेगा, मानो तुम्हारा अपना लड़का ही विपत्ति में पड़ गया हो! केवल तभी तुम यथार्थतः 'हिन्दू' नाम के योग्य होंगे, जब तुम उनके लिए समस्त अत्याचार और उत्पीड़न सहने के लिए तैयार रहोगे। इसके ज्वलन्त दृष्टान्त हैं—तुम्हारे ही गुरु गोविन्द सिंह, जिनकी चर्चा मैं आरम्भ में ही कर चुका हूँ। इस महात्मा ने देश के शत्रुओं के विरुद्ध लोहा लिया, हिन्दू धर्म की रक्षा के लिए अपने हृदय का रक्त बहाया, अपने पुत्रों को अपनी आँखों के सामने मौत के घाट उतरते देखा—पर जिनके लिए इन्होंने अपना और अपने प्राणों से बढ़कर प्यारे पुत्रों का खून बहाया, उन्हीं लोगों ने, इनकी सहायता करना तो दूर रहा, उल्टे इन्हें त्याग दिया!—यहाँ तक कि उन्हें इस प्रदेश से भी हटना पड़ा। अन्त में मर्मान्तक चोट खाए हुए सिंह की भाँति यह नरकेसरी शान्तिपूर्वक अपने जन्म-स्थान को छोड़ दक्षिण भारत में जाकर मृत्यु की राह देखने लगा; परन्तु अपने जीवन के अन्तिम मुहूर्त तक उसने अपने उन कृतघ्न देशवासियों के प्रति कभी अभिशाप का एक शब्द भी मुँह से नहीं निकाला। मेरी बात पर ध्यान दो। यदि तुम देश की भलाई करना चाहते हो तो तुममें से प्रत्येक को गुरु गोविन्द सिंह बनना पड़ेगा। तुम्हें अपने देशवासियों में भले ही हजारों दोष दिखाई दें, पर तुम उनकी रग-रग में बहनेवाले हिन्दू रक्त की ओर ध्यान दो। तुम्हें पहले अपने इन स्वजातीय नर-रूप देवताओं की पूजा करनी होगी, भले ही वे तुम्हारी बुराई के लिए लाख चेष्टा किया करें। इनमें से प्रत्येक व्यक्ति यदि तुम पर अभिशाप और निन्दा की बौछार करे तो भी तुम इनके प्रति प्रेमपूर्ण वाणी का ही प्रयोग करो। यदि ये तुम्हें त्याग दें, पैरों से ठुकरा दें तो तुम उसी वीरकेसरी गोविन्द सिंह की भाँति समाज से दूर जाकर नीरव भाव से मौत की राह देखो। जो ऐसा कर सकता है, वही सच्चा हिन्दू कहलाने का अधिकारी है। हमें अपने सामने सदा इसी प्रकार का आदर्श उपस्थित रखना होगा। पारस्परिक विरोध-भाव को भूलकर चारों ओर प्रेम का प्रवाह बहाना होगा।

लोग भारत के पुनरुद्धार के लिए जो जी में आए, कहें। मैं जीवन-भर काम करता रहा हूँ, कम से कम काम करने का प्रयत्न करता रहा हूँ; मैं अपने अनुभव के बल पर तुमसे कहता हूँ कि जब तक तुम सच्चे अर्थों में धार्मिक नहीं होते, तब तक भारत का उद्धार होना असम्भव है। केवल भारत ही क्यों, सारे संसार का कल्याण इसी पर निर्भर है। क्योंकि, मैं तुम्हें स्पष्टतया बताए देता हूँ कि इस समय पाश्चात्य सभ्यता अपनी नींव तक हिल गई है। भौतिकवाद की कच्ची रेतीली नींव पर खड़ी होनेवाली बड़ी से बड़ी इमारतें भी एक न एक दिन अवश्य ही आपाद्ग्रस्त होंगी, ढह जाएँगी। इस विषय में संसार का इतिहास ही सबसे बड़ा साक्षी है। जाति पर जाति

उठी हैं और भौतिकवाद की नींव पर उन्होंने अपने गौरव का प्रासाद खड़ा किया है। उन्होंने संसार के समक्ष यह घोषणा की है कि जड़ के सिवा मनुष्य और कुछ नहीं है। ध्यान दो, पाश्चात्य भाषा में 'मनुष्य आत्मा छोड़ता है' (A man gives up the ghost) पर हमारी भाषा में 'मनुष्य शरीर छोड़ता है।' पाश्चात्य मनुष्य अपने सम्बन्ध में पहले देह को ही लक्ष्य करता है, उसके बाद उसके एक आत्मा है। पर हम लोगों के अनुसार मनुष्य पहले आत्मा ही है, और फिर उसके एक देह भी है। इन दो विभिन्न वाक्यों की छानबीन करने पर तुम देखोगे कि प्राच्य और पाश्चात्य विचार-प्रणाली में आकाश पाताल का अन्तर है। इसीलिए जितनी सभ्यताएँ भौतिक सुख-स्वच्छन्दता की रेतीली नींव पर कायम हुई थीं, वे सभी थोड़े ही समय के लिए जीवित रहकर एक-एक करके संसार से लुप्त हो गईं; परन्तु भारत की सभ्यता, और भारत के चरणों के पास बैठकर शिक्षा ग्रहण करनेवाले चीन और जापान की सभ्यता आज भी जीवित है; और इतना ही नहीं, बल्कि उनमें पुनरुत्थान के लक्षण भी दिखाई दे रहे हैं। 'फिनिक्स'[1] के समान हजारों बार नष्ट होने पर भी वे पुन: अधिक तेजस्वी होकर प्रस्फुरित होने को तैयार हैं। पर भौतिकवाद के आधार पर जो सभ्यताएँ स्थापित हैं, वे यदि एक बार नष्ट हो गईं, तो फिर उठ नहीं सकतीं—एक बार यदि महल ढह पड़ा, तो बस सदा के लिए धूल में मिल गया! अतएव, धैर्य के साथ राह देखते रहो, हम लोगों का भविष्य उज्ज्वल है।

उतावले मत बनो, किसी दूसरे का अनुकरण करने की चेष्टा मत करो। दूसरे का अनुकरण करना सभ्यता की निशानी नहीं है; यह एक महान् पाठ है, जो हमें याद रखना है। मैं यदि आप ही राजा की सी पोशाक पहन लूँ तो क्या इतने ही से मैं राजा बन जाऊँगा? शेर की खाल ओढ़कर गधा कभी शेर नहीं बन सकता। अनुकरण करना, हीन और डरपोक की तरह अनुकरण करना कभी उन्नति के पथ पर आगे नहीं बढ़ा सकता। वह तो मनुष्य के अध:पतन का लक्षण है। जब मनुष्य अपने आप पर घृणा करने लग जाता है, तब समझना चाहिए कि उस पर अन्तिम चोट बैठ चुकी है। जब वह अपने पूर्वजों को मानने में लज्जित होता है तो समझ लो कि उसका विनाश निकट है। यद्यपि मैं हिन्दू जाति में एक नगण्य व्यक्ति हूँ, तथापि अपनी जाति और अपने पूर्वजों के गौरव से मैं अपना गौरव मानता हूँ। अपने को हिन्दू बताते हुए, हिन्दू कहकर अपना परिचय देते हुए, मुझे एक प्रकार का गर्व सा होता है। मैं तुम लोगों का एक तुच्छ सेवक होने में अपना गौरव समझता हूँ। तुम लोग आर्य ऋषियों के वंशधर हो—उन ऋषियों के, जिनकी महत्ता की तुलना नहीं हो सकती। मुझे इसका गर्व है कि मैं तुम्हारे देश का एक नगण्य नागरिक हूँ। अतएव, भाइयो, आत्मविश्वासी बनो। पूर्वजों के नाम से अपने को लज्जित नहीं, गौरवान्वित समझो। याद रहे, किसी का

1. यूनानी दन्तकथाओं के अनुसार फिनिक्स (Phoenix) एक चिड़िया है, जो अकेली 500 वर्ष तक जीती है और पुन: अपने भस्म में से जी उठती है।

अनुकरण कदापि न करो। कदापि नहीं। जब कभी तुम औरों के विचारों का अनुकरण करते हो, तुम अपनी स्वाधीनता गँवा बैठते हो। यहाँ तक कि आध्यात्मिक विषय में भी यदि दूसरों के आज्ञाधीन हो कार्य करोगे, तो अपनी सारी शक्ति, यहाँ तक कि विचार की शक्ति भी खो बैठोगे। अपने स्वयं के प्रयत्नों द्वारा अपने अन्दर की शक्तियों का विकास करो। पर देखो, दूसरे का अनुकरण न करो। हाँ, दूसरों के पास जो कुछ अच्छाई हो, उसे अवश्य ग्रहण करो। हमें दूसरों से अवश्य सीखना होगा। जमीन में बीज बो दो, उसके लिए पर्याप्त मिट्‌टी, हवा और पानी की व्यवस्था करो; जब वह बीज अंकुरित होकर कालान्तर में एक विशाल वृक्ष के रूप में फैल जाता है, तब क्या वह मिट्‌टी बन जाता है, या हवा या पानी? नहीं, वह तो विशाल वृक्ष ही बनता है—मिट्‌टी, हवा और पानी से रस खींचकर वह अपनी प्रकृति के अनुसार एक महीरुह का रूप ही धारण करता है। उसी प्रकार तुम भी करो—औरों से उत्तम बातें सीखकर उन्नत बनो। जो सीखना नहीं चाहता, वह तो पहले ही मर चुका है। महर्षि मनु ने कहा है :

आददीत परां विद्या प्रयत्नादवरादपि।
अन्त्यादपि परं धर्मं स्त्रीरत्नं दुष्कुलादपि॥

—'स्त्री-रत्न को, भले ही वह कुलीन न हो, अपनी पत्नी के रूप में स्वीकार करो और नीच व्यक्ति की सेवा करके उससे भी श्रेष्ठ विद्या सीखने का प्रयत्न करो। चांडाल द्वारा भी श्रेष्ठ धर्म की शिक्षा ग्रहण करो।' औरों के पास जो कुछ भी अच्छा पाओ, सीख लो, पर उसे अपने भाव के साँचे में ढालकर लेना होगा। दूसरे की शिक्षा ग्रहण करते समय उसके ऐसे अनुगामी न बनो कि अपनी स्वतंत्रता गँवा बैठो। भारत के इस जातीय जीवन को भूल मत जाना। पल भर के लिए भी ऐसा न सोचना कि भारतवर्ष के सभी अधिवासी यदि अमुक जाति की वेश-भूषा धारण कर लेते या अमुक जाति के आचार-व्यवहारादि के अनुयायी बन जाते तो बड़ा अच्छा होता। यह तो तुम भली-भाँति जानते हो कि कुछ ही वर्षों का अभ्यास छोड़ देना कितना कठिन होता है! फिर यह ईश्वर ही जानता है कि तुम्हारे रक्त में कितने सहस्र वर्षों का संस्कार जमा हुआ है; कितने सहस्र वर्षों से यह प्रबल जातीय जीवन-स्रोत एक विशेष दिशा की ओर प्रवाहित हो रहा है। और क्या तुम यह समझते हो कि वह प्रबल धारा, जो प्रायः अपने समुद्र के समीप पहुँच चुकी है, पुनः उलटकर हिमालय की हिमाच्छादित चोटियों पर वापस जा सकती है? यह असम्भव है! यदि ऐसी चेष्टा करोगे तो जाति ही नष्ट हो जाएगी। अतः इस जातीय जीवन-स्रोत को पूर्ववत् प्रवाहित होने दो। हाँ, जो बाँध इसके रास्ते में रुकावट डाल रहे हैं, उन्हें काट दो; इसका रास्ता साफ करके प्रवाह को मुक्त कर दो; देखोगे, यह जातीय जीवन-स्रोत अपनी स्वाभाविक प्रेरणा से फूट कर आगे बढ़ निकलेगा और यह जाति अपनी सर्वांगीण उन्नति करते-करते अपने चरम लक्ष्य की ओर अग्रसर होती जाएगी।

भाइयो ! यही कार्य–प्रणाली है, जो हमें भारत में धर्म के क्षेत्र में अपनानी होगी। इसके सिवा और भी कई महती समस्याएँ हैं, जिनकी चर्चा समयाभाव के कारण इस रात मैं नहीं कर सकता। उदाहरण के लिए जाति–भेद सम्बन्धी अद्‌भुत समस्या को ही ले लो। मैं जीवन–भर इस समस्या पर हर एक पहलू से विचार करता रहा हूँ। भारत के प्राय: प्रत्येक प्रान्त में जाकर मैंने इस समस्या का अध्ययन किया है। इस देश के लगभग हर एक भाग की विभिन्न जातियों से मैं मिला–जुला हूँ। पर जितना ही मैं इस विषय पर विचार करता हूँ, मेरे सामने उतनी ही कठिनाइयाँ आ पड़ती हैं और मैं इसके उद्‌देश्य अथवा तात्पर्य के विषय में किंकर्तव्यविमूढ़–सा हो जाता हूँ। अन्त में अब मेरी आँखों के सामने एक क्षीण आलोक–रेखा दिखाई देने लगी है, इधर कुछ ही समय से इसका मूल उद्‌देश्य मेरी समझ में आने लगा है।

इसके बाद फिर खान–पान की समस्या भी बड़ी विषम है। वास्तव में यह एक बड़ी जटिल समस्या है। साधारणत: हम लोग इसे जितना अनावश्यक समझते हैं, सच पूछो तो यह उतनी अनावश्यक नहीं है। मैं तो इस सिद्धान्त पर आ पहुँचा हूँ कि आजकल खान–पान के बारे में हम लोग जिस बात पर जोर देते हैं, वह एक बड़ी विचित्र बात है—वह शास्त्रानुमोदित नहीं है। तात्पर्य यह कि खान–पान में वास्तविक पवित्रता की अवहेलना करके ही हम लोग कष्ट पा रहे हैं। हम शास्त्रानुमोदित आहार–प्रथा के वास्तविक अभिप्राय को बिलकुल भूल गए हैं।

इसी प्रकार, और भी कई समस्याएँ हैं, जिन्हें मैं तुम लोगों के समक्ष रखना चाहता हूँ और साथ ही यह बतलाना चाहता हूँ कि इन समस्याओं के समाधान क्या हैं तथा किस प्रकार इन समाधानों को कार्यरूप में परिणत किया जा सकता है। पर दु:ख है, सभा के व्यवस्थित रूप से आरम्भ होने में देर हो गई, और अब मैं तुम लोगों को और अधिक नहीं रोकना चाहता। अत:, जाति–भेद तथा अन्यान्य समस्याओं पर मैं फिर भविष्य में कभी कुछ कहूँगा।

अब केवल एक बात और कहकर मैं आध्यात्मिक तत्त्व विषयक अपना वक्तव्य समाप्त कर दूँगा। भारत में धर्म बहुत दिनों से गतिहीन बना हुआ है। हम चाहते हैं कि उसमें गति उत्पन्न हो। मैं चाहता हूँ कि प्रत्येक मनुष्य के जीवन में धर्म प्रतिष्ठित हो। मैं चाहता हूँ कि प्राचीन काल की तरह राजमहल से लेकर दरिद्र के झोपड़े तक सर्वत्र समान भाव से धर्म का प्रवेश हो। याद रहे, धर्म ही इस जाति का साधारण उत्तराधिकार एवं जन्मसिद्ध स्वत्व है। इस धर्म को हर एक आदमी के दरवाजे तक नि:स्वार्थ भाव से पहुँचाना होगा। ईश्वर के राज्य में जिस प्रकार वायु सबके लिए समान रूप से प्राप्त होती है, उसी प्रकार भारतवर्ष में धर्म को सुलभ बनाना होगा। भारत में इसी प्रकार का कार्य करना होगा। पर छोटे–छोटे दल बाँध आपसी मतभेदों पर विवाद करते रहने से नहीं बनेगा; हमें तो उन बातों का प्रचार करना होगा, जिनमें हम सब सहमत हैं और तब आपसी मतभेद आप ही आप दूर हो जाएँगे। मैंने भारतवासियों

से बारम्बार कहा है और अब भी कह रहा हूँ कि कमरे में यदि सैकड़ों वर्षों से अन्धकार फैला हुआ है, तो क्या 'घोर अन्धकार!', 'भयंकर अन्धकार!!' कहकर चिल्लाने से अन्धकार दूर हो जाएगा? नहीं; रोशनी जला दो, फिर देखो कि अँधेरा आप ही आप दूर हो जाता है या नहीं। मनुष्य के सुधार का, उसके संस्कार का यही रहस्य है। उसके समक्ष उच्चतर बातें, उच्चतर प्रेरणाएँ रखो; पहले मनुष्य में, उसकी मनुष्यता में विश्वास रखो। ऐसा विश्वास लेकर क्यों प्रारम्भ करें कि मानव हीन और पतित है? मैं आज तक मनुष्य पर, बुरे से बुरे मनुष्य पर भी, विश्वास करके कभी विफल नहीं हुआ हूँ। जहाँ कहीं भी मैंने मानव में विश्वास किया, वहाँ मुझे इच्छित फल ही प्राप्त हुआ है—सर्वत्र सफलता ही मिली है, यद्यपि प्रारम्भ में सफलता के अच्छे लक्षण नहीं दिखाई देते थे। अतः, मनुष्य में विश्वास रखो, चाहे वह पंडित हो या घोर मूर्ख, साक्षात् देवता जान पड़े या मूर्तिमान शैतान; सबसे पहले मनुष्य में विश्वास रखो, और तदुपरान्त यह विश्वास लाने का प्रयत्न करो कि यदि उसमें दोष हैं, यदि वह गलतियाँ करता है, यदि वह अत्यन्त घृणित और असार सिद्धान्तों को अपनाता है तो वह अपने यथार्थ स्वभाव के कारण ऐसा नहीं करता, वरन् उच्चतर आदर्शों के अभाव में वैसा करता है। यदि कोई व्यक्ति असत्य की ओर जाता है, तो उसका कारण यही समझो कि वह सत्य को ग्रहण नहीं कर पाता। अतः, मिथ्या को दूर करने का एकमात्र उपाय यही है कि उसे सत्य का ज्ञान कराया जाए। उसे सत्य का ज्ञान दे दो और उसके साथ अपने पूर्व मन के भाव की तुलना उसे करने दो। तुमने तो उसे सत्य का असली रूप दिखा दिया, बस यहीं तुम्हारा काम समाप्त हो गया। अब वह स्वयं उस सत्य के साथ अपने पूर्व भाव की तुलना करके देखे। यदि तुमने वास्तव में उसे सत्य का ज्ञान करा दिया है तो निश्चय जानो, मिथ्या भाव अवश्य दूर हो जाएगा। प्रकाश कभी अन्धकार का नाश किए बिना नहीं रह सकता। सत्य अवश्य ही उसके भीतर के सद्भावों को प्रकाशित करेगा। यदि सारे देश का आध्यात्मिक संस्कार करना चाहते हो, तो उसके लिए यही रास्ता है—'नान्यः पन्था'! वाद-विवाद या लड़ाई-झगड़ों से कभी अच्छा फल नहीं हो सकता। लोगों से यह भी कहने की आवश्यकता नहीं कि तुम लोग जो कुछ कर रहे हो, वह ठीक नहीं है, खराब है। जो कुछ अच्छा है, उसे उनके सामने रख दो; फिर देखो, वे कितने आग्रह के साथ उसे ग्रहण करते हैं और फिर देखोगे कि मनुष्य मात्र में जो अविनाशी ईश्वरीय शक्ति है, वह जाग्रत हो जाती है और जो कुछ उत्तम है, जो कुछ महिमामय है, उसे ग्रहण करने के लिए हाथ फैला देती है।

जो हमारी समग्र जाति का स्रष्टा, पालक एवं रक्षक है, हमारे पूर्वजों का ईश्वर है; भले ही वह विष्णु, शिव, शक्ति या गणेश आदि नामों से पुकारा जाता हो, सगुण या निर्गुण अथवा साकार या निराकार रूप से उसकी उपासना की जाती हो, जिसे जानकर हमारे पूर्वज एकं सद्विप्रा बहधा वदन्ति कह गए हैं, वह अपनी अनन्त प्रेम-शक्ति के

साथ हममें प्रवेश करे, अपने शुभाशीर्वादों की हम पर वर्षा करे, हमें एक दूसरे को समझने की सामर्थ्य दे, जिससे हम यथार्थ प्रेम के साथ, सत्य के प्रति तीव्र अनुराग के साथ एक दूसरे के हित के लिए कार्य कर सकें, जिससे भारत के आध्यात्मिक पुनर्निर्माण के इस महत्कार्य में हमारे अन्दर अपने व्यक्तिगत नाम यश, व्यक्तिगत स्वार्थ, व्यक्तिगत बड़प्पन की वासना के अंकुर न फूटें।

धर्म की आवश्यकता

मानव जाति के भाग्य-निर्माण में जितनी शक्तियों ने योगदान दिया है और दे रही हैं, उन सबमें धर्म के रूप में प्रकट होनेवाली शक्ति से अधिक महत्त्वपूर्ण कोई नहीं है। सभी सामाजिक संगठनों के मूल में कहीं न कहीं यही अद्‌भुत शक्ति काम करती रही है, तथा अब तक मानवता की विविध इकाइयों को संघटित करनेवाली सर्वश्रेष्ठ प्रेरणा इसी शक्ति से प्राप्त हुई है। हम सभी जानते हैं कि धार्मिक एकता का सम्बन्ध प्राय: जातिगत, जलवायुगत तथा वंशानुगत एकता के सम्बन्धों से भी दृढ़तर सिद्ध होता है। यह एक सर्वविदित तथ्य है कि एक ईश्वर को पूजनेवाले तथा एक धर्म में विश्वास करनेवाले लोग जिस दृढ़ता और शक्ति से एक दूसरे का साथ देते हैं, एक ही वंश के लोगों की बात ही क्या, भाई-भाई में भी देखने को नहीं मिलता। धर्म के प्रादुर्भाव को समझने के लिए अनेक प्रयास किए गए हैं। अब तक हमें जितने प्राचीन धर्मों का ज्ञान है, वे सब एक यह दावा करते हैं कि वे सभी अलौकिक हैं, मानो उनका उद्‌भव मानव-मस्तिष्क से नहीं, बल्कि उस स्रोत से हुआ है, जो उनके बाहर है।

आधनिक विद्वान् दो सिद्धान्तों के बारे में कुछ अंश तक सहमत हैं। एक है धर्म का आत्मामूलक सिद्धान्त और दूसरा असीम की धारणा का विकासमूलक सिद्धान्त। पहले सिद्धान्त के अनुसार पूर्वजों की पूजा से ही धार्मिक भावना का विकास हुआ; दूसरे के अनुसार प्राकृतिक शक्तियों को वैयक्तिक स्वरूप देने से धर्म का प्रारम्भ हुआ। मनुष्य अपने दिवंगत सम्बन्धियों की स्मृति सजीव रखना चाहता है, और सोचता है कि यद्यपि उनके शरीर नष्ट हो चुके, फिर भी वे जीवित हैं। इसी विश्वास पर वह उनके लिए खाद्य पदार्थ रखना तथा एक अर्थ में उनकी पूजा करना चाहता है। मनुष्य की इसी भावना से धर्म का विकास हुआ।

मिस्र, बेबिलोन, चीन तथा अमेरिका आदि के प्राचीन धर्मों के अध्ययन से ऐसे स्पष्ट चिह्नों का पता चलता है, जिनके आधार पर कहा जा सकता है कि पितर-पूजा से ही धर्म का आविर्भाव हुआ है। प्राचीन मिस्रवासियों की आत्मा सम्बन्धी धारणा द्वित्वमूलक थी। उनका विश्वास था कि प्रत्येक मानव शरीर के भीतर एक और जीव रहता है, जो शरीर के ही समरूप होता है और मनुष्य के मर जाने पर भी उसका यह प्रतिरूप शरीर जीवित रहता है। किन्तु यह प्रतिरूप शरीर तभी तक जीवित रहता है,

जब तक मृत शरीर सुरक्षित रहता है। इसी कारण से हम मिस्रवासियों में मृत शरीर को सुरक्षित रखने की प्रथा पाते हैं और इसी के लिए उन्होंने विशाल पिरामिडों का निर्माण किया, जिसमें मृत शरीर को सुरक्षित ढंग से रखा जा सके। उनकी धारणा थी कि अगर इस शरीर को किसी तरह की क्षति पहुँची, तो वह प्रतिरूप शरीर को ठीक वैसी ही क्षति पहुँचेगी। यह स्पष्टतः पितर-पूजा है। बेबिलोन के प्राचीन निवासियों में भी प्रतिरूप शरीर की ऐसी ही धारणा देखने को मिलती है, यद्यपि वे कुछ अंश में इससे भिन्न हैं। वे मानते हैं कि प्रतिरूप शरीर में स्नेह का भाव नहीं रह जाता। उसकी प्रेतात्मा भोजन और पेय तथा अन्य सहायताओं के लिए जीवित लोगों को आतंकित करती है। अपने बच्चों तथा पत्नी तक के लिए उसमें कोई प्रेम नहीं रहता। प्राचीन हिन्दुओं में भी इस पितर-पूजा के उदाहरण देखने को मिलते हैं। चीनवालों के सम्बन्ध में भी ऐसा कहा जा सकता है कि उनके धर्म का आधार पितर-पूजा ही है और यह अब भी समस्त देश के कोने-कोने में परिव्याप्त है। वस्तुतः चीन में यदि कोई धर्म प्रचलित माना जा सकता है, तो वह केवल यही है। इस तरह ऐसा प्रतीत होता है कि धर्म को पितर-पूजा से विकसित माननेवालों का आधार काफी सुदृढ़ है।

किन्तु कुछ ऐसे भी विद्वान् हैं, जो प्राचीन आर्य साहित्य के आधार पर सिद्ध करते हैं कि धर्म का आविर्भाव प्रकृति की पूजा से हुआ। यद्यपि भारत में पितर-पूजा के उदाहरण सर्वत्र ही देखने को मिलते हैं तथापि प्राचीन ग्रन्थों में इसकी किंचित् चर्चा भी नहीं मिलती। आर्य जाति के सबसे प्राचीन ग्रन्थ ऋग्वेद संहिता में इसका कोई उल्लेख नहीं है। आधुनिक विद्वान् उसमें प्रकृति-पूजा के ही चिह्न पाते हैं। मानव-मन जो प्रस्तुत दृश्य के परे है, उसकी एक झाँकी पाने के लिए आकुल प्रतीत होता है। उषा, संध्या, चक्रवात, प्रकृति की विशाल और विराट् शक्तियाँ, उसका सौन्दर्य—इस सबने मानव-मन के ऊपर ऐसा प्रभाव डाला कि वह इन सबके परे जाने की, और उनको समझ सकने की आकांक्षा करने लगा। इस प्रयास में मनुष्य ने इन दृश्यों में वैयक्तिक गुणों का आरोपण करना शुरू किया। उन्होंने उनमें आत्मा तथा शरीर की प्रतिष्ठा की, जो कभी सुन्दर और कभी परात्पर होते थे। उनको समझने के हर प्रयास में उन्हें व्यक्तिरूप दिया गया, या नहीं दिया गया, किन्तु उनका अन्त उनको अमूर्त कर देने में ही हुआ। ठीक ऐसी ही बात प्राचीन यूनानियों के सम्बन्ध में भी हुई, उनके तो सम्पूर्ण पुराणोपाख्यान अमूर्त प्रकृति-पूजा ही है। और ऐसा ही प्राचीन जर्मनी तथा स्कैंडिनेविया के निवासियों एवं शेष सभी आर्य जातियों के बारे में भी कहा जा सकता है। इस तरह प्रकृति की शक्तियों का मानवीकरण करने में धर्म का आदि स्रोत माननेवालों का भी पक्ष काफी प्रबल हो जाता है।

यद्यपि ये दोनों सिद्धान्त परस्पर विरोधी लगते हैं, किन्तु उनका समन्वय एक तीसरे आधार पर किया जा सकता है, जो मेरी समझ में धर्म का वास्तविक बीज है और जिसे मैं इन्द्रियों की सीमा का अतिक्रमण करने के लिए प्रयत्न मानता हूँ। एक ओर

मनुष्य अपने पितरों की आत्माओं की खोज करता है, मृतकों की प्रेतात्माओं को ढूँढ़ता है, अर्थात् शरीर के विनष्ट हो जाने पर भी वह जानना चाहता है कि उसके बाद क्या होता है। दूसरी ओर मनुष्य प्रकृति की विशाल दृश्यावली के पीछे काम करनेवाली शक्ति को समझना चाहता है। इन दोनों ही स्थितियों में इतना तो निश्चित है कि मनुष्य इन्द्रियों की सीमा के बाहर जाना चाहता है। वह इन्द्रियों से ही सन्तुष्ट नहीं है, वह इनसे परे भी जाना चाहता है। इस व्याख्या को रहस्यात्मक रूप देने की आवश्यकता नहीं। मुझे तो यह बिलकुल स्वाभाविक लगता है कि धर्म की पहली झाँकी स्वप्न में मिली होगी। मनुष्य अमरता की कल्पना स्वप्न के आधार पर कर सकता है। कैसी अद्‌भुत है स्वप्न की अवस्था! हम जानते हैं कि बच्चे तथा कोरे मस्तिष्क वाले लोग स्वप्न और जाग्रत स्थिति में कोई भेद नहीं कर पाते। उनके लिए साधारण तर्क के रूप में इससे अधिक और क्या स्वाभाविक हो सकता है कि स्वप्नावस्था में भी जब शरीर प्राय: मृत-सा हो जाता है, मन के सारे जटिल क्रिया-कलाप चलते रहते हैं। अत: इसमें क्या आश्चर्य, यदि मनुष्य हठात् यह निष्कर्ष निकाल ले कि इस शरीर के विनष्ट हो जाने पर इसकी क्रियाएँ जारी रहेंगी ? मेरे विचार से अलौकिकता की इससे अधिक स्वाभाविक व्याख्या और कोई नहीं हो सकती, और स्वप्न पर आधारित इस धारणा को क्रमश: विकसित करता हुआ मनुष्य ऊँचे से ऊँचे विचारों तक पहुँच सका होगा। हाँ, यह भी अवश्य ही सत्य है कि समय पाकर अधिकांश लोगों ने यह अनुभव किया कि ये स्वप्न हमारी जाग्रतावस्था से सत्य सिद्ध नहीं होते और स्वप्नावस्था में मनुष्य का कोई नया अस्तित्व नहीं हो जाता, बल्कि वह जाग्रतावस्था के अनुभवों का ही स्मरण करता है।

किन्तु तब तक इस दिशा में अन्वेषण आरम्भ हो गया था; और अन्वेषण की धारा अन्तर्मुखी हो गई और मनुष्य ने अपने अन्दर अधिक गम्भीरता से मन की विभिन्न अवस्थाओं का अन्वेषण करते-करते जाग्रतावस्था और स्वप्नावस्था से भी परे कई उच्च अवस्थाओं का आविष्कार किया। संसार के सभी संघटित धर्मों में इन अवस्थाओं की चर्चा परमानन्द या 'अंत:स्फुरण' के रूप में मिलती है। सभी संघटित धर्मों में ऐसा माना जाता है कि उसके संस्थापक पैगम्बरों एवं सन्देशवाहकों ने मन की इन अवस्थाओं में प्रवेश किया था, और इनमें उन्हें एक ऐसी नवीन तथ्यमाला का साक्षात्कार हुआ, जो आध्यात्मिक जगत् से सम्बद्ध है। उन अवस्थाओं में उन महापुरुषों को जो अनुभव हुए, वे हमारे जाग्रतावस्था के अनुभवों से कहीं अधिक ठोस साबित हुए। उदाहरण के लिए तुम वैदिक धर्म को लो। ऐसा कहा जाता है कि वेद ऋषियों द्वारा रचित हैं। ये ऋषि ऐसे सन्त थे, जिन्हें विशिष्ट तथ्यों का अनुभव हुआ था। संस्कृत शब्द 'ऋषि' की ठीक परिभाषा है—मंत्रों का द्रष्टा। ये मंत्र वेदों की ऋचाओं के भाव हैं। इन ऋषियों ने यह घोषित किया कि उन्होंने कुछ विशिष्ट तथ्यों का साक्षात्कार—अनुभव किया है—अगर 'अनुभव' शब्द को इन्द्रियातीत विषय में प्रयोग करना ठीक है तो—और

तब उन्होंने अपने अनुभवों को लिपिबद्ध किया। हम देखते हैं कि यहूदियों और ईसाइयों में भी इसी सत्य का उद्घोष हुआ था।

दक्षिण सम्प्रदाय के प्रतिनिधि बौद्धों का जहाँ तक प्रश्न है, इस सिद्धान्त को अपवाद रूप में लिया जा सकता है। यह पूछा जा सकता है कि यदि बौद्ध लोग ईश्वर या आत्मा में विश्वास नहीं करते, तो यह कैसे माना जा सकता है कि उनका धर्म भी किसी अतीन्द्रिय स्तर पर आधारित है? इसका उत्तर यह है कि बौद्ध लोग भी एक शाश्वत नैतिक नियम—धर्म—में विश्वास करते हैं और उस धर्म का ज्ञान सामान्य तर्कों के आधार पर नहीं हुआ था, वरन् बुद्ध ने अतीन्द्रियावस्था में इसका आविष्कार किया था। तुम लोगों में से जिन्होंने बुद्ध के जीवन-चरित्र का अध्ययन किया है, चाहे वह 'एशिया की ज्योति' (Light of Asia) जैसी ललित कविता के माध्यम से संक्षिप्त रूप में ही क्यों न हो—उन्हें याद होगा कि बुद्ध को अश्वत्थ वृक्ष के तले बैठा हुआ दिखाया गया है, जहाँ उन्हें निर्विकल्पावस्था की प्राप्ति हुई है। उनके सारे उपदेश इस अवस्था से ही प्रादुर्भूत हुए, न कि बौद्धिक चिन्तन से।

इस प्रकार सभी धर्मों ने एक अत्यन्त महत्त्वपूर्ण यह सिद्धान्त प्रतिपादित किया कि मनुष्य का मन कुछ खास क्षणों में इन्द्रियों की सीमाओं के ही नहीं, बुद्धि की शक्ति के भी परे पहुँच जाता है। उस अवस्था में वह उन तथ्यों का साक्षात्कार करता है, जिनका ज्ञान न कभी इन्द्रियों से हो सकता था और न चिन्तन से ही। ये तथ्य ही संसार के सभी धर्मों के आधार हैं। निश्चय ही हमें इन तथ्यों में संदेह करने और उन्हें बुद्धि की कसौटी पर कसने का अधिकार है। पर संसार के सभी वर्तमान धर्मों का दावा है कि मन को ऐसी कुछ अद्भुत शक्तियाँ प्राप्त हैं, जिनसे वह इन्द्रिय तथा बौद्धिक अवस्था का अतिक्रमण कर जाता है। और उसकी इस शक्ति को वे तथ्य के रूप में मानते हैं।

धर्म के इन तथ्यों से सम्बन्धित दावों की सत्यता पर विचार करने के अतिरिक्त हमें इन सारे तथ्यों में एक समानता मिलती है। ये सभी तथ्य भौतिक शास्त्र के स्थूल आविष्कारों की तुलना में अति सूक्ष्म हैं। सभी प्रतिष्ठित धर्मों में वे एक शुद्धतम अमूर्त तत्त्व का रूप ले लेते हैं; यह रूप या तो एक सर्वव्यापी सत्ता, ईश्वर कहा जानेवाला एक अमूर्त व्यक्तित्व, अथवा नैतिक विधान होता है, या समस्त भूतों में अन्तर्व्याप्त किसी अमूर्त सार तत्त्व का रूप। आधुनिक युग में भी जब मन की अतीन्द्रियावस्था की सहायता लिए बिना ही, धर्मोपदेश देने का प्रयास किया गया, तो उसमें भी पुराने धर्मों के अमूर्त भावों की ही सहायता ली गई, भले ही उनको 'नैतिक विधान' (moral law) 'आदर्श एकत्व' (ideal unity) आदि नाम दिए गए हों, जिससे सिद्ध होता है कि ये अमूर्त भाव इन्द्रियगोचर नहीं हैं। हममें से किसी ने कभी एक 'आदर्श मानव' (ideal human being) को देखा नहीं है, फिर भी हम से कहा जाता है कि उसकी सत्ता में विश्वास करो। हममें से किसी ने आदर्शत: पूर्ण मानव को देखा नहीं, फिर भी उस आदर्श में विश्वास किए बिना हम आगे नहीं बढ़ सकते। इस तरह इन सभी धर्मों का

निर्णय यह है कि एक आदर्श अमूर्त सत्ता है, जो हमारे सम्मुख एक व्यक्त अथवा अव्यक्त सत्ता, किसी विधान या सत् या सार-तत्त्व के रूप में प्रस्तुत किया जाता है। हम सतत उस आदर्श तक अपने को उठाने का प्रयास कर रहे हैं। प्रत्येक मनुष्य के सामने, वह जो भी हो, जहाँ भी हो, एक अपरिमित शक्तिवाला आदर्श रहता है। प्रत्येक मनुष्य के सामने सुख का प्रतीक कोई आदर्श रहता है। हमारे चारों ओर जो अनेकानेक कार्य हो रहे हैं, उनमें से अधिकांश अपरिमित शक्ति अथवा अपरिमित आनन्द के आदर्श के निमित्त ही किए जा रहे हैं। पर कुछ थोड़े से लोगों को शीघ्र ही यह पता चल जाता है कि अनन्त शक्ति के लाभ के निमित्त ये प्रयास तो वे कर रहे हैं, किन्तु उनकी प्राप्ति इन्द्रियों के द्वारा नहीं हो सकती। दूसरे शब्दों में, उन्हें इन्द्रियों की सीमाओं का ज्ञान हो जाता है। वे समझ जाते हैं कि ससीम शरीर से असीम की प्राप्ति नहीं हो सकती। सीमित माध्यम में असीम की अभिव्यक्ति असम्भव है, और देर-सबेर मनुष्य को इस तथ्य का ज्ञान हो ही जाता है और तब वह अपनी सीमाओं के भीतर असीम को पाने का प्रयास त्याग देता है। प्रयास का वह परित्याग ही नैतिकता की पृष्ठभूमि है। त्याग पर ही नैतिकता आधारित है। त्याग पर आधारित न रहा हो ऐसे किसी नीति-विधान का प्रचार कभी भी न हुआ।

नीतिशास्त्र सदा कहता है—'मैं नहीं, तू।' इसका उद्देश्य है—'स्व नहीं, निः-स्वः।' इसका कहना है कि असीम सामर्थ्य अथवा असीम आनन्द को प्राप्त करने के क्रम में मनुष्य जिस निरर्थक व्यक्तित्व की धारणा से चिपटा रहता है, उसे छोड़ना पड़ेगा। तुमको दूसरों को आगे करना पड़ेगा और स्वयं को पीछे। हमारी इन्द्रियाँ कहती हैं, 'अपने को आगे रखो', पर नीतिशास्त्र कहता है—'अपने को सबसे अन्त में रखो।' इस तरह नीतिशास्त्र का सम्पूर्ण विधान त्याग पर ही आधारित है। उसकी पहली माँग है कि भौतिक स्तर पर अपने व्यक्तित्व का हनन करो, निर्माण नहीं। वह जो असीम है, उसकी अभिव्यक्ति इस भौतिक स्तर पर नहीं हो सकती, ऐसा असम्भव है, अकल्पनीय है।

इसलिए मनुष्य को 'असीम' की गहनतर अभिव्यक्ति की प्राप्ति के लिए भौतिक स्तर को छोड़कर क्रमशः ऊपर अन्य स्तरों में जाना है। इस प्रकार विविध नैतिक नियमों की संरचना होती है, किन्तु सभी का केन्द्रीभूत आदर्श वही आत्मत्याग ही है। अहंता का पूर्ण उच्छेदन ही नीतिशास्त्र का आदर्श है। लोग आश्चर्यचकित रह जाते हैं, यदि उनसे व्यक्तित्व की चिन्ता न करने के लिए कहा जाता है। जिसे वे अपना व्यक्तित्व कहते हैं, उसके विनष्ट होने के प्रति अत्यन्त भयभीत से हो जाते हैं। पर साथ ही ऐसे ही लोग नीतिशास्त्र के उच्चतम आदर्शों को सत्य घोषित करते हैं। वे क्षण भर के लिए भी यह नहीं सोचते कि नैतिकता का समग्र क्षेत्र, ध्येय और विषय व्यक्ति का उच्छेदन है, न कि उसका निर्माण।

उपयोगितावाद मनुष्य के नैतिक सम्बन्धों की व्याख्या नहीं कर सकता; क्योंकि पहली बात तो यह है कि उपयोगिता के आधार पर हम किसी भी नैतिक नियम पर

नहीं पहुँच सकते। कोई भी नीतिशास्त्र तब तक नहीं टिक सकता, जब तक उसके नियमों का आधार अलौकिकता न हो, या जैसा मैं कहना अधिक ठीक समझता हूँ—जब तक उसके नियम अतीन्द्रिय ज्ञान पर आधारित न हों। असीम के प्रति संग्राम के बिना कोई आदर्श नहीं हो सकता। ऐसा कोई भी सिद्धान्त नैतिक नियमों की व्याख्या नहीं कर सकता, जो मनुष्य को सामाजिक स्तर तक ही सीमित रखना चाहता हो। उपयोगितावादी हमसे 'असीम'—अतीन्द्रिय गंतव्य स्थल—के प्रति संग्राम का त्याग चाहते हैं, क्योंकि अतीन्द्रियता अव्यावहारिक है, निरर्थक है। पर साथ ही वे यह भी कहते हैं कि नैतिक नियमों का पालन करो, समाज का कल्याण करो। आखिर हम क्यों किसी का कल्याण करें? भलाई करने की बात तो गौण है, प्रधान तो है—एक आदर्श। नीतिशास्त्र स्वयं साध्य नहीं है, प्रत्युत साध्य को पाने का साधर्न है। यदि उद्देश्य नहीं है, तो हम क्यों नैतिक बनें? हम क्यों दूसरों की भलाई करें? क्यों हम लोगों को सताए नहीं? अगर आनन्द ही मानव जीवन का चरम उद्देश्य है, तो क्यों न मैं दूसरों को कष्ट पहुँचाकर भी स्वयं सुखी रहूँ? ऐसा करने से मुझे रोकता कौन है? दूसरी बात यह है कि उपयोगिता का आधार अत्यन्त संकीर्ण है। सारे प्रचलित, सामाजिक नियमों की रचना तो, समाज की तात्कालिक स्थिति को दृष्टि में रखकर की गई है। किन्तु उपयोगितावादियों को यह सोचने का क्या अधिकार है कि यह समाज शाश्वत है। कभी ऐसा भी समय था जब समाज नहीं था, और ऐसा भी समय आएगा, जब यह नहीं रहेगा। यह तो शायद मनुष्य की प्रगति के क्रम में एक ऐसा स्थल है, जिससे होकर उसे विकास के उच्चतर स्तरों तक जाना है। और इस तरह कोई भी नियम जो मात्र समाज पर आधारित है, शाश्वत नहीं हो सकता, मानव-प्रकृति को पूर्णरूपेण आच्छादित नहीं कर सकता। अधिक से अधिक यह उपयोगितावादी नियम समाज की वर्तमान स्थिति में काम कर सकता है। इसके आगे इसकी कोई उपयोगिता नहीं रह जाती। किन्तु धर्म तथा आध्यात्मिकता पर आधारित नीतिशास्त्र का क्षेत्र असीम मनुष्य है। वह व्यक्ति को लेता है, पर उसके सम्बन्ध असीम हैं। वह समाज को भी लेता है, क्योंकि समाज व्यक्तियों के समूह का ही नाम है; इसलिए जिस प्रकार यह नियम व्यक्ति और उसके शाश्वत सम्बन्धों पर लागू होता है, ठीक उसी प्रकार समाज पर भी लागू होता है,—समाज की स्थिति या दशा किसी समय-विशेष में जो भी हो। इस तरह हम देखते हैं कि मनुष्य को सदैव आध्यात्मिक धर्म की आवश्यकता पड़ती रहेगी। वह हमेशा भोतिक जगत् में ही लिप्त नहीं रह सकता, उसे कितना भी आनन्ददायक क्यों न लगे।

ऐसा कहा जाता है कि अधिक आध्यात्मिक होने पर सांसारिक व्यवहारों में कठिनाइयाँ हो सकती हैं। कन्फ़्यूशियस[1] के युग में ही कहा गया था कि 'पहले हम इस संसार की चिन्ता करें और जब इससे छुट्टी मिले, तो दूसरे लोकों की चर्चा करें।' इस लोक की चिन्ता करना बड़ा अच्छा है। पर अगर अधिक आध्यात्मिकता से हमारे

1. एक चीनी दार्शनिक—सं.

लोकाचार में थोड़ी गड़बड़ी होती है, तो सांसारिकता पर अत्यधिक ध्यान देने से तो इहलोक और परलोक दोनों बिगड़ जाएँगे। सांसारिकता हमें पूर्णत: भौतिकवादी बनाकर छोड़ेगी। मनुष्य का उद्देश्य 'प्रकृति' नहीं है,—वरन् कुछ उससे ऊपर की वस्तु है।

'मनुष्य तभी तक मनुष्य कहा जा सकता है, जब तक वह प्रकृति से ऊपर उठने के लिए संग्राम करता है।' और यह प्रकृति बाह्य और आन्तरिक दोनों है। इस प्रकृति के भीतर केवल वे ही नियम नहीं हैं, जिनसे हमारे शरीर के तथा उसके बाहर के परमाणु नियंत्रित होते हैं, वरन् ऐसे सूक्ष्म नियम भी हैं, जो वस्तुत: बाह्य प्रकृति को संचालित करनेवाली अंत:स्थ प्रकृति का नियमन करते हैं। बाह्य प्रकृति को जीत लेना कितना अच्छा है, कितना भव्य है। पर उससे असंख्य गुना अच्छा और भव्य है अभ्यंतर प्रकृति पर विजय पाना। ग्रहों और नक्षत्रों का नियंत्रण करनेवाले नियमों को जान लेना बहुत अच्छा और गरिमामय है; उससे अनन्त गुना अच्छा और भव्य है, उन नियमों को जानना, जिनसे मनुष्य के मनोवेग, भावनाएँ और इच्छाएँ नियंत्रित होती हैं। इस आन्तरिक मनुष्य पर विजय पाना, मानव मन की जटिल सूक्ष्म क्रियाओं के रहस्य को समझना, पूर्णतया धर्म के अन्तर्गत आता है। मनुष्य का स्वभाव—साधारण मनुष्य का स्वभाव—है कि वह बृहत् भौतिक तथ्यों का अवलोकन करना चाहता है। साधारण मनुष्य किसी सूक्ष्म वस्तु को नहीं समझ सकता। ठीक ही कहा गया है कि संसार तो उस सिंह का आदर करता है, जो हजारों मेमनों का वध करता है। लोगों को यह समझने का अवकाश कहाँ है कि सिंह की इस क्षणिक विजय का अर्थ है—हजारों मेमनों की मृत्यु। इसका कारण यह है कि मनुष्य शारीरिक शक्ति की अभिव्यक्ति से प्रसन्न होता है। मानव जाति का यही सामान्य स्वभाव है। बाह्य वस्तुओं को ही लोग समझ सकते हैं, इन्हीं में उन्हें आनन्द मिलता है। पर हर समाज में कुछ ऐसे लोग मिलते ही हैं, जिन्हें इन्द्रियविषयक वस्तुओं में कोई आनन्द नहीं मिलता। वे इनसे ऊपर उठना चाहते हैं और यदा-कदा सूक्ष्मतर तत्त्वों की झाँकी पाकर उन्हें ही पाने के लिए सदा तत्पर रहते हैं। और जब हम विश्व-इतिहास का मनन करते हैं, तो पाते हैं कि जब-जब किसी राष्ट्र में ऐसे लोगों की संख्या में वृद्धि हुई है, तब-तब उस राष्ट्र का अभ्युदय हुआ है; तथा जब भूमा या असीम की खोज—उसे उपयोगितावादी कितनी ही अर्थहीन कहें—समाप्त हो जाती है, तो उस राष्ट्र का पतन होने लगता है। तात्पर्य यह है कि आध्यात्मिकता ही किसी भी जाति की शक्ति का प्रधान स्रोत है। जिस दिन से इसका ह्रास और भौतिकता का उत्थान होने लगता है, उसी दिन से उस राष्ट्र की मृत्यु प्रारम्भ हो जाती है।

इस तरह धर्म के ठोस सत्यों और तथ्यों को पाने के अतिरिक्त, उससे मिलनेवाली सान्त्वना के अतिरिक्त, एक विशुद्ध विज्ञान और एक अध्ययन के रूप में वह मानव-मन के लिए सर्वोत्कृष्ट और स्वस्थतम व्यायाम है। असीम की खोज करना, असीम को पाने के लिए उद्यम करना, इन्द्रियों—मानो भौतिक द्रव्यों—की सीमाओं से परे

जाकर एक आध्यात्मिक मानव के रूप में विकसित होना—इन सारी चीजों के लिए दिन-रात जो प्रयत्न किया जाता है, वह अपने आप में ही मनुष्य के सभी प्रयत्नों में उदात्ततम और परम गौरवशाली है। कुछ ऐसे व्यक्ति मिलेंगे, जिन्हें भोजन में ही परम सुख मिलता है। हमें कोई अधिकार नहीं कि हम उन्हें वैसा करने से मना करें। फिर कुछ ऐसे भी व्यक्ति मिलेंगे, जिन्हें विशिष्ट वस्तुओं के स्वामित्व में आनन्द मिलता है। और हमें कोई अधिकार नहीं है कि हम कहें कि उन्हें वैसा नहीं करना चाहिए। पर किसी को आध्यात्मिक चिन्तन में ही परमानन्द मिलता है, तो उसे मना करने का किसी को कोई अधिकार नहीं है। जो प्राणी जितना ही निम्न स्तर का होगा, उसे इन्द्रियजनित सुखों में उतना ही आनन्द मिलेगा। बहुत कम मनुष्य ऐसे मिलेंगे, जिन्हें भोजन करते समय वैसा ही उल्लास होता है, जैसा किसी कुत्ते या भेड़िये को। किन्तु याद रहे कि कुत्ते और भेड़िये के सारे सुख इन्द्रियों तक ही सीमित हैं। निम्न कोटि के मनुष्यों को इन्द्रियजनित सुखों में ही आनन्द मिलता है। किन्तु जो लोग सुसंस्कृत एवं सुशिक्षित हैं, उन्हें चिन्तन, दर्शन, कला और विज्ञान में आनन्द मिलता है। आध्यात्मिकता उनसे भी उच्चतर स्तर की है। विषय के असीम होने के कारण वह स्तर उच्चतम है, और जो इसे हृदयंगम कर सकते हैं, उनके लिए उस स्तर का आनन्द सर्वोत्तम है। इसलिए अगर शुद्ध उपयोगितावादी दृष्टिकोण से भी आनन्द की प्राप्ति ही मनुष्य का उद्देश्य है, तो भी धार्मिक चिन्तन का अनुशीलन करना चाहिए, क्योंकि उसी में सर्वोत्तम सुख है। इस तरह मुझे तो ऐसा लगता है कि एक अध्ययन के रूप में भी धर्म अत्यन्त आवश्यक है।

अब हम इसके परिणामों पर विचार करें। मानव-मन के लिए यह सबसे बड़ी प्रेरक शक्ति है। जितनी शक्ति हममें आध्यात्मिक आदर्शों पर चलने से आती है, उतनी और किसी से नहीं। जहाँ तक मानव-इतिहास का प्रश्न है, हम लोगों के लिए सुस्पष्ट है कि बात ऐसी ही रही है और धर्म की शक्तियाँ मृत नहीं हैं। मैं यह नहीं कहता कि केवल उपयोगितावादी आधार पर मनुष्य नैतिक और अच्छा नहीं हो सकता। केवल उपयोगिता के स्तर पर भी पूर्णतया स्वस्थ, नैतिक और अच्छे महान् पुरुष इस संसार में हुए हैं। किन्तु वैसे संसार को हिला देनेवाले लोग, जो मानो विश्व में एक महान् चुम्बकीय आकर्षण ला देते हैं, जिनकी आत्मा सैकड़ों और हजारों में कार्यशील हैं, जिनका जीवन आध्यात्मिक अग्नि से दूसरों को प्रज्वलित कर देता है सदा आध्यात्मिकता की पृष्ठभूमि से ही आविर्भूत होते हैं। उनकी प्रेरक शक्ति का स्रोत सदा ही धर्म रहा है। जो असीम शक्ति प्रत्येक मनुष्य का स्वभाव तथा जन्मसिद्ध अधिकार है, उसके साक्षात् के लिए धर्म सर्वश्रेष्ठ प्रेरक शक्ति है। चरित्र-निर्माण, शिव और महत् की प्राप्ति, स्वयं तथा विश्व को शान्ति की प्राप्ति के लिए धर्म ही सर्वोपरि प्रेरक शक्ति है। अत: उसका अध्ययन इस दृष्टि से भी होना चाहिए। धर्म का अध्ययन अब पहले की अपेक्षा अधिक व्यापक आधार पर होना चाहिए। धर्म सम्बन्धी सभी संकीर्ण,

सीमित, युद्धरत धारणाओं को नष्ट होना चाहिए। सम्प्रदाय, जाति या राष्ट्र की भावना पर आधारित सारे धर्मों का परित्याग करना होगा। हर जाति या राष्ट्र का अपना-अपना अलग ईश्वर मानना और दूसरों को भ्रान्त कहना, एक अंधविश्वास है, उसे अतीत की वस्तु हो जाना चाहिए। ऐसे सारे विचारों से मुक्ति पाना होगा।

जैसे-जैसे मानव-मन का विस्तार होता है, वैसे आध्यात्मिक सोपान भी विस्तृत होते जाते हैं। वह समय तो आ ही गया है, जब कोई व्यक्ति पृथ्वी के किसी कोने में कोई बात कहे और सारे विश्व में वह गूँज उठे। मात्र भौतिक साधनों से हमने सम्पूर्ण जगत् को एक बना डाला है। इसलिए स्वभावतः ही आनेवाले धर्म को विश्वव्यापी होना पड़ेगा।

भविष्य के धार्मिक आदर्शों को सम्पूर्ण जगत् में जो कुछ भी सुन्दर और महत्त्वपूर्ण है, उन सबों को समेटकर चलना पड़ेगा और साथ ही भावविकास के लिए अनन्त क्षेत्र प्रदान करना पड़ेगा। अतीत में जो कुछ भी सुन्दर रहा है, उसे जीवित रखना होगा, साथ ही वर्तमान के भंडार को और भी समृद्ध बनाने के लिए भविष्य का विकास-द्वार भी खुला रखना होगा। धर्म को ग्रहणशील होना चाहिए, और ईश्वर सम्बन्धी अपने आदर्शों में भिन्नता के कारण एक दूसरे का तिरस्कार नहीं करना चाहिए। मैंने अपने जीवन में ऐसे अनेक महापुरुषों को देखा है, जो ईश्वर में एकदम विश्वास नहीं करते थे, अर्थात् हमारे और तुम्हारे ईश्वर में। किन्तु वे लोग ईश्वर को हमारी अपेक्षा अधिक अच्छी तरह समझते थे। ईश्वर सम्बन्धी सभी सिद्धान्त—सगुण, निर्गुण, अनन्त, नैतिक नियम अथवा आदर्श मानव—धर्म की परिभाषा के अन्तर्गत आने चाहिए। और जब धर्म इतने उदार बन जाएँगे, तब उनकी कल्याणकारिणी शक्ति सौगुनी अधिक हो जाएगी। धर्मों में अद्‌भुत शक्ति है; पर केवल इनकी संकीर्णताओं के कारण अक्सर इनसे कल्याण की अपेक्षा अधिक हानि ही हुई है।

यहाँ तक कि आज भी हम बहुत से सम्प्रदाय और समाज पाते हैं, जो प्रायः समान आदर्श के अनुगामी होते हुए भी परस्पर लड़ रहे हैं। इसका कारण यह है कि एक सम्प्रदाय अपने आदर्शों को एक दूसरे के समान हू-ब-हू प्रतिपादित नहीं करना चाहता। अतः धर्म के उदार होने की नितान्त आवश्यकता है। धार्मिक विचारों को विस्तृत, विश्वव्यापक और असीम होना पड़ेगा, और तभी हम धर्म का पूर्ण रूप प्राप्त करेंगे, क्योंकि धर्म की शक्तियों की वास्तविक अभिव्यक्ति तो बस अब शुरू हुई है। लोग कहते हैं—धर्म मर रहा है, आध्यात्मिकता का ह्रास हो रहा है; पर मुझे तो लगता है कि अभी-अभी ये पनपने लगे हैं। एक सुसंस्कृत एवं उदार धर्म की शक्ति अभी ही तो सम्पूर्ण मानव जीवन में प्रवेश करने जा रही है। जब तक धर्म कुछ इने-गिने पंडे-पादरियों के हाथों में रहा, तब तक इसका दायरा मन्दिर, गिरजाघर, धर्मग्रन्थों, धार्मिक नियमों, अनुष्ठानों और बाह्यचारों तक सीमित रहा। पर जब हम यथार्थ आध्यात्मिक और विश्वव्यापक धारणा पर आ उपनीत होंगे, तब और तभी धर्म यथार्थ हो उठेगा,

सजीव हो उठेगा, हमारे जीवन का अंग बन जाएगा, हमारी हर गति में रहेगा, समाज के रोम-रोम में समा जाएगा, और तब इसकी शिवात्मक शक्ति पहले कभी भी की अपेक्षा अनन्त गुनी अधिक हो जाएगी।

आज आवश्यकता इस बात की है कि सभी तरह के धर्म परस्पर बन्धुत्व का भाव रखें, क्योंकि अगर उन्हें जीना है, तो साथ-साथ और मरना है, तो साथ-साथ। बन्धुत्व की यह भावना पारस्परिक स्नेह और आदर पर आधारित होनी चाहिए, न कि संरक्षणशील, प्रसादस्वरूप किंचित् शुभेच्छा की कृपण अभिव्यक्ति पर, जिसे आज एक धर्म अनुग्रहपूर्ण भाव से दूसरे पर दर्शाते हुए पाया जाता है। एक ओर हैं, मानसिक व्यापारों की अध्ययनजन्य धार्मिक अभिव्यक्तियाँ, जो अभाग्यवश आज भी धर्म पर एकाधिकार का पूरा दावा रखती हैं—और दूसरी ओर हैं धर्म को वे अभिव्यक्तियाँ, जिनके मस्तिष्क तो स्वर्ग के रहस्यों में अधिक व्यस्त हैं, किन्तु जिनके चरण पृथ्वी से ही चिपके हैं—मेरा तात्पर्य है तथाकथित भौतिक विज्ञानों से। अब इन दोनों के मध्य इस बन्धुत्व की भावना की सर्वोपरि आवश्यकता है।

इस सामंजस्य को लाने के लिए दोनों को ही आदान-प्रदान करना होगा, त्याग करना पड़ेगा, यही नहीं, कुछ दुःखद बातों को भी सहन करना पड़ेगा। पर इस त्याग के परिणामस्वरूप प्रत्येक व्यक्ति और भी निखर उठेगा और सत्य के सन्धान में अपने को और भी आगे पाएगा। अन्त में देश-काल की सीमाओं में बद्ध ज्ञान का महामिलन उस ज्ञान से होगा, जो इन दोनों से परे है, जो मन तथा इन्द्रियों की पहुँच से परे है—जो निरपेक्ष है, असीम है, अद्वितीय है।

(लन्दन नें दिया हुआ व्याख्यान)

धर्म के दावे[1]

तुममें से अधिकांश को यह स्मरण है कि बचपन में उदीयमान सूर्य के भव्य सौन्दर्य को देखकर तुम्हारा मन किस तरह आनन्द से थिरक उठता था; वैसे ही तुम सब अपने जीवन में अस्तमित सूर्य की महिमा को देखकर स्तम्भित रह जाते हो और कल्पना में ही सही, असीम को भेदने का प्रयत्न करते हो। वस्तुतः अखिल विश्व के मूल में यही भावना है—असीम से आविर्भूत होना और फिर असीम में ही विलीन हो जाना। यह सारा विश्व अज्ञात से निकलकर अज्ञात में ही समाहित हो जाता है। घुटने के बल चलनेवाले शिशु की तरह यह एक रहस्यमय अंधकार से आविर्भूत होता है और फिर घिसटते हुए वृद्ध की भाँति रहस्यमय अंधकार में ही विलीन हो जाता है।

(हमारा यह संसार—इन्द्रियों, बुद्धि और युक्ति का संसार—दोनों ही ओर अनन्त, अज्ञेय और अज्ञात से परिसीमित है। यह अनन्तता ही हमारी खोज है, इसी में अनुसन्धान के विषय हैं; इसी में तथ्य हैं; और इसी से प्राप्त होनेवाले प्रकाश को संसार धर्म कहता है। कुछ भी हो, धर्म मूलतः इन्द्रियातीत भूमि की वस्तु है, ऐन्द्रिय भूमि की नहीं। यह समस्त तर्क के परे है, तथा यह बुद्धि के स्तर का विषय नहीं। यह एक अलौकिक दिव्य दर्शन है, एक अन्तःप्रेरणा है; यह अज्ञात और अज्ञेय में डूबना है, जिससे ज्ञानातीत ज्ञात से अधिक ज्ञात हो जाता है, क्योंकि वह कभी 'ज्ञात' नहीं जा सकता। जैसा कि मेरा विश्वास है, यह खोज मानवता के आदि काल से ही जारी है। विश्व के इतिहास में ऐसा समय कभी नहीं हुआ, जब मनुष्य की बुद्धि इस संघर्ष, अनन्त की इस खोज में व्यस्त न रही हो। हमारे मन का जो नन्हा-सा संसार है, उसमें हम विचारों को उठते हुए पाते हैं। ये विचार कहाँ से आते हैं और कहाँ चले जाते हैं, हम नहीं कह सकते। बृहत् ब्रह्मांड और यह क्षुद्र जगत् मानो एक ही लीक में हैं, एक ही अवस्थाओं को पार करते हैं, एक ही ग्राम में स्पंदित होते हैं।

अब मैं तुम्हारे समक्ष हिन्दुओं के इस सिद्धान्त को रखने की चेष्टा करूँगा कि धर्म कहीं बाहर से नहीं आता, बल्कि व्यक्ति के अभ्यन्तर से ही आता है। मेरी यह आस्था है कि धार्मिक विचार मनुष्य की रचना में ही सन्निहित हैं, और यह बात यहाँ

1. इस व्याख्यान के कुछ अंश चतुर्थ खंड में प्रकाशित हुए हैं। प्रकाशित अंशों को यहाँ बड़े कोष्ठक में रखा गया है। यह व्याख्यान किस वर्ष दिया गया था, यह ज्ञात नहीं हो सका है। —सं.

तक सत्य है कि मनुष्य धर्म का त्याग तब तक नहीं कर सकता, जब तक उसका शरीर है, मन है, मस्तिष्क है, जीवन है। जब तक मनुष्य में सोचने की शक्ति रहेगी, तब तक यह संग्राम चलता ही रहेगा और तब तक धर्म किसी न किसी रूप में रहेगा ही। इस तरह विश्व में हमें धर्म के विभिन्न रूप मिलते हैं। बात कुछ विकट जरूर लगती है; पर ऐसा नहीं कहा जा सका, जैसा कुछ लोग कहते हैं कि यह सब निरर्थक परिकल्पना है। इस अव्यवस्था में एक सामंजस्य भी है; इस समस्त विस्वर ध्वनियों में समस्वरता का भी एक स्वर है, और जो सुनना चाहे, वह उसे सुन सकता है।

वर्तमान काल में सबसे बड़ा प्रश्न है : अगर ज्ञात और ज्ञेय जगत् का आदि और अन्त अज्ञात तथा अनन्त अज्ञेय द्वारा सीमाबद्ध है, तो उस अज्ञात के लिए हम प्रयास ही क्यों करें? क्यों न हम ज्ञात जगत् में ही सन्तुष्ट रहें? क्यों न हम खाने, पीने और संसार की किंचित् भलाई करने में ही सन्तुष्ट रहें? ये प्रश्न अक्सर सुनने को मिलते हैं। विद्वान् प्राध्यापक से लेकर तुतलाते बच्चे तक हमसे कहते हैं, ''संसार की भलाई करो; यही सारा धर्म है; इसके परे क्या है, इससे सम्बन्धित प्रश्नों से व्यर्थ अपने को परेशान मत करो।'' यह बात इतनी चल पड़ी है कि इसने एक स्थिर सिद्धान्त का रूप ले लिया है।

किन्तु सौभाग्यवश हम अनन्त के बारे में जिज्ञासा किए बिना नहीं रह सकते। यह जो वर्तमान है, व्यक्त है, यह अव्यक्त का एक अंश मात्र है। इन्द्रियों की चेतना के स्तर पर जो अनन्त आध्यात्मिक जगत् प्रक्षेपित है, यह इन्द्रिय-जगत् उसका एक नन्हा-सा अंश है। ऐसी स्थिति में उस अनन्त विस्तार को समझे बिना यह नन्हा-सा प्रक्षेपित भाग कैसे समझा जा सकता है? सुकरात के बारे में ऐसा कहा जाता है कि एक बार एथेन्स में भाषण करते समय उससे एक ब्राह्मण की मुलाकात हुई। वह ब्राह्मण यूनान की सैर कर चुका था। सुकरात ने उससे कहा कि मनुष्य के अध्ययन का सबसे महत्त्वपूर्ण विषय मनुष्य ही है। इस पर ब्राह्मण ने तुरन्त उत्तर दिया, ''ईश्वर को जाने बिना तुम मनुष्य को कैसे जान सकते हो?'' यह ईश्वर, यह शाश्वत अज्ञेय सत्ता, यह ब्रह्म, यह अनन्त अथवा अनाम—चाहे तुम जिस किसी भी नाम से उसे पुकारो—ज्ञात और ज्ञेय जगत् का, वर्तमान जीवन का आधार है, उसकी एकमात्र व्याख्या है, उसका निमित्त है। तुम अपने सामने की किसी भी वस्तु को ले लो, कोई भी अत्यन्त भौतिक वस्तु—इन भौतिक विज्ञानों में से ही किसी को ले लो, चाहे रसायन शास्त्र अथवा भौतिक शास्त्र, चाहे नक्षत्र-विज्ञान अथवा जीव-विज्ञान—उसको लेकर उसका अध्ययन करो। उत्तरोत्तर स्थूल से सूक्ष्म तथा सूक्ष्म से भी सूक्ष्मतर तत्त्वों की ओर बढ़ते-बढ़ते तुम एक ऐसे बिन्दु पर आ जाओगे, जहाँ से आगे बढ़ने के लिए तुमको भौतिक से अभौतिक पर चला आना पड़ेगा। ज्ञान के हर क्षेत्र में स्थूल सूक्ष्म में समाहित हो जाता है और भौतिक तात्त्विक में।)

और यह बात यहाँ की हर चीज में लागू है, चाहे वह समाज हो, हमारे पारस्परिक

सम्बन्ध हों, हमारा धर्म हो अथवा नीतिशास्त्र हो। कुछ लोगों ने मात्र उपयोगिता के नाम पर ही नीतिशास्त्र की स्थापना करने का प्रयास किया है। मैं उस व्यक्ति को चुनौती देता हूँ, जो इस आधार पर किसी युक्तिसंगत नीतिशास्त्र की स्थापना करने का दावा करता है। दूसरों की भलाई करो पर क्यों? क्योंकि इससे अधिकतम उपयोगिता मिलेगी। मान लो, कोई व्यक्ति कहता है, ''मैं उपयोगिता की परवाह नहीं करता; मैं धनी बनने के लिए दूसरों को कत्ल भी कर सकता हूँ।'' इस पर तुम क्या कहोगे? यह तो हेरोड की नृशंसता को भी पार कर जाना कहलाएगा। पर मेरे विश्व की भलाई करने की उपयोगिता ही क्या है? क्या मैं बेवकूफ हूँ, जो जीवन-भर इसलिए खटता रहूँ कि दूसरे सुख से रहें? मैं स्वयं ही सुख से क्यों न रहूँ, अगर समाज के परे कोई शक्ति नहीं है, अगर इन्द्रियों की दुनिया के परे कुछ नहीं है? अगर मैं अपने को पुलिस के हाथों से बचा सकूँ और सुखी रह सकूँ, तो फिर अपने भाइयों के गले काटने से भी मुझे कौन रोकनेवाला है? इस बात का तुम क्या जवाब दोगे? तुम तो किसी न किसी तरह की उपयोगिता साबित करने के लिए बाध्य हो। इसलिए परास्त हो जाने पर भी तुम कहोगे, ''मेरे बन्धु, भलाई करना ही अच्छा है।'' मानव-मन की वह कौन सी शक्ति है, जो कहती है, ''भलाई करना ही अच्छा है,'' जो आत्मा की महत्ता को इतने शानदार ढंग से हमारे सम्मुख रखती है, जो शुभ की मनोज्ञता, उसके आकर्षण तथा उसकी अनन्त शक्ति को दर्शाती है? इसे ही हम ईश्वर कहते हैं। है न?

अब मैं तनिक और अधिक सूक्ष्म बात कहने जा रहा हूँ। इस सिलसिले में मैं तुम्हारा ध्यान विशेष रूप से आकृष्ट करना चाहूँगा और निवेदन करूँगा कि जो मैं कहूँ, उससे झटपट कोई निष्कर्ष न निकाल बैठो। बात यह है कि हम लोग संसार का कोई विशेष उपकार नहीं कर सकते। संसार का उपकार करना तो अच्छी बात है, पर वस्तुतः हम इसका उपकार कर भी सकते हैं क्या? शताब्दियों से जो प्रयास हम करते आ रहे हैं, क्या हमने सचमुच उससे विश्व की कुछ भलाई की है? क्या हम इन करोड़ों लोगों के सुख में किंचित् भी वृद्धि कर सकते हैं? सैकड़ों, हजारों वर्षों से नित्य ही सुख के हजारों साधन निर्मित किए जा रहे हैं। मैं तुमसे पूछता हूँ कि सौ वर्ष पहले जितना सुख था, क्या उसमें तनिक भी वृद्धि हुई है? यह हो नहीं सकता। समुद्र में कोई भी लहर उठती है, तो उसकी प्रतिक्रिया से जल कहीं-न-कहीं गहरा हो ही जाता है। अगर कोई राष्ट्र धनी और शक्तिशाली बन जाता है, तो इसका अर्थ है कि कहीं किसी राष्ट्र को क्षति पहुँची ही होगी। हर मशीन के आविष्कार से अगर बीस व्यक्ति धनी बनते हैं, तो बीस हजार व्यक्ति गरीब। सर्वत्र ही प्रतिद्वंद्विता का यही सिद्धान्त है। अभिव्यक्त ऊर्जा का परिमाण तो सदैव वही रहता है। इसलिए सुख की वृद्धि का प्रयास भी मूर्खतापूर्ण ही है। यह कहना कि दुःख से रहित सुख की प्राप्ति हो सकती है, बिलकुल निराधार है। सुख के साधनों को बढ़ाकर तुम लोगों की आवश्यकताओं को बढ़ा देते हो और आवश्यकताओं के बढ़ने का अर्थ है, उस पिपासा का जन्म, जो कभी शान्त

नहीं होने की। किस चीज से इस पिपासा को शान्त करोगे तुम ? और जब तक यह पिपासा बनी रहेगी, तब तक अशान्ति रहेगी ही। जीवन का यह स्वभाव ही है कि इसमें सुख और दु:ख दोनों ही बारी-बारी से आते रहते हैं। क्या इतना समझने पर भी तुमको लगता है कि तुम संसार की भलाई कर सकोगे ? क्या इस विश्व में और कोई सत्ता काम नहीं कर रही है ? क्या वह ईश्वर, जो शाश्वत है, सर्वशक्तिशाली है, अत्यन्त कृपालु है, जो सबके सो जाने पर भी कभी पलकें नहीं गिराता, वह इस विश्व को हमारे-तुम्हारे मत्थे छोड़कर सदा के लिए मर-मिट गया ? यह अनन्त आकाश मानो उसका विस्फारित नयन है! कैसे कहें कि वह मर गया ? क्या वह विश्व में व्याप्त नहीं है ? नहीं, नहीं, वह अवश्य है। तुमको घबराने तथा जान-बूझकर अपने को परेशान करने की जरूरत नहीं है।

(स्वामी जी ने इसके बाद एक ऐसे आदमी की कहानी कही, जो एक प्रेत अपनी सेवा करने के लिए चाहता था। पर जब प्रेत मिला, तो उसे व्यस्त रखने के लिए एक झबरीले कुत्ते की दुम सीधी करने का काम देना पड़ा)।

विश्व का उपकार करने का हमारा जो प्रयास है, वह कुछ इसी ढंग का है। मेरे बन्धुओ, शताब्दियों से हम बस कुत्ते की दुम ही सीधी करते रहे हैं। यह तो जैसे गठिये की बीमारी है; पैर से दर्द हटाओ, तो सिर में चला जाता है और फिर सिर से हटाओ, तो किसी दूसरे अंग में चला जाता है।

तुममें से कुछ लोगों को लगेगा कि यह तो घोर निराशावादी दृष्टिकोण है। पर बात वैसी नहीं है। निराशावाद और आशावाद, दोनों ही गलत हैं। दोनों ही अतिवादी दृष्टिकोण हैं। जब तक व्यक्ति को खाने-पीने की प्रचुरता रहती है, पहनने के लिए भरपूर कपड़े मिलते रहते हैं, तब तक वह आशावादी रहता है। किन्तु वही आदमी जब सब कुछ खो देता है, तो घोर निराशावादी बन बैठता है। आदमी जब अपनी सारी सम्पत्ति गँवाकर नितान्त दरिद्र बन जाता है, तभी उसे विश्व-बन्धुत्व की भावना सूझती है। यही दुनिया है। और जितना ही अधिक मैं देश-भ्रमण करता हूँ और संसार को देखता हूँ तथा मेरी आयु जितनी ही बढ़ती जाती है, उतना ही अधिक मैं इन दोनों अतिवादी दृष्टिकोणों—आशावाद तथा निराशावाद—से परे रहने का प्रयास करता हूँ। यह संसार न तो अच्छा है, न बुरा। यह तो प्रभु का संसार है। अच्छाई और बुराई से परे यह अपने आपमें पूर्ण है। एक परमात्मा की इच्छा अनादि काल से विभिन्न रूपों में अपने आपको अभिव्यक्त कर रही है और अनन्त काल तक यह वैसा ही करती चली जाएगी। यह विश्व एक विशाल व्यायामागार है, जिसमें हम और तुम जैसे लाखों जीव आकर व्यायाम करते तथा बलवान एवं पूर्ण होकर बाहर निकलते हैं। इस विश्व का प्रयोजन ही यही है। यह बात नहीं है कि ईश्वर पूर्ण विश्व का निर्माण नहीं कर सकता था, दु:खरहित विश्व की रचना नहीं कर सकता था। एक नवयुवती तथा एक पादरी की वह कहानी तुमको याद होगी, जो दूरबीन से चन्द्रमा पर के काले धब्बों को देख रहे थे। और पुजारी ने कहा, "वे एक गिरजाघर के शिखर हैं," जिस पर

उस युवती ने जवाब दिया था, "चुप भी रहो, वे दो तरुण प्रेमी होंगे, जो एक दूसरे को चूम रहे हैं।" इस विश्व के साथ भी हम लोग कुछ इसी तरह पेश आ रहे हैं। जब हम भीतर रहते हैं तो सोचते हैं कि हम भीतर देख रहे हैं। वस्तुत: अस्तित्व के जिस स्तर पर हम हैं, उसी स्तर से हम विश्व को देख रहे हैं। रसोईघर की आग न तो बुरी है, न अच्छी। जब यह तुम्हारा भोजन पकाती है, तो तुम इसकी प्रशंसा करते हो और कहते हो, "यह कितनी अच्छी चीज है।" पर जब इससे तुम्हारी अँगुली जल जाती है, तो तुम चिल्ला उठते हो, "कहाँ की बला है यह!" इसी तरह यह कहना भी उतना ही उचित और युक्तिसंगत है कि यह विश्व न तो बुरा है, न अच्छा। विश्व तो विश्व है और हमेशा विश्व ही रहेगा। जब हम अपने को ऐसी परिस्थिति में रखते हैं कि इसके कार्य-कलाप से हमारा लाभ होता है, तो इसे हम भला कहते हैं; परन्तु जब हम ऐसी परिस्थिति में होते हैं कि इससे हमें पीड़ा होती है, तो हम इसे बुरा कहते हैं। इसलिए तुम देखोगे कि बच्चे, जो बिलकुल निर्दोष होते हैं तथा किसी की भी बुराई करने की बात नहीं सोचते, हमेशा खुश रहते, नितान्त आशावादी बने रहते हैं। हमेशा वे सुनहले सपने देखते रहते हैं। पर वृद्ध लोग, जो वासना की प्यास तो सँजोये रहते हैं, पर उसे तृप्त करने के साधन नहीं जुटा पाते, और विशेषकर वे लोग, जो संसार में अनेक बार ठोकरें खा चुके होते हैं, घोर निराशावादी बन जाते हैं। धर्म सत्य की खोज करता है। और पहली चीज, जिसका अनुसन्धान किया है, वह यह है कि जब तक परम सत्य का ज्ञान नहीं हो जाता, तब तक जीवन व्यर्थ है।

(अगर हम इस जगत् के परे के तत्त्व को न जानें, तो जीवन रेगिस्तान बन जाएगा; मानव जीवन निस्सार हो जाएगा। यह कहना तो बड़ा अच्छा है कि प्रस्तुत क्षण की वस्तुओं से ही सन्तुष्ट रहो। गाय और कुत्ते तो वैसे सन्तुष्ट हैं ही; सभी जानवर ही उस तरह सन्तुष्ट हैं, और यही उन्हें जानवर बनाए हुए हैं। तो फिर मनुष्य भी अगर अनन्त की खोज से मुँह मोड़कर वर्तमान जीवन में ही सन्तुष्ट रहने लगे, तो मानव जाति को एक बार फिर पशुत्व के स्तर पर जाना पड़ेगा। यह धर्म ही है, परे की खोज ही है, जो मनुष्य और पशु में भेद करती है। ठीक ही तो कहा गया है कि मनुष्य ही एक ऐसा प्राणी है, जो स्वभावत: ऊपर की ओर देखता है, अन्य सभी प्राणी स्वभावत: नीचे की ओर देखते हैं। ऊपर की ओर देखना, ऊपर उठना तथा पूर्णता की खोज करना— इसे ही मोक्ष कहते हैं। जितनी जल्दी कोई मनुष्य ऊपर उठने लगता है, उतनी ही जल्दी वह मोक्ष की ओर उन्मुख होता है। यह बात इस पर नहीं निर्भर करती कि तुम्हारे पास कितने पैसे हैं, तुम कौन सी पोशाक पहनते हो, अथवा तुम कैसे मकान में रहते हो, बल्कि यह इस पर निर्भर है कि तुम्हारे मन में कितनी बड़ी आध्यात्मिक निधि है। यही मानव को उन्नति की ओर ले जाती है, यही भौतिक और बौद्धिक प्रगति का मूल-स्रोत है, तथा यही मानवता को सदैव आगे बढ़ानेवाला उत्साह, और पृष्ठभूमि में रहनेवाली प्रेरक शक्ति है।)

आखिर मानवता का लक्ष्य क्या है? आनन्द? इन्द्रिय-सुख? प्राचीन काल में लोग कहा करते थे कि स्वर्ग में लोग तुरही बजाते तथा एक सिंहासन के चारों ओर रहते हैं। आधुनिक युग में स्वर्ग का यह आदर्श लोगों को फीका जँचता है। इसलिए इसके स्थान में वे कहते हैं कि स्वर्ग में लोग विवाहादि सुखों के साथ रहते हैं। अगर दूसरे आदर्श में पहले की अपेक्षा कुछ सुधार दीखता है, तो यह सुधार और भी खराब है। स्वर्ग के सम्बन्ध में जो विभिन्न कल्पनाएँ सुनने को मिलती हैं, वे सभी हमारे मन की कमजोरियों की प्रतीक हैं। और वे कमजोरियाँ इन वजहों से हैं: पहले तो लोग इन्द्रिय-सुख को ही जीवन का लक्ष्य मानते हैं। दूसरे, पाँचों इन्द्रियों से परे किसी चीज की लोग कल्पना तक नहीं कर सकते। ये लोग उतने ही अविवेकी हैं, जितने अविवेकी उपयोगितावादी हैं। पर इतना होने पर भी ये लोग उन नास्तिक उपयोगितावादियों से तो अच्छे हैं ही। उपयोगितावादिता तो निरी नादानी है। तुमको यह कहने का क्या अधिकार है, "यही मेरा मापदंड है और सारे विश्व को इसी मापदंड से नापा जाना चाहिए?" तुमको क्या अधिकार है, सारे विश्व को अपने मूल्यों से मापने का? और वह भी तब जब तुम रोटी, रुपया और वस्त्र को ही ईश्वर मान रहे हो!

(धर्म रोटी में नहीं है, मकान में नहीं है। बार-बार लोग प्रश्न करते हैं : "धर्म से आखिर कौन सी भलाई होगी? क्या यह गरीबों की दरिद्रता दूर कर सकेगा और उनके लिए वस्त्रों का प्रबन्ध कर सकेगा?" मान लो कि धर्म यह सब नहीं कर सकता। तो क्या इससे धर्म की असत्यता सिद्ध हो जाएगी? मान लो, तुम ज्योतिष के किसी सिद्धान्त की चर्चा कर रहे हो और कोई बच्चा आकर कहने लगे, "क्या यह मीठी रोटी ला देगा?" तुम कहोगे, "नहीं, यह नहीं लानेवाला है।" इस पर बच्चा कहेगा, "तब तो यह बेकार है।" विश्व को देखने का बच्चों का अपना दृष्टिकोण है—वही रोटी ला देनेवाला। और ठीक ऐसी ही बातें संसार के ये नादान बच्चे भी करते हैं।)

यह दुःख की बात है कि उन्नीसवीं शताब्दी के उत्तरार्द्ध में इस तरह की बातें विद्वत्ता, विवेक और बौद्धिकता की निशानी मानी जाती हैं।

(हमें उच्च स्तर की वस्तुओं को अपने निम्नस्तरीय मापदंड से नहीं मापना चाहिए। हर चीज को उसके अपने पैमाने से नापना उचित है तथा अनन्त को अनन्त के पैमाने से। धर्म सम्पूर्ण मानव जीवन में परिव्याप्त है, न केवल वर्तमान में, अपितु भूत और भविष्य में भी। अत: इस शाश्वत आत्मा का शाश्वत ब्रह्म के साथ शाश्वत सम्बन्ध है। मानव-जीवन के पाँच मिनटों पर इसके प्रभाव को देखकर इसका मूल्यांकन करना क्या न्यायसंगत है? कभी नहीं। पर ये सभी तर्क तो नकारात्मक हैं।

अब प्रश्न आता है कि क्या धर्म सचमुच कुछ कर सकता है? कर सकता है।)

क्या धर्म रोटी और कपड़े का प्रबन्ध कर सकता है? हाँ, कर सकता है। यह हमेशा ही ऐसा करता है। और इतना ही क्यों, यह इससे असंख्य गुना अधिक काम करता है—यह मनुष्य को शाश्वत जीवन प्रदान करता है। आज मनुष्य जिस स्थिति

में है, वह धर्म ही की बदौलत है और धर्म ही इस मानव पशु को एक ईश्वर बना देगा। यह है धर्म की क्षमता। मानव समाज से धर्म को निकाल दो, फिर शेष क्या बचेगा? पशुओं से भरे जंगल के अतिरिक्त कुछ भी नहीं। जैसा कि मैं अभी कह चुका हूँ, इन्द्रिय-सुख को मानवता का चरम लक्ष्य मानना महज मूर्खता है; मानव जीवन का लक्ष्य ज्ञान है। मैंने तुम्हें यह दिखलाने का प्रयास किया है कि हजारों वर्षों से सत्य की हमारी खोज और मानवता के कल्याण के लिए हमारे प्रयत्नों के बावजूद हम मुश्किल से कोई प्रगति कर पाए हैं। किन्तु मनुष्य ने ज्ञान के क्षेत्र में अद्‌भुत सफलता पाई है। इस सम्पूर्ण ज्ञानराशि का उपयोग मानव की सुख-सुविधा के लिए नहीं, अपितु मानव को पशुत्व की श्रेणी से उठाकर देवत्व की श्रेणी में लाने के लिए होना चाहिए। वैसा होने पर स्वभावत: ही ज्ञान से आनन्द की प्राप्ति होगी। बच्चे सोचते हैं कि इन्द्रिय-सुख ही सर्वस्व है। पर तुम जानते हो कि इन्द्रिय-सुख से बौद्धिक सुख सूक्ष्मतर होता है। जितना आनन्द कुत्ते को खाने में आता है, उतना किसी आदमी को नहीं आ सकता। तुम इस बात की परीक्षा कर सकते हो। तब आदमी को आनन्द आता किसमें है? मैं उस आनन्द की बात नहीं करता, जो किसी कुत्ते अथवा सूअर को भोजन करते वक्त मिलता है। सोचो तो भला, सूअर किस तन्मयता से खाता है! वह इतना विभोर होकर खाता है कि उस समय सम्पूर्ण विश्व को भूल जाता है। इसकी सारी सत्ता इसके भोजन द्वारा अभिभूत हो गई है। जब इसके पास भोजन है इसे परवाह नहीं अगर यह मार भी डाला जाता है। इसके सुख की तीव्रता का खयाल करो किसी मनुष्य को ऐसा नहीं होता। मनुष्य का भोजनजनित वह आनन्द तब कहाँ चला गया? मनुष्य ने उसे बौद्धिक आनन्द में परिवर्तित कर लिया है। सूअर धार्मिक उपदेशों में आनन्द नहीं ले सकता। इस बौद्धिक आनन्द से भी एक कदम ऊँचा और तीव्रतर आध्यात्मिक आनन्द है, जो मस्तिष्क और बुद्धि की सीमाओं के पार की वस्तु है। किन्तु उसे पाने के लिए हमें इन्द्रियजनित सारे सुखों को छोड़ना पड़ेगा। यही उपयोगिता का चरम बिन्दु है। उपयोगिता वही है, जिसका मैं उपभोग करूँ, प्रत्येक आदमी उपभोग करे; और उसी उपयोगिता की हमें तलाश है!

(हम देखते हैं कि एक पशु जितना आनन्द अपनी इन्द्रियों के माध्यम से पाता है, उससे अधिक आनन्द मनुष्य अपनी बुद्धि के माध्यम से अनुभव करता है। साथ ही हम यह भी देखते हैं कि मनुष्य आध्यात्मिक प्रकृति का बौद्धिक प्रकृति से भी अधिक आनन्द प्राप्त करते हैं। इसलिए मनुष्य का परम ज्ञान आध्यात्मिक ज्ञान ही है। इस ज्ञान के होते ही परमानन्द की प्राप्ति होती है। संसार की सारी चीजें मिथ्या, छाया मात्र हैं, वे परम ज्ञान और आनन्द की तृतीय या चतुर्थ स्तर की अभिव्यक्तियाँ हैं।)

यह वह आनन्द है, जो मानव मात्र को प्रेम करने से मिलता है। इस आध्यात्मिक आनन्द की छाया मानव-प्रेम में देखने को मिलती है। किन्तु इसे ही वह आनन्द नहीं मान लेना चाहिए। यहीं हम भयंकर भूल कर बैठते हैं: हम अपने क्षुद्र प्रेम को—शारीरिक

मानव प्रेम को, कणों के प्रति सम्मोह को, समाज में रहनेवाले प्राणियों के पारस्परिक उत्तेजक आकर्षण को—परमानन्द मान बैठते हैं, जो वह नहीं होता। चूँकि अंग्रेजी में इस अभिप्राय का कोई दूसरा शब्द नहीं मिलता, इसलिए मैं इसे 'ब्लिस' (Bliss) कहूँगा, जो शाश्वत ज्ञान के समकक्ष है तथा जो हमारा लक्ष्य है। विश्व में जितने धर्म स्थापित हुए हैं तथा होंगे, उन सबका मूल स्रोत एक रहा है तथा एक ही रहेगा, भले ही विभिन्न देशों में उसे विभिन्न नामों से पुकारा जाए। पाश्चात्य देशों में तुम उसे अन्त:स्फुरण (inspiration) कहते हो। यह अन्त:स्फुरण क्या है? अन्त:स्फुरण ही समस्त आध्यात्मिक ज्ञान का मूल है। हम लोगों ने देखा कि धर्म मूलत: इन्द्रियातीत स्तर का विषय है। उस स्तर पर 'आँखें काम नहीं करतीं और न कान ही; मन के द्वारा वह चिन्त्य नहीं है और न वाणी के द्वारा प्रकाश्य।' यही धर्म का क्षेत्र है, यही उसका लक्ष्य है; और यहीं से प्रेरणा आती है। इस तरह यह स्वत: सिद्ध होता है कि इन्द्रियों के परे जाने के भी उपाय अवश्य हैं। यह पूर्णत: सिद्ध है कि हमारी बुद्धि इन्द्रियों के परे नहीं जा सकती। हमारा सारा चिन्तन इन्द्रियों की सीमाओं में ही होता है। और जिसे हम बुद्धि कहते हैं, वह इन्द्रियों द्वारा संगृहीत तथ्यों पर ही आधारित है। मनुष्य तब इन्द्रियों के परे जा भी सकता है क्या? जो अज्ञेय है, उसे क्या हम जान भी सकते हैं? इसी प्रश्न का उत्तर धर्म के अस्तित्व को निर्धारित करेगा तथा करता रहा है। अति प्राचीन काल से ही मनुष्य यह अनुभव करता आ रहा है कि उसकी इन्द्रियों के समक्ष एक अभेद्य दीवाल खड़ी है और असंख्य नर-नारी इसे भेदने के लिए इससे टकराते रहे हैं। करोड़ों को निराशा हाथ लगी, पर करोड़ों को सफलता भी मिली। यही तो विश्व का इतिहास है। करोड़ों लोग इस बात में विश्वास नहीं करते कि कभी कोई मनुष्य इस प्रयास में सफल भी हो सका है। ये हैं आजकल के संशयवादी लोग। अगर मनुष्य प्रयत्न करे, तो वह इस प्राचीर के पार जा सकता है। मनुष्य के पास केवल बुद्धि ही नहीं है, केवल इन्द्रियाँ ही नहीं हैं; उसके पास बहुत कुछ ऐसा भी है, जो इन्द्रियों की पहुँच के परे है। मैं यहाँ उसकी तनिक व्याख्या करूँगा और मैं आशा करता हूँ कि तुम भी उसको अपने भीतर अनुभव करोगे।

मैं अपना हाथ हिलाता हूँ और अनुभव करता हूँ तथा समझता हूँ कि मैं अपना हाथ हिला रहा हूँ। मैं इसे चेतना कहता हूँ। मुझे इस बात की चेतना है कि मैं अपना हाथ हिला रहा हूँ। किन्तु मेरा हृदय भी तो क्रियाशील है। मुझे इसकी चेतना नहीं है। फिर भी वह कौन है, जो हृदय को क्रियाशील कर रहा है? वह भी यही सत्ता होगी। इस तरह हम देखते हैं कि यह सत्ता, जो हाथ हिला लेती है, बोल लेती है अर्थात् सचेत होकर क्रियाएँ करती है, वह अचेतन काम भी करती है। इसलिए हम पाते हैं कि यह सत्ता चेतन और अचेतन, दो स्तरों पर काम कर सकती है। अचेतन से जो प्रेरणाएँ हमें मिलती हैं, उन्हें जन्मजात-प्रवृत्ति कहते हैं और जो प्रेरणाएँ चेतन से प्राप्त होती हैं, उन्हें बुद्धि कहते हैं। किन्तु इन दोनों स्तरों से भी ऊँचा एक स्तर है, जिसे हम अतिचेतन

कहते हैं। आपाततः यह स्तर भी अचेतन का स्तर ही माना जा सकता है, क्योंकि यह भी तो चेतनावस्था से परे है। किन्तु यह चेतनावस्था से ऊपर का स्तर है न कि उसके नीचे का। यह जन्मजात-प्रवृत्ति नहीं, बल्कि अंतःस्फुरण का स्तर है। इसका प्रमाण है। तुम विश्व के बड़े-बड़े पैगम्बरों और महर्षियों को लो। उनके जीवन में अनेक क्षण ऐसे आते थे, जब उन्हें बाह्य जगत् का कोई ज्ञान नहीं रहता था, पर उसी स्थिति में उन्हें वह परम ज्ञान मिला, जिसका उपदेश उन्होंने दिया है। सुकरात के बारे में कहा जाता है कि एक बार सेना के साथ जाते हुए उसने एक भव्य सूर्योदय देखा, और इससे उसके मन में अनेक विचार जाग्रत हो उठे। वह दो दिनों तक वहीं धूप में अचेत खड़ा रहा। ऐसे ही क्षणों में सुकरात को वह ज्ञान मिला, जिसे दुनिया जानती है। सभी धर्म-गुरुओं एवं पैगम्बरों के सम्बन्ध में भी यही बात कही जा सकती है। उनके जीवन में ऐसे क्षण आते हैं, जब वे मानो चेतना के स्तर से ऊपर उठ जाते हैं और जब एक दिव्य प्रकाश के साथ चेतना के स्तर पर लौटते हैं, तो उस प्रकाश से प्रदीप्त होकर वे उस पार से दिव्य सन्देश लाते हैं, और वे ही विश्व के दिव्य प्रेरित द्रष्टा हैं!

किन्तु एक बहुत बड़ा खतरा भी है। कोई भी व्यक्ति कह सकता है कि उसे दैवी प्रेरणा मिली है; बहुत बार वे ऐसा कहते हैं। इसकी कसौटी क्या है? निद्रावस्था में हम अचेतन हो जाते हैं। एक मूर्ख तीन घंटे तक घोर निद्रा में सोकर जब जगता है तो, यदि और भी अधिक निकम्मा नहीं, तो पहले जैसा मूर्ख ही रहता है। किन्तु दिव्यांतर (transfiguration) के बाद जब नाजरथ के जीसस लौटते हैं, तो जीसस क्राइस्ट हो जाते हैं। यही अन्तर है। एक दिव्य स्फुरण है और दूसरी जन्मजात-प्रवृत्ति। एक निरा बच्चा है, तो दूसरा अनुभवी वयोवृद्ध पुरुष। यह दिव्य स्फुरण हममें से प्रत्येक को मिल सकता है। सारे धर्मों का स्रोत यही है, सारे उच्चस्तरीय ज्ञान का स्रोत यही है और रहेगा। फिर भी यह मार्ग खतरे से खाली नहीं है। कभी-कभी धूर्त व्यक्ति अपने को संसार के ऊपर हावी करने से बाज नहीं आते। और आजकल तो यह काम और भी चल पड़ा है। मेरे एक मित्र के पास एक बड़ा सुन्दर चित्र था। एक दूसरे सज्जन की, जो कुछ धार्मिक प्रकृति के थे और जो काफी धनी थे, आँखें उस तस्वीर पर गड़ गईं। किन्तु मेरा मित्र उसे बेचने के लिए तैयार न था। एक दिन वे सज्जन आए और कहने लगे, "मुझे प्रेरणा मिली है, ईश्वर से एक सन्देश मिला है।" मेरे मित्र ने पूछा, "कौन सी दिव्य प्रेरणा है वह।" तब उन्होंने कहा, "आप उस चित्र को मुझे अवश्य दे दें।" इस पर मेरे मित्र ने तुरन्त कहा, "अहा, कितनी सुन्दर बात है! मुझे भी ठीक यही दिव्य प्रेरणा मिली है कि मुझे वह तस्वीर आपको दे देनी होगी। क्या आप चेक लाए हैं?" "चेक? कैसा चेक?" तब मेरे मित्र ने कहा, "तब मैं नहीं मानता कि आपको ठीक-ठीक दिव्य प्रेरणा मिली है। मुझे तो यह सन्देश मिला कि जो कोई भी 100000 डालर का चेक लेकर आए, उसे वह तस्वीर दे दूँ। इसलिए पहले आप चेक ले आइए।" इस पर उस व्यक्ति को लगा कि वह पकड़ा गया। और तब से उसने फिर

कभी दिव्य प्रेरणा मिलने की बात नहीं की। ये ही सब खतरे हैं। बोस्टन में एक सज्जन मेरे पास आए और कहने लगे, ''स्वप्न में मुझसे हिन्दू लोगों की भाषा में बातें की गई हैं।'' मैंने कहा कि जो तुमसे कहा गया है, उसे सुनूँ भी तो भला। किन्तु उन्होंने बहुत सारे निरर्थक अक्षर लिख डाले। मैंने उसे समझने की भरसक चेष्टा की, पर व्यर्थ। मैंने उनसे कहा कि जहाँ तक मुझे ज्ञान है, ऐसी भाषा हिन्दुस्तान में न तो कभी रही है और न कभी होगी। हिन्दुस्तान के लोग अभी इतने सभ्य नहीं हुए हैं कि ऐसी भाषा का प्रयोग कर सकें। उस सज्जन ने सोचा होगा कि मैं पक्का दुष्ट और संशयवादी आदमी हूँ और उसने अपनी राह ली। इसके बाद मुझे यह सुनकर आश्चर्य न होता कि वह आदमी पागलखाने में था। ये ही दो तरह के खतरे दुनिया में हैं। एक तो धूर्तों से और दूसरा मूर्खों से। पर इससे हमें हताश न होना चाहिए, क्योंकि दुनिया की हर बड़ी चीज के मार्ग में खतरे रहते ही हैं। किन्तु हमें सावधानी अवश्य बरतनी होगी। कभी-कभी ऐसे लोगों से हमारी भेंट होती है, जो किसी चीज को तर्क की कसौटी पर कसने के लिए एकदम तैयार नहीं होते। कोई भी व्यक्ति आकर कह सकता है—मुझे अमुक देवता का सन्देश मिला है। क्या तुम इसे अस्वीकार करोगे ? क्या यह सम्भव नहीं कि अमुक देवता है और अपना सन्देश भेज सकते हैं ? नब्बे प्रतिशत मूर्ख उसकी बातों को मान लेंगे। बातों को मान भर लेना उनका काम है। किन्तु एक बात जरूर है, कोई भी घटना घट सकती है; अगले साल लुब्धक नक्षत्र के संयोग से पृथ्वी टुकड़े-टुकड़े हो जा सकती है। किन्तु जब मैं ऐसा कहता हूँ, तो तुमको पूरा अधिकार है कि मुझसे कहो कि मैं अपने कथन को सिद्ध करके दिखा दूँ। जिसे वकील लोग *Onus probandi* अर्थात्—सिद्ध करने का दायित्व कहते हैं, वह उस व्यक्ति पर आता है, जो किसी कथन को कहता है। जब मैं कहता हूँ कि मुझे अमुक देवता की दिव्य प्रेरणा मिली है, तो तुम्हारा नहीं, बल्कि मेरा दायित्व होता है कि उसे सिद्ध करके दिखा दूँ, क्योंकि कथन तो मेरा ही है। अगर मैं इसे सिद्ध नहीं कर सकता, तो मेरा चुप रहना ही श्रेयस्कर है। अगर तुम इन दो तरह के खतरों से बच सको, तो तुम संसार में कहीं भी विचरण कर सकते हो। हममें से बहुतों को यह आभास होता है कि किसी देवता की प्रेरणा हमें मिली है। जब तक उस दिव्य प्रेरणा का सम्बन्ध अपने आपसे रहे, तब तक तो उससे कोई खतरा नहीं है; पर जब उसका प्रभाव हमारे सामाजिक सम्बन्धों एवं व्यवहारों पर पड़ने लगे, तो उसके बारे में हजार बार सोचकर कदम उठाओ; तभी तुम सुरक्षित रह सकोगे।

हम देखते हैं कि यह अन्त:स्फुरण ही धर्म का एकमात्र मूल स्रोत है; फिर भी इसमें भी सदा खतरे की सम्भावना रहती है। और सबसे बड़ा खतरा है दावे का अतिरेक। कुछ लोग आकर कहने लगते हैं कि उन्हें ईश्वर का साक्षात्कार हुआ है, वे सर्वशक्तिमान ईश्वर के प्रवक्ता हैं तथा उनके सिवा किसी और को यह अधिकार नहीं मिला है। आपातत: यह कथन ही अनुचित है। अगर विश्व में ऐसी कोई चीज है, तो वह

सर्वव्यापक है। ऐसी कोई भी क्रिया नहीं, जो विश्व में सर्वत्र नहीं हो सकती, क्योंकि विश्व तो नियमबद्ध है; सर्वत्र ही इसमें नियमितता तथा सामंजस्य है। इसलिए अगर कोई चीज एक जगह है, तो वह हर जगह भी है। जिस नियम से एक परमाणु बना है, उसी नियम से बड़े-बड़े नक्षत्र और ग्रह भी बने हैं। अगर कभी किसी एक व्यक्ति को दैवी प्रेरणा मिली है, तो विश्व के हर व्यक्ति को प्रेरणा मिलने की सम्भावना है। और यही धर्म है। तुम इन सारे खतरों तथा भ्रमों से अलग हटकर धार्मिक तत्त्वों के संसर्ग में आओ और धर्म के विज्ञान का साक्षात्कार करो। बहुत सारे सिद्धान्तों में विश्वास करने, बड़े-बड़े ग्रन्थ पढ़ने तथा मन्दिर-मस्जिद में जाने में ही धार्मिकता नहीं सन्निहित है। क्या तुमने ईश्वर का दर्शन किया है ? तुमने आत्मा की अनुभूति की है ? अगर नहीं, तो क्या तुम इसके लिए साधना कर रहे हो ? ये सब बातें वर्तमान जीवन में ही अनुभव करने की हैं। इनके लिए चिरकाल तक प्रतीक्षा करने की जरूरत नहीं। भविष्य क्या है ? असीमित वर्तमान ही भविष्य है ! काल क्या है ? एक क्षण का पुनः-पुनः दुहराया जाना ही तो है। धर्म इसी जीवन की वस्तु है, इसी वर्तमान जीवन की।

(एक प्रश्न और : लक्ष्य क्या है ? आजकल लोग कहते हैं कि मनुष्य दिन दूनी रात चौगुनी प्रगति कर रहा है, किन्तु उसके समक्ष कोई ऐसा बिन्दु नहीं, जिसे वह अपने पूर्णतम विकास का प्रतीक मान ले। सतत आगे बढ़ते जाओ, पर पहुँचो कहीं नहीं। इसका जो भी अर्थ हो, जितना ही अद्‌भुत यह क्यों न हो, किन्तु है एकदम अनर्गल। क्या कोई भी गति सीधी रेखा में होती है ? और यदि सीधी रेखा अनन्त दूरी तक बढ़ाई जाए, तो वह एक वृत्त बना देती है, और आदि बिन्दु पर लौट आती है। जहाँ से तुमने प्रारम्भ किया था, वहीं लौटकर आना पड़ेगा। अगर तुमने ईश्वर से प्रारम्भ किया है, तो अन्ततः ईश्वर ही के पास आना पड़ेगा। तब शेष क्या रह जाएगा ? तुम्हारा स्फुट कार्य। अनन्त काल तक तुमको स्फुट कार्य करते रहना पड़ेगा।

एक दूसरा प्रश्न भी है : क्या प्रगति के पथ में हम नए धार्मिक सत्यों का भी अनुसन्धान कर सकते हैं ? हाँ, और नहीं भी। पहले तो हम धर्म के बारे में इससे अधिक अब नहीं जान सकते। जो ज्ञेय था, वह ज्ञात हो चुका। संसार के सभी धर्म घोषित करते हैं कि हम सब में एकता का कोई न कोई सूत्र है। अगर हम उस दैवी सत्ता से एक हो चुके, तो इस अर्थ में आगे और प्रगति नहीं हो सकती। ज्ञान का अर्थ है, विविधता में इस एकता की उपलब्धि। मैं तुम लोगों के बीच स्त्री और पुरुष देखता हूँ—यह हुई विविधता। यदि मैं तुम सब लोगों को एक ही वर्ग में रखकर मानव कहूँ तो यह वैज्ञानिक ज्ञान कहा जाएगा। दृष्टान्त के लिए रयायनशास्त्र को लो। सभी ज्ञात पदार्थों को रसायनशास्त्री उनके मौलिक तत्त्वों में विश्लेषित करना और यदि सम्भव हो तो, उस एक तत्त्व को खोज लेना चाहते हैं, जिससे यह सब उद्‌भूत हुए हैं। ऐसा समय आ सकता है, जब वे इस एक तत्त्व को जान लेंगे। उसका पता चल जाने पर वे और आगे नहीं जा सकेंगे, रसायनशास्त्र पूर्ण हो जाएगा। ठीक यही बात आध्यात्मिक विज्ञान के

साथ भी है। यदि हम इस मौलिक एकता को जान लेते हैं, तो और आगे प्रगति नहीं हो सकती।)

जिस दिन यह पता चल गया, 'मैं और मेरे पिता एक ही हैं', उसी दिन धार्मिक ज्ञान का अन्तिम शब्द कह दिया गया। इसके बाद तो उसका विवरण करना ही शेष रहा। सच्चे धर्म में अन्धविश्वास जैसा विश्वास या आस्था नहीं होती। किसी भी महान् धर्मगुरु ने ऐसा उपदेश नहीं दिया है। मूर्ख लोग इस और उस आध्यात्मिक महापुरुष के अनुयायी होने का दम्भ भरते हैं, और भले ही उनमें कोई शक्ति न हो, सारी मानवता को आँखें बन्द करके विश्वास करने का उपदेश देते फिरते हैं। आखिर विश्वास किसमें किया जाए ? बिना सोचे-विचारे विश्वास करना तो आत्मा का पतन है। तुम नास्तिक भले ही हो जाओ, परन्तु बिना सोचे-विचारे किसी चीज में विश्वास न करो। तुम क्यों अपनी आत्मा को पशुओं के स्तर में ले आओ ? ऐसा करके तुम केवल अपने को ही हानि नहीं पहुँचाते, बल्कि समाज तथा आनेवाली पीढ़ी को भी। तनकर खड़े हो, अन्धविश्वास छोड़कर तर्क करो। धर्म मान्यताओं का नहीं, होने तथा बन जाने का विषय है। यही धर्म है और अगर तुम इसका अनुभव कर लोगे, तो धार्मिक कहे जाओगे। इसके पहले तुम पशुओं से भिन्न नहीं हो। बुद्ध ने कहा है—"जो तुमने सुना है, उसमें विश्वास न कर लो; न इसीलिए विश्वास कर लो कि ये सिद्धान्त तुम्हें पिछली पीढ़ियों से प्राप्त हुए हैं; किसी बात में इसलिए विश्वास न कर लो कि उसे लोग अन्धों की तरह मानते हैं; न इसलिए विश्वास करो कि कोई वृद्ध महर्षि कुछ कह रहे हैं; न उन सत्यों में विश्वास कर लो, जिनसे अभ्यासवश तुम्हारा सम्बन्ध हो गया है; और न अपने गुरुओं अथवा वृद्ध जनों के प्रमाण मात्र पर विश्वास कर लो। अपने आप सोचो, विश्लेषण करो, और तब यदि निष्कर्ष तुम्हें बुद्धिसंगत तथा सबके लिए हितकर लगे, तो उसमें विश्वास करो और उसे अपने जीवन में ढाल लो।"

(रविवार, 5 जनवरी)

धर्म क्या है?

रेलवे लाइन पर एक भीमकाय इंजन तेजी से जा रहा था। एक छोटा-सा कीड़ा लाइन पर रेंग रहा था। इंजन आ रहा है, यह देखकर धीरे से लाइन से उतरकर उसने अपने प्राण बचाए। फिर भी क्षुद्र नगण्य कीट जो इंजन से दबकर किसी भी क्षण मर जा सकता है, एक जीवित पदार्थ है, और इंजन इतना बृहत्, इतना विशाल होने पर भी केवल एक यंत्र है, एक इंजन ही है। तुम कहोगे, एक में जीवन है और दूसरा केवल जड़ पदार्थ है—उसकी चाहे जितनी शक्ति हो, उसकी गति और वेग जितना ही प्रबल हो, वह जीवनहीन एक जड़ यंत्र के सिवा और कुछ भी नहीं। और वह क्षुद्र कीट, जो लाइन के ऊपर चल रहा था, इंजन के स्पर्श मात्र से जिसकी मृत्यु निश्चित थी, वह उस भीमकाय इंजन की तुलना में श्रेष्ठ और महिमा-सम्पन्न है। वह अनन्त का एक क्षुद्र अंश है, और इसी कारण वह उस शक्तिशाली इंजन से श्रेष्ठ है। उसका यह श्रेष्ठत्व क्यों है? जीवित प्राणी से निर्जीव जड़ पदार्थ की भिन्नता हम कैसे समझते हैं? यंत्र के निर्माता ने उसे जिस प्रकार परिचालित करने की इच्छा से उसका निर्माण किया वह यंत्र केवल उतना ही कार्य यंत्रवत् करता है, उसके कार्य जीवत प्राणी की भाँति नहीं होते। तो फिर जीवित और मृत का भेद किस प्रकार किया जाए? जीवित प्राणी में स्वाधीनता है, बुद्धि है, और निर्जीव जड़ पदार्थ में स्वाधीनता नहीं है; कारण, उसके बुद्धि नहीं है, वह कुछ जड़ नियमों की सीमा में बद्ध है। जो स्वाधीनता हमें यंत्रों से पृथक करती है—उसी की प्राप्ति के लिए ही हम तत्पर हैं। हमारी सभी चेष्टाओं का उद्देश्य उत्तरोत्तर स्वाधीन होना है। कारण, पूर्ण स्वाधीनता पाने पर ही हम पूर्णत्व पा सकते हैं। हमें इस बात का ज्ञान हो या न हो, स्वाधीनता पाने की यह चेष्टा भी सभी प्रकार की उपासना-प्रणालियों की भित्ति है।

संसार में जितने प्रकार की उपासना-प्रणालियाँ प्रचलित हैं, उन सबका यदि हम विश्लेषण करें, तो हमें मालूम होगा कि नितान्त असभ्य जातियाँ भूत-प्रेत, दानव, पूर्वजों की आत्माओं की उपासना, सर्प-पूजा, जातीय देव-विशेष की तथा मृत व्यक्तियों की उपासना करती हैं। ऐसा वे क्यों करती हैं? कारण यह है कि लोग यह समझते हैं कि किसी अज्ञात रूप से ये देवादि पुरुष उनकी अपेक्षा बड़े हैं, बहुत शक्तिशाली हैं और वे उसकी स्वाधीनता में बाधा डालते हैं। इसी कारण इन सब पुरुषों को वे सन्तुष्ट करने

की चेष्टा करते हैं, जिससे वे उनका किसी प्रकार अनिष्ट न कर सकें, अर्थात् जिससे वे अधिकतर स्वाधीनता लाभ कर सकें। इन सब श्रेष्ठ पुरुषों को सन्तुष्ट करके वरस्वरूप उनसे ऐसी वस्तुएँ लाभ करना चाहते हैं जिन सबको उन्हें अपने प्रयत्न से लाभ करना उचित है।

जो भी हो, इससे यह प्रकट होता है कि समग्र संसार एक चमत्कार की आशा कर रहा है। यह आशा हमें कभी नहीं छोड़ती और हम चाहे जितनी चेष्टा क्यों न करें, हम सब केवल अद्‌भुत और चमत्कार की ओर दौड़ रहे हैं। जीवन का अर्थ और उसके रहस्य के अविराम अनुसन्धान को छोड़ मन का और क्या अर्थ है? हम कहेंगे कि असभ्य लोग ही ऐसी बातों के पीछे दौड़ रहे हैं, परन्तु फिर भी प्रश्न रहता है कि ऐसा क्यों? यहूदी लोग भी एक चमत्कार की याचना कर रहे थे। केवल यहूदी ही क्यों, समग्र जगत् ही हजारों वर्षों से ऐसी प्रत्याशा करता आ रहा है। और समग्र जगत् में सबके भीतर ही एक असन्तोष का भाव दिखाई पड़ता है। हमने एक आदर्श को ग्रहण किया, जीवन का एक लक्ष्य स्थिर किया—परन्तु उसकी ओर अग्रसर होकर आधे रास्ते तक पहुँचते ही एक नया आदर्श अपना लिया। एक निर्दिष्ट लक्ष्य की प्राप्ति के लिए हमने कठिन चेष्टाएँ कीं, परन्तु उसके बाद देखते हैं कि हम उसे नहीं चाहते। बारम्बार हम लोगों में ऐसा असन्तोष आता रहता है, किन्तु यदि असन्तोष ही बना रहे, तो हमारे मन में क्या है? इस सार्वजनीन असन्तोष का अर्थ क्या है? इसका अर्थ यह है कि स्वाधीनता ही मानव का चरम लक्ष्य है—जब तक वह स्वाधीनता की प्राप्ति नहीं करता, तब तक किसी तरह भी उसका असन्तोष दूर नहीं हो सकता। मनुष्य सर्वदा ही स्वाधीनता का अनुसन्धान कर रहा है, मनुष्य का समग्र जीवन ही केवल इस स्वाधीनता-प्राप्ति की चेष्टा है। शिशु जन्म ग्रहण करते ही नियम के विरुद्ध विद्रोही हो जाता है। उसकी पहली आवाज रुदन की होती है, जो अपने बन्धनों के प्रति उसका विरोध होता है। स्वाधीनता की यह आकांक्षा ही पूर्णत: स्वतंत्र एक सत्ता की भावना को जन्म देती है। ईश्वर की धारणा मनुष्य की प्रकृति का एक मूल उपादान है। वेदान्त के अनुसार मानव मन की सर्वोच्च ईश्वर-धारणा सच्चिदानन्द है। वह चिद्‌घन और स्वभावत: आनन्दस्वरूप है। हम बहुत दिनों से उसकी वाणी को दबा रखने की चेष्टा करते आए हैं। नियम का अनुसरण करने की इच्छा से हम अपनी स्वाभाविक प्रकृति में बाधा डालने का प्रयास कर रहे हैं, किन्तु हमारा आभ्यन्तरीण मानव-स्वभावसुलभ सहज संस्कार, प्रकृति की नियमावली के विरुद्ध हमें विद्रोह करने के लिए प्रवृत्त कर रहा है। हम इसका अर्थ चाहे न समझें, परन्तु अचेतन रूप से हमारे मानवीय भाव के साथ आध्यात्मिक भाव का, निम्न स्तर के मन के साथ उच्चतर मन का, संघर्ष चल रहा है, और यह संघर्ष अपने पृथक, अस्तित्व को जिसे हम 'व्यक्तित्व' कहते हैं—सुरक्षित रखने का प्रयत्न करता है।

यहाँ तक कि नरकों का अस्तित्व भी इस बात को सिद्ध करता है कि हम जन्मसिद्ध विद्रोही हैं। हम जीवन के प्रथम तथ्य, स्वयं जीवन के अन्तर्प्रवाह के विरुद्ध भी विद्रोह

करते हैं और चिल्ला उठते हैं, "हमारे लिए कोई नियम नहीं हो सकता।" जब तक हम प्रकृति की नियमावली को मानकर चलते हैं, तब तक हम यंत्र की तरह हैं—तब तक जगत्-प्रवाह अपनी गति से चलता रहता है—उसकी शृंखला हम तोड़ नहीं सकते। नियम का पालन ही मनुष्य की प्रकृति हो जाती है। परन्तु जब हमारे भीतर प्रकृति का यह बन्धन तोड़कर मुक्त होने की चेष्टा उत्पन्न होती है, तभी उच्च स्तर के जीवन का प्रथम उन्मेष होना समझना चाहिए। मुक्ति—ओ मुक्ति, मुक्ति—ओ मुक्ति! यही—आत्मा का गीत है। किन्तु हाय! प्रकृति की सैकड़ों शृंखलाओं में बद्ध होना ही उसकी नियति है!

चमत्कार-लाभ के लिए यह नाग-पूजा या भूत-प्रेत की उपासना या दानव-पूजा तथा विभिन्न धर्ममत और साधना क्यों होने चाहिए? किसी भी वस्तु में जीवन है, उसके भीतर एक यथार्थ सत्ता है, यह बात हम क्यों कहते हैं? अवश्य ही इन सब अनुसन्धानों का, जीवन को समझने की यथार्थ सत्ता की व्याख्या करने की चेष्टा का, कोई अर्थ होगा। यह निरर्थक या व्यर्थ नहीं है। यह मानव की मुक्ति-लाभ की अविराम चेष्टा है। अब हम जिस विद्या को विज्ञान कहते हैं, हजारों वर्षों से वह स्वाधीनता-लाभ की चेष्टा करती आ रही है, और लोग स्वाधीनता चाहते रहे हैं। परन्तु प्रकृति में स्वाधीनता नहीं है। यह नियम ही नियम है, तथापि यह चेष्टा चल रही है। यही नहीं, सूर्य से लेकर क्षुद्र परमाणु तक सम्पूर्ण प्रकृति ही नियमाधीन है—यहाँ तक कि मनुष्य को भी स्वाधीनता नहीं है। परन्तु हम इस बात को नहीं मानते; हम आदि काल से ही नियमों का अध्ययन करते आ रहे हैं, परन्तु मनुष्य भी नियम के अधीन है—इस बात को हम नहीं मानते और न मानेंगे ही। आत्मा सदैव चीत्कार करती रहती है, 'मुक्ति! मुक्ति! स्वाधीनता! स्वाधीनता!' पूर्णत: स्वाधीन ईश्वर की धारणा लाभ करने के पश्चात् मनुष्य अनन्त काल तक इस बन्धन में नहीं रह सकता। उसे उच्च से उच्चतर पथ पर अग्रसर होना ही पड़ेगा और उसकी यह चेष्टा यदि उसके अपने लिए न होती तो इसे वह बड़ा ही कष्टदायक समझता। मनुष्य अपनी ओर देखकर कहा करता है, "मैं जन्म से ही प्रकृति का दास हूँ—बद्ध हूँ; फिर भी एक ऐसा पुरुष है जो प्रकृति के नियम में बद्ध नहीं है—जो नित्य मुक्त और प्रकृति का भी प्रभु है।"

इसलिए ईश्वर की धारणा, बन्धन की धारणा के ही सदृश हमारे मन का आवश्यक मौलिक अंशस्वरूप है। दोनों ही स्वाधीनता की इस भावना से उत्पन्न हुई हैं। स्वाधीनता की भावना न रहने पर पौधे में भी जीवन नहीं रह सकता। पौधे अथवा कीट में जीवन को व्यक्तित्व की धारणा तक ऊपर उठना पड़ता है। अज्ञात भाव से जीवन उनमें कार्य कर रहा है—पौधा अपने विशेषत्व, अपने विशेष रूप, अपने निजत्व को बनाए रखने के लिए जी रहा है, प्रकृति को नहीं। प्रकृति ही हमारी उन्नति के प्रत्येक पदक्षेप को नियमित कर रही है, यह धारणा स्वाधीनता की भावना का विरोध करती है। इन दो धारणाओं का लगातार संग्राम चल रहा है। हम विभिन्न धर्ममतों व सम्प्रदायों के झगड़ों

की बात सुनते हैं, परन्तु विभिन्न मतों या सम्प्रदायों का होना उचित ही है—वे अवश्य रहेंगे। शृंखला जितनी दीर्घ हो रही है, द्वन्द्व स्वभावत: उतना ही बढ़ रहा है; परन्तु यदि हम यह समझ लें कि हम सब उस एक लक्ष्य की ओर पहुँचने की चेष्टा कर रहे हैं, तो विवाद का प्रयोजन फिर नहीं रहेगा।

मुक्ति या स्वाधीनता के इस मूर्त विग्रहस्वरूप, प्रकृति के प्रभु को ही हम ईश्वर कहते हैं। तुम उसको अस्वीकार नहीं कर सकते। इसका कारण यह है कि इस स्वाधीनता के भाव के बिना तुम चल-फिर नहीं सकते, जीवन धारण नहीं कर सकते। यदि तुम अपने आपको स्वाधीन नहीं मानते, तो तुम क्या कभी यहाँ आते ? सम्भव है कि प्राणितत्त्वविद् मुक्त होने की इस निरन्तर चेष्टा की व्याख्या दे सकते हैं और देंगे भी। यह सब मान लेने पर भी स्वाधीनता का भाव रह ही जाता है। जैसे हम प्रकृति के अधीन हैं, प्रकृति के बन्धन को किसी प्रकार काट नहीं सकते, ये भाव सदा हमारे भीतर वर्तमान हैं, वैसे ही स्वाधीनता का भाव भी हमारे भीतर सदा वर्तमान हैं।

बन्धन और मुक्ति, प्रकाश और छाया, शुभ और अशुभ—सर्वत्र हैं। किन्तु जहाँ भी किसी प्रकार का बन्धन है, उसके पीछे मुक्ति भी गुप्त भाव से विद्यमान है। यदि एक सत्य हो, तो दूसरा भी अवश्य सत्य होगा। सर्वत्र ही इस मुक्ति की धारणा अवश्य रहेगी। एक असभ्य व्यक्ति के बन्धन की धारणा को यद्यपि उसकी मुक्ति की चेष्टा कहकर अभी हम न समझें, तथापि वह उसमें मौजूद है। असभ्य जंगली मनुष्य के मन में पाप और अपवित्रता के बन्धन की धारणा बहुत कम है। कारण, उसकी प्रकृति पशुस्वभाव से अधिक उन्नत नहीं है। वह भौतिक प्रकृति के बन्धन के, भौतिक परितोष के अभाव के विरुद्ध संग्राम करता रहता है; किन्तु इस निम्नतर धारणा से धीरे-धीरे उसमें मानसिक और नैतिक बन्धन की धारणा और आध्यात्मिक स्वाधीनता की आकांक्षा जाग उठती है। यहाँ हम ईश्वरीय भाव को अज्ञानावरण के भीतर से मृदुमंद प्रकाशित देखते हैं। पहले-पहल यह आवरण बड़ा घना रहता है और हो सकता है कि वह ज्योति उसके द्वारा प्राय: ढकी हो, परन्तु वास्तव में मुक्ति और पूर्णता की वह उज्ज्वल अग्नि सदा पवित्र और अनाच्छादित भाव से ही वर्तमान रहती है। मनुष्य उसे ब्रह्मांड का नियन्ता—एकमात्र मुक्त पुरुष कहकर उसी में व्यक्ति-धर्म का आरोप करता है। वह अभी नहीं जानता कि समग्र ब्रह्मांड एक अखंड वस्तु है—प्रभेद है केवल परिमाण में—विचार में।

समग्र प्रकृति ईश्वर की उपासना है। जहाँ कहीं भी जीवन है, वहीं मुक्ति का अनुसन्धान है और वह मुक्ति ही ईश्वरस्वरूप है। इस मुक्ति के द्वारा निश्चय ही समग्र प्रकृति पर हमें आधिपत्य लाभ होता है और ज्ञान के बिना मुक्ति असम्भव है। हम जितने अधिक ज्ञानसम्पन्न होते हैं, उतना ही हम प्रकृति पर आधिपत्य पाते हैं। और प्रकृति जितनी ही हमारे वशीभूत होती जाती है, उतना ही हम अधिकतर शक्तिसम्पन्न, अधिकतर ओजस्वी होते जाते हैं, और यदि ऐसा कोई पुरुष हो, जो पूर्णत: मुक्त हो

और प्रकृति का प्रभु हो, तो उसे अवश्य ही प्रकृति का पूर्ण ज्ञान होगा, वह सर्वव्यापी और सर्वज्ञ होगा। मुक्ति के साथ-साथ ये अवश्य रहेंगे, और जो व्यक्ति उनको प्राप्त कर लेगा, केवल वही प्रकृति के पार जाने में समर्थ होगा।

वह सम्पूर्णत: स्वतंत्र अवस्था, जहाँ कोई बन्धन नहीं, कोई परिवर्तन नहीं, प्रकृति नहीं, कुछ ऐसा भी नहीं जो उसमें कोई परिणाम उत्पन्न कर सके—वेदान्त के ईश्वर-सम्बन्धी इन धारणाओं की जड़ में पूर्ण स्वतंत्रता से उत्पन्न आनन्द व चिरशक्ति के धर्म की यह धारणा सर्वोच्च है। यह स्वातंत्र्य तुम्हारे भीतर है, मेरे भीतर है और यही एकमात्र यथार्थ स्वातंत्र्य है।

ईश्वर स्थिर है, महिमामय अपने अपरिणामी स्वरूप पर प्रतिष्ठित है। तुम और हम उसके साथ एक होने की चेष्टा करते हैं, किन्तु इधर बन्धन की कारणीभूत प्रकृति पर, दैनन्दिन जीवन की छोटी-छोटी बातें, धन, नाम, यश, मानव-प्रेम प्रभृति प्राकृतिक विषयों पर निर्भर होते हैं। परन्तु यह जो समग्र प्रकृति प्रकाश पा रही है, उसका प्रकाश किस पर निर्भर है? ईश्वर पर, सूर्य, चन्द्र, तारों पर नहीं। जहाँ कहीं कुछ प्रकाशित होता है, चाहे वह सूर्य का प्रकाश हो या हमारी चेतना का, वहाँ उसी का प्रकाश होता है; उसके प्रकाशमान होने से ही सब कुछ प्रकाशित होता है।

हमने देखा कि यह ईश्वर स्वत:सिद्ध है, निर्गुण है, सर्वज्ञ है, प्रकृति का ज्ञाता और प्रभु है? सबका प्रभु है। सब उपासनाओं के पीछे वह विद्यमान है, हम चाहे समझें या न समझें, उसी की उपासना हो रही है। मैं जरा और भी आगे बढ़कर कहना चाहता हूँ, और इस बात को सुनकर सभी आश्चर्यचकित होंगे कि जिसको अशुभ कहा जाता है, वह भी उसी की उपासना है। वह भी मुक्ति का ही एक खंड है। यही नहीं, मैं इससे भी भीषण एक बात कहूँगा कि जब तुम कोई अशुभ कार्य करते हो, तो वहाँ भी मुक्ति की अदम्य आकांक्षा ही विद्यमान रहती है। यह पथभ्रष्ट और भ्रांत हो सकती है, परन्तु वह विद्यमान होती है। उस मुक्ति की—स्वाधीनता की—प्रेरणा न रहने से किसी प्रकार के जीवन या किसी प्रकार की प्रेरणा नहीं रह सकती। विश्व का स्पन्दन स्वतंत्रता का ही प्रकाश है। सब के हृदय में यदि एकत्व न होता, तो हम विविधता को समझ ही नहीं सकते थे। उपनिषद् में ईश्वर की धारणा इसी प्रकार की है। कभी-कभी यह धारणा और भी सूक्ष्म हो जाती है और हमारे सामने एक ऐसे आदर्श की स्थापना करती है, जिससे पहले-पहल तो हमें स्तम्भित हो जाना पड़ता है। वह आदर्श यह है कि स्वरूपत: हम ईश्वर से अभिन्न हैं। वह, जो तितली का विचित्र वर्ण है, और वह, जो गुलाब की कली का खिलना है, वही तितली और पौधे की शक्ति है। जिसने हमें जीवन दिया है, वही हम लोगों में शक्तिरूप में विराजमान है। उसकी अग्नि से जीवन का आविर्भाव और उसी की शक्ति से कठोरतम मृत्यु होती है। मृत्यु जिसकी छाया है अमृतत्व उसकी छाया है। एक और उच्चतर धारणा लो। जो कुछ भी भीषण है, देखो उससे हम सभी किसी तरह बहेलिये द्वारा खदेड़े हुए खरगोश की भाँति भागते हैं, उसी की भाँति मुँह

को छिपाकर अपने को निरापद मानते हैं। ऐसे ही जो कुछ यह समग्र संसार भीषण देखता है, देखो यह कैसे उससे भागने की चेष्टा करता है। एक बार मैं काशी में किसी जगह से गुजर रहा था, उस जगह एक तरफ एक भारी जलाशय और दूसरी तरफ एक ऊँची दीवाल थी। उस स्थान पर बहुत से बन्दर थे। काशी के बन्दर अतिकाय होते हैं और कभी-कभी बड़े दुष्ट भी। अब उन्होंने मुझे उस रास्ते पर से न जाने देने का निश्चय किया। वे विकट चीत्कार करने लगे और झट आकर मेरे पैरों से चिपकने लगे। उनको देखकर मैं भागने लगा, किन्तु मैं जितनी तेज दौड़ने लगा, वे उससे अधिक तेजी से आकर मुझे काटने लगे। उनके हाथ से छुटकारा पाना असम्भव प्रतीत हुआ—ठीक ऐसे ही समय एक अपरिचित मनुष्य ने आकर मुझे आवाज दी, "बन्दरों का सामना करो"; मैं भी जैसे ही पलटकर उनके सामने खड़ा हुआ, वैसे ही वे पीछे हटकर भाग गए। जीवन में हमको यह शिक्षा लेनी होगी—जो कुछ भी भयानक है, उसका सामना करना पड़ेगा, साहसपूर्वक उसके सामने खड़ा होना पड़ेगा। जैसे बन्दरों के सामने से न भागकर उनका सामना करने पर वे भाग गए, उसी प्रकार हमारे जीवन में जो कुछ कष्टप्रद बातें हैं, उनका सामना करने पर ही वे भाग जाती हैं। यदि हमें कभी भी स्वाधीनता लाभ करना हो, तो प्रकृति को जीतकर ही हम उसे पाएँगे, प्रकृति से भागकर नहीं। कापुरुष कभी जययुक्त नहीं हो सकता। हमें भय, कष्ट और अज्ञान के साथ संग्राम करना होगा, तभी वे हमारे सामने से भाग जाएँगे।

मृत्यु क्या है? आतंक क्या है? उन सबमें क्या तुम्हें प्रभु का आनन दिखाई नहीं देता? दुःख, कष्ट और आतंक से दूर भागकर देखो—वे तुम्हारा पीछा करेंगे। उनके सामने खड़े हो जाओ, वे भाग जाएँगे। सारा संसार सुख और आराम का उपासक है; जो कष्टप्रद है, उसकी उपासना करने का साहस बहुत कम लोग करते हैं। इन दोनों का अतिक्रमण ही मुक्ति है। इस द्वार से होकर गुजरे बिना मनुष्य मुक्त नहीं हो सकता। हम सबको इनका सामना करना पड़ेगा। हम ईश्वर की उपासना करने की चेष्टा करते हैं, किन्तु प्रकृति और हमारी देह उसके और हमारे बीच में पड़कर हमारी दृष्टि को अन्धी कर देती है। हमें यह सीखना आवश्यक है कि कैसे वज्र में, लज्जा में, कष्ट में, पाप में उसकी पूजा करें, उससे प्रेम करें। समग्र संसार मंगलमय ईश्वर का प्रचार चिरकाल से करता आ रहा है। मैं एक ऐसे ईश्वर का प्रचार करता हूँ, जो एक ही साथ पुण्य और पाप दोनों का आश्रय है; यदि साहस हो, तो इस ईश्वर को ग्रहण करो—यही मुक्ति का एकमात्र उपाय है। इसके द्वारा ही तुम उस एकत्वरूप चरम सत्य में पहुँच सकोगे। तभी यह धारणा नष्ट होगी कि एक दूसरे से बड़ा है। जितना ही हम मुक्ति के इस नियम के पास जाते हैं, उतना ही हम ईश्वर के आश्रय में आते हैं, और हमारा दुखःकष्ट दूर होता है। तब हम नरक के द्वार को स्वर्ग-द्वार से पृथक् नहीं समझेंगे, तब हम मनुष्य मनुष्य में भेद-बुद्धि कर यह नहीं कहेंगे कि जगत् के किसी भी प्राणी से मैं श्रेष्ठ हूँ। जब तक हमारी अवस्था ऐसी नहीं होती कि हम संसार

में उस प्रभु के सिवा किसी और को न देखें, तब तक हम इन दुःख-कष्टों से घिरे रहेंगे, तब हम सबमें भेद देखते रहेंगे, क्योंकि, हम उस भगवान् में—उस आत्मा में ही अभिन्न हैं और जब तक हम ईश्वर को सर्वत्र नहीं देखेंगे, तब तक हम इस एकत्व का अनुभव नहीं कर सकेंगे।

एक ही वृक्ष पर सुन्दर पंखवाले अभिन्न सखा दो पक्षी हैं—उनमें से एक वृक्ष के ऊपरवाले भाग पर और दूसरा नीचेवाले भाग पर बैठा है। नीचे का सुन्दर पक्षी वृक्ष के मीठे और कड़ुवे फलों को खाता है—एक बार मीठे फल को और उसके बाद ही कड़ुवे फल को खाता है। जब उसने कड़ुवे फल को खाया, उसको कष्ट हुआ; कुछ क्षणों के बाद ही उसने एक और फल खाया और जब वह भी कड़ुवा लगा, तब उसने ऊपर की ओर देखा। ऊपर उसको दूसरा पक्षी दिखाई दिया, जो मीठे या कड़ुवे किसी भी फल को खाता नहीं था और अपनी महिमा में मग्न हो स्थिर और धीर भाव से बैठा था। किन्तु उसे देखकर भी फिर भूल से वह फूल खाने लगा—अन्त में उसने एक ऐसा फल खाया, जो बड़ा ही कड़ुवा था, और तब फल खाने से विरक्त होकर फिर वह उस ऊपरवाले महिमामय पक्षी को देखने लगा। धीरे-धीरे वह उस ऊपरवाले पक्षी की ओर अग्रसर होने लगा। जब वह उसके एकदम निकट पहुँचा, तब उस ऊपरवाले पक्षी की अंग-ज्योति उसके ऊपर पड़ी और धीरे-धीरे उस ज्योति ने उसको वेष्टित कर लिया, और उसने देखा कि वह उस ऊपरवाले पक्षी में परिणत हो गया है! वह शान्त, महिमामय और मुक्त हो गया और उसे मालूम हुआ कि वृक्ष पर दो पक्षी कभी थे ही नहीं—केवल एक ही पक्षी था। नीचेवाला पक्षी ऊपरवाले पक्षी की केवल छाया भर था।[1] इसी प्रकार वास्तव में हम ईश्वर से अभिन्न हैं; परन्तु प्रतिफलन के कारण ही हम बहुत मालूम पड़ते हैं जिस प्रकार एक सूर्य लाखों ओस-बिन्दुओं पर प्रतिबिम्बित होकर लाखों छोटे-छोटे सूर्यों-सा प्रतीत होता है। यदि हम अपने प्रकृत दिव्यस्वरूप के साथ अभिन्न होना चाहते हैं, तो प्रतिबिम्ब को दूर करना आवश्यक है। यह विश्व कदापि हमारे सन्तोष की सीमा नहीं हो सकता। इसीलिए कृपण अर्थ-संचय करता रहता है, चोर चोरी करता है, पापी पापाचरण करता है, और तुम दर्शनशास्त्र की शिक्षा लेते हो। इन सबका एक ही उद्देश्य है। मुक्ति-लाभ को छोड़कर हमारे जीवन का और कोई उद्देश्य नहीं है। ज्ञान से हो अथवा अज्ञान से, हम सब पूर्णता पाने की चेष्टा कर रहे हैं। प्रत्येक जीवसत्ता उसे एक न एक दिन अवश्य ही प्राप्त करेगी।

जो व्यक्ति पापों में, दुःखों में मग्न है, जिसने नरक का पथ अपनाया है, वह भी इस पूर्णता को प्राप्त होगा, परन्तु उसको कुछ विलम्ब होगा। हम उसका उद्धार नहीं कर सकते। जब उस पथ पर चलते-चलते वह कुछ कठिन चोटें खाएगा, तब वे ही उसे भगवान् की ओर प्रेरित करेंगी। धर्म, पवित्रता, निःस्वार्थपरता और आध्यात्मिकता के पथ का परिचय सब के अन्त में मिलता है। सब लोग जो अनजान में कर रहे हैं,

1. द्र. मुंडकोपनिषद्॥ 3।1।1-2॥

उसी काम को हम ज्ञानत: अनुसरण कर रहे हैं। सेन्ट पॉल ने इस भाव को प्रगट किया है, "तुम जिस ईश्वर की अज्ञान में उपासना कर रहे हो, उसकी मैं तुम्हारे निकट घोषणा कर रहा हूँ।" समग्र जगत् को यही शिक्षा ग्रहण करनी होगी। सब दर्शनशास्त्रों और प्रकृति के सम्बन्ध में इन सब मतवादों को लेकर क्या होगा, यदि वे जीवन के इस लक्ष्य पर पहुँचने में सहायता न कर सकें ? आओ, हम सार्विक एकत्व की चेतना को प्राप्त हों, सर्वत्र अभेद का दर्शन करें—मनुष्य अपने को सब वस्तुओं में देखना सीखे। हम सब ईश्वर सम्बन्धी संकीर्ण धारणा विशिष्ट धर्ममत और सम्प्रदाय-समूहों के उपासक न रहकर, संसार में सभी के भीतर उनका दर्शन करें। तुम लोग यदि ब्रह्मज्ञ हो, तो तुम अपने हृदय की पूजा को ही सर्वत्र देखने में समर्थ होंगे।

पहले सब संकीर्ण धारणाओं का त्याग करो, और हर व्यक्ति में ईश्वर का दर्शन करो—वे सब हाथों से काम कर रहे हैं, सब पैरों से चल रहे हैं, सब भूखों से भोजन कर रहे हैं! हर व्यक्ति में वे निवास करते हैं, सब मनों से वे सोचते हैं। वे स्वत: प्रमाण हैं—वे हमसे भी हमारे अधिक निकटवर्ती हैं। इसे जानना ही धर्म है—यही विश्वास है; प्रभु हमें यह विश्वास दे। जब हम समग्र संसार में एकत्व का अनुभव करेंगे, तब हम अमर हो जाएँगे। भौतिक दृष्टि से देखने पर भी हम अमर हैं, सारे संसार के साथ एक हैं। जब तक एक व्यक्ति भी इस संसार में श्वास ले रहा है, मैं उसके भीतर जीवित हूँ। मैं यह संकीर्ण क्षुद्र व्यष्टि जीव नहीं हूँ, मैं समष्टिस्वरूप हूँ। अतीत काल में जितने प्राणी हो गए हैं, मैं उन सभी का जीवन हूँ; मैं ही बुद्ध, ईसा और मुहम्मद की आत्मा हूँ। मैं सब आचार्यगणों की आत्मा हूँ, मैं ही लूटनेवाले लुटेरों का दल हूँ और फाँसी पर लटकाए गए सारे हत्याकारी मैं ही हूँ। मैं सर्वमय हूँ। अतएव उठो—यही श्रेष्ठ पूजा है। तुम स्वयं समग्र जगत् के साथ अभिन्न हो। यही यथार्थ विनय है—घुटने टेककर 'मैं पापी हूँ, मैं पापी हूँ' कहकर चिल्लाने का नाम विनय नहीं है। जब इस भेद का आवरण छिन्न-विच्छिन्न हो जाता है, तभी सर्वोच्च उन्नति समझनी होगी। समस्त जगत् का एकत्व—यही श्रेष्ठ धर्ममत है। मैं अमुक हूँ—व्यक्ति-विशेष—यह बहुत ही संकीर्ण भाव है, यथार्थ 'अहम्' के लिए यह सत्य नहीं है। मैं विश्वव्यापक हूँ—इस धारणा पर प्रतिष्ठित हो जाओ—और श्रेष्ठ की उपासना सदा श्रेष्ठ रूप में करो; कारण, ईश्वर चैतन्य-स्वरूप है, आत्मस्वरूप है, चैतन्य एवं सत्य में ही उसकी उपासना करनी होगी। उपासना की निम्नतर प्रणालियों द्वारा उपासना के राज्य में उन्नीत होता है, और तभी अन्त में आत्मा के माध्यम से आत्मा में उस अखंड, अनन्त सर्वव्यापी ईश्वर की उपासना सम्भव होती है। जो कुछ शान्त है, वह जड़ है। चैतन्य ही केवल अनन्तस्वरूप है। ईश्वर चैतन्यस्वरूप है, वह अनन्त है; मानव चैतन्यस्वरूप है और इसलिए मानव भी अनन्त है और केवल अनन्त ही अनन्त की उपासना में समर्थ है। हम अनन्त की उपासना करेंगे; वही सर्वोच्च आध्यात्मिक उपासना है। इन सब भावों की सुमहान अनुभूति, कितना कठिन है! मैं स्वमत की प्रतिष्ठा के लिए दार्शनिक विचार करता हूँ, कितनी बातें करता

हूँ; इतने में कोई मेरे प्रतिकूल घटना घटती है—मैं अनजाने ही क्रुद्ध हो उठता हूँ, भूल जाता हूँ कि—इस विश्व में क्षुद्र ससीम मेरे इस अस्तित्व को छोड़ और भी कुछ है। मैं कहना भूल जाता हूँ, "मैं चैतन्यस्वरूप हूँ—इस अकिंचित्कर बात से मेरा क्या बिगड़ता है—मैं तो चैतन्यस्वरूप हूँ", मैं भूल जाता हूँ कि यह सब मेरी ही लीला है; मैं ईश्वर को भूल जाता हूँ, मैं मुक्ति की बात भी भूल जाता हूँ।

ऋषियों ने बार-बार घोषणा की है—क्षुरस्य धारा निशिता दुरत्यया दुर्ग पथस्तत कवयो वदन्ति[1]—मुक्ति का पथ उस्तरे की धार की भाँति तीक्ष्ण, दीर्घ और कठिन है—इसे अतिक्रमण करना कठिन है। किन्तु इन दुर्बलताओं और विफलताओं से अपने को बँधने न दो। उपनिषदों की घोषणा है—उत्तिष्ठत जाग्रत प्राप्य वरान् निबोधत[2]—'उठो, जागो, जब तक उस लक्ष्य पर नहीं पहुँचते, रुको नहीं'। यद्यपि वह पथ उस्तरे की धार की तरह तीक्ष्ण है—यद्यपि वह पथ दीर्घ है, दूरवर्ती और कठिन है, किन्तु हम उस पथ का अवश्य ही अतिक्रमण करेंगे। मनुष्य देवताओं और असुरों का प्रभु होता है। हमारे दुःखों के लिए स्वयं हमारे सिवा और कोई उत्तरदायी नहीं है। क्या तुम समझते हो कि यदि मनुष्य अमृत की चेष्टा करे, तो उसे उसके बदले में सिर्फ विषपूर्ण प्याला ही मिलेगा ? नहीं, अमृत है और है उसकी प्राप्ति के निमित्त प्रयत्नशील प्रत्येक मनुष्य के लिए प्रभु ने स्वयं कहा है—

सर्वधर्मान् परित्यज्य मामेकं शरणं व्रज।
अहं त्वा सर्वपापेभ्यो मोक्षयिष्यामि मा शुचः ॥

—'इन सभी धर्मों का, सभी उद्यमों का परित्याग कर एक मेरी शरण में आ। मैं तुझे समस्त पापों के पार लगा दूँगा। भय न कर।'[3] हम जगत् के सभी शास्त्रों में इसी वाणी की घोषणा सुनते हैं। यह वाणी ही हमसे यह कहने की शिक्षा देती है—'स्वर्गलोक के सदृश इस पृथ्वी पर भी तेरी इच्छा ही पूर्ण हो।' कारण, 'सर्वत्र तेरा ही राज्य है, तेरी ही शक्ति और तेरी ही महिमा है।' कठिन, बड़ी कठिन बात है। अभी कहा—"हे प्रभु, मैंने अभी तेरी शरण ली—प्रेममय! तेरे प्रेम पर सर्वस्व समर्पण किया—तेरी वेदी पर, जो कुछ भी भला है, जो कुछ भी पुण्यमय है, सभी कुछ स्थापन किया। मेरे पाप-ताप, भले-बुरे कार्य सब कुछ तेरे ही चरणों पर मैं समर्पण करता हूँ—तू सब ग्रहण कर—मैं अब तुझे कभी न भूलूँगा।" अभी कहा—"तेरी इच्छा पूर्ण हो।" पर दूसरे मुहूर्त में ही जब एक परीक्षा में पड़ गया—तब मैं क्रोध से उछल पड़ा। सब धर्मों का एक ही लक्ष्य है, परन्तु विभिन्न आचार्य विभिन्न भाषाओं का व्यवहार करते रहते हैं। सबकी चेष्टा इसे झूठे 'अहम्' या कच्चे 'अहम्' का विनाश करना है। जिसके फलस्वरूप इस सच्चे 'अहम्' का एकमात्र इस प्रभु का ही राज्य होगा। हिब्रू धर्मशास्त्रों

1. कठोपनिषद् ॥ 1 । 3 । 14 ॥
2. वही,
3. गीता ॥ 18 । 66 ॥

में कहा गया है—'मैं, तेरा प्रभु, तेरा ईश्वर एक ईर्ष्यालु ईश्वर हूँ। मेरे सिवा तू किसी अन्य ईश्वर को नहीं रख सकता।' केवल ईश्वर ही रह जाना चाहिए। हमें कहना होगा, ''मैं नहीं, तू।'' और उस प्रभु के सिवा हमें सर्वस्व त्यागना होगा; केवल वे ही राज्य करेंगे। मानो हमने खूब कठोर साधना की—परन्तु दूसरे मुहूर्त में ही हमारा पैर फिसल गया—और तब हमने माँ की ओर हाथ बढ़ाने की चेष्टा की—समझ गया कि अपनी चेष्टा से हम खड़े नहीं रह सकते। जीवन अनन्त है, जिसका एक अध्याय—'तेरी इच्छा पूर्ण हो' है। यदि हम उस जीवनग्रन्थ के सब अध्यायों का मर्म ग्रहण न करें, तो समुदय जीवन का अनुभव नहीं कर सकते। 'तेरी इच्छा पूर्ण हो'—प्रति मुहूर्त विश्वासघाती मन इन भवों का विरोध करता है, परन्तु हमें यदि इस कच्चे 'अहम्' को जीतना हो, तो बार-बार इस बात की आवृत्ति करनी होगी। हम एक विश्वासघाती की सेवा करें और परित्राण पा जाएँ—यह कभी हो नहीं सकता। सबका परित्राण है, केवल विश्वासघाती का परित्राण नहीं है—और हम विश्वासघाती के रूप में एकदम निन्दित हैं। जब हम अपनी आत्मा की ध्वनि की अवज्ञा करते हैं, तब हम अपनी आत्मा के विरुद्ध विश्वासघात करते हैं, हम उस जगन्माता की महिमा के विरुद्ध विश्वासघात करते हैं। अतएव चाहे जो कुछ भी हो, हमें अपने तन और मन को उस परम इच्छामय की इच्छा में मिला देना पड़ेगा। किसी हिन्दू दार्शनिक ने ठीक कहा है कि यदि मनुष्य—'तेरी इच्छा पूर्ण हो', यह बात दो बार उच्चारण करे, तो वह पाप करता है। 'तेरी इच्छा पूर्ण हो।' बस, और क्या प्रयोजन है? इसे दो बार कहने की आवश्यकता ही क्या है? जो अच्छा है, वह तो अच्छा है ही। एक बार जब कह दिया, 'तेरी इच्छा पूर्ण हो', तब तो वह बात लौटाई नहीं जा सकती। 'स्वर्ग की भाँति मृत्युलोक में भी तेरी इच्छा पूर्ण हो, क्योंकि राज्य तो तेरा ही है, शक्ति और महिमा भी सदा तेरी ही है।'

भारत में ईसाई धर्म

कल रात श्रोताओं से भरे डिट्रॉएट अपेरा हाउस की एक सभा में विवेकानन्द का भाषण हुआ। उनका अत्यन्त सौहार्दपूर्ण स्वागत किया गया और उन्होंने यहाँ अपना अत्यन्त प्रांजल भाषण दिया। वे ढाई घंटे बोले।

सम्मान्य आगन्तुक का परिचय कराते हुए माननीय टी. डब्ल्यू. पॉमर ने उस ढाल की पुरानी कथा का उल्लेख किया, जो एक ओर से ताँबे की थी और दूसरी ओर से चाँदी की और जिसको लेकर इतना विवाद उठ खड़ा हुआ था। यदि हम किसी प्रश्न के दोनों पहलुओं की ओर दृष्टिपात करें, तो कम झगड़ा होगा। सभी लोगों के लिए एकमत होना सम्भव है। धार्मिक हृदय के लिए विदेशों में धर्म-प्रचार की बात प्रिय रही है। श्री पॉमर ने कहा कि ईसाई दृष्टिकोण से विवेकानन्द मूर्तिपूजक हैं। एक ऐसे सज्जन की बात सुनना आनन्ददायक होगा, जो ढाल के ताँबेवाले भाग के विषय में कुछ कहना चाहते हैं।

भारी करतल-ध्वनि के बीच विवेकानन्द का स्वागत हुआ।

स्वामी जी का भाषण

मैं जापान और चीन के धर्म-प्रचारकों के विषय में अधिक नहीं जानता, किन्तु भारत के विषय में मुझे अच्छी तरह जानकारी है। इस देश के लोग भारत को एक विशाल निर्जन भूमि के रूप में देखते हैं, जहाँ अनेक वन हैं और थोड़े से सभ्य अंग्रेज हैं। भारत संयुक्त राज्य का आधा है और वहाँ तीस करोड़ लोग रहते हैं। बहुत सी कथाएँ कही जाती हैं और मैं उनका खंडन करते-करते थक गया हूँ। भारत के प्रथम आक्रमणकारी, आर्यों ने, जैसा कि ईसाई किसी नए देश में जाकर करते हैं, भारत की आबादी का सर्वनाश करने की चेष्टा नहीं की, अपितु यह प्रयत्न किया कि पाशविक वृत्तिवाले लोगों को ऊँचा उठाया जाए। स्पेनवासी ईसाई धर्म लेकर लंका में आए। स्पेनवासियों ने सोचा कि उनका ईश्वर उन्हें हत्या और मार-काट तथा विधर्मी मन्दिरों का विध्वंस करने की आज्ञा देता है। बौद्धों के पास एक दाँत था, जो एक फुट लम्बा था, जो उनके पैगम्बर का था। स्पेनवालों ने उसे समुद्र में फेंक दिया। कई हजार लोगों को मार डाला और कोड़ी दो कोड़ी लोगों का धर्म-परिवर्तन किया। पश्चिमी भारत में पुर्तगाली आए।

हिन्दुओं को त्रिमूर्ति में विश्वास है और इस पवित्र श्रद्धा पर निर्मित एक मन्दिर था। आक्रमणकारियों ने मन्दिरों को देखा और कहा कि यह तो शैतान की करामात है, और इसलिए उन्होंने अपनी तोप उस आश्चर्यजनक भवन पर लगाई और उसके एक भाग को नष्ट कर दिया। किन्तु क्रुद्ध जनता द्वारा आक्रमणकारी निकाल बाहर किए गए। प्रारम्भिक धर्म-प्रचारकों ने देश पर अधिकार करने की चेष्टा की और बलपूर्वक पैर जमाने का स्थान पाने के प्रयत्न में उन्होंने बहुत से लोगों को मारा और कुछ लोगों का धर्म-परिवर्तन किया। पुर्तगाली तलवार के द्वारा धर्मान्तरित ईसाई लोगों में 99 प्रतिशत व्यक्ति ईसाई होने के लिए विवश किए गए थे और वे कहते थे, ''हम ईसाई धर्म में विश्वास नहीं करते, किन्तु हम अपने को ईसाई कहने के लिए विवश हैं।'' किन्तु कैथोलिक ईसाई धर्म शीघ्र ही मिट गया।

बहती गंगा में हाथ धो लिये जाएँ, इस प्रेरणा से ईस्ट इंडिया कम्पनी ने भारत के एक भाग पर अधिकार जमाया। उन्होंने धर्म-प्रचारकों को दूर रखा। ईसाई धर्म-प्रचारकों का स्वागत करने में हिन्दू अग्रणी थे, अंग्रेज नहीं, जो कि व्यापार में लगे थे। उत्तर काल के कुछ उन प्रारम्भिक धर्म-प्रचारकों के लिए मेरे हृदय में बड़ी प्रशंसा की भावना है, जो ईसा के सच्चे सेवक थे, जिन्होंने न तो जनता की निन्दा की और न उनके विषय में असत्य प्रचार किया। वे श्रेष्ठ दयालु पुरुष थे। जब अंग्रेज भारत के स्वामी हो गए, तो धर्म-प्रचार-कार्य गतिरुद्ध हो गया, यही स्थिति भारत में आज के धर्म-प्रचारकों के उद्योग का भी मुख्य लक्षण है। एक प्रारम्भिक धर्म-प्रचारक डॉ. लांग जनता के साथ हो गए। उन्होंने नील की खेती करनेवाले गोरों की दुष्टताओं का वर्णन करनेवाले एक हिन्दू नाटक का अनुवाद किया और फल क्या हुआ ? अंग्रेजों ने उन्हें जेल में डाल दिया। ऐसे मिशनरी देश के लिए लाभकारी थे, किन्तु वे सदा के लिए चले गए। स्वेज नहर से अनेक व्याधियों का सूत्रपात हुआ है।

अब एक विवाहित व्यक्ति धर्म-प्रचारक बनकर जाता है, लेकिन विवाहित होने के कारण उसके काम में बाधा पड़ती है। धर्म-प्रचारक वहाँ की जनता के विषय में कुछ नहीं जानता, वह वहाँ की भाषा भी नहीं बोल सकता और इसलिए वह सदैव गोरों की छोटी सी बस्ती में जाकर रहता है। वह ऐसा करने के लिए विवश हो जाता है, क्योंकि वह विवाहित होता है। यदि वह विवाहित न हो, तो वह जनता के बीच में जा सकता है, और यदि आवश्यक हो, तो भूमि पर सो सकता है। इस प्रकार वह अपने स्त्री-बच्चों के लिए साथी ढूँढ़ने भारत जाता है। वह अंग्रेजी बोलनेवालों के बीच ठहरता है। भारत का महान् हृदय आज धर्म-प्रचारकों के प्रयत्नों से सर्वथा अछूता है। मुझे एक भी ऐसा धर्म-प्रचारक नहीं मिला, जो संस्कृत समझता हो। एक ऐसा व्यक्ति, जो जनता और उसकी परम्पराओं से अवगत न हो, उनकी सहानुभूति कैसे पा सकता है ? मेरा आशय किसी को चोट पहुँचाने का नहीं है। किन्तु ईसाई, ऐसे लोगों को धर्म-प्रचारकों के रूप में भेजते हैं, जिनमें योग्यता नहीं होती। यह देखकर दु:ख होता है

कि लोगों को धर्म-परिवर्तन के लिए तैयार करने पर धन व्यय किया जाता है, जब कि कोई सन्तोषजनक वास्तविक परिणाम कहीं दिखलाई नहीं पड़ता।

जो थोड़े लोग अपना धर्म-परिवर्तन करते हैं, वे मिशनरियों के आसपास मँडराकर जीविका चलानेवाले जैसे लोग होते हैं। जो धर्म-परिवर्तित ईसाई भारत में नौकरी में नहीं लिये जाते, वे परिवर्तित धर्म में नहीं रहते। सारी बात का यही तत्त्व है। जहाँ तक धर्म-परिवर्तन के ढंग की बात है, वह सर्वथा विवेकशून्य है। जो धन मिशनरी लाते हैं, वह स्वीकृत कर लिया जाता है। धर्म-प्रचारकों द्वारा संस्थापित कॉलेज वहाँ तक ठीक हैं, जहाँ तक शिक्षा की बात है। किन्तु धर्म के मामले में बात दूसरी है। हिन्दू चतुर होता है। वह चारा तो लील जाता है, पर काँटा बचा जाता है! लोग कितने सहिष्णु हैं, यह आश्चर्यजनक है। एक धर्म-प्रचारक ने एक बार कहा, ''इस सारे व्यापार का सर्वाधिक बुरा भाग यही है, ऐसे लोगों का, जो आत्मतुष्ट हैं, कभी धर्म-परिवर्तन नहीं किया जा सकता।''

जहाँ तक महिला धर्म-प्रचारिकाओं की बात है, वे कुछ घरों में जाती हैं, चार शिलिंग मासिक पाती हैं, उन्हें थोड़ी बाइबिल पढ़ाती हैं और स्वेटर बुनना सिखाती हैं। भारत की बालिकाएँ कभी धर्म-परिवर्तन न करेंगी। यह घर का निरीश्वरवाद और संशयवाद है, जो धर्म प्रचारक को दूसरे देश जाने को ढकेलता है। जब मैं इस देश में आया, तो इतने उदार पुरुषों और महिलाओं से मिलकर चकित रह गया। किन्तु धर्म-महासभा के बाद एक महान् प्रेसबिटेरियन (ईसाइयों के एक प्रधान पन्थ के) पत्र ने मुझे उबलते हुए लेख से लाभान्वित किया। सम्पादक ने उसे उत्साह कहा। धर्म-प्रचारक लोग न तो अपनी राष्ट्रीयता छोड़ते हैं और न छोड़ ही सकते हैं—वे इतने उदार होते ही नहीं—इसलिए वे धर्म-परिवर्तन के कार्य में कुछ भी नहीं कर पाते, यद्यपि आपस में वे अच्छा सामाजिक जीवन व्यतीत करते हैं। भारत को ईसा की सहायता की आवश्यकता है, पर ईसा-विरोधियों की नहीं, ये मनुष्य ईसा जैसे नहीं हैं। वे ईसा के समान कार्य ही नहीं करते, वे विवाहित होते हैं, आकर आराम से बस जाते हैं और अच्छी जीविका चलाते हैं। ईसा और उनके शिष्य, जैसा कि बहुत से हिन्दू सन्त कहते हैं, भारत में बहुत अच्छा काम कर सकते हैं; किन्तु ये लोग उस शुद्ध चरित्र के नहीं हैं। हिन्दू लोग ईसाइयों के ईसा का प्रसन्नता से स्वागत करेंगे, क्योंकि उनका जीवन पवित्र और सुन्दर था; किन्तु वे मूर्खों, दम्भियों का आत्मवंचक लोगों की संकीर्ण बातों को न तो ग्रहण कर सकते हैं और न ग्रहण करेंगे।

मनुष्य भिन्न होते हैं। यदि वे ऐसे न होते, तो विश्व-मनोवृत्ति का पतन हो जाता। यदि विभिन्न धर्म न होते, तो कोई धर्म जीवित न रहता। ईसाई को अपने धर्म की आवश्यकता है, हिन्दू को अपने धर्म की। सभी धर्म एक दूसरे से वर्षों संघर्ष कर चुके हैं। जो धर्म किसी ग्रन्थ के आधार पर संस्थापित हुए हैं, वे अभी भी टिके हुए हैं। ईसाई यहूदियों का धर्म-परिवर्तन क्यों नहीं कर सके? क्यों वे पारसियों को ईसाई

नहीं बना सके ? क्यों वे मुसलमानों को धर्मान्तरित नहीं कर सके ? चीन और जापान पर कोई प्रभाव क्यों नहीं डाला जा सका है ? प्रथम मिशनरी धर्म, बौद्ध धर्म में धर्म-परिवर्तितों की संख्या, किसी अन्य धर्म में परिवर्तित जनों की संख्या से दूनी है और उन्होंने तलवार का प्रयोग नहीं किया। मुसलमानों ने सबसे अधिक हिंसा का प्रयोग किया। तीनों महान् मिशनरी धर्मों में उनकी संख्या सबसे कम है। मुसलमानों का समय बीत चुका है। हर दिन तुम ईसाई राष्ट्रों द्वारा रक्तपात से भूमि पर अधिकार करने की बात पढ़ते हो। धर्म-प्रचारक इसके विरुद्ध क्या उपदेश देते हैं। सर्वाधिक रक्तपिपासु राष्ट्र, उस कथित धर्म पर, जो ईसा का धर्म नहीं है, क्यों गर्व करें ? यहूदी और अरब ईसाई धर्म के पिता थे और ईसाइयों द्वारा उन्हें कैसा पीड़ित किया गया है ! भारत में ईसाइयों को कसौटी पर कसा गया है और वे खोटे सिद्ध हुए हैं। मेरा आशय निर्दय होने का नहीं है, पर मैं ईसाइयों को दिखाना चाहता हूँ कि दूसरे उन्हें कैसे देखते हैं। जो धर्म-प्रचारक नरक के अग्निमय गर्त का भय दिखाकर उपदेश देते हैं, उन्हें आतंक से देखा जाता है। मुसलमानों की लहरों पर लहरें तलवार झुमाते हुए भारत में गिरीं और आज वे कहाँ हैं ?

जिस सर्वोच्च लक्ष्य की कल्पना सभी धर्म कर सकते हैं, वह है एक आध्यात्मिक सत्ता की। अतः कोई भी धर्म उससे परे की शिक्षा नहीं दे सकता। हर धर्म में एक सारभूत सत्य होता है और उस रत्न को धारण करनेवाली एक गौण मंजूषा होती है। यहूदी धर्मग्रन्थ या हिन्दू धर्मग्रन्थ पर आस्था करना अनावश्यक है। परिस्थितियाँ बदलती हैं, पात्र भिन्न होता है, किन्तु केन्द्रीय सत्य वही रहता है। सारभूत बातें समान होने से, हर समाज के शिक्षित लोग सारभूत बातों को ही ग्रहण करते हैं। यदि तुम किसी ईसाई से पूछो, उसकी सारभूत बातें क्या हैं ? उसे उत्तर देना चाहिए, 'प्रभु ईसा के उपदेश।' शेष में बहुत कुछ प्रलाप है। किन्तु निरर्थक भाग भी ठीक होता है, क्योंकि वह धारक पात्र बनता है। सीप का खोल आकर्षक नहीं होता, पर उसी में मोती होता है। हिन्दू ईसा के जीवन पर कभी प्रहार न करेगा, वह 'शैलोपदेश' पर श्रद्धा रखता है। किन्तु कितने ईसाई हिन्दू पवित्र महापुरुषों की शिक्षाओं को जानते हैं या उन्होंने उनके विषय में सुना है ? वे तो मूर्खों के स्वर्ग में रहते हैं। विश्व के एक छोटे से भाग के ईसाई होने के पूर्व ही, ईसाई धर्म अनेक सम्प्रदायों में विभक्त हो गया था। यह प्रकृति का नियम है। पृथ्वी के महान् धार्मिक वाद्यवृन्द से केवल एक ही वाद्य क्यों लो ? उस सुन्दर स्वर-संगीति को चलने दो। पवित्र बनो। अन्धविश्वास छोड़ो और प्रकृति के आश्चर्यनजक समन्वय या दर्शन करो। अन्धविश्वास धर्म के अधिकांश को मिटाता है। सभी धर्म अच्छे हैं, क्योंकि सारभूत बातें समान हैं। प्रत्येक मनुष्य को अपने पूर्ण व्यक्तित्व का उपयोग करना चाहिए, परन्तु इन व्यक्तित्वों से एक पूर्णत्व की सृष्टि होती है। यह अद्‌भुत अवस्था पहले से वर्तमान है। इस आश्चर्यजनक ढाँचे की संरचना में प्रत्येक धर्म का कुछ न कुछ योगदान है।

उस हिन्दू पर मुझे तरस आता है, जो ईसा मसीह के चरित्र में किसी सौन्दर्य का दर्शन नहीं कर पाता। मुझे उस ईसाई पर दया आती है, जो 'हिन्दू ईसा' का सम्मान नहीं करता है। एक मनुष्य जितना ही अधिक अपने ऊपर ध्यान देता है, उतना ही कम वह अपने पड़ोसियों पर ध्यान दे पाता है। जो लोग दूसरों को धर्म में दीक्षित करते फिरते हैं, जो लोग दूसरों की आत्माओं का उद्धार करने में अत्यन्त व्यस्त रहते हैं, वे प्रायः अपनी आत्मा को भूल जाते हैं। मुझसे एक महिला ने प्रश्न किया कि क्या कारण है कि भारतीय नारी को अधिक ऊपर नहीं उठाया गया? इसके मुख्य कारण विभिन्न युगों के बर्बर आक्रमणकारी हैं; कुछ अंशों में इसके लिए स्वयं भारतीय भी उत्तरदायी हैं। परन्तु हमारी नारियाँ, उपन्यासों और सहनृत्यों की पुजारिनी इस देश की नारियों से हर तरह श्रेष्ठ हैं। जो देश अपनी सभ्यता पर इतना गर्व करता है, वहाँ कोई आध्यात्मिकता की क्या आशा रख सकता है? मुझे तो वह कहीं मिली नहीं। 'इहलोक' एवं 'परलोक'—ये शब्द बच्चों को भयभीत बनाने के लिए हैं। 'यहीं' पर सब कुछ है। ईश्वर में निवास करना एवं विचरण करना—यहीं पर, इसी शरीर में ही! सभी स्वार्थ दूर होने चाहिए; सभी अन्धविश्वास निष्कासित करने चाहिए। ऐसे पुरुष भारत में रहते हैं। इस देश में ऐसे लोग कहाँ हैं? तुम्हारे उपदेश 'स्वप्नदर्शियों' का विरोध करते हैं। यदि 'स्वप्नदर्शियों' की संख्या इस देश में अधिक हो जाए, तो यहाँ के लोगों की अवस्था और अच्छी हो जाएगी। अगर यहाँ कोई आदमी अपने प्रभु के उपदेश का अरक्षशः पालन करे, तो उसे धर्मान्ध कहा जाएगा। उन्नीसवीं शताब्दी के अपने मुँह मियाँ मिट्ठूपन एवं स्वप्न देखने में बहुत बड़ा भेद है। मधुमक्खियाँ फूलों की खोज में रहती हैं। कमल को खोलो! सम्पूर्ण जगत् में ईश्वर व्याप्त है, पाप नहीं। हम एक दूसरे की सहायता करें। हम एक दूसरे से प्रेम करें। बौद्धों की एक सुन्दर प्रार्थना है—'सभी महात्माओं के सामने मैं सिर झुकाता हूँ; मैं सभी पैगम्बरों के सम्मुख नतमस्तक हूँ; मैं सम्पूर्ण संसार के पवित्र पुरुषों एवं पवित्र नारियों के सम्मुख नत होता हूँ!'

(डिट्रॉएट में 11 मार्च, 1894 को दिया हुआ और 'डिट्राएड फ्री प्रेस' में प्रकाशित एक भाषण)

व्यावहारिक जीवन में वेदान्त

बहुत से लोगों ने मुझसे व्यावहारिक जीवन में वेदान्त दर्शन की उपयोगिता पर कुछ बोलने के लिए कहा है। मैं तुम लोगों से पहले ही कह चुका हूँ, सिद्धान्त बिलकुल ठीक होने पर भी उसे कार्यरूप में परिणत करना एक समस्या हो जाती है। यदि उसे कार्य रूप में परिणत नहीं किया जा सकता, तो बौद्धिक व्यायाम के अतिरिक्त उसका और कोई मूल्य नहीं। अतएव वेदान्त यदि धर्म के स्थान पर आरूढ़ होना चाहता है, तो उसे सम्पूर्ण रूप से व्यावहारिक होना चाहिए। हमें अपने जीवन की सभी अवस्थाओं में उसे कार्य रूप में परिणत कर सकना चाहिए। केवल यही नहीं, अपितु आध्यात्मिक और व्यावहारिक जीवन के बीच जो एक काल्पनिक भेद है, उसे भी मिट जाना चाहिए; क्योंकि वेदान्त एक अखंड वस्तु के सम्बन्ध में उपदेश देता है—वेदान्त कहता है कि एक ही प्राण सर्वत्र विद्यमान है। धर्म के आदर्शों को सम्पूर्ण जीवन को आविष्ट करना, हमारे प्रत्येक विचार के भीतर प्रवेश करना और कर्म को अधिकाधिक प्रभावित करना चाहिए। मैं व्यावहारिक पक्ष पर क्रमशः प्रकाश डालूँगा। किन्तु ये व्याख्यान भावी व्याख्यानों की उपक्रमणिका के रूप में हैं, अतः पहले हमें वेदान्त-सिद्धान्त का परिचय प्राप्त करना होगा और यह समझना होगा कि ये सिद्धान्त किस प्रकार पर्वतों की गुफाओं और घने जंगलों में से निकलकर कोलाहलपूर्ण नगरों की व्यस्तताओं में भी कार्यान्वित हुए हैं। इन सिद्धान्तों में एक विशेषता यह है कि इनमें से अधिकांश निर्जन अरण्यवास के फलस्वरूप प्राप्त नहीं हुए, किन्तु जिन व्यक्तियों को हम सबसे अधिक कर्मण्य मानते हैं, वे ही राज-सिंहासन पर बैठनेवाले राज-राजर्षि इनके प्रणेता हैं।

श्वेतकेतु आरुणि ऋषि के पुत्र थे। वे ऋषि सम्भवतः वानप्रस्थी थे। श्वेतकेतु का लालन-पालन वन में ही हुआ; किन्तु वे पांचालों के नगर में गए और राजा प्रवाहन जैवलि की राजसभा में उपस्थित हुए। राजा ने उनसे पूछा, "मरते समय प्राणी इस लोक से किस प्रकार गमन करता है, क्या यह तुम जानते हो?" —"नहीं।" "किस प्रकार यहाँ उसका पुनर्जन्म होता है, जानते हो?"—"नहीं।" "'पितृयान' और 'देवयान' के विषय में कुछ जानते हो?"— आदि-आदि। इस प्रकार राजा ने और भी अनेक प्रश्न किए। श्वेतकेतु किसी भी प्रश्न का उत्तर न दे सका। तब राजा ने कहा, "तुम

कुछ नहीं जानते।'' बालक ने लौटकर पिता से सब हाल कह सुनाया। पिता ने कहा, ''मैं भी इन प्रश्नों का उत्तर नहीं जानता। अगर जानता तो क्या तुम्हें न सिखाता?'' तब वह राजा के पास गया और उनसे इस गुप्त विषय की शिक्षा देने के लिए प्रार्थना की। राजा ने कहा, ''यह विद्या—यह ब्रह्मविद्या केवल राजाओं को ही ज्ञात थी, पुरोहितों को इसका कभी ज्ञान न था।'' जो हो, इसके बारे में उसने जो कुछ जानना चाहा, वे उसकी शिक्षा देने लगे। इस प्रकार हम अनेक उपनिषदों में यही पाते हैं कि वेदान्त दर्शन केवल वन में ध्यान द्वारा ही नहीं जाना गया, किन्तु उसके सर्वोत्कृष्ट भिन्न-भिन्न अंश सांसारिक कर्मों में विशेष व्यस्त मनीषी लोगों द्वारा ही चिन्तित तथा प्रकाशित किए गए। लाखों मनुष्यों के निरंकुश शासक इन राजाओं की अपेक्षा अधिक कार्यव्यस्त और कौन हो सकता है? किन्तु साथ ही इन शासकों में से कोई-कोई गम्भीर चिन्तक भी थे।

इन सब बातों से यही स्पष्ट होता है कि यह दर्शन व्यावहारिक है। परवर्ती काल की भगवद्गीता को तो शायद तुम लोगों में से बहुतों ने पढ़ा होगा। यह वेदान्त दर्शन का एक सर्वोत्तम भाष्यस्वरूप है। कितने आश्चर्य की बात है कि इस उपदेश का केन्द्र है संग्राम-स्थल, जहाँ श्रीकृष्ण ने अर्जुन को इस दर्शन का उपदेश दिया है और गीता के प्रत्येक पृष्ठ पर जो मत उज्ज्वल रूप से प्रकाशित है, वह है तीव्र कर्मण्यता, किन्तु उसी के बीच अनन्त शान्तभाव। इसी तत्त्व को कर्म-रहस्य कहा गया है और इस अवस्था को पाना ही वेदान्त का लक्ष्य है। हम साधारण या अकर्म का अर्थ करते हैं निश्चेष्टता, पर यह हमारा आदर्श नहीं हो सकता। यदि यही होता तो हमारे चारों ओर की दीवालें भी परमज्ञानी होतीं, वे भी तो निश्चेष्ट हैं। मिट्टी के ढेले और पेड़ों के तने भी जगत् के महातपस्वी गिने जाते, क्योंकि वे भी तो निश्चेष्ट हैं। और यह भी नहीं कि किसी भी तरह कामनायुक्त होकर किए जानेवाले कार्य कर्म कहलाए जा सकते। वेदान्त का आदर्श जो प्रकृत कर्म है, वह अनन्त शान्ति के साथ संयुक्त है। किसी भी प्रकार की परिस्थिति में वह स्थिरता कभी नष्ट नहीं होती—चित्त का वह साम्यभाव कभी भंग नहीं होता। हम लोग भी बहुत कुछ देखने-सुनने के बाद यही समझ पाए हैं कि कार्य करने के लिए इस प्रकार की मनोवृत्ति ही सबसे अधिक उपयोगी होती है।

लोगों ने मुझसे यह प्रश्न अनेक बार किया है कि हम कार्य के लिए जो एक प्रकार का आवेग अनुभव करते हैं, यदि वह न रहे तो हम कार्य कैसे करेंगे? मैं भी बहुत दिन पहले यही सोचता था, किन्तु जैसे-जैसे मेरी आयु बढ़ रही है, जितना अनुभव बढ़ता जा रहा है, उतना ही मैं देखता हूँ कि यह सत्य नहीं है। कार्य के भीतर आवेग जितना ही कम रहता है, उतना ही उत्कृष्ट वह होता है। हम लोग जितने अधिक शान्त होते हैं, उतना ही हम लोगों का आत्मकल्याण होता है और हम काम भी अधिक अच्छी तरह कर पाते हैं। जब हम लोग भावनाओं के अधीन हो जाते हैं, तब अपनी शक्ति

का अपव्यय करते हैं, अपने स्नायुसमूह को विकृत कर डालते हैं, मन को चंचल बना डालते हैं, किन्तु काम बहुत कम कर पाते हैं। जिस शक्ति का कार्यरूप में परिणत होना उचित था, वह वृथा भावुकता मात्र में पर्यवसित होकर क्षय हो जाती है। जब मन अत्यन्त शान्त और एकाग्र रहता है, केवल तभी हम लोगों की समस्त शक्ति सत्कार्य में व्यय होती है। यदि तुम जगत् के महान् कार्यकुशल व्यक्तियों की जीवनी कभी पढ़ो, तो देखोगे कि वे अद्‌भुत शान्त प्रकृति के लोग थे। कोई भी वस्तु उनके चित्त की स्थिरता भंग नहीं कर पाती थी। इसीलिए जो व्यक्ति शीघ्र ही क्रोध, घृणा या किसी अन्य आवेग से अभिभूत हो जाता है, वह कोई काम नहीं कर पाता, अपने को चूर-चूर कर डालता है और कुछ भी व्यावहारिक नहीं कर पाता। केवल शान्त, क्षमाशील, स्थिरचित व्यक्ति ही सबसे अधिक काम कर पाता है।

वेदान्त आदर्श का उपदेश देता है, और आदर्श वास्तविक की अपेक्षा कहीं अधिक उच्च होता है। हम लोगों के जीवन में दो प्रवृत्तियाँ देखी जाती हैं। एक है अपने आदर्श का सामंजस्य जीवन से करना, और दूसरी है जीवन को आदर्श के अनुरूप उच्च बनाना। इन दोनों का भेद भली-भाँति समझ लेना चाहिए—क्योंकि पहली प्रवृत्ति हमारे जीवन का एक प्रमुख प्रलोभन है। मैं सोचता हूँ कि मैं कोई विशेष प्रकार का कार्य कर सकता हूँ—शायद उसका अधिकांश ही बुरा है और उसके पीछे शायद क्रोध, घृणा अथवा स्वार्थपरता का आवेग ही विद्यमान है। अब मानो किसी व्यक्ति ने मुझे किसी विशेष आदर्श के सम्बन्ध में उपदेश दिया—निश्चय ही उसका पहला उपदेश यही होगा कि स्वार्थपरता तथा आत्मसुख का त्याग करो। मैं सोचता हूँ कि यह कहना तो असम्भव है। किन्तु यदि किसी एक ऐसे आदर्श के सम्बन्ध में उपदेश दिया जो मेरी स्वार्थपरता और निम्न भावों का समर्थन करे, तो मैं उसी समय कह उठता हूँ, 'यही है मेरा आदर्श' और मैं उसी आदर्श का अनुसरण करने के लिए तत्पर हो जाता हूँ। इसी प्रकार 'शास्त्रीय' बात को लेकर लोग आपस में झगड़ते रहते हैं और कहते हैं कि जो मैं समझता हूँ, वही शास्त्रीय है, तथा जो तुम समझते हो वह अशास्त्रीय है। 'व्यवहार्य (Practical) शब्द को लेकर भी ऐसा ही अनर्थ होता रहता है। जिस बात को मैं कार्यरूप में परिणत करने योग्य समझता हूँ, जगत् में एकमात्र वही व्यवहार्य है, ऐसी मेरी धारणा होती है। उदाहरणार्थ, यदि मैं एक दुकानदार हूँ, तो सोचता हूँ कि संसार में दुकानदारी ही एकमात्र व्यावहारिक कर्म है। यदि मैं चोर हूँ तो चोरी के बारे में भी यही सोचता हूँ। तुम लोग जानते ही हो कि हम सब इस 'व्यवहार्य' शब्द का प्रयोग केवल उन्हीं कर्मों के लिए करते हैं, जिनकी ओर हमारी प्रवृत्ति है और जो हमसे किए जा सकते हैं। इसी कारण मैं तुम लोगों को यह स्पष्ट कर देना चाहता हूँ कि यद्यपि वेदान्त पूर्ण रूप से व्यवहार्य है, तथापि साधारण अर्थ में नहीं, बल्कि आदर्श के दृष्टिकोण से। वेदान्त का आदर्श कितना ही उच्च क्यों न हो, वह किसी असम्भव आदर्श को हमारे सामने नहीं रखता; और वास्तव में यही आदर्श ठीक-ठीक आदर्श

है। एक शब्द में इसका उपदेश है 'तत्त्वमसि'—'तुम्हीं वह ब्रह्म हो' और इसके समुदय उपदेश की अन्तिम परिणति यही है।

समस्त बौद्धिक वाद-विवाद और विस्तार के पश्चात् तुम्हें इसमें यही सिद्धान्त मिलेगा कि मानवात्मा शुद्ध स्वभाव और सर्वज्ञ है। आत्मा के सम्बन्ध में जन्म अथवा मृत्यु की बात करना भी कोरी विडम्बना मात्र है। आत्मा का न कभी जन्म होता है, न मृत्यु; मैं मरूँगा अथवा मरने में डर लगता है, यह सब केवल कुसंस्कार मात्र हैं। और मैं यह कर सकता हूँ, यह नहीं कर सकता, ये सब भी कुसंस्कार हैं। मैं सब कुछ कर सकता हूँ। वेदान्त सबसे पहले मनुष्य को अपने ऊपर विश्वास करने के लिए कहता है। जिस प्रकार संसार का कोई-कोई धर्म कहता है कि जो व्यक्ति अपने से बाहर सगुण ईश्वर का अस्तित्व स्वीकार नहीं करता, वह नास्तिक है, उसी प्रकार वेदान्त भी कहता है कि जो व्यक्ति अपने आप पर विश्वास नहीं करता, वह नास्तिक है। अपनी आत्मा की महिमा में विश्वास न करने को ही वेदान्त में नास्तिकता कहते हैं। बहुत से लोगों के लिए यह एक भीषण विचार है, इसमें कोई सन्देह नहीं; और हम में अधिकांश सोचते हैं कि यह कभी प्राप्त नहीं किया जा सकता, किन्तु वेदान्त दृढ़ रूप से कहता है कि प्रत्येक व्यक्ति इस सत्य को जीवन में प्रत्यक्ष कर सकता है। इसकी उपलब्धि में स्त्री-पुरुष बालक-बालिका, जाति या लिंग आदि से सम्बद्ध किसी प्रकार का विभेद बाधक नहीं है—क्योंकि वेदान्त दिखा देता है कि वह सत्य पहले से ही सिद्ध है और पहले से ही विद्यमान है।

हममें ब्रह्मांड की समूची शक्ति पहले से ही है। हम लोग स्वयं ही अपने नेत्रों पर हाथ रखकर 'अन्धकार' 'अन्धकार' कहकर चीत्कार करते हैं। जान लो कि तुम्हारे चारों ओर कोई अंधकार नहीं है। हाथ हटाने पर ही तुम देखोगे कि वहाँ प्रकाश पहले से ही वर्तमान था। अन्धकार कभी था ही नहीं, दुर्बलता कभी नहीं थी, हम लोग मूर्ख होने के कारण ही चिल्लाते हैं कि हम दुर्बल हैं, मूर्खतावश ही चिल्लाते हैं कि हम अपवित्र हैं। इस प्रकार वेदान्त, 'आदर्श को कार्यान्वित किया जा सकता है', केवल यही नहीं कहता, किन्तु यह भी कहता है कि वह आदर्श हम लोगों को पहले से ही प्राप्त है; और जिसे हम अब आदर्श कहते हैं वही हमारी प्रकृत सत्ता है—वही हम लोगों का स्वरूप है। और जो कुछ हम देखते हैं, वह सम्पूर्ण मिथ्या है जिस क्षण तुम कहते हो, 'मैं मर्त्य क्षुद्र जीव हूँ, तुम झूठ बोलते हो; तुम मानो सम्मोहन के द्वारा अपने को अधम, दुर्बल, अभागा बना डालते हो।

वेदान्त पाप स्वीकार नहीं करता, भ्रम स्वीकार करता है। और वेदान्त कहता है कि सबसे बड़ा भ्रम है—अपने को दुर्बल, पापी, हतभाग्य कहना—यह कहना कि मुझमें कुछ भी शक्ति नहीं है, मैं यह नहीं कर सकता आदि-आदि। कारण, जब तुम इस प्रकार सोचने लगते हो, तभी तुम मानो बन्धन-शृंखला में एक कड़ी और जोड़ देते हो, अपनी आत्मा पर सम्मोहन की एक पर्त और जमा देते हो। अतएव जो कोई अपने को दुर्बल

समझता है, वह भ्रान्त है, जो अपने को अपवित्र मानता है, वह भ्रान्त है; वह जगत् में एक असत् विचार प्रवाहित करता है। हमें सदा याद रखना चाहिए कि वेदान्त में हमारे इस प्रस्तुत सम्मोहित जीवन का—हमारे द्वारा स्वीकृत मिथ्या जीवन का, आदर्श के साथ समझौता कराने की कोई चेष्टा नहीं है। उसका तो परित्याग करने के लिए कहा गया है और ऐसा होने पर ही उसके पीछे जो सत्य-जीवन सदा वर्तमान है, वह प्रकाशित होगा, व्यक्त होगा। यह नहीं कि मनुष्य पहले की अपेक्षा अधिक पवित्र हो जाता है, बात केवल अधिकाधिक अभिव्यक्त की है। आवरण हटता जाता है और आत्मा की स्वाभाविक पवित्रता प्रकाशित होने लगती है। यह अनन्त पवित्रता, मुक्त स्वभाव, प्रेम और ऐश्वर्य पहले से ही हममें हैं।

वेदान्त यह भी कहता है कि ऐसा नहीं कि यह केवल वन अथवा पहाड़ी गुफाओं में उपलब्ध हो सकता हो, वरन् हम यह देख ही चुके हैं कि पहले जिन लोगों ने इस सत्यसमूह का आविष्कार किया था, वे वन अथवा पहाड़ी गुफाओं में नहीं रहते थे, साथ ही वे सामान्य मनुष्य भी नहीं थे, वरन् वे लोग ऐसे थे (हम लोगों के इस विश्वास का विशेष कारण है), जो विशेष रूप से कर्मठ जीवन बिताते थे, जिन्हें सैन्य-संचालन करना पड़ता था, जिन्हें सिंहासन पर बैठकर प्रजावर्ग का हानि-लाभ देखना होता था। इसके अतिरिक्त उस समय राजागण ही सर्वेसर्वा थे—आजकल जैसे कठपुतली नहीं। फिर भी वे लोग इन सब तत्त्वों का चिन्तन करने तथा उनको जीवन में परिणत करने और मानव जाति को शिक्षा देने का समय निकाल लेते थे। अतएव उनकी अपेक्षा हम लोगों को इन सब तत्त्वों का अनुभव होना तो और भी सहज है, क्योंकि हमारा जीवन उनकी तुलना में अवकाश का जीवन है। हम अपेक्षाकृत सारे समय खाली ही रहते हैं, हमारे पास करने को बहुत कम रहता है, अत: हमारे लिए उस सत्य का साक्षात्कार न कर सकना बड़ी लज्जाजनक बात है। पुरातन सर्वेसर्वा सम्राटों की आवश्यकताओं की तुलना में हमारी आवश्यकताएँ तो कुछ भी नहीं हैं। कुरुक्षेत्र के युद्धस्थल में अवस्थित विराट सेना के परिचालक अर्जुन की जितनी आवश्यकता थी, हमारी आवश्यकता उसकी तुलना में नगण्य है, तब भी उस युद्ध-कोलाहल के बीच में भी, वे उच्चतम दर्शन को सुनने और उसे कार्यान्वित करने का समय पा सके—इसलिए अपने इस अपेक्षाकृत स्वाधीन आराममय जीवन में हमें उतना कर सकना चाहिए। हम लोग यदि ठीक प्रकार से समय बिताएँ, तो हम देखेंगे कि हम जितना सोचते और समझते हैं उसकी अपेक्षा हमारे पास कहीं अधिक समय है। हम लोगों को जितना अवकाश है, उसमें यदि हम सचमुच चाहें, तो एक नहीं पचास आदर्शों का अनुसरण कर सकते हैं, किन्तु आदर्श को हमें कभी नीचा नहीं करना चाहिए। हमारे जीवन की सबसे बड़ी विपत्ति की आशंका है ऐसे व्यक्तियों से जो हमारे व्यर्थ अभावों और वासनाओं के लिए अनेक प्रकार के वृथा कारण दिखाते हैं और हम लोग भी यही सोचते हैं कि हम लोगों का इससे बड़ा और कोई आदर्श नहीं हो सकता,

किन्तु वास्तव में बात ऐसी नहीं है। वेदान्त इस प्रकार की शिक्षा कभी नहीं देता। प्रत्यक्ष, जीवन को आदर्श के साथ समन्वित करना पड़ेगा—वर्तमान जीवन को अनन्त जीवन के साथ एकरूप करना होगा।

कारण, तुम्हें सदा स्मरण रखना होगा कि वेदान्त का मूल सिद्धान्त यह एकत्व अथवा अखंड भाव है। द्वित्व कहीं नहीं है, दो प्रकार का जीवन अथवा जगत् भी नहीं है। तुम देखोगे कि वेद पहले स्वर्गादि के विषय में कहते हैं, किन्तु अन्त में जब वे अपने दर्शन के उच्चतम आदर्शों पर आते हैं तो वे उन सब बातों को बिलकुल त्याग देते हैं। एकमात्र जीवन है, एकमात्र जगत् है, एकमात्र सत् है। सब कुछ वही एक सत्तामात्र है; भेद केवल परिमाण का है, प्रकार का नहीं। हमारे जीवन में अन्तर प्रकारगत नहीं है। वेदान्त इस बात को बिलकुल नहीं मानता कि पशु मनुष्य से पूर्णतया पृथक् हैं और उन्हें ईश्वर ने हमारे भोज्यरूप में बनाया है।

कुछ व्यक्तियों ने वैज्ञानिक शोध के निमित्त चीर-फाड़ करने के लिए मारे जानेवाले पशुओं की हत्या का विरोध करने के लिए एक संस्था (Anti-vivisection Society) स्थापित की है। मैंने एक दिन इस सभा के एक सदस्य से पूछा, "भाई, आप भोजन के लिए पशुहत्या को पूर्णतया न्यायसंगत मानते हैं, किन्तु वैज्ञानिक प्रयोगों के लिए दो-एक पशुओं की हत्या के इतने विरुद्ध क्यों हैं?" उसने उत्तर दिया, "जीवित की चीरफाड़ बहुत बीभत्स कार्य है, किन्तु पशु तो हमारे भोजनार्थ ही बनाए गए हैं।" पशु भी तो उसी अखंड सत्ता के अंशरूप हैं। यदि मनुष्य का जीवन अनन्त है, तो पशु-जीवन भी उसी प्रकार है। प्रभेद केवल परिमाणगत है, प्रकारगत नहीं। देखने पर यह अमीबा और मैं एक ही हूँ, अन्तर परिमाण का है, और सर्वोच्च जीवन की दृष्टि से देखने पर सारे विभेद मिट जाते हैं। मनुष्य एक तिनके और पौधे में बहुत अन्तर देख सकता है, किन्तु यदि तुम खूब ऊँचे चढ़कर देखो तो यह तिनका तथा एक बड़ा वृक्ष दोनों ही समान दिखेंगे। इसी प्रकार उस उच्चतम सत्ता के दृष्टिकोण से निम्नतम पशु और उच्चतम मनुष्य सभी समान हैं। और यदि तुम एक ईश्वर के अस्तित्व में विश्वास करते हो, तो तुमको पशुओं से लेकर उच्चतम प्राणी तक समत्व मानना पड़ेगा। जो ईश्वर अपनी मनुष्य-सन्तान के प्रति पक्षपाती है और पशु नामक अपनी सन्तान के प्रति निर्दय है, वह तो फिर दानवों से भी अधम हुआ। इस प्रकार के ईश्वर की उपासना करने की अपेक्षा मुझे सैकड़ों बार मरना भी पसन्द है। मेरा समस्त जीवन इस प्रकार के ईश्वर के विरुद्ध युद्ध में ही बीतेगा। किन्तु ऐसा विभेद है ही नहीं, और जो लोग ऐसा कहते हैं, वे दायित्वहीन और हृदयहीन व्यक्ति हैं; उन्हें सत्य का ज्ञान नहीं है। यहाँ फिर 'व्यावहारिकता' शब्द गलत अर्थ में प्रयुक्त हुआ है। मैं स्वयं एक कट्टर शाकाहारी न भी होऊँ, किन्तु मैं उस आदर्श को समझता हूँ। जब मैं मांस खाता हूँ, तब जानता हूँ कि यह ठीक नहीं है। परिस्थितिवश उसे खाने को बाध्य होने पर भी मैं यह जानता हूँ कि यह क्रूरता है। आदर्श नीचा करके अपनी दुर्बलता का समर्थन

मुझे नहीं करना चाहिए। आदर्श यही है—मांस न खाया जाए; किसी भी प्राणी का अनिष्ट न किया जाए, क्योंकि पशुगण भी हमारे भाई हैं। यदि उनको अपना भाई मान सकते हो, तो तुम मानव की बंधुता की बात ही क्या, प्राणिमात्र के भ्रातृभाव की ओर बहुत कुछ अग्रसर हो गए। यह तो बच्चों का खेल है। तुम संसार में देखोगे कि इस प्रकार का उपदेश लोग पसन्द नहीं करते, क्योंकि उनसे वह प्रस्तुत को छोड़कर आदर्श की ओर जाने के लिए कहता है। किन्तु यदि तुम एक ऐसा सिद्धान्त उनके सामने रखो, जिससे उनके प्रस्तुत आचरण का समर्थन होता हो, तो वे उसे एकदम व्यावहारिक मान लेंगे।

मनुष्य स्वभाव में पुरातनरक्षण की प्रवृत्ति बहुत होती है। हम लोग आगे एक कदम भी नहीं बढ़ना चाहते। हिम में जम गए व्यक्तियों के सम्बन्ध में मैंने जो पढ़ा है, वही मैं मनुष्य जाति के बारे में भी सोचता हूँ। सुना जाता है कि इस अवस्था में आदमी सोना चाहता है। यदि उसे कोई खींचकर उठाना चाहता है तो वह कहता है, 'मुझे सोने दो—बर्फ में सोने से बड़ा आराम मिलता है!'—और उसी दशा में उसकी मृत्यु हो जाती है। हम लोगों का स्वभाव भी ऐसा ही है। हम लोग भी सारे जीवन यही करते रहते हैं—सिर से लेकर पैर तक बर्फ में जमे जा रहे हैं तो भी हम लोग सोना चाहते हैं। अतएव आदर्श अवस्था में पहुँचने के लिए सदा संघर्ष करते रहो, और यदि कोई व्यक्ति आदर्श को तुम्हारे निम्न स्तर पर खींच लाए, यदि कोई तुम्हें ऐसा धर्म सिखाए, जो कि उच्चतम आदर्श की शिक्षा नहीं देता, तो उसकी बात कान में भी न पड़ने दो। मेरे लिए वह नितान्त अव्यावहारिक धर्म होगा। किन्तु यदि कोई मुझे ऐसा धर्म सिखाए, जो जीवन का सर्वोच्च आदर्श दर्शाता हो तो मैं उसकी बातें सुनने के लिए प्रस्तुत हूँ। जब कभी कोई व्यक्ति भोगपरक दुर्बलताओं और निस्सारताओं की वकालत करे, तो उससे सावधान रहो। एक तो हम अपने को इन्द्रियजाल में फँसाकर एकदम निकम्मे बन जाते हैं, उस पर यदि कोई आकर हमें वैसी शिक्षा दे, तो उसका अनुसरण करके हम कुछ भी उन्नति नहीं कर सकेंगे। मैंने ऐसी बातें बहुत देखी हैं,—जगत् के सम्बन्ध में मुझे कुछ ज्ञान है, और मेरा देश ऐसा देश है जहाँ सम्प्रदाय कुकुरमुत्तों के समान बढ़ते रहते हैं। प्रति वर्ष नए-नए सम्प्रदाय जन्म लेते हैं। किन्तु मैंने यही देखा है कि जो सम्प्रदाय भोगाकांक्षी मानव का सत्याकांक्षी मानव से समझौता कराने की चेष्टा नहीं करते, वे ही उन्नति करते हैं। जहाँ परमोच्च आदर्शों का झूठी सांसारिक वासनाओं के साथ सामंजस्य करने की—ईश्वर को मनुष्य के स्तर पर खींच लाने की मिथ्या चेष्टा रहती है, वहीं क्षय का आरम्भ हो जाता है। मनुष्य को सांसारिक दासता के स्तर पर नहीं घसीट लाना चाहिए, उसे ईश्वर के स्तर तक उठाना चाहिए।

साथ ही इस प्रश्न का एक और पहलू है। हमें दूसरों को घृणा की दृष्टि से नहीं देखना चाहिए। हम सभी उसी एक लक्ष्य की ओर बढ़ रहे हैं। दुर्बलता और सबलता में केवल परिणामगत भेद है। प्रकाश और अन्धकार में भेद केवल परिणामगत—पाप

और पुण्य के बीच भी भेद केवल परिमाणगत—जीवन और मृत्यु के बीच में भेद केवल परिमाणगत, एक वस्तु का दूसरी वस्तु से भेद केवल परिमाणगत ही है, प्रकारगत नहीं; क्योंकि, वास्तव में सभी वस्तुएँ वही एक अखंड वस्तुमात्र हैं। सब वही एक है, जो अपने को विचार, जीवन, आत्मा या देह के रूप में अभिव्यक्त करता है, और उनमें अन्तर केवल परिमाण का है। अत: जो किसी कारणवश हमारे समान उन्नति नहीं कर पाए, उनके प्रति घृणा करने का अधिकार हमें नहीं है। किसी की निन्दा मत करो। किसी की सहायता कर सकते हो तो करो, नहीं कर सकते हो तो हाथ पर हाथ रखकर चुपचाप बैठे रहो, उन्हें आशीर्वाद दो, अपने रास्ते जाने दो। गाली देने अथवा निन्दा करने से कोई उन्नति नहीं होती। इस प्रकार से कभी कोई कार्य नहीं होता। दूसरे की निन्दा करने में हम अपनी शक्ति लगाते हैं। आलोचना और निन्दा अपनी शक्ति खर्च करने का निस्सार उपाय है, क्योंकि अन्त में हम देखते हैं कि सभी लोग एक ही वस्तु देख रहे हैं, कमोबेश उसी आदर्श की ओर पहुँच रहे हैं और हम लोगों में जो अन्तर हैं, वे केवल अभिव्यक्ति के हैं।

'पाप' की बात लो। मैं अभी वेदान्त के अनुसार पाप की धारणा तथा इस धारणा की कि मनुष्य पापी है, चर्चा कर रहा था। दोनों वास्तव में एक ही हैं, केवल एक सकारात्मक है, दूसरी नकारात्मक है। एक, मनुष्य को उसकी दुर्बलता दिखा देती है और दूसरी, उसकी शक्ति। वेदान्त कहता है कि यदि दुर्बलता है, तो कोई चिन्ता नहीं, हमें तो विकास करना है। जब मनुष्य पहले-पहल जन्मा, तभी उसका रोग क्या है, जान लिया गया। सभी अपना-अपना रोग जानते हैं—किसी दूसरे को बतलाने की आवश्यकता नहीं होती। सारे समय—हम रोगी हैं—यह सोचते रहने से हम स्वस्थ नहीं हो सकते, उसके लिए औषध आवश्यक है। बाहर की हम सारी चीजें भूल जा सकते हैं, बाह्य जगत् के प्रति हम कपटाचारी हो सकते हैं, किन्तु अपने मन के अंतराल में हम सब अपनी दुर्बलताओं को जानते हैं। वेदान्त कहता है कि फिर भी मनुष्य को सदैव उसकी दुर्बलता की याद कराते रहना अधिक सहायता नहीं करता, उसको बल प्रदान करो, और बल सदैव निर्बलता का चिन्तन करते रहने से नहीं प्राप्त होता। दुर्बलता का उपचार सदैव उसका चिन्तन करते रहना नहीं है, वरन् बल का चिन्तन करना है। मनुष्य में जो शक्ति पहले से ही विद्यमान है, उसे उसकी याद दिला दो। मनुष्य को पापी न बतलाकर वेदान्त ठीक उसका विपरीत मार्ग ग्रहण करता है और कहता है, 'तुम पूर्ण और शुद्धस्वरूप हो और जिसे तुम पाप कहते हो, वह तुममें नहीं है।' जिसे तुम 'पाप' कहते थे, वह तुम्हारी आत्माभिव्यक्ति का निम्नतम रूप है; अपनी आत्मा को उच्चतर भाव में प्रकाशित करो। यह एक बात हम सबको सदैव याद रखनी चाहिए और इसे हम सब कर सकते हैं। कभी 'नहीं' मत कहना, 'मैं नहीं कर सकता' यह कभी न कहना, क्योंकि तुम अनन्तस्वरूप हो। तुम्हारे स्वरूप की तुलना में देश-काल भी कुछ नहीं है। तुम सब कुछ कर सकते हो, तुम सर्वशक्तिमान हो।

ये नीतिशास्त्र के सिद्धान्त हैं, अब हमें नीचे उतरकर ब्योरों का निरूपण करना होगा। हमें देखना है कि किस प्रकार यह वेदान्त हमारे दैनिक जीवन में, नागरिक जीवन में, ग्राम्य जीवन में, राष्ट्रीय जीवन में, और प्रत्येक राष्ट्र के घरेलू जीवन में परिणत किया जा सकता है। कारण, यदि धर्म मनुष्य को जहाँ भी और जिस स्थिति में भी वह है, सहायता नहीं दे सकता, तो उसकी उपयोगिता अधिक नहीं—तब वह केवल कुछ विशिष्ट व्यक्तियों के लिए कोरा सिद्धान्त होकर रह जाएगा। धर्म यदि मानवता का कल्याण करना चाहता है, तो उसके लिए यह आवश्यक है कि वह मनुष्य की सहायता उसकी प्रत्येक दशा में कर सकने में तत्पर और सक्षम हो—चाहे गुलामी हो या आजादी, घोर पतन हो या अत्यन्त पवित्रता, उसे सर्वत्र मानव की सहायता कर सकने में समर्थ होना चाहिए। केवल तभी वेदान्त के सिद्धान्त अथवा धर्म के आदर्श—उन्हें तुम किसी भी नाम से पुकारो—कृतार्थ हो सकेंगे।

आत्मविश्वास का आदर्श ही हमारी सबसे अधिक सहायता कर सकता है। यदि इस आत्मविश्वास का और भी विस्तृत रूप से प्रचार होता है और यह कार्यरूप में परिणत हो जाता, तो मेरा दृढ़ विश्वास है कि जगत् में जितना दुःख और अशुभ है, उसका अधिकांश गायब हो जाता। मानव जाति के समग्र इतिहास में सभी महान् स्त्री-पुरुषों में यदि कोई महान् प्रेरणा सबसे अधिक सशक्त रही है तो वह है यही आत्मविश्वास। वे इस ज्ञान के साथ पैदा हुए थे कि वे महान् बनेंगे और वे महान् बने भी। मनुष्य कितनी ही अवनति की अवस्था में क्यों न पहुँच जाए, एक समय ऐसा अवश्य आता है, जब वह उससे बेहद आर्त होकर एक ऊर्ध्वगामी मोड़ लेता है और अपने में विश्वास करना सीखता है। किन्तु हम लोगों को इसे शुरू से ही जान लेना अच्छा है। हम आत्मविश्वास सीखने के लिए इतने कटु अनुभव क्यों प्राप्त करें?

मनुष्य-मनुष्य के बीच जो भेद है वह केवल आत्मविश्वास की उपस्थिति तथा अभाव के कारण ही है, यह सरलता से ही समझ में आ सकता है। इस आत्मविश्वास के द्वारा सब कुछ हो सकता है। मैंने अपने जीवन में ही इसका अनुभव किया है, अब भी कर रहा हूँ, और जैसे-जैसे आयु बढ़ती जा रही है, उतना ही यह विश्वास-दृढ़तर होता जा रहा है। जिसमें आत्मविश्वास नहीं है, वही नास्तिक है। प्राचीन धर्मों के अनुसार जो ईश्वर में विश्वास नहीं करता, वह नास्तिक है। नूतन धर्म कहता है, जो आत्मविश्वास नहीं रखता, वही नास्तिक है। किन्तु यह विश्वास केवल इस क्षुद्र 'मैं' को लेकर नहीं है, क्योंकि वेदान्त एकत्ववाद की भी शिक्षा देता है। इस विश्वास का अर्थ है—सबके प्रति विश्वास, क्योंकि तुम सभी एक हो। अपने प्रति प्रेम का अर्थ है सब प्राणियों से प्रेम, समस्त पशु-पक्षियों से प्रेम, सब वस्तुओं से प्रेम—क्योंकि तुम सब एक हो। यही महान् विश्वास जगत् को अधिक अच्छा बना सकेगा। यही मेरा विश्वास है। वही सर्वश्रेष्ठ मनुष्य है, जो सच्चाई के साथ कह सकता है, "मैं अपने सम्बन्ध में सब कुछ जानता हूँ।" क्या तुम जानते हो कि तुम्हारी इस देह के भीतर कितनी ऊर्जा, कितनी

शक्तियाँ, कितने प्रकार के बल अब भी छिपे पड़े हैं ? मनुष्य में जो है, उस सबका ज्ञान कौन सा वैज्ञानिक प्राप्त कर सकता है ? लाखों वर्षों से मनुष्य पृथ्वी पर है, किन्तु अभी तक उसकी शक्ति का पारमाणविक अंश मात्र ही प्रकाशित हुआ है। अतएव तुम कैसे अपने को जबरदस्ती दुर्बल कहते हो ? ऊपर से दिखनेवाली इस पतितावस्था के पीछे क्या सम्भावना है, क्या तुम यह जानते हो ? तुम्हारे अन्दर जो है, उसका थोड़ा सा तुम जानते हो। तुम्हारे पीछे है शक्ति और आनन्द का अपार सागर।

आत्मा वा अरे श्रोतव्यः—इस आत्मा के बारे में पहले सुनना चाहिए। दिन-रात श्रवण करो कि तुम्हीं वह आत्मा हो। दिन-रात यही भाव अपने में व्याप्त किए रहो, यहाँ तक कि वह तुम्हारे रक्त की प्रत्येक बूँद में और तुम्हारी नस-नस में समा जाए। सम्पूर्ण शरीर को इसी एक आदर्श के भाव से पूर्ण कर दो—'मैं अज, अविनाशी, आनन्दमय, सर्वज्ञ, सर्वशक्तिमान, नित्य ज्योतिर्मय आत्मा हूँ—दिन-रात यही चिन्तन करते रहो, जब तक कि यह भाव तुम्हारे जीवन का अविच्छेद्य अंग नहीं बन जाता। इसी का ध्यान करते रहो—और इसी से तुम कर्म करने में समर्थ हो सकोगे।' हृदय पूर्ण होने पर मुँह बात करता है—हृदय पूर्ण होने पर हाथ भी काम करते हैं। अतएव इस प्रकार की अवस्था में ही यथार्थ कार्य सम्पूर्ण हो सकेगा। अपने को इस आदर्श के भाव से ओत-प्रोत कर डालो—जो कुछ करो उसी का चिन्तन करते रहो। तब इस विचार-शक्ति के प्रभाव से तुम्हारे सम्पूर्ण कर्म वृहत्, परिवर्तित और देशभावापन्न हो जाएँगे। अगर 'जड़' शक्तिशाली है, तो 'विचार' सर्वशक्तिमान है। इस विचार से अपने जीवन को प्रेरित कर डालो, स्वयं को अपनी तेजस्विता, सर्वशक्तिमत्ता और गरिमा के भाव से पूर्णतः भर लो। ईश्वरेच्छा से काश कुसंस्कारपूर्ण भाव तुम्हारे अन्दर प्रवेश न कर पाते! ईश्वरकृपा से काश हम लोग इस कुसंस्कार के प्रभाव तथा दुर्बलता और नीचता के भाव से परिवेष्टित न होते! ईश्वरेच्छा से काश, मनुष्य अपेक्षाकृत सहज उपाय द्वारा उच्चतम, महत्तम सत्यों को प्राप्त कर सकता! किन्तु उसे इन सबमें से होकर ही जाना पड़ता है; जो लोग तुम्हारे पीछे आ रहे हैं, उनके लिए रास्ता अधिक दुर्गम न बनाओ।

कभी-कभी इन सत्यों का उपदेश बड़ा भयानक होता है। मैं जानता हूँ, बहुत से लोग ये उपदेश सुनकर भयभीत हो जाते हैं, किन्तु जो व्यावहारिक स्तर पर अभ्यास करना चाहते हैं, उनके लिए यही पहला पाठ है। अपने से अथवा किसी दूसरे से कभी यह न कहो कि तुम दुर्बल हो। यदि कर सको तो जगत् का कल्याण करो, पर उसका अनिष्ट न करो। अपने अंतरतम से यह समझ लो कि तुम्हारे ये सीमित विचार एवं काल्पनिक पुरुषों के सामने घुटने टेककर तुम्हारा रोना या प्रार्थना करना केवल अंधविश्वास है। मुझे एक ऐसा उदाहरण बताओ, जहाँ बाहर से इन प्रार्थनाओं का उत्तर मिला हो। जो भी उत्तर पाते हो, वह अपने हृदय से ही। तुम जानते हो कि भूत नहीं होते, किन्तु अन्धकार में जाते ही शरीर कुछ काँप सा जाता है। इसका कारण यह है

कि बिलकुल बचपन से ही हम लोगों के सिर में यह भय घुसा दिया गया है। किन्तु समाज के भय से, संसार के कहने-सुनने के भय से, बन्धु-बान्धवों की घृणा के भय से, अथवा अपने प्रिय कुसंस्कार के नष्ट होने के भय से, यह सब हम दूसरों को न सिखाएँ। इन सबको जीत लो। धर्म के विषय में विश्व-ब्रह्मांड के एकत्व और आत्मविश्वास के अतिरिक्त और क्या शिक्षा आवश्यक है?—शिक्षा केवल इतनी ही देनी है। सहस्रों वर्षों से मनुष्य इसी लक्ष्य की प्राप्ति की चेष्टा करता आ रहा है और अभी भी कर रहा है। अब तुम्हारी बारी है, और सत्य को तुम जानते हो। क्योंकि सब ओर से हम उसी की शिक्षा पाते हैं। केवल दर्शन और मनोविज्ञान ही नहीं, भौतिक विज्ञान भी उसी की घोषणा करते हैं। आज ऐसा वैज्ञानिक कहाँ है, जो जगत् के एकत्व के सत्य को स्वीकार करने से डरता हो? आज कौन अनेक जगतों की बातें कहने का साहस कर सकता है? यह सब अंधविश्वास मात्र है। केवल एक ही जीवन है, एक ही जगत् है और वही हम लोगों के सामने अनेकवत प्रतीत होता है। यह अनेकता एक स्वप्न सदृश है। स्वप्न देखते समय एक के बाद दूसरा स्वप्न आता है। स्वप्न में जो देखा जाता है, वह सत्य तो नहीं है। एक स्वप्न के बाद दूसरा स्वप्न दिखाई पड़ता है—विभिन्न दृश्य तुम्हारी आँखों के सामने उद्भासित होते रहते हैं। इसी प्रकार का यह पन्द्रह आने दुःखरूप और एक आना सुखरूप जगत् जान पड़ता है। शायद कुछ दिन बाद ही यह पन्द्रह आने सुखरूप प्रतीत होगा—तब हम इसे स्वर्ग कहेंगे। किन्तु साधक को सिद्धावस्था प्राप्त होने पर एक ऐसी अवस्था आती है, जिसमें यह सब अन्तर्हित हो जाता है—यह जगत् और अपनी आत्मा साक्षात् ब्रह्मरूप अनुभव होती है। अतएव जगत् अनेक नहीं हैं, जीवन अनेक नहीं है. यह बहुत उस एकत्व की ही अभिव्यक्ति है। केवल वह 'एक' ही अपने को बहुरूप में—जड़, चेतन, मन, विचार अथवा अन्य विविध रूपों में व्यक्त कर रहा है। अतएव हम लोगों का प्रथम कर्तव्य है—इस तत्त्व की अपने को तथा दूसरों को शिक्षा देना।

जगत् इस महान् आदर्श की घोषणा से प्रतिध्वनित हो—सब कुसंस्कार दूर हों। दुर्बल मनुष्यों को यही सुनाते रहो—लगातार सुनाते रहो—'तुम शुद्धस्वरूप हो, उठो, जाग्रत हो जाओ। हे शक्तिमान, यह नींद तुम्हें शोभा नहीं देती। जागो, उठो, यह तुम्हें शोभा नहीं देता। तुम अपने को दुर्बल और दुःखी मत समझो। हे सर्वशक्तिमान, उठो, जाग्रत होओ, अपना स्वरूप प्रकाशित करो। तुम अपने को पापी समझते हो, यह तुम्हें शोभा नहीं देता। तुम अपने को दुर्बल समझते हो, यह तुम्हारे लिए उचित नहीं है।' जगत् से यही कहते रहो, अपने से यही कहते रहो—देखो, इसका क्या व्यावहारिक फल होता है, देखो, कैसे बिजली के प्रकाश से सभी वस्तुएँ प्रकाशित हो उठती हैं, और सब कुछ कैसे परिवर्तित हो जाता है। मनुष्य जाति से यह बतलाओ और उसे उसकी शक्ति दिखा दो। तभी हम अपने दैनंदिन जीवन में उसका प्रयोग करना सीख सकेंगे।

जिसे हम विवेक या सदसत् विचार कहते हैं, उसका अपने जीवन के प्रतिक्षण में एवं प्रत्येक कार्य में उपयोग करने की क्षमता प्राप्त करने के लिए हमें सत्य की कसौटी जान लेनी चाहिए—और वह है पवित्रता तथा एकत्व का ज्ञान। जिससे एकत्व की प्राप्ति हो, वही सत्य है। प्रेम सत्य है; घृणा असत्य है, क्योंकि वह अनेकत्व को जन्म देती है। घृणा ही मनुष्य को मनुष्य से पृथक् करती है—अतएव वह गलत और मिथ्या है; यह एक विघटक शक्ति है; वह पृथक् करती है—नाश करती है।

प्रेम जोड़ता है; प्रेम एकत्व स्थापित करता है। सभी एक हो जाते हैं—माँ सन्तान के साथ, परिवार नगर के साथ, सम्पूर्ण जगत् पशु-पक्षियों के साथ एकीभूत हो जाता है, क्योंकि प्रेम ही सत् है, प्रेम ही भगवान् है और यह सभी कुछ उसी एक प्रेम का ही न्यूनाधिक प्रस्फुटन है। प्रभेद केवल मात्रा के तारतम्य में है, किन्तु वास्तव में सभी कुछ उसी एक प्रेम की ही अभिव्यक्ति है। अतएव हम लोगों को यह देखना चाहिए कि हमारे कर्म अनेकत्व-विधायक हैं अथवा एकत्व-सम्पादक। यदि वे अनेकत्व-विधायक हैं, तो उनका त्याग करना होगा और यदि वे एकत्व-सम्पादक हैं, तो उन्हें सत्कर्म समझना चाहिए। इसी प्रकार विचारों के सम्बन्ध में भी सोचना चाहिए। देखना चाहिए कि उनसे विघटन या अनेकत्व उत्पन्न होता है या एकत्व, और वे एक आत्मा को दूसरी आत्मा से मिलाकर एक महान् शक्ति उत्पन्न करते हैं या नहीं। नहीं। यदि करते हैं, तो ऐसे विचारों को अंगीकार करना चाहिए अन्यथा उन्हें अपराध मानकर त्याग देना चाहिए।

वेदान्त का नीति-शास्त्र किसी अज्ञेय तत्त्व पर आधारित नहीं है, वह किसी अज्ञात तत्त्व का उपदेश नहीं करता, वरन् उपनिषदों की भाषा में, 'जिस ईश्वर की हम एक अज्ञात ईश्वर के रूप में उपासना करते हैं, मैं तुमको उसी का उपदेश कर रहा हूँ।' तुम जो कुछ जानते हो, आत्मा के द्वारा ही जानते हो। देखने से पहले मुझे अपने स्वयं का ज्ञान होता है, उसके बाद कुर्सी का। इस आत्मा में और उसके द्वारा ही इस कुर्सी का ज्ञान होता है। इस आत्मा में और उसके द्वारा ही मुझे तुम्हारा ज्ञान होता है, सम्पूर्ण जगत् का ज्ञान होता है। अतएव आत्मा को अज्ञात कहना केवल प्रलाप है। आत्मा को हटा लेने से सम्पूर्ण जगत् ही विलुप्त हो जाता है। आत्मा के द्वारा ही सम्पूर्ण ज्ञान होता है—अतएव यही सबसे अधिक ज्ञात है। यही वह 'तुम' हो जिसको तुम 'मैं' कहते हो। तुम लोग यह सोचकर आश्चर्य करते हो कि मेरा 'मैं' भला तुम्हारा 'मैं' कैसे हो सकता है; तुम्हें आश्चर्य होता है कि यह सान्त 'मैं' किस प्रकार अनन्त असीमस्वरूप हो सकता है? किन्तु वास्तव में यही बात सत्य है। सान्त—'मैं' केवल भ्रम मात्र है, गल्पकथा मात्र है। उस अनन्त के ऊपर मानो एक आवरण पड़ा हुआ है और उसका कुछ अंश इस 'मैं' रूप में प्रकाशित हो रहा है, किन्तु वास्तव में वह उसी अनन्त का अंश है। यथार्थ में ससीम कभी असीम नहीं होता—'ससीम' केवल बात की बात है। अतएव यह आत्मा नर-नारी, बालक-बालिका, यहाँ तक कि पशु-पक्षी सभी को ज्ञात है।

उसको बिना जाने हम क्षणमात्र भी जीवित नहीं रह सकते। उस सर्वेश्वर प्रभु को बिना जाने हम लोग एक क्षण भी श्वास-प्रश्वास तक नहीं ले सकते, न गतिशील हो सकते, न अपना अस्तित्व बनाए रख सकते हैं। वेदान्त का ईश्वर सब चीजों की अपेक्षा अधिक ज्ञात है; वह कल्पनाप्रसूत नहीं है।

यदि यह एक व्यावहारिक ईश्वर की शिक्षा नहीं है, तो फिर और किस प्रकार से तुम उसकी शिक्षा दे सकोगे? जो ईश्वर, सब प्राणियों में विराजमान है, हमारी इन्द्रियों से भी अधिक सत्य है, मैं जिसे सम्मुख देख रहा हूँ, उससे भी अधिक ईश्वर और व्यावहारिक कहाँ होगा? क्योंकि तुम्हीं वह सर्वव्यापी, सर्वशक्तिमान ईश्वर हो, और यदि यह कहूँ कि तुम वह नहीं हो, तो मैं झूठ बोलता हूँ। सारे समय में इसकी अनुभूति करूँ या न करूँ, सत्य यही है। वह एक, अखंड वस्तुस्वरूप, सर्व वस्तुओं की एकता, समस्त जीवन और समस्त अस्तित्व का सत्यस्वरूप है।

वेदान्त के नीति-शास्त्र के इन सभी विचारों को और भी विस्तृत रूप से कहना पड़ेगा। अतएव थोड़ा सा धैर्य रखना आवश्यक है। पहले ही कह चुका हूँ, हम लोगों को इसका विस्तृत निरूपण करना पड़ेगा—और यह भी देखना है कि किस प्रकार यह आदर्श निम्नतर आदर्शों से क्रमशः विकसित हुआ है, और किस प्रकार पूरा एकत्व का आदर्श धीरे-धीरे विकसित होकर विश्व प्रेम में परिणत हो गया है। खतरों से बचने के लिए इन सब तत्त्वों का अध्ययन आवश्यक है। दुनिया तो धीरे-धीरे निम्नतम आदर्श से ऊपर उठने के लिए रुकी नहीं रह सकती; किन्तु हमारे ऊँचे सोपान पर चढ़ने का फल ही क्या, यदि हम यह सत्य बाद में आनेवाली पीढ़ियों को न दे सकें? इसलिए इसकी आलोचना हमें विशेष रूप से विस्तारपूर्वक करनी होगी, और प्रथमतः उसके बौद्धिक पक्ष को स्पष्ट करना परम आवश्यक है, यद्यपि हम जानते हैं कि बौद्धिकता का विशेष मूल्य नहीं, हृदय ही सबसे अधिक महत्त्वपूर्ण है। हृदय के द्वारा ही भगवत्साक्षात्कार होता है, बुद्धि के द्वारा नहीं। बुद्धि केवल जमादार के समान रास्ता साफ कर देती है—वह गौण सहायक है, पुलिस के समान है—किन्तु समाज के सुन्दर परिचालन के लिए पुलिस की सकारात्मक आवश्यकता नहीं होती। उसका कार्य उपद्रव रोकना और अन्याय निवारण करना है। बुद्धि का कार्य भी इतना ही है। जब बौद्धिक पुस्तकें पढ़ते हो, तब उन पर अधिकार कर लेने पर तुम यही सोचते हो कि 'ईश्वर को धन्यवाद है, मैं उनके बाहर निकल आया।' इसका कारण यह है कि बुद्धि अन्धी है, उसकी अपनी गति-शक्ति नहीं है, उसके हाथ-पैर नहीं हैं। भावना ही वास्तव में कार्य करती है, उसकी गति बिजली अथवा उससे भी अधिक वेगवान पदार्थ की अपेक्षा श्रेष्ठ होती है। अब प्रश्न यह है कि क्या तुम्हारे भावना है? यदि है तो तुम ईश्वर को देखोगे। आज तुम्हारी जितनी भी भावना है, वही प्रबल होती जाएगी,—देवभावापन्न होती रहेगी, उच्चतम भूमिका में प्रतिष्ठित होगी, और अन्ततः वह हर वस्तु का अनुभव करेगी, हर वस्तु में एकत्व, स्वयं में तथा हर अन्य वस्तु में ईश्वर का अनुभव करने

लगेगी। बुद्धि यह नहीं कर सकती। 'शब्दों के प्रयोग के विभिन्न तरीके, शास्त्र-व्याख्या की विभिन्न शैलियाँ केवल पंडितों के लिए हैं, हमारे लिए नहीं, आत्मा की मुक्ति के लिए नहीं।'

तुम लोगों में से जिन्होंने टॉमस-आ-केम्पिस की 'ईसा-अनुसरण' नामक पुस्तक पढ़ी है, वे जानते हैं कि हर पृष्ठ पर किस प्रकार उन्होंने इस बात पर जोर दिया है; संसार के प्राय: हर सन्त ने इसी पर जोर दिया है। बुद्धि आवश्यक है, क्योंकि उसके बिना हम अनेक भ्रमों में पड़ जाते हैं और गलतियाँ करते हैं। विचार-शक्ति उसका निवारण करती है, इसके अतिरिक्त बुद्धि की नींव पर और कुछ निर्माण करने की चेष्टा न करना। वह केवल एक गौण सहायक मात्र है, निष्क्रिय है, वास्तविक सहायता भावना से, प्रेम से प्राप्त होती है। तुम क्या किसी दूसरे के लिए हृदय से अनुभव करते हो? यदि करते हो तो एकत्व के भाव में तुम विकास कर रहे हो। यदि नहीं, तो तुम भूतो न भविष्यति एक बौद्धिक दैत्य भले ही हो, तुम कुछ हो नहीं सकोगे, केवल शुष्क बुद्धि हो और वही बने रहोगे। यदि तुम हृदय से अनुभव करते हो, तो एक भी पुस्तक न पढ़ सकने पर, कोई भाषा न जानने पर भी, तुम ठीक रास्ते पर चल रहे हो। ईश्वर तुम्हारा है।

क्या विश्व के इतिहास में तुम्हें पैगम्बरों की शक्ति के स्रोत का पता नहीं चला? बुद्धि में? उनमें से क्या कोई दर्शन सम्बन्धी सुन्दर पुस्तक लिखकर छोड़ गया है; अथवा न्याय के कूट विचार लेकर कोई पुस्तक लिख गया है? किसी ने ऐसा नहीं किया। वे केवल कुछ थोड़ी सी बातें कह गए हैं। ईसा की भाँति भावना करो, तुम भी ईसा हो जाओगे; बुद्ध के समान भावना करो, तुम भी बुद्ध बन जाओगे। भावना ही जीवन है, भावना ही बल है, भावना ही तेज है—भावना के बिना कितनी ही बुद्धि क्यों न लगाओ, ईश्वर-प्राप्ति नहीं होगी। बुद्धि चलनशक्ति-शून्य अंग-प्रत्यंग के समान है। जब भावना उसे अनुप्राणित करके गतियुक्त करती है, तभी वह दूसरे के हृदय को स्पर्श करती है। जगत् में सदा से ऐसा ही होता आया है, अतएव यह तुम्हें भली-भाँति याद रखना चाहिए। वेदान्ती नीति-शास्त्र में यह एक सर्वाधिक व्यावहारिक बात है, क्योंकि वेदान्त कहता है, तुम सब पैगम्बर हो—तुम सबको पैगम्बर होना ही पड़ेगा। कोई ग्रन्थ तुम्हारे कार्यों का प्रमाण नहीं, किन्तु तुम्हीं ग्रन्थों के प्रमाणस्वरूप हो। कोई पुस्तक सत्य की ही शिक्षा देती है, यह किस प्रकार जानते हो? क्योंकि तुम सत्य हो और तुम भी ठीक वैसा ही अनुभव करते हो। वेदान्त यही शिक्षा देता है। जगत् के ईसा और बुद्धगणों का प्रमाण क्या है?—यही कि हम-तुम भी वैसा ही अनुभव करते हैं। इसी कारण हम-तुम समझते हैं कि ये सब सत्य है। हम लोगों की पैगम्बर आत्मा ही उन लोगों की पैगम्बर आत्मा का प्रमाण हैं, यहाँ तक कि तुम्हारा ईश्वरत्व ही ईश्वर का भी प्रमाण है। यदि तुम वास्तविक महापुरुष नहीं हो, तो ईश्वर के सम्बन्ध में भी कोई बात सत्य नहीं। तुम यदि ईश्वर नहीं हो, तो कोई ईश्वर भी नहीं है और कभी होगा भी नहीं।

वेदान्त कहता है, इसी आदर्श का अनुसरण करना चाहिए। हम लोगों में से प्रत्येक को पैगम्बर बनना पड़ेगा—और तुम स्वरूपत: वही हो। बस केवल यह 'जान' लो ? यह कभी न सोचना कि आत्मा के लिए कुछ असम्भव है। ऐसा सोचना ही भयानक नास्तिकता है। यदि पाप नामक कोई वस्तु है, तो वह यह कहना है कि मैं दुर्बल हूँ अथवा अन्य कोई दुर्बल है।

(10 नवम्बर, 1896 ई. को लन्दन में दिया हुआ व्याख्यान)

सभ्यता का अवयव वेदान्त

जो लोग किसी वस्तु का केवल बाह्य स्थूल स्वरूप ही देखने में समर्थ हैं, वे भारतीय राष्ट्र को केवल विजितों, पीड़ितों तथा स्वप्नद्रष्टाओं और दार्शनिकों की जाति समझते हैं। वे इस बात को समझने में असमर्थ हैं कि आध्यात्मिक क्षेत्र में भारत ने संसार को जीत लिया है। नि:संदेह यह सच है कि जिस प्रकार अत्यधिक कार्यशील पाश्चात्य बुद्धि प्राच्य अन्तर्वीक्षण और चिन्तनशीलता को अपनाने से लाभान्वित होगी, उसी प्रकार प्राच्य बुद्धि भी किंचित् अधिक कार्यशीलता तथा ऊर्जस्विता के द्वारा लाभान्वित होगी। फिर भी, हम पूछ सकते हैं कि वह शक्ति क्या है, जिसके कारण सहिष्णु तथा पीड़ित जातियाँ—हिन्दू तथा यहूदी, जिन दो जातियों से विश्व के महान् धर्म निकले, जीवित रहीं, जब कि अन्य राष्ट्र विनष्ट हो गए? इसका कारण केवल आध्यात्मिक शक्ति हो सकती है। आज भी हिन्दू शान्त भाव से जीवित हैं; तथा यहूदी, जब वे फिलिस्तीन में रहते थे, तब की अपेक्षा आज अधिक संख्या में पाए जाते हैं। भारतीय दर्शन समस्त सभ्य संसार में व्याप्त हो गया है और अपनी इस यात्रा में सभ्यताओं को ओतप्रोत तथा परिमार्जित करता गया है। इसी प्रकार, प्राचीन काल में भी जब यूरोप अज्ञात था, भारत का वाणिज्य अफ्रीका के छोर तक पहुँच गया था, विश्व के अन्य भागों से आवागमन स्थापित कर चुका था, जिससे यह मान्यता निर्मूल सिद्ध हो जाती है कि भारतीय अपने देश के बाहर कभी नहीं गए।

यह भी ध्यान देने योग्य है कि किसी विदेशी शक्ति का भारत पर आधिपत्य, उस शक्ति के इतिहास में उसे एक मोड़ देनेवाला बिन्दु रहा है, जिससे उसको धन, वैभव, राज्य तथा आध्यात्मिक विचार प्राप्त होते रहे हैं। जब कि एक पाश्चात्य मनुष्य यह नापने का प्रयत्न करता है कि उसके लिए कितना अधिक परिग्रह और भोग कर सकना सम्भव है, प्राच्य मनुष्य विपरीत दिशा में जाता है और नापता-सा है कि वह कम से कम कितनी भौतिक सम्पत्ति से काम चला सकता है। उस प्राचीन जाति में ईश्वर को प्राप्त करने के प्रयत्न का सूत्र हम वेदों में पाते हैं। उस ईश्वर की प्राप्ति के हेतु उन लोगों ने उपासना के विभिन्न स्तरों को अपनाया। पितरों की पूजा से आरम्भ कर वे लोग अग्नि, अर्थात् अग्निदेवता, इन्द्र, अर्थात् तड़ित के देवता तथा देवाधिदेव वरुण तक पहुँच गए। ईश्वर सम्बन्धी कल्पना का विकास, अर्थात् बहुदेववाद से एकेश्वरवाद,

हम सभी धर्मों में पाते हैं। इसका सही अर्थ यह है कि वह ईश्वर वनजातियों के देवताओं में प्रधान है, विश्व की सृष्टि करता है, शासन करता है तथा प्रत्येक हृदय को देखता रहता है। इस प्रकार से यह क्रमिक विकास बहुदेववाद से एकेश्वरवाद की ओर ले जाता है। परन्तु ईश्वर की यह मानवीय कल्पना हिन्दुओं को सन्तुष्ट नहीं कर सकीं। यह कल्पना उन लोगों के लिए, जो दिव्य तत्त्व का अन्वेषण कर रहे थे, अत्यधिक मानवीय थी। अतएव, उन लोगों ने ईश्वर का अन्वेषण इन्द्रियजन्य तथा बाह्य भौतिक जगत् में करना छोड़ दिया और अपना ध्यान अन्तर्जगत् के प्रति केन्द्रित किया। क्या कोई अन्तर्जगत् है भी? वह है तो क्या है? यह है आत्मा। यह स्वयंस्वरूप है तथा केवल यही एक ऐसा तत्त्व है, जिसके विषय में कोई व्यक्ति निश्चित हो सकता है। यदि वह स्वयं अपने को जान ले, तो वह समूचे ब्रह्मांड को जान सकता है, अन्यथा नहीं। यही प्रश्न दूसरे रूप में काल के प्रारम्भ में ही, ऋग्वेद में पूछा गया था—'कौन अथवा क्या आदि काल ही से वर्तमान था?' इस प्रश्न का उत्तर क्रम से वेदान्त दर्शन ने दिया कि आत्मा ही आदि काल में स्थित थी, अर्थात्, जिसे हम ब्रह्म, विश्वात्मा तथा स्वयंस्वरूप कहते हैं, वह शक्ति है जिसके द्वारा प्रारम्भ से ही सभी तत्त्व व्यक्त हुए थे, हो रहे हैं और होंगे।

वेदान्त के दार्शनिकों ने उपर्युक्त प्रश्न का हल करते हुए नीतिशास्त्र के मूल आधार का भी आविष्कार किया। यद्यपि सभी धर्म 'हत्या मत करो; हिंसा मत करो; अपने पड़ोसियों को अपने ही जैसा प्यार करो' इत्यादि नैतिकतामूलक आचार की शिक्षा देते हैं, परन्तु किसी भी धर्म ने इन शिक्षाओं के मौलिक सिद्धान्त पर प्रकाश नहीं डाला है। 'मैं अपने पड़ोसी को क्यों न हानि पहुँचाऊँ?' इस प्रश्न का सन्तोषजनक अथवा निश्चयात्मक उत्तर तब तक नहीं प्राप्त हो सका, जब तक हिन्दुओं ने, जो केवल धार्मिक अन्ध नियमों से ही सन्तुष्ट नहीं हो सकते थे, इसका हल आध्यात्मिक विचारधारा से नहीं किया। अतएव, हिन्दुओं का कहना है कि यह आत्मा सम्पूर्ण तथा सर्वव्यापी है; अत: अनन्त है। दो अनन्त तत्त्वों का अस्तित्व नहीं हो सकता, क्योंकि वे एक दूसरे को सीमित कर देंगे और स्वयं भी परिमित हो जाएँगे। एक बात और; प्रत्येक जीवात्मा उस विश्वात्मा का, जो कि अनन्त है, एक अंश है। अत: अपने पड़ोसी को हानि पहुँचाकर मनुष्य वस्तुत: स्वयं अपने आपको हानि पहुँचाता है। यह सभी नीति-संहिताओं का आधारभूत दार्शनिक सत्य है।

बहुधा यह विश्वास कर लिया जाता है कि एक व्यक्ति पूर्णता प्राप्त करने की यात्रा में भ्रान्ति से सत्य की ओर जाता है तथा जब एक विचार से दूसरे विचार पर पहुँचता है, तो वह पहले वाले विचार को निश्चयात्मक रूप से अस्वीकृत कर देता है। परन्तु कोई भी भ्रान्ति सत्य की ओर नहीं ले जा सकती। विभिन्न दशाओं के अतिक्रमण में जीवात्मा एक सत्य से दूसरे सत्य की ओर जाती है, क्योंकि वह निम्न कोटि के सत्य से उच्चतर कोटि के सत्य की ओर जाती है। यह बात निम्नांकित उदाहरण से स्पष्ट

की जा सकती है। मान लो कि एक मनुष्य सूर्य की ओर जा रहा है और हर एक पग पर उसका फोटो लेता जाता है। परन्तु जब वह सचमुच ही सूर्य तक पहुँच जाता है, तब उसका लिया हुआ पहला फोटो दूसरे से, और दूसरा तीसरे से या अन्तिम फोटो से कितना भिन्न होगा! परन्तु ये सभी एक दूसरे से अत्यधिक भिन्न होते हुए भी सत्य हैं। केवल समय तथा स्थान की परिवर्तित दशाओं से वे विभिन्न दीख पड़ते हैं। इस सत्य की मान्यता ही के कारण एक हिन्दू सभी धर्मों में, निकृष्ट से उत्कृष्ट में भी इस सार्वभौम सत्य को देखने में समर्थ होता है। इस दृष्टिकोण के कारण हिन्दुओं ने कभी धार्मिक उत्पीड़न का आश्रय नहीं लिया। (यहाँ तक कि) आज एक मुसलमान सन्त की दरगाह, जो मुसलमानों द्वारा निरादृत और विस्मृत कर दी गई है, वह हिन्दुओं द्वारा पूजी जाती है! इस प्रकार की सहिष्णु प्रवृत्ति के अनेक उदाहरण दिए जा सकते हैं।

प्राच्य बुद्धि तब तक सन्तुष्ट नहीं हो सकती, जब तक सम्पूर्ण मानवता द्वारा ईप्सित लक्ष्य—एकत्व को प्राप्त न कर ले। पाश्चात्य वैज्ञानिक एकत्व को अणु या परमाणु में खोजता है और जब वह इसे पा लेता है, तब उसको आगे और कुछ खोजने को नहीं रह जाता। इस प्रकार जब हम आत्मा या स्वयं की एकता प्राप्त कर लेते हैं, जिसे आत्मा कहते हैं, तब हम आगे नहीं जा सकते। अतः यह स्पष्ट है कि इस बाह्य जगत् में जो कुछ है, वह उसी एक तत्त्व का व्यक्त स्वरूप है।

फिर भी, वैज्ञानिक को भी अध्यात्म को मान्यता देने की आवश्यकता तब आ पड़ती है, जब वह कल्पना करता है कि एक परमाणु, जिसकी लम्बाई और चौड़ाई नहीं होती, वह भी संयुक्त होकर, विस्तार, लम्बाई तथा चौड़ाई का कारण बन जाता है। जब एक अणु दूसरे अणु पर क्रियाशील होता है, तो इसका कारण कोई माध्यम होगा ही। वह माध्यम क्या है? वह (शायद) एक तीसरा परमाणु होगा। यदि ऐसा है, तो भी इस प्रश्न का हल नहीं हो सकता है, क्योंकि ये दो परमाणु तीसरे पर कैसे क्रियाशील होंगे? यह स्पष्ट ही एक असंगत तथा तर्क-विरुद्ध परिकल्पनाओं में पाए जाते हैं, जैसे कि बिन्दु वह है, जिसका कोई अंश या विस्तार न हो, या रेखा वह है, जिसमें चौड़ाई रहित लम्बाई हो। परन्तु ऐसी कल्पनाएँ न देखी जा सकती हैं और न विचारगम्य ही हैं। क्यों? इसलिए कि ये इन्द्रियों द्वारा बोधगम्य नहीं हैं और ये दार्शनिक कल्पनाएँ हैं। अतः हम देखते हैं कि बुद्धि ही अन्ततः सभी प्रत्यक्षों को स्वरूप प्रदान करती है। जब मैं एक कुर्सी को देखता हूँ, तब वह कुर्सी मेरी आँखों के बाहर की असली कुर्सी नहीं होती, जिसका हमें बोध होता है; परन्तु वह (कुर्सी) किसी बाह्य वस्तु तथा तज्जन्य मानसिक प्रतिमा का संयोग ही होती है। इस प्रकार एक भौतिकवादी भी अन्ततोगत्वा अध्यात्म की ओर प्रेरित हो जाता है।

(एअर्ली लॉज, रिजवे गार्डेन्स, इंग्लैंड में दिए गए एक भाषण का उद्धरण)

गुरु की आवश्यकता

प्रत्येक जीवात्मा का पूर्णत्व प्राप्त कर लेना बिलकुल निश्चित है और अन्त में सभी इस पूर्णावस्था की प्राप्ति कर लेंगे। हम वर्तमान जीवन में जो कुछ हैं, वह हमारे पूर्व जीवन के कर्मों और विचारों का फल है, और हम जो कुछ भविष्य में होंगे, वह हमारे अभी के कर्मों और विचारों का फल होगा। पर, हम स्वयं ही अपना भाग्य निर्णय कर रहे हैं, इससे यह न समझ बैठना चाहिए कि हमें किसी बाहरी सहायता की आवश्यकता नहीं; बल्कि अधिकतर स्थलों में तो इस प्रकार की सहायता नितान्त आवश्यक होती है। जब ऐसी सहायता प्राप्त होती है, तो आत्मा की उच्चतर शक्तियाँ और सम्भावनाएँ उद्दीप्त हो जाती हैं, आध्यात्मिक जीवन जाग्रत हो जाता है, उसकी उन्नति वेगवती हो जाती है और अन्त में साधक पवित्र और सिद्ध हो जाता है।

यह संजीवनी-शक्ति पुस्तकों से नहीं मिल सकती। इस शक्ति की प्राप्ति तो एक आत्मा एक दूसरी आत्मा से ही कर सकती है—अन्य किसी से नहीं। हम भले ही सारा जीवन पुस्तकों का अध्ययन करते रहें और बड़े बौद्धिक हो जाएँ, पर अन्त में हम देखेंगे कि हमारी तनिक भी आध्यात्मिक उन्नति नहीं हुई है। यह बात सत्य नहीं कि उच्च स्तर के बौद्धिक विकास के साथ-साथ मनुष्य के आध्यात्मिक पक्ष की भी उतनी ही उन्नति होगी। पुस्तकों का अध्ययन करते समय हमें कभी-कभी यह भ्रम हो जाता है कि इससे हमें आध्यात्मिक सहायता मिल रही है; पर यदि हम ऐसे अध्ययन से अपने में होनेवाले फल का विश्लेषण करें, तो देखेंगे कि उससे, अधिक से अधिक हमारी बुद्धि को ही कुछ लाभ होता है, हमारी अन्तरात्मा को नहीं। पुस्तकों का अध्ययन हमारे आध्यात्मिक विकास के लिए पर्याप्त नहीं है। यही कारण है कि यद्यपि लगभग हम सब आध्यात्मिक विषयों पर बड़ी पांडित्यपूर्ण बातें कर सकते हैं, पर जब उन बातों को कार्यरूप में परिणत करने का—यथार्थ आध्यात्मिक जीवन बिताने का अवसर आता है, तो हम अपने को सर्वथा अयोग्य पाते हैं। जीवात्मा की शक्ति को जाग्रत करने के लिए किसी दूसरी आत्मा से ही शक्ति का संचार होना चाहिए।

जिस व्यक्ति की आत्मा से दूसरी आत्मा में शक्ति का संचार होता है, वह गुरु कहलाता है और जिसकी आत्मा में यह शक्ति संचारित होती है, उसे शिष्य कहते हैं। किसी भी आत्मा में इस प्रकार शक्ति-संचार करने के लिए आवश्यक है कि पहले

तो, जिस आत्मा से यह संचार होता हो, उसमें स्वयं इस संचार की शक्ति मौजूद रहे, और दूसरे, जिस आत्मा में यह शक्ति संचारित की जाए, वह इसे ग्रहण करने योग्य हो। बीज सजीव हो एवं भूमि भी अच्छी जुती हुई हो, और जब ये दोनों बातें मिल जाती हैं, तो वहाँ वास्तविक धर्म का अपूर्व विकास होता है। 'यथार्थ धर्म-गुरु में अपूर्व योग्यता होनी चाहिए, और उसके शिष्य को भी कुशल होना चाहिए।[1] जब दोनों ही अद्‌भुत और असाधारण होते हैं, तभी अद्‌भुत आध्यात्मिक जागृति होती है, अन्यथा नहीं। ऐसे ही पुरुष वास्तव में सच्चे गुरु होते हैं, और ऐसे ही व्यक्ति सच्चे शिष्य या मुमुक्षु या आदर्श साधक कहे जाते हैं। अन्य सब लोग तो आध्यात्मिकता से खेल मात्र करते हैं। उनमें बस, थोड़ा सा कौतूहल भर उत्पन्न हो गया है, थोड़ी सी बौद्धिक स्पृहा भर जग गई है, पर वे अभी धर्म-क्षितिज की बाहरी सीमा पर ही खड़े हैं। इसमें सन्देह नहीं कि इसका भी कुछ महत्त्व अवश्य है, क्योंकि हो सकता है, कुछ समय बाद यही भाव सच्ची धर्म-पिपासा में परिवर्तित हो जाए। और यह भी प्रकृति का एक बड़ा अद्‌भुत नियम है कि ज्यों ही भूमि तैयार हो जाती है, त्यों ही बीज भी आ ही जाता है, और वह आता भी है। ज्यों ही आत्मा की धर्म-पिपासा प्रबल होती है, त्यों ही धर्मशक्ति-संचारक पुरुष को उस आत्मा की सहायता के लिए आना ही चाहिए, और वे आते भी हैं। जग ग्रहीता की आत्मा में धर्म के प्रकाश की आकर्षण-शक्ति पूर्ण और प्रबल हो जाती है, तो इस आकर्षण से आकृष्ट प्रकाशदायिनी शक्ति स्वयं ही आ जाती है।

परन्तु इस मार्ग में कुछ खतरे भी हैं। उदाहरणार्थ, इस बात का डर है कि ग्रहीता आत्मा क्षणिक भावुकता को कहीं वास्तविक धर्म-पिपासा न समझ बैठे। हम अपने जीवन में ही इसका परीक्षण कर सकते हैं। हमारे जीवन-काल में प्राय: ऐसा होता है कि हमारे एक अत्यन्त प्रिय व्यक्ति की मृत्यु हो जाती है और उससे हमें बड़ा आघात लगता है, हमें लगता है कि जगत् हमारी अँगुलियों के बाहर निकला जा रहा है, हमें किसी दृढ़तर और उच्चतर आश्रय की आवश्यकता अनुभव होती है और हम सोचते हैं कि अब हमें अवश्य धार्मिक हो जाना चाहिए। कुछ दिनों बाद वह भाव-तरंग नष्ट हो जाती है और हम जहाँ थे, वहीं के वहीं रह जाते हैं। हममें वे सभी बहुधा ऐसी भाव-तरंगों को वास्तविक धर्म-पिपासा समझ बैठते हैं। और जब तक हम उन क्षणिक आवेशों के धोखे में रहेंगे, तब तक धर्म के लिए सच्ची और स्थायी, व्याकुलता नहीं आएगी, तब तक हमें ऐसा पुरुष नहीं मिलेगा, जो हममें धर्म-संचार कर सके। अतएव जब कभी हममें यह भावना उदित हो कि 'अरे! मैंने सत्य की प्राप्ति के लिए इतना प्रयत्न किया, फिर भी कुछ न हुआ; मेरे सारे प्रयत्न व्यर्थ ही हुए!' —तो उस समय ऐसी शिकायत करने के बदले हमारा प्रथम कर्तव्य यह होगा कि हम अपने आपसे ही पूछें, अपने हृदय को टटोलें और देखें कि हमारी वह स्पृहा यथार्थ है अथवा नहीं। ऐसा करने

1. आश्चर्यो वक्ता कुशलोऽस्य लब्धा॥ कठोपनिषद्॥ 1।2।7॥

पर पता चलेगा कि अधिकतर स्थलों पर हम सत्य को ग्रहण करने के उपयुक्त नहीं थे, हममें धर्म के लिए सच्ची पिपासा नहीं थी।

फिर, शक्तिसंचारक गुरु के सम्बन्ध में तो और भी बड़े खतरों की सम्भावना है। बहुत से लोग ऐसे हैं, जो स्वयं तो बड़े अज्ञानी हैं, परन्तु फिर भी अहंकारवश अपने को सर्वज्ञ समझते हैं; इतना ही नहीं, बल्कि दूसरों को भी अपने कंधों पर ले जाने को तैयार रहते हैं। इस प्रकार अन्धा अन्धे का अगुआ बन जाता है, फलतः दोनों ही गड्ढे में गिर पड़ते हैं। ''अज्ञान से घिरे हुए, अत्यन्त निर्बुद्धि होने पर भी अपने को महापंडित समझनेवाले मूढ़ व्यक्ति, अन्धे के नेतृत्व में चलनेवाले अन्धों के समान चारों ओर ठोकरें खाते हुए भटकते फिरते हैं।''[1] संसार ऐसे लोगों से भरा पड़ा है। हर एक आदमी गुरु होना चाहता है। एक भिखारी भी चाहता है कि वह लाखों का दान कर डाले! जैसे हास्यास्पद ये भिखारी हैं, वैसे ही ये गुरु भी!

---

1. अविद्यायामन्तरे वर्तमानाः स्वयं धीराः पंडितम्मन्यमानाः॥
   जंगघन्यमानाः परियन्ति मूढ़ाः अन्धेनैव नीयमानाः यथान्धाः॥
   —मुंडकोपनिषद्॥ 1।2।8॥

शिष्यत्व

मेरा विषय है 'शिष्यत्व'। मैं नहीं जानता कि मैं जो कहूँगा, वह तुमको कैसा लगेगा। इसको स्वीकार करना तुम्हारे लिए कुछ कठिन होगा—इस देश में गुरुओं और शिष्यों के जो आदर्श हैं, वे हमारे देश के ऐसे आदर्शों से बहुत भिन्न हैं। मुझे भारत की एक पुरानी लोकोक्ति याद आ रही है : 'गुरु तो लाखों मिलते हैं, पर शिष्य एक भी पाना कठिन है।' बात सही मालूम होती है। आध्यात्मिकता की प्राप्ति में एक महत्त्वपूर्ण वस्तु शिष्य की मनोवृत्ति है, जब अधिकारी योग्य होता है, तो दिव्य प्रकाश का अनायास आविर्भाव होता है।

सत्य को प्राप्त करने के लिए शिष्य के लिए क्या आवश्यक है? महान् ऋषियों ने कहा है कि सत्य प्राप्त करने में निमिष मात्र लगता है—प्रश्न केवल जान लेने भर का है। स्वप्न टूट जाता है, उसमें देर कितनी लगती है? एक सेकंड में स्वप्न का तिरोभाव हो जाता है। जब भ्रम का नाश होता है, तो उसमें कितना समय लगता है? पलक झपकने में जितनी देर लगती है, उतनी। जब मैं सत्य को जानता हूँ, तो इसके अतिरिक्त और कुछ नहीं होता कि असत्य गायब हो जाता है। मैंने रस्सी को साँप समझा था और अब मैं जानता हूँ कि वह रस्सी है। प्रश्न केवल आधे सेकंड का है। और सब कुछ हो जाता है। तू वह है। तू वास्तविकता है। इसे जानने में कितना समय लगता है? यदि हम ईश्वर हैं और सदा से वही हैं, तो इसे न जानना अत्यन्त आश्चर्य की बात है। एकमात्र स्वाभाविकता यह है कि हम इसे जानें। इसका पता लगाने में युग नहीं लगने चाहिए कि हम सदा क्या रहे हैं और अब क्या हैं?

फिर भी इस स्वतः प्रत्यक्ष सत्य को प्राप्त करना कठिन जान पड़ता है। इसकी एक धूमिल झाँकी मिलना आरम्भ होने के पूर्व युग पर युग बीत जाते हैं। ईश्वर जीवन है; ईश्वर सत्य है। हम इस विषय पर लिखते हैं; हम अपने अंतःकरण में अनुभव करते हैं कि यह सत्य है, कि आज यहाँ, अतीत और भविष्य में ईश्वर के अतिरिक्त अन्य सभी वस्तुएँ मिथ्या हैं। फिर भी हममें से अधिकांश लोग जीवन-भर एक से बने रहते हैं। हम असत्य से चिपटे रहते हैं और सत्य की ओर अपनी पीठ फेरते हैं। हम सत्य को प्राप्त करना नहीं चाहते। हम नहीं चाहते कि कोई हमारे स्वप्न को तोड़े। तो तुम देखते हो कि गुरुओं की आवश्यकता नहीं है। सीखना कौन चाहता है? पर यदि कोई

सत्य की अनुभूति प्राप्त करना चाहता है और भ्रम को जीतना चाहता है, यदि वह सत्य को किसी गुरु से प्राप्त करना चाहता है, तो उसे सच्चा शिष्य होना चाहिए।

शिष्य होना आसान नहीं है। बड़ी तैयारियों की आवश्यकता है; बहुत सी शर्तें पूरी करनी होती हैं। वेदांतियों ने मुख्य शर्तें चार रखी हैं।

पहली शर्त यह है कि जो शिष्य सत्य को जानना चाहता है, वह इस लोक अथवा परलोक में कुछ प्राप्त करने की सभी इच्छाओं को त्याग दे।

जो हम देखते हैं, वह सत्य नहीं है। जो हम देखते हैं, वह उस समय तक सत्य नहीं है, जब तक हमारे मन में इच्छाएँ घुस आती रहती हैं। ईश्वर सत्य है, और यह संसार सत्य नहीं है। जब तक हृदय में संसार के लिए तनिक भी इच्छा है, सत्य का उदय नहीं होगा। मेरे चारों ओर का संसार खँडहर हो जाए, मुझे चिन्ता नहीं। आगामी जीवन में भी ऐसा ही हो; मुझे स्वर्ग जाने की चिन्ता नहीं है। स्वर्ग क्या है? इस पृथ्वी का ही एक प्रस्तार है। यदि स्वर्ग न होता, पृथ्वी पर के इस मूर्खतापूर्ण जीवन का प्रस्तार न होता, तो हम आज की अपेक्षा अच्छी स्थिति में होते और आज जो मूर्खतापूर्ण स्वप्न हम देख रहे हैं, वे जल्दी भंग हो जाते। स्वर्ग जाकर हम केवल इन दुःखमय भ्रमों की अवधि ही बढ़ाते हैं।

स्वर्ग में तुमको क्या मिलता है? तुम देवता हो जाते हो, अमृत पीते हो और तुमको गठिया हो जाती है। वहाँ पृथ्वी की अपेक्षा दुःख कम हैं, पर सत्य भी कम है। बहुत धनी लोग सत्य को गरीबों की अपेक्षा कम समझ पाते हैं। 'सुई के छेद से ऊँट का निकल जाना सम्भव हो सकता है, पर ईश्वर के राज्य में धनी का प्रवेश सम्भव नहीं।' धनी मनुष्य के पास अपनी सम्पत्ति और शक्ति, अपनी सुविधा और विलास के अतिरिक्त और किसी वस्तु के विषय में सोचने का समय ही नहीं होता। बहुत कम धनी धार्मिक बन पाते हैं। क्योंकि? इसलिए कि वे सोचते हैं कि यदि वे धार्मिक हो जाएँगे, तो उन्हें जीवन का आनन्द नहीं मिलेगा। इसी प्रकार स्वर्ग में आध्यात्मिक हो सकने की सम्भावना बहुत कम है, वहाँ अत्यधिक सुविधा और सुख हैं—स्वर्गनिवासी अपना सुख छोड़ने को तैयार नहीं हैं।

वे कहते हैं कि स्वर्ग में कभी रुदन नहीं होगा। जो मनुष्य कभी रोता नहीं, मैं उस पर विश्वास नहीं करता; उसके हृदय के स्थान पर कठोर चट्टान का एक बड़ा टुकड़ा होता है। यह स्पष्ट है कि स्वर्ग के लोगों में बहुत सहानुभूति नहीं होती। वहाँ न जाने कितने लोग हैं और हम दुःखी इस विकट स्थान में कष्ट भोग रहे हैं। वे हमें इस सबमें से बाहर निकाल सकते हैं, पर निकालते नहीं। वे रोते नहीं। वहाँ शोक अथवा दुःख नहीं है; इसलिए वे किसी के दुःख की चिन्ता नहीं करते। वे अपना अमृत पीते रहते हैं, नृत्य चलते रहते हैं; सुन्दर पत्नियाँ और शेष सब।

शिष्य को इन बातों से परे जाकर कहना चाहिए, ''मैं इस जीवन में किसी वस्तु की इच्छा नहीं करता और न किसी स्वर्ग की, वे जितने भी हों—मैं उनमें से किसी

में नहीं जाना चाहता। मैं किसी रूप में भी इन्द्रिय-जीवन को नहीं चाहता—अपने को शरीर नहीं समझना चाहता। जैसा मैं अभी अनुभव करता हूँ, मैं यह शरीर—मांस का यह बृहत् पिंड हूँ—यह मैं अनुभव करता हूँ कि मैं हूँ। मैं इसमें विश्वास करने को तैयार नहीं हूँ।''

यह संसार और ये स्वर्ग, ये सब इन्द्रियों से बँधे हैं। यदि तुम्हारे इन्द्रियाँ नहीं होतीं, तो तुम संसार की चिन्ता नहीं करते। स्वर्ग भी संसार है। पृथ्वी, स्वर्ग, और वह जो सब बीच में है, उसका केवल एक नाम है—पृथ्वी।

इसलिए जो शिष्य अतीत और वर्तमान को जानते हुए और भविष्य की सोचता है, जानता है कि समृद्धि क्या है, सुख का क्या अर्थ है, वह इन सबको छोड़ देता है, सत्य और केवल सत्य को जानना चाहता है। यह पहली शर्त है।

दूसरी शर्त यह है कि शिष्य को अपनी अन्तरिन्द्रियों और बहिरिन्द्रियों को नियंत्रित करने में समर्थ होना चाहिए और कुछ अन्य आध्यात्मिक गुणों में दृढ़ होना चाहिए।

बाह्य इन्द्रियाँ शरीर के विभिन्न भागों में स्थित दृश्य अंग है; अन्तरिन्द्रियाँ अस्पृश्य हैं। हमारे नेत्र, कान, नाक आदि बाह्य हैं; और उनसे संगत अन्तरिन्द्रियाँ हैं। हम निरन्तर इन्द्रियों के इन दोनों वर्गों के संकेतों पर नाचते हैं। इन्द्रियों के समानुरूपी इन्द्रिय-विषय हैं। यदि कोई इन्द्रिय-विषय निकट होते हैं, तो इन्द्रियाँ हमें उनका अनुभव करने को विवश करती हैं; हमारी कोई इच्छा अथवा स्वतंत्रता नहीं होती। यह एक बड़ी नाक है। वहाँ तनिक भी सुगन्ध है, मुझे वह सूँघनी पड़ती है। यदि गंध बुरी होती, तो मैं अपने से कहता, ''इसे मत सूँघो।'' पर प्रकृति कहती है ''सूँघ'', और मैं सूँघता हूँ। तनिक सोचो तो, हम क्या हो गए हैं! हमने अपने को बाँध लिया है। मेरे आँखें हैं। कुछ भी हो रहा हो, अच्छा या बुरा, मुझे देखना होगा। सुनने के साथ भी यही बात है। यदि कोई मुझसे बुरी तरह बोलता है, तो वह मुझे सुनना होगा। मेरी श्रवणेन्द्रिय मुझे यह करने को बाध्य करती है, और मुझे कितना दुःख अनुभव होता है! निंदा अथवा प्रशंसा—मनुष्य को सुननी पड़ेगी। मैंने बहुत से बहरे मनुष्य देखे हैं, जो आम तौर पर नहीं सुन पाते, पर यदि बात उनके बारे में होती है, तो वह सदा सुन लेते हैं!

ये सब इन्द्रियाँ, अन्तः और बाह्य, शिष्य के नियंत्रण में होनी चाहिए। कठिन अभ्यास के द्वारा उसे ऐसी अवस्था में पहुँच जाना चाहिए, जहाँ वह अपने मन द्वारा इन्द्रियों का, प्रकृति के आदेशों का, सफल विरोध कर सके। वह अपने मन से यह कह सके: ''तुम मेरे हो, मैं तुम्हें कुछ न देखने की अथवा न सुनने की आज्ञा देता हूँ,'' और मन न कुछ देखे, न कुछ सुने—मन पर किसी रूप अथवा ध्वनि की प्रतिक्रिया न हो। इस अवस्था में मन इन्द्रियों के अन्धकार से मुक्त हो चुका होता है, उनसे अलग हो चुका होता है। अब वह इन्द्रियों और शरीर से आबद्ध नहीं रहता। बाह्य वस्तुएँ अब मन को आज्ञा नहीं दे सकतीं; मन अपने को उनसे जोड़ना स्वीकार नहीं करता। वहाँ सुन्दर गंध है। शिष्य मन से कहता है, ''मत सूँघो,'' और मन गंध का अनुभव नहीं

करता। जब तुम ऐसी स्थिति में पहुँच जाते हो, तभी तुम शिष्य बनना आरम्भ करते हो। इसीलिए जब प्रत्येक मनुष्य कहता है, ''मैं सत्य को जानता हूँ।'' तो मैं कहता हूँ, ''यदि तुम सत्य को जानते हो, तो तुममें आत्मनियंत्रण होना चाहिए; और यदि तुममें आत्मनियंत्रण है, तो उसे इन इन्द्रियों के नियंत्रण के रूप में प्रकट करो।''

इसके बाद, मन को शान्त करना चाहिए। वह इधर-उधर भटकता रहता है। जब मैं ध्यान के लिए बैठता हूँ, तो मन में संसार के सब बुरे से बुरे विषय उभर आते हैं। मतली आने लगती है। मन ऐसे विचारों को क्यों सोचता है, जिन्हें मैं नहीं चाहता कि वह सोचे? मैं मानो मन का दास हूँ। जब तक मन चंचल है और वश से बाहर है, तब तक कोई आध्यात्मिक ज्ञान सम्भव नहीं है। शिष्य को मनोनिग्रह सीखना है। हाँ, मन का कार्य सोचना है। पर यदि शिष्य नहीं चाहता, तो उसे सोचना नहीं चाहिए; जब वह आज्ञा दे, तो सोचना बन्द कर देना चाहिए। शिष्यता का अधिकारी बनने के लिए मन की यह स्थिति बहुत आवश्यक है।

और, शिष्य की सहनशक्ति भी महान् होनी चाहिए। जीवन सुविधापूर्ण मालूम होता है; और पाते हैं कि जब सब बातें ठीक-ठीक चलती रहतो हैं, तो मन ठीक प्रकार से व्यवहार करता है। पर जब कोई बात बिगड़ जाती है, तो तुम्हारा मन सन्तुलन खो देता है। यह ठीक नहीं है। सारी बुराई और दुःख को कष्ट की एक आह के बिना, दुःख के, विरोध के, निराकरण के और प्रतिशोध के एक विचार के बिना सहन करो। यह सच्ची सहनशक्ति है; और यह तुमको प्राप्त करनी चाहिए।

शुभ अशुभ संसार में सदा रहे हैं। बहुत से भूल जाते हैं कि बुराई भी है—कम से कम वे भूलने का यत्न करते हैं—और जब अशुभ से पाला पड़ता है, तो वे उससे अभिभूत हो जाते हैं और कटु हो उठते हैं। और कुछ है, जो कहते हैं कि अशुभ बिलकुल नहीं है, और प्रत्येक वस्तु को शुभ समझते हैं। यह भी एक दुर्बलता है; यह भी अशुभ के भय से उत्पन्न होती है। यदि कोई वस्तु बुरी गंध देती है, तो उस पर गुलाब जल क्यों छिड़को और उसे सुगंधित क्यों कहो? हाँ, संसार में शुभ है और अशुभ है—ईश्वर ने संसार में अशुभ बनाया है। पर तुमको उस पर सफेदी नहीं पोतनी है। अशुभ क्यों है, इससे तुम्हारा कोई सरोकार नहीं। कृपया विश्वास रखो और शान्त रहो।

जब मेरे गुरुदेव श्री रामकृष्ण बीमार पड़े, तो एक ब्राह्मण ने सुझाया कि वे रोग से मुक्ति पाने के लिए अपनी महान् मानसिक शक्ति का उपयोग करें; उसने कहा कि यदि गुरु अपने मन को अपने शरीर के रोगी भाग पर केन्द्रित करें, तो वह अच्छा हो जाएगा। श्री रामकृष्ण ने उत्तर दिया, ''क्या! जो मन मैंने ईश्वर को दे दिया है, उसे इस क्षुद्र शरीर के लिए नीचे उतारूँ!'' उन्होंने शरीर और बीमारी के विषय में सोचना अस्वीकार कर दिया। उनका मन निरन्तर ईश्वर का अनुभव करता था; वह पूर्णरूपेण उसके प्रति अर्पित था। वह किसी दूसरे कार्य के लिए उसका उपयोग करने को तैयार नहीं थे।

स्वास्थ्य, सम्पत्ति, दीर्घायु और ऐसी ही अन्य वस्तुओं—तथाकथित शुभ वस्तुओं—के प्रति लालसा भ्रम के अतिरिक्त और कुछ नहीं है। उनकी प्राप्ति के लिए उनमें मन लगाने से केवल प्रवंचना को बल मिलता है। इस जीवन में हमारे ये स्वप्न और भ्रम हैं, और हम आगामी जीवन में, स्वर्ग में उन्हें और भी अधिक परिमाण में चाहते हैं। अधिक, और अधिक भ्रम। अशुभ का विरोध मत करो। उसका सामना करो। तुम अशुभ से ऊँचे हो।

संसार में यह दुःख है—यह किसी न किसी को सहना है। तुम किसी के लिए अशुभ की सृष्टि किए बिना कोई कार्य नहीं कर सकते। और जब तुम संसारिक शुभ चाहते हो, तो तुम केवल एक अशुभ से बचते हो, जो किसी दूसरे को भोगना पड़ता है। प्रत्येक मनुष्य इसे दूसरे पर टालने का प्रयत्न कर रहा है। शिष्य कहता है, ''संसार के सब दुःख मेरे पास आएँ; मैं उन सबको सहन करूँगा। दूसरों को मुक्त रहने दो।''

क्रूस पर जो व्यक्ति है, उसका स्मरण करो, वह विजय के लिए फरिश्तों के दल ला सकता था; पर उसने विरोध नहीं किया। वह उनके लिए दुःखी हुआ, जिन्होंने उसे सूली दी। उसने प्रत्येक अपमान और कष्ट को सहा। उसने सबका भार अपने ऊपर लिया। 'तुम सब, जो थक रहे हो और बोझ से लदे हुए हो, मेरे पास आओ, और मैं तुम्हें विश्राम दूँगा।' ऐसी होती है सच्ची सहनशीलता। वह इस जीवन से कितने ऊँचे थे, इतने अधिक ऊँचे कि हम उसे समझ नहीं सकते, हम दास! कोई मनुष्य ज्यों ही मेरे गाल पर थप्पड़ मारता है, त्यों ही मेरा हाथ तड़ाक से जवाब देता है। मैं उस महिमामय की महानता और पवित्रता को कैसे समझ सकता हूँ? मैं उसकी गरिमा को कैसे जान सकता हूँ?

पर मैं आदर्श को नीचे नहीं उतारूँगा। मैं अनुभव करता हूँ कि मैं शरीर हूँ, कि मैं अशुभ का प्रतिरोधी हूँ। यदि मेरे सिर में दर्द होता है, तो मैं उसे अच्छा करने के लिए संसार भर में फिरता हूँ; मैं औषधि की दो हजार बोतलें पीता हूँ। मैं उन अनूठे मनों को कैसे समझ सकता हूँ? मैं आदर्श को देख पाता हूँ, पर आदर्श में से कितने अंश को? इस शारीरिक चेतना में से, इस क्षुद्र अहं में से, इसके आनन्द और कष्टों में से, इसकी असुविधाओं और सुविधाओं में से कुछ भी तो उस वातावरण में नहीं पहुँच सकता। केवल आत्मा का ही चिन्तन कर और सदा मन को पार्थिवता से अलग रखकर ही, मैं उस आदर्श की झाँकी प्राप्त कर सकता हूँ। उस आदर्श में ऐन्द्रिक संसार के पार्थिव विचारों और रूपों को कोई स्थान नहीं है। उन्हें परे हटाओ और मन को अध्यात्म में लगाओ। अपने जीवन और मृत्यु को, कष्टों और आनन्दों को, नाम और यश को भूल जाओ और अनुभव करो कि तुम न शरीर हो, न मन, वरन् शुद्ध आत्मा हो।

जब मैं 'मैं' कहता हूँ, तो मेरा तात्पर्य इस जीवात्मा से है। अपने नेत्र मूँदो और देखो कि जब तुम अपने 'मैं' पर विचार करते हो, तो तुम्हारे सामने कौन सा चित्र आता है। क्या तुम्हारे सामने आनेवाला चित्र तुम्हारे शरीर का है अथवा तुम्हारे मानसिक स्वरूप

का ? यदि ऐसा है, तो तुमने अपने सच्चे 'मैं' की अनुभूति नहीं प्राप्त की है। पर वह समय आएगा, जब तुम ज्यों ही 'मैं' कहोगे तो तुम अपने सामने ब्रह्मांड को, अनन्त सत्ता को देखोगे। तब तुमको अपनी सच्ची आत्मा की अनुभूति हो चुकेगी और तुमको ज्ञान हो जाएगा कि तुम अनन्त हो। सत्य यह है : तुम चेतन तत्त्व हो, तुम पार्थिव नहीं हो। एक वस्तु है भ्रम—इसमें एक वस्तु दूसरी जान पड़ती है। पदार्थ को चेतन तत्त्व और शरीर को आत्मा समझ लिया जाता है। यह बहुत बड़ा भ्रम है। इसे नष्ट होना चाहिए।

दूसरा लक्षण यह है कि शिष्य को अपने गुरु (या शिक्षक) में विश्वास होना चाहिए। पश्चिम में शिक्षक केवल बौद्धिक ज्ञान देता है और कुछ नहीं। गुरु के साथ जो सम्बन्ध है, वह जीवन में महानतम है। जीवन में मेरा प्रियतम और निकटतम सम्बन्धी मेरा गुरु है; उसके बाद मेरी माता; फिर मेरे पिता। मेरा प्रथम आदर गुरु के लिए है। यदि मेरे पिता कहें, "यह करो", और मेरे गुरु कहें, "इसे मत करो", तो मैं वह नहीं करूँगा। गुरु मेरी जीवात्मा को मुक्त करते हैं। पिता और माता मुझे यह शरीर देते हैं, पर गुरु मुझे आत्मा में नया जन्म देते हैं।

हमारे कुछ विचित्र विश्वास होते हैं। उनमें से एक यह है कि कुछ अपवादस्वरूप आत्माएँ, पहले से ही मुक्त हैं, और जो संसार की भलाई के लिए, संसार को सहायता देने के लिए यहाँ जन्म लेती हैं। वे पहले से मुक्त होती हैं; उन्हें अपनी मुक्ति की चिन्ता नहीं होती, वे दूसरों की सहायता करना चाहती हैं। उन्हें कोई बात सिखाने की आवश्यकता नहीं होती। वे अपने बचपन से ही सब कुछ जानती हैं; वे जब छ: महीने की शिशु होती हैं, तभी उच्चतम सत्य को वाणी से प्रकट कर सकती हैं।

मानव जाति की आध्यात्मिक प्रगति इन मुक्त आत्माओं पर निर्भर है। वे उन प्रथम दीपों के समान हैं, जिनसे अन्य दीप जलाए जाते हैं। यह सही है कि प्रकाश सबमें हैं, पर अधिकतर लोगों में वह छिपा हुआ है। महात्मा आरम्भ से ही देदीप्यमान ज्योति होते हैं। उनके सम्पर्क में आनेवाले मानो उनसे अपने दीप जला लेते हैं। इसे प्रथम दीप की कोई हानि नहीं होती; फिर भी वह अपना प्रकाश दूसरे दीपों को पहुँचाता है। करोड़ों दीप जल जाते हैं; पर प्रथम दीप अमंद ज्योति से जगमगाता रहता है। प्रथम दीप गुरु है और जो दीप उससे जलाया जाता है, वह शिष्य है। दूसरा, अपनी बारी आने पर, गुरु बनता है और यह क्रम चलता जाता है। वे महान् आत्माएँ, जिन्हें ईश्वर का अवतार कहते हो, महा बलशाली आध्यात्मिक दिग्गज होते हैं। वे आते हैं और अपनी शक्ति को अपने निकटतम शिष्यों को और उनके द्वारा पीढ़ी दर पीढ़ी शिष्यों को पहुँचाकर एक अति विशाल आध्यात्मिक प्रवाह को जन्म देते हैं।

ईसाई धर्मसंघ में एक बिशप हाथ फेरकर उस शक्ति को सम्प्रेषित करने का दावा करता है, जिसे समझा जाता है कि, उसने पहले के बिशपों से प्राप्त किया है। बिशप कहता है कि ईसा मसीह ने अपनी शक्ति अपने निकटतम शिष्यों को सम्प्रेषित की और उन्होंने दूसरों को। और इस प्रकार ईसा की शक्ति उस तक पहुँची है। हमारा मत

है कि हममें से प्रत्येक के पास, केवल बिशपों के पास ही नहीं, ऐसी शक्ति होनी चाहिए। इसका कोई कारण नहीं है कि तुममें से प्रत्येक व्यक्ति आध्यात्मिकता की इस शक्तिशाली धारा का वाहक न हो सके। पर पहले तुमको एक गुरु, एक सच्चा गुरु, खोजना चाहिए, और तुमको यह याद रखना चाहिए कि वह केवल मामूली मनुष्य नहीं होता। तुमको शरीरधारी गुरु मिल सकता है, पर वास्तविक गुरु शरीर में नहीं होता; वह भौतिक मनुष्य नहीं होता—वह, वह नहीं होता, जो तुम्हारी आँखों को दिखाई देता है। यह हो सकता है कि गुरु तुम्हारे पास मनुष्य के रूप में आए और तुम उससे शक्ति प्राप्त करो, कभी-कभी वह स्वप्न में आएगा और संसार को कुछ दे जाएगा। गुरु की शक्ति हम तक अनेक प्रकार से आ सकती है। पर हम साधारण नश्वर प्राणियों के लिए गुरु को ही आना चाहिए और उसके आने तक हमारी तैयारी चलती रहनी चाहिए।

हम भाषण सुनते हैं और पुस्तकें पढ़ते हैं, परमात्मा और जीवात्मा, धर्म और मुक्ति के बारे में विवाद और तर्क करते हैं। यह आध्यात्मिकता नहीं है, क्योंकि आध्यात्मिकता पुस्तकों में, अथवा सिद्धान्तों में अथवा दर्शनों में निवास नहीं करती। यह विद्वत्ता और तर्क में नहीं, वरन् वास्तविक अंत:विकास में होती है। तोते भी बातों को याद कर सकते हैं और उन्हें दोहरा सकते हैं। यदि तुम विद्वान् हो जाते हो, तो उससे क्या? गदहे पूरा पुस्तकालय ढोते फिर सकते हैं। इसलिए जब वास्तविक प्रकाश आएगा, तो पुस्तकों की यह विद्वत्ता—किताबी विद्वत्ता नहीं रहेगी। वह मनुष्य, जो अपना नाम भी नहीं लिख सकता, पूर्णतया धार्मिक हो सकता है; और वह मनुष्य, जिसके मस्तिष्क में संसार के सब पुस्तकालय भरे हों, वैसा होने में असफल रह सकता है। विद्वत्ता आध्यात्मिक प्रगति की शर्त नहीं है। गुरु का स्पर्श, आध्यात्मिक शक्ति का संचरण, तुम्हारे हृदय में जान फूँक देगा। तब विकास आरम्भ होगा। सच्ची अग्नि-दीक्षा यही है। अब रुकना नहीं है। तुम आगे, और आगे बढ़ते जाते हो।

कुछ वर्ष हुए तुम्हारे ईसाई शिक्षकों में से एक ने, जो मेरे मित्र थे, पूछा, ''तुम ईसा में विश्वास करते हो?'' ''हाँ'', मैंने उत्तर दिया, ''पर कदाचित् थोड़ी अधिक श्रद्धा के साथ।'' ''तो तुम बपतिस्मा (दीक्षा) क्यों नहीं ले लेते?'' मुझे बपतिस्मा कैसे दिया जा सकता है? किसके द्वारा? वह मनुष्य कहाँ है, जो सच्चा बपतिस्मा दे सकता है? बपतिस्मा का अर्थ क्या है? क्या यह फार्मूले बोलते हुए तुम्हारे ऊपर पानी छिड़क देना अथवा तुमको पानी में डुबो देना है?

बपतिस्मा का अर्थ है, आध्यात्मिक जीवन में सीधा प्रवेश। यदि तुमको वास्तविक बपतिस्मा मिलता है, तो तुम जानते हो कि तुम शरीर नहीं हो, वरन् आत्मा हो। यदि तुम दे सकते हो, तो मुझे वह बपतिस्मा दो। यदि नहीं, तो तुम ईसाई नहीं हो। तथाकथित बपतिस्मा प्राप्त होने के बाद तो तुम पूर्ववत् ही रहते हो। केवल यह कहने का क्या अर्थ है कि तुमको ईसा के नाम में बपतिस्मा दिया गया है! कोरी बकबक—अपनी मूर्खता से संसार को निरंतर क्षुब्ध करना! 'सदा अज्ञानान्धकार में लिपटे हुए, फिर भी

अपने को बुद्धिमान और विद्वान् समझते हुए, मूर्ख इधर-उधर लड़खड़ाते अंधे द्वारा मार्ग-दर्शित अंधे के समान बार-बार चक्कर काटते हैं।[1] इसलिए यह मत कहो कि तुम ईसाई हो, बपतिस्मा और इसी प्रकार की अन्य बातों की डींग मत हाँको।

निश्चय ही सच्चा बपतिस्मा होता है, जैसे आरम्भ में जब ईसा पृथ्वी पर आए और उन्होंने उपदेश दिया। वे प्रबुद्ध, वे महान् आत्माएँ, जो समय-समय पर पृथ्वी पर आती रहती हैं, उनमें हमारे प्रति ईश्वरीय दर्शन का उद्‌घाटन करा देने की शक्ति रहती है। यही सच्चा बपतिस्मा है। तुम देखते हो कि प्रत्येक धर्म में फार्मूलों और कर्मकांडों से पहले सार्वभौम सत्य का बीज रहता है। समय की यात्रा में सत्य बिसर जाता है; मानो 'बाह्य रूपों और अनुष्ठानों ने उसका गला घोंट दिया हो। रूप रह जाते हैं—हम केवल मंजूषा को पाते हैं, जिसमें से आत्मा उड़ गई हैं। तुम्हारे पास बपतिस्मे का रूप है, पर बपतिस्मे के जीवन्त तत्त्व को बहुत थोड़े ही जगा सकते हैं। रूप से काम नहीं चलेगा। यदि हम जीवन्त सत्य का जीवन्त ज्ञान प्राप्त करना चाहते हैं, तो हमें उसमें सच्चाई के साथ दीक्षित होना होगा। यही आदर्श है।

गुरु मुझे सिखाए और प्रकाश में पहुँचाए, मुझे उस शृंखला की एक कड़ी बनाए, जिसकी कि वह स्वयं एक कड़ी है। साधारण मनुष्य गुरु बनने का दावा नहीं कर सकता। गुरु ऐसा मनुष्य होना चाहिए, जिसने जान लिया है, दैवी सत्य को वास्तव में अनुभव कर लिया है, और अपने को आत्मा के रूप में देख लिया है। केवल बातें करनेवाला गुरु नहीं हो सकता। मेरे समान एक वाचाल मूर्ख बातें बहुत बना सकता है, पर गुरु नहीं हो सकता। एक सच्चा गुरु शिष्य से कहेगा, "जा और अब पाप न कर", और शिष्य अब पाप नहीं कर सकता—उस व्यक्ति में पाप करने की शक्ति नहीं रहती।

मैंने इस जीवन में ऐसे मनुष्यों को देखा है। मैंने बाइबिल और इस प्रकार के सब ग्रन्थ पढ़े हैं; वे अदभुत हैं। पर जीवन्त शक्ति तुमको पुस्तकों में नहीं मिल सकती। वह शक्ति, जो एक क्षण में जीवन को परिवर्तित कर दे, केवल उन जीवन्त प्रकाशवान आत्माओं से ही प्राप्त हो सकती है, जो समय-समय पर हमारे बीच में प्रकट होती रहती है। केवल वे ही गुरु होने के योग्य हैं। तुम और मैं केवल थोथी बकबक हैं, गुरु नहीं। हम अपनी बातों से अवांछनीय कम्पन उत्पन्न करके संसार को अधिक क्षुब्ध कर रहे हैं। हम आशा करते हैं, प्रार्थना करते हैं और संघर्ष करते जाते हैं, और वह दिन आएगा, जब हम सत्य पर पहुँचेंगे और हमें बोलने की आवश्यकता नहीं रहेगी।

'गुरु एक सोलह वर्ष का लड़का था; उसने एक अस्सी वर्ष के मनुष्य को सिखाया। गुरु की शिक्षण-विधि मौन थी; और शिष्य की सब शंकाओं का सदा के लिए समाधान हो गया।'[2] यह है गुरु। तनिक सोचो, यदि तुमको ऐसा व्यक्ति मिले, तो तुमको उस व्यक्ति के प्रति कितना विश्वास और प्रेम रखना चाहिए। क्यों, वह साक्षात् ईश्वर है,

---

1. कठोपनिषद् ॥ 1 । 2 । 5 ॥
2. दक्षिणामूर्तिस्तोत्रम् ॥ 12 ॥

उससे तनिक भी कम नहीं। इसलिए ईसा के शिष्यों ने ईश्वर के समान उसकी पूजा की। शिष्य को गुरु की पूजा स्वयं ईश्वर के समान करनी चाहिए। जब तक मनुष्य ईश्वर का साक्षात्कार स्वयं ही न कर ले, वह अधिक से अधिक सजीव ईश्वर को, मनुष्य के रूप में ईश्वर को ही जान सकता है, इसके अतिरिक्त वह ईश्वर को कैसे जानेगा?

यहाँ अमेरिका में एक व्यक्ति है, ईसा से 1900 वर्ष बाद पैदा हुआ, जो ईसा की यहूदी जाति का भी नहीं है। उसने ईसा अथवा उसके परिवार को नहीं देखा है। वह कहता है, "ईसा ईश्वर थे। यदि तुम इसमें विश्वास नहीं करते, तो तुम नरक में जाओगे।" हम समझ सकते हैं कि शिष्यों ने इस पर कि ईसा ईश्वर है, किस प्रकार विश्वास किया; वह उनके गुरु थे, और उन्होंने विश्वास किया होगा कि वे ईश्वर हैं। पर इस अमेरिकन का उन्नीस सौ वर्ष पूर्व पैदा हुए उस मनुष्य से क्या सम्बन्ध है? यह युवक मुझसे कहता है कि अगर मैं ईसा में विश्वास न करूँ, तो मुझे नरक जाना पड़ेगा। वह ईसा के विषय में क्या जानता है? वह पागलखाने के योग्य है। इस प्रकार के विश्वास से काम न चलेगा। उसे अपना गुरु खोजना पड़ेगा।

ईसा फिर जन्म ले सकते हैं, तुम्हारे पास आ सकते हैं। तब यदि तुम ईश्वर की भाँति उनकी पूजा करो, तो तुम ठीक करोगे। हम सबको गुरु के आगमन के समय तक प्रतीक्षा करनी चाहिए, और गुरु की पूजा ईश्वर की भाँति की जानी चाहिए। वह ईश्वर है, उससे तनिक भी कम नहीं। गुरु तुम्हारे देखते-देखते क्रमश: अंतर्धान हो जाते हैं, और रह क्या जाता है? गुरु के चित्र का स्थान स्वयं ईश्वर ले लेता है। गुरु वह आभामय चेहरा है, जिसे ईश्वर हम तक पहुँचने के लिए धारण करता है। जब हम एकटक उसे निहारते हैं, तो धीरे-धीरे चेहरा गिर जाता है और ईश्वर प्रकट हो जाता है।

'मैं गुरु को नमस्कार करता हूँ, जो दैवी आनन्द की मूर्ति हैं, उच्चतम ज्ञान के विग्रह हैं, और महानतम दैवी आनन्द के दाता हैं, तो शुद्ध, पूर्ण, अद्वितीय, सनातन, सब सुख-दुःख से परे, सर्वगुणातीत और सर्वोच्च हैं।' वास्तव में गुरु ऐसे होते हैं। इसमें आश्चर्य की कोई बात नहीं कि शिष्य उन्हें ईश्वर समझता है और उनमें विश्वास रखता है, श्रद्धा रखता है, उनकी आज्ञा पालता है और बिना शंका किए उनके पीछे चलता है। गुरु और शिष्य के बीच का सम्बन्ध ऐसा ही है।

शिष्य को अगली शर्त जो पूरी करनी है, वह यह है कि उसमें मुक्त होने की आकांक्षा अत्यन्त तीव्र हो।

हम उन पतिंगों के समान हैं, जो धधकती ज्वाला में प्रवेश करते हैं, यह जानकर कि वह हमें जला डालेगी, यह जानकर कि इन्द्रियाँ हमें केवल जलाती हैं, वे केवल वासनाओं में वृद्धि करती हैं। 'वासनाएँ कभी भोग से तृप्त नहीं होतीं। भोग से वासनाओं में उसी प्रकार वृद्धि होती है, जैसे अग्नि को दिया हुआ घी अग्नि में वृद्धि करता है।'[1]

1. मनुसंहिता ॥ 2 ।14 ॥

वासना से वासना बढ़ती है। यह सब जानते हुए भी लोग सदा इसमें डुबकी लगाते रहते हैं। जन्म-जन्मान्तरों से वे वासना-वस्तुओं के पीछे दौड़ते रहे हैं, फलस्वरूप भयंकर यातनाएँ भोगते रहे हैं, फिर भी वे वासनाओं से पीछा नहीं छुड़ा पाते। जिस धर्म को उन्हें वासनाओं के इस भयकारी बंधन से मुक्त करना चाहिए था, उस धर्म को भी उन्होंने अपनी वासनाओं की पूर्ति का साधन बना लिया है। वे कदाचित् ही कभी ईश्वर से यह प्रार्थना करते हैं कि वह उनको इस शरीर और इन्द्रियों के बंधन से, वासनाओं की इस दासता से मुक्ति दिलाए। इसके स्थान पर, वे उससे स्वास्थ्य और समृद्धि के लिए, दीर्घायु के लिए प्रार्थना करते हैं, "हे ईश्वर, मेरा सिर-दर्द दूर करो, मुझे कुछ धन अथवा अमुक वस्तु दो!"

दृष्टि का क्षेत्र इतना छोटा, इतना पतित, इतना पशुतामय, इतना जंगली हो गया है! इस शरीर से परे कोई किसी वस्तु की कामना नहीं करता। ओह, यह भयानक पतन, इसकी यह भयानक यातना! मांस का तनिक सा पिंड, पाँच इन्द्रियाँ, यह पेट! उदर और यौन संघात के अतिरिक्त यह संसार क्या है? करोड़ों नर-नारियों को देखो— यही है, जिसके लिए वे जी रहे हैं। इन्हें उनसे छीन लो, तो उन्हें अपना जीवन रिक्त, निरर्थक और असह्य जान पड़ेगा। हम ऐसे हैं। और ऐसा हमारा मन है; यह निरन्तर उन उपायों और साधनों के पीछे भटकता रहता है, जिनसे हमारी उदर और काम की भूख को तृप्ति प्राप्त हो। यह निरन्तर चल रहा है। साथ ही अनन्त दु:ख भी हैं; शरीर की ये वासनाएँ केवल क्षण भर के लिए सन्तोष देती हैं और अनन्त दु:ख लाती हैं। यह उस प्याले को पीने के समान है, जिसकी ऊपरी तह तो अमृत है, पर उसमें नीचे हलाहल भरा हुआ है। पर फिर भी हम इन सब वस्तुओं के पीछे पागल हैं।

किया क्या जा सकता है? इस क्लेश से निकलने का केवल एक मार्ग है, सब इन्द्रियों और वासनाओं का परित्याग। यदि तुम आध्यात्मिक बनना चाहते हो, तो तुमको त्याग करना होगा। यह असली कसौटी है। इस संसार को छोड़ो—इन्द्रियों की इस निरर्थकता को। सच्ची इच्छा केवल एक है : यह जानना कि सत्य क्या है, आध्यात्मिक होना। अधिक भौतिकता नहीं, अधिक अहं नहीं। मुझे आध्यात्मिक बनना ही होगा। इच्छा को शक्तिशाली, तीव्र होना चाहिए। यदि किसी मनुष्य के हाथ-पैर इस प्रकार बाँध दिए जाएँ कि वह हिल-डुल न सके और तब उसके शरीर पर दहकता अंगारा रखा जाए, तो वह अपनी सम्पूर्ण शक्ति से उसे हटा देने का प्रयास करेगा। जब मुझमें इस प्रकार की तीव्र इच्छा इस जलते हुए संसार को हटा फेंकने के वास्ते अथक संघर्ष करने के लिए उत्पन्न होगी, तो मेरे लिए दैवी सत्य की झाँकी मिलने का समय आ जाएगा।

मुझे देखो। यदि मेरी छोटी सी नोटबुक, जिसमें दो-तीन डॉलर हैं, खो जाती है, तो मैं उसे ढूँढ़ने के लिए बीस बार घर के भीतर जाता हूँ। वह फिक्र, वह चिन्ता, वह कशमकश! यदि तुममें से कोई मुझे क्रुद्ध कर देता है, तो मैं उसे बीस वर्ष याद रखता

हूँ, मैं न क्षमा कर सकता हूँ, न भूल सकता हूँ। इन्द्रियों की छोटी सी वस्तुओं के लिए मैं इस प्रकार संघर्ष कर सकता हूँ। वह कौन है, जो ईश्वर के लिए इस प्रकार प्रयास करता है? 'बालक अपने खेल में सब कुछ भूल जाते हैं। युवक इन्द्रियों के आनन्द के पीछे पागल हैं; उन्हें और किसी बात की चिन्ता नहीं है। वृद्ध अपने पुराने दुष्कृत्यों के लिए पश्चात्ताप कर रहे हैं' (शंकर)। वे अपने पुराने भोगों के विषय में सोच रहे हैं—वे वृद्ध, जो अब कोई भोग नहीं प्राप्त कर सकते। वे जुगाली कर रहे हैं—वे अधिक से अधिक यही कर सकते हैं। कोई उतनी तीव्र लगन के साथ ईश्वर के लिए आतुर नहीं होता, जितनी तीव्रता से वे इन्द्रिय-भोग्य वस्तुओं के लिए लालायित होते हैं।

सभी लोग कहते हैं कि ईश्वर ही सत्य है, वही एक है, जो वास्तव में है; केवल चेतना की ही सत्ता है, पदार्थ की नहीं। फिर भी ईश्वर से वे जो माँगते हैं, वह शायद ही चेतना होती है। वे सदा पार्थिव वस्तुओं की याचना करते हैं। उनकी प्रार्थना में चेतन को जड़ से अलग नहीं रखा जाता। धर्म अब केवल पतन ही रह गया है। सब कुछ पाखंड बनता जा रहा है। वर्ष बीतते जा रहे हैं और आध्यात्मिक उपलब्धि कुछ भी नहीं होती। पर मनुष्य को केवल एक वस्तु की भूख होनी चाहिए, आत्मा की, क्योंकि केवल आत्मा का ही अस्तित्व है। यही आदर्श है। यदि तुम इसे अभी नहीं प्राप्त कर सकते, तो कहो, "मैं अभी वहाँ तक नहीं पहुँच सकता। वह आदर्श है, मैं जानता हूँ, पर मैं अभी उसको चरितार्थ नहीं कर सकता।" पर तुम यह नहीं करते। तुम धर्म को निम्न स्तर पर उतार लाते हो और आत्मा का नाम लेकर जड़ के पीछे दौड़ते हो। तुम सब नास्तिक हो, तुम इन्द्रियों के अतिरिक्त और किसी में विश्वास नहीं करते! 'अमुक ने ऐसा कहा है—इसमें कुछ तत्त्व हो सकता है। हम कर देखें और मजा लें। हो सकता है, कुछ लाभ हो जाए; शायद मेरी टूटी टाँग ठीक हो जाए।'

रोगी लोग बहुत दुःखी होते हैं; वे ईश्वर के बड़े उपासक होते हैं, इसलिए कि वे आशा करते हैं कि यदि वे उससे प्रार्थना करेंगे, तो वह उन्हें चंगा कर देगा। ऐसा नहीं है कि यह सब एकदम बुरा है—यदि ऐसी प्रार्थनाएँ सच्ची हों और लोग यह याद रखें कि यह धर्म नहीं है। गीता में (7।16) श्री कृष्ण कहते हैं, "चार प्रकार के मनुष्य मेरी उपासना करते हैं: आर्त, अर्थार्थी, जिज्ञासु और सत्य के ज्ञाता।" जो लोग दुःखग्रस्त होते हैं, वे सहारे के लिए ईश्वर के निकट जाते हैं। यदि वे रोगी होते हैं, तो नीरोग होने के लिए उसकी पूजा करते हैं; यदि उनका धन नष्ट हो जाता है, तो वे उसकी पुनः प्राप्ति के लिए प्रार्थना करते हैं। और दूसरे लोग हैं, जो वासनाओं से भरे हैं, वे उससे सब प्रकार की वस्तुएँ माँगते हैं—नाम, यश, सम्पत्ति, पद इत्यादि। वे कहते हैं, "हे पवित्र मेरी, यदि मेरी यह इच्छा पूर्ण जो जाएगी, तो मैं तुम्हें एक भेंट चढ़ाऊँगा। यदि तुम मेरी इच्छा पूर्ण करने में सफल होती हो, तो मैं ईश्वर की पूजा करूँगा और प्रत्येक वस्तु का एक अंश तुम्हें दूँगा।" जो मनुष्य इतने सांसारिक नहीं होते, पर फिर भी जिन्हें ईश्वर में विश्वास नहीं है, वे उसके बारे में जानने की इच्छा रखते हैं। वे दर्शनों का

अध्ययन करते हैं, धर्मशास्त्र पढ़ते हैं, उपदेश सुनते हैं और ऐसे ही अन्य कार्य करते हैं। वे जिज्ञासु हैं। अन्तिम श्रेणी उन लोगों की है, जो ईश्वर की पूजा करते हैं और उसे जानते हैं। ये चारों श्रेणियाँ भली हैं, बुरी नहीं। ये सब उसकी उपासना करते हैं।

पर हम शिष्य बनने का प्रयत्न कर रहे हैं। हमारा एकमात्र ध्येय है, उच्चतम सत्य के ज्ञान की प्राप्ति। हमारा ध्येय सबसे ऊँचा है। हमने अपने से बड़े-बड़े शब्द कहे हैं—परम अनुभूति आदि-आदि। हमें उन शब्दों के अनुरूप होना चाहिए। हम आत्मा में स्थित होकर आत्मा में आत्मा की उपासना करें। हमारा आधार आत्मा है, मध्य आत्मा है और अन्त आत्मा है। संसार कहीं न हो। उसे जाने दो और आकाश में चक्कर लगाने दो—चिन्ता क्या है? तू आत्मा में स्थित हो! यह ध्येय है। हम जानते हैं कि हम अभी उस तक नहीं पहुँच सकते। चिन्ता मत करो, निराश न होओ और आदर्श को नीचे न घसीटो। महत्त्वपूर्ण बात यह है : कि तुम इस शरीर के बारे में, अपने बारे में, जड़ के रूप में,—मृत, जड़, अचेतन पदार्थ के रूप में कितना कम सोचते हो और अपने बारे में एक उज्ज्वल, अमर अस्तित्व के रूप में कितना अधिक सोचते हो। तुम अपने को उज्ज्वल, अमर अस्तित्व के रूप में जितना अधिक सोचोगे, उतने ही अधिक तुम पदार्थ, शरीर और इन्द्रियों से सम्पूर्ण मुक्ति प्राप्त करने के लिए उत्सुक होंगे। मुक्त होने की तीव इच्छा यही है।

चौथी और अन्तिम शर्त शिष्यता की यह है कि उसे सत् और असत् का विवेक हो। केवल एक वस्तु—ईश्वर है, जो सत्य है। सर्वदा मन उनकी ओर लगा रहे, उसे समर्पित रहे। ईश्वर है, उसके अतिरिक्त और कुछ नहीं है, और सब आता जाता रहता है। संसार की कोई भी इच्छा भ्रम है, इसलिए कि संसार मिथ्या है। जब तक और सब मिथ्या—जैसा वह वास्तव में है—प्रतीत न होने लगे, मन को केवल ईश्वर के प्रति ही अधिकाधिक अनुभवशील होना चाहिए।

ये वे चार शर्तें हैं, जिन्हें शिष्य बनने की इच्छा रखनेवाले को पूरा करना होगा। इनको पूरा किए बिना वह सच्चे गुरु के सम्पर्क में आने का अधिकारी नहीं बनेगा। और यदि सौभाग्यवश वह उसके सम्पर्क में आ भी जाता है, तो गुरु द्वारा संचरित शक्ति से उसे स्फुरण नहीं प्राप्त होगा। इन शर्तों से कोई समझौता नहीं हो सकता। इन सब शर्तों के—इन सब तैयारियों के—पूर्ण होने पर शिष्य का हृदय-कमल खिलेगा और तब भ्रमर आएगा। तब शिष्य को ज्ञान होगा कि गुरु उसके शरीर में, उसके भीतर था। वह खिलता है। वह अनुभूति पाता है। वह जीवन के सागर को पार करता है, परे जाता है। वह इस भयावह सागर को पार करता है; और दयावश बिना लाभ अथवा स्तुति का विचार किए, दूसरों को इसे पार करने में सहायता देता है।

(सैन फ्रान्सिस्को में 29 मार्च, 1900 को दिया गया भाषण)

गुरु और शिष्य के लक्षण

तो फिर गुरु की पहचान क्या है? सूर्य को प्रकाश में लाने के लिए मशाल की आवश्यकता नहीं होती। उसे देखने के लिए हमें दीया नहीं जलाना पड़ता। जब सूर्योदय होता है, तो हम अपने आप जान जाते हैं कि सूरज उग आया। इसी प्रकार जब हमारी सहायता के लिए गुरु का आगमन होता है, तो आत्मा अपने आप जान लेती है कि उस पर अब सत्य के सूर्य की किरणें पड़ने लगी हैं। सत्य स्वयं ही प्रमाण है—उसे प्रमाणित करने के लिए किसी दूसरे साक्षी की आवश्यकता नहीं, वह स्वप्रकाश है। वह हमारी प्रकृति के अन्तस्तल तक प्रवेश कर जाता है और उसके समक्ष सारी दुनिया उठ खड़ी होती है और कहती है, "यही सत्य है।" जिन आचार्यों का सत्य और ज्ञान सूर्य के समान भास्वर होता है, वे संसार में सर्वोच्च महापुरुष हैं और अधिकांश मानवता उनकी उपासना ईश्वर के रूप में करती है। परन्तु हम उनसे अपेक्षाकृत लघुतर व्यक्तियों से भी आध्यात्मिक सहायता ले सकते हैं। पर हममें वह अन्तर्दृष्टि नहीं है, जिससे हम गुरु के सम्बन्ध में यथार्थ विचार कर सकें। अतएव गुरु और शिष्य, दोनों के सम्बन्ध में कुछ कसौटियाँ और शर्तें आवश्यक हैं।

शिष्य के लिए यह आवश्यक है कि उसमें पवित्रता, सच्ची ज्ञान-पिपासा और अध्यवसाय हो। अपवित्र आत्मा कभी यथार्थ धार्मिक नहीं हो सकती। धार्मिक होने के लिए तन, मन और वचन की शुद्धता नितान्त आवश्यक है। रही ज्ञानपिपासा की बात; तो इस सम्बन्ध में यह एक सनातन सत्य है कि 'जाकर जापर सत्य सनेहू, सो तेहि मिलहि न कछु सन्देहू'—हम जो चाहते हैं, वही पाते हैं। जिस वस्तु की अन्तःकरण से चाह नहीं करते, वह हमें प्राप्त नहीं होती। धर्म के लिए सच्ची व्याकुलता होनी बड़ी कठिन बात है। वह उतनी सरल नहीं, जितना कि हम बहुधा अनुमान करते हैं। धर्म सम्बन्धी बातें सुनना, धार्मिक पुस्तकें पढ़ना—केवल इतने से ही यह न सोच लेना चाहिए कि हृदय में सच्ची पिपासा है। उसके लिए तो हमें अपनी पाशविक प्रकृति के साथ निरन्तर जूझते रहना होगा, सतत युद्ध करना होगा और उसे अपने वश में लाने के लिए अविराम संघर्ष करना होगा। कब तक? जब तक हमारे हृदय में धर्म के लिए सच्ची व्याकुलता उत्पन्न न हो जाए, जब तक विजयश्री हमारे हाथ न लग जाए। यह कोई एक या दो दिन की बात तो है नहीं—कुछ वर्ष या कुछ जन्म की भी बात नहीं; इसके

लिए, सम्भव है, हमें सैकड़ों जन्मों तक इसी प्रकार संग्राम करना पड़े। हो सकता है, किसी को सिद्धि थोड़े समय में ही प्राप्त हो जाए; पर यदि उसके लिए अनन्त काल तक भी बाट जोहनी पड़े, तो भी हमें तैयार रहना चाहिए। जो शिष्य इस प्रकार अध्यवसाय के साथ साधना में प्रवृत्त होता है, उसे सिद्धि अवश्य प्राप्त होती है।

गुरु के सम्बन्ध में यह जान लेना आवश्यक है कि उन्हें धर्मशास्त्रों का मर्म ज्ञात हो। वैसे तो सारा संसार ही बाइबिल, वेद और क़ुरान पढ़ता है; पर वे तो केवल शब्द हैं, विन्यास, व्युत्पत्ति, भाषाविज्ञान—धर्म की शुष्क अस्थियाँ मात्र। जो गुरु शब्दाडम्बर के चक्कर में पड़ जाते हैं, जिनका मन शब्दों की शक्ति में बह जाता है, वे भीतर का मर्म खो बैठते हैं। शास्त्रों की वास्तविक आत्मा के ज्ञान से ही सच्चे गुरु का निर्माण होता है। शास्त्रों का शब्दजाल एक सघन वन के सृदश है, जिसमें मनुष्य का मन भटक जाता है, और रास्ता ढूँढ़े भी नहीं पाता। 'शब्दजाल तो चित्त को भटकानेवाला एक महावन है।'[1] 'विभिन्न प्रकार की शब्द-रचना, सुन्दर भाषा में बोलने के विभिन्न ढंग और शास्त्र-मर्म की नाना प्रकार से व्याख्या करना—ये सब पंडितों के भोग के लिए ही है; इनमें अन्तर्दृष्टि का विकास नहीं होता।'[2] जो लोग इन उपायों से दूसरों को धर्म की शिक्षा देते हैं, वे केवल अपना पांडित्य प्रदर्शित करना चाहते हैं। उनकी यही इच्छा रहती है कि संसार उन्हें बहुत बड़ा विद्वान् मानकर उनका सम्मान करे। संसार के प्रधान आचार्यों में से कोई भी शास्त्रों की इस प्रकार नानाविध व्याख्या करने के झमेले में नहीं पड़ा। उन्होंने श्लोकों के अर्थ में खींचातानी नहीं की। वे शब्दार्थ और धात्वर्थ के फेर में नहीं पड़े। फिर भी उन्होंने संसार को बड़ी सुन्दर शिक्षा दी। इसके विपरीत, उन लोगों ने, जिनके पास सिखाने को कुछ भी नहीं, कभी एकाध शब्द को ही पकड़ लिया और उस पर तीन भागों की एक मोटी पुस्तक लिख डाली, जिसमें, उस शब्द की उत्पत्ति कैसे हुई, किसने उस शब्द का सबसे पहले उपयोग किया, वह क्या खाता था, वह कितनी देर सोता था, आदि-आदि का वर्णन रहता है।

भगवान् श्री रामकृष्ण एक कहानी कहा करते थे—"एक बार दो आदमी किसी बगीचे में घूमने गए। उनमें से एक, जिसकी विषय-बुद्धि जरा तेज थी, बगीचे में घुसते ही हिसाब लगाने लगा—'यहाँ कितने पेड़ आम के हैं, किस पेड़ में कितने आम हैं, एक-एक डाली में कितनी पत्तियाँ हैं, बगीचे की कीमत कितनी हो सकती है—आदि-आदि' पर दूसरा आदमी बगीचे के मालिक से भेंट करके, एक पेड़ के नीचे बैठ गया और मजे से एक-एक आम गिराकर खाने लगा। अब बताओ तो सही, इन दोनों में कौन ज्यादा बुद्धिमान है? आम खाओ, तो पेट भी भरे, केवल पत्ते गिनने और यह सब हिसाब लगाने से क्या लाभ?" ये पत्तियाँ और डालें गिनना तथा दूसरों को यह

1. शब्दजालं महारण्यं चित्तभ्रमणकारणम्॥ विवेकचूड़ामणि॥ 60॥
2. वाग्वैखरी शब्दझरी शास्त्रव्याख्यानकौशलम्।
वैदुष्यं विदुषां। तद्वद्भुक्तये न तु मुक्तये॥ विवेकचूड़ामणि॥ 58॥

सब बताने का भाव बिलकुल छोड़ दो। यह बात नहीं कि इन सबकी कोई उपयोगिता नहीं; है—पर धर्म के क्षेत्र में नहीं। इन 'पत्तियाँ गिननेवालों' में तुम एक भी आध्यात्मिक महापुरुष नहीं पाओगे। मानव जीवन के सर्वोच्च ध्येय—मानव की महत्तम गरिमा—धर्म के लिए इतनी 'पत्तियाँ गिनने' के श्रम की आवश्यकता नहीं। यदि तुम भक्त होना चाहते हो, तो तुम्हारे लिए यह जानना बिलकुल आवश्यक नहीं है कि भगवान् श्री कृष्ण ने मथुरा में जन्म लिया था या ब्रज में, वे करते क्या थे, और जब उन्होंने गीता की शिक्षा दी, तो उस दिन ठीक-ठीक तिथि क्या थी। गीता में कर्तव्य और प्रेम सम्बन्धी जो उदात्त उपदेश दिए गए हैं, उनको अपने जीवन में उतारने का प्रयत्न करो—उनकी आवश्यकता हृदय से अनुभव करो। उसके तथा उसके प्रणेता के सम्बन्ध में अन्य सब विचार तो केवल विद्वानों के आमोद के लिए हैं। वे जो चाहते हैं, करने दो। हम तो उनके पांडित्यपूर्ण विवाद पर केवल 'शान्तिः शान्तिः' कहेंगे और बस 'आम खाएँगे'।

गुरु के लिए दूसरी आवश्यक बात है—निष्पापता। बहुधा प्रश्न पूछा जाता है, "हम गुरु के चरित्र और व्यक्तित्व की ओर ध्यान ही क्यों दें? हमें तो यही देखना चाहिए कि वे क्या कहते हैं, और बस, उसे ग्रहण कर लेना चाहिए।" पर यह बात ठीक नहीं। यदि कोई मनुष्य मुझे गति-विज्ञान, रसायनशास्त्र अथवा अन्य कोई भौतिक विज्ञान सिखाना चाहे, तो वह जैसा होना चाहे, हो सकता है, क्योंकि भौतिक विज्ञानों के लिए केवल बौद्धिक साधनों की ही आवश्यकता होती है; परन्तु अध्यात्म-विज्ञानों में अपवित्र आत्मा में लेशमात्र भी धर्म का प्रकाश रह सकना असम्भव है। एक अपवित्र व्यक्ति हमें क्या धर्म सिखाएगा? स्वयं आध्यात्मिक सत्य की उपलब्धि करने और दूसरों में उसका संचार करने का एकमात्र उपाय है—हृदय और मन की पवित्रता। जब तक चित्तशुद्धि नहीं होती, तब तक भगवद्दर्शन अथवा उस अतीन्द्रिय सत्ता का आभास तक नहीं मिलता। अतएव गुरु के सम्बन्ध में हमें पहले यह जान लेना होगा कि उनका चरित्र कैसा है; और तब फिर देखना होगा कि वे कहते क्या हैं। उन्हें पूर्ण रूप से शुद्धचित्त होना चाहिए, तभी उनके शब्दों का मूल्य होगा, क्योंकि केवल तभी वे सच्चे संचारक हो सकते हैं। यदि स्वयं उनमें आध्यात्मिक शक्ति न हो, तो वे संचार ही क्या करेंगे? उनके मन में आध्यात्मिकता का इतना प्रबल स्पन्दन होना चाहिए, जिससे वह सहज रूप से शिष्य के मन में संचरित हो जाए। वास्तव में गुरु का काम ही यह है कि वे शिष्य में आध्यात्मिक शक्ति का संचार कर दें, न कि शिष्य की बुद्धिवृत्ति अथवा अन्य किसी शक्ति को उत्तेजित मात्र करें। यह स्पष्ट अनुभव किया जा सकता है कि गुरु से शिष्य में सचमुच एक शक्ति आ रही है। अतः गुरु का पवित्र होना आवश्यक है।

गुरु के लिए तीसरी आवश्यक बात है—उद्देश्य। गुरु को धन, नाम या यश सम्बन्धी स्वार्थ-सिद्धि के हेतु धर्म-शिक्षा नहीं देनी चाहिए। उनके कार्य तो केवल प्रेम से, सारी मानव जाति के प्रति विशुद्ध प्रेम से ही प्रेरित हों। आध्यात्मिक शक्ति का संचार केवल शुद्ध प्रेम के माध्यम से ही हो सकता है। किसी प्रकार का स्वार्थपूर्ण भाव, जैसे

कि लाभ अथवा यश की इच्छा, फौरन ही इस प्रेमरूपी माध्यम को नष्ट कर देगा। भगवान् प्रेमस्वरूप हैं, और जिन्होंने इस तत्त्व की उपलब्धि कर ली है, वे ही मनुष्य को शुद्धसत्व होने और ईश्वर को जानने की शिक्षा दे सकते हैं।

जब देखो कि तुम्हारे गुरु में ये सब लक्षण मौजूद हैं, तो फिर तुम्हें कोई आशंका नहीं। अन्यथा उनसे शिक्षा ग्रहण करना ठीक नहीं; क्योंकि तब साधु-भाव संचारित होने के बदले असाधु-भाव के संचारित हो जाने का बड़ा भय रहता है। अतः इस प्रकार के खतरे से हमें सब प्रकार से बचना चाहिए। केवल वही 'जो शास्त्रज्ञ, निष्पाप, कामगन्धहीन और श्रेष्ठ ब्रह्मवित् है'[1] सच्चा गुरु है।

जो कुछ कहा गया, उससे यह सहज ही मालूम हो जाएगा कि धर्म में अनुराग लाने के लिए, धर्म की बातें समझने के लिए और उन्हें अपने जीवन में उतारने के लिए उपयोगी शिक्षा हम यत्र-तत्र और हर किसी से नहीं प्राप्त कर सकते। 'पर्वत उपदेश देते हैं, कलकल बहनेवाले झरने विद्या बिखेरते जाते हैं और सर्वत्र शुभ ही शुभ है'[2]—ये सब बातें कवित्व की दृष्टि से भले ही बड़ी सुन्दर हों; पर जब तक स्वयं मनुष्य में सत्य के बीजाणु अपरिस्फुट रूप में विद्यमान न हों, तब तक दुनिया की कोई भी चीज उसे सत्य का एक कण तक नहीं दे सकती। पर्वत और झरने किसे उपदेश देते हैं?—उसी मानवात्मा को, जिसके पवित्र हृदय-मन्दिर का कमल खिल चुका है। और उसे इस प्रकार सुन्दर रूप से विकसित करनेवाला ज्ञान-प्रकाश सद्गुरु से ही आता है। जब हृदय-कमल इस प्रकार खिल जाता है, तब वह पर्वत, झरने, नक्षत्र, सूर्य, चन्द्र अथवा इस ब्रह्ममय विश्व में जो कुछ है, सभी से शिक्षा ग्रहण कर सकता है। परन्तु जिसका हृदय-कमल अभी तक खिला नहीं, वह तो इन सबमें पर्वत आदि के सिवा और कुछ न देख पाएगा। एक अन्धा यदि अजायबघर में जाए, तो उससे क्या होगा? पहले उसे आँखें दो, तब कहीं वह समझ सकेगा कि वहाँ की भिन्न-भिन्न वस्तुओं से क्या शिक्षा मिल सकती है?

गुरु ही धर्म-पिपासु की आँखें खोलनेवाले होते हैं। अतः गुरु के साथ हमारा सम्बन्ध ठीक वैसा ही है, जैसा पूर्वज के साथ उसके वंशज का। गुरु के प्रति श्रद्धा, नम्रता, विनय और आदर के बिना हममें धर्म-भाव पनप ही नहीं सकता। और यह एक महत्त्वपूर्ण बात है कि जिन देशों में गुरु और शिष्य में इस प्रकार का सम्बन्ध विद्यमान है, केवल वहीं असाधारण आध्यात्मिक पुरुष उत्पन्न हुए हैं; और जिन देशों में इस प्रकार के गुरु-शिष्य-सम्बन्ध की उपेक्षा हुई है, वहाँ धर्मगुरु एक वक्ता मात्र रह गया है—गुरु को मतलब रहता है अपनी 'दक्षिणा' से और शिष्य को मतलब रहता

1. श्रोत्रियोऽवृजिनोऽकामहतो यो ब्रह्मवित्तमः ॥ विवेकचूड़ामणि ॥ 33 ॥

2. And this our life exempt from public haunt,
Finds tongues in trees, books in the running brooks,
Sermons in stones and good in everything.
—Shakespeare's 'As You like it.' Act II. Sc. I.

है गुरु के शब्दों से, जिन्हें वह अपने मस्तिष्क में ठूँस लेना चाहता है। यह हो गया कि बस, दोनों अपना-अपना रास्ता नापते हैं। ऐसी परिस्थिति में आध्यात्मिकता बिलकुल नहीं के बराबर ही रहती है—न कोई शक्ति-संचार करनेवाला होता है और न कोई उसका ग्रहण करनेवाला। ऐसे लोगों के लिए धर्म एक व्यापार हो जाता है। वे सोचते हैं कि वे उसे अपने धन से खरीद सकते हैं। ईश्वर करता, धर्म इतना सुलभ हो जाता! पर दुर्भाग्य, ऐसा हो नहीं सकता।

धर्म ही सर्वोच्च ज्ञान है—वही सर्वोच्च विद्या है। वह न पैसों से खरीदा जा सकता है और न पुस्तकों से ही प्राप्त किया जा सकता है। तुम भले ही संसार का कोना-कोना छान डालो, हिमालय, आल्प्स और काकेशस के शिखर पर चढ़ जाओ, अथाह समुद्र का तल भी नाप डालो, तिब्बत और गोबी-मरुभूमि की धूल छान डालो, पर जब तक तुम्हारा हृदय धर्म को ग्रहण करने के लिए तैयार नहीं हो जाता और जब तक गुरु का आगमन नहीं होता, तब तक तुम धर्म को कहीं न पाओगे। और जब ये विधातानिर्दिष्ट गुरु प्राप्त हो जाएँ, तो उनके निकट बालकवत् विश्वास और सरलता के साथ अपना हृदय खोल दो, और उनमें साक्षात् ईश्वर के दर्शन करो। जो लोग इस प्रकार प्रेम और श्रद्धासम्पन्न होकर सत्य की खोज करते हैं, उनके निकट सत्यस्वरूप भगवान् सत्य, शिव और सौन्दर्य के अलौकिक तत्त्वों को प्रकट करते हैं।

मेरे गुरुदेव

भगवान् श्री कृष्ण ने भगवद्गीता में कहा है—

'जब-जब धर्म का ह्रास होता है तथा अधर्म की वृद्धि होती है, तब-तब मनुष्य जाति के उद्धार के निमित्त मैं अवतार लेता हूँ।'[1]

जब कभी हमारे इस संसार में विकास या नूतन परिस्थितियों के कारण नए सामंजस्य की आवश्यकता होती है, उस समय एक शक्ति-तरंग आती है और मनुष्य के आध्यात्मिक तथा भौतिक क्षेत्रों में विचरण करने के कारण इन दोनों क्षेत्रों में ही इस तरंग का प्रभाव पड़ता है। एक ओर भौतिक क्षेत्र में आधुनिक समय में प्रधानत: यूरोप ने ही सामंजस्य स्थापित किया है और दूसरी ओर आध्यात्मिक क्षेत्र में सारे संसार के इतिहास में एशिया ही समन्वय का मुख्य आधार रहा है।

आज आध्यात्मिक क्षेत्र में सामंजस्य की पुन: आवश्यकता है—आज, जब कि भौतिकवाद अपनी शक्ति तथा कीर्ति के शिखर पर है तथा जब यह सम्भव हो रहा है कि मनुष्य जड़ वस्तुओं पर अधिकाधिक अवलम्बित रहने से अपनी दैवी प्रकृति भूलकर केवल धनोपार्जन का एक यंत्र मात्र बन जाए, समायोजन की बड़ी आवश्यकता है। ऐसे अवसर के लिए ईश्वर-वाणी हो चुकी है और ऐसी दैवी शक्ति का आगमन हो रहा है, जो चढ़ते हुए भौतिकवाद के मेघों को तितर-बितर कर देगी। इस शक्ति के खेल का आरम्भ हो चुका है और यह शक्ति ही मानव जाति में उसके वास्तविक स्वरूप की स्मृति का संचार एक बार फिर कर देगी; और वह स्थान जहाँ से यह शक्ति सभी दिशाओं में प्रसारित होगी, फिर एशिया ही होगा।

हमारा यह संसार श्रम-विभाजन की प्रणाली पर अवलम्बित है। यह कहना व्यर्थ है कि एक ही मनुष्य प्रत्येक वस्तु का अधिकारी होगा, परन्तु फिर भी एक बच्चे के समान हम कैसे अनजान हैं! अज्ञानवश एक बच्चा यही सोचता है कि समस्त संसार में वांछनीय वस्तु केवल उसकी गुड़िया ही है। इसी प्रकार एक जाति जो भौतिक शक्ति में श्रेष्ठ है, सोचती है कि इस संसार में यदि कोई वस्तु अमूल्य एवं प्राप्त करने योग्य है तो वह भौतिक शक्ति ही है तथा उन्नति एवं सभ्यता का अर्थ इसके अतिरिक्त दूसरा

---

1. यदा यदा हि धर्मस्य ग्लानिर्भवति भारत।
अभ्युत्थानमधर्मस्य तदात्मानं सृजाम्यहम्॥ गीता॥ 4।7॥

है ही नहीं, और यदि कुछ जातियाँ ऐसी हैं, जो इसकी परवाह नहीं करतीं तथा जिनके पास यह शक्ति नहीं है, तो वे टिकने योग्य नहीं हैं—उनका सारा अस्तित्व ही सर्वथा निरर्थक है। परन्तु दूसरी ओर एक जाति के विचार हो सकते हैं कि केवल भौतिक सभ्यता ही नितान्त निरर्थक है और ऐसी वाणी प्राच्य देश से ही उठी, जिसने एक समय सारे संसार को यह बतलाया था कि किसी मनुष्य के पास यदि संसार की सारी सम्पत्ति है, परन्तु आध्यात्मिक शक्ति नहीं, तो वह सब किस काम का? यही भाव प्राच्य का है और इसके विरुद्ध दूसरा पाश्चात्य का।

ये दोनों ही भाव महत्त्वपूर्ण तथा गौरवशाली हैं। वर्तमान सामंजस्य इन दोनों आदर्शों का समन्वय तथा मिश्रण स्वरूप होगा। पाश्चात्य के निकट इन्द्रियग्राह्य जगत् जितना सत्य है, उतना ही प्राच्य के लिए आध्यात्मिक जगत् है। आध्यात्मिक राज्य में प्राच्य जो कुछ चाहता है या जिसकी वह आशा करता है तथा जो कुछ जीवन को सत्य बनाता है—यह सब उसे इसमें मिल जाता है। पाश्चात्य के लिए प्राच्य स्वप्नसृष्टि में ही विचरण करनेवाला दिखता है तथा प्राच्य भी पाश्चात्य को वैसा ही देखता है और सोचता है कि यह तो केवल नाशवान खिलौने से ही खेल रहा है और यह विचार कर हँसता है कि बड़े-बूढ़े पुरुष तथा स्त्रियाँ एक मुट्ठी भर ऐहिक वस्तु के सम्बन्ध में, जिसको कि आगे-पीछे उन्हें छोड़ना ही पड़ेगा, कितना तिल का ताड़ बना रहे हैं। तात्पर्य यह है कि दोनों एक दूसरे को स्वप्नसृष्टि में विचरण करनेवाले समझते हैं। परन्तु प्राच्य आदर्श मानव जाति की उन्नति के लिए उतना ही आवश्यक है जितना कि पाश्चात्य आदर्श—और मैं सोचता हूँ कि शायद अधिक ही। मशीनों ने मनुष्य जाति को कभी सुखी नहीं बनाया और न बना सकेंगी। जो हमें इस बात का विश्वास दिलाने का यत्न कर रहा है, वह यही कहेगा कि सुख मशीनों में ही है, परन्तु है यह सदा मन में ही। केवल वही मनुष्य जो अपने मन का स्वामी है, सुखी हो सकता है—दूसरा नहीं। और आखिर यह मशीन की शक्ति है ही क्या? यदि कोई मनुष्य बिजली के तार द्वारा विद्युत-प्रवाह (electric current) भेज सकता है, तो उसे हम एक बड़ा तथा बुद्धिमान मनुष्य क्यों कहें? क्या प्रकृति उससे कई लाख गुना कार्य प्रत्येक क्षण नहीं करती? अत: हम प्रकृति के ही चरणों पर गिरकर उसकी ही पूजा क्यों न करें? यदि तुम्हारी शक्ति समस्त विश्व भर में फैल गई तथा यदि तुमने विश्व के प्रत्येक परमाणु को वश में कर भी लिया तो क्या हुआ? इससे तो तुम सुखी नहीं हो सकते। तुम सुखी तभी हो सकते हो, जब तुम स्वयं को जीत लो। यह सत्य है कि मनुष्य का जन्म प्रकृति पर विजय प्राप्त करने के लिए ही हुआ है, परन्तु प्रकृति शब्द से पाश्चात्य जाति केवल भौतिक अथवा बाह्य प्रकृति ही समझती है। यह सत्य है कि पहाड़ों, समुद्रों, नदियों तथा अपनी नाना प्रकार की अनन्त शक्तियों द्वारा समन्वित यह बाह्य प्रकृति अत्यन्त महान् है, परन्तु फिर भी मनुष्य की अन्त:प्रकृति इससे भी महत्तर है—यह सूर्य, चन्द्रमा तथा नक्षत्रादि से भी उच्च है, हमारी इस पृथ्वी से—समग्र जड़ जगत् से भी श्रेष्ठ है और हमारे इन

छोटे-छोटे जीवनों से भी अतीत है तथा यह हमारी गवेषणा के लिए एक विशिष्ट क्षेत्र है। जिस तरह पाश्चात्य जाति ने बहिर्जगत् की गवेषणा में श्रेष्ठत्व लाभ किया है, उसी तरह प्राच्य जाति ने अन्तर्जगत् की गवेषणा में। अत: यह ठीक ही है कि जब कभी आध्यात्मिक सामंजस्य की आवश्यकता होती है, तो उसका आरम्भ प्राच्य से ही होता है। साथ ही साथ यह भी ठीक है कि जब कभी प्राच्य को मशीन बनाने के सम्बन्ध में सीखना हो, तो वह पाश्चात्य के पास ही बैठकर सीखे। परन्तु यदि पाश्चात्य ईश्वर आत्मा तथा विश्व के रहस्य सम्बन्धी बातों को जानना चाहे, तो उसे प्राच्य के चरणों के समीप ही आना चाहिए।

मैं तुम्हारे सम्मुख एक ऐसे महापुरुष के जीवन का वर्णन करूँगा, जिन्होंने भारतवर्ष में इन गहन विषयों की एक तरंग प्रवाहित कर दी। परन्तु इनका जीवन-चरित्र वर्णन करने के पूर्व मैं यह बतलाने का यत्न करूँगा कि भारत का रहस्य क्या है तथा 'भारत' कहने से हम क्या समझते हैं। ऐसे व्यक्ति, जिनकी आँखें नश्वर वस्तुओं की ऊपरी तड़क-भड़क से चौंधिया गई हैं, जिनका सारा जीवन खाने-पीने तथा चैन करने के निमित्त ही समर्पित हो चुका है, जिनकी सम्पत्ति का आदर्श केवल भू-प्रदेश तथा सुवर्ण ही है, जिनके सुख का आदर्श केवल इन्द्रियजन्य सुख ही है, जिनका ईश्वर केवल धन ही है, जिनके जीवन का ध्येय ऐश एवं आराम करना तथा मर जाना ही है, जिनकी बुद्धि दूरदर्शी नहीं है, जो इन्द्रियभोग्य विषयों के बीच में हमेशा पड़े रहते हैं, तथा जो इनसे उच्चतर बातें सोच ही नहीं सकते, यदि भारत में जाएँ, तो उन्हें वहाँ क्या दिखलाई देगा ?—प्रत्येक स्थान पर निर्धनता, जघन्यता, अन्धविश्वास, अज्ञान एवं बीभत्सता ही। इसका कारण क्या है ? कारण यह है कि उनकी समझ में सभ्यता का अर्थ है वेश-भूषा, शिक्षण तथा सामाजिक शिष्टाचार। पाश्चात्य जाति ने अपनी ऐहिक उन्नति के लिए सब प्रकार से यत्न किया है, परन्तु भारत ने वैसा नहीं किया। यदि हम मनुष्य जाति के सारे इतिहास को देखें तो हम पाएँगे कि सारे संसार में केवल भारत में ही ऐसी जाति है, जो अपने देश की सीमा के बाहर कभी किसी दूसरे देश को परास्त करने के लिए नहीं गई, जिसने दूसरे की सम्पत्ति को कभी प्राप्त करने की इच्छा नहीं की। और यदि कहा जाए तो केवल उसका 'अपराध' यही था कि उसकी भूमि बड़ी उपजाऊ थी और उसने अपने हाथों कड़ी मेहनत करके धन इकट्ठा किया और इस प्रकार दूसरे राष्ट्रों को यह प्रलोभन दिया कि वे आकर उसके यहाँ लूट-मार करें। परन्तु फिर भी वह लुट जाने पर तथा 'जंगली' कही जाने पर भी सन्तुष्ट है और उसके बदले में संसार में ईश्वर विषयक ज्ञान का प्रचार करना चाहती है, मानव प्रकृति के गुह्य रहस्य को संसार के सम्मुख स्पष्ट रूप से प्रकट करना चाहती है तथा उस पर्दे को हटा देना चाहती है जो मनुष्य के असली स्वरूप को छिपाए है। वह जानती है कि यह सब स्वप्न है—वह जानती है कि इस जड़ के पीछे मनुष्य का प्रकृत ब्रह्मभाव विराजमान है, जिसे न तो कोई पाप पतित कर सकता है, न काम कलंकित कर सकता है, न आग जला सकती

है और न जल गीला ही कर सकता है, जो आँच से सूख नहीं सकता और न जिसे काल अपने गाल में ही डाल सकता है। उसके लिए मनुष्य का यह असली स्वरूप उतना ही वास्तविक है, जितना किसी पाश्चात्य जाति के लिए इन्द्रियगम्य जड़ पदार्थ।

जिस प्रकार तुम शूरता से एक तोप के मुँह के सामने उड़ जाने के लिए कूद पड़ते हो तथा जैसे देशभक्ति से प्रेरित हो उत्साह के साथ अपने देश के लिए प्राण भी दे देते हो, उसी प्रकार भारतवासी ईश्वर के नाम पर अपना सर्वस्व अर्पण करने में शूर होते हैं। यह बात उसी देश में है कि यदि कोई पुरुष किसी को यह सुझा देता है कि यह संसार कल्पना मात्र है, केवल स्वप्नवत् है, तो वह मनुष्य अपनी वेशभूषा, धन-सम्पत्ति आदि सब त्यागकर यह दिखा देता है कि जो कुछ वह विश्वास करता है तथा मन से सोचता है वह सब सत्य है। यह बात वहाँ ही है कि जब मनुष्य को इस बात का ज्ञान हो जाता है कि यह जीवन अनन्त है तो वह एक नदी के किनारे जाकर बैठ जाता है और अपने शरीर को कुछ भी न समझकर उसका त्याग इस प्रकार से कर देना चाहता है, जैसे हम-तुम एक घास-फूस का तिनका छोड़ देते हैं। इसी में उनका शूरत्व है कि वे मृत्यु का स्वागत एक भाई के समान करते हैं, क्योंकि उनका यह दृढ़ विश्वास है कि मृत्यु वास्तव में उनके लिए नहीं है। इसी में वह शक्ति है, जिसने इन्हें सैकड़ों वर्षों के विदेशियों के आक्रमण तथा अत्याचारों से भी अटल रखा। वह राष्ट्र आज भी है और उस राष्ट्र में घोर आपत्ति के दिनों में भी आत्मज्ञानी महापुरुषों का अवतार लेना कभी बन्द नहीं हुआ। जिस प्रकार पाश्चात्य देशों में बड़े-बड़े राजनीतिज्ञों तथा वैज्ञानिकों का जन्म होता है, उसी प्रकार एशिया में महान् आत्मज्ञानी पुरुष जन्म लेते हैं। उन्नीसवीं शताब्दी के आरम्भ में जब कि पाश्चात्यों का प्रभाव भारत पर पड़ने लगा और जब विजयी पाश्चात्य अपने हाथों में तलवार लेकर यहाँ के ऋषि पुत्रों को यह प्रमाणित करने आए कि वे केवल जंगली हैं, उनकी जाति खोखले ध्येयवालों की है, उनका धर्म केवल काल्पनिक है तथा ईश्वर, आत्मा और प्रत्येक ऐसी वस्तु जिसको प्राप्त करने के लिए वे वर्षों से रगड़ कर रहे हैं, केवल अर्थशून्य शब्द ही हैं तथा उनका हजारों वर्षों का समस्त परित्याग व्यर्थ ही हुआ, तब तो विश्वविद्यालयों के तरुण छात्रों के मन में यह संकल्प-विकल्प होने लगा कि कहीं उनका उस समय तक का सारा राष्ट्रीय अस्तित्व व्यर्थ ही तो नहीं गया, क्या उन्हें फिर पाश्चात्य प्रणाली के आधार पर नए सिरे से यत्न करना चाहिए, अपने पुराने ग्रन्थों को फाड़ डालना चाहिए, प्राचीन तत्त्व-ज्ञान को जला डालना चाहिए, अपने धर्मगुरुओं को मारकर भगा देना चाहिए तथा क्या अपने मन्दिरों को ढहा देना चाहिए ? क्या पाश्चात्य विजेता ने, जिसने अपने धर्म का प्रचार तलवार तथा बन्दूक की सहायता से किया, यह नहीं कहा कि समस्त प्राचीन धर्म-पद्धति केवल कुसंस्कार एवं निर्जीव प्रतिमा-पूजन तक ही सीमित है ? अत: जिन बच्चों ने इन नई शिक्षण-संस्थाओं में शिक्षा-दीक्षा पाई, वे पाश्चात्य पद्धति पर चल निकले और बचपन से ही इसके आदेशों में पग गए और इसमें कोई आश्चर्य की बात

नहीं कि प्राचीन पद्धति के सम्बन्ध में उनके मन में तर्क-वितर्क होने लगा। कुसंस्कार को एक ओर हटाने तथा सत्य का अनुसंधान करने की अपेक्षा उनके लिए बस यही एक महावाक्य सत्य की कसौटी हो गया, 'इस सम्बन्ध में पाश्चात्य की क्या राय है?' धर्मगुरुओं को भगा देना चाहिए, वेदों को जला डालना चाहिए, क्योंकि पाश्चात्यों ने ऐसा कहा है—इस प्रकार की खलबली के भावों से भारत में एक ऐसी लहर उठी, जिसे हम तथाकथित 'सुधार' के नाम से पुकारते हैं।

यदि तुम सच्चे सुधारक होना चाहते हो, तो तीन बातों की आवश्यकता है। प्रथम तो यह कि तुम्हारा हृदय भावनाशील हो। क्या वास्तव में अपने भाइयों के लिए तुम्हारे प्राण छटपटा रहे हैं? क्या तुम सचमुच में अनुभव करते हो कि संसार में इतना क्लेश, इतना अज्ञान तथा इतना कुसंस्कार है? क्या सचमुच यह तुम्हारी धारणा है कि सब मनुष्य तुम्हारे भाई हैं? क्या यह भावना तुम्हारे रोम-रोम में व्याप्त है? क्या यह तुम्हारे रक्त से मिल गई है? क्या यह तुम्हारी प्रत्येक नस में फड़कती है और क्या तुम्हारे शरीर की प्रत्येक शिरा तथा तन्तु में इसकी झंकार है? क्या तुम सहानुभूति के विचारों से भरे हुए हो? यदि तुम ऐसे हो तो जान लो कि तुमने केवल प्रथम सीढ़ी पर ही पदार्पण किया है। दूसरी बात तुम्हें यह सोचनी चाहिए कि इन सबके लिए क्या तुमने कोई उपाय भी ढूँढ़ निकाला है; या नहीं? पुराने विचार कुसंस्कार पर भले ही निर्भर हों, परन्तु इस कुसंस्कार में भी स्वर्णमय सत्य के कण विद्यमान हैं। सब अनावश्यक बातों को छोड़कर केवल उस स्वर्ण-रूपी सत्य को पाने के लिए तुमने कोई उपाय सोचा है? और यदि तुमने वैसा कर लिया है, तो जान लो कि तुमने दूसरी सीढ़ी पर पैर रखा है। और एक चीज की आवश्यकता है—अटल अध्यवसाय। तुम्हारा असल अभिप्राय क्या है? क्या तुम्हें इस बात पर पूरा विश्वास है कि तुम्हें सम्पत्ति का प्रलोभन नहीं है, कीर्ति की लालसा नहीं है तथा अधिकार की आकांक्षा नहीं है? वास्तव में तुम्हें क्या विश्वास है कि चाहे सारा संसार भी तुम्हें नीचे गिराने की चेष्टा करे तो भी तुम अपने ध्येय के अनुसार ही कार्य करोगे? क्या तुम्हें यह विश्वास है कि जो कुछ तुम चाहते हो उसे भली-भाँति जानते हो और चाहे तुम्हारे प्राणों की भी बाजी लगी हो तो भी तुम केवल अपना कर्तव्य ही करते रहोगे? क्या तुम्हें अन्त:करण से विश्वास है कि तुम्हारे जीवन के अन्तिम क्षण तक, जब तक तुम्हारे हृदय में धड़कन है, तब तक तुम अपने उद्योग में निरन्तर भिड़े रहोगे? यदि ये तीनों गुण तुममें हैं तो वास्तव में तुम एक सच्चे सुधारक, मार्ग-प्रदर्शक, गुरु एवं मनुष्य जाति के लिए वरदान स्वरूप हो। परन्तु मनुष्य जैसा उतावला तथा अदूरदर्शी है! उसमें प्रतीक्षा करने का धैर्य नहीं है, न उसमें देख सकने की शक्ति है—वह तुरन्त ही फल को देखना चाहता है, वास्तव में दूसरे पर सत्ता जमाना ही उसका अभिप्राय है। इसका कारण क्या है? कारण यह है कि वह कार्य का फल स्वयं ही लेना चाहता है और यथार्थ में दूसरों की परवाह नहीं करता। केवल कर्म के लिए ही वह कर्म करना नहीं चाहता। भगवान् श्री कृष्ण ने कहा है, 'तुम्हें केवल कर्म करने

का ही अधिकार है; कर्मफल में तुम्हारा कोई अधिकार नहीं।'[1] कर्मफल में हम क्यों आसक्त हों? केवल कर्म करना ही हमारा कर्तव्य है। कर्मफल के सम्बन्ध में हम तनिक भी चिन्ता क्यों करें? परन्तु मनुष्य को धैर्य नहीं रहता। वह विचारपूर्वक न सोचकर मनमाना कोई भी काम करने लगता है। संसार के अधिकांश सुधारक इसी श्रेणी में गिने जा सकते हैं।

भारत में पूर्वोक्त सुधार की विचारधारा उस समय आई, जब ऐसा प्रतीत होता था कि मानो भौतिकवाद की तरंग, जिसने भारत पर आक्रमण किया था, इस देश के प्राचीन आर्य ऋषियों की संस्कृति एवं शिक्षा को बहा देगी। परन्तु यह राष्ट्र इसके पहले क्रान्ति की ऐसी हजारों तरंगों की चोट सह चुका था, पर यह तरंग अतीत की तरंगों की अपेक्षा हलकी ही थी। एक लहर के बाद दूसरी लहर ने आकर देश को अपने में डुबा लिया था और सैकड़ों वर्षों तक ये लहरें देश को दबाती रही थीं। तलवारें चमकी थीं और 'अल्लाहो अकबर' के नारे से भारत का आकाश गूँज उठा था। परन्तु धीरे-धीरे ये लहरें शान्त हो गईं और राष्ट्रीय आदर्श पूर्ववत् बने रहे।

भारतीय राष्ट्र कभी नष्ट नहीं हो सकता। यह अमर है और उस समय तक टिका रहेगा, जब तक इसका धर्मभाव अक्षुण्ण बना रहेगा, जब तक इस राष्ट्र के लोग अपने धर्म को त्याग नहीं देंगे। चाहे वे भिखारी रहें अथवा निर्धन, चाहे दरिद्रता से पीड़ित हों अथवा मैले और घिनौने हों, परन्तु वे अपने ईश्वर का परित्याग कभी न करें और न यह भूलें कि वे ऋषि-सन्तान हैं। जिस प्रकार पश्चिम में कोई भी साधारण मनुष्य अपना वंश किसी मध्यकालीन डाकुओं के सरदार 'बैरन' से ढूँढ़ निकालने का यत्न करता है, उसी प्रकार भारत में एक सिंहासनारूढ़ सम्राट् भी अपने को किसी एक अरण्यनिवासी वल्कलधारी, जंगल के फल-मूल खानेवाले तथा ईश्वर का साक्षात् करनेवाले ऋषि से अपनी वंश-परम्परा स्थापित करने की चेष्टा करता है। हम ऐसे ही व्यक्तियों से अपनी वंश-परम्परा स्थापित करना चाहते हैं और जब तक पवित्रता के ऊपर हमारी इस प्रकार गम्भीर श्रद्धा रहेगी, तब तक भारत का विनाश नहीं है।

शायद तुममें से बहुतों ने 'नाइनटीन्थ सेंचुरी' नामक पत्र के अभी हाल के एक अंक में प्रोफेसर मैक्समूलर[2] का लेख पढ़ा होगा, जिसका शीर्षक था 'एक सच्चा महात्मा'। श्री रामकृष्ण का जीवन मनोरंजक है, क्योंकि उनका जीवन उनके द्वारा प्रदत्त उपदेशों का एक जीता-जागता नमूना है। शायद वह तुम लोगों को, जो पश्चिम में एक ऐसे वातावरण में रहते हो, जो भारत से बिलकुल भिन्न है, किसी अंश तक रोमानी प्रतीत हो। क्योंकि तुम्हारे यहाँ अर्थात् पश्चिम में जीवन के व्यस्त प्रवाह की प्रणाली और पद्धतियाँ भारत से नितान्त भिन्न हैं। परन्तु फिर भी शायद यह इसी कारण विशेष

---

1. कर्मण्येवाधिकारस्ते मा फलेषु कदाचन॥ गीता॥ 2। 47॥
2. एक बड़े जर्मन तत्त्वेत्ता तथा संस्कृत के प्रकांड पंडित। इन्होंने प्राच्य संस्कृति का विशेष अध्ययन किया था।

मनोरंजक हो, क्योंकि इसमें बहुत सी ऐसी बातें नए दृष्टिकोण से देखी जाएँगी, जिनके विषय में बहुत से लोगों ने पहले ही सुन रखा होगा।

जब भारतवर्ष में बहुत से नए सुधारों की चेष्टा हो रही थी, उन्हीं दिनों 18 फरवरी, सन् 1836 को एक निर्धन ब्राह्मण दम्पति के, बंगाल के एक सुदूर गाँव में एक बालक पैदा हुआ। बालक के माँ-बाप दोनों ही शास्त्रमार्गावलम्बी एवं धर्मपरायण थे। वास्तव में पुरानी रीति के अनुसार चलनेवाले धर्मपरायण ब्राह्मण का जीवन नित्य त्याग का तथा तपस्यामय होता है। वह जीविकोपार्जन के लिए इने-गिने उद्योग ही कर सकता है और इसके अतिरिक्त वह किसी लौकिक धन्धे से सम्बन्ध तक नहीं रख सकता। साथ ही साथ वह प्रत्येक का दिया हुआ दान भी ग्रहण नहीं कर सकता। तुम अनुमान कर सकते हो कि इस प्रकार का जीवन कितना कठोर होगा! तुमने ब्राह्मणों तथा उनके पौरोहित्य सम्बन्धी कर्मों के बारे में बहुधा सुना ही होगा, परन्तु तुममें से बहुत कम लोगों ने यह सोचा होगा कि ऐसा क्या कारण है, जिससे ये थोड़े से विलक्षण पुरुष अन्य मनुष्यों पर शासन कर सकते हैं। देश के अन्य सब वर्गों की अपेक्षा ये निर्धन होते हैं, परन्तु उनकी शक्ति का रहस्य उनके त्याग में ही छिपा हुआ है। वे कभी सम्पत्ति संचय की इच्छा नहीं करते। संसार भर में वे सबसे अधिक निर्धन पुरोहित हैं और इसीलिए सबसे अधिक शक्तिशाली। इतनी निर्धनता में भी एक ब्राह्मण की स्त्री किसी गरीब आदमी को बिना कुछ खिलाए अपने गाँव से कभी नहीं जाने देगी। भारत में माता का यही सबसे बड़ा कर्तव्य है; और चूँकि वह स्वयं माँ है, इसलिए उसका यह कर्तव्य है कि वह स्वयं सबके अन्त में भोजन करे। और वह सदा यह भी ध्यान रखती है कि अन्य सब लोगों के भोजन से परितृप्त होने के बाद स्वयं भोजन करे। यही कारण है कि भारत में माता देवी स्वरूप मानी जाती है। जिन देवी का हम वर्णन करेंगे, वे ठीक इसी प्रकार की एक-आदर्श हिन्दू माता थीं। भारत में जो जाति जितनी उच्च होती है, उसके उतने ही अधिक बन्धन भी होते हैं। नीच जाति के लोग जो कुछ चाहें खा-पी सकते हैं, परन्तु समाज में उनकी अपेक्षा जो उच्चतर जातियाँ हैं, उनके आहार-व्यवहार के नियम भी कठोरतर हैं और उच्चतम जाति, भारत की वंशानुक्रमिक पुरोहित जाति ब्राह्मण के जीवन में—जैसा कि मैं पहले ही कह चुका हूँ—सबसे अधिक कठोर नियम हैं। पाश्चात्य रहन-सहन की तुलना में इन ब्राह्मणों का जीवन सतत तपस्यामय होता है। हिन्दू लोग सम्भवत: संसार की सर्वाधिक संकीर्ण जाति हैं। उनमें अंग्रेजों की सी ही दृढ़ता है, किन्तु अंग्रेजों की अपेक्षा कहीं अधिक विस्तीर्ण। जब ये किसी एक भाव को ग्रहण कर लेते हैं, तो बिना उसकी चरम सीमा तक पहुँचे उसे नहीं छोड़ते और पीढ़ी-दर-पीढ़ी इसी भाव को कार्यरूप में परिणत करते रहते हैं। तुम उनको कोई नया विचार दो, यदि वे उसे एक बार स्वीकार कर लेते हैं, तो फिर उसको वापस ले पाना सरल नहीं होता। परन्तु इनसे कोई नया भाव ग्रहण करा सकना बड़ा कठिन है।

अतएव प्राचीनपन्थी हिन्दू बड़े संकीर्ण होते हैं और अपने संकीर्ण विचार एवं भाव की परिधि में ही विचरण करते रहते हैं। जीवन-यापन के सम्बन्ध में उनके प्राचीन ग्रन्थों में अत्यन्त विस्तारपूर्वक लिखा गया है और वे इन सब विधि-निषेधों की छोटी-से-छोटी बात तक को भी कट्टरता के साथ पालन करने का प्रयत्न करते हैं। वे भूखों प्राण दे देंगे, परन्तु किसी ऐसे मनुष्य के हाथ का बनाया हुआ भोजन नहीं ग्रहण करेंगे, जो उनकी जाति का नहीं है। यद्यपि वे इस तरह संकीर्ण हैं, तो भी उनमें प्रगाढ़ श्रद्धा एवं उद्योगशीलता है। प्राय: पुराणपन्थी हिन्दुओं में प्रबल विश्वास एवं धर्मभाव देखा जाता है, क्योंकि उनकी यह दृढ़ धारणा है कि यह कट्टरता वांछनीय है। सम्भव है, हम सब उनसे इस सम्बन्ध में सहमत न हों, परन्तु उनका विश्वास है कि वह ठीक है। हमारे ग्रन्थों में लिखा है कि मनुष्य को सदैव हद दर्जे का दानशील होना चाहिए। यदि कोई मनुष्य दूसरे आदमी की सहायता करने के लिए तथा उस आदमी की जान बचाने के लिए स्वयं भूखों ही मर जाए, तो भी ठीक है और मनुष्य का कर्तव्य भी यही है। एक ब्राह्मण से यह आशा की जाती है कि वह इस ध्येय का पालन उसकी चरम सीमा तक करेगा। जो भारत के साहित्य से सुपरिचित हैं, उन्हें इस चरम दान के सम्बन्ध में एक सुन्दर पुरानी कथा याद आ जाएगी। महाभारत में वर्णित है कि एक कुटुम्ब का कुटुम्ब एक भिखारी को अपना अन्तिम भोजन देकर भूखों मर गया। यह अतिशयोक्ति नहीं है, क्योंकि ऐसी बातें अब भी होती रहती हैं। मेरे गुरुदेव के माता-पिता का स्वभाव बहुत कुछ इसी प्रकार का था। यद्यपि वे बहुत गरीब थे, परन्तु फिर भी मेरे गुरुदेव की माता अक्सर किसी गरीब आदमी की सहायता करने के लिए स्वयं दिन भर भूखी रह जाती थीं। उन्हीं माता-पिता के घर में इस बालक ने जन्म लिया और बचपन से ही यह बालक कुछ विलक्षण सा था। अपने पूर्व जन्म का स्मरण उसे जन्म से ही था तथा वह इस बात को भली-भाँति जानता था कि इस संसार में उसने किस उद्देश्य से जन्म लिया है और इस उद्देश्य की पूर्ति के लिए ही उसने अपनी सारी शक्ति लगा दी।

जब वह बालक बिलकुल छोटा था, तभी उसके पिता का देहान्त हो गया और वह लड़का फिर पाठशाला भेजा गया। ब्राह्मण के लड़के के लिए पाठशाला जाना आवश्यक है, क्योंकि जाति-बन्धन के अनुसार उसको केवल पढ़ने-लिखने का ही कार्य करना चाहिए। भारत की प्राचीन शिक्षा-पद्धति, जो आजकल भी देश में कई जगह प्रचलित है, और विशेषत: संन्यासियों से सम्बन्धित शिक्षा-पद्धति, आधुनिक शिक्षा से बहुत भिन्न है। विद्यार्थियों को कोई शुल्क नहीं देना पड़ता था, क्योंकि सोचा ऐसा जाता था कि ज्ञान बहुत पवित्र है और किसी मनुष्य को इसे बेचना नहीं चाहिए। शिक्षा-दान नि:शुल्क तथा उदारतापूर्वक दिया जाना चाहिए। गुरुजन शिष्यों को नि:शुल्क भरती करते थे और इतना ही नहीं, बल्कि उनमें से अधिकांश अपने शिष्यों को भोजन और वस्त्र भी देते थे!

इन गुरुजनों की सहायता के लिए रईस लोग विवाह-संस्कार, श्राद्ध-संस्कार आदि कई शुभ अवसरों पर इनको दान-दक्षिणा देते थे। ये गुरुजन कुछ विशेष प्रकार की दान-दक्षिणा के सर्वप्रथम अधिकारी समझे जाते थे और वे उसके बदले में अपने छात्रों का पालन-पोषण करते थे। अत: जब कभी कोई विवाह-संस्कार होता है, और विशेषकर रईस घराने में, तो ये गुरुजन आमंत्रित किए जाते हैं, और वे सम्मिलित होते हैं तथा उस अवसर पर उनमें भिन्न-भिन्न विषयों पर चर्चा होती है। एक बार यह बालक गुरुजनों के सम्मेलन में जा पहुँचा। गुरुजन उस समय तर्कशास्त्र, ज्योतिष आदि भिन्न-भिन्न विषयों पर, जो इस बालक की अवस्था के अनुसार अत्यन्त गहन एवं गूढ़ विषय थे, बहस कर रहे थे। जैसा मैं पहले ही कह चुका हूँ, यह बालक बड़ा विलक्षण था और उसने इस विवाद से यह सार निकाला कि इनके कोरे पुस्तकीय ज्ञान का फल यह वाद-विवाद है। ये सब इतनी बुरी तरह से क्यों लड़ रहे हैं? यह केवल धन के लिए ही है, क्योंकि जो मनुष्य यहाँ अपनी विद्वत्ता सबसे अधिक दिखा सकेगा, वही वस्त्रों की सबसे अच्छी जोड़ी पाएगा और यही ध्येय है, जिसके लिए ये सब लड़ रहे हैं। अत: उसने सोचा कि अब मैं पाठशाला बिलकुल नहीं जाऊँगा और सचमुच वह नहीं गया और यही उसके पाठशाला के जीवन का अन्त था। परन्तु इस बालक का एक बड़ा भाई भी था, जो बड़ा विद्वान् था। बड़ा भाई इस बालक को अपने साथ पढ़ाने के लिए कलकत्ता ले गया। कुछ समय बाद बालक को यह दृढ़ विश्वास हो गया कि सब प्रकार की लौकिक शिक्षा का ध्येय अधिकाधिक सम्पत्ति संचय करने के अतिरिक्त और कुछ नहीं है और उसने इस प्रकार की शिक्षा को छोड़ देने तथा अपने को केवल आध्यात्मिक ज्ञान प्राप्त करने के लिए तन-मन से लगा देने का निश्चय किया। पिता के मर जाने से कुटुम्ब बहुत गरीब हो गया था और इस बालक को अपनी जीविका का प्रबन्ध स्वयं करना पड़ता था। वह कलकत्ते के समीप एक जगह गया और वहाँ एक मन्दिर का पुजारी हो गया।

किसी मन्दिर में पुरोहिती करना एक ब्राह्मण के लिए बड़ा निन्दनीय कर्म समझा जाता है। हमारे मन्दिर तुम्हारे गिरजाघरों के समान नहीं होते। वे सामाजिक उपासना के स्थान नहीं हैं, क्योंकि यदि सच पूछा जाए तो भारत में सामाजिक उपासना जैसी कोई चीज ही नहीं है। मन्दिर बहुधा धनी लोगों द्वारा ही एक धार्मिक सत्कृत्य की दृष्टि से बनवाए जाते हैं। यदि किसी मनुष्य के पास बहुत धन होता है , तो वह एक मन्दिर बनवाने की इच्छा करता है। उस मन्दिर में वह ईश्वर का कोई प्रतीक अथवा ईश्वरावतार की कोई मूर्ति स्थापित करता है और ईश्वर के नाम पर पूजा करने के लिए उसे अर्पित कर देता है। यह पूजा बहुत कुछ रोमन कैथलिक गिरजाघरों की 'मास' नामक पूजा के समान होती है, जहाँ पवित्र धार्मिक ग्रन्थों से कुछ वाक्य पढ़े जाते हैं तथा मूर्ति के सामने आरती की जाती है, और मूर्ति का उसी प्रकार समादर होता है, जैसे किसी महान् पुरुष का। मन्दिरों में केवल इतना ही होता है। यह आवश्यक नहीं है कि मन्दिर में

जानेवाला कोई पुरुष मन्दिर में जाने के कारण ही किसी दूसरे मन्दिर में न जानेवाले पुरुष की अपेक्षा अधिक श्रेष्ठ समझा जाए। वास्तव में बात तो यह है कि पहले की अपेक्षा दूसरा व्यक्ति ही अधिक धार्मिक समझा जाता है, क्योंकि भारत में धर्म प्रत्येक मनुष्य का व्यक्तिगत कार्य है। भारत में प्रत्येक मनुष्य के घर में या तो एक छोटा-सा पूजा-स्थान होता है अथवा कहीं एक ओर एक स्वतंत्र कमरा होता है, जहाँ वह व्यक्ति सायं-प्रातः जाता है और एक कोने में बैठकर अपनी आध्यात्मिक उन्नति के लिए ध्यान-पूजा करता है। यह पूजा पूर्ण रूप से मानसिक ही होती है, क्योंकि दूसरा मनुष्य इसके बारे में न सुन सकता है और न जान ही सकता है। वह केवल उस पुरुष को वहाँ बैठा हुआ ही देखता है और शायद एक विशेष रूप से अपनी अँगुलियाँ चलाते हुए तथा अपने नथुने बन्द करके एक विशेष प्रकार से साँस लेते देखता है। इसके अतिरिक्त वह नहीं जानता है कि वह मनुष्य क्या कर रहा है, यहाँ तक कि शायद उस पुरुष की स्त्री भी कुछ नहीं जान सकती। इस प्रकार सारा ध्यान-पूजन उसके घर में ही एकान्त में होता है। जो मनुष्य अपना देवघर नहीं बना सकते हैं, वे किसी नदी या झील के किनारे अथवा यदि समुद्र के समीप रहते हैं, तो समुद्र के किनारे ही ध्यान-पूजन करने के लिए चले जाते हैं। कुछ लोग कभी-कभी किसी मन्दिर में भी प्रणाम, पूजा आदि करने के लिए जाते हैं। हमारे देश में बहुत प्राचीन समय से मनु के कथनानुसार किसी मन्दिर में पुरोहिती करना एक हीन व्यवसाय समझा जाता है। कुछ ग्रन्थों का यह भी मत है कि यह कार्य इतना नीचे दर्जे का होता है कि इसके कारण एक ब्राह्मण निन्दनीय भी हो जाता है। जैसे शिक्षा के सम्बन्ध में पैसा लेना दोषास्पद माना जाता है, उसी प्रकार उससे कहीं अधिक प्रमाण में धार्मिक सम्बन्ध में पैसा लेना दूषित है, क्योंकि मन्दिर के पुरोहित जब पैसा लेकर कार्य करते हैं, तब वे इस पवित्र कार्य को बाजारी वस्तुओं के क्रय-विक्रय का रूप दे देते हैं। अतः तुम उस बालक के उस समय के हार्दिक भावों का अनुमान कर सकते हो, जब निर्धनता के कारण जीविका के लिए उसे पुजारी-पद ग्रहण करना पड़ा था, क्योंकि उसको केवल यही कार्य आसानी से प्राप्य था।

बंगाल में ऐसे बहुत से कवि हो गए हैं, जिनके पद पीढ़ी दर पीढ़ी गाए जाते रहे हैं। उनका गान कलकत्ते की गलियों तथा प्रत्येक गाँव में होता है। इनमें से अधिकतर गीत धार्मिक हैं और इनका मुख्य भाव जो कि भारत के सब धर्मों की विशेषता है, ईश्वर-प्राप्ति है। भारत में कोई धार्मिक ग्रन्थ ऐसा नहीं है, जिसमें ये भाव प्रमुख न हों। मनुष्य को ईश्वर-प्राप्ति करनी चाहिए, ईश्वर का अनुभव करना चाहिए, ईश्वर का प्रत्यक्ष दर्शन करना चाहिए तथा उससे बातचीत करनी चाहिए, यही धर्म है। भारत का वातावरण ऐसे साधु-सन्तों की कथाओं से परिपूर्ण है, जिन्हें ईश्वर का साक्षात्कार हुआ है। इसी प्रकार के उच्च तत्त्व उनके धर्म के आधार हैं और ये सब प्राचीन ग्रन्थादि उन महापुरुषों द्वारा रचित हैं, जिन्हें आध्यात्मिक सत्य का प्रत्यक्ष अनुभव हुआ था।

ये पुस्तकें कोरे बुद्धिवादियों के लिए नहीं लिखी गई हैं और न बुद्धि उनको समझ ही सकती है। क्योंकि ये पुस्तकें ऐसे महापुरुषों द्वारा लिखी गई थीं, जिन्होंने उन बातों का प्रत्यक्ष अनुभव किया था; और ये सब बातें केवल उन्हीं पुरुषों द्वारा समझी जा सकती हैं, जो स्वयं उस आध्यात्मिक उच्च अवस्था को पहुँच गए हों। इन ग्रन्थकारों का कहना है कि सत्य की सिद्धि इसी जीवन में हो सकती है और वह भी प्रत्येक मनुष्य को, और इस ध्येय को प्राप्त करने के लिए प्रत्येक मनुष्य में एक प्रकार की शक्ति है और इस शक्ति का विकास होने पर धर्म का आरम्भ होता है। सब धर्मों का यही एक केन्द्रीय भाव है। यही कारण है कि कभी-कभी हम किसी ऐसे मनुष्य को पाते हैं, जो असाधारण वक्तृत्व-शक्ति तथा सुन्दर तर्कशास्त्र की योग्यता रखते हुए उच्चतम तत्त्वों का प्रचार करता है, परन्तु फिर भी उसको श्रोता ही नहीं मिलते। दूसरी ओर हम यह देखते हैं कि एक अत्यन्त सामान्य मनुष्य, जो शायद अपनी मातृभाषा भी कठिनता से बोल सकता है, अपने ही जीवन-काल में लगभग आधे राष्ट्र के लिए देवता तुल्य पूजनीय हो जाता है। जब भारत में किसी प्रकार से यह बात दूर तक फैल जाती है कि अमुक मनुष्य को आत्मज्ञान प्राप्त हो गया है, उसे धार्मिक सत्य का प्रत्यक्ष अनुभव हो चुका है तथा उसके लिए धर्म और आत्मा का अमरत्व और ईश्वर आदि विषय जटिल नहीं रह गए हैं, तो तमाम स्थानों से लोग उसके दर्शन करने आते हैं और धीरे-धीरे उसकी देवता के समान पूजा करने लगते हैं।

जिस मन्दिर में यह बालक पूजा करता था, उसमें आनन्दमयी जगन्माता की एक मूर्ति थी। इस बालक को सायं-प्राय: पूजा करनी पड़ती थी और धीरे-धीरे उसके मन में इस विचार ने अधिकार जमा लिया कि 'क्या इस मूर्ति में किसी का वास है? क्या यह सत्य है कि इस संसार में आनन्दमयी जगन्माता हैं? क्या यह सत्य है कि इस विश्व का सारा व्यवहार वे चलाती हैं? अथवा यह सब स्वप्नवत् ही है? क्या धर्म में वास्तव में कोई सत्यता है?'

इस प्रकार के तर्क-वितर्क हिन्दू बालक के मन में उठते हैं। इस प्रकार का सन्देह कि 'जो कुछ मैं कर रहा हूँ, क्या वह वास्तव में सच है?'—हमारे देश का विशेषत्व है। साथ ही साथ ईश्वर तथा आत्मा सम्बन्धी परिकल्पनाओं से हम सन्तुष्ट नहीं होते, यद्यपि इस प्रकार की सभी परिकल्पनाएँ हमारे सामने सदैव रहती हैं। केवल ग्रन्थों तथा कोरे मत-प्रतिपादन से हमें कभी सन्तोष नहीं होता। परन्तु जो एक विचार हमारे सहस्त्रों देशवासियों को अभिभूत कर लेता है, वह है इस सत्य का साक्षात्कार या सत्य की प्रत्यक्ष उपलब्धि का। प्रश्न उठता है कि क्या ईश्वर का अस्तित्व सत्य है और यदि है तो क्या उसे मैं देख सकता हूँ? क्या मुझे सत्य की प्रत्यक्ष उपलब्धि हो सकती है? पाश्चात्य को ये सब बातें शायद व्यावहारिक न जँचें, परन्तु हम लोगों के लिए तो ये नितान्त व्यावहारिक हैं और इसके निमित्त हम अपने जीवन का भी उत्सर्ग करने को तैयार हैं। आप लोगों ने अभी सुना है कि अतीत काल से ही भारत में ऐसे अनेक महापुरुष

हो गए हैं, जिन्होंने इस आदर्श के लिए अपने सब सुख-साज का त्याग कर दिया और जो जाकर गुफाओं में रहने लगे; सैकड़ों ने अपना घर-द्वार छोड़ दिया और पवित्र नदियों के किनारे अनेक यातनाएँ सहीं। ये सब कष्ट केवल उस आदर्श की अनुभूति के लिए ही थे। यह सब उन्होंने न तो केवल साधारण ज्ञान के लिए किया, न बौद्धिक ज्ञान के लिए, न तत्त्व वस्तु की तर्कपूर्ण जानकारी के लिए और न अँधेरे में टटोलने के लिए ही, वरन् इस बात के लिए कि हमें अपनी इंद्रियों द्वारा संसार जितना प्रत्यक्ष प्रतीत होता है, उससे कहीं अधिक प्रत्यक्ष हमें सत्य का अनुभव हो जाए। उसके सम्बन्ध में मैं अभी किसी सिद्धान्त को रखने नहीं जा रहा हूँ। मेरे कहने का अभिप्राय यही है कि केवल यही एक भाव था, जिसका असर उनके मन पर अति प्रबल रूप से पड़ा था। इस ध्येय-साधन में हजारों मनुष्य देह त्याग करेंगे तथा उनका स्थान लेने के लिए और हजारों तैयार हो जाएँगे। अत: इसी एक भाव के हेतु हजारों वर्षों से सारे राष्ट्र ने प्रचंड स्वार्थ-त्याग और आत्म-बलिदान किया है। इसी आदर्श के लिए प्रत्येक वर्ष हजारों हिन्दू गृह-त्याग करते हैं और उनमें से बहुत से उसके निमित्त कठिनाइयाँ सहते मर तक जाते हैं। पाश्चात्य लोगों को ये सब बातें मृगतृष्णा के समान मालूम पड़ती हैं और इस दृष्टिकोण का कारण भी मैं समझ सकता हूँ। और पश्चिमी देशों में रह चुकने के बावजूद मैं इस आदर्श को जीवन में सर्वाधिक व्यावहारिक वस्तु मानता हूँ।

उस प्रत्येक क्षण को, जिसमें मैं किसी अन्य विषय का चिन्तन करता हूँ, मैं अपनी हानि समझता हूँ; भले ही उस चिन्तन के विषय भौतिक विज्ञानों के आश्चर्य ही क्यों न हों। जो बातें मुझे इस सत्य से दूर हटाती हैं, वे सब व्यर्थ हैं। चाहे तुम एक देवदूत के समान ज्ञानी हो अथवा एक पशु के समान अज्ञानी हो, प्रत्येक दशा में यह जीवन क्षणभंगुर है; चाहे तुम एक फटे-पुराने कपड़ोंवाले मनुष्य के समान निर्धन हो अथवा तुम्हारे पास धनकुबेर की सम्पत्ति हो, तो भी जीवन क्षणभंगुर है; चाहे रास्ते में भटकनेवाले किसी साधारण मनुष्य के समान तुम्हारी दुर्दशा हुई हो अथवा तुम करोड़ों पर राज्य करनेवाले सम्राट् हो, परन्तु जीवन क्षणभंगुर ही है; चाहे तुम अत्यन्त स्वस्थ अथवा दुर्बल से भी दुर्बल हो, तिस पर भी जीवन क्षणभंगुर ही है; और चाहे तुम्हारा स्वभाव अत्यन्त काव्यमय हो अथवा क्रूर हो, जीवन प्रत्येक दशा में क्षणभंगुर ही है। हिन्दुओं के अनुसार जीवन-समस्या का एक ही समाधान है और वह है ईश्वर तथा धर्म। यदि ईश्वर और धर्म को सत्य मान लिया जाए, तो जीवन का अर्थ स्पष्ट हो जाता है, जीवन निबाहने योग्य तथा आनन्दमय हो जाता है, और नहीं तो वह बोझ के सदृश ही रहता है। यही हमारा भाव है, किन्तु कितना भी तर्क करके उसे सिद्ध नहीं किया जा सकता, उससे अधिक से अधिक यही बतलाया जा सकता है कि वह सम्भव है। ज्ञान के किसी क्षेत्र में उच्च से उच्च तर्कना के द्वारा किसी वस्तु का अस्तित्व केवल 'सम्भव' ही सिद्ध किया जा सकता है, इससे अधिक नहीं। भौतिक शास्त्र द्वारा स्थापित अनेक सिद्धान्त 'सम्भव' ही कहे जा सकते हैं, तथ्य नहीं। तथ्य केवल ज्ञानेन्द्रियों के

विषय होते हैं और तथ्यों की प्रत्यक्ष उपलब्धि आवश्यक है। इसी प्रकार धर्म और ईश्वर को सत्य मानने के लिए हमें उनका प्रत्यक्ष अनुभव करना चाहिए। स्वयं का अनुभव ही हमें इन बातों की सत्यता सिद्ध करा सकता है—तर्क-वितर्क अथवा अन्य कोई चीज नहीं। प्रत्यक्ष अनुभव ही हमारे विश्वास को पर्वत के समान दृढ़ बना सकता है। और ऐसी ही मेरी तथा अन्य भारतवासियों की भावना है।

यही भाव उस बालक के मन में समा गया और उसने अपनी सारी जीवनशक्ति इसी भावना पर केन्द्रीभूत कर दी। दिन पर दिन वह रोता और कहता, हे जगन्माता! क्या यह सत्य है कि तुम्हारा अस्तित्व है अथवा यह सब कविता ही है? आनन्दमयी माता वास्तव में है या कवियों की केवल कपोल-कल्पना तथा भटके हुए लोगों का भ्रम ही है? हम यह देख चुके हैं कि जिसे हम शिक्षा कहते हैं अथवा जिन पुस्तकों को हम पढ़ते हैं, उन सबका ज्ञान इस बालक को नहीं था। इस बालक का मन सहज ही सरल एवं निष्पाप था। उसकी विचार-शैली भी बड़ी पवित्र थी और इसका कारण यह था कि दूसरे के विचारों की विज्ञप्ति न होने के कारण उन विचारों का प्रभाव उसके मन पर नहीं पड़ा था। उसने विश्वविद्यालय में प्रवेश नहीं किया था, अतएव वह स्वयं विचार कर सकता था। चूँकि हम लोगों ने अपना आधा जीवन विश्वविद्यालयों में बिता दिया है, अत: हमारा मन दूसरों के विचारों से भर गया है। प्रोफेसर मैक्समूलर के जिस लेख का मैंने अभी वर्णन किया है, उसमें उन्होंने ठीक ही कहा है कि मेरे गुरुदेव का मानस निर्मल एवं मौलिक ही रहा, और इसका कारण यह था कि उनका विकास विश्वविद्यालयों की चहारदीवारी में नहीं हुआ था। धीरे-धीरे यह विचार जो उनके मन में सबसे प्रबल था कि 'क्या ईश्वर देखा जा सकता है' दृढ़ हो गया। यहाँ तक कि वे और किसी बात के बारे में सोच न पाते, यहाँ तक कि वे ठीक तौर से पूजा भी न कर पाते और उससे सम्बन्धित अनेक विधियों पर भी ध्यान न दे पाते। बहुधा वे जगन्माता की मूर्ति के सम्मुख नैवेद्य रखना भी भूल जाते थे और कभी-कभी वे घंटों आरती ही उतारा करते थे तथा उसके अतिरिक्त अन्य सब कुछ उन्हें विस्मृत हो जाता था।

सारे समय यही एक विचार उनके मन में रहा करता था और वह था, 'हे माँ! क्या यह सत्य है कि तेरा अस्तित्व है? फिर बोलती क्यों नहीं तू? क्या तू मर गई है?' यहाँ पर शायद हममें से कुछ लोग यह स्मरण कर सकेंगे कि हमारे जीवन में कुछ ऐसे क्षण आते हैं, जब हम नीरस तर्क-वितर्क तथा पुस्तकों को पढ़ते-पढ़ते थक जाते हैं—क्योंकि आखिर ये पुस्तकें हमें कुछ भी सिखा नहीं पातीं और इनका पढ़ना भी बौद्धिक अफीम खाने के समान केवल मानसिक व्यसन ही हो जाता है। इस प्रकार इन सब बातों से थककर एवं विचलित हो हमारे हृदय से एक हूक निकलती है, 'क्या इस विश्व में कोई ऐसा नहीं है, जो हमें प्रकाश दिखा सके? अत: हे माता! यदि तुम हो, तो मुझे प्रकाश दिखाओ। तुम बोलती क्यों नहीं? तुम ऐसी अप्राप्य क्यों बनती हो? तुम अपने

इतने दूतों को क्यों भेजती हो और स्वयं क्यों नहीं आतीं ? इस कलह–क्लेश एवं पक्ष–विपक्ष के संसार में मैं किसका अनुसरण तथा विश्वास करूँ ? यदि तुम प्रत्येक स्त्री–पुरुष की ईश्वर हो, तो तुम स्वयं अपने बच्चे से बोलने क्यों नहीं आतीं और क्यों नहीं देखतीं कि वह छटपटाता हुआ तुम्हारे दर्शन करने को उत्सुकतापूर्वक तैयार है या नहीं ?' ऐसे विचार हम सभी के मन में उठते हैं, परन्तु कब ?—जब हमें तीव्र मानसिक क्लेश होता है! पर दूसरे ही क्षण हम उन्हें भूल जाते हैं, क्योंकि हमारे चारों ओर अनेक मोहरूपी जाल हैं। कुछ क्षण के लिए हमें ऐसा प्रतीत होता है कि हमारे लिए स्वर्ग का द्वार खुल जाएगा और ऐसा प्रतीत होता है कि हम स्वर्गीय दिव्य प्रकाश में तन्मय हो जाएँगे, परन्तु फिर थोड़ी देर बाद हमारा पाशविक अंश हमें इन दैवी दृश्यों से दूर पटक देता है। हम फिर पशु के समान नीच दशा को पहुँच जाते हैं और खाने, पीने, मरने, जन्म लेने और फिर खाने–पीने में व्यस्त हो जाते हैं। परन्तु कुछ असाधारण पुरुष ऐसे होते हैं कि उनके सामने चाहे कितने भी प्रलोभन क्यों न हों, पर यदि उनका मन एक बार ध्येय की ओर आकर्षित हो गया तो फिर वह मायाजाल द्वारा इतनी सरलता से विचलित नहीं होता, क्योंकि वे सत्यस्वरूप परमेश्वर के दर्शन करने के इच्छुक होते हैं और यह भली–भाँति जानते हैं कि यह जीवन नाशवान है। उनका यही मत रहता है कि उच्च प्रकार की विजय–प्राप्ति के लिए यदि मरना भी हो तो अत्युत्तम है। और वास्तव में पाशविक अंश के ऊपर विजय प्राप्त कर लेने तथा जन्म–मरण के प्रश्न को सुलझा लेने और अच्छे तथा बुरे के बीच भेद का ज्ञान प्राप्त कर लेने की अपेक्षा और श्रेष्ठ है ही क्या ?

अन्त में उस बालक के लिए उस मन्दिर में काम करना असम्भव हो गया। उसने वह मन्दिर छोड़ दिया और समीपवर्ती एक छोटे–से जंगल में चला गया और वहीं रहने लगा। अपने जीवन की इस अवस्था के सम्बन्ध में मेरे गुरुदेव ने मुझसे कई बार चर्चा की थी और वे यह भी कहते थे कि उन्हें यही ज्ञात नहीं रहता था कि सूर्योदय तथा सूर्यास्त कब हुआ तथा वे किस प्रकार वहाँ रहे। वे अपने स्वयं के बारे में सब विचार भूल गए थे, यहाँ तक कि भोजन करने का भी उन्हें ध्यान नहीं रहता था। इस समय उनके एक सम्बन्धी ने बड़े प्रेमपूर्वक उनकी देखभाल की और वह उनके मुँह में भोजन डाल दिया करता था, जो वे केवल निगल लेते थे।

इसी प्रकार इस बालक के कितने ही दिन–रात बीत गए। जब एक पूरा दिन बीत जाता और सन्ध्या के समय मन्दिरों से घंटियों की झंकार तथा भजनों की गूँज इस बालक को वन में सुनाई देती तो वह बड़ा दुःखित हो कलपते हुए यह चिल्लाने लगता कि 'हे माता! आज का भी दिन व्यर्थ चला गया और तूने दर्शन नहीं दिया—इस छोटे–से जीवन का एक दिन और व्यतीत हो गया, परन्तु फिर भी मुझे सत्य की प्राप्ति नहीं हुई। आत्म–व्यथा के कारण वे कभी–कभी अपना मुँह जमीन पर रगड़ डालते और उनके बिलखते मुँह से यह प्रार्थना निकल पड़ती, 'हे जगन्माता! तू शीघ्र प्रकट हो जा—देख, मैं तेरे लिए कैसा तड़प रहा हूँ—मुझे और कुछ नहीं चाहिए।' वास्तव में वे अपने

ध्येय में एकनिष्ठ थे। उन्हें यह मालूम था कि जब तक जगन्माता के लिए सर्वस्व-त्याग नहीं किया जाता, तब तक वे दर्शन नहीं देतीं। वे यह भी जानते थे कि जगन्माता प्रत्येक को दर्शन देना चाहती हैं, परन्तु लोग स्वयं ही दर्शन नहीं चाहते—वे और सब प्रकार की मूर्खतापूर्ण मूर्तियाँ—तो पूजा करने के लिए चाहते हैं, अपने आनन्द-भोग के इच्छुक होते हैं, जगन्माता के दर्शन के नहीं, किन्तु जिस क्षण वे अन्य सब कुछ छोड़कर तन-मन से उसके लिए छटपटाएँगे, बस उसी क्षण श्रीजगदम्बा उन्हें अवश्य दर्शन देगी। अत: वे उस भावना में तद्‌रूप होने का यत्न करने लगे और उन्होंने अपने इष्ट की सिद्धि के निमित्त भौतिक स्तर पर भी पूर्ण नियमानुकूल होने की चेष्टा की। उनके पास जो कुछ थोड़ी-बहुत सम्पत्ति थी, वह सब उन्होंने छोड़ दी और धन कभी न छूने का प्रण कर लिया। यह विचार कि 'मैं धन कभी नहीं छुऊँगा' उनके शरीर का मानो एक अंश ही हो गया। सम्भव है यह बात तुमको कुछ गूढ़ सी जान पड़े, परन्तु निद्रावस्था में भी यदि मैं उनके शरीर को किसी सिक्के से छू देता था, तो उनका हाथ ही टेढ़ा हो जाता था और उनका सारा शरीर ऐसा प्रतीत होता था मानो लकवा मार गया हो! दूसरा विचार जो उनके मन में उत्पन्न हुआ, वह यह था कि 'काम-वासना दूसरा शत्रु है।' मनुष्य वस्तुत: आत्मस्वरूप है, आत्मा निर्लिंग है, वह न तो स्त्री है, न पुरुष। उन्होंने सोचा कि काम तथा कांचन के ही कारण उनको माँ के दर्शन नहीं होते। सारा विश्व माता का ही रूप है और वह प्रत्येक स्त्री के शरीर में वास करती है। प्रत्येक स्त्री माता का रूप है, अत: किसी स्त्री को स्त्री-भाव से मैं कैसे देख सकता हूँ?—यह विचार उनके मन में पूर्ण रूप से जम गया था। प्रत्येक स्त्री हमारी माता है; तथा हमें उस अवस्था को पहुँच जाना चाहिए, जब कि प्रत्येक स्त्री में केवल जगन्माता का ही स्वरूप दिखे; और यह ध्येय उन्होंने अपने जीवन में पूर्ण रूप से निबाहा।

यह प्रचंड पिपासा है, जो मानव हृदय को ग्रस्त कर लेती है। बाद में उन्होंने एक बार मुझसे कहा, "मेरे बच्चे, मान लो एक कमरे में सोने का एक थैला रखा है और उसके पास ही दूसरे कमरे में एक चोर है, तो क्या तुम सोच सकते हो कि उस चोर को नींद आएगी? नहीं, कदापि नहीं—उसके मन में लगातार यही उथल-पुथल मची रहेगी कि मैं उस कमरे में कैसे पहुँचूँ तथा उस सोने को कैसे पाऊँ। इसी प्रकार क्या तुम सोच सकते हो कि जिस मनुष्य की यह दृढ़ धारणा हो गई कि इस माया के प्रसार के पीछे एक अविनाशी, अखंड, आनन्दमय परमेश्वर है, जिसके सामने इन्द्रियों का सुख कुछ भी नहीं है, तो उस परमेश्वर को प्राप्त किए बिना वह मनुष्य चुपचाप बैठ सकता है? क्या वह अपने प्रयत्न क्षण भर के लिए भी स्थगित कर सकता है? कदापि नहीं—असह्य छटपटाहट के कारण वह पागल हो जाएगा।" इस दिव्य उन्माद ने बालक को ग्रस लिया। उस समय उसका कोई पथ-प्रदर्शक न था, कोई उसे कुछ बतलानेवाला भी न था और सब यही समझते थे कि वह बालक पागल हो गया है। परन्तु यह जगत् की साधारण गति है। यदि कोई मनुष्य जगत् की निस्सार वस्तुओं का त्याग कर देता

है, तो लोग उसे पागल कहते हैं। परन्तु ऐसे ही पुरुष पृथ्वी की संजीवनी होते हैं। ऐसे ही पागलपन से वे शक्तियाँ उत्पन्न हुई हैं, जिन्होंने इस संसार को हिला दिया है, और ऐसे ही पागलपन से भविष्य में ऐसी शक्तियों का जन्म होगा, जो हमारे संसार में उथल-पुथल मचा देंगी।

इस प्रकार सत्य-लाभ के लिए उस बालक को छटपटाते अनेक दिन, सप्ताह तथा महीने व्यतीत होते रहे। अब उस बालक को विचित्र प्रकार के दर्शन होने लगे; नाना प्रकार के दृश्य दिखने लगे तथा अपने स्वरूप के अनेक रहस्य प्रकट होने लगे। जैसे एक के बाद दूसरा पर्दा हटता जा रहा हो! प्रत्यक्ष जगन्माता ने ही गुरु-स्थान ग्रहण किया और उन्होंने उस बालक को उसके अभीप्सित सत्यों में दीक्षित किया। इसी समय उस स्थान पर अद्वितीय विदुषी एक सुन्दर स्त्री आ पहुँची। इस स्त्री के विषय में मेरे गुरुदेव कहा करते थे कि वह विद्वान् नहीं, वरन् विद्वत्ता की अवतार थी; मानव देह में साक्षात विद्वत्ता ही थी। इस बात में भी तुम्हें भारत की एक विशिष्टता मिलेगी। साधारण हिन्दू स्त्री जिस अज्ञानान्धकार के मध्य रहती है, तथा जिस स्थिति को पाश्चात्य देश में परतंत्रता कहते हैं, उसी स्थिति में परमोच्च आध्यात्मिक भाव-सम्पन्न इस स्त्री का आविर्भाव हुआ था। वह एक संन्यासिनी थी, क्योंकि भारत में स्त्रियाँ भी संसार त्याग करती हैं, अपनी सब सम्पत्ति को तिलांजलि दे देती हैं, विवाह नहीं करतीं तथा अपना सारा जीवन ईश्वर-सेवा में ही अर्पण कर देती हैं। यह स्त्री वहाँ आई और इस बालक के बारे में जब यह सुना कि वह जंगल में रहता है तो उसने उसके पास जाने तथा उससे भेंट करने की इच्छा प्रकट की। इसी स्त्री से उस बालक को सर्वप्रथम सहायता मिली। फौरन ही यह स्त्री उस बालक के क्लेश का रहस्य ताड़ गई और उसने कहा, "मेरे बेटे, वह पुरुष धन्य है, जिसके ऊपर इस प्रकार का पागलपन आए—वैसे तो सारा संसार ही पागल है; कोई धन के लिए, कोई सुख के लिए, कोई कीर्ति के लिए, और कितने ही लोग अन्य सैकड़ों वस्तुओं के लिए, कुछ लोग सोना पाने के लिए, कोई पति के लिए, कोई स्त्री के लिए तथा अन्य छोटी-छोटी बातों के लिए अथवा दूसरों पर जुल्म करने के लिए या स्वयं श्रीमान् बनने के लिए, आदि अनेकानेक मूर्खता की बातों के लिए पागल रहते हैं, परन्तु ईश्वर ही के लिए वे पागल नहीं होते। यदि कोई मनुष्य धन के लिए पागल होता है, तो वे उसके प्रति सहानुभूति दर्शाते हुए समभाव रखते हैं और उसे ठीक समझते हैं। उनकी यह भावना इसी प्रकार की होती है, जैसे एक पागल मनुष्य यह समझता है कि संसार में उसके समान अन्य पागल लोग ही ठीक दिमागवाले हैं। परन्तु यदि कोई मनुष्य ईश्वर के प्रति पागल है तो वे उसे कैसे समझ सकते हैं? वे यह विचार करने लगते हैं कि उसका सिर घूम गया है और कहते हैं कि उससे अलग ही रहना चाहिए। यही कारण है कि वे तुझे पागल कहते हैं; परन्तु तेरा ही पागलपन ठीक है। वह पुरुष धन्य है, जो ईश्वर-प्रेम के कारण पागल हो—ऐसे मनुष्य बहुत ही थोड़े होते हैं।" यह स्त्री उस बालक के पास कई वर्षों तक रही

और उसने उसे भारत की विभिन्न धर्मप्रणालियों के साधन सिखलाए, अनेक प्रकार के योग-साधनों की दीक्षा दी और इस प्रचंड धर्म-स्रोत का मानो पथ-प्रदर्शन करके उसे समन्वित कर दिया।

तदुपरान्त उसी उपवन में एक विद्वान् तथा तत्त्वज्ञानी संन्यासी आए। वे असाधारण पुरुष थे और उनका मत था कि जो कुछ दृष्टिगोचर होता है, वह सब मिथ्या है। वे इस बात में विश्वास नहीं करते थे कि संसार का अस्तित्व वास्तविक है और यह प्रमाणित करने के लिए वे कभी छत के नीचे नहीं रहते थे। चाहे घनघोर वर्षा हो अथवा कड़ी धूप, वे सदा खुले में ही रहते थे। ये संन्यासी उस बालक को वेदान्त सिखलाने लगे और शीघ्र ही अत्यन्त आश्चर्यजनक बात जो उन्हें मालूम हुई, वह यह थी कि उनका शिष्य कुछ विषयों में अपने गुरु से भी बढ़ा-चढ़ा है। ये संन्यासी उस बालक के साथ कई महीने रहे और उसके बाद उसे संन्यास-मार्ग की दीक्षा देकर उन्होंने प्रस्थान किया।

जब यह बालक मन्दिर का पुजारी था, उसी समय उसकी विचित्र प्रकार की पूजा देखकर लोगों को भ्रम हुआ कि इसके मस्तिष्क में कुछ हेर-फेर हो गया है और इसलिए उसके कुटुम्बी उसे घर लिवा ले गए और उसका विवाह एक छोटी सी कन्या से यह सोचकर करा दिया कि शायद इस रीति द्वारा ही इसके मस्तिष्क का सन्तुलन फिर ठीक हो जाए। परन्तु यह बालक विवाह के उपरान्त घर पर न रहकर फिर अपने काम पर वापस आ गया तथा अपने उन्माद में और भी अधिक तन्मय हो गया। कभी-कभी हमारे देश में लड़कों का विवाह बचपन में ही हो जाता है और उस सम्बन्ध में उनकी कोई राय नहीं ली जाती। उनके माता-पिता ही उनका विवाह कर देते हैं। यह बात अवश्य है कि ऐसा विवाह सगाई से बहुत भिन्न नहीं होता। विवाह के पश्चात् भी वे अपने माँ-बाप के यहाँ रहते हैं और सच्चा विवाह उस समय होता है, जब लड़की सयानी हो जाती है। उस समय यह रिवाज है कि वर वधू के घर जाकर उसे अपने साथ अपने घर लिवा लाता है। परन्तु इस विवाह के बारे में मेरे गुरुदेव यह बिलकुल भूल ही गए थे कि उनकी स्त्री भी है। अपने मायके में लड़की ने यह भी सुन रखा था कि उसके पति को धर्मोन्माद हो गया है और उन्हें कुछ लोग पागल भी समझते हैं, उसने ठीक-ठीक बात का स्वयं पता लगाने का निश्चय किया। वह अपने घर से निकल पड़ी और उस स्थान पर आई, जहाँ उसका पति था। भारत में यदि कोई स्त्री अथवा पुरुष धर्म के लिए अपना जीवन अर्पण कर देता है, तो उसके ऊपर किसी प्रकार का दूसरा बन्धन नहीं रह जाता। परन्तु फिर भी जब वह स्त्री अपने पति के सम्मुख आकर खड़ी हो गई, तो मेरे गुरुदेव ने तत्क्षण अपने जीवन में उसके अधिकार को स्वीकार कर लिया। वे अपनी स्त्री के चरणें पर गिर पड़े ओर उन्होंने कहा, ''जहाँ तक मेरी बात है, जगन्माता ने तो मुझे यह दर्शा दिया है कि वह प्रत्येक स्त्री में निवास करती है और इसलिए मैं हर स्त्री को माँ रूप में देखता हूँ। यही एक दृष्टि है जिससे मैं तुम्हें देख सकता हूँ, परन्तु यदि तुम्हारी इच्छा मुझे संसाररूपी मायाजाल में खींचने की हो, क्योंकि मेरा तुमसे

विवाह हो चुका है, तो मैं तुम्हारी सेवा में उपस्थित हूँ।'' वह बालिका अत्यन्त पवित्र तथा उदार हृदय की थी, और वह अपने पति की आकांक्षाओं को समझ सकी तथा उनसे सहानुभूति कर सकी। उसने तुरन्त ही उत्तर दिया, ''आपको सांसारिक जीवन में घसीटने की मेरी इच्छा कदापि नहीं है, बस, इतना ही चाहती हूँ कि मैं आपके समीप रहूँ, आपकी सेवा करूँ तथा आपसे शिक्षा ग्रहण करूँ।'' मेरे गुरुदेव के अन्यतम भक्त शिष्यों में से एक बनी और उनको साक्षात् ईश्वर मानकर उनकी सेवा-पूजा करने लगी। इस प्रकार अपनी धर्मपत्नी की अनुमति से उनका अन्तिम विघ्न भी टूट गया और वे अपने मनोनीत पथ पर चलने के लिए स्वतंत्र हो गए।

इसके अनन्तर इन महापुरुष की यह इच्छा हुई कि वे विविध धर्मों के सत्य को जानें। उस समय तक उन्होंने अपने धर्म के अतिरिक्त किसी दूसरे धर्म के विषय में कुछ भी नहीं जाना था। उन्होंने यह जानना चाहा कि दूसरे धर्म किस प्रकार के हैं। अत: उन्होंने भिन्न-भिन्न धर्मों के गुरुओं का आश्रय लिया। भारत में गुरु का अर्थ क्या होता है, यह तुम्हें जान लेना चाहिए—गुरु एक किताबी कीड़ा नहीं होता, वरन् वह एक सिद्ध पुरुष, एक ऐसा व्यक्ति होता है, जिसको परम सत्य का ज्ञान—किसी मध्यस्थ द्वारा नहीं वरन—प्रत्यक्ष अनुभूति द्वारा प्राप्त हो चुका हो। उन्हें एक मुसलमान साधु मिल गया और वे उसी के साथ रहने लगे और उसने जो-जो साधनाएँ बतलाईं, उन सबको इन्होंने पूर्ण किया। मेरे गुरुदेव को यह देखकर बड़ा आश्चर्य हुआ कि इस धर्म की भक्तिपरक पद्धतियों को श्रद्धापूर्वक करने से भी उन्हें उसी लक्ष्य की प्राप्ति हुई, जिसे वे पहले ही पा चुके थे। यही अनुभव उन्हें ईसा मसीह के सच्चे धर्म के अनुसरण से भी हुआ। इसी प्रकार उन्हें जो भी अन्य धर्मपथ मिले, उन सभी को उन्होंने ग्रहण किया और उन सभी की साधनाएँ पूर्ण अन्त:करण से कीं। जैसा-जैसा उनसे कहा गया, ठीक-ठीक वैसा ही उन्होंने किया और प्रत्येक दशा में वे एक ही परिणाम पर पहुँचे। इस प्रकार स्वयं अनुभव द्वारा उन्हें यह ज्ञात हुआ कि प्रत्येक धर्म का ध्येय एक ही है और सब धर्म एक ही सत्य की शिक्षा देते हैं—अन्तर केवल पद्धति तथा विशेष रूप से भाषा में रहता है। वस्तुत: सब पन्थों तथा धर्मों का ध्येय मूलत: एक ही है। लोग केवल अपने स्वार्थ-साधन के लिए लड़ते रहते हैं। वे सत्य के इच्छुक नहीं होते, पर इच्छुक होते हैं केवल अपने-अपने सम्प्रदाय के नाम के लिए। सभी धर्म एक ही सत्य की शिक्षा देते हैं, परन्तु उनमें से एक कहता है कि ''दूसरा सत्य नहीं हो सकता, क्योंकि उस धर्म का नाम मेरे धर्म के नाम से भिन्न है—अत: दूसरे धर्म के प्रचारकों की बातों पर ध्यान मत दो और यद्यपि वह बहुत कुछ वही सिखाता है जो मैं कहता हूँ, परन्तु फिर भी वह सत्य नहीं कहता, क्योंकि जो कुछ वह सिखाता है, वह मेरे धर्म के नाम से सम्बन्धित नहीं है।''

यह रहस्य मेरे गुरुदेव ने जान लिया और फिर वे परम 'अहंशून्यता' की साधना में संलग्न हो गए, क्योंकि वे यह जान गए थे कि सभी धर्मों का मुख्य भाव है कि 'मैं

कुछ नहीं—तू ही सब कुछ है'; और जो कहता है—मैं नहीं—बस, उसी के हृदय को ईश्वर परिपूर्ण कर देते हैं। यह क्षुद्र अहंभाव जितना ही कम होता है, उतनी ही उसमें ईश्वर की अभिव्यक्ति होती है। संसार के प्रत्येक धर्म में उन्हें यही सत्य मिला और स्वयं उसी को सम्पादित करने में वे दत्तचित्त हो गए; जैसा कि मैं तुमसे कह चुका हूँ, जब-जब कोई साधना करने का विचार उनके मन में आया, तब वे उसके सम्बन्ध में सूक्ष्म सैद्धान्तिक विवेचनाओं में न पड़कर तत्काल उसके अभ्यास में लग जाते थे। हम बहुत से लोगों को औदार्य, समानता, दूसरों के अधिकार आदि कितने ही सद्विषयों पर बड़ी-बड़ी बातें करते हुए देखते हैं, परन्तु ये सब बातें केवल सैद्धान्तिक ही होती हैं। मैं परम भाग्यशाली था कि मुझे सिद्धान्तों को कार्यरूप में परिणत करनेवाले गुरुदेव मिल गए। जिस वस्तु को वे सत्यरूप समझते थे, उसको कार्यरूप में परिणत कर डालने की उनमें अद्भुत शक्ति थी।

उसी स्थान के समीप एक चांडाल जाति का परिवार रहता था। भारत में इस जाति की संख्या कई लाख है और वे इतने नीच समझे जाते हैं कि हमारे कतिपय ग्रन्थों के अनुसार यदि ब्राह्मण अपने घर के बाहर प्रात:काल निकलते ही किसी चांडाल का मुख देख ले, तो उसे दिन भर व्रत रखना पड़ता है और फिर शुद्ध होने के लिए कुछ मंत्रों का उच्चारण करना पड़ता है! कुछ हिन्दू नगर ऐसे हैं कि जब उनमें कोई चांडाल घुसता है, तो उसे अपने सिर पर एक कौए का पंख रख लेना होता है, जिससे सब उसे पहचान सकें कि वह चांडाल है! साथ ही उसे जोर से यह भी चिल्लाना पड़ता है, 'हटो, बचो, सड़क पर एक चांडाल जा रहा है', और लोग उससे ऐसे दूर भागते हैं, मानो जादू से भाग रहे हों, क्योंकि यदि वे उसे धोखे से भी छू लें, तो उन्हें जाकर अपने कपड़े बदलने पड़ते हैं, स्नान करना पड़ता है तथा अन्य कई बातें करनी पड़ती हैं। चांडाल भी हजारों वर्षों से यह विश्वास करता चला आया है कि यह सब ठीक ही है, क्योंकि यदि वह किसी को छू लेगा तो वह मनुष्य अपवित्र हो जाएगा। किन्तु मेरे गुरुदेव किसी भी चांडाल के यहाँ चले जाते और उससे उसके घर की सफाई करने की आज्ञा माँगते थे। चांडाल का कार्य शहर की सड़कों तथा दूसरे के घरों को साफ करना है। वह घर में सामने के दरवाजे से नहीं घुस सकता, परन्तु पीछे के दरवाजे से आता है और जैसे ही वह चला जाता है, वैसे ही जिस-जिस जगह पर वह चला होता है, वह सारी जगह गंगाजल से छिड़ककर पवित्र कर ली जाती है। जन्म से ही ब्राह्मण शुद्ध माना जाता है और चांडाल अशुद्ध। किन्तु इस ब्राह्मण ने चांडाल के ही घर में दासकर्म करने की आज्ञा माँगी। वास्तव में चांडाल ने उन्हें वह कार्य करने की आज्ञा नहीं दी, क्योंकि वे सब जानते थे कि किसी ब्राह्मण को ऐसा नीच कर्म करने की आज्ञा देना बड़ा भारी पाप होगा, जिसके फलस्वरूप वे सब-के-सब नष्ट हो जाएँगे। अत: चांडाल ने उन्हें वह कार्य नहीं करने दिया। परन्तु आधी रात को जब चांडाल के घर के सब लोग सोते रहते थे, तो श्री रामकृष्ण घर में घुस जाते थे। उनके बड़े-बड़े बाल थे और अपने बालों से ही

वे सारी जगह झाड़ डालते और यह कहते जाते थे, ''हे जगन्माता, मुझे चांडाल का दास बना दो और मुझे यह अनुभव कर लेने दो कि मैं उससे भी हीन हूँ।'' हिन्दू धर्मशास्त्रों की शिक्षा है—'मेरे भक्तों का जो भक्त है, वह मुझे अत्यन्त प्रिय है—वे सब मेरे ही बच्चे हैं और उनकी सेवा करना महाभाग्य है।'

आत्मशुद्धि के लिए इसी प्रकार की उनकी अनेक अन्य साधनाएँ भी थीं—उन सबका वर्णन करने में बहुत समय लगेगा। मैं तुम्हारे सम्मुख उनके जीवन की संक्षिप्त रूपरेखा ही प्रस्तुत करूँगा। इसी प्रकार कई वर्षों तक उन्होंने अपने को शिक्षा दी। उनकी साधनाओं में से एक साधना स्त्री-पुरुष के भेदभाव को समूल नष्ट कर देने की भी थी। आत्मा निर्लिंग है, वह न स्त्री है न पुरुष। स्त्री-पुरुष का भेद केवल शरीर में ही है; और जो मनुष्य आत्मज्ञान प्राप्त करना चाहता है, वह यह भेदभाव कभी नहीं मान सकता। यद्यपि हमारे गुरुदेव ने पुरुष-शरीर में जन्म लिया था, परन्तु फिर भी सभी विषयों में वे स्त्रीभाव लाने की चेष्टा करने लगे। वे यह सोचने लगे कि वे स्वयं पुरुष नहीं, बल्कि स्त्री हैं, अत: स्त्रियों के समान ही कपड़े पहनने लगे, उन्हीं के समान बोलने लगे तथा पुरुषों के सब कार्य छोड़कर सुशील कुटुम्ब की स्त्रियों के बीच में जाकर रहने लगे। इस प्रकार की नियमित साधना के बाद उनके मन का स्वरूप पलट गया तथा वे स्त्री-पुरुष के भेद की कल्पना बिलकुल भूल गए और इस प्रकार जीवन के प्रति उनका दृष्टिकोण बिलकुल बदल गया।

पश्चिम में प्राय: हम स्त्रियों की पूजा की बात सुनते हैं, परन्तु यह पूजा प्राय: उनके तारुण्य तथा लावण्य के कारण ही होती है। परन्तु मेरे गुरुदेव के स्त्री-पूजन का भाव यह था कि प्रत्येक स्त्री का मुखारविंद उस आनन्दमयी माँ का ही मुखारविंद है, इसके अतिरिक्त अन्य कुछ नहीं। मैंने प्रत्यक्ष देखा है कि मेरे गुरुदेव उन स्त्रियों के चरणों पर गिर पड़ते थे, जिनको समाज स्पर्श तक नहीं करता और उन स्त्रियों से भी रोते-रोते यही पुकारते थे, ''हे जगन्माता, एक रूप में तुम सड़कों पर घूमती हो और दूसरे रूप में तुम जगद्व्यापिनी हो। हे जगदम्बे, हे माता, मैं तुम्हें प्रणाम करता हूँ।'' सोचकर देखो, उनका जीवन कितना धन्य है, जिनका कामभाव सम्पूर्ण रूप से नष्ट हो गया है, जो प्रत्येक रमणी का भक्तिभाव से दर्शन कर रहे हैं तथा जिनके निकट प्रत्येक नारी के मुख ने एक ऐसा रूप धारण कर लिया है, जिसमें साक्षात उसी आनन्दमयी भगवती जगद्धात्री का मुख ही प्रतिबिम्बित हो रहा है। हमारी दृष्टि भी इसी प्रकार की होनी चाहिए। स्त्री में जो ईश्वरत्व वास करता है, उसे हम कभी ठग नहीं सकते। यह न कभी ठगा गया है, न ठगा जाएगा। यह सदैव अपना प्रभाव जमा लेता है तथा सदैव ही अचूक रूप से बेईमानी तथा ढोंग को पहचान लेता है और सत्य के तेज, आध्यात्मिकता के आलोक तथा पवित्रता की शक्ति का इसे अवश्य ही पता चल जाता है। यदि हम वास्तविक धर्मलाभ करना चाहते हैं तो इस प्रकार की पवित्रता अनिवार्य है।

मेरे गुरुदेव के जीवन में इसी प्रकार की प्रखर तथा अच्युत पवित्रता आ गई और सामान्य मनुष्य के जीवन में जो नाना प्रकार के द्वन्द्व होते हैं, वे सब उनके लिए नष्ट हो गए। अपना तीन-चतुर्थांश जीवन व्यतीत करके उन्होंने कड़ी तपस्याओं द्वारा जो आध्यात्मिक सम्पदा एकत्र की थी वह अब मानव जाति को प्रदान की जाने के लिए प्रस्तुत हो गई थी और उसके पश्चात् उन्होंने अपना जगत् का प्रचार-कार्य आरम्भ किया। उनकी शिक्षा तथा उनके उपदेश कुछ विलक्षण प्रकार के थे। हमारे देश में सबसे अधिक आदर तथा सम्मान गुरु को मिलता है तथा हमारी ऐसी श्रद्धा रहती है कि गुरु साक्षात् ईश्वर ही हैं। उतनी श्रद्धा हमें अपने माता-पिता के लिए भी नहीं होती। माता-पिता हमें केवल जन्म ही देते हैं, परन्तु गुरु हमें मुक्ति-मार्ग दिखाते हैं। हम गुरु की सन्तान हैं—उनके मानस-पुत्र हैं। किसी असाधारण महापुरुष के दर्शन करने हजारों हिन्दू आते हैं और वे उसके चारों ओर भीड़ लगा लेते हैं। मेरे गुरुदेव एक ऐसे ही महापुरुष थे, परन्तु मेरे गुरुदेव को यह ध्यान ही नहीं था कि उनको मान-प्रतिष्ठा मिलनी चाहिए अथवा नहीं। उन्हें इस बात का रंचमात्र भी भास नहीं था कि वे एक बड़े गुरु हैं। उनको तो यही ध्यान था कि जो कुछ हो रहा है, वह सब माता ही करा रही है तथा वे स्वयं कुछ नहीं कर रहे हैं। वे सदैव यही कहा करते थे कि यदि मेरे मुँह से कोई अच्छी बात निकलती है, तो वे जगन्माता के ही शब्द होते हैं—मैं स्वयं कुछ नहीं कहता। अपने प्रत्येक कार्य के सम्बन्ध में उनका यही विचार रहा करता था और महासमाधि के समय तक उनका यही विचार स्थिर रहा। मेरे गुरुदेव किसी को ढूँढ़ने नहीं गए। उनका सिद्धान्त यह था कि मनुष्य को प्रथम चरित्रवान होना चाहिए, आत्मज्ञान प्राप्त करना चाहिए और उसके बाद फल स्वयं ही मिल जाता है। वे बहुधा एक दृष्टान्त दिया करते थे कि 'जब कमल खिलता है तो मधुमक्खियाँ स्वयं ही उसके पास मधु लेने के लिए आ जाती हैं—इसी प्रकार जब तुम्हारा चरित्ररूपी पंकज पूर्ण रूप से खिल जाएगा और जब तुम आत्मज्ञान प्राप्त कर लोगे, तब देखोगे कि सारे फल तुम्हें अपने आप ही प्राप्त हो जाएँगे।' हम सब लोगों के लिए यह एक बहुत बड़ी शिक्षा है।

मेरे गुरुदेव ने यह शिक्षा मुझे सैकड़ों बार दी, परन्तु फिर भी मैं इसे प्राय: भूल जाता हूँ। विचारों की अद्भुत शक्ति को बहुत थोड़े लोग समझ पाते हैं। यदि कोई मनुष्य किसी गुफा के अन्दर चला जाता है और उसमें अपने को बन्द कर किसी एक गहन तथा उदात्त विषय पर एकान्त में निरन्तर एकाग्रचित्त हो मनन करता रहता है और उसी दशा में आजन्म मनन करता करता अपने प्राण भी त्याग देता है, तो उसके उसी विचार की तरंगें गुफा की दीवारों को भेदकर चारों ओर के वातावरण में फैल जाती हैं और अन्त में वे तरंगें सारी मनुष्य जाति में प्रवेश कर जाती हैं। विचारों की यही अद्भुत शक्ति है। अत: अपने विचारों का दूसरों में प्रचार करने के लिए जल्दी नहीं करनी चाहिए। पहले हमारे पास कुछ होना चाहिए, जिसे हम दूसरों को दे सकें। मनुष्य में ज्ञान का प्रसार केवल वही कर सकता है, जिसके पास देने को कुछ हो, क्योंकि शिक्षा

देना केवल व्याख्यान देना नहीं है और न सिद्धान्तों को प्रदान करना ही—इसका अर्थ है सम्प्रेषण। जैसे मैं तुम्हें एक फूल दे सकता हूँ, उसी प्रकार उससे भी अधिकतर प्रत्यक्ष रूप से धर्म भी सम्प्रेषित किया जा सकता है। और यह बात अक्षरश: सत्य है। यह भाव भारतवर्ष में अति प्राचीन काल से ही विद्यमान है और पाश्चात्य देशों में जो 'ईश्वर-दूतों की गुरु-शिष्य परम्परा' (Apostolic Succession) का मत प्रचलित है, उसमें भी इसी भाव का दृष्टान्त पाया जाता है। अत: प्रथम हमें चरित्रवान होना चाहिए और यही सबसे बड़ा कर्तव्य है, जो हमारे सामने है। सत्य का ज्ञान पहले स्वयं को होना चाहिए और उसके बाद उसे तुम अनेक को सिखा सकते हो, बल्कि वे लोग स्वयं उसे सीखने आएँगे। यही मेरे गुरुदेव की शैली थी। उन्होंने कभी किसी दूसरे पर टीका नहीं की। वर्षों मैं उनके समीप रहा, परन्तु उनके मुँह से कभी किसी दूसरे धर्मपन्थ के बारे में मैंने बुराई नहीं सुनी। सब धर्मपन्थों पर उनकी समान श्रद्धा थी और उन सब में उन्होंने ऐक्य भाव ढूँढ़ लिया था। मनुष्य ज्ञानमार्गी, भक्तिमार्गी, योगमार्गी अथवा कर्ममार्गी हो सकती है। विभिन्न धर्मों में इन विभिन्न भावों में से किसी एक भाव का प्राधान्य देखा जाता है। परन्तु यह भी सम्भव हो सकता है कि इन चारों भावों का मिश्रण एक ही मनुष्य में हो जाए। भावी मानव जाति यही करेगी भी। यही मेरे गुरुदेव की धारणा थी। उन्होंने किसी को बुरा नहीं कहा, वरन् सबमें अच्छाइयाँ ही देखीं।

इन अद्‌भुत महापुरुष के दर्शन करने तथा उनके उपदेश सुनने के लिए हजारों मनुष्य आते थे और मेरे गुरुदेव गाँव की भाषा में ही बोलते थे, परन्तु उनका प्रत्येक शब्द ओजस्वी एवं उद्‌भासित होता था। क्योंकि यह कथ्य नहीं, और जिस भाषा में यह कहा जाता है, वह और नहीं, वरन् वक्ता का व्यक्तित्व ही उसका प्राण है, यही उसमें शक्ति भर देता है। इसका अनुभव हम सभी को कभी-कभी होता है। हम बहुधा अत्यन्त उत्कृष्ट तथा तर्क-वितर्कपूर्ण ओजस्वी भाषण सुनते हैं, परन्तु जब हम घर जाते हैं, तो सब भूल जाते हैं। पर कभी-कभी हम बहुत थोड़े से शब्द सुनते हैं और वह भी अत्यन्त साधारण भाषा में, लेकिन वे हमारे हृदय में प्रवेश कर जाते हैं और हमारे जीवन-रस में ही घुलकर हम पर चिरस्थायी प्रभाव डाल देते हैं। जो पुरुष अपने शब्दों में अपने व्यक्तित्व का प्रभाव डाल सकता है, उसके शब्द प्रभावशाली होते हैं। परन्तु बात यह है कि उस मनुष्य का व्यक्तित्व ही असाधारण होना चाहिए। शिक्षण में सदा कुछ देना तथा लेना रहता है—शिक्षक देता है तथा शिष्य ग्रहण करता है, परन्तु शिक्षक के पास कुछ देने को होना चाहिए तथा शिष्य के लिए ग्रहणशील होना आवश्यक है।

मेरे गुरुदेव कलकत्ता शहर के समीप रहने आए। यह नगर भारत की राजधानी[1] तथा हमारे देश का सबसे महत्त्वपूर्ण विश्वविद्यालय-नगर है, जहाँ से प्रतिवर्ष सैकड़ों नास्तिक तथा भौतिकवादी बाहर निकलते हैं—परन्तु फिर भी विश्वविद्यालय के इन्हीं

1. अब दिल्ली भारत की राजधानी है।

सन्देहवादी एवं अज्ञेयवादी व्यक्तियों में से कितने ही लोग इनके पास आते और इनकी बातें सुनते थे। मैंने भी इन महापुरुष के बारे में सुना और इनके समीप इनके उपदेश सुनने गया। मेरे गुरुदेव एक अत्यन्त साधारण मनुष्य के समान प्रतीत होते थे तथा उनमें कोई विशेषता नहीं दिखती थी। वे बहुत साधारण भाषा का प्रयोग करते थे। उस समय मेरे मन में यह प्रश्न उठा कि 'क्या यह पुरुष वास्तव में महान ज्ञानी है?' मैं धीरे से उनके पास सरक गया और उनसे वह प्रश्न पूछने लगा, जो मैं अन्य सभी से पूछा करता था। मैंने प्रश्न किया, "महाराज, क्या आप ईश्वर में विश्वास करते हैं?" उन्होंने उत्तर दिया, "हाँ।" मैंने कहा, "क्या आप सिद्ध करके दिखा सकते हैं?"—उन्होंने उत्तर दिया, "हाँ।" मैंने कहा, "कैसे?" उन्होंने उत्तर दिया, "जैसे मैं तुम्हें यहाँ देख रहा हूँ, उसी प्रकार मैं ईश्वर को देखता हूँ--बल्कि उससे भी अधिक स्पष्ट रूप से।" इस उत्तर से मेरे मन पर उसी समय बड़ा असर पड़ा, क्योंकि जीवन में मुझे प्रथम बार ही यह ऐसा पुरुष मिला, जिसने तुरन्त ही यह कह दिया कि मैंने ईश्वर को देखा है तथा जिसने यह भी बताया कि धर्म एक वास्तविक सत्य है, और जिस प्रकार हम अपनी इन्द्रियों द्वारा विश्व का अनुभव करते हैं, उससे कहीं अधिक प्रमाण में उसका अनुभव किया जा सकता है। मैं उनके पास दिन--प्रतिदिन जाने लगा और मैंने यह प्रत्यक्ष अनुभव कर लिया कि धर्म भी दूसरे को 'दिया' जा सकता है, केवल एक ही स्पर्श तथा एक ही दृष्टि में सारा जीवन बदला जा सकता है। मैंने महात्मा बुद्ध, ईसा मसीह तथा मुहम्मद के बारे में एवं पुराणकालीन अन्य महात्माओं के विषय में पढ़ा है। वे किसी भी मनुष्य के सम्मुख खड़े होकर कह देते थे, 'तू पूर्णता को प्राप्त हो जा, और वह मनुष्य उसी क्षण पूर्णता को प्राप्त हो जाता था: यह बात अब मुझे सत्य प्रतीत होने लगी और जब मैंने इन महापुरुष के स्वयं दर्शन कर लिए तो मेरी सारी नास्तिकता दूर हो गई। मेरे गुरुदेव कहा करते थे, "इस संसार की किसी ली–दी जानेवाली वस्तु की अपेक्षा धर्म अधिक आसानी से दिया तथा लिया जा सकता है।" अत: प्रथम स्वयं तुम्हीं आत्मज्ञानी हो जाओ तथा संसार को कुछ देने योग्य बन जाओ और फिर संसार के सम्मुख देने के लिए खड़े होओ। धर्म बात करने की चीज नहीं है, न वह साम्प्रदायिकता है, न मतवाद विशेष। धर्म किसी सम्प्रदाय, अथवा संस्था में आबद्ध नहीं रह सकता। यह तो आत्मा के साथ परमात्मा का सम्बन्ध है। अतएव किसी एक संस्था में बद्ध होकर यह कैसे रह सकता है? ऐसा होने से धर्म तो व्यवसाय ही हो जाएगा और धर्म जब व्यवसाय बन जाता है, तब धर्म का लोप हो जाता है। मन्दिर तथा गिरजाघर बनवा देने तथा सामुदायिक पूजा में उपस्थित हो जाने का नाम धर्म नहीं है। यह पुस्तकों में, शब्दों में, व्याख्यानों में अथवा संस्थाओं में नहीं रहता। धर्म आत्मसाक्षात्कार में ही है। वास्तव में हम सब जानते हैं कि जब तक हमको स्वयं सत्य का ज्ञान प्राप्त नहीं होता, तब तक हमारा समाधान नहीं होता। हम चाहे जितना वाद–विवाद क्यों न करें तथा चाहे जितना सुनें, परन्तु हमें एक ही चीज से सन्तोष होगा और वह है, स्वयं प्राप्त किया आत्मज्ञान,

और यह अनुभव प्रत्येक को प्राप्त होना सम्भव है। यदि उसके लिए यत्न किया जाए। आत्मज्ञान प्राप्त करने के लिए सबसे पहले त्याग की आवश्यकता है। जहाँ तक हो सके, हमें त्याग करना चाहिए। अन्धकार तथा प्रकाश, विषयानन्द तथा ब्रह्मानन्द ये दोनों कभी साथ-साथ नहीं रह सकते। 'ईश्वर तथा शैतान की सेवा एक साथ कभी नहीं की जा सकती।' यदि लोग चाहते हों, तो उन्हें यत्न कर देखने दो। प्रत्येक देश में मैंने ऐसे बहुत से पुरुष देखे हैं, जो दोनों वस्तुएँ एक साथ पाने का यत्न करते हैं; परन्तु अन्त में उनके हाथ कुछ भी नहीं लगता। सत्य तो यही है कि ईश्वर के लिए प्रत्येक वस्तु का त्याग करना पड़ेगा। यह कार्य बड़े प्रयास का है और जल्दी नहीं हो सकता, परन्तु तुम इसे इसी घड़ी आरम्भ कर सकते हो। धीरे-धीरे ही हम आगे बढ़ सकते हैं।

दूसरा एक और अत्यन्त महत्त्वपूर्ण तथा आश्चर्यजनक सत्य मैंने अपने गुरुदेव से सीखा, वह यह है कि संसार में जितने धर्म हैं, वे परस्पर विरोधी या प्रतिरोधी नहीं हैं—वे केवल एक ही चिरन्तन शाश्वत धर्म के भिन्न-भिन्न भाव मात्र हैं। यही एक सनातन धर्म चिर काल से समग्र विश्व का आधारस्वरूप रहा है और चिर काल तक रहेगा, और यही धर्म विभिन्न देशों में, विभिन्न भावों में प्रकाशित हो रहा है। मेरा धर्म अथवा तुम्हारा धर्म, मेरा राष्ट्रीय धर्म तथा तुम्हारा राष्ट्रीय धर्म अथवा नाना प्रकार के अलग-अलग धर्म आदि विषय वास्तव में कभी नहीं थे। संसार में केवल एक ही धर्म है। अनन्त काल से केवल एक ही सनातन धर्म चला आ रहा है और सदा वही रहेगा और यही एक धर्म भिन्न-भिन्न देशों में भिन्न-भिन्न रीति से प्रकट होता है। अतएव हमें सब धर्मों को मान देना चाहिए और जहाँ तक हो सके, उनके तत्त्वों में अपना विश्वास रखना चाहिए। धर्म केवल विभिन्न जाति या विभिन्न देश के अनुसार विभिन्न होता हो, ऐसी बात नहीं; वरन् पात्र के अनुसार भी वह विभिन्न भाव धारण करता है। किसी मनुष्य में धर्म तीव्र कर्मशीलता के रूप में प्रकट होता है, किसी दूसरे में उत्कट भक्ति के रूप में, किसी तीसरे में योग के रूप में तथा किसी अन्य में तत्त्वज्ञान के रूप में। हम बड़ी भूल करते हैं, यदि धर्म के विषय में किसी से कहते हैं कि तुम्हारा मार्ग ठीक नहीं है। जो भक्त है, वह शायद यह सोचेगा कि जो मनुष्य कर्ममार्गी है, वह उचित धर्ममार्ग पर नहीं चलता, क्योंकि वह भक्ति का मार्ग नहीं है। यदि कोई तत्त्वज्ञानी ऐसा सोचता हो कि ये लोग बेचारे कितने अज्ञानी हैं, ये प्रेममय परमेश्वर के विषय में तथा उसे प्रेम करने के सम्बन्ध में कुछ भी नहीं जानते; वे क्या कर रहे हैं, यही उन्हें ज्ञात नहीं है, तो यह उन तत्त्वज्ञानियों की भूल है, क्योंकि हो सकता है कि वे दोनों ही ठीक मार्ग पर हों।

इस केन्द्रीय रहस्य से अवगत होना ही कि सत्य केवल एक है और यह भिन्न-भिन्न प्रकार से प्रकट हो सकता है तथा भिन्न-भिन्न दृष्टिकोणों से इसका भिन्न-भिन्न स्वरूप दिखा सकता है, अनिवार्य कर्तव्य है। तब हम दूसरे के प्रति वैर-भाव रखने

के बजाय सबके साथ असीम सहानुभूति रख सकेंगे। जब तक इस संसार में भिन्न-भिन्न प्रकृति के मनुष्य जन्म लेंगे, तब तक हमें उसी एक आध्यात्मिक सत्य को विभिन्न ढाँचों में ढालना पड़ेगा; यह समझ लेने पर ही हम विभिन्नता के होते हुए भी एक दूसरे के प्रति सहिष्णुता रख सकेंगे, जिस प्रकार प्रकृति कहने से बहुत्व में एकत्व का बोध होता है, जिस प्रकार व्यावहारिक जगत् में अनन्त भेद हैं, किन्तु इन समस्त भेदों के पीछे अनन्त, अपरिणामी निरपेक्ष एकत्व विद्यमान है, वैसा प्रत्येक मनुष्य के सम्बन्ध में भी सत्य है। व्यष्टि समष्टि की क्षुद्राकार में पुनरावृत्ति मात्र है। ये सब भेद प्रतीत होते हुए भी इनमें शाश्वत सामंजस्य विराजमान है और इस तथ्य को हमें स्वीकार करना चाहिए। सब विचारों की अपेक्षा यहाँ एक ऐसा विचार है, जिसकी आज सबसे अधिक आवश्यकता है। मैं एक ऐसे देश से आ रहा हूँ, जो विभिन्न धर्म-सम्प्रदायों का उर्वर जन्मस्थल है और जिसमें उस देश के सौभाग्यवश अथवा दुर्भाग्यवश कहो, प्रत्येक नूतन धर्मवादी अपने-अपने अग्रणी भेजना चाहता है। इस देश में रहने से बचपन से ही संसार के भिन्न-भिन्न धर्म-पन्थों का मुझे ज्ञान हो गया है। अमेरिका से मोरमन[1] सम्प्रदाय तक के प्रचारक इस देश में अपने धर्म का प्रचार करने आते हैं। स्वागत है सभी का! उसी की धरती पर तो धर्म का प्रचार हो सकता है। अन्य किसी देश की अपेक्षा वहाँ कोई भी धर्म शीघ्र ही अपनी जड़ें जमा लेता है। यदि तुम हिन्दुओं को राजनीति सिखाने जाओ तो वहाँ के लोग उसे नहीं समझेंगे, परन्तु यदि वहाँ किसी धर्म का प्रचार करने जाओ, और वह धर्म चाहे जितना विचित्र क्यों न हो, थोड़े ही समय में तुम्हें सैकड़ों अथवा हजारों अनुयायी मिल जाएँगे और शायद अपने जीवन-काल में ही तुम इन अनुयायियों के लिए ईश्वरवत् बन जाओ। मुझे हर्ष है कि भारत में ऐसा है, वहाँ हम इसे ही चाहते हैं।

हिन्दुओं में पन्थ अनेक हैं और उनमें से कुछ तो परस्पर घोर विरोधी प्रतीत होते हैं। परन्तु वे सब कहते हैं कि वे एक ही धर्म के विभिन्न प्रकाश मात्र हैं। 'जिस प्रकार भिन्न-भिन्न नदियाँ विभिन्न पर्वतों से निकलकर टेढ़ी-मेढ़ी या सीधी बहकर अन्त में आकर एक ही समुद्र में विलीन हो जाती हैं, उसी प्रकार भिन्न-भिन्न दृष्टिकोणों वाले भिन्न-भिन्न धर्मपन्थ अन्त में तुम्हीं में मिल जाते हैं।''[2] यह केवल शाब्दिक तत्त्वज्ञान नहीं है, वरन् यह एक ऐसा सत्य है, जो हम सभी को मान्य होना चाहिए। परन्तु यह इस प्रकार नहीं माना जाना चाहिए, जैसे कुछ लोग अनुग्रहपूर्वक दूसरों के धर्म की कुछ बातें सत्य मानते हैं। उदाहरणार्थ वे कह देते हैं—हाँ, हाँ, इनमें कुछ बातें बड़ी अच्छी

---

1. इस सम्प्रदाय को सन् 1830 ई. में संयुक्त राष्ट्र अमेरिका में जोसेफ स्मिथ ने स्थापित किया था। इसके अनुयायियों ने बाइबिल में एक नया अध्याय जोड़ दिया है और वे इस बात का दावा करते हैं कि उनमें कुछ विशेष शक्तियाँ (occult powers) हैं। उनमें बहुविवाह-पद्धति भी थी।
2. रुचीणां वैचित्र्यादृजुकुटिलनानापथजुषां।
नृणामेको गम्यस्त्वमसि पयसामर्णव इव॥ शिवमहिम्नः स्तोत्रम्॥ 7॥

हैं। ये मूर्तिपूजक धर्म हैं। इन धर्मों में कुछ न कुछ अच्छी बातें रहती ही हैं, आदि-आदि। कुछ लोगों की बड़ी विलक्षण कल्पना होती है, जो बड़ी 'उदार' सी प्रतीत होती है—वे कहते हैं कि अन्य सब धर्म प्रागैतिहासिक विकास के क्षुद्र चिह्नस्वरूप हैं, किन्तु 'केवल हमारे ही धर्म ने सम्पूर्णता प्राप्त की है।' एक मनुष्य कहता है कि मेरा धर्म सबसे प्राचीन है, अतः सर्वश्रेष्ठ है। दूसरा कहता है कि मेरा धर्म सर्वोत्तम है, क्योंकि वह सबसे आधुनिक है। पर हमें यह समझ लेना चाहिए कि मोक्ष-प्राप्ति की शक्ति प्रत्येक धर्म में समान है। मन्दिर अथवा गिरजाघर में जो धर्मों का भेद-भाव दिखाई देता है, वह कुसंस्कार मात्र है। एक ही परमेश्वर सभी की पुकारों को सुननेवाला है और वही एक सर्वशक्तिमान परमेश्वर इस अति क्षुद्र जीवात्मा की रक्षा तथा मुक्ति का जिम्मेदार है—न तुम, न मैं तथा न अन्य कोई दूसरा पुरुष ही। मैं यह नहीं समझ पाता कि कुछ लोग यह कहते हुए भी कि 'मैं ईश्वर में पूर्ण श्रद्धा रखता हूँ', यह भाव कैसे रखते हैं कि ईश्वर ने कुछ थोड़े से ही लोगों को सब सत्य का ठेका दे दिया है और वे ही सारी शेष मनुष्य जाति के संरक्षक हैं। इसे तुम 'धर्म' कैसे कह सकते हो? धर्म का अर्थ है आत्मानुभूति, परन्तु केवल कोरी बहस, खोखला विश्वास, अँधेरे में टटोलबाजी तथा तोते के समान पूर्वजों के शब्दों को दुहराना और ऐसा करने में धर्म समझना, एवं धार्मिक सत्य में से कोई राजनीतिक विष ढूँढ़ निकालना—यह सब 'धर्म' बिलकुल नहीं हैं।

प्रत्येक पन्थ में, यहाँ तक कि इस्लाम पन्थ में भी, जिसे हम अत्यन्त दुराग्रही समझते हैं, हम यही देखते हैं कि जब कभी किसी मनुष्य ने आत्मज्ञान प्राप्त करने का यत्न किया, तो उसके मुँह से यही ज्वलंत शब्द निकले—'हे ईश्वर, तू ही सबका नाथ है, तू ही सबके हृदय में वास करता है, तू ही सबका मार्ग-प्रदर्शक है, तू ही सबका गुरु है और तू ही हम सभी की अपेक्षा अनन्त रूप से इस विश्व का रक्षक है।' किसी मनुष्य की श्रद्धा नष्ट करने का प्रयत्न मत करो। यदि हो सके तो उसे जो कुछ अधिक अच्छा हो दे दो, यदि हो सके तो जिस दर्जे पर वह खड़ा हो, उसे सहायता देकर ऊपर उठा दो—परन्तु जिस स्थान पर वह था, उस जगह से उसे नीचे मत गिराओ। सच्चा गुरु वही है, जो क्षण भर में ही अपने को हजारों व्यक्तियों में परिणत कर सके। सच्चा गुरु वही है, जो विद्यार्थी को सिखाने के लिए विद्यार्थी की ही मनोभूमि में तुरन्त उतर आए और अपनी आत्मा अपने शिष्य की आत्मा में एकरूप कर सके तथा जो शिष्य की ही दृष्टि से देख सके, उसी के कानों से सुन सके तथा उसी के मस्तिष्क से समझ सके। ऐसा ही गुरु शिक्षा दे सकता है—अन्य दूसरा नहीं। अन्य सब निषेधक, निरुत्साहक तथा संहारक गुरु कभी भलाई नहीं कर सकते।

अपने गुरुदेव के सहवास में रहकर मैंने यह जान लिया कि इस जीवन में ही मनुष्य पूर्णावस्था को पहुँच सकता है। उनके मुख से कभी किसी के लिए दुर्वचन नहीं निकले और न उन्होंने कभी किसी में दोष ढूँढ़ा। उनकी आँखें कोई बुरी चीज देख ही नहीं

सकती थीं और न उनके मन में कभी बुरे विचार ही प्रवेश कर सकते थे। उन्हें जो कुछ दिखा, वह अच्छा ही दिखा। यही महान् पवित्रता तथा महान् त्याग आध्यात्मिक जीवन का रहस्य है। वेदों का कथन है—

'अमरत्व न तो धन से प्राप्त हो सकता है, न सन्तति से—वह तो केवल वैराग्य से ही पाया जा सकता है।'[1] ईसा मसीह का भी कथन है कि 'जो कुछ तेरे पास है, वह सब बेच डाल और निर्धनों को दे दे और मेरा अनुसरण कर। यही भाव सब साधु-सन्तों तथा पैगम्बरों ने भी प्रकट किया और उसे अपने जीवन-काल में निबाहा है। आध्यात्मिकता बिना त्याग के कैसे प्राप्त हो सकती है? सभी धर्मभावों की पृष्ठभूमि केवल त्याग ही है और तुम यह सदैव देखोगे कि जैसे-जैसे त्याग का भाव क्षीण होता जाता है, वैसे-वैसे धर्म के क्षेत्र में इन्द्रियों का प्रभाव बढ़ता जाता है और उसी प्रमाण में आध्यात्मिकता का ह्रास होता जाता है।

मेरे गुरुदेव त्याग की साकार मूर्ति थे। हमारे देश में जो पुरुष संन्यासी होता है, उसके लिए यह आवश्यक होता है कि वह सारी सांसारिक सम्पत्ति तथा सामाजिक स्थिति का त्याग कर दे और मेरे गुरुदेव ने इस सिद्धान्त का अक्षरशः पालन किया। ऐसे बहुत से लोग थे, जो अपने को धन्य मानते, यदि मेरे गुरुदेव उनसे कोई भेंट ग्रहण कर लेते और यदि वे स्वीकार करते, तो वे लोग उन्हें हजारों रुपए दे देते; परन्तु मेरे गुरुदेव ऐसे ही लोभों से दूर भागते थे। काम-कांचन पर पूर्ण विजय के वे जीवन्त एवं जाज्वल्यमान उदाहरण थे। वे इन दोनों बातों की कल्पना के भी परे थे और इस शताब्दी के लिए ऐसे ही महापुरुषों की आवश्यकता है। आजकल के दिनों में ऐसे ही त्याग की आवश्यकता है; विशेषकर जब लोग यह समझते हैं कि उन चीजों के बिना वे एक मास भी जीवित नहीं रह सकते; जिन्हें वे अपनी आवश्यकताएँ कहते हैं और जिनकी संख्या वे दिन पर दिन अधिकाधिक बढ़ाते जा रहे हैं। आजकल के समय में ही यह आवश्यक है कि कोई एक ऐसा मनुष्य उठकर संसार के अविश्वासी पुरुषों को यह दिखा दे कि आज भी एक ऐसा महापुरुष है, जो संसार भर की सम्पत्ति तथा कीर्ति की तृण भर भी परवाह नहीं करता—और आज संसार में ऐसे पुरुष हैं भी।

मेरे गुरुदेव के जीवन का दूसरा महान् तत्त्व दूसरों के प्रति अगाध प्रेम था। उनके जीवन का पूर्वार्ध धर्मोपार्जन में लगा रहा तथा उत्तरार्ध उसके वितरण में। किसी धार्मिक प्रचारक अथवा संन्यासी से भेंट करने का ढंग हमारे देश में ऐसा नहीं है, जैसा इस देश में है। भारत में भिन्न-भिन्न प्रश्नों को पूछने के लिए लोग साधु-संन्यासियों के पास जाते हैं और कोई-कोई तो सैकड़ों मील से पैदल चलकर एक ही प्रश्न पूछने आते हैं—'महाराज, एक-आध ऐसा शब्द बता दीजिए, जिससे मोक्ष मिल जाए।' इस प्रकार वे उनका एक-आध शब्द सुनने के लिए ही आते हैं। वे बिना आडम्बर के झुंडों में आते हैं और उस स्थान पर जाते हैं, जहाँ वे साधु अधिकतर रहते हैं—जैसे किसी

1. न प्रजया धनेन त्यागेनैकेनामृतत्वमानुशः।

वृक्ष आदि के नीचे—और वहाँ आकर उनसे प्रश्न करते हैं। एक झुंड जाने के बाद दूसरा झुंड आ जाता है। इस प्रकार यदि कोई पुरुष असामान्य आध्यात्मिकता सम्पन्न है, तो कभी-कभी उसे रात-दिन किंचित् भी विश्राम नहीं मिलेगा। उसे लगातार बातचीत करते ही रहना पड़ता है; घंटों लोग आते रहते हैं और वह व्यक्ति उन्हें उपदेश देता ही रहेगा।

इस प्रकार आदमियों के झुंड के झुंड मेरे गुरुदेव के श्री वचन सुनने आते थे और वे चौबीस घंटे में से बीस घंटे तक उनसे बातें करते रहते थे और वह भी एक दिन की बात नहीं, बल्कि महीनों यही क्रम जारी रहा, जिसका फल यह हुआ कि अन्त में उनका शरीर अत्यन्त परिश्रम के कारण टूट गया। उन्हें मानव जाति के प्रति इतना अगाध प्रेम था कि उनके पास कृपा-लाभार्थ आनेवाले हजारों में से अत्यन्त सामान्य मनुष्य भी उस कृपा-लाभ से वंचित नहीं रहता था। फलस्वरूप धीरे-धीरे उन्हें गले का एक बड़ा भयंकर रोग हो गया; परन्तु फिर भी आग्रह करने पर वे इतनी मेहनत करना नहीं छोड़ते थे। जैसे ही वे सुनते कि बाहर आए हुए लोग उनसे मिलने के इच्छुक हैं, तो उन्हें अन्दर बुलाए बिना वे नहीं मानते थे और उनके सब प्रश्नों का उत्तर देते थे। जब उन्हें ऐसा करने से रोका जाता था, तो वे उत्तर देते थे, 'मैं परवाह नहीं करता। यदि एक भी मनुष्य की सहायता हो सके, तो मैं ऐसे हजारों शरीर छोड़ने को तैयार हूँ—एक आदमी की भी सहायता करना अपूर्व पुरुषार्थ है।' उनके लिए विश्राम मानो था ही नहीं। एक बार एक मनुष्य ने उनसे पूछा, "महाराज, आप बड़े योगी हैं—आप अपना मन थोड़ा अपने शरीर की ओर ही क्यों नहीं लगा देते, जिससे आपकी बीमारी ठीक हो जाए?" पहले तो उन्होंने उत्तर नहीं दिया, परन्तु जब वही प्रश्न कई बार पूछा गया तो उन्होंने धीरे से कहा, "मित्र, मैं समझता था कि तुम ज्ञानी हो, परन्तु तुम भी संसार के अन्य लोगों के समान ही बातें करते हो। यह सारा मन मैंने ईश्वरार्पण कर दिया है तो क्या अब मैं इसे वापस ले लूँ और इस शरीर में लगाऊँ, जो आत्मा का केवल पिंजड़ा है?"

इस प्रकार वे लोगों को उपदेश देने लगे, और अन्त में यह खबर फैल गई कि उनका अन्तकाल समीप आ गया है। तब तो पहले की अपेक्षा कहीं अधिक झुंडों में लोग उनके पास आने लगे। तुम यह अनुमान नहीं कर सकते कि भारत में ऐसे महान् साधु-सन्तों के समीप लोग किस प्रकार जाते हैं—कैसे वे उनके चारों ओर भीड़ जमा कर लेते हैं और उनके जीवन-काल में ही उन्हें देवतास्वरूप पूजते हैं। हजारों उनके पहने हुए वस्त्रों की कोर को ही छूने मात्र की प्रतीक्षा करते रहते हैं। दूसरों की आध्यात्मिकता का हृदय से आदर करने से ही मनुष्य में आध्यात्मिकता उत्पन्न होती है। मनुष्य जो कुछ हृदय से चाहता और आदर करता है, वही उसे मिल जाता है—राष्ट्रों के सम्बन्ध में भी ठीक यही बात है। यदि तुम भारत में जाकर एक राजनीतिक भाषण दो, तो वह चाहे जितना ओजस्वी क्यों न हो, तुम्हें वहाँ बहुत कम श्रोता मिलेंगे,

परन्तु यदि तुम धर्म का प्रचार करने जाओ और इसके बारे में केवल शाब्दिक विवेचन ही न करो, वरन् उसे अपने जीवन में उतारो भी, तो सैकड़ों मनुष्य केवल उसे सुनने ही न आएँगे, वरन् तुम्हारे चरण भी स्पर्श करेंगे। जब लोगों ने यह सुना कि ये महापुरुष सम्भवत: उन्हें शीघ्र ही छोड़कर चले जाएँगे, तो वे उनके पास पहले की अपेक्षा और अधिक संख्या में आने लगे और मेरे गुरुदेव अपने स्वास्थ्य की थोड़ी सी भी चिन्ता न करते हुए उन्हें निरन्तर उपदेश देते रहे। हम लोग भी उन्हें इस बात से रोक न सके। बहुत से लोग तो बड़ी-बड़ी दूर से आते थे और मेरे गुरुदेव जब तक उनके प्रश्नों का उत्तर नहीं दे देते थे, तब तक विश्राम नहीं करते थे। वे यही कहा करते थे—'जब तक मैं बोल सकता हूँ, तब तक मैं उन्हें उपदेश देता रहूँगा।' और उन्होंने अपने कथन को सदा पूरा किया। एक दिन उन्होंने हम सब लोगों से कहा—'मैं आज इस शरीर का त्याग करूँगा', और वेदों के परम पवित्र शब्दों का उच्चारण करते-करते उन्होंने महासमाधि में प्रवेश किया।

उनका सन्देश तथा उनके विचार ऐसे बहुत थोड़े लोगों को ज्ञात थे, जो उनका प्रचार कर सकते। अन्य लोगों के अतिरिक्त वे कुछ युवक बालकों को, जो संसार में अपना सब कुछ छोड़ चुके थे तथा उनका कार्य चलाने को तैयार थे, अपने पीछे छोड़ गए। उनका दमन करने की चेष्टा लोगों ने की, परन्तु मेरे गुरुदेव के असामान्य जीवन द्वारा उनके हृदय में जो स्फूर्ति भर गई थी, उसके कारण वे अचल बने रहे। वर्षों से उस परम मंगल विभूति के सहवास के कारण उन्होंने अपना मार्ग नहीं छोड़ा। ये नवयुवक जिस नगर में पैदा हुए थे, उसी की गलियों में भिक्षाटन करते हुए अपना कार्य करते रहे, यद्यपि उनमें से कई बड़े उच्च घरानों के थे। प्रथम तो उन्हें तीव्र विरोध का सामना करना पड़ा, परन्तु उन्होंने धैर्य नहीं छोड़ा और धीरे-धीरे उन महापुरुष के दिव्य सन्देश वे भारत में दिन-प्रतिदिन फैलाने लगे; यहाँ तक कि सारा देश मेरे गुरुदेव के उपदेशों से गूँज उठा। बंगाल प्रान्त के एक दूर गाँव में पैदा हुए इन महापुरुष ने, जिन्हें पाठशाला में शिक्षा भी नहीं मिली थी, केवल अपने दृढ़ निश्चय से सत्य की उपलब्धि की तथा उसे दूसरों को प्रदान किया, और उसे जीवित रखने के लिए वे कुछ थोड़े से नवयुवक छोड़ गए।

आज श्री रामकृष्ण परमहंस का नाम भारत में लाखों पुरुषों को ज्ञात है। इतना ही नहीं, वरन् उस महापुरुष की शक्ति भारत के बाहर भी फैल गई है और इस संसार में सत्य के सम्बन्ध में अथवा आध्यात्मिक ज्ञान के बारे में यदि मैं कहीं एक शब्द भी कभी बोला हूँ तो उसका सारा श्रेय मेरे गुरुदेव को है—भूलें केवल मेरी हैं।

आधुनिक संसार के लिए श्री रामकृष्ण का सन्देश यही है—'मतवादों, आचारों, पन्थों तथा गिरजाघरों एवं मन्दिरों की चिन्ता न करो। प्रत्येक मनुष्य के भीतर जो सार वस्तु अर्थात् आत्म-तत्त्व विद्यमान है, इसकी तुलना में ये सब तुच्छ हैं, और मनुष्य के अन्दर यह भाव जितना ही अधिक अभिव्यक्त होता है, वह उतना ही जगत्कल्याण

के लिए सामर्थ्यवान हो जाता है। प्रथम इसी धर्म–धन का उपार्जन करो, किसी में दोप मत ढूँढ़ो, क्योंकि सभी मत, सभी पथ अच्छे हैं। अपने जीवन द्वारा यह दिखा दो कि धर्म का अर्थ न तो शब्द होता है, न नाम और न सम्प्रदाय, वरन् इसका अर्थ होता है आध्यात्मिक अनुभूति। जिन्हें अनुभव हुआ है, वे ही इसे समझ सकते हैं। जिन्होंने धर्मलाभ कर लिया है, वे ही दूसरों में धर्मभाव संचारित कर सकते हैं, वे ही मनुष्य जाति के श्रेष्ठ आचार्य हो सकते हैं--केवल वे ही ज्योति की शक्ति हैं।'

जिस देश में ऐसे मनुष्य जितने ही अधिक पैदा होंगे, वह देश उतनी ही उन्नत अवस्था को पहुँच जाएगा और जिस देश में ऐसे मनुष्य बिलकुल नहीं हैं, वह नष्ट हो जाएगा—वह किसी प्रकार नहीं बच सकता। अत: मेरे गुरुदेव का मानव जाति के लिए यह सन्देश है कि 'प्रथम स्वयं धार्मिक बनो और सत्य की उपलब्धि करो।' वे चाहते थे कि तुम अपने भ्रातृ–स्वरूप समग्र मानव जाति के कल्याण के लिए सर्वस्व त्याग दो। उनकी ऐसी इच्छा थी कि भ्रातृ–प्रेम के विषय में बातचीत बिलकुल न करो, वरन् अपने शब्दों को सिद्ध करके दिखाओ। त्याग तथा प्रत्यक्षानुभूति का समय आ गया है, और इनसे ही तुम जगत् के सभी धर्मों में सामंजस्य देख पाओगे। तब तुम्हें प्रतीत होगा कि आपस में झगड़े की कोई आवश्यकता नहीं है और तभी तुम समग्र मानव जाति की सेवा करने के लिए तैयार हो सकोगे। इस बात को स्पष्ट रूप से दिखा देने के लिए कि सब धर्मों में मूल तत्त्व एक ही है, मेरे गुरुदेव का अवतार हुआ था। अन्य धर्म–संस्थापकों ने स्वतंत्र धर्मों का उपदेश दिया था और वे धर्म उनके नाम से प्रचलित हैं; परन्तु उन्नीसवीं शताब्दी के इन महापुरुष ने स्वयं के लिए कोई भी दावा नहीं किया। उन्होंने किसी धर्म को क्षुब्ध नहीं किया, क्योंकि उन्होंने प्रत्यक्ष अनुभव कर लिया था कि वास्तव में सब धर्म एक ही 'चिरन्तन धर्म' के अभिन्न अंग हैं।

(न्यूयॉर्क में दिया हुआ भाषण)

कृष्ण

कृष्ण का आविर्भाव लगभग ठीक उन्हीं परिस्थितियों से परिवेष्टित है, जिनसे भारतवर्ष में बौद्ध धर्म का जन्म हुआ। केवल यही नहीं, उस समय की सी घटनाएँ हम अपने समय में भी घटित होते देख रहे हैं।

कोई एक आदर्श होता है। साथ ही अनिवार्य रूप से मानव जाति का एक ऐसा विशाल बृहत्तर अंश भी सदैव होता है, जो उस आदर्श के समीप, बौद्धिक स्तर पर भी नहीं पहुँच पाता।...सबल व्यक्ति ही उसे सम्पन्न कर पाते हैं, किन्तु उन्हें बहुधा दुर्बलों के प्रति सहानुभूति नहीं होती। सबलों के निकट दुर्बल भिखारी मात्र हैं। सबल आगे बढ़ते चले जाते हैं।...यह तो खैर हमें स्पष्ट ही है कि स्वीकृत होने योग्य उच्चतम स्थिति दुर्बलों के प्रति सहानुभूतिपूर्ण और सहायक होने की है। किन्तु अनेक बार हमारे सहानुभूतिपूर्ण होने के मार्ग को दार्शनिक अवरुद्ध कर देता है। यदि हम इस सिद्धान्त का अनुसरण करनेवाले हों कि इस सम्पूर्ण अनन्त जीवन को अभी कुछ वर्षों के इस प्रस्तुत अस्तित्व द्वारा ही निर्धारित कर डालना है...तब तो वह हमारे लिए बहुत ही निराशामय है...और जो निर्बल हैं, उनकी ओर मुड़कर पीछे देखने का समय हमारे पास नहीं है। किन्तु यदि यह स्थिति न हो—यदि जगत् उन अनेक पाठशालाओं में से केवल एक हो, जिनके मध्य हमें गुजरना है, यदि चिरंतन जीवन, शाश्वत नियम द्वारा ही ढलता,गढ़ता तथा निर्दिष्ट होता हो, और शाश्वत नियम तथा शाश्वत अवसर हर एक की प्रतीक्षा कर रहे हों—तो हमें जल्दी में होने की आवश्यकता नहीं। तब हमारे पास सहानुभूति करने, आस-पास देखने, दुर्बलों को सहारे का हाथ देने और उन्हें ऊपर उठाने का समय है।

बौद्ध धर्म में हमें संस्कृत के दो शब्द मिलते हैं: धर्म और संघ। किन्तु एक परम विचित्र तथ्य यह है कि कृष्ण के शिष्यों और अनुयायियों के पास अपने धर्म का कोई नाम नहीं है, विदेशी लोग यद्यपि उसे हिन्दू धर्म या ब्राह्मणवाद कहते हैं। धर्म एक है, और सम्प्रदाय (संघ) अनेक। जिस क्षण उसे तुम एक नाम दे देते हो, व्यष्टीकृत कर शेष से पृथक् कर देते हो, वह एक सम्प्रदाय बन जाता है, धर्म नहीं रह जाता। सम्प्रदाय अपने निजी सत्य का उद्घोष करता है और यह घोषणा करता है कि अन्यत्र कहीं भी सत्य नहीं है। धर्म यह विश्वास करता है कि संसार में धर्म केवल एक ही रहा है और

अब भी केवल एक ही है। दो धर्मों का अस्तित्व कभी भी नहीं रहा है। वही एक धर्म विभिन्न स्थानों में विभिन्न पक्षों को प्रस्तुत करता है। (उसका) कार्य है, मानवता के लक्ष्य और प्रयोजन के सम्यक बोध पर विचार करना।

कृष्ण का यही महान् कार्य था: हमारी आँखों को स्वच्छ कराना और मानवता की ऊर्ध्वगामी तथा अग्रगामी प्रगति को विशालतर दृष्टि से दिखाना। उनका ही पहला हृदय था, जिसमें सबमें विद्यमान सत्य को देख सकने की विशालता थी, और उनकी ही प्रथम वाणी थी, जिससे प्रत्येक और समस्त के निमित्त सुन्दर शब्द उच्चरित हुए।

यह कृष्ण बुद्ध के लगभग एक हजार वर्ष पूर्व हुए।... बहुत से लोग इस बात में विश्वास नहीं करते कि उनका कभी अस्तित्व भी था। कुछ लोगों का विश्वास है कि (कृष्ण की उपासना) प्राचीन सूर्योपासना (से विकसित हुई)। ऐसा प्रतीत होता है कि कृष्ण कई हुए हैं; एक का उल्लेख उपनिषदों में है, दूसरे कोई राजा थे, अन्य एक सेनानी। इन सबको एक कृष्ण में पुंजीभूत कर दिया गया है। किन्तु इससे कुछ बनता-बिगड़ता नहीं। तथ्य यह है कि कोई ऐसा व्यक्ति आता है, जो आध्यात्मिकता में अद्वितीय है। तब उसके चारों ओर सभी तरह की दंतकथाओं की सृष्टि हो जाती है। किन्तु ऐसे जिस एक व्यक्ति को लेकर जिन बाइबिलों और कथाओं की रचना होती है, उसके चरित्र के अनुसार उनको पुन: ढालना होता है। बाइबिल के नव व्यवस्थान में पाई जानेवाली समस्त कथाओं को ईसा के स्वीकृत जीवन और चरित्र के अनुरूप ढालना पड़ा है। बुद्ध से सम्बन्धित समस्त भारतीय कथाओं में भी उनके समग्र जीवन का मूल स्वर— दूसरों के लिए आत्म-त्याग—सुरक्षित रखा गया है।...

कृष्ण में हमें उनके सन्देश में...दो विचार सर्वोपरि मिलते हैं: पहला है विभिन्न विचारों का सामंजस्य; और दूसरा है अनासक्ति। मनुष्य पूर्णत्व को, सर्वोच्च लक्ष्य को, राजसिंहासन पर बैठे रहकर, सेनाओं का संचालन करते रहकर, राष्ट्रों के निमित्त विराट् योजनाओं को कार्यान्वित करते रहकर, प्राप्त कर सकता है। वस्तुत: कृष्ण का महान् उपदेश युद्धक्षेत्र में ही प्रदान किया गया है।

कृष्ण प्राचीन पुरोहितों की सारी छलना, विडम्बना और उनके विधि-विधानों की व्यर्थता के मर्म को अच्छी तरह समझ गए थे; किन्तु फिर भी उन्हें इन बातों में कुछ अच्छाई भी मिली।

यदि तुम एक सबल मनुष्य हो, तो बहुत अच्छा है। किन्तु तब उन लोगों की भर्त्सना न करो, जो तुम्हारे लिए अभीष्ट मात्रा में बलवान नहीं हैं।... हर कोई कहता है, 'बुरा हो तुम्हारा!' लेकिन यह कहनेवाला कौन है, 'बुरा हो मेरा, जो मैं तुम्हारी सहायता नहीं कर सकता?' लोग अपनी क्षमता, सामर्थ्य और ज्ञान के अनुरूप जो कुछ उनसे सम्भव है, ठीक कर रहे हैं। बुरा हो मेरा, जो मैं उन्हें उठाकर वहाँ नहीं ला सकता, जहाँ मैं हूँ!

अत: कृष्ण का कहना है कि अनुष्ठान, देवताओं की पूजा और दंतकथाएँ, सब ठीक हैं।... क्यों? क्योंकि वे सब उसी लक्ष्य की ओर ले जाते हैं। अनुष्ठान, ग्रन्थ और

आडम्बर—ये सब शृंखला की कड़ियाँ हैं। बस, पकड़ लो! वही एक चीज है। यदि तुम निश्छल हो और तुमने किसी एक कड़ी को सचमुच पकड़ लिया है, तो उसे छूटने न दो, फिर शेष का आ जाना ध्रुव है। (किन्तु लोग) पकड़ते ही नहीं। वे इसी का निर्णय करने और इसी पर झगड़ने में समय बिताते रहते हैं कि पकड़ना क्या चाहिए और आखिर किसी भी चीज को पकड़ नहीं पाते।... सत्य का पीछा हम सदैव करते रहते हैं, लेकिन उसे पाना कभी नहीं चाहते।... हम केवल इधर-उधर भटकने और पूछने का सुख भर चाहते हैं। हमारे पास शक्ति प्रचुर है, किन्तु हम उसका व्यय इस प्रकार करते हैं। इसी कारण कृष्ण ने कहा है : एक ही केन्द्र से निकलकर बाहर फैली इन शृंखलाओं में से किसी एक को पकड़ लो। कोई एक पग दूसरे की अपेक्षा बड़ा नहीं है।...धर्म के किसी भी पक्ष की, जहाँ तक वह निश्छल है, भर्त्सना न करो। इन शृंखलाओं में किसी एक को पकड़े रहो और वह तुम्हें केन्द्र में खींच ले जाएगी। शेष सब स्वयं तुम्हारा हृदय ही तुम्हें सिखा देगा। भीतर बैठा हुआ गुरु सभी मत-मतान्तरों और दर्शनों की शिक्षा दे देगा...

कृष्ण भी ईसा की भाँति अपने को ईश्वर मानकर बात करते हैं। वे देवता को अपने भीतर देखते हैं। और वे कहते हैं, 'मेरे मार्ग से भटककर कोई व्यक्ति नहीं जा सकता। सबको मेरे पास आना ही है। मुझको कोई जिस रूप में भजता है, उसको मैं उसी रूप के प्रति श्रद्धा प्रदान करता हूँ और उसी के द्वारा मैं उसको मिलता हूँ...'[1] उनका हृदय सम्पूर्णतः जनसाधारण के लिए है।

स्वतंत्र, कृष्ण झुकने से अस्वीकार करते हैं। उनकी निर्भीकता हमें डरा देती है। हम हर वस्तु पर निर्भर हैं—कुछ अच्छे शब्दों पर, परिस्थितियों पर। किन्तु जब आत्मा किसी भी वस्तु, जीवन तक पर, निर्भर न रहना चाहे, तो वह दर्शन की पराकाष्ठा है, मनुष्यत्व की पराकाष्ठा है। उपासना भी उसी लक्ष्य तक ले जाती है। कृष्ण उपासना पर बड़ा बल देते हैं। ईश्वर की उपासना करो!

इस संसार में हम विविध प्रकार की उपासना देखते हैं। रोगी मनुष्य ईश्वर के प्रति बड़ा पूजा भाव रखता है।... अपनी सम्पदा खो देनेवाला व्यक्ति धन पाने के निमित्त बड़ी पूजा करता है। लेकिन सर्वोच्च उपासना उस व्यक्ति की है, जो ईश्वर को ईश्वर के निमित्त ही प्रेम करता है। (यह प्रश्न किया जा सकता है कि) यदि ईश्वर है, तो संसार में इतना दुःख क्यों है? उपासक उत्तर देता है : "...दुःख इस जगत् में अवश्य है, (किन्तु) इस कारण मैं ईश्वर को प्रेम करना नहीं छोड़ सकता। मैं उसकी उपासना इसलिए नहीं करता कि वह मेरे (दुःख) को हर ले। मैं उसको इसलिए प्रेम करता हूँ कि वह साक्षात् प्रेम है।" अन्य (प्रकार की उपासना) निम्नस्तरी है। किन्तु कृष्ण किसी की भी निंदा नहीं करते। निश्चल खड़े रहने की अपेक्षा कुछ करना अधिक अच्छा है। जो मनुष्य, ईश्वर की उपासना आरम्भ कर देता है, उसका विकास क्रमशः होता रहेगा और वह ईश्वर को केवल प्रेम के ही निमित्त प्रेम करने लगेगा।

---

1. गीता ॥ 4 । 11 ॥

इस जीवन को जीते हुए पवित्रता कैसे प्राप्त की जाए? क्या हमें वन की गुफाओं में जाना चाहिए? उससे क्या लाभ होगा? यदि मन नियंत्रण के बाहर हो तो गुफा में रहने से कोई लाभ नहीं, क्योंकि वही मन सारा उत्पात वहाँ भी उपस्थित करेगा। गुफा में हमें बीस शैतान मिलेंगे, क्योंकि सारे शैतान मन में विद्यमान हैं। यदि मन पर नियंत्रण हो, तो हम जहाँ भी हों, वहीं गुफा प्राप्त कर सकते हैं।

यह हमारा मनोभाव ही है, जो हमारे जगत्—वह हमारे लिए जो भी है—की रचना करता है। हमारे विचार वस्तुओं को सुन्दर बनाते हैं, हमारे विचार ही वस्तुओं को कुरूप बनाते हैं। सारा जगत् हमारे अपने मनों में है। वस्तुओं को सम्यक् दृष्टि से देखना सीखो। पहले, इस संसार में विश्वास करो—कि हर वस्तु के पीछे अर्थ है। जगत् की प्रत्येक वस्तु शुभ, पवित्र और सुन्दर है। यदि कुछ तुम्हें अशुभ लगे, तो सोचो कि तुम उसे सम्यक् दृष्टि से समझ नहीं पा रहे हो। बोझ अपने ऊपर डाल दो। ...जब-जब हम यह कहने को लालायित हों कि संसार की अधोगति हो रही है, तो हमें स्वयं अपना विश्लेषण करना चाहिए और तब हमें अनुभव होगा कि वस्तुओं को उनके वास्तविक स्वरूप में देखने की शक्ति ही हमने खो दी है।

दिन और रात कर्म करते रहो। देख, मैं तो विश्व का प्रभु हूँ। मेरा कोई भी कर्तव्य नहीं है। हर कर्तव्य बंधन है। किन्तु मैं कर्म के निमित्त कर्म करता रहता हूँ। यदि मैं एक क्षण को भी कर्म बन्द कर दूँ, (तो सब अस्त-व्यस्त हो जाए)।[1] कर्तव्य के विचार से रहित होकर तू भी इसी तरह कर्म कर।

यह जगत् एक खेल है। तुम उस (ईश्वर) के साथ के खिलाड़ी हो। चलते रहो, और बिना किसी दु:ख, बिना किसी क्लेश के कर्म करते रहो! उसके खेल को दरिद्र बस्तियों में देखो, विशाल कक्षों में देखो! जनसाधारण को ऊपर उठाने के लिए कार्य करो! इसीलिए नहीं कि वे अधम या पतित हैं; कृष्ण ऐसा नहीं कहते।

क्या तुम जानते हो कि अच्छा काम इतना कम क्यों हो पाता है? श्रीमती जी दरिद्र बस्तियों में जाती हैं।... कुछ स्वर्ण मुद्राएँ देती हैं और कहती हैं, ''मेरे दरिद्रो, यह लो और सुखी हो!''... अथवा गली में चली जा रही उन सम्भ्रान्त महिला को एक दरिद्र व्यक्ति दिखलाई पड़ता है और वह उसके पास पाँच पैसे फेंक देती हैं। इसमें निहित अधर्म की बात पर विचार करो! धन्य हैं हम, कि प्रभु ने हमें तुम्हारे निजी व्यवस्थान में अपना उपदेश दे रखा है। ईसा ने कहा है, 'तुमने जितना भी मेरे बन्धुओं में से दीनतम के प्रति किया है, वह तुमने मेरे लिए किया है।' यह सोचना पाखंड है कि तुम किसी की सहायता कर सकते हो। पहले इस सहायता करने के विचार को जड़ से निकाल दो और तब उपासना करने जाओ। ईश्वर के बच्चे तुम्हारे गुरु के बच्चे हैं। (और बच्चे पिता के ही विविध रूप हैं) तुम उसके सेवक हो। जीवन्त ईश्वर की सेवा करो! तुम्हारे पास ईश्वर अंधों, पंगुओं, दरिद्रों, निर्बलों और नारकीयों

1. वही, 3।22-23॥

के रूप में आता है। तुम्हारे पास पूजन करने का कितना महिमान्वित अवसर है! लेकिन जिस क्षण तुम यह सोचने लगते हो कि तुम 'सहायता' कर रहे हो, तुम सारी चीज को बिगाड़ देते हो और स्वयं को पतित कर लेते हो। यह जानते हुए कर्म करो। तुम पूछोगे, "इससे क्या होगा?" तुमको वह हृदय टूटने की, उस भीषण क्लेश की प्राप्ति नहीं होगी।... तब कर्म दासता नहीं रह जाता। वह एक खेल, स्वयं में ही आनन्द बन जाता है। कर्म करो! अनासक्त बनो! यही समग्र रहस्य है। यदि आसक्त हो जाते हो, तो दु:खी होते हो।...

हम जीवन में जो भी करते हैं, उससे अपने को तदाकार कर देते हैं। एक व्यक्ति मुझसे कड़े शब्द कहता है। मैं क्रोध आता अनुभव करता हूँ। कुछ क्षणों में क्रोध और मैं एक हो जाते हैं और तब कलेश आता है। अपने को केवल ईश्वर से संलग्न करो और किसी वस्तु से नहीं क्योंकि और सब वस्तुएँ असत् हैं। असत् में आसक्ति क्लेश उत्पन्न करेगी। केवल एक ही सत्ता है जो सत्य है, केवल एक ही जीवन है जिसमें न विषय है, न (विषयी)।...

किन्तु अनासक्त प्रेम तुमको हानि नहीं पहुँचाएगा। कुछ भी करो—विवाह करो, बच्चे होने दो।...जो अच्छा लगे, वह करो—कुछ भी तुमको हानि नहीं करेगा। 'मेरा' का विचार लेकर कुछ न करो। कर्तव्य कर्तव्य के लिए; कर्म कर्म के लिए। वह तुम्हारे लिए क्या है? तुम उससे अलग खड़े हो।

जब हम उस अनासक्ति तक पहुँचते हैं, तभी जगत् के आश्चर्यजनक रहस्य को समझ सकते हैं; कैसे वह (जगत्) तीव्र क्रियाशीलता और स्पंदन है तथा साथ ही गहन शान्ति और निश्चलता भी है; किस प्रकार वह प्रतिक्षण कार्य और प्रतिक्षण विश्राम भी है। वही इस जगत् का रहस्य है—एक ही में वैयक्तिक और निर्वैयक्तिक, एक ही में ससीम और असीम। तभी हम उस रहस्य को प्राप्त कर सकेंगे। 'वह जो प्रखर कर्म के मध्य महत्तम अकर्म, और महत्तम अकर्म में प्रखर कर्म देखता है, योगी का पद लाभ कर चुका है।'[1] वही सच्चा कर्मी है, अन्य कोई नहीं। हम अल्प सा कर्म करते हैं और अपने को ध्वस्त कर डालते हैं। क्यों? हम उस कर्म के प्रति आसक्त हो जाते हैं। यदि हम उससे आसक्त न हो जाएँ, तो उसके साथ-साथ हमें अनन्त विश्राम भी प्राप्त होगा।

अनासक्ति के इस रूप तक पहुँच पाना है कितना कठिन! अतएव कृष्ण हमें निम्नतर मार्ग और पद्धतियाँ दिखलाते हैं। प्रत्येक व्यक्ति के लिए सबसे सरल मार्ग है, (अपना) कार्य करना और फलों को ग्रहण न करना। यह हमारी तृष्णा है, जो हमें बाँधती है। यदि हम कर्मों के फलों को ग्रहण करते हैं, चाहे वे अच्छे हों या बुरे, तो हमको उन्हें सहन करना ही पड़ेगा। किन्तु यदि हम कर्म स्वयं अपने लिए न करके पूर्णरूपेण प्रभु की महिमा के निमित्त करें, तो फल अपनी चिन्ता स्वयं ही कर लेंगे।

---

1. वही, 4।18॥

'कर्म करने का ही अधिकार तुम्हें है, उनके फलों का नहीं।'[1] सैनिक फलों के लिए कर्म नहीं करता। वह अपना कर्तव्य करता है। यदि पराजय होती है, तो वह सेनानी की है, सैनिक की नहीं। हम अपना कर्म प्रेम के निमित्त करते हैं—सेनानी के प्रति प्रेम, प्रभु के प्रति प्रेम के निमित्त।

यदि तुम सबल हो, तो वेदांत दर्शन को ग्रहण कर स्वाधीन हो जाओ। यदि तुम वह नहीं कर सकते, तो ईश्वर की उपासना करो; यदि वह नहीं, तो किसी प्रतिमा की पूजा करो। यदि वह भी करने की शक्ति तुममें न हो, तो लाभ के विचार से रहित होकर कुछ शुभ कर्म करो। तुम्हारे पास जो कुछ है, वह सब प्रभु की सेवा में समर्पित कर दो। लड़ते रहो। 'पत्र, पुष्प और जल—मेरी वेदी पर कोई भी व्यक्ति जो कुछ चढ़ाता है, मैं उसे एक समान प्रसन्नता से ग्रहण करता हूँ।'[2] यदि तुम कुछ भी, एक शुभ कर्म तक नहीं कर सकते, तो (प्रभु की) शरण लो। 'ईश्वर समस्त प्राणियों के हृदय में स्थित है और वह उनको अपने चक्र पर भ्रमाया करता है। अपने सम्पूर्ण हृदय और आत्मा से तू उनकी शरण में जा।'[3]

प्रेम के इस सिद्धान्त पर कृष्ण ने (गीता में) जिन सामान्य भावों का उपदेश किया है, उनमें से कुछ ये हैं। प्रेम पर प्रवचन अन्य ग्रन्थों (में) भी हैं, जैसे बुद्ध के, ईसा के।

अब कृष्ण के जीवन के सम्बन्ध में कुछ शब्द। ईसा और कृष्ण के जीवन में प्रचुर मात्रा में सादृश्य मिलता है। इस बात पर वाद-विवाद चल रहा है कि कौन किसका ऋणी है। दोनों ही स्थानों में एक अत्याचारी राजा था। दोनों का ही जन्म चरनी में हुआ। दोनों के माता-पिता बन्दी थे। दोनों की रक्षा देवदूतों ने की। दोनों दृष्टांतों में उस वर्ष जन्मे सभी लड़कों की हत्या कर दी गई। बचपन एक ही जैसा है।... अन्ततः दोनों की हत्या हुई। कृष्ण की मृत्यु दुर्घटना से हुई; जिस व्यक्ति ने उन्हें मारा था, उसे वे स्वर्ग ले गए। ईसा की हत्या हुई, उन्होंने उस डाकू को आशीष दिया और उसे स्वर्ग ले गए।

नव व्यवस्थान और गीता के उपदेशों में भी बहुत सी समानताएँ हैं। मानव विचारणा उसी पथ पर चलती है।...मैं स्वयं कृष्ण के शब्दों में ही तुम्हारे लिए उत्तर खोज दूँगा। 'जब-जब धर्म की ग्लानि होती है और अधर्म की वृद्धि होती है, मैं अवतार लेता हूँ। बार-बार मैं आता हूँ। अतएव, जब कभी तू किसी महान् आत्मा को मानव जाति का उत्थान करने के निमित्त संघर्ष करती देख, जान ले कि मैं आया हूँ...।'[4]

साथ ही यदि वह ईसा या बुद्ध के रूप में आता है, तो इतना विभेद क्यों होता है? उपदेशों का अनुसरण अवश्य होना चाहिए! एक हिन्दू भक्त कहेगा: यह स्वयं

---

1. वही, 2 । 47 ॥
2. वही, 9 । 26 ॥
3. वही, 18 । 61 ॥
4. वही, 4 । 8 ॥; 10 । 41 ॥

ईश्वर ही है, जो ईसा और कृष्ण और बुद्ध और समस्त (महान् धर्मोपदेशकों) के रूप में आता है। एक हिन्दू दार्शनिक कहेगा : ये महान् आत्माएँ हैं, वे मुक्त हो चुकी हैं। यद्यपि वे मुक्त हैं, किन्तु जब तक समग्र संसार दु:खग्रस्त है, वे अपनी मुक्ति को स्वीकार नहीं करते। वे बारम्बार आते हैं, मानव शरीर धारण करते और मानव जाति की सहायता करते हैं। वे अपने बचपन से ही जानते रहते हैं कि वे क्या हैं और किसलिए आए हैं।... वे हमारी तरह बंधनों के माध्यम से नहीं आते।... वे अपनी स्वाधीन इच्छा से आते हैं और विराट् आध्यात्मिक शक्ति से मुक्त होने के लिए वे विवश हैं। हम उसका प्रतिरोध नहीं कर सकते। मानव जाति का विशाल समूह आध्यात्मिकता के इस भँवर में खिंच आता है और इन (महान् आत्माओं) में से किसी एक का आघात मिलने के कारण उसका स्पंदन चलता ही जाता है। सम्पूर्ण मानव जाति के मुक्त हो जाने तक यह इसी प्रकार चलता रहता है और इस पृथ्वी का खेल समाप्त हो जाता है।

गरिमान्वित हों वे महान् आत्माएँ जिनकी जीवनियों का अनुशीलन हम अभी कर चुके हैं। वे संसार के जीवन्त देवता हैं। वे वह व्यक्ति हैं, जिनकी हमें पूजा करनी चाहिए। यदि वह मेरे पास आए, तो मैं उसे केवल तभी पहचान पाऊँगा, जब वह मनुष्य का रूप धारण कर ले। वह है तो सर्वत्र, किन्तु क्या हम उसे देख पाते हैं ? हम उसे केवल तभी देख सकते हैं, जब वह मानव की सीमा अंगीकार करे।... यदि मनुष्य...और पशु ईश्वर की अभिव्यक्ति हैं, मानव जाति के ये शिक्षक नेता हैं, गुरु हैं। अतएव, उन तुमको अभिवंदन जिनके पादपीठ की उपासना देवदूत करते हैं! अभिनवंदन, तुम मानव जाति के नेताओं का! अभिवंदन, तुम महान् शास्ताओं का! तुम नेताओं, सदा–सदा के लिए हमारा अभिवंदन ग्रहण करो!

(कैलिफोर्निया में दिया हुआ भाषण, अप्रैल 1, 1900 ई.)

बहु रूप में प्रतीयमान एक सत्ता

हमने देखा है, वैराग्य अथवा त्याग ही इन समस्त विभिन्न योगों की धुरी है। कर्मी कर्मफल त्याग करता है। भक्त उन सर्वशक्तिमान और सर्वव्यापी प्रेमस्वरूप के लिए समस्त क्षुद्र प्रेमों का त्याग करता है; योगी जो कुछ अनुभव करता है, उसका परित्याग करता है; क्योंकि उसके दर्शन की शिक्षा यही है कि प्रकृति यद्यपि आत्मा की अभिज्ञता के लिए है, वह अन्त में उसे समझा देती है कि वह प्रकृति में अवस्थित नहीं है, किन्तु प्रकृति से नित्य पृथक् है। ज्ञानी सब कुछ त्याग करता है, क्योंकि उसके दर्शन शास्त्र का सिद्धान्त यह है कि भूत, भविष्यत्, वर्तमान किसी काल में भी प्रकृति का अस्तित्व नहीं है। हमने यह भी देखा है, इन सब उच्चतर विषयों में उपयोगिता का प्रश्न किया ही नहीं जा सकता। यह प्रश्न उठाना ही निरर्थक है और यदि उसे पूछा ही जाए तो हम इस प्रश्न का सम्यक् विश्लेषण करके क्या पाते हैं? उपयोगिता का अर्थ क्या है?—सुख। सुख का आदर्श, वह जिससे मनुष्य को अधिक सुख प्राप्त होता है, उसके लिए इन उच्चतर वस्तुओं की अपेक्षा कहीं अधिक उपयोगी हैं, जिनसे उसकी भौतिक परिस्थिति में कोई उन्नति नहीं होती। समग्र विज्ञान इसी एक लक्ष्य-साधन में अर्थात् मनुष्य जाति को सुखी करने के लिए यत्न कर रहा है, तथा जिससे अधिक परिमाण में सुख उत्पन्न होता है, मनुष्य उसे ही ग्रहण करके—जिसमें अल्प सुख है—उसे त्याग देता है। हमने देखा है, कैसे सुख देह में अथवा मन में अथवा आत्मा में अवस्थित है। पशुओं का एवं पशुप्राय निम्नतम मनुष्यों का समस्त सुख देह में है। भूख से आर्त एक कुत्ता अथवा भेड़िया जिस प्रकार सुखपूर्वक आहार करता है, कोई मनुष्य उस प्रकार नहीं कर सकता। अतः कुत्ते अथवा भेड़िए के सुख का आदर्श सम्पूर्ण रूप से देहगत है। मनुष्य में हम एक उच्चतर स्तर का, विचार-स्तर का, सुख देखते हैं। सर्वोच्च स्तर का सुख ज्ञानी का है—वे आत्मानन्द में विभोर रहते हैं। आत्मा ही उनके सुख का एकमात्र उपकरण है। अतएव ज्ञानी के पक्ष में यह आत्मज्ञान ही परम उपयोगिता है; क्योंकि इससे ही वे परम सुख प्राप्त करते हैं। इन्द्रियचरितार्थता उनके लिए सर्वोच्च उपयोगिता का विषय हो नहीं सकता, क्योंकि वे ज्ञान में जिस प्रकार का सुख प्राप्त करते हैं, विषय समूह अथवा इन्द्रिय-भोग से उस प्रकार नहीं पाते। वास्तव में ज्ञान ही सबका एकमात्र लक्ष्य है तथा हम जितने प्रकार के सुख के विषयों से परिचित हैं,

उनमें से ज्ञान ही सर्वोच्च सुख है। जो अज्ञान में कार्य किया करते हैं, वे 'देवगण के जलवाहक पशुओं के सदृश हैं।' यहाँ देव शब्द का प्रयोग ज्ञानी व्यक्ति के अर्थ में किया गया है। ये सब जो व्यक्ति यंत्रवत् कार्य अथवा परिश्रम करते रहते हैं, वे वास्तव में जीवन का उपभोग नहीं करते, ज्ञानी व्यक्ति ही जीवन का उपभोग करते हैं। एक धनी व्यक्ति एक लाख रुपए व्यय करके एक चित्र मोल लेता है, किन्तु जो शिल्प समझ सकता है, वही उसका रसास्वादन कर सकता है और धनी व्यक्ति यदि शिल्पज्ञानशून्य हो तो उसके लिए वह चित्र निरर्थक है, वह केवल उसका मालिक मात्र है। जगत् में सर्वज्ञानी व्यक्ति ही जगत् का सुख-भोग करते हैं। अज्ञानी व्यक्ति कभी सुख-भोग कर नहीं सकता, उसे अज्ञात अवस्था में भी दूसरे के लिए परिश्रम करना होता है।

यहाँ तक हमने अद्वैतवादियों के सिद्धान्तों को देख लिया, हमने देखा—उनके मत के अनुसार आत्मा केवल एक है, दो आत्माएँ नहीं हो सकतीं। हमने देखा—समग्र जगत् में केवल एक ही सत्ता विद्यमान है तथा वही एक सत्ता इन्द्रियों के माध्यम से दिखाई पड़ने पर जगत् कहलाती है। मन के माध्यम से देखे जाने पर भाव-जगत् कहते हैं तथा उसके यथार्थ स्वरूप को जानने पर वह एक अनन्त सत् के रूप में प्रतीत होती है। इस विषय को तुम विशेष रूप से स्मरण रखोगे— यह कहना ठीक नहीं है कि मनुष्य के भीतर एक आत्मा है, यद्यपि समझाने के लिए पहले हमें इस प्रकार मान लेना पड़ा था। वास्तव में केवल एक सत्ता विद्यमान है एवं वह सत्ता आत्मा है—और वह जब इन्द्रियों और इन्द्रिय-बिम्बविधानों के माध्यम से अनुभूत होती है, तब उसे ही देह कहते हैं; जब वह विचार के द्वारा अनुभूत होती है, तब उसे ही मन कहते हैं तथा जब वह अपने स्व-स्वरूप में उपलब्ध होती है, तब वह आत्मा के रूप में—उसी एक अद्वितीय सत्ता के रूप में—प्रतीत होती है। अतएव ऐसा नहीं है कि एक स्थान में देह, मन और आत्मा—ये तीनों वस्तुएँ विद्यमान हैं। यद्यपि इस प्रकार की व्याख्या करके समझाना सुविधाजनक था किन्तु सब वही आत्मा है तथा वह एक सत् ही विभिन्न दृष्टियों के अनुसार कभी देह, कभी मन अथवा कभी आत्मा रूप में अभिहित हुआ करता है। सत् तो केवल मात्र एक है, अज्ञानी लोग उसे ही जगत् कहा करते हैं। जब वह व्यक्ति ज्ञान में अपेक्षाकृत उन्नत होता है, तब वह उस सत् को ही भाव-जगत् कहने लगता है तथा जब पूर्ण ज्ञान का उदय होता है तो सारा भ्रम उड़ जाता है और तब मनुष्य देखता है कि यह सब आत्मा के अतिरिक्त और कुछ नहीं है। 'मैं वही एक सत्ता हूँ।' यही अन्तिम निष्कर्ष है। जगत् में दो-तीन सत्ताएँ नहीं हैं, सब ही एक हैं। वह एक सत्ता ही माया के प्रभाव से बहु रूप में दिखाई पड़ रही है, जिस प्रकार अज्ञानवश रस्सी में साँप का भ्रम हो जाता है। वह रस्सी ही साँप के समान दिखाई पड़ती है। यहाँ रस्सी अलग और साँप अलग—दो पृथक् वस्तुएँ नहीं हैं। कोई यहाँ दो वस्तुएँ नहीं देखता। द्वैतवाद, अद्वैतवाद अत्यन्त सुन्दर दार्शनिक शब्द हो सकते हैं, किन्तु पूर्ण उपलब्धि की प्रक्रिया में हम एक समय में ही सत्य और मिथ्या कभी देख नहीं पाते। हम सब

जन्म से ही अद्वैतवादी हैं, इस बात से भागने का उपाय नहीं है। हम सब समय एक को ही देखते हैं। जब हम रस्सी देखते हैं, तब साँप बिलकुल नहीं देखते और जब साँप देखते हैं, तब रस्सी बिलकुल नहीं देखते—वह उस समय विलुप्त हो जाती है। जब तुमको भ्रम-दर्शन होता है, तब तुम सत्य नहीं देखते। मान लो, दूर से मार्ग में तुम्हारे बन्धु आ रहे हैं। तुम उनसे बहुत अच्छी तरह परिचित हो, किन्तु तुम्हारे सम्मुख कुहरा और धुन्ध होने के कारण तुम उन्हें अन्य व्यक्ति समझ रहे हो। जब तुम अपने बन्धु को अन्य व्यक्ति समझ रहे हो, तब तुम अपने बन्धु को नहीं देखते, वे गायब हो जाते हैं। तुम केवल एक को देख रहे हो। मान लो, तुम्हारे बन्धु को 'क' कहकर अभिहित किया गया। तब तुम जब 'क' को 'ख' के रूप में देखते हो, तब तुम 'क' को बिलकुल ही नहीं देखते। इस प्रकार सब स्थानों में तुमको एक की ही उपलब्धि होती है। जब तुम अपने को देहरूप में देखते हो, तब तुम देह मात्र हो और कुछ नहीं हो तथा जगत् के अधिकांश मनुष्यों को ही इसी प्रकार की उपलब्धि होती है। वे आत्मा, मन आदि बातें मुँह से कह सकते हैं, किन्तु देखते हैं, यह स्थूल भौतिक आकृति ही—स्पर्श, दर्शन, आस्वाद इत्यादि। कोई-कोई व्यक्ति अपनी ज्ञानभूमि की विशेष प्रकार की अवस्था में अपने को विचार या भावरूप में अनुभव किया करते हैं। सर हम्फ्रे डेवी के सम्बन्ध में जो कथा है, उससे तुम परिचित ही होगे। वे अपनी कक्षा में 'हास्यजनक गैस' (Laughing Gas) लेकर प्रयोग कर रहे थे। हठात् एक नली टूट जाने के कारण वह गैस बाहर निकल आई और निःश्वास के संयोग से उन्होंने उसे ग्रहण किया। कुछ क्षणों तक वे पत्थर की मूर्ति के समान निश्चल भाव से खड़े रहे। अन्त में उन्होंने कक्षा के विद्यार्थियों से कहा, जब हम उस अवस्था में थे, हम अनुभव कर रहे थे कि समस्त जगत् भावों अथवा प्रत्ययों से निर्मित है। उस गैस की शक्ति से कुछ क्षणों के लिए उन्हें अपना देह-ज्ञान विस्मृत हो गया था और जिसे पहले वे शरीर के रूप में देख रहे थे, उसे ही इस समय विचार अथवा भावसमूह के रूप में देख सके। जब चेतना और भी उच्चतर अवस्था में जाती है, जब यह क्षुद्र चेतना सदा के लिए नष्ट हो जाती है, तब सबके पीछे जो सत्य वस्तु विद्यमान है, वह प्रकाशित होने लगती है। उसका तब हम अखंड सच्चिदानन्दरूप में—उस एक आत्मा के रूप में—अनन्त सर्वव्यापी रूप में दर्शन करते हैं। 'वह जो स्वयं ज्ञानरूप है, वह जो स्वयं आनन्दरूप है, तुलनातीत, सीमातीत, नित्य मुक्त, सर्वदा अबद्ध, गगन सृदश असीम, गगनवत् नित्य है, वह पूर्ण समाधि की अवस्था में तुम्हारे हृदय में अपने को प्रकट करेगा।'[1]

अद्वैत सिद्धान्त स्वर्गों और नरकों की विविध अवस्थाओं तथा सभी धर्मों में

1. किमपि सततबोधं केवलानन्दरूपं
निरुपममतिवेलं नित्यमुक्तं निरीहम्।
निरवधि गगनाभं निष्कलं निर्विकल्पं
हृदि कलयति विद्वान् ब्रह्म पूर्ण समाधौ। —विवेकचूड़ामणि ॥ 410 ॥

मिलनेवाली इस प्रकार की विविध कल्पनाओं की किस प्रकार व्याख्या करता है ? जब मनुष्य की मृत्यु होती है, कहा जाता है कि वह स्वर्ग में अथवा नरक में जाता है, यहाँ-वहाँ नाना स्थानों में जाता है अथवा स्वर्ग में या अन्य किसी लोक में देह धारण करके जन्म ग्रहण करता है। यह सब मिथ्या कल्पना है। वास्तव में कोई उत्पन्न भी नहीं होता, मरता भी नहीं है। वस्तुत: स्वर्ग भी नहीं है, नरक भी नहीं है और इहलोक भी नहीं है। इन तीनों का ही किसी काल में अस्तित्व नहीं है। एक बालक को अनेक भूतों की कहानियाँ सुनाकर सन्ध्या के समय उसे बाहर जाने को कहो। वहाँ कटे हुए पेड़ का एक छोटा-सा तना है। बालक क्या देखता है ? वह देखता है—एक भूत हाथ बढ़ाकर उसे पकड़ने को आ रहा है। मान लो, एक व्यक्ति मार्ग के एक कोने से अपनी प्रेमिका के दर्शन करने के लिए आ रहा है—वह उस पेड़ के तने को अपनी प्रणयिनी समझ लेता है। एक पुलिसवाला उसे चोर समझेगा तथा चोर उसे पुलिसवाला ठहराएगा। वह एक ही तना विभिन्न रूप में दिखाई पड़ रहा है। पेड़ का वही तना विभिन्न रूपों में दिखलाई पड़ा। सत्य तो पेड़ का तना ही है, उसके विविध रूप विविध मानसों के अध्यास। एकमात्र सत्—यह आत्मा ही विद्यमान है। वह न कहीं जाती है, न आती है। अज्ञानी मनुष्य स्वर्ग अथवा उस प्रकार के स्थान में जाने की वासना करता है, समस्त जीवन उसने लगातार केवल उसकी ही चिन्ता की है। जब उसका इस पृथ्वी का स्वप्न नष्ट हो जाता है, तब वह इस जगत् को ही स्वर्ग रूप में देखता है—जिसमें देवतागण हैं और देवदूत इधर-उधर उड़ रहे हैं, इत्यादि इत्यादि। यदि कोई व्यक्ति जीवन-भर अपने पूर्व पितरों को देखना चाहता रहा हो तो वह आदम से आरम्भ करके सबको ही देख लेता है क्योंकि वह स्वयं ही उन सबकी सृष्टि करता है। यदि कोई और भी अधिक अज्ञाती हो और धर्मान्धों ने चिर काल तक उसे न नरक का भय दिखाया हो तो वह मृत्यु के पश्चात् इस जगत् को ही नरक के रूप में देखता है। मृत्यु अथवा जन्म का अर्थ केवल दृष्टि का परिवर्तन है। तुम न कहीं जाते हो, न वह जिसके ऊपर अपना दृष्टिक्षेप करते हो। तुम तो नित्य और अपरिणामी हो। तुम्हारा फिर जाना-आना क्या है ? यह असम्भव है। तुम तो सर्वव्यापी हो। आकाश कभी गमन नहीं करता, किन्तु उसके ऊपर से मेघ इस दिशा से उस दिशा की ओर जाया करते हैं—हम समझते हैं, आकाश ही गतिशील हुआ है। रेलगाड़ी में चढ़कर यात्रा करते समय जैसे पृथ्वी गतिशील प्रतीत होती है, यह भी ठीक उसी प्रकार है। वास्तव में तो पृथ्वी डिग नहीं रही है, रेलगाड़ी ही चल रही है। इसी प्रकार तुम जहाँ थे, वहीं हो, केवल ये सब विभिन्न स्वप्न हैं, मेघसमूह के समान इस-उस दिशा में जा रहे हैं। एक स्वप्न के पश्चात् और एक स्वप्न आ रहा है—उनमें परस्पर कोई सम्बन्ध नहीं है। इस जगत् में नियम अथवा सम्बन्ध जैसा कुछ भी नहीं है, किन्तु हम सोच रहे हैं, परस्पर प्रचुर सम्बन्ध है। तुम सबने ही सम्भवत: 'आश्चर्यलोक में एलिस' (Alice in Wonderland) नामक ग्रन्थ पढ़ा है। बालकों के लिए इस शताब्दी में लिखी यह पुस्तक सबसे अद्‌भुत है। मैंने उस पुस्तक

को पढ़कर बहुत आनन्द-लाभ किया था—मेरे मन में बराबर बालकों के लिए उस प्रकार की पुस्तक लिखने की इच्छा थी। हमें उसमें सबसे अधिक अच्छा यह लगा था कि आप जिसे सबसे अधिक असंगत समझते हैं, वही उसमें है—किसी के साथ किसी का कोई सम्बन्ध नहीं है। एक भाव आकर मानो दूसरे में कूद पड़ रहा है—उनमें परस्पर कोई सम्बन्ध नहीं है। जब तुम लोग शिशु थे, तुम सोचते थे, उनमें परस्पर अद्‌भुत सम्बन्ध विद्यमान है। उस व्यक्ति ने अपनी शैशवावस्था के विचारों को—शैशवावस्था में जो-जो उसे सम्पूर्ण सम्बन्धयुक्त प्रतीत होता था—ही लेकर शिशुओं के लिए उस पुस्तक की रचना की है। किन्तु वे सारी पुस्तकें व्यर्थ हैं जिन्हें वयस्क व्यक्ति लिखते हैं और जिनमें वे अपने वयस्क विचारों को बच्चों के गले के नीचे उतार देना चाहते हैं। हम भी वय:प्राप्त शिशु मात्र हैं, बस। हमारा जगत् भी उसी प्रकार की असम्बद्ध वस्तु मात्र है—वह सब एलिस का अद्‌भुत लोक है—किसी के साथ किसी का किसी प्रकार का सम्बन्ध नहीं है। हम जब अनेक बार कुछ घटनाओं को एक निर्दिष्ट अनुक्रम में घटित होते देखते हैं, हम उन्हें ही कार्य-कारण के नाम से अभिहित करते हैं, और कहते हैं कि वे फिर भी घटित होंगी। जब यह स्वप्न बदल जाएगा तो उसका स्थान ग्रहण करनेवाला दूसरा स्वप्न भी इसके ही समान सम्बन्धयुक्त प्रतीत होगा। स्वप्न-दर्शन के समय हमें जो कुछ कभी असम्बद्ध अथवा असंगत नहीं लगता—केवल जब हम जाग उठते हैं, तभी सम्बन्ध का अभाव देख पाते हैं। इसी प्रकार जब हम इस जगद्‌रूपी स्वप्न-दर्शन से जाग उठकर इस स्वप्न की सत्य के साथ तुलना करके देखेंगे, तब वह सब असम्बद्ध और निरर्थक प्रतीत होगा—असंगति की ऐसी राशि जो हमारे सम्मुख चली जा रही है, जिसके विषय में हम नहीं जानते कि वह कहाँ से आई, कहाँ जा रही है, किन्तु हम यह जानते हैं कि उसका अन्त होगा। इसे ही माया कहते हैं और वह दल के दल गतिशील मेघजालों के समान है। यह इस परिवर्तनशील का प्रतिनिधि है और वह अपरिणामी सूर्य तुम स्वयं हो। जब तुम उस अपरिणामी सत्ता को बाहर से देखते हो, तब उसे तुम ईश्वर कहते हो और भीतर से देखने पर उसे तुम निज की आत्मा अथवा स्वरूप कहते हो। वह है, केवल एक ही। तुमसे पृथक् ईश्वर नहीं है, तुमसे—यथार्थत: जो तुम हो—उससे श्रेष्ठतर ईश्वर नहीं है—सब ईश्वर या देवता ही तुम्हारी तुलना में क्षुद्रतर हैं; ईश्वर और स्वर्गस्थ पिता आदि की समस्त धारणा तुम्हारा ही प्रतिबिम्ब मात्र है। ईश्वर स्वयं ही तुम्हारा प्रतिबिम्ब या प्रतिमास्वरूप है। 'ईश्वर ने मानव की अपने प्रतिबिम्ब के रूप में सृष्टि की'—यह भूल है। मनुष्य ईश्वर की निज के प्रतिबिम्ब के अनुसार सृष्टि करता है—यह बात ही सत्य है। समस्त जगत् में ही हम अपने प्रतिबिम्ब के अनुसार ईश्वर अथवा देवगण की सृष्टि करते हैं। हम देवता की सृष्टि करते हैं, उनके पदतल पर गिरकर उसकी उपासना करते हैं, और ज्यों ही यह स्वप्न हमारे निकट आता है, तब हम उससे प्रेम करने लगते हैं।

यह बात समझ लेना उत्तम होगा कि आज सुबह की वक्तृता का सार यह है कि

मात्र एक ही सत्ता है तथा वह एक सत्ता ही विभिन्न मध्यवर्ती वस्तुओं के मध्य से होकर दिखाई पड़ने पर, वही पृथ्वी अपवा स्वर्ग अथवा नरक अथवा ईश्वर अथवा भूत-प्रेत अथवा मानव अथवा दैत्य अथवा जगत् अथवा वह सब कुछ प्रतीत होती है। किन्तु इन सब विभिन्न वस्तुओं में—'जो इस मृत्यु के सागर में उस एक का दर्शन करता है, जो इस सन्तरणशील विश्व में उस एक जीवन का दर्शन करता है, जो उस अपरिवर्तनशील का साक्षात्कार करता है, उसी को चिरन्तन शान्ति की उपलब्धि होगी, किसी अन्य को नहीं, किसी अन्य को नहीं।'[1] उसी एक सत्ता का साक्षात्कार करना होगा। किस प्रकार—यह प्रश्न आगे का है। किस प्रकार उसकी सिद्धि हो ? किस प्रकार यह स्वप्न भंग हो कि हम क्षुद्र नर-नारी हैं आदि। यह जो स्वप्न है—इससे किस प्रकार हम जागेंगे ? हम ही समस्त जगत् के वे अनन्त सत् हैं तथा हमने जड़भावापन्न होकर यह क्षुद्र नर-नारी रूप धारण किया है—हम एक व्यक्ति की मधुर बात से गल जाते हैं तथा दूसरे एक व्यक्ति की कड़ी बात से गरम हो उठते हैं। कितनी भयानक निर्भरता है—कितना भयानक दासत्व है! मैं—जो सकल सुख-दुःख के अतीत हूँ, समस्त जगत् ही जिसका प्रतिबिम्ब-स्वरूप है—सूर्य, चन्द्र, तारा जिसके प्राणों के लघु कण मात्र हैं—वह मैं इस प्रकार भयानक दास-भावापन्न हो गया हूँ! हमारी देह में तुम्हारे एक चिमटी के काटने पर हमें कष्ट होता है। कोई यदि एक मीठी बात करता है, त्यों ही हमें आनन्द होने लगता है। हमारी कैसी दुर्दशा है, देखो—हम देह के दास, मन के दास, जगत् के दास, एक अच्छी बात के दास, एक बुरी बात के दास, वासना के दास, सुख के दास, जीवन के दास, मृत्यु के दास—हम सब वस्तुओं के दास हैं! यह दासत्व हटाना होगा कैसे ? 'इस आत्मा के सम्बन्ध में पहले सुनना होगा, तत्पश्चात् उसे लेकर मनन अर्थात् विचार करना होगा, तत्पश्चात् उसका निदिध्यासन अर्थात् ध्यान करना होगा।'[2] अद्वैतज्ञानी की यही साधना-प्रणाली है। सत्य को पहले सुनना होगा, फिर उस पर मनन करना होगा, उसके पश्चात् उसे निरन्तर दृढ़ करते रहना होगा। सर्वदा ही सोचो, 'हम ब्रह्म हैं'। अन्य सब विचारों को दुर्बलताजनक मानकर दूर कर देना होगा। जिस किसी विचार से तुमको अपने नर-नारी होने का ज्ञान होता है, उसे दूर कर दो। देह जाए, मन जाए, देवता भी जाएँ, भूत-प्रेत आदि भी जाएँ, उस एक सत्ता के अतिरिक्त सब जाएँ। 'जहाँ एक व्यक्ति अन्य का देखता है, एक व्यक्ति अन्य कुछ सुनता है, एक व्यक्ति अन्य कुछ जानता है, वह क्षुद्र अथवा ससीम है; तथा जहाँ एक व्यक्ति अन्य को देखता नहीं, एक व्यक्ति अन्य कुछ सुनता नहीं, एक व्यक्ति अन्य कुछ जानता नहीं, वही भूमा अर्थात् महान् अथवा अनन्त है।'[3] वही सर्वोत्तम वस्तु है, जहाँ विषयी

1. कठोपनिषद् ॥ 5 ।13 ॥
2. बृहदारण्यक उपनिषद् ॥5 ।6 ॥
3. यत्र नान्यत् पश्यति नान्यच्छृणोति नान्यद् विजानाति स भूमा।
   अथ यत्रान्यत् पश्यत्यन्यच्छृणोत्यन्यद् विजानाति तदल्पम्॥ —छान्दोग्योपनिषद ॥7 ।24 ।1 ॥

और विषय एक हो जाते हैं। जब हम ही श्रोता और हम ही वक्ता हैं, जब हम ही आचार्य और हम ही शिष्य हैं, जब हम ही स्रष्टा और हम ही सृष्ट हैं, केवल तभी भय का नाश होता है, क्योंकि हमें भयभीत करनेवाला और कोई अथवा कुछ नहीं है। हमारे अतिरिक्त जब और कुछ भी नहीं है, तब हमें भय दिखाएगा कौन ? दिन-प्रतिदिन यही तत्त्व सुनना होगा। अन्य सब विचारों को दूर कर दो—और सब दूर तोड़कर फेंक दो, निरन्तर उसकी आवृत्ति करो। जब तक वह हृदय में न पहुँचे, जब तक प्रत्येक स्नायु, प्रत्येक मांस-पेशी, यहाँ तक कि प्रत्येक शोणित-बिन्दु तक हम ही वह हैं, हम ही वह हैं, इस भाव से पूर्ण न हो जाए, तब तक कान के भीतर से यह तत्त्व क्रमश: भीतर प्रवेश कराना होगा। यहाँ तक कि मृत्यु के सामने होकर भी कहो—हम ही वह हैं। भारत में एक संन्यासी थे—वे शिवोऽहं-शिवोऽहं की आवृत्ति करते थे। एक दिन एक बाघ आकर उनके ऊपर कूद पड़ा और खींच ले जाकर उसने उन्हें मार डाला। जब तक वे जीवित रहे, तब तक शिवोऽहं, शिवोऽहं ध्वनि सुनी गई थी! मृत्यु के द्वार में, घोरतर विपद् में, रणक्षेत्र में, समुद्रतल में, उच्चतम पर्वत शिखर में, गम्भीतर अरण्य में, चाहे जहाँ क्यों न पड़ जाओ, सर्वदा अपने से कहते रहो—'मैं वह हूँ, मैं वह हूँ', दिन-रात बोलते रहो, 'मैं वह हूँ।' यह सर्वोत्कृष्ट बल है, यही धर्म है। 'दुर्बल व्यक्ति कभी आत्मा को लाभ नहीं कर सकता।'[1] कभी मत कहो, 'हे प्रभो! मैं अति अधम पापी हूँ।' कौन तुम्हारी सहायता करेगा ? तुम जगत् के साहाय्य-कर्ता हो—तुम्हारी इस बात में फिर कौन सहायता कर सकता है ? तुम्हारी सहायता करने में कौन मानव, कौन देवता अथवा कौन दैत्य सक्षम है ? तुम्हारे ऊपर और किसकी शक्ति काम करेगी ? तुम्हीं जगत् के ईश्वर हो—तुम फिर कहाँ सहायता ढूँढ़ोगे ? तुमने जो कुछ सहायता पाई है, अपने निज के अतिरिक्त और किसी से नहीं पाई। तुमने प्रार्थना करके जिसका उत्तर पाया है, उसे अज्ञतावश तुमने सोचा है कि अन्य किसी पुरुष ने उसका उत्तर दिया है, किन्तु अनजाने में तुमने स्वयं ही उस प्रार्थना का उत्तर दिया है। तुमसे ही सहायता आई थी, किन्तु तुमने आग्रह के सहित कल्पना कर ली थी कि अन्य कोई तुमको सहायता भेज रहा है। तुम्हारे बाहर तुम्हारा साहाय्य-कर्ता और कोई नहीं है—तुम ही जगत् के स्रष्टा हो। रेशम के कीड़े के समान तुम्हीं अपने चहुँओर जाल का निर्माण कर रहे हो। कौन तुम्हारा उद्धार करेगा ? तुम यह जाल काट फेंककर सुन्दर तितली के रूप में—मुक्त आत्मारूप में बाहर होकर आओ। तभी, केवल तभी—तुम सत्य का दर्शन करोगे। सर्वदा अपने मन से कहते रहो, 'मैं वह हूँ।' ये शब्द तुम्हारे मन के कूड़ा-करकट को भस्म कर देंगे, उससे ही तुम्हारे भीतर पहले से ही जो महाशक्ति अवस्थित है, वह प्रकाशित हो जाएगी, उससे ही तुम्हारे हृदय में जो अनन्त शक्ति गुप्त भाव से विद्यमान है, वह जग जाएगी। सर्वदा ही सत्य—केवल मात्र सत्य—सुनकर ही इस महाशक्ति का उद्‌बोधन करना होगा। जिस स्थान में दुर्बलता की चिन्ता विद्यमान है, उस स्थान की ओर दृष्टिपात

1. नायमात्मा बलहीनेन लभ्य: ॥ मुण्डकोपनिषद् ॥3 ।2 ।4 ॥

तक मत करो। यदि ज्ञानी होना चाहते हो तो सब प्रकार की दुर्बलता का परिहार करो।

साधना आरम्भ करने के पहले मन में जितने प्रकार के सन्देह आ सकते हैं, सब का निराकरण कर लो। युक्ति, तर्क, विचार जहाँ तक कर सको, करो। इसके पश्चात् जब तुमने मन में दृढ़ निश्चय किया कि यही, एवं केवल मात्र यही सत्य है, और कुछ नहीं है, तब फिर तर्क न करो, तब मुँह एकदम बन्द करो। तब फिर तर्क-युक्ति न सुनो, स्वतः भी तर्क न करो। फिर तर्क-युक्ति का प्रयोजन क्या? तुमने तो विचार करके तृप्ति-लाभ किया है, तुमने तो समस्या का समाधान कर लिया है, अब तो फिर शेष क्या है? अब सत्य का साक्षात्कार करना होगा। फिर वृथा तर्क में अधिक अमूल्य कालहरण से फल क्या है? अब उस सत्य का ध्यान करना होगा, तथा जो कोई विचार तुमको तेजस्वी बनाए, उसे ही ग्रहण करना होगा एवं जो दुर्बल बनाए, उसका ही परित्याग करना होगा। भक्त मूर्ति-प्रतिमा आदि और ईश्वर का ध्यान करते हैं। यही स्वाभाविक साधना-प्रणाली है, किन्तु उसकी गति मन्द होती है। योगी अपनी देह के अभ्यन्तर के विभिन्न केन्द्र अथवा चक्र पर ध्यान करते हैं और मन के भीतर के शक्तिसमूह की परिचालना करते हैं। ज्ञानी कहते हैं, मन का भी अस्तित्व नहीं है, देह का भी अस्तित्व नहीं है। इस देह और मन के विचार को दूर कर देना होगा, अतएव उनका विचार करना अज्ञानोचित कार्य है। वह मानो एक रोग को लाकर दूसरे रोग को आरोग्य करने के समान है। अतएव उनका ध्यान ही सबकी अपेक्षा कठिन है— नेति, नेति; वे सकल वस्तु के अस्तित्व का ही निरास करते हैं तथा जो शेष रहता है, वही आत्मा है। यही सबकी अपेक्षा अधिक विश्लेषणात्मक साधन है। ज्ञानी केवल मात्र विश्लेषण के बल से जगत् को आत्मा से विच्छिन्न करना चाहते हैं। 'हम ज्ञानी हैं' यह बात कहना अत्यन्त सहज है, किन्तु यथार्थ ज्ञानी होना बड़ा ही कठिन है। वेद कहते हैं—

'पथ अत्यन्त दीर्घ है, यह मानो छुरे की तीक्ष्ण धार के ऊपर से चलना है; किन्तु निराश मत हो। उठो, जागो, जब तक उस चरम लक्ष्य को न प्राप्त कर लो, न रुको।'[1]

अतएव ज्ञानी का ध्यान किस प्रकार हुआ? ज्ञानी देह-मन विषयक सब प्रकार के विचारों को दूर करना चाहते हैं और वे इस विचार को निकाल बाहर करना चाहते हैं कि हम शरीर हैं। दृष्टांतस्वरूप देखो, ज्यों ही हम कहते हैं, हम अमुक स्वामी हैं, उसी क्षण देह का भाव आ जाता है। तब क्या करना होगा? मन पर बलपूर्वक आघात करके कहना होगा, 'हम देह नहीं हैं, हम आत्मा हैं।' रोग ही आए अथवा अत्यन्त भयावह आकार में मृत्यु आकर ही उपस्थित हो, कौन चिन्ता करता है? हम देह नहीं हैं। देह को सुन्दर रखने का यत्न क्यों है? भ्रम को एक बार फिर भोग करने के लिए!

---

1. उत्तिष्ठत जाग्रत प्राप्य वरान्निबोधत।
क्षुरस्य धारा निशिता दुरत्यया
दुर्गं पथस्तत्कवयो वदन्ति॥ कठोपनिषद् ॥1।3।14॥

इस दासत्व को जारी रखने के लिए ? देह जाए, हम देह नहीं हैं। यही ज्ञानी की साधना-प्रणाली है। भक्त कहते हैं, ''प्रभु ने हमें इस जीवन-समुद्र को सहज ही लाँघने के लिए यह देह दी है, अतएव जितने दिनों तक यात्रा शेष नहीं होती, उतने दिनों तक इसकी यत्नपूर्वक रक्षा करनी होगी।'' योगी कहते हैं, ''हमें देह का यत्न अवश्य ही करना होगा, जिससे हम धीरे-धीरे साधनापथ पर आगे बढ़कर अन्त में मुक्ति-लाभ कर सकें।'' ज्ञानी सोचते हैं, हम अधिक विलम्ब नहीं कर सकते। हम इसी क्षण चरम लक्ष्य पर पहुँचेंगे। वे कहते हैं, ''हम नित्यमुक्त हैं, किसी काल में ही हम बद्ध नहीं हैं; हम अनन्त काल से इस जगत् के ईश्वर हैं। हमें तब पूर्ण कौन करेगा ? हम नित्य पूर्णस्वरूप हैं।'' जब कोई मानव स्वयं पूर्णता को प्राप्त होता है, तब वह दूसरे में भी पूर्णता देखने लगता है। लोग जब दूसरे में अपूर्णता देखते हैं, तब यह समझना होगा कि अपने निज के मन की छाप दूसरे पर पड़ने के कारण ही वे इस प्रकार देखते हैं। उनके निज के भीतर यदि अपूर्णता न रहे तो वे किस प्रकार अपूर्णता देखेंगे ? अतएव ज्ञानी पूर्णता-अपूर्णता की कुछ भी चिन्ता नहीं करते। उनके पक्ष में उनमें से किसी का भी अस्तित्व नहीं है। ज्यों ही वे मुक्त होते हैं, वे फिर भला-बुरा नहीं देखते। भला-बुरा कौन देखता है ? वही जिसके निज के भीतर भला-बुरा होता है। दूसरे की देह कौन देखता है ? जो अपनी को देह समझता है। जिस क्षण तुम देहभावरहित होगे, उसी क्षण फिर तुम जगत् नहीं देखने पाओगे। वह चिर काल के लिए अन्तर्हित हो जाएगा। ज्ञानी केवल बौद्धिक विचार स्वीकृति के बल से इस जड़-बन्धन से अपने को विच्छिन्न करते हैं। यही 'नेति', 'नेति' या नकारात्मक मार्ग है।

(न्यूयॉर्क, 1896 ई. में दिया हुआ भाषण)

ज्ञानयोग का परिचय

यह योग का बौद्धिक और दार्शनिक पक्ष है और बहुत कठिन है, किन्तु मैं आपको इससे धीरे-धीरे अवगत कराऊँगा।

योग का अर्थ है, मनुष्य और ईश्वर को जोड़ने की पद्धति। इतना समझ लेने के बाद आप मनुष्य और ईश्वर की अपनी परिभाषाओं के अनुसार चल सकते हैं। और आप देखेंगे कि योग शब्द हर परिभाषा के साथ ठीक बैठ जाता है। सदा याद रखिए कि विभिन्न मानसों के लिए विभिन्न योग हैं और यदि एक आपके अनुकूल नहीं होता तो दूसरा हो सकता है। सभी धर्म, सिद्धान्त और व्यवहार में विभाजित हैं। पाश्चात्य मानस ने सिद्धान्त पक्ष को छोड़ दिया है और वह शुभ कर्मों के रूप में धर्म के केवल व्यावहारिक भाग को ही ग्रहण करता है। योग धर्म का व्यावहारिक भाग है और प्रदर्शित करता है कि धर्म शुभ कर्मों के अतिरिक्त एक व्यावहारिक शक्ति भी है।

उन्नीसवीं शताब्दी के प्रारम्भ में मनुष्य ने बुद्धि के द्वारा ईश्वर को पाने की चेष्टा की और फलस्वरूप ईश्वरवाद की उत्पत्ति हुई। इस प्रक्रिया से जो कुछ थोड़ा-बहुत ईश्वर बचा, उसको डार्विनवाद और मिलवाद ने नष्ट कर दिया। लोगों को तब तुलनात्मक और ऐतिहासिक धर्म की शरण में जाना पड़ा। वे समझते थे कि धर्म की उत्पत्ति तत्त्वों की पूजा से हुई। (द्र. सूर्य सम्बन्धी कथाओं आदि पर मैक्समूलर)। दूसरे लोगों की धारणा थी कि धर्म पूर्वजों की पूजा से निकला है। (द्र. हर्बर्ट स्पेन्सर)। किन्तु सम्पूर्णतः ये पद्धतियाँ असफल सिद्ध हुईं। मनुष्य बाह्य पद्धतियों से सत्य तक नहीं पहुँच सकता।

'यदि मैं मिट्टी के एक टुकड़े को जान लूँ तो मैं मिट्टी की सम्पूर्ण राशि को जान लूँगा।' सारा विश्व इसी योजना पर बना है। व्यक्ति तो मिट्टी के एक टुकड़े के समान केवल एक अंश है। यदि हम मानव आत्मा के, जो कि एक अणु है, प्रारम्भ और सामान्य इतिहास को जान लें तो हम सम्पूर्ण प्रकृति को जान लेंगे। जन्म, वृद्धि, विकास, जरा, मृत्यु—सम्पूर्ण प्रकृति में यही क्रम है और वनस्पति तथा मनुष्य में समान रूप से विद्यमान है। भिन्नता केवल समय की है। पूरा चक्र एक दृष्टान्त में एक दिन में पूर्ण हो सकता है और दूसरा 70 वर्ष में, पर ढंग एक ही है। विश्व के विश्वसनीय विश्लेषण तक पहुँचने का एकमात्र मार्ग स्वयं हमारे मन का विश्लेषण है। अपने धर्म

को समझने के लिए एक सम्यक् मनोविज्ञान आवश्यक है। केवल बुद्धि से ही सत्य तक पहुँचना असम्भव है, क्योंकि अपूर्ण बुद्धि स्वयं अपने मौलिक आधार का अध्ययन नहीं कर सकती। इसलिए मन को अध्ययन करने का एकमात्र उपाय तथ्यों तक पहुँचने का है, तभी बुद्धि उन्हें विन्यस्त करके उनसे सिद्धान्तों को निकाल सकेगी। बुद्धि को घर बनाना पड़ता है, पर बिना ईंटों के वह ऐसा नहीं कर सकती और वह ईंटें बना नहीं सकती। ज्ञानयोग तथ्यों तक पहुँचने का सबसे निश्चित मार्ग है।

मन के शरीर-विज्ञान को लें। हमारी इन्द्रियाँ हैं, जिनका वर्गीकरण ज्ञानेन्द्रियों और कर्मेन्द्रियों में किया जाता है। इन्द्रियों से मेरा अभिप्राय बाह्य इन्द्रिय-यंत्रों से नहीं है। मस्तिष्क में नेत्र सम्बन्धी केन्द्र दृष्टि का अवयव है, केवल आँख नहीं। यही बात हर अवयव के सम्बन्ध में है, उसकी क्रिया आभ्यंतरिक होती है, केवल मन में प्रतिक्रिया होने पर ही विषय का वास्तविक प्रत्यक्ष होता है। प्रत्यक्षीकरण के लिए पेशीय और संवेद्य नाड़ियाँ आवश्यक हैं।

उसके बाद स्वयं मन है। यह एक स्थिर जलाशय के समान है, जो कि आघात किए जाने पर, जैसे पत्थर द्वारा, स्पन्दित हो उठता है। स्पन्दन एकत्र होकर पत्थर पर प्रतिक्रिया करते हैं, जलाशय भर में वे फैलते हुए अनुभव किए जा सकते हैं। मन एक झील के समान है, उसमें निरन्तर स्पन्दन होते रहते हैं, जो उस पर एक छाप छोड़ जाते हैं। और अहं या व्यक्तिगत स्व या मैं का विचार इन स्पन्दनों का परिणाम होता है। इसलिए यह 'मैं' शक्ति का अत्यन्त द्रुत सम्प्रेषण मात्र है, वह स्वयं सत्य नहीं है।

मस्तिष्क का निर्मायक पदार्थ एक अत्यन्त सूक्ष्म भौतिक यंत्र है, जो प्राण धारण करने में प्रयुक्त होता है। मनुष्य के मरने पर शरीर मर जाता है, किन्तु अन्य सब कुछ नष्ट हो जाने के बाद मन का थोड़ा भाग, उसका बीज बच जाता है। यही नए शरीर का बीज होता है, जिसे सन्त पॉल ने 'आध्यात्मिक शरीर' कहा है। मन की भौतिकता का यह सिद्धान्त सभी आधुनिक सिद्धान्तों से मेल खाता है। जड़ व्यक्ति में बुद्धि कम होती है क्योंकि उसका मस्तिष्क पदार्थ-आहत होता है। बुद्धि भौतिक पदार्थ में नहीं हो सकती और न वह पदार्थ के किसी संघात द्वारा उत्पन्न की जा सकती है। तब बुद्धि कहाँ होती है? वह भौतिक पदार्थ के पीछे होती है, वह जीव है, भौतिक यंत्र के माध्यम से कार्य करनेवाली आत्मा है। बिना पदार्थ के शक्ति का सम्प्रेषण सम्भव नहीं है और चूँकि जीव एकाकी यात्रा नहीं कर सकता, मृत्यु के द्वारा और सब कुछ ध्वस्त हो जाने पर मन का एक अंश सम्प्रेषण के माध्यम के रूप में बच जाता है।

प्रत्यक्ष कैसे होता है? सामने की दीवार एक प्रभाव-चित्र मुझे भेजती है, किन्तु जब तक कि मेरा मन प्रतिक्रिया नहीं करता, मैं दीवार नहीं देखता। अर्थात् मन केवल दृष्टि मात्र से दीवार को नहीं जान सकता। जो प्रतिक्रिया मनुष्य को दीवार के प्रत्यक्ष की क्षमता देती है, वह एक बौद्धिक प्रक्रिया है। इस प्रकार सम्पूर्ण विश्व हमारी आँखों और मन (प्रत्यक्षीकरण की आन्तरिक शक्ति) द्वारा देखा जाता है; वह हमारी अपनी

व्यक्तिगत वृत्तियों द्वारा निश्चित रूप से रँग जाता है। वास्तविक दीवार या वास्तविक विश्व, मस्तिष्क के बाहर होता है और अज्ञात तथा अज्ञेय होता है। इस विश्व को 'क' कहिए और हमारा कहना है कि दृश्य जगत् होगा 'क'+मन।

जो बाह्य जगत् के लिए सत्य है, वही आभ्यंतर जगत् पर भी अवश्य लागू होना चाहिए। मन भी अपने को जानना चाहता है; किन्तु यह आत्मा केवल मन के माध्यम से जानी जा सकती है और दीवार की ही तरह अज्ञात है। इस आत्मा को हम 'ख' कह सकते हैं और तब कथन इस प्रकार होगा कि 'ख'+मन आभ्यंतर अहं है। सर्वप्रथम कांट मस्तिष्क के इस विश्लेषण पर पहुँचे थे, किन्तु वेदों में यह बहुत पहले कहा जा चुका था। इस प्रकार चाहे जैसा भी वह हो, हमारे पास 'क' और 'ख' के बीच में मन उपस्थित है और दोनों पर प्रतिक्रिया कर रहा है।

यदि 'क' अज्ञात है तो जो भी गुण हम प्रदान करते हैं वे हमारे अपने ही मस्तिष्क से उद्‌भूत होते हैं। देश, काल और कारणता वे तीन उपाधियाँ हैं, जिनके मध्य मन को प्रत्यक्ष होता है। काल विचार के सम्प्रेषण की उपाधि है और देश अधिक स्थूल पदार्थ के स्पन्दन के लिए है, कारणता वह अनुक्रम है, जिसमें वे स्पन्दन आते हैं। मन को केवल इन्हीं के द्वारा बोध हो सकता है। अतएव मन से परे की कोई भी वस्तु देश, काल और कारणता से परे अवश्य होगी।

अन्धे व्यक्ति को जगत् का प्रत्यक्ष स्पर्श और ध्वनि द्वारा होता है। हम पंचेन्द्रिय वाले लोगों के लिए यह एक भिन्न ही जगत् है। यदि हममें से कोई विद्युत् संवेदना का विकास करे और विद्युत लहरों को देखने की योग्यता प्राप्त कर ले तो संसार भिन्न दिखाई देगा। तथापि 'क' के रूप में जगत् है, इन सबके लिए समान है। चूँकि हर एक अपना पृथक् मन लाता है, वह अपने विशेष संसार को ही देखता है। 'क'+ एक इन्द्रिय, 'क'+ दो इन्द्रियाँ और इसी प्रकार, जैसा कि हम मनुष्य को जानते हैं, पाँच तक हैं। परिणाम निरन्तर विविधतापूर्ण होता है, किन्तु 'क' सदैव अपरिवर्तित रहता है। 'ख' भी हमारे मानसों से निरन्तर परे होता है और देश, काल तथा कारणता से परे है।

पर आप पूछ सकते हैं, 'हम कैसे जानते हैं कि दो वस्तुएँ हैं (क और ख), जो देश, काल और कारणता से परे हैं?' बिलकुल सत्य है कि काल विभेदीकरण करता है जिससे यदि दोनों वास्तव में काल से परे हैं, तो उन्हें वास्तव में अवश्य ही एक होना चाहिए। जब मन इस एक को देखता है, वह उसे भिन्न नाम से पुकारता है, 'क' जब वह बाह्य जगत् होता है और 'ख' जब वह आभ्यन्तर जगत् होता है। इस इकाई का अस्तित्व है और उसे मन के लेंस से देखा जाता है।

हमारे समक्ष सर्वत्र व्यापक रूप से प्रकट होनेवाली परिपूर्ण सत्ता ईश्वर, ब्रह्म है। विभेदीकरण रहित दशा ही पूर्णता की दशा है,अन्य सब अस्थायी और निम्नतर होती हैं।

विभेदरहित सत्ता मन को विभेदयुक्त क्यों प्रतीत होती है? यह उसी प्रकार का

प्रश्न है, जैसा यह कि अशुभ और इच्छा-स्वातंत्र्य का स्रोत क्या है? प्रश्न स्वयं आत्मविरोधी और असम्भव है, क्योंकि प्रश्न कार्य और कारण को स्वयंसिद्ध मान लेता है। अविभेद में कारण और कार्य नहीं होता, प्रश्न यह मान लेता है कि अविभेद उसी स्थिति में है, जिसमें कि विभेदयुक्त 'क्यों' और 'कहाँ से' केवल मन में होते हैं। आत्मा कारणता से परे है और केवल वही स्वतंत्र है। यह उसी का प्रकाश है, जो मन के हर रूप से झरता रहता है। हर कार्य के साथ मैं कहता हूँ कि मैं स्वतंत्र हूँ, किन्तु हर कार्य सिद्ध करता है कि मैं बद्ध हूँ। वास्तविक आत्मा स्वतंत्र है, किन्तु मस्तिष्क और शरीर के साथ मिश्रित होने पर वह स्वतंत्र नहीं रह जाती। संकल्प या इच्छा इस वास्तविक आत्मा की प्रथम अभिव्यक्ति है, अतएव इस वास्तविक आत्मा का प्रथम सीमाकरण संकल्प या इच्छा है। इच्छा आत्मा और मस्तिष्क का एक मिश्रण है। किन्तु कोई मिश्रण स्थायी नहीं हो सकता। इसलिए जब हम जीवित रहने की इच्छा करते हैं, हमें अवश्य मरना चाहिए। अमर जीवन परस्पर विरोधी शब्द हैं, क्योंकि जीवन एक मिश्रण होने से स्थायी नहीं हो सकता। सत्य सत्ता अभेद और शाश्वत है। यह पूर्ण सत्ता सभी दूषित वस्तुओं, इच्छा, मस्तिष्क और विचार से किस प्रकार संयुक्त हो जाती है? वह कभी संयुक्त या मिश्रित नहीं हुई है। तुम्हीं वास्तविक तुम हो (हमारे पूर्वकथन के 'ख'), तुम कभी इच्छा न थे, तुम कदापि नहीं बदले हो, एक व्यक्ति के रूप में कभी तुम्हारा अस्तित्व न था : यह भ्रम है। तब आप कहेंगे कि भ्रम के गोचर पदार्थ किस पर आश्रित हैं? यह एक कुप्रश्न है। भ्रम कभी सत्य पर आश्रित नहीं होता, भ्रम तो भ्रम पर ही आश्रित होता है। इन भ्रमों के पूर्व जो था, उसी पर लौटने के लिए, सचमुच स्वतंत्र होने के लिए, हर वस्तु संघर्ष कर रही है। तब जीवन का मूल्य क्या है? वह हमें अनुभव देने के निमित्त है। क्या यह विचार विकासवाद की अवहेलना करता है? नहीं, इसके विपरीत वह उसे स्पष्ट करता है। विकास वस्तुतः भौतिक पदार्थ के सूक्ष्मीकरण की प्रक्रिया है, जिससे वास्तविक आत्मा को अपनी अभिव्यक्ति करने में सहायता मिलती है। वह हमारे और किसी अन्य वस्तु के बीच किसी पर्दे या आवरण जैसा है। पर्दे के क्रमशः हटने पर, वस्तु स्पष्ट हो जाती है। प्रश्न केवल उच्चतर आत्मा की अभिव्यक्ति का है।

आत्मा, ईश्वर तथा प्रकृति

वेदान्त दर्शन के अनुसार, मनुष्य को तीन तत्त्वों से बना हुआ कह सकते हैं। उसका बाह्यतम अंश शरीर है अर्थात् मनुष्य का स्थूल रूप, जिसमें आँख, नाक, कान आदि संवेदन के साधन हैं। यह आँख भी दृष्टि का कारण नहीं है, यह केवल यंत्र भर है। इसके पीछे इन्द्रिय है। इसी प्रकार कान श्रोत्रेन्द्रिय नहीं हैं, वे केवल साधन हैं, उनके पीछे इन्द्रिय है अथवा वह जिसे आधुनिक शरीर-शास्त्र की भाषा में केन्द्र कहते हैं। अवयवों को संस्कृत में इन्द्रिय कहते हैं। यदि आँखों को नियंत्रित करनेवाले केन्द्र नष्ट हो जाएँ, तो आँखें देख न सकेंगी। यही बात हमारी सभी इन्द्रियों के सम्बन्ध में है। फिर इन्द्रियाँ जब तक अन्य 'कुछ' किसी एक दूसरी वस्तु से संलग्न नहीं, तब तक वे स्वयं किसी चीज के संवेदन में समर्थ नहीं हो पातीं। वह 'कुछ' है मन। तुमने अनेक बार देखा होगा कि जब तुम किसी चिन्तन में तल्लीन थे, तुमने घड़ी की टिनटिन को नहीं सुना। क्यों ? तुम्हारे कान अपने स्थान पर थे, तरंगों का उनमें प्रवेश भी हुआ, वे मस्तिष्क की ओर परिचालित भी हुईं, फिर भी तुमने नहीं सुना, क्योंकि तुम्हारी इन्द्रिय के साथ तुम्हारा मन संयुक्त नहीं था। बाह्य वस्तुओं की प्रतिमाएँ इन्द्रियों के ऊपर पड़ती हैं और जब इन्द्रियों से मन जुड़ जाता है, तब वह उस प्रतिमा को ग्रहण करता है और वह उसे जो रूप-रंग प्रदान करता है, उसे अहंता अथवा 'मैं' कहते हैं। एक उदाहरण लो, मैं किसी कार्य में व्यस्त हूँ और एक मच्छर मेरी अँगुली में काट रहा है। मैं इसका अनुभव नहीं करता, क्योंकि मेरा मन किसी दूसरी वस्तु में लगा हुआ है। बाद में जब मेरा मन इन्द्रियों से प्रेषित प्रतिमाओं से संयुक्त हो जाता है, तब प्रतिक्रिया होती है। इस प्रतिक्रिया के फलस्वरूप मैं मच्छर की उपस्थिति के प्रति सचेत हो जाता हूँ। इसी प्रकार केवल मन का इन्द्रिय से संयुक्त हो जाना पर्याप्त नहीं है, इच्छा के रूप में प्रतिक्रिया का होना भी आवश्यक है। वह शक्ति, जहाँ से प्रतिक्रिया उत्पन्न होती है, जो ज्ञान और निश्चय करने की शक्ति है, उसे 'बुद्धि' कहते हैं। प्रथम, बाह्य साधन, फिर इन्द्रिय और फिर मन का इन्द्रिय से संयुक्त होना और इसके बाद बुद्धि की प्रतिक्रिया अत्यावश्यक है; और जब ये सब बातें पूरी हो जाती हैं, तब तुरन्त 'मैं' और बाह्य वस्तु का विचार तत्काल स्फुरित होता है। तभी प्रत्यक्ष, प्रत्यय और ज्ञान की निष्पत्ति होती है। कर्मेन्द्रिय जो साधन मात्र है, शरीर का अवयव है और उसके पीछे ज्ञानेन्द्रिय है

जो उससे सूक्ष्मतर है, तब क्रमशः मन, बुद्धि और अहंकार हैं। वह अहंकार कहता है : 'मैं'—मैं देखता हूँ, मैं सुनता हूँ इत्यादि। यह सम्पूर्ण प्रक्रिया जिन शक्तियों द्वारा परिचालित होती हैं, उन्हें तुम जीवनी-शक्तियाँ कह सकते हो, संस्कृत में उन्हें 'प्राण' कहते हैं। मनुष्य का यह स्थूल रूप, यह शरीर, जिसमें बाह्य साधन हैं, संस्कृत में 'स्थूल शरीर' कहा गया है। इसके पीछे इन्द्रिय से प्रारम्भ होकर मन, बुद्धि तथा अहंकार का सिलसिला है। ये तथा प्राण मिलकर जो यौगिक घटक बनाते हैं, उसे सूक्ष्म शरीर कहते हैं। ये शक्तियाँ अत्यन्त सूक्ष्म तत्त्वों से निर्मित हैं, इतने सूक्ष्म कि शरीर पर लगनेवाला बड़ा से बड़ा आघात भी उन्हें नष्ट नहीं कर सकता। शरीर के ऊपर पड़नेवाली किसी भी चोट के बाद वे जीवित रहते हैं। हम देखते हैं कि स्थूल शरीर स्थूल तत्त्वों से बना हुआ है और इसीलिए वह हमेशा नूतन होता और निरन्तर परिवर्तित होता रहता है। किन्तु मन, बुद्धि और अहंकार आदि आभ्यंतर इन्द्रिय सूक्ष्मतम तत्त्वों से निर्मित हैं, इतने सूक्ष्म कि वे युग-युग तक चलते रहते हैं। वे इतने सूक्ष्म हैं कि कोई भी वस्तु उनका प्रतिरोध नहीं कर सकती, वे किसी भी अवरोध को पार कर सकते हैं। स्थूल शरीर बुद्धि-शून्य है और वह सूक्ष्मतर पदार्थ से बना होने के कारण सूक्ष्म भी है। यद्यपि एक भाग मन, दूसरा बुद्धि तथा तीसरा अहंकार कहा जाता है, पर एक ही दृष्टि में हमें विदित हो जाता है कि इनमें से किसी को भी 'ज्ञाता' नहीं कहा जा सकता। इनमें से कोई भी प्रत्यक्षकर्ता, साक्षी, कार्य का भोक्ता अथवा क्रिया को देखनेवाला नहीं है। मन की ये समस्त गतियाँ, बुद्धि तत्त्व अथवा अहंकार अवश्य ही किसी दूसरे के लिए हैं। सूक्ष्म भौतिक द्रव्य से निर्मित होने के कारण ये स्वयं प्रकाशक नहीं हो सकतीं। उनका प्रकाशक तत्त्व उन्हीं में अन्तर्निहित नहीं हो सकता। उदाहरणार्थ इस मेज की अभिव्यक्ति किसी भौतिक वस्तु के कारण नहीं हो सकती। अतः उन सबके पीछे कोई न कोई अवश्य है, जो वास्तविक प्रकाशक, वास्तविक दर्शक और वास्तविक भोक्ता है, जिसे संस्कृत में 'आत्मन्' कहते हैं—मनुष्य की आत्मा, मनुष्य का वास्तविक 'स्व'। वस्तुओं का असली देखनेवाला यही है। बाह्य साधन तथा इन्द्रियाँ प्रभावों को ग्रहण करती हैं, उन्हें मन तक पहुँचाती हैं, मन उन्हें बुद्धि तक ले जाता है, बुद्धि उन्हें दर्पण की भाँति प्रतिबिम्बित करती है और इन सबका आधार आत्मा है, जो उनकी देखभाल करता है तथा अपनी आज्ञाएँ तथा निर्देश प्रदान करता है। वह इन सभी यंत्रों का शासक है, घर का स्वामी तथा शरीर का सिंहासनारूढ़ राजा है। अहंकार, बुद्धि और चिन्तन की शक्तियाँ, इन्द्रियाँ, उनके यंत्र, शरीर और ये सब उसकी आज्ञा का पालन करते हैं। इन सबको प्रकाशित करनेवाला वही है। यह मनुष्य की आत्मा है। इसी प्रकार, हम देख सकते हैं कि जो विश्व के एक छोटे-से अंश के सम्बन्ध में सत्य है, वही सम्पूर्ण विश्व के सम्बन्ध में भी होना चाहिए। यदि समानुरूपता विश्व का नियम है, तो विश्व का प्रत्येक अंश उसी योजना के अनुसार बना हुआ होना चाहिए, जिसके अनुसार सम्पूर्ण विश्व बना हुआ है। इसलिए हमारा यह सोचना स्वाभाविक है कि विश्व

कहे जानेवाले इस स्थूल भौतिक रूप के पीछे एक सूक्ष्मतर तत्त्वों का विश्व अवश्य होगा, जिसे हम विचार कहते हैं और उसके पीछे एक 'आत्मा' होगी, जो इस समस्त विचार को सम्भव बनाती है, जो आज्ञा देती है और जो इस विश्व की सिंहासनारूढ़ राज्ञी है। वह आत्मा, जो प्रत्येक मन और शरीर के पीछे है, 'प्रत्यगात्मा' अथवा व्यक्तिगत आत्मा कही जाती है और जो आत्मा विश्व के पीछे उसकी पथप्रदर्शक, नियंत्रक और शासक है, वह ईश्वर है।

दूसरी विचारणीय बात यह है कि ये सभी वस्तुएँ कहाँ से आईं। उत्तर है : आने का क्या अर्थ है ? यदि यह अर्थ है कि शून्य से किसी वस्तु की उत्पत्ति हो सकती है, तो यह असम्भव है। यह सारी सृष्टि, यह समस्त अभिव्यक्ति शून्य से उत्पन्न नहीं हो सकती। बिना कारण कोई वस्तु उत्पन्न नहीं हो सकती और कार्य कारण के पुनरुत्पादन के अतिरिक्त और कुछ नहीं है। यहाँ यह शीशे का गिलास है। मान लो इसके हम टुकड़े-टुकड़े कर दें, इसे पीस डालें और रासायनिक पदार्थों की मदद से इसका प्राय: उन्मूलन सा कर दें, तो क्या इस सबसे वह शून्य में वापस जा सकता है ? कदापि नहीं। आकार नष्ट हो जाएगा, किन्तु जिन परमाणुओं से वह निर्मित है, वे बने रहेंगे, वे हमारी ज्ञानेन्द्रियों से परे भले ही हो जाएँ, परन्तु वे बने रहते हैं और यह नितान्त सम्भव है कि इन्हीं पदार्थों से एक दूसरा गिलास भी बन सके। यदि यह बात एक दृष्टान्त के सम्बन्ध में सत्य है, तो प्रत्येक उदाहरण में भी सत्य होगी। कोई वस्तु शून्य से नहीं बनाई जा सकती। न कोई वस्तु शून्य में पुन: परिवर्तित की जा सकती है। यह सूक्ष्म से सूक्ष्मतर और फिर स्थूल से स्थूलतर रूप ग्रहण कर सकती है। वर्षा की बूँद समुद्र से निकलकर भाप के रूप में ऊपर उठती है और वायु द्वारा पहाड़ों की ओर परिचालित होती है, वहाँ पुन: जल में बदल जाती है और सैकड़ों मील बहकर फिर अपने जनक समुद्र में मिल जाती है। बीज से वृक्ष उत्पन्न होता है। वृक्ष मर जाता है और केवल बीज छोड़ जाता है। वह पुन: दूसरे वृक्ष के रूप में उत्पन्न होता है, जिसका पुन: बीज के रूप में अन्त होता है और यही क्रम चलता है। एक पक्षी का दृष्टान्त लो, कैसे वह अंडे से निकलता है, एक सुन्दर पक्षी बनता है, अपना जीवन पूरा करता है और अन्त में मर जाता है। वह केवल भविष्य के बीज रखनेवाले कुछ अंडों को ही छोड़ जाता है। यही बात जानवरों के सम्बन्ध में सत्य है और यही मनुष्यों के सम्बन्ध में भी। लगता है कि प्रत्येक वस्तु, कुछ बीजों से, कुछ प्रारम्भिक तत्त्वों से अथवा कुछ सूक्ष्म रूपों से उत्पन्न होती है और जैसे-जैसे वह विकसित होती है, स्थूलतर होती जाती है और फिर अपने सूक्ष्म रूप को ग्रहण करके शान्त पड़ जाती है। समस्त विश्व इसी क्रम से चल रहा है। एक ऐसा भी समय आता है, जब यह सम्पूर्ण विश्व गलकर सूक्ष्म हो जाता है, अन्त में मानो पूर्णतया विलुप्त जैसा हो जाता है, किन्तु अत्यन्त सूक्ष्म भौतिक पदार्थ के रूप में विद्यमान रहता है। आधुनिक विज्ञान एवं गणित ज्योतिष (खगोल विद्या) से हमें विदित होता है कि यह पृथ्वी शीतल होती जा रही है और कालान्तर में यह अत्यन्त शीतल हो जाएगी

और तब यह खंड-खंड होकर अधिकाधिक सूक्ष्म होती हुई पुन: आकाश के रूप में परिवर्तित हो जाएगी। किन्तु उस सामग्री की रचना के निमित्त, जिससे दूसरी पृथ्वी प्रक्षिप्त होगी, परमाणु विद्यमान रहेंगे। यह प्रक्षिप्त पृथ्वी भी विलुप्त होगी और फिर दूसरी आविर्भूत होगी। इस प्रकार यह जगत् अपने मूल कारणों में प्रत्यावर्तन करेगा, और उसकी सामग्री संघटित होकर—अवरोह, आरोह करती, आकार ग्रहण करती लहर के सदृश—पुन: आकार ग्रहण करेगी। कारण में बदलकर लौट जाने और फिर पुन: बाहर निकल आने की प्रक्रिया को संस्कृत में क्रमश: 'संकोच' और 'विकास' कहते हैं, जिनका अर्थ सिकुड़ना और फैलना होता है। इस प्रकार समस्त विश्व संकुचित होता और प्रसार जैसा करता है। आधुनिक विज्ञान के अधिक मान्य शब्दों का प्रयोग करें तो हम कह सकते हैं कि वह अन्तर्भूत (सन्निहित) और विकसित होता है। तुम विकास के सम्बन्ध में सुनते हो कि किस प्रकार सभी आकार निम्नतर आकारों से विकसित होते हैं और धीरे-धीरे अधिकाधिक विकसित होते रहते हैं। यह बिलकुल ठीक है, लेकिन प्रत्येक विकास के पहले अन्तर्भाव का होना आवश्यक है। हमें यह ज्ञात है कि जगत् में उपलब्ध ऊर्जा का पूर्ण योग सदैव समान रहता है और भौतिक पदार्थ अविनाशी है। तुम किसी भी प्रकार भौतिक पदार्थ का एक परमाणु भी बाहर नहीं ले जा सकते। न तो तुम एक फुट-पाउंड ऊर्जा कम कर सकते हो और न जोड़ सकते हो। सम्पूर्ण योग सदैव वही रहेगा। संकोचन और विकास के कारण केवल अभिव्यक्ति में अन्तर होता है। इसलिए यह प्रस्तुत चक्र अपने पूर्वगामी चक्र के अन्तर्भाव या संकोचन से प्रसूत विकास का चक्र है। और यह चक्र पुन:अन्तर्भूत या संकुचित होगा, सूक्ष्म से सूक्ष्मतर होता जाएगा और उससे फिर दूसरे चक्र का उद्‌भव होगा। समस्त विश्व इसी क्रम से चल रहा है। इस प्रकार हम देखते हैं कि सृष्टि का यह अर्थ नहीं कि अभाव से भाव की रचना हुई है। अधिक उपयुक्त शब्द का व्यवहार करें तो हम कहेंगे कि अभिव्यक्ति हो रही है और ईश्वर विश्व को अभिव्यक्त करनेवाला है। यह विश्व मानो उसका नि:श्वास है जो उसी में समाहित हो जाता है और जिसे वह फिर बाहर निकाल देता है। वेदों में एक अत्यन्त सुन्दर उपमा दी गई है—वह अनादि पुरुष नि:श्वास के रूप में इस विश्व को प्रकट करता है और श्वासरूप से इसे अपने में अन्तर्निहित करता है। उसी प्रकार जिस प्रकार कि हम एक छोटे से धूलि-कण को साँस के द्वारा निकालते और साँस द्वारा उसे पुन: भीतर ले जाते हैं। यह सब तो बिलकुल ठीक है, लेकिन प्रश्न हो सकता है : प्रथम चक्र में इसका क्या रूप था? उत्तर है : प्रथम चक्र से क्या आशय है? वह तो था ही नहीं। यदि तुम काल का प्रारम्भ बतला सकते हो, तो समय की समस्त धारणा ही ध्वस्त हो जाती है। उस सीमा पर विचार करने की चेष्टा करो, जहाँ काल का प्रारम्भ हुआ, तुमको उस सीमा के परे के समय के सम्बन्ध में विचार करना पड़ेगा। जहाँ देश प्रारम्भ होता है, उस पर विचार करो; तुमको उसके परे के देश के सम्बन्ध में भी सोचना पड़ेगा। देश और काल अनन्त हैं, अत: न तो उनका आदि है और न

अन्त। यह धारणा इससे कहीं अच्छी है कि ईश्वर ने पाँच मिनट में विश्व की रचना की और फिर सो गए और तब से आज तक सो रहे हैं। दूसरी ओर, यह धारणा अनन्त स्रष्टा के रूप में हमें ईश्वर प्रदान करती है। लहरों का एक क्रम है, वे उठती हैं और गिरती हैं और ईश्वर इस अनन्त प्रक्रिया का संचालक है। जिस प्रकार विश्व अनादि और अनन्त है, उसी प्रकार ईश्वर भी। हम देखते हैं कि ऐसा होना अनिवार्य है, क्योंकि यदि हम कहें कि किसी समय सृष्टि नहीं थी, सूक्ष्म अथवा स्थूल रूप में भी, तो हमें यह भी कहना पड़ेगा कि ईश्वर भी नहीं था, क्योंकि हम ईश्वर को साक्षी, विश्व के द्रष्टा के रूप में समझते हैं। जब विश्व नहीं था, तब वह भी नहीं था। एक प्रत्यय के बाद दूसरा प्रत्यय आता है। कार्य के विचार से हम कारण के विचार तक पहुँचते हैं और यदि कार्य नहीं होगा, तो कारण भी नहीं होगा। इससे यह स्वाभाविक निष्कर्ष निकलता है कि जिस प्रकार विश्व शाश्वत है, उसी प्रकार ईश्वर भी शाश्वत है।

आत्मा भी शाश्वत है। क्यों? सबसे पहले तो यह कि वह पदार्थ नहीं है। वह स्थूल शरीर भी नहीं है, न वह सूक्ष्म शरीर है जिसे मन अथवा विचार कहा गया है। न तो यह भौतिक शरीर है और न ईसाई मत में प्रतिपादित सूक्ष्म शरीर है। स्थूल शरीर और सूक्ष्म शरीर परिवर्तनशील हैं। स्थूल शरीर तो प्राय: प्रत्येक मिनट बदलनेवाला है और उसकी मृत्यु हो जाती है, किन्तु सूक्ष्म शरीर सुदीर्घ अवधि तक बना रहता है—जब तक कि हम मुक्त नहीं हो जाते और तब वह भी विलग हो जाता है। जब व्यक्ति मुक्त हो जाता है, तब उसका सूक्ष्म शरीर विघटित हो जाता है। स्थूल शरीर तो जितनी बार वह मरता है, विघटित होता रहता है। आत्मा किसी प्रकार के परमाणुओं से निर्मित न होने के कारण निश्चय ही अविनाशी है। विनाश से हम क्या समझते हैं? विनाश उन उपादानों का उच्छेदन है, जिनसे किसी वस्तु का निर्माण होता है। यदि यह गिलास चूर-चूर हो जाए, तो इसके उपादान विघटित हो जाएँगे और वही गिलास का नाश होगा। अणुओं का विघटन ही हमारी दृष्टि में विनाश है। इससे यह स्वाभाविक निष्कर्ष निकलता है कि जो वस्तु परमाणुओं से निर्मित नहीं है, वह नष्ट नहीं की जा सकती, वह कभी विघटित नहीं हो सकती। आत्मा का निर्माण भौतिक तत्त्वों से नहीं हुआ है। यह एक अविभाज्य इकाई है। इसलिए वह अनिवार्यत: अविनाशी है। इसी कारण इसका अनादि और अनन्त होना भी अनिवार्य है। अत: आत्मा अनादि एवं अनन्त है।

तीन सत्ताएँ हैं। एक तो प्रकृति है जो अनन्त है, परन्तु परिवर्तनशील है। समग्र प्रकृति अनादि और अनन्त है, परन्तु इसके अन्तर्गत विभिन्न प्रकार के परिवर्तन हो रहे हैं। यह उस नदी के समान है, जो हजारों वर्षों तक समुद्र में निरन्तर प्रवाहित होती रहती है। नदी सदैव वही रहती है, परन्तु वह प्रत्येक क्षण परिवर्तित हुआ करती है, जलकण निरन्तर अपनी स्थिति बदलते रहते हैं। फिर ईश्वर है जो अपरिवर्तनशील एवं नियन्ता है और फिर आत्मा है, ईश्वर की भाँति अपरिवर्तनशील तथा शाश्वत है, परन्तु नियन्ता के अधीन है। एक तो स्वामी है, दूसरा सेवक और तीसरी प्रकृति है।

ईश्वर विश्व की सृष्टि, स्थिति तथा प्रलय का कारण है, अत: कार्य की निष्पत्ति के लिए कारण का विद्यमान होना अनिवार्य है। केवल यही नहीं, कारण ही कार्य बन जाता है। शीशे की उत्पत्ति कुछ भौतिक पदार्थों एवं शिल्पकार के द्वारा प्रयुक्त कुछ शक्तियों के संयोग से होती है। शीशे में उन पदार्थों एवं शक्तियों का योग है। जिन शक्तियों का प्रयोग हुआ है, वे शक्तियाँ संयोजन (लगाव) की शक्ति बन गई हैं और यदि वह शक्ति चली जाती है, तो शीशा बिखरकर चूर-चूर हो जाएगा, यद्यपि वे पदार्थ निश्चित रूप से उस शीशे में हैं। केवल उनका रूप परिवर्तित होता है। कारण ने कार्य का रूप धारण किया है। जो भी कार्य तुम देखते हो, उसका विश्लेषण तुम कारण के रूप में कर सकते हो। कारण ही कार्य के रूप में अभिव्यक्त होता है। इसका यह अर्थ है : यदि ईश्वर सृष्टि का कारण है और सृष्टि कार्य है, तो ईश्वर ही सृष्टि बन गया है। यदि आत्माएँ कार्य और ईश्वर कारण है, तो ईश्वर ही आत्माएँ बन गया है। अत: प्रत्येक आत्मा ईश्वर का अंश है। 'जिस प्रकार एक अग्नि-पिंड से अनेक स्फुलिंग उद्‌भूत होते हैं, उसी प्रकार उस अनन्त सत्ता से आत्माओं का यह समस्त विश्व प्रादुर्भूत हुआ है।

हमने देखा कि एक तो अनन्त ईश्वर है और दूसरी अनन्त प्रकृति है। तथा अनन्त संख्याओंवाली अनन्त आत्माएँ हैं। यह धर्म की पहली सीढ़ी है, इसे द्वैतवाद कहते हैं— अर्थात् वह अवस्था जिसमें मनुष्य अपने और ईश्वर को शाश्वत रूप से पृथक् मानता है, जहाँ ईश्वर स्वयं एक पृथक् सत्ता है और मनुष्य स्वयं एक पृथक् सत्ता है तथा प्रकृति स्वयं एक पृथक् सत्ता है। फिर द्वैतवाद यह मानता है कि प्रत्येक वस्तु में द्रष्टा और दृश्य (विषय और विषयी) एक-दूसरे के विपरीत होते हैं। जब मनुष्य प्रकृति को देखता है, तब वह द्रष्टा (विषयी) है और प्रकृति दृश्य (विषय) है। वह द्रष्टा और दृश्य के बीच में द्वैत देखता है। जब वह ईश्वर की ओर देखता है, वह ईश्वर को दृश्य के रूप में देखता है और स्वयं को द्रष्टा के रूप में। वे पूर्णरूपेण पृथक् हैं। यह ईश्वर और मनुष्य के बीच का द्वैत है। यह साधारणत: धर्म के प्रति पहला दृष्टिकोण है।

इसके पश्चात् धर्म का दूसरा दृष्टिकोण आता है, जिसका अभी मैंने तुमको दिग्दर्शन कराया है। मनुष्य यह समझने लगता है कि यदि ईश्वर विश्व का कारण है और विश्व उसका कार्य, तो ईश्वर स्वयं ही विश्व और आत्माएँ बन गया है और वह (मनुष्य) उस सम्पूर्ण ईश्वर का अंश मात्र है। हम लोग छोटे-छोटे जीव हैं, उस अग्नि-पिंड के स्फुलिंग हैं और समस्त सृष्टि ईश्वर की साक्षात् अभिव्यक्ति है। यह दूसरी सीढ़ी है। संस्कृत में इसे 'विशिष्टाद्वैतवाद' कहते हैं। जिस प्रकार हमारा यह शरीर है और यह शरीर के आत्मा के आवरण का कार्य करता है और आत्मा इस शरीर में एवं इसके माध्यम से स्थित है, उसी प्रकार अनन्त आत्माओं का यह विश्व एवं प्रकृति ही मानो ईश्वर का शरीर है। जब अन्तर्भाव का समय आता है, ब्रह्मांड सूक्ष्म से सूक्ष्मतर होता चला जाता है, फिर भी वह ईश्वर का शरीर बना रहता है। जब स्थूल अभिव्यक्ति

होती है, तब भी सृष्टि ईश्वर के शरीर के रूप में बनी रहती है। जिस प्रकार मनुष्य की आत्मा मनुष्य के शरीर और मन की आत्मा है, उसी प्रकार ईश्वर हमारी आत्माओं की आत्मा है। तुम सब लोगों ने इस उक्ति को प्रत्येक धर्म में सुना होगा, 'हमारी आत्माओं की आत्मा।' इसका आशय यही है। मानो वह उनमें रमता है, उन्हें निर्देश देता है और उन सबका शासक है। प्रथम दृष्टि, द्वैतवाद के अनुसार हम सभी ईश्वर और प्रकृति से शाश्वत रूप से पृथक् व्यक्ति हैं। दूसरी दृष्टि के अनुसार हम व्यक्ति हैं, परन्तु ईश्वर के साथ एक हैं। हम सब उसी में हैं। हम सब उसी के अंश हैं, हम सब एक हैं। फिर भी मनुष्य और मनुष्य में, मनुष्य और ईश्वर में एक कठोर व्यक्तिता है, जो पृथक् है और पृथक् नहीं भी।

अब इससे भी सूक्ष्मतर प्रश्न उठता है। प्रश्न है : क्या अनन्त के अंश हो सकते हैं? अनन्त के अंशों से क्या तात्पर्य है? यदि तुम इस पर विचार करो तो देखोगे कि यह असम्भव है। अनन्त के अंश नहीं हो सकते, वह हमेशा अनन्त ही रहता है और दो अनन्त भी नहीं हो सकते। यदि उसके अंश किए जा सकते हैं, तो प्रत्येक अंश अनन्त ही होगा। यदि ऐसा मान भी लें, तो वे एक-दूसरे को ससीम कर देंगे और दोनों ही ससीम हो जाएँगे। अनन्त केवल एक तथा अविभाज्य ही हो सकता है। इस प्रकार निष्कर्ष यह निकलता है कि अनन्त एक है, अनेक नहीं; और वही एक अनन्त आत्मा, पृथक् आत्माओं के रूप में प्रतीत होनेवाले असंख्य दर्पणों में प्रतिबिम्बित हो रही है। यह वही अनन्त आत्मा है, जो विश्व का आधार है, जिसे हम ईश्वर कहते हैं। वही अनन्त आत्मा मनुष्य के मन का आधार भी है, जिसे हम जीवात्मा कहते हैं।

सोऽहमस्मि

आज रात मेरे बोलने का विषय मनुष्य है, प्रकृति की तुलना में मनुष्य। बहुत दिनों तक 'प्रकृति' शब्द प्राय: एकान्तिक रूप से बाह्य जगत् के घटना-समूह के अर्थ में ही प्रयुक्त होता था। यह देखा गया हे कि यह घटना-समूह नियमानुसार कार्य करता है, घटनाएँ अपनी आवृत्ति स्वत: किया करती हैं; जो अतीत में घटित हुआ था, वही पुन: घटित होता है—कोई घटना केवल एक ही बार घटित नहीं होती। इस प्रकार यह निष्कर्ष निकला कि प्रकृति एकरूप है। एकरूपता प्रकृति की कल्पना के साथ घनिष्ठ रूप से सम्बद्ध है। बिना इसके प्राकृतिक घटनाओं को नहीं समझा जा सकता। जिसे हम नियम कहते हैं, उसका आधार यह एकरूपता ही है।

क्रमश: 'प्रकृति' शब्द तथा एकरूपता की धारणा का प्रयोग, जीवन और मन के व्यापारों के सम्बन्ध में भी होने लगा। जो कुछ विभेदयुक्त है, वह सब प्रकृति है। वनस्पति, पशु और मनुष्य तीनों का गुण (स्वभाव) प्रकृति है। मनुष्य का जीवन निश्चित नियमों के अनुसार चलता है और उसी प्रकार मन भी। विचार यों ही उत्पन्न नहीं होते। उनके उदय, अस्तित्व और अन्त का एक नियम है। दूसरे शब्दों में, जिस प्रकार बाह्य प्रकृति नियम से आबद्ध है, उसी प्रकार आन्तरिक प्रकृति अर्थात् जीवन और मानव-मन भी।

जब हम मनुष्य के अस्तित्व और मन को ध्यान में रखते हुए नियम पर विचार करते हैं, तब यह तुरन्त स्पष्ट हो जाता है कि स्वतंत्र इच्छा और स्वतंत्र अस्तित्व जैसी कोई वस्तु नहीं हो सकती। हम जानते हैं कि पशु-प्रकृति किस प्रकार पूर्णरूपेण नियमबद्ध है। पशु किसी स्वतंत्र इच्छा का प्रयोग करता हुआ प्रतीत नहीं होता। यही बात मनुष्य के सम्बन्ध में भी सत्य है, मानव-प्रकृति भी नियमबद्ध है। मानव-मन के क्रिया-कलापों का नियमन करनेवाला नियम ही कर्म का नियम कहलाता है।

शून्य से कुछ उत्पन्न होता हुआ किसी ने नहीं देखा। यदि कोई बात मन में उठती है, तो वह भी किसी न किसी पदार्थ से उत्पन्न हुई होगी। जब हम स्वतंत्र इच्छा की बात करते हैं, तब हमारा आशय यह होता है कि इच्छा किसी अन्य कारण से उत्पन्न नहीं होती। परन्तु यह सत्य नहीं हो सकता। इच्छा कारण से उत्पन्न होती है, कारण द्वारा उत्पन्न होने से वह स्वतंत्र नहीं हो सकती—यह नियम से बँधी हुई है। मैं तुमसे

बात करने की इच्छा रखता हूँ और तुम मेरी बात सुनने आते हो, यह नियम है। मैं जो कुछ करता, सोचता या अनुभव करता हूँ, मेरे आचरण और व्यवहार का प्रत्येक अंश, मेरी प्रत्येक क्रिया—ये सब किसी न किसी कारण से उत्पन्न होते हैं, अतः स्वतंत्र नहीं हैं। जीवन और मन का यह नियमन ही कर्म का नियम है।

यदि प्राचीन काल में ऐसा सिद्धान्त पश्चिमी समाज में प्रतिपादित किया जाता, तो भारी उथल-पुथल मच जाती। पश्चिम का मनुष्य यह नहीं सोचना चाहता कि उसका मन नियम से शासित होता है। किन्तु भारत में जैसे ही वहाँ की प्राचीनतम दर्शन-पद्धति द्वारा यह प्रतिपादित किया गया, स्वीकार कर लिया गया। मन की स्वतंत्रता जैसी कोई चीज नहीं, वह हो भी नहीं सकती। इस सिद्धान्त के प्रतिपादन से भारतीय मन में कोई उथल-पुथल क्यों नहीं हुई? भारत ने इसे शान्तिपूर्वक स्वीकार कर लिया, यही भारतीय विचारधारा की विशेषता है। यहीं पर वह अन्य सभी विचारधाराओं से भिन्न है।

बाह्य और आन्तरिक प्रकृतियाँ दो भिन्न वस्तु नहीं हैं, वस्तुतः वे एक हैं। प्रकृति समस्त घटनाओं की समष्टि है। 'प्रकृति' से आशय है—वह सब जो है, वह सब जो गतिशील है। हम जड़ वस्तु और मन में अत्यधिक भेद मानते हैं। हम सोचते हैं कि मन जड़ वस्तु से पूर्णतः भिन्न है। वस्तुतः वे एक ही प्रकृति हैं, जिसका अर्द्धांश दूसरे अर्द्धांश पर सतत क्रिया किया करता है। जड़ पदार्थ विभिन्न संवेदनों के रूप में मन पर प्रभाव डालता है। ये संवेदन शक्ति के सिवा और कुछ नहीं हैं। बाहर से आनेवाली शक्ति भीतर की शक्ति को आन्दोलित करती है। बाह्य शक्ति के प्रति अनुक्रिया करने अथवा उससे दूर हट जाने की इच्छा से आन्तरिक शक्ति जो रूप धारण करती है, उसे हम विचार कहते हैं।

जड़ पदार्थ और मन दोनों ही वास्तव में शक्ति ही हैं और यदि तुम उनका विश्लेषण गहराई से करो, तो पाओगे कि मूलतः दोनों एक हैं। बाह्य शक्ति किसी प्रकार आन्तरिक शक्ति को प्रेरित कर सकती है, इसी बात से यह स्पष्ट हो जाता है कि वे कहीं एक-दूसरे से संयुक्त होती हैं—वे अवश्यमेव अखंड हैं और इसलिए वे मूलतः एक ही शक्ति हैं। जब तुम इन सबके मूल में जाते हो, तब वे सरल एवं सामान्य प्रतीत होती हैं। चूँकि वही शक्ति एक रूप में जड़ वस्तु, दूसरे रूप में मन होकर प्रकट होती है, अतः मन और जड़ पदार्थ को भिन्न समझने का कोई कारण नहीं है। मन जड़ पदार्थ के रूप में परिवर्तित होता है और जड़ पदार्थ मन के रूप में। विचार-शक्ति ही स्नायु-शक्ति, पेशी-शक्ति बन जाती है और स्नायु-शक्ति एवं पेशी-शक्ति विचार-शक्ति। प्रकृति ही यह सब शक्ति है, चाहे वह जड़ वस्तु के रूप में अभिव्यक्त हो, चाहे मन के रूप में।

सूक्ष्मतम मन एवं स्थूलतम जड़-पदार्थ के बीच केवल मात्रा का ही अन्तर है। अतएव, समस्त विश्व को मन या जड़ दोनों कहा जा सकता है। इन दोनों में क्या कहें यह महत्त्व नहीं रखता। तुम मन को सूक्ष्म जड़ पदार्थ कह सकते हो अथवा शरीर को मन का स्थूल रूप। तुम किसे किस नाम से पुकारते हो, उससे कोई अन्तर नहीं पड़ता।

गलत ढंग से सोचने के कारण ही भौतिकवाद एवं अध्यात्मवाद के बीच संघर्ष से कठिनाइयाँ उत्पन्न होती हैं। वास्तव में दोनों में कोई भेद नहीं है। मुझमें और हीनतम सूअर में केवल मात्रा का अन्तर है—सूअर कम अभिव्यक्त हुआ, मैं अधिक। कभी मैं उससे बुरा हो जाता हूँ, कभी सूअर मुझसे अच्छा रहता है।

और न इस बात पर विवाद करने से कोई लाभ है कि पहले जड़ होता है या (चेतन) मन। क्या मन पहले आता है, जिससे जड़ वस्तु निकली है? या पहले जड़ वस्तु हुई, जिससे मन निकला? बहुत से दार्शनिक तर्क इन बेकार प्रश्नों को लेकर आगे बढ़ते हैं। यह तो वैसे ही है, जैसे कि यह पूछना कि पहले अंडा हुआ या मुर्गी। दोनों ही प्रथम हैं और दोनों ही अन्तिम—मन और जड़ वस्तु, जड़ वस्तु और मन। यदि मैं यह कहता हूँ कि जड़ पदार्थ पहले होता है और सूक्ष्मतर होता हुआ वह मन बन जाता है, तब मुझे स्वीकार करना पड़ेगा कि पदार्थ के पूर्व मन अवश्य रहा होगा। अन्यथा पदार्थ कहाँ से आया? जड़-पदार्थ मन से पहले है और मन जड़-पदार्थ से पहले है। यह सदैव मुर्गी-अंडे जैसा प्रश्न है।

समस्त प्रकृति कार्य-कारण सम्बन्ध के नियम से बँधी हुई है और देश-काल में स्थित है। हम कोई चीज देश से परे नहीं देख सकते, तो भी हम देश को नहीं जानते। हम लोग कोई चीज काल से परे नहीं जानते, पर हम काल को भी नहीं जानते। हम किसी चीज को कार्य-कारण सम्बन्ध के सिवा और किसी रूप में नहीं समझ सकते, तथापि हम नहीं जानते कि कार्य-कारण सम्बन्ध क्या है। ये तीन—देश, काल और कार्य-कारण—प्रत्येक घटना में विद्यमान हैं। परन्तु वे घटना नहीं हैं। मानो वे रूप और साँचे हैं, जिनमें ज्ञेय बनने के पूर्व हर वस्तु का ढलना आवश्यक है। पदार्थ—उपादान, काल, देश और कार्य-कारण सम्बन्ध का संघात है। मन—उपादान, काल, देश और कार्य-कारण सम्बन्ध का संघात है।

इस तथ्य को दूसरे प्रकार से भी व्यक्त किया जा सकता है। प्रत्येक वस्तु उपादान, नाम एवं रूप का योग है। नाम और रूप आते-जाते रहते हैं, किन्तु उपादान सदा वही रहता है। यह घड़ा उपादान, रूप और नाम से निर्मित है। जब यह टूट जाता है, तब तुम इसे घड़ा नहीं कहते और न तुम इसके घड़ा रूप को ही देखते हो। इसका नाम और रूप नष्ट हो जाता है, किन्तु इसका उपादान शेष रहता है। उपादान में जो अन्तर किया जाता है, वह नाम और रूप के द्वारा। ये वास्तविक नहीं है, क्योंकि ये नष्ट हो जाते हैं। जिसे हम प्रकृति कहते हैं, वह अपरिवर्तनशील एवं अविनाशी उपादान नहीं है। प्रकृति देश, काल एवं कार्य-कारण सम्बन्ध है। प्रकृति नाम और रूप है। प्रकृति माया है। माया का अर्थ है नाम और रूप, जिसमें प्रत्येक वस्तु ढाली जाती है। माया सत्य नहीं है। यदि वह सत्य होती, तो हम उसे नष्ट या परिवर्तित न कर सकते। उपादान तत्त्व है और माया दृश्य। एक तो वास्तविक है, जिसे कोई नष्ट नहीं कर सकता और दूसरा दृश्य-रूप 'मैं' है, जो सतत परिवर्तित और नष्ट हो रहा है।

वास्तविकता यह है कि जो कुछ भी अस्तित्व रखता है, उसके दो पक्ष हैं। एक तात्त्विक—अपरिवर्तनशील एवं अविनाशी; दूसरा रूप—परिवर्तनशील एवं नश्वर। मनुष्य अपने सच्चे रूप में तत्त्व, जीव, आत्मा है। यह जीव, यह आत्मा कभी परिवर्तित नहीं होती, कभी नष्ट नहीं होती। किन्तु वह एक रूप का चोला पहने हुए तथा एक नाम से सम्बद्ध प्रतीत होती है। ये नाम और रूप अखंड और अविनाशी नहीं हैं, ये सतत परिवर्तित और नष्ट होते हैं। फिर भी लोग मूर्खतापूर्वक इस परिवर्तनशील रूप, शरीर और मन में अमरत्व की खोज करते हैं—वे एक शाश्वत शरीर प्राप्त करना चाहते हैं। मैं उस प्रकार का अमरत्व नहीं चाहता।

मेरे और प्रकृति के बीच क्या सम्बन्ध है? जहाँ तक प्रकृति से आशय नाम, रूप, काल, देश और कार्य-कारण सम्बन्ध से है, मैं प्रकृति का अंश नहीं हूँ, क्योंकि मैं मुक्त हूँ, अमर हूँ, अपरिवर्तनशील एवं अनन्त हूँ। मेरी स्वतंत्र इच्छा है या नहीं, यह प्रश्न नहीं उठता। मैं किसी भी प्रकार की इच्छा से पूर्णत: परे हूँ। जहाँ भी इच्छा है, वह मुक्त नहीं है। इच्छा की स्वतंत्रता जैसी कोई चीज नहीं है। मुक्ति उस चीज की है जो नाम और रूप के बन्धन में बँधने और उनका दास बनने पर इच्छा का रूप धारण करती है। वह तत्त्व—आत्मा—मानो अपने को नाम-रूप के साँचे में ढालती है और तुरन्त बद्ध हो जाता है, जब कि वह पहले मुक्त थी। फिर भी उसका मौलिक स्वरूप अब भी वर्तमान है। इसीलिए वह कहती है, ''मैं मुक्त हूँ, इन सब बन्धनों के बावजूद मैं मुक्त हूँ।'' वह इसे कभी नहीं भूलती।

परन्तु इच्छा का रूप धारण का लेने पर वह वास्तव में स्वतंत्र नहीं रह जाती। प्रकृति डोर खींचती है और जैसा चाहती है, वैसा ही उसे नाचना पड़ता है। इसी प्रकार हमने और तुमने वर्षों से नाच नाचा है। वह सब जो हम देखते, करते, जानते और अनुभव करते हैं, हमारे समस्त विचार और कार्य प्रकृति के इशारे पर नाचने के सिवा और कुछ नहीं हैं। इनमें से किसी में स्वतंत्रता न तो रही है और न है। निम्नतम से लेकर उच्चतम तक समस्त विचार और कार्य नियम से बँधे हैं और इनमें से किसी का भी हमारे वास्तविक स्वरूप से सम्बन्ध नहीं है।

मेरा वास्तविक स्वरूप नियमों से परे है। जब तुम दासता से, प्रकृति से सामंजस्य स्थापित करते हो, तब तुमको नियम के अधीन रहना पड़ता है। तुम नियम से बँधे हुए प्रसन्न रहते हो। किन्तु जितना अधिक तुम प्रकृति और उसके आदेशों का पालन करते हो, उतना ही अधिक तुम बँध जाते हो। जितना ही तुम अज्ञान के साथ सामंजस्य स्थापित करते हो, उतना ही तुम विश्व की प्रत्येक वस्तु के इशारे पर नाचते हो। क्या प्रकृति के साथ यह सामंजस्य, यह नियम का पालन मनुष्य के वास्तविक स्वभाव और लक्ष्य के अनुकूल है? किस खनिज पदार्थ ने कभी नियम से संघर्ष या कलह मोल ली? किस वृक्ष या पौधे ने नियम का उल्लंघन किया? यह मेज प्रकृति के नियम के सामंजस्य में है, परन्तु यह सदा मेज ही बनी रहती है, इससे आगे उन्नति नहीं करती। मनुष्य प्रकृति

के विरुद्ध युद्ध और संघर्ष करना प्रारम्भ करता है। वह अनेक भूलें करता है, कष्ट भोगता है। परन्तु अन्त में प्रकृति पर विजय प्राप्त करता है और अपनी मुक्ति प्राप्त कर लेता है। जब वह मुक्त हो जाता है, तब प्रकृति उसकी दासी बन जाती है।

आत्मा का अपने बंधन के प्रति जागरूक हो जाना, उठ खड़े होकर स्व-प्रतिष्ठापन का प्रयास करना—इसी को जीवन कहते हैं। इस संघर्ष में सफल होना ही विकास कहलाता है। अन्तिम विजय, जब समस्त दासता नष्ट हो जाती है, मोक्ष—निर्वाण, मुक्ति कहलाती है। विश्व में प्रत्येक वस्तु मुक्ति के लिए संघर्षरत है। जब तक मैं प्रकृति से, नाम-रूप से, देश-काल एवं कार्य-कारण सम्बन्ध से बँधा हुआ हूँ, मैं नहीं जानता कि मैं वस्तुतः हूँ क्या? किन्तु इस बन्धन में भी मेरा वास्तविक स्वरूप पूर्णतः खो नहीं जाता। मैं बन्धनों को तोड़ने के लिए जोर लगाता हूँ, एक-एक करके वे टूटते हैं और मुझे अपने जन्मजात दिव्यत्व का भान हो जाता है। तब पूर्ण मुक्ति प्राप्त होती है। मुझे अपने स्वरूप का पूर्णतम एवं स्पष्टतम ज्ञान हो जाता है—मैं जानता हूँ कि मैं अनन्त आत्मा हूँ, प्रकृति का स्वामी हूँ, उसका दास नहीं। समस्त भेदों एवं संघातों के परे, देश, काल एवं कारणता से परे, मैं अपना स्वरूप हूँ। सोऽहमस्मि।

(सैन फ्रान्सिस्को में 20 मार्च, 1900 ई. को दिया गया व्याख्यान)

पुनर्जन्म[1]

'(हे अर्जुन!) मेरे और तेरे पहले बहुत जन्म हो चुके हैं। उन सबको मैं जानता हूँ, तू नहीं जानता।'—भगवद्गीता।[2]

सभी देशों और युगों में मनुष्य की बुद्धि को चक्कर में डालनेवाली अनेक पहेलियों में से सबसे पेचीदा स्वयं मनुष्य ही है। इतिहास के उष:काल से जिन लाखों रहस्यों के उद्घाटन करने में मनुष्य ने अपनी बहुतेरी शक्तियों का व्यय किया है, उनमें सबसे अधिक रहस्यमय है स्वयं उसकी प्रकृति। वह तो केवल असाध्य प्रहेलिका मात्र नहीं, बल्कि साथ ही साथ अन्य सभी समस्याओं की मूल समस्या है। हम जो कुछ जानते, अनुभव करते और कार्य करते हैं, मानव प्रकृति ही उन सबका प्रस्थान बिन्दु और भंडार होने के कारण कभी भी ऐसा समय नहीं रहा है और न भविष्य में ही होगा, जब मानव प्रकृति मनुष्य के सर्वोत्तम और सर्वोपरि चिन्तन का विषय न रही हो या नहीं होगी।

मानव अस्तित्व के साथ घनिष्ठतम सम्बन्ध रखनेवाले उस सत्य के प्रति उत्कट प्यास, बाह्य सृष्टि के मापन के आन्तरिक पैमाने के लिए सर्वोपरि उत्कट इच्छा और परिवर्तनशील संसार में एक अचल केन्द्र प्राप्त करने की अत्यधिक स्वाभाविक आवश्यकता प्रतीत होने के कारण, यद्यपि मनुष्य कभी-कभी मुट्ठी भर धूलि को ही सुवर्ण जानकर ग्रहण कर लेता रहा है और तर्क या बुद्धि से श्रेष्ठ आन्तरिक ध्वनि द्वारा सचेत किए जाने पर भी अन्त:स्थित ईश्वरत्व का सच्चा अर्थ ठीक-ठीक लगाने में प्राय: भूल करता रहा है, तथापि जब से खोज या शोध का प्रारम्भ हुआ है, तब से ऐसा समय कभी नहीं रहा, जब किसी जाति या कुछ व्यक्तियों ने सत्य के दीपक को ऊँचा न उठाए रखा हो।

परिवेश और अनावश्यक ब्योरों की एकांगी, छिछली, और पूर्वग्रहदूषित धारणा करके कभी-कभी अनेक सम्प्रदायों और पन्थों के अनिश्चित मतों से ऊबकर और— दु:ख की बात है कि बहुधा संगठित पुरोहित-प्रपंच के दुर्धर्ष अन्धविश्वासों के फलस्वरूप अत्यन्त विपरीत दिशा में पहुँच जाने के कारण, पुराने जमाने में या आजकल

1. न्यूयॉर्क की 'मेटाफिजिकल मैगजीन' में (मार्च, 1895) प्रकाशित।
2. बहूनि मे व्यतीतानि जन्मानि तव चार्जुन।
तान्यहं वेद सर्वाणि न त्वं वेत्थ परनतप ॥4।5॥

विशेषकर प्रगतिशील बुद्धिवाले अनेक व्यक्तियों ने सत्य की शोध को निराश होकर छोड़ ही नहीं दिया, वरन् उसे निष्फल और निरुपयोगी भी घोषित कर दिया। भले ही दार्शनिक लोग क्रुद्ध हों और नाक-भौं सिकोड़ें और पुरोहित लोग अपना रोजगार तलवार के बल पर ही क्यों न जारी रखें, परन्तु सत्य तो केवल उन्हीं को प्राप्त होता है, जो निर्भय होकर बिना दुकानदारी किए उसके मन्दिर में जाकर केवल उसी के हेतु उसकी पूजा करते हैं।

प्रकाश उन्हीं व्यक्तियों को प्राप्त होता है, जो अपनी बुद्धि द्वारा सचेतन प्रयत्न करते हैं, यद्यपि वह छनकर अचेतन रूप से सारी जाति को प्राप्त हो जाता है। दार्शनिक लोग महामना पुरुषों द्वारा सत्य की खोज के संकल्पयुक्त प्रयत्नों के उदाहरण प्रस्तुत करते हैं और इतिहास परिव्याप्ति की उस मूक प्रक्रिया को प्रकट करता है, जिसके द्वारा जनता उस सत्य को आत्मसात् कर लेती है।

मनुष्य ने अपने सम्बन्ध में जितने सिद्धान्त निकाले हैं, उन सबमें सर्वाधिक प्रचलित, शरीर से भिन्न अस्तित्ववाले और अमर आत्मा का ही है। और ऐसे आत्मा को माननेवालों में से अधिकांश विचारवान लोग सदा उसके पूर्वास्तित्व में भी विश्वास करते आए हैं।

वर्तमान समय में संगठनबद्ध धर्मों के अधिकांश अनुयायी इसमें विश्वास रखते हैं; और सुसम्पन्न देशों के सर्वश्रेष्ठ विचारक आत्मा के पूर्वास्तित्व के विरोधी धर्मों में पले होने के बावजूद उस विश्वास का समर्थन करते हैं। यह विश्वास हिन्दू धर्म और बौद्ध धर्म का आधार है, प्राचीन मिस्र का शिक्षित वर्ग भी इसे मानता था। प्राचीन ईरानी भी इसी पर पहुँचे; यूनानी तत्त्ववेत्ताओं ने इसे अपने दर्शन-शास्त्र की नींव बनाई, हिब्रुओं में से फैरिसी लोगों ने इसे स्वीकार किया, मुसलमानों में से प्रायः सभी सूफियों ने इसकी सत्यता अंगीकार की।

विभिन्न जातियों में आस्था के विविध रूपों को जन्म देने और पुष्ट करनेवाली कुछ विशेष परिस्थितियाँ होती हैं। पुराने राष्ट्रों को यह समझने के लिए कि मृत्यु के उपरान्त शरीर का भी कोई अंश जीवित रह सकता है, कई युग लग गए। और शरीर से पृथक् स्थायी जीवित बनी रहनेवाली कोई वस्तु है, इस प्रकार का युक्तिसंगत मत निश्चित करने के लिए उनको और भी अधिक युग लगे। जब यह मत निश्चित हो गया है कि कोई ऐसी वस्तु है, जिसका सम्बन्ध शरीर के साथ थोड़े ही समय के लिए रहता है, तब और केवल उन्हीं राष्ट्रों में, जो इस सिद्धान्त पर पहुँचे, यह अनिवार्य प्रश्न सामने आया कि वह वस्तु कहाँ से आई और कहाँ चली गई।

पुराने हिब्रू लोगों ने आत्मा-विषयक कोई विचार अपने मन में न लाकर अपनी शान्ति भंग नहीं की। उनके विचार में मृत्यु सब कुछ समाप्त कर देती है। कार्ल हेकेल ठीक कहते हैं कि ''यद्यपि यह सच है कि 'प्राचीन व्यवस्थान' में निर्वासन के पूर्व हिब्रू लोग शरीर से भिन्न एक जीवन-तत्त्व को अंगीकार करते हैं, जिसे वे 'नेफेश'

(Nephesh) या 'रुआख' (Ruakh) या 'नेशामा' (Neshama) कहते हैं, पर इन सभी शब्दों से आत्मा की अपेक्षा प्राणवायु का बोध अधिक होता है। पैलेस्टाइन निवासी यहूदियों के लेखों में भी निर्वासन के उपरान्त अमर जीवात्मा की कहीं चर्चा नहीं है, बल्कि सर्वत्र ईश्वर से निकलनेवाली केवल उस 'प्राणवायु' का ही उल्लेख है, जो शरीर के नाश होने पर ईश्वरी 'रुआख' में पुनः तिरोहित हो जाती है।''

प्राचीन मिस्रवासी और कैल्डियन (Chaldeans) लोगों का आत्मा के सम्बन्ध में एक विचित्र मत था, पर मृत्यु के उपरान्त इस जीवित रहनेवाले अंश के सम्बन्ध में उनके मत को और पुराने हिन्दू, ईरानी, यूनानी या अन्य आर्यजातियों के मतों को एक ही समझने की भूल नहीं करना चाहिए। अत्यन्त प्राचीन काल से ही आर्यों के और असंस्कृत-भाषी म्लेच्छों के आत्मा सम्बन्धी विचारों में भारी अन्तर था। बाह्यतः यह अन्तर शव की अंत्येष्टि के रूपों द्वारा स्पष्ट हो जाता है। बहुधा म्लेच्छों का भरसक प्रयत्न यही रहता है कि मृत शरीर की—सावधानी के साथ उसे गाड़कर या और अधिक परिश्रम के साथ आलेपन द्वारा उसे ज्यों का त्यों बनाए रखते हुए—रक्षा की जाए। इसके विपरीत आर्यों की सामान्य प्रथा मृत शरीर को जला डालने की है।

यहीं तो एक महान् रहस्य की कुंजी है—यथार्थ तो यही है कि कोई भी म्लेच्छ जातिवाले—चाहे मिस्र देशवासी हों या एसीरियन या बेबिलोनियन—आर्यों की, विशेषकर हिन्दुओं की सहायता के बिना, कभी इस सिद्धान्त पर नहीं पहुँच सके कि आत्मा का अलग अस्तित्व है और वह शरीर से स्वतंत्र रहकर भी अलग जीवित रह सकती है।

यद्यपि हिरोडोटस का कहना है कि मिस्र देशवासियों को ही सर्वप्रथम आत्मा की अमरता का ज्ञान हुआ और वह मिस्रवासियों का यह सिद्धान्त भी बताता है कि 'शरीर के नाश होने पर आत्मा जन्म लेनेवाले प्राणियों में पुनःपुनः प्रवेश करती है और थलचर, जलचर, नभचर प्राणियों में भटकते-भटकते तीन सहस्र वर्षों के पश्चात् पुनः मनुष्य शरीर को लौटकर आती है,' तो भी मिस्रदेशीय प्राचीन इतिहास के आधुनिक शोध करनेवालों ने उस देश के सर्वसाधारण धर्म में आत्मा की देहान्तर-प्राप्ति के सिद्धान्त का (metempsychosis) कोई पता नहीं पाया। इसके विपरीत मैस्पेरो, ए. एरमैन और अन्य विख्यात आधुनिकतम मिस्रशास्त्री तो इसी अनुमान की पुष्टि करते हैं कि मिस्रदेशवासी पुनर्जन्म (palingenesis) के सिद्धान्त से परिचित नहीं थे।

प्राचीन मिस्र देशवासी आत्मा को निजी व्यक्तित्वरहित केवल प्रतिरूप शरीर मानते थे और उनका यह विश्वास था कि वह शरीर से सम्बन्ध-विच्छेद नहीं कर सकती। जब तक शरीर है, तभी तक वह वर्तमान रहती है और यदि संयोगवश शव का नाश हो जाए, तो उस शरीर से छूटी हुई आत्मा को दुबारा मृत्यु और विनाश का दुःख भुगतना पड़ता है। मृत्यु के उपरान्त आत्मा संसार भर में स्वतंत्रतापूर्वक विचरण कर सकती थी, परन्तु वह रात के समय सदा दुःखी, सदा भूखी-प्यासी, जिस स्थान में उसका

मृत शरीर रहता था, वहीं लौटकर आ जाया करती थी; उसकी सदैव पुन: एक बार जीवन के सुख भोगने की अत्यन्त उत्कट इच्छा रहती थी, पर उस इच्छा को वह कभी पूर्ण नहीं कर सकती थी। यदि उसके पुराने शरीर के किसी भाग में कोई चोट आ जाए तो आत्मा के भी उसी भाग में अवश्य ही चोट आ जाती थी। अपने इसी विचार के कारण मिस्र निवासी अपने यहाँ के मुरदों की रक्षा करने के लिए प्रयत्नशील रहते थे। पहले तो उन्होंने मुरदों को गाड़ने के लिए मरुस्थल को पसन्द किया था, क्योंकि वहाँ की सूखी हवा में शरीर का नाश शीघ्र नहीं होता था और इस कारण विगत आत्मा को दीर्घ जीवन प्राप्त हो जाता था। कुछ काल के उपरान्त उनके यहाँ के एक देवता ने शव-संरक्षण की विद्या (mummification) का आविष्कार किया। इस विद्या द्वारा श्रद्धावान लोग अपने पूर्वजों के मृत शरीरों को प्राय: अनन्त काल तक रख सकने की आशा करने लगे, जिससे कि मृत आत्मा (या प्रेतात्मा), वह चाहे जितनी भी दु:खी क्यों न हो, अमरत्व प्राप्त कर सके।

जिस संसार में आत्मा अब आगे कोई आनन्द नहीं प्राप्त कर सकती, उस संसार के लिए निरन्तर खिन्नता मृत पुरुष को सदा यातना देती रहती थी। मृत पुरुष चिल्ला उठता, "अरे मेरे भैया! खान-पान, नशा कुछ भी मत छोड़ो, प्रेम और सुखोपभोग से भी अलग मत होओ, चाहे रात हो या दिन, अपनी वासनाओं की तृप्ति से विरत मत होओ, अपने हृदय में दु:ख मत लाओ—क्योंकि मनुष्य को पृथ्वी पर रहना ही कितने वर्ष है। 'पश्चिम' तो घोर निद्रा और गहन छाया का स्थान है, जहाँ के निवास करनेवाले एक बार स्थापित कर दिए जाने पर अपने 'ममी' (mummy) रूप में सदा तृप्त रहते हैं और अपने भाइयों को देखने के लिए कभी जाग्रत् नहीं हो सकते; वे अपने माता-पिता को अब आगे कभी नहीं पहचानते और अपनी पत्नियों और बच्चों को भी अन्त:करण से भुला देते हैं। वह सजीव जल, जिसे पृथ्वी अपने ऊपर बसनेवाले सभी को देती है, वह जल भी मेरे लिए दूषित और प्राणहीन बन जाता है; वह जल पृथ्वी पर रहनेवालों के लिए तो बहता हुआ है, पर मेरे लिए तो वह जल, जो मेरा है, केवल सड़ा हुआ द्रव मात्र है। जब से मैं इस श्मशानघाटी में आया हूँ, मैं कहाँ हूँ, और क्या हूँ, यही नहीं जान पाता। मुझे बहता पानी पीने को दो, मुझे जल के किनारे मेरा मुँह उत्तर की ओर करके रख दो, जिससे कि मुझे शीतल वायु का स्पर्श-सुख प्राप्त हो और मेरा हृदय अपने दु:ख से छूटकर प्रफुल्ल हो उठे।"[1]

यद्यपि कैल्डियन लोग मिस्रवालों की भाँति मृत्यु के अनन्तर आत्मा की अवस्था का इतना विवेचन करने नहीं बैठते, पर तो भी उन लोगों में भी आत्मा दो रूपवाली

1. ये मूल पंक्तियाँ ब्रग्श (Brugsch) द्वारा जर्मन भाषा में अनूदित की गई हैं, डाय् इजिप्टिश ग्रेबरवेल्ट (Die Egyptische Graberwelt), पृष्ठ 39-40; इसी प्रकार उनका अनुवाद फ्रांसीसी भाषा में मैस्पेरो द्वारा किया गया है, एट्यूड्स इजिप्टिएन्निज (Etudes Egyptiennes) भाग 1, पृष्ठ-181-190।

है और अपनी कब्र से ही बँधी रहती है। वे भी भौतिक शरीर से अलग अवस्था की कल्पना नहीं कर सके और मुरदे के पुन: जी उठने की आशा करते थे। और यद्यपि देवी इश्तार (Ishtar) ने बड़ी-बड़ी विपत्तियों को भोगकर और दु:साहसपूर्ण कार्य करके अपने गड़रिया पति डूमूजी (Dumuji)—इया (Ea) और डैमकिना (Damkina) के पुत्र—को पुन: जिला लिया, पर 'अत्यन्त धार्मिक भक्तगण भी अपने मृत मित्रों-बान्धवों को पुनर्जीवन प्राप्त कराने के लिए इस मन्दिर से उस मन्दिर में प्रार्थना करते व्यर्थ ही भटकते रहे।'

इस प्रकार हम देखते हैं कि पुराने जमाने के मिस्रवासी या कैल्डियन लोग आत्मा का विचार उसे मृत पुरुष के मृतक शरीर से या कब्र से अलग रखकर नहीं कर सकते थे। इस पृथ्वी पर का जीवन ही सबसे बढ़कर था और मृत पुरुष उसी जीवन को पुन: भोगने का अवसर प्राप्त करने के लिए सदा लालायित रहते थे और जीवित पुरुष सदा यही आशा करते थे कि हम उनके प्रतिरूप का अस्तित्व अधिक काल तक बनाए रखने में सहायता पहुँचाएँ और वे इसके निमित्त भरपूर प्रयत्न भी करते थे।

यह वह भूमि नहीं है, जहाँ से आत्माविषयक कोई उच्चतर ज्ञान अंकुरित हो सके। प्रथम तो वह बहुत ही भौतिकतापूर्ण है और उस पर भी आतंक और पीड़ा से भरी है। अशुभ की प्राय: अगणित शक्तियों से भयत्रस्त और निराशा के साथ उनसे बचने का दु:खमय प्रयत्न करते हुए, जीवित पुरुषों की आत्मा भी—मृत पुरुषों की आत्मा की धारणा के अनुसार—संसार भर में भटकती रहकर भी—कभी भी कब्र और विघटित होते मुरदे के आगे नहीं बढ़ सकी।

अब हम आत्मा सम्बन्धी उच्चतर विचारों के उद्‌गम के लिए एक और जाति की ओर चलें, जिनका ईश्वर दयानिधान सर्वव्यापी पुरुष है और अनेक प्रकाशमान दयालु और सहायक देवों के रूप में प्रकट होता है; मानव जाति में सर्वप्रथम जिन्होंने ईश्वर को पिता कहकर पुकारा—'हे भगवन्! मेरे हाथों को पकड़कर मुझे उसी प्रकार ले चल, जैसे पिता अपने प्यारे पुत्र को ले जाता है।' जो लोग जीवन को आशामय मानते थे, उसे निराशापूर्ण नहीं समझते थे; जिनका धर्म, उन्माद और आवेशपूर्ण जीवन में, दु:खी मनुष्य के मुँह से बारी-बारी से निकलनेवाली दु:खभरी आहों का शब्द नहीं होता था, वरन् जिनके विचार खेतों और अरण्यों के सुवास से सुगन्धित होकर हमें प्राप्त होते हैं; जिनके स्तुतिपूर्ण गीत—दिवाकर की प्रथम किरणों से प्रकाशित इस सुन्दर संसार का अभिनन्दन करते समय पक्षियों के गले से निकले हुए मधुर गीतों के समान स्वाभाविक, स्वच्छन्द, आनन्दपूर्ण—अभी भी अस्सी शताब्दियों की वीथी से होकर स्वर्ग से आनेवाले सदा आह्वान की तरह हमें सुनाई दे रहे हैं;—हम उन पुराने आर्यों की ओर दृष्टि डालते हैं।

'मुझे उस मरणरहित, विनाशरहित सृष्टि में पहुँचा दो, जहाँ स्वर्ग का प्रकाश और सनातन तेज चमक रहा है'; 'मुझे उस राज्य में अमर बना दो, जहाँ राजा विवस्वान्

का पुत्र निवास करता है, जहाँ स्वर्ग का गुप्त मन्दिर है'; 'मुझे उस राज्य में अमर बना दो, जहाँ श्रवण करते-करते वे डोलते हैं'; 'अन्त:स्थित स्वर्ग के तृतीय मंडल में, जहाँ सारी सृष्टि प्रकाशपूर्ण है, मुझे उस आनन्द के साम्राज्य में अमर बना दो';—ये आर्यों के सबसे पुराने ग्रन्थ 'ऋग्वेद-संहिता' के प्रार्थना-मंत्र हैं।

हमें म्लेच्छों और आर्यों के आदर्श में एकदम जमीन-आसमान का अन्तर दिखाई देता है। एक को तो यह शरीर और यह संसार ही सम्पूर्ण सत्य प्रतीत होता है और उसके लिए यही इष्ट वस्तु हो जाता है। वह थोड़ा सा जीवन-द्रव—जो इन्द्रियों के उपभोग के चले जाने से यातना और पीड़ा का अनुभव करने के लिए, मृत्यु-काल में शरीर से उड़ जाता है, वही, यदि शरीर की रक्षा सावधानी के साथ की गई तो, पुन: लौटकर आ जाएगा, इस प्रकार की व्यर्थ आशा वे करते रहते हैं; और इसी कारण जीवित मनुष्य की अपेक्षा मुरदा अधिक सावधानी से सुरक्षित रखने की वस्तु बन जाता है। दूसरे को यह पता लग चुका है कि शरीर को छोड़कर जानेवाला ही 'यथार्थ मनुष्य' है और जब शरीर से वह अलग हो जाता है, तब वह शरीर में रहते जिस आनन्द का उपभोग कर सका था, उससे कहीं उच्च आनन्द का उपभोग करता है। अत: वे शीघ्रतापूर्वक उस सड़ते हुए मुरदे को जलाकर नष्ट कर देने लगे।

यहाँ हमें वह बीज प्राप्त होता है, जिससे आत्मा की सच्ची कल्पना का उद्‌गम हुआ। यही स्थान है, जहाँ कि शरीर नहीं वरन् आत्मा ही यथार्थ मनुष्य है, इसका पता चला; यही स्थान है, जहाँ कि यथार्थ मनुष्य और उसके शरीर के अटूट सम्बन्ध के समस्त विचारों का अभाव है; इसीलिए यहाँ पर आत्मा की मुक्ति के उदार विचार का उदय हो सका। और जब आर्यों ने दिवंगत आत्मा को लपेटे रहनेवाले शरीररूपी चमकीले वस्त्र को भेदकर भीतर देखा, तब उन्हें उस आत्मा के यथार्थ स्वरूप, एकाकी, निराकार विशिष्ट तत्त्व होने का पता चला और तभी यह अनिवार्य प्रश्न उठा कि वह कहाँ से आई?

भारत में और आर्यों में ही पूर्व जन्म, अमरत्व और आत्मा के व्यक्तित्व का सिद्धान्त प्रथमत: प्रकट हुआ। मिस्र देश के आधुनिक अनुसंधान में इस पृथ्वी पर के जीवन-काल के पूर्व और पश्चात् रहनेवाली स्वतंत्र जीवात्मा के सिद्धान्तों का नाम-निशान नहीं पाया जाता। कुछ गुह्य समाज निश्चय ही इस विचार से अवगत थे, पर उनमें उसका सूत्र भारत से ही सम्बन्ध रखता पाया गया है।

कार्ल हेकेल कहते हैं—'मुझे निश्चय हो चुका कि जितनी अधिक गम्भीरता से हम मिस्री धर्म का अध्ययन करते हैं, उतना ही अधिक स्पष्ट हमें यह दिखता है कि लोकप्रचलित मिस्री धर्म के लिए आत्मा की देहान्तर-प्राप्ति (metempsychosis) का सिद्धान्त बिलकुल अज्ञात था और जिस किसी गुह्य समाज में वह मिलता है, वह ओसाइरिस (Osiris) उपदेशों में अन्तर्निहित न होकर हिन्दू उद्‌गम से प्राप्त हुआ है।'

आगे चलकर हम अलेक्जेन्ड्रिया के यहूदियों में जीवात्मा का सिद्धान्त देखते हैं और ईसा मसीह के समय के फैरिसी लोग (प्राचीन आचारनिष्ठ यहूदी धर्म सम्प्रदाय)—जैसा हम पहले बता चुके हैं—न केवल स्वतंत्र आत्मा में ही विश्वास करते थे वरन् यह भी मानते थे कि भिन्न-भिन्न शरीरों में वह भटकती रहती है और इस प्रकार यह जानना आसान हो जाता है कि ईसा मसीह एक पुराने पैगम्बर के अवतार कैसे माने गए; और स्वयं ईसा मसीह जोर देकर कहते थे कि पैगम्बर इलियस ही जॉन बैप्टिस्ट बनकर पुनः आए थे। 'यदि आप इसे मानें, तो यह इलियस ही है, जो आनेवाला था'—मैथ्यु 11। 14॥

आत्मा और उसके स्वतंत्र व्यक्तित्व का विचार हिब्रुओं में, मालूम होता है, मिस्री लोगों के उच्चतर रहस्यमय उपदेशों के द्वारा पहुँचा और मिस्रियों ने उसे भारत से ग्रहण किया। और वह विचार अलेक्जेन्ड्रिया के रास्ते आया, यह बात अर्थगम्भीर है, क्योंकि बौद्ध ग्रन्थों से स्पष्ट पता चलता है कि बौद्ध धर्म-प्रचारकों का कार्यक्षेत्र अलेक्जेंड्रिया और एशिया माइनर में रहा है।

कहा जाता है कि पाइथागोरस ही प्रथम यूनानी है, जिसने यूनान देशवासियों—हेलेनों—को पुनर्जन्म का सिद्धान्त सिखाया। वे आर्य जाति के होने के कारण पहले ही अपने मुरदों को जलाते थे और जीवात्मा के सिद्धान्त को मानते थे; अतः उन यूनानियों के लिए, पाइथागोरस के उपदेश से पुनर्जन्म का सिद्धान्त मान लेना आसान था। अपूलियस (Apuleius) के कथन के अनुसार पाइथागोरस भारत में आए थे और वहाँ के ब्राह्मणों से उन्होंने शिक्षा ग्रहण की थी।

अब तक हमें यह ज्ञात हुआ कि जहाँ कहीं आत्मा न केवल शरीर को जीवित रखनेवाला एक अंश, वरन् पृथक्, 'यथार्थ मनुष्य' ही मानी जाती है—वहाँ उसके पूर्वास्तित्व का सिद्धान्त अनिवार्यतः स्थिर हो गया; और जिन राष्ट्रों ने आत्मा के स्वतंत्र व्यक्तित्व को माना, उन्होंने मृतक शरीर को जलाकर अपने उस विश्वास को बाह्य रूप में सदैव प्रकट भी किया; यद्यपि आर्यों की एक पुरानी जाति ईरानियों ने पुराने जमाने से ही, बिना किसी सेमिटिक प्रभाव के, अपने यहाँ के मुरदों को अलग करने की एक अद्‌भुत रीति प्रचलित की। वे अपने 'शान्ति के मीनार' (Towers of Silence) को जिस नाम से पुकारते हैं, वह नाम (दख्म) 'दह' (जलाना) धातु से बना है।

संक्षेप में यह कह सकते हैं कि जिन जातियों ने अपनी प्रकृति के विश्लेषण की ओर अधिक ध्यान नहीं दिया, वे तो अपने सर्वस्वरूपी इस भौतिक शरीर के परे नहीं पहुँचे और जब कभी उन्हें उसके परे जाने के लिए उच्चतर आलोक द्वारा प्रेरणा हुई, तब भी वे केवल इसी सिद्धान्त पर पहुँचे कि किसी भी प्रकार कभी सुदूर भविष्य में यह शरीर ही अविनाशी बन जाएगा।

इसके विपरीत उस जाति या राष्ट्र के लोगों ने—भारतीय आर्यों ने अपनी शक्तियों

का सर्वोत्तम अंश इसी खोज में लगा दिया कि इस चिन्तनशील प्राणी का यथार्थ स्वरूप क्या है ? और परिणाम में उन्हें पता लगा कि इस शरीर के परे और उनके पूर्वज जिस तेजस्वी शरीर की आकांक्षा करते रहे उसके भी परे, 'यथार्थ मानव', वह सत्य तत्त्व, वह व्यक्ति है, जो इस शरीररूपी आवरण या वस्त्र को धारण कर लेता है और पुन: उसके जीर्ण हो जाने पर उसे अलग फेंक देता है। क्या यह तत्त्व सृष्ट किया गया ? यदि 'सर्जन' का अर्थ यह है कि 'कुछ नहीं' से कोई वस्तु उत्पन्न हुई, तब तो उसका उत्तर निश्चयात्मक 'नहीं' है। यह आत्मा जन्मरहित और मरणरहित है; यह आत्मा किसी प्रकार के सम्मिश्रण या संयोग से बनी हुई नहीं है, वरन् स्वतंत्र व्यक्ति-सत्ता और इसी कारण न तो वह उत्पन्न की जा सकती और न उसका नाश ही किया जा सकता है। वह तो भिन्न-भिन्न अवस्थाओं में से यात्रा कर रही है।

स्वभावत: यह प्रश्न उठता है कि वह इतने समय तक कहाँ थी ? हिन्दू तत्त्ववेत्ता कहते हैं—'वह भौतिक दृष्टि से भिन्न-भिन्न शरीरों में यात्रा कर रही थी या यथार्थ में तात्त्विक दृष्टि से देखने पर भिन्न-भिन्न मानसिक भूमिकाओं में यात्रा कर रही थी ?'

हिन्दू दार्शनिक लोगों ने जो पुनर्जन्म का सिद्धान्त निकाला है, उसके लिए वेदों के उपदेश के सिवाय और भी प्रमाण है ? हाँ ! ऐसे प्रमाण हैं; और हम आगे यह बताने की आशा करते हैं कि उसके लिए ऐसे ही प्रबल प्रमाण हैं, जैसे किसी भी अन्य सर्वमान्य सिद्धान्त के लिए। परन्तु पहले हम यह देख लें कि कई आधुनिक यूरोपीय मनीषियों ने पुनर्जन्म के सम्बन्ध में क्या कहा है।

आई. एच. फिक्टे (Fichte) आत्मा की अमरता के विषय में चर्चा करते हुए कहते हैं, 'यह सच है कि प्राकृतिक जगत् में एक दृष्टान्त है, जो दलील के रूप में अस्तित्व की अविच्छिन्नता के विरुद्ध सामने लाया जा सकता है। वह यही प्रसिद्ध तर्क है कि जिस वस्तु का काल में आरम्भ हुआ, उसका अन्त या नाश किसी काल में अवश्य होगा। अत: आत्मा भूतकाल में थी, इस विवाद पक्ष में भी उसका पूर्वास्तित्व तो मान ही लिया गया। यह युक्तिसंगत सिद्धान्त है, पर यह तो उसके अविच्छिन्न अस्तित्व के विरोध में न होकर उसके पक्ष में एक अतिरिक्त युक्ति हो गई। यथार्थ में दार्शनिक-शरीरविज्ञान के इस सत्य के सम्पूर्ण अर्थ को समझने की आवश्यकता है कि यथार्थ में न कोई वस्तु उत्पन्न की जा सकती है ओर न कोई वस्तु नष्ट ही की जा सकती है। इसीको समझने से, भौतिक शरीर में दृष्टिगोचर होने के पूर्व आत्मा का अस्तित्व अवश्य रहा होगा, यह बात समझी जा सकती है।'

शापेनहॉवर अपनी पुस्तक[1] में पुनर्जन्म के विषय में कहते हैं—'किसी व्यक्ति के लिए जैसी नींद है, उसी तरह 'इच्छा-शक्ति' के लिए मृत्यु है। यदि स्मृति और व्यक्तित्व कायम रहें, तो उन्हीं कर्मों को करना और उन्हीं दु:खों को भोगना, यही सदा अनन्त काल तक, बिना लाभ के करते रहना उसे कभी सहन नहीं हो सकता। वह इन्हें

1. Die Welt als Wille and Vorstellung

दूर फेंक देती है और यही 'लेथी'[1] (Lethe) है और इस मृत्युरूपी नींद में से नया प्राणी बनकर दूसरी बुद्धिन्द्रिय को साथ लेकर पुन: प्रकट होता है; नया दिवस उसे नए तटों की ओर ललचाता है तब तो वे सतत होनेवाले नए जन्म उस अविनाशी इच्छाशक्ति के जीवन-स्वप्न की लगातार श्रेणीरूप हैं। यह तब तक चलेगा, जब तक कि बारम्बार के नए शरीरों में अधिकाधिक और भिन्न-भिन्न प्रकार के ज्ञान द्वारा शिक्षित और उन्नत होकर वह स्वयं को निर्मूल और विलुप्त न कर दे। इस प्रकार के पुनर्जन्म का अनुभव द्वारा भी प्रमाण मिल जाता है—यह नहीं भूलना चाहिए। यथार्थ में तो नए प्रकट होनेवाले प्राणियों के जन्म से और जीर्ण होनेवालों की मृत्यु से सम्बन्ध रहता ही है। यह बात तब दिखाई देती है, जब कि उजाड़ बना देनेवाली भयंकर बीमारियों का परिणाम प्रतीत होनेवाली मानव जाति की अत्यधिक उत्पादन-शक्ति हुआ करती है। चौदहवीं शताब्दी में जब 'काली मौत' (Black Death) नामक बीमारी ने पूर्वी गोलार्द्ध की अधिकांश आबादी को उजाड़ कर दिया, उस समय मानव जाति में बहुत असाधारण रूप से उत्पादन शक्ति और जन्म-संख्या बढ़ गई और यमज (जुड़वाँ) बालकों की पैदाइश अधिक हुई। एक बात और उल्लेखनीय है कि उस समय पैदा होनेवाले बच्चों के दाँत पूरी संख्या में नहीं जमे; इस प्रकार प्रकृति ने भरपूर प्रयत्न किए, परन्तु ब्योरों में कृपणता कर दी। यह विवरण एफ. स्नूरार ने अपने 'क्रॉनिक डेर सेसेन'[2], 1825 में दिया है। कैस्पर भी अपने 'यूबेर डी बारशाइनालिखे लेबेंस डायर डेस मेंसेन'[3], 1835 में इस सिद्धान्त का समर्थन करता है कि किसी विशिष्ट आबादी में वहाँ की जनसंख्या का प्रभाव वहाँ के जीवन-काल की दीर्घता और मृत्यु-संख्या पर अवश्य पड़ता है, क्योंकि जन्म-संख्या मृत्यु-संख्या के साथ-साथ चलती है; सदैव और सर्वत्र मृत्यु और जन्म की संख्याएँ समान अनुपात में बढ़ती और घटती हैं; इस बात को नि:सन्देह रूप से सिद्ध करने के लिए उन्होंने भिन्न-भिन्न देशों और भिन्न-भिन्न प्रान्तों से प्रमाण एकत्र किए हैं। और, फिर यह तो असम्भव है कि मेरी अकाल मृत्यु से और जिस विवाह से मेरा कोई सम्बन्ध न हो, उसकी प्रजननशीलता से कोई भौतिक कार्य-कारण सम्बन्ध हो। इस प्रकार यहाँ अलौकिक को अस्वीकार नहीं किया जा सकता और उसमें निश्चात्मक रूप से लौकिक घटना की व्याख्या का आधार तत्काल मिल जाता है। प्रत्येक नवजात प्राणी नए जीवन में ताजा और प्रफुल्लित होकर आता है और उसका मुक्त वरदान के रूप में उपभोग करता है, परन्तु मुक्त वरदान के रूप में कुछ भी नहीं दिया जाता और कुछ भी नहीं दिया जा सकता। इस ताजे जीवन का मूल्य बुढ़ापे और उस जीर्ण जीवन की मृत्यु द्वारा दिया जाता है, जिस जीवन का नाश तो हो गया, परन्तु जिसके

1. वैतरणी की यूनानी प्रतिरूप लेथी नदी, जिसमें मृत्यु के बाद स्नान करके आत्मा अपनी स्मृति खो देती है।

2. Chronik der Senchen

3. Uber die Wahrscheinliche Lebensdauer des Menschen

भी वह अविनाशी बीज था, जिसमें से नया जीवन अंकुरित हुआ है। वे दोनों जीवन एक ही हैं।'

वह महान् अंग्रेज तत्त्ववेत्ता ह्यूम, शून्यवादी होते हुए भी, अमरत्व पर अपने संदेहवादी निबन्ध में कहता है—'अतएव आत्मा की देहान्तर-प्राप्ति ही इस प्रकार का सिद्धान्त है, जिस पर दर्शन शास्त्र ध्यान दे सकता है।' तत्त्ववेत्ता लेसिंग एक कवि की गम्भीर अन्तर्दृष्टि के साथ पूछता है, 'यह परिकल्पना इतनी उपहासास्पद क्या इसीलिए है कि वह सबसे पुरानी है? या इसीलिए कि (मध्ययुगीन बुद्धिविरोधी ईसाई) शिक्षालयों के वाक्छलों द्वारा नष्ट-भ्रष्ट होने के पूर्व मानव-बुद्धि—एकदम उस कल्पना पर उतर पड़ी?... जिस प्रकार मैं नया ज्ञान, नया अनुभव कई बार प्राप्त कर सकता हूँ, उसी प्रकार अनेक बार मैं क्यों न लौट आऊँ? क्या मैं एक ही बार में इतना ले आया हूँ कि दुबारा वापस लौटने का कष्ट व्यर्थ जाएगा?'

आत्मा का अस्तित्व पूर्व से ही रहता है और वह अनेक जन्म धारण करती है, इस सिद्धान्त के पक्ष और विपक्ष में कई दलीलें दी गई हैं और सभी युगों के कुछ महानतम विचारकों ने उसके समर्थन का बीड़ा उठाया है; और जहाँ तक हम समझ सकते हैं यदि कोई जीवात्मा है, तो उसका अस्तित्व पहले से होना अनिवार्य है। यदि आत्मा का स्वतंत्र व्यक्तित्व नहीं है, वरन् वह स्कंधों (विचारों) का संयोग है, जैसा कि बौद्ध सम्प्रदाय के माध्यमिकों का कहना है, तो भी उन्हें अपने मत को समझाने के लिए पूर्वास्तित्व को स्वीकार करना अत्यन्त आवश्यक प्रतीत होता है।

अनन्त अस्तित्व के किसी काल में आरम्भ होने की असम्भावना सिद्ध करनेवाली दलील का कोई खंडन नहीं हो सकता, यद्यपि इस दलील को काटने के प्रयत्न यह कहकर किए गए हैं कि ईश्वर सर्वशक्तिमान है और वह कुछ भी—चाहे वह तर्क के विपरीत ही क्यों न हो—कर सकता है। कुछ परम विचारशील लोगों को ऐसा नितान्त मिथ्या तर्क देते हुए देखकर हमें बड़ा खेद होता है।

पहली बात तो यह है कि ईश्वर सभी घटनाओं का एकमात्र सामान्य कारण है, इसलिए प्रश्न यह है कि कुछ विशिष्ट घटनाओं के स्वाभाविक कारणों का पता मानवात्मा में ही लगाना होगा। अत: 'कर्ता-धर्ता सब ईश्वर ही है' (Deus ex machina) का सिद्धान्त यहाँ बिलकुल असंगत है। इसका अर्थ तो इसके सिवाय और कुछ नहीं होता कि हम अपना अज्ञानी होना स्वीकार करते हैं। मानव-ज्ञान के किसी भी क्षेत्र में किसी भी प्रश्न के पूछे जाने पर हम यही उत्तर दे सकते हैं और हर प्रकार की जिज्ञासा को—और परिणामत: ज्ञान को ही—समाप्त कर सकते हैं।

दूसरी बात यह है कि हर समय ईश्वर की सर्वशक्तिमत्ता की दुहाई देना केवल शब्द-जाल है। कारण का, कारण के रूप में कार्य के लिए पर्याप्त होना ही हमें विदित होता है और हो सकता है; इससे अधिक और कुछ नहीं। इस तरह हम किसी सर्वशक्तिमान कारण की अपेक्षा किसी अनन्त कार्य के विषय में और अधिक विचार

नहीं कर सकते। इसके सिवा यह भी है कि ईश्वर सम्बन्धी हमारे सभी विचार सीमित हैं; उसे कारण कहना भी तो हमारे ईश्वर सम्बन्धी विचार को सीमित कर देना है।

तीसरी बात यह है कि यह स्वीकार भी कर लिया जाए, तो हम ऐसे किसी असम्भव सिद्धान्त को तब तक मानने को बाध्य नहीं हैं कि 'कुछ नहीं (या शून्य) में से कोई पदार्थ उत्पन्न हुआ' या 'किसी अनन्त पदार्थ का आदि या आरम्भ किसी विशिष्ट काल में हुआ', जब तक हम इसकी व्याख्या और अधिक अच्छे प्रकार से कर सकते हैं।

पूर्वास्तित्व के सिद्धान्त के विरोध में एक तथाकथित बहुत बड़ी दलील यह दी जाती है कि मनुष्य जाति में से अधिकांश को इसका भान नहीं है। इस दलील की सत्यता को प्रमाणित करने के लिए यह सिद्ध करना चाहिए कि मानवात्मा का सम्पूर्ण अंश स्मरण-शक्ति से बद्ध है। यदि स्मृति ही अस्तित्व की कसौटी है, तब तो हमारे जीवन का वह अंश जो अभी उसमें नहीं है, उसका तो अस्तित्व नहीं ही होना चाहिए और हर एक मनुष्य जो बेहोशी की अवस्था में या और किसी तरह अपनी स्मरण-शक्ति को खो बैठता है, वह भी अस्तित्वहीन होना चाहिए।

जिन आधारों पर यह निष्कर्ष निकाला जाता है कि पूर्वास्तित्व है—और वह भी सज्ञान कर्म की भूमिका में है, जैसा कि हिन्दू दार्शनिक विद्वान् सिद्ध करते हैं, वे मुख्यत: ये हैं—

प्रथमत: इस संसार में जो असमानता है, उसकी व्याख्या और किस प्रकार करें? न्यायी और दयानिधान ईश्वर की सृष्टि में एक बालक जन्म लेता है, उसकी हर एक परिस्थिति उसको उत्तम और मानव समाज के लिए उपयोगी बनाने के लिए अनुकूल है; और सम्भवत: उसी क्षण में और उसी शहर में एक दूसरा बालक जन्म लेता है, जिसकी प्रत्येक परिस्थिति उसके अच्छे बनने के प्रतिकूल है। हम ऐसे बच्चे देखते हैं, जो कि दु:ख भोगने के लिए—और सम्भवत: जन्म भर दु:ख भोगने के लिए ही—जन्म लेते हैं; और ऐसा उनके स्वयं के किसी अपराध के कारण नहीं होता। ऐसा क्यों होना चाहिए? इसका कारण क्या है? किसकी अज्ञानता का यह परिणाम है? यदि उस बालक का कोई अपराध नहीं है, तो उसके माता-पिता के कर्मों के लिए उसे क्यों दु:ख भोगना चाहिए?

यहाँ के दु:ख के अनुपात से भविष्य में सुख मिलेगा, ऐसा प्रलोभन दिखाने या 'रहस्यात्मक' बातें सामने लाने की अपेक्षा तो 'इसका कारण हम नहीं जानते'—यह स्वीकार कर लेना अधिक अच्छा है। कोई हमें बिना अपराध के जबरदस्ती दंड भुगतावे, यह तो नैतिकता के विरुद्ध है—अन्याय तो है ही—'परन्तु भविष्य काल में पूर्ति होने'—का सिद्धान्त भी लँगड़ा और निराधार है।

दुख-दैन्य में जन्म लेनेवालों में से कितने उच्चतर जीवन के निमित्त संघर्ष करते हैं और कितने—उससे अधिक संख्या में—जिस परिस्थिति में रखे जाते हैं, उसी के शिकार हो जाते हैं? बुरी परिस्थिति में बलात् जन्म दिए जाने के कारण जो अधिक

बुरे और दुष्टतर बन जाते हैं, उन्हें भविष्य में अनेक जीवन-काल की दुष्टता के लिए क्या पारितोषिक मिलना चाहिए? तब तो मनुष्य यहाँ जितना ही अधिक दुष्ट होगा, उतना ही इस जन्म के पश्चात् उसे सुखोपभोग प्राप्त होगा।

मानवात्मा की गरिमा और स्वतंत्रता को प्रतिष्ठित करने के लिए और इस संसार में विद्यमान असमानता और बीभत्सता के अस्तित्व को समझाने के लिए सारा दायित्व उसके यथार्थ कारण—हमारे निज के स्वतंत्र कृत्यों या 'कर्म'—पर रखने के सिवा और कोई दूसरा मार्ग नहीं है। इतना ही नहीं, बल्कि आत्मा का शून्य (या अस्तित्वहीन वस्तु) से उत्पन्न किए जाने का सिद्धान्त अवश्यमेव हमें 'दैववाद और प्रारब्ध-लेख' की ओर ले जाएगा, और दयानिधान परम पिता ईश्वर के बदले हमारे सामने पूजा के लिए बीभत्स, क्रूर और सदा क्रुद्ध रहनेवाला ईश्वर स्थापित कर देगा। और जहाँ तक धर्म की भलाई या बुराई करने की शक्ति का सम्बन्ध है, उसमें तो यह उत्पन्न की हुई आत्मा का सिद्धान्त परिणाम में 'दैव और प्रारब्ध-लेख' के वादों की ओर ले जाकर उस भयानक धारणा के लिए उत्तरदायी बनता है, जो ईसाइयों और मुसलमानों में प्रचलित—कि मूर्तिपूजकों को तलवार के घाट उतार देना न्यायसंगत है, और उसी के कारण वे सभी बीभत्स कांड हुए हैं और अब तक हो रहे हैं।

परन्तु तर्क-मतवादी तत्त्ववेत्ताओं ने पुनर्जन्म के पक्ष में सदैव एक तर्क उपस्थित किया है, जो हमें निश्चयात्मक प्रतीत होता है; वह तर्क यह है कि 'हमारे अनुभव लुप्त या नष्ट नहीं किए जा सकते।' —हमारे कर्म यद्यपि देखने में लुप्त से हो जाते हैं, तथापि 'अदृष्ट' बने रहते हैं और अपने परिणाम में 'प्रवृत्ति' का रूप धारण करके पुन: प्रकट होते हैं। छोटे-छोटे बच्चे भी कुछ प्रवृत्तियों को—उदाहरणार्थ, मृत्यु का भय—अपने साथ लेकर आते हैं।

अब यदि प्रवृत्ति बार-बार किए हुए कर्म का परिणाम है, तो जिन प्रवृत्तियों को साथ लेकर हम जन्म धारण करते हैं, उनको समझने के लिए उस कारण का भी उपयोग करना चाहिए। यह तो स्पष्ट है कि वे प्रवृत्तियाँ हमें इस जन्म में प्राप्त हुई नहीं हो सकतीं; अत: हमें उनका मूल पिछले जन्म में ढूँढ़ना चाहिए। अब यह भी स्पष्ट है कि हमारी प्रवृत्तियों में से कुछ तो मनुष्य के ही जान-बूझकर किए हुए प्रयत्नों के परिणाम हैं; और यदि यह सच है कि हम उन प्रवृत्तियों को अपने साथ लेकर जन्म लेते हैं, तब तो बिलकुल यही सिद्ध होता है कि उनके कारण गत जन्म में जान-बूझकर किए हुए प्रयत्न ही हैं—अर्थात् इस वर्तमान जन्म के पूर्व हम उसी मानसिक भूमिका में रहे होंगे, जिसे हम मानव-भूमिका कहते हैं।

जहाँ तक वर्तमान जीवन की प्रवृत्तियों को भूतकालीन, ज्ञानपर्वूक किए हुए प्रयत्नों द्वारा समझाने की बात है, वहाँ तक भारत के पुनर्जन्मवादी और वर्तमान विकासवादी एकमत हैं; अन्तर केवल इतना ही है कि हिन्दू लोग अध्यात्मवादी होने के कारण उसे जीवात्माओं के सज्ञान प्रयत्नों के द्वारा समझाते हैं और विकासवाद के भौतिकवाद वाले

उसे पिता से पुत्र में आनेवाले आनुवंशिक संक्रमण द्वारा समझाते हैं। जो शून्य से उत्पत्ति होने का सिद्धान्त मानते हैं, वे तो किसी गिनती में नहीं हैं।

अब विवाद केवल पुनर्जन्मवादियों और भौतिकवाद वालों में ही है—पुनर्जन्मवादी लोग यह मानते हैं कि सभी अनुभव प्रवृत्तियों के रूप में अनुभव करनेवाली जीवात्मा में संगृहीत रहते हैं और उस अविनाशी जीवात्मा के पुनर्जन्म द्वारा संक्रमित किए जाते हैं; भौतिकवाद वाले मस्तिष्क को सभी कर्मों के आधार होने के और कोशिकाओं (cells) के द्वारा उनके संक्रमण का सिद्धान्त मानते हैं।

इस प्रकार हमारे लिए पुनर्जन्म का सिद्धान्त बहुत महत्त्वपूर्ण बन जाता है क्योंकि पुनर्जन्म के और कोशिकाओं के द्वारा आनुवंशिक संक्रमण के मध्य जो विवाद है, वह यथार्थ में आध्यात्मिकता और भौतिकता का विवाद है। यदि कोशिकाओं द्वारा आनुवंशिक संक्रमण समस्या को हल करने के लिए पूर्णतः पर्याप्त है, तब तो भौतिकता ही अपरिहार्य है और आत्म के सिद्धान्त की कोई आवश्यकता नहीं है। यदि वह पर्याप्त नहीं है, तो प्रत्येक आत्मा अपने साथ इस जन्म में अपने भूतकालिक अनुभवों को लेकर आती है, यह सिद्धान्त पूर्णतः सत्य है। पुनर्जन्म या भौतिकता—इन दोनों में से किसी एक को मानने के सिवा और कोई गति नहीं है। प्रश्न यह है कि हम किसे मानें?

मनुष्य अपना भाग्य-विधाता

दक्षिण भारत में एक बहुत शक्तिशाली राजवंश था। समय-समय पर जो प्रमुख व्यक्ति होते थे, उनकी जन्मकुंडलियों को, जिनकी गणना उनके जन्मकाल से की गई होती थी, ले लेने का उन्होंने नियम बना दिया था। इस प्रकार भविष्यवाणी की मुख्य-मुख्य बातों का एक लेखा वे प्राप्त कर लेते थे और बाद में जो घटनाएँ घटित होती थीं, उनसे उनका मिलान करते थे। सहस्र वर्ष पर्यन्त यह उस समय तक किया गया, जब उन्हें कतिपय सर्वसम्मत तथ्य मिल गए। फिर उन्हें नियमबद्ध किया गया और लिख लिया गया और एक बृहत् ग्रन्थ रच डाला गया। राजवंश नष्ट हो गया, लेकिन ज्योतिषियों का कुल बना रहा और ग्रन्थ उनके पास रहा। यह सम्भव प्रतीत होता है कि इस प्रकार से फलित ज्योतिष का आविर्भाव हुआ। फलित ज्योतिष की सूक्ष्म बातों में भी अत्यधिक ध्यान देना, उन अन्धविश्वासों में से एक है, जिससे हिन्दुओं को अत्यधिक क्षति पहुँची है।

मेरा खयाल है कि सर्वप्रथम यूनानी भारत में फलित ज्योतिष लाए और उन्होंने हिन्दुओं से ज्योतिर्विज्ञान (गणित ज्योतिष) सीखा तथा उसे अपने साथ यूरोप ले गए। चूँकि भारत में तुमको प्राचीन यज्ञवेदियाँ ज्यामिति की कुछ विशेष आकृतियों के अनुसार मिलेंगी और कुछ कार्य नक्षत्रों की विशेष स्थिति में ही किए जाते थे, इसलिए मेरा खयाल है कि यूनानियों ने हिन्दुओं को फलित ज्योतिष और हिन्दुओं ने यूनानियों को ज्योतिर्विज्ञान दिया।

मैंने कुछ ऐसे ज्योतिषियों को देखा है, जो आश्चर्यजनक भविष्यवाणियाँ करते हैं, लेकिन यह विश्वास करने के लिए मेरे पास कोई कारण नहीं है कि वे केवल ग्रहों के या वैसी किसी वस्तु के आधार पर भविष्यवाणी करते हैं। कुछ दृष्टान्तों में तो भविष्यवाणी केवल दूसरे के मन के भावों को पढ़ लेना मात्र रहता है। कभी-कभी आश्चर्यजनक भविष्यवाणियाँ की जाती हैं, परन्तु अनेक दृष्टांतों में ये बिलकुल बेकार होती हैं।

लन्दन में एक युवक मेरे पास आकर पूछा करता था, "अगले साल मेरी दशा कैसी होगी?" मैंने प्रश्न किया कि तुम मुझसे ऐसा क्यों पूछते हो। "मेरे सब पैसे नष्ट हो गए और मैं निर्धन हो गया हूँ।" पैसा ही बहुतेरे लोगों का एकमात्र ईश्वर होता

है। निर्बल व्यक्ति, जब सब गँवाकर अपने को कमजोर महसूस करते हैं, तब पैसे बनाने की बेसिर-पैर की तरकीबें अपनाते हैं और ज्योतिष एवं इन सब चीजों का सहारा लेते हैं। संस्कृत में कहावत है : 'जो कापुरुष और मूर्ख है, वह कहता है यह भाग्य है।' लेकिन वह बलवान पुरुष है, जो खड़ा हो जाता है और कहता है, 'मैं अपने भाग्य का निर्माण करूँगा।' जो लोग बूढ़े होने लगते हैं, वे भाग्य की बातें करते हैं। साधारणत: जवान आदमी ज्योतिष का सहारा नहीं लेते। हम लोग ग्रहों के प्रभाव में हो सकते हैं, लेकिन इसका हमारे लिए अधिक महत्त्व नहीं है। बुद्ध का कहना है, 'जो लोग नक्षत्रों की गणना या उस प्रकार की कला और अन्य मिथ्या-प्रपंचों से जीविकोपार्जन करते हैं, उन्हें दूर रखना चाहिए।' और उनको इसका यथार्थ ज्ञान होना ही चाहिए, क्योंकि आज तक जितने हिन्दू जन्मे हैं, उनमें वह सबसे महान् थे। नक्षत्रों को आने दो, हानि क्या है ? यदि कोई नक्षत्र मेरे जीवन में उथल-पुथल करता है, तो उसका मूल्य एक कौड़ी भी नहीं है। तुम अनुभव करोगे कि ज्योतिष और ये सब रहस्यमयी वस्तुएँ बहुधा दुर्बल मन की द्योतक हैं; इसलिए जब हमारे मन में इनका उभार हो, तब हमें किसी डॉक्टर के यहाँ जाना चाहिए, उत्तम भोजन ग्रहण करना चाहिए और विश्राम करना चाहिए।

यदि किसी गोचर घटना की व्याख्या उसकी प्रकृति के ही घटकों से हो जाती है, तो बाहर से कोई व्याख्या ढूँढ़ना मूर्खता है। अगर संसार स्वयं ही अपनी व्याख्या कर दे, तो व्याख्या के लिए बाहर जाना मूर्खता है। क्या तुमने किसी मनुष्य के जीवन में कोई भी ऐसी घटना घटती देखी है, जिसकी व्याख्या स्वयं मनुष्य के सामर्थ्य के भीतर न हो ? इसलिए ग्रह-नक्षत्रों या दुनिया की अन्य किसी वस्तु को टटोलने से क्या लाभ ? मेरी वर्तमान अवस्था के स्पष्टीकरण के लिए मेरा निज का कर्म पर्याप्त है। साक्षात् ईसा पर भी यही लागू होता है। हम जानते हैं कि उनके पिता एक बढ़ई मात्र थे। उनकी शक्ति की व्याख्या कराने के लिए हमें दूसरे किसी के पास जाने की आवश्यकता नहीं है। वह अपने ही अतीत के परिणाम थे, और वह समग्र अतीत उस ईसा के लिए तैयारी था। बुद्ध एक-एक कर पशु-योनियों के अपने पूर्व शरीरों का हाल बताते हैं और कहते हैं कि अन्त में वह कैसे बुद्ध बने। इसलिए व्याख्या के लिए ग्रह-नक्षत्रों के पास जाने की क्या आवश्यकता है ? उनका कुछ प्रभाव हो सकता है, किन्तु उनकी उपेक्षा कर देना हमारा कर्तव्य है, न कि उनकी सुनना और अपने को उद्विग्न करना। मैं जो भी शिक्षा देता हूँ, उसके लिए यह मेरी पहली अनिवार्य शर्त है—जिस किसी वस्तु से आध्यात्मिक, मानसिक या शारीरिक दुर्बलता उत्पन्न हो, उसे पैर की अँगुलियों से भी मत छुओ। मनुष्य में जो स्वाभाविक बल है, उसकी अभिव्यक्ति धर्म है। असीम शक्ति का स्प्रिंग इस छोटी-सी काया में कुंडली मारे विद्यमान है और वह स्प्रिंग अपने को फैला रहा है। और ज्यों-ज्यों यह फैलता है, त्यों-त्यों एक के बाद दूसरा शरीर अपर्याप्त होता जाता है; वह उनका परित्याग कर उच्चतर शरीर धारण

करता है। यही है मनुष्य का धर्म, सभ्यता या प्रगति का इतिहास। वह भीमकाय वद्धपाश प्रोमीथियस[1] अपने को बंधन-मुक्त कर रहा है। यह सदैव बल की अभिव्यक्ति है और फलित ज्योतिष जैसी समस्त कल्पनाओं को, यद्यपि उनमें सत्य का एक कण हो सकता है, दूर ही रखना चाहिए।

किसी ज्योतिषी के बारे में एक प्राचीन कथा है कि एक राजा के यहाँ जाकर उसने कहा, "छः महीने में आपकी मृत्यु हो जाएगी।" राजा डरकर हतबुद्धि हो गया और भयवश वहीं तत्काल प्रायः मरणासन्न हो गया। किन्तु उसका मंत्री चतुर व्यक्ति था। उसने राजा से कहा कि ये ज्योतिषी मूर्ख होते हैं। उस पर राजा का विश्वास नहीं जमा। इससे मंत्री को इसके अतिरिक्त अन्य कोई उपाय न सूझा कि वह ज्योतिषी को राजप्रसाद में पुनः बुलाए और राजा को समझाए कि ये ज्योतिषी मूर्ख होते हैं। तब उसने उससे पूछा कि तुम्हारी गणना सही है। ज्योतिषी ने कहा कि कोई गलती नहीं हो सकती। परन्तु मंत्री को सन्तुष्ट करने के लिए उसने पूरी गणना फिर से की और तब कहा कि वह बिलकुल ठीक है। राजा का चेहरा फीका पड़ गया। मंत्री ने ज्योतिषी से पूछा, "और आपकी मृत्यु कब होगी, इसके बारे में आप क्या सोचते हैं?" "बारह वर्ष में", जवाब मिला। मंत्री ने तलवार खींच ली और ज्योतिषी का सिर धड़ से अलग कर दिया और राजा से कहा, "इस मिथ्यावादी को तो आप देख रहे हैं? यह इसी क्षण मर गया।"

यदि तुम अपने राष्ट्र को जीवित रखना चाहते हो, तो इन सब चीजों से दूर रहो। शुभ वस्तुओं की एक परख यह है कि वे हमें सबल बनाती हैं। शुभ जीवन है, अशुभ मृत्यु है। तुम्हारे देश में ये अन्धविश्वास कुकुरमुत्तों की भाँति उग रहे हैं और जिन स्त्रियों में तार्किक विश्लेषण की योग्यता नहीं है, वे उन पर विश्वास करने के लिए उद्यत हैं। इसका कारण यह है कि स्त्रियाँ मुक्ति के लिए यत्नशील हैं और स्त्रियाँ अभी तक बौद्धिक स्तर पर अपने को प्रतिष्ठित नहीं कर पाई हैं। एक महिला किसी उपन्यास के सिरे पर अंकित किसी कविता की कुछ पंक्तियों को कंठस्थ कर लेती है और कहती है कि ब्राउनिंग के पूरे कृतित्व का उसे ज्ञान है। दूसरी महिला तीन व्याख्यानों को सुनती है और सोचती है कि दुनिया की सारी जानकारी उसको है। कठिनाई यह है कि महिलाओं में जो स्वाभाविक अंधविश्वास होते हैं, उनका परित्याग करने में वे असमर्थ हैं। उनके पास प्रचुर द्रव्य है और थोड़ी बौद्धिक विद्वत्ता भी, लेकिन जब वे इस संक्रमणकालीन अवस्था के पार हो जाएँगी और दृढ़ भूमि पर पाँव जमा लेंगी, तब वे बिलकुल ठीक हो जाएँगी। किन्तु अभी वे धूर्तों द्वारा ठगी जा रही हैं। दुःखी न हो; किसी का जी दुःखाना मेरा अभिप्राय नहीं है, लेकिन सत्य मुझे कहना है। क्या तुम

1. प्रोमीथियस—यूनानियों का पौराणिक पुरुष विशेष, जिसने मृत्तिका से मनुष्य की रचना की, ओलिम्पस से चुराई हुई अग्नि उन्हें दी, उन्हें कला आदि सिखाई और दंड रूप में जंजीर द्वारा एक चट्टान से बाँधा गया।

देखते नहीं, इन सब वस्तुओं के लिए तुम कितने खुले हो? क्या तुम देखते नहीं कि ये महिलाएँ कितनी निश्छल हैं, और वह दिव्यता, जो सबमें गुप्त रूप से विद्यमान है, कभी नष्ट नहीं होती? केवल यही जानता है कि उस दिव्यता के प्रति आवेदन क़िस प्रकार किया जाए।

मेरे जीवन की अवधि जितनी अधिक होती जाती है, दिनानुदिन उतना ही मेरा यह विश्वास दृढ़तर होता जा रहा है कि प्रत्येक मानव दिव्य है। किसी भी स्त्री या पुरुष में, चाहे वह कितना भी जघन्य क्यों न हो, वह दिव्यता विनष्ट नहीं होती। उस स्त्री या पुरुष को केवल यही मालूम नहीं है कि वहाँ तक कैसे पहुँचा जाए और वह सत्य की प्रतीक्षा में है। और दुष्ट जन सब प्रकार की बेवकूफियों से उस स्त्री या पुरुष को ठगने की कोशिश कर रहे हैं। यदि पैसे के लिए एक आदमी दूसरे को ठगता है तो तुम कहते हो कि वह बेवकूफ और बदमाश है। तो वह जो दूसरों को आध्यात्मिक मूर्ख बनाना चाहता है, उसकी यह कितनी और अधिक बड़ी दुष्टता है! यह बहुत बुरा है। केवल एक ही कसौटी है, सत्य तुमको अवश्य बलवान बनाएगा और कुसंस्कार से ऊपर उठाएगा। दार्शनिक का कर्तव्य है कि वह तुमको अंधविश्वास से ऊपर उठाए। यहाँ तक कि यह संसार, यह शरीर और मन अंधविश्वास है। तुम हो कितनी असीम आत्मा! और टिमटिमाते हुए तारों से छले जाना! यह लज्जास्पद दशा है। तुम दिव्य हो; टिमटिमाते हुए तारों का अस्तित्व तो तुम्हारे कारण है।

एक बार मैं हिमालय के अंचल में यात्रा कर रहा था और सामने लम्बी सड़क का विस्तार था। हम गरीब साधुओं को कोई ढोनेवाला नहीं मिल सकता था, इसलिए पूरा मार्ग पैदल चलकर पार करना था। हम लोगों के साथ एक वृद्ध था। रास्ता सैकड़ों मील का है, जिसमें चढ़ाव और उतार है और जब उस वृद्ध साधु ने देखा कि उसके सामने क्या है, तब उसने कहा, "ओह, महाशय, इसे कैसे पार किया जाए, मैं अब जरा भी नहीं चल सकता, मेरी छाती फट जाएगी।" मैंने उससे कहा, "नीचे अपने पाँवों को देखो। आपके पाँवों के नीचे जो सड़क है, उसे आप पार कर चुके हैं और आपके सामने जो सड़क दिखाई पड़ रही है वह भी वही है; और वह भी शीघ्र आपके पाँवों के नीचे आ जाएगी।" उच्चतम वस्तुएँ तुम्हारे पाँवों के तले हैं, क्योंकि तुम दिव्य नक्षत्र हो। यदि तुम चाहो तो मुट्ठियों नक्षत्र चबा सकते हो। ऐसा है तुम्हारा वास्तविक स्वरूप। बलवान बनो, सब अंधविश्वासों से ऊपर उठो और मुक्त हो जाओ।

माया एवं मुक्ति

कवि कहता है, "हम जगत् में महिमा का हिरण्मय मेघजाल लेकर प्रवेश करते हैं।" पर सच पूछो, तो हममें से सभी इस प्रकार महिमामंडित होकर संसार में प्रवेश नहीं करते; हममें से बहुत से तो अपने पीछे कुहरे की कालिमा लेकर जगत् में प्रवेश करते हैं; इसमें कोई सन्देह नहीं। हम लोग—हममें से सभी-मानो युद्ध करने के लिए युद्धक्षेत्र में भेजे गए हैं। रोते-रोते हमें इस संसार में प्रवेश करना पड़ता है, यथासाध्य प्रयत्न करके अपना मार्ग बना लेना पड़ता है—जीवन के इस अनन्त सागर में हम अपना मार्ग बनाते हैं। हम आगे बढ़ते जाते हैं, अगणित युग हमारे पीछे रहते हैं और असीम विस्तार हमारे परे। इसी प्रकार हम चलते रहते हैं और अन्त में मृत्यु आकर हमें इस क्षेत्र से उठा ले जाती है—विजयी अथवा पराजित, कुछ भी निश्चित नहीं। और यही माया है!

बालक के हृदय में आशा की प्रधानता होती है। बालकों के विस्फारित नयनों के समक्ष समस्त जगत् मानो एक सुनहले चित्र के समान मालूम पड़ता है; वह समझता है कि मेरी जो इच्छा होगी, वही होगा। किन्तु जैसे वह आगे बढ़ता है, वैसे ही प्रत्येक पद पर प्रकृति वज्रदृढ़ प्राचीर के रूप में उसकी भविष्य प्रगति रोध करके खड़ी हो जाती है, उस प्राचीर को भंग करने के लिए वह भले ही बारम्बार वेग के साथ उस पर टक्कर मारता रहे। सारे जीवन-भर वह जैसे-जैसे अग्रसर होता जाता है, वैसे-वैसे उसका आदर्श उससे दूर होता जाता है—अन्त में मृत्यु आ जाती है, और शायद इस सबसे छुटकारा मिल जाता है। और यही माया है!

एक वैज्ञानिक उठता है, महाज्ञान की पिपासा लिये। उसके लिए ऐसा कुछ भी नहीं है, जिसका वह त्याग न कर सकता हो, कोई भी संघर्ष उसे निरुत्साहित नहीं कर सकता। वह लगातार आगे बढ़ता हुआ प्रकृति के एक के बाद एक गुप्त तत्त्वों का पता लगाता जाता है—प्रकृति के अन्तस्तल में जाकर आभ्यन्तरिक गूढ़ रहस्यों का उद्‌घाटन करता जाता है, पर इस सबका उद्‌देश्य क्या है? यह सब करने का हेतु क्या है? हम इन वैज्ञानिकों को क्यों मान दें? उन्हें कीर्ति क्यों मिले? मनुष्य जितना कर सकता है, प्रकृति क्या उससे अनन्त गुना अधिक नहीं करती? और प्रकृति तो जड़ है, अचेतन है। तो फिर जड़ के अनुकरण में कौन सा गौरव है?

प्रकृति कितनी भी विद्युत्शक्तिसम्पन्न वज्र को चाहे जितनी दूर फेंक दे सकती है। यदि कोई मनुष्य उसका शतांश भी कर दे, तो हम उसे आसमान पर चढ़ा देते हैं! यह सब क्यों? प्रकृति के अनुकरण के लिए, मृत्यु के, जड़त्व के, अचेतन के अनुकरण के लिए हम उसकी प्रशंसा क्यों करें? गुरुत्वाकर्षण-शक्ति भारी से भारी पदार्थ को क्षण भर में टुकड़े-टुकड़े कर फेंक दे सकती है, फिर भी वह जड़ है। जड़ के अनुकरण से क्या लाभ? फिर भी हम सारा जीवन उसी के लिए संघर्ष करते रहते हैं। और यही माया है!

इन्द्रियाँ मनुष्य की आत्मा को बाहर खींच लाती हैं। मनुष्य ऐसे स्थानों में सुख और आनन्द की खोज कर रहा है, जहाँ वह उन्हें कभी नहीं पा सकता। युगों से हम यह शिक्षा पाते आ रहे हैं कि यह निरर्थक और व्यर्थ है; यहाँ हमें सुख नहीं मिल सकता। परन्तु हम सीख नहीं सकते! हम प्रयत्न करते हैं और हमें एक धक्का लगता है; फिर भी क्या हम सीखते हैं? नहीं, फिर भी नहीं सीखते। पतिंगे जिस प्रकार दीपक की लौ पर टूट पड़ते हैं, उसी प्रकार हम इन्द्रियों में सुख पाने की आशा से अपने को बार-बार झोंकते रहते हैं। पुनः-पुनः लौटकर हम फिर से नए उत्साह के साथ लग जाते हैं। बस, इसी प्रकार चलता रहता है और अन्त में लूले-लँगड़े होकर, धोखा खाकर हम मर जाते हैं। और यही माया है!

यही बात हमारी बुद्धि के सम्बन्ध में भी है। हम विश्व के रहस्य का हल करने की चेष्टा करते हैं—हम इस जिज्ञासा, इस अनुसन्धान की प्रवृत्ति को बन्द नहीं रख सकते। ऐसा लगता है कि यह सब हमें अवश्य जान लेना चाहिए और हम यह विश्वास ही नहीं कर सकते कि ज्ञान कोई प्राप्त की जाने वाली वस्तु नहीं है। हम कुछ कदम आगे जाते हैं कि अनादि, अनन्त कालरूपी प्राचीर बीच में व्यवधान के रूप में आ खड़ी होती है, जिसे हम लाँघ नहीं सकते। कुछ दूर बढ़ते ही असीम देश का व्यवधान आकर खड़ा हो जाता है, जिसके अतिक्रमण करने की हममें शक्ति नहीं; और फिर यह सब कार्य-कारणरूपी दीवार द्वारा सुदृढ़ रूप से सीमाबद्ध है। हम इस दीवार को नहीं लाँघ सकते। तो भी हम संघर्ष करते रहते हैं। हमें संघर्ष करना ही पड़ता है। और यही माया है!

प्रत्येक साँस के साथ, हृदय की प्रत्येक धड़कन के साथ, अपनी प्रत्येक हलचल के साथ हम समझते हैं कि हम स्वतंत्र हैं, और उसी क्षण हम देखते हैं कि हम स्वतंत्र नहीं हैं। बद्ध गुलाम—हम प्रकृति के गुलाम हैं! शरीर, मन, सर्वविध विचारों एवं समस्त भावों में हम प्रकृति के गुलाम हैं! और यही माया है!

ऐसी एक भी माता नहीं है, जो अपनी सन्तान को जन्मना एक अद्भुत प्रतिभा-सम्पन्न महापुरुष न समझती हो। वह उस बालक को लेकर पागल सी हो जाती है; उस बालक में ही उसके प्राण पड़े रहते हैं। बालक बड़ा होता है—शायद घोर शराबी और पशुतुल्य हो जाता है, जननी के प्रति दुष्ट व्यवहार तक करने लगता है। जितना

ही उसका दुर्व्यवहार बढ़ता है, उतना ही जननी का प्रेम भी बढ़ता है। लोग इसे जननी का नि:स्वार्थ प्रेम कहकर प्रशंसा करते हैं! उनके मन में यह प्रश्न तब तक नहीं उठता कि वह माता जन्मना एक गुलाम है—वह इस प्रकार प्रेम किए बिना रह नहीं सकती। हजारों बार उसकी इच्छा होती है कि वह इस मोह का त्याग कर दे, पर वह कर नहीं पाती। अत: वह इसे पुष्पराशि द्वारा आच्छादित कर लेती है और उसी को अद्भुत प्रेम कहती है। और यही माया है!

हम सबका भी बस यही हाल है। नारद ने एक दिन श्री कृष्ण से पूछा, ''प्रभो, माया कैसी है, मैं देखना चाहता हूँ।'' एक दिन श्री कृष्ण नारद को लेकर एक मरुस्थल की ओर चले। बहुत दूर जाने के बाद श्री कृष्ण नारद से बोले, ''नारद, मुझे बड़ी प्यास लगी है। क्या कहीं से थोड़ा सा जल ला सकते हो?'' नारद बोले, ''प्रभो, ठहरिए, मैं अभी जल लिये आया।'' यह कहकर नारद चले गए। कुछ दूर पर एक गाँव था, नारद वहीं जल की खोज में गए। एक मकान में जाकर उन्होंने दरवाजा खटखटाया। द्वार खुला और एक परम सुन्दरी कन्या उनके सम्मुख आकर खड़ी हुई। उसे देखते ही नारद सब कुछ भूल गए। भगवान् मेरी प्रतीक्षा कर रहे होंगे, वे प्यासे होंगे, हो सकता है, प्यास से उनके प्राण भी निकल जाएँ--ये सारी बातें नारद भूल गए। सब कुछ भूलकर वे उस कन्या के साथ बातचीत करने लगे। उस दिन वे अपने प्रभु के पास लौटे ही नहीं। दूसरे दिन वे फिर से उस लड़की के घर आ उपस्थित हुए और उससे बातचीत करने लगे। धीरे-धीरे बातचीत ने प्रणय का रूप धारण कर लिया। तब नारद उस कन्या के पिता के पास जाकर उस कन्या के साथ विवाह करने की अनुमति माँगने लगे। विवाह हो गया। नव दम्पति उसी गाँव में रहने लगे। धीरे-धीरे उनके सन्तानें भी हुईं। इस प्रकार बारह वर्ष बीत गए। इस बीच नारद के ससुर मर गए और वे उनकी सम्पति के उत्तराधिकारी हो गए। पुत्र-कलत्र, भूमि, पशु, सम्पत्ति, गृह आदि को लेकर नारद बड़े सुख-चैन से दिन बिताने लगे। कम से कम उन्हें तो यही लगने लगा कि वे बड़े सुखी हैं। इतने में उस देश में बाढ़ आई। रात के समय नदी दोनों कगारों को तोड़कर बहने लगी और सारा गाँव डूब गया। मकान गिरने लगे; मनुष्य और पशु बह-बहकर डूबने लगे, नदी की धार में सब कुछ बहने लगा। नारद को भी भागना पड़ा। एक हाथ से उन्होंने स्त्री को पकड़ा, दूसरे हाथ से दो बच्चों को, और एक बालक को कन्धे पर बिठाकर वे उस भयंकर बाढ़ से बचने का प्रयत्न करने लगे। कुछ ही दूर जाने के बाद उन्हें लहरों का वेग अत्यन्त तीव्र प्रतीत होने लगा। कन्धे पर बैठे हुए शिशु की नारद किसी प्रकार रक्षा न करे सके; वह गिरकर तरंगों में बह गया। उसकी रक्षा करने के प्रयास में एक और बालक, जिसका हाथ वे पकड़े हुए थे, गिरकर डूब गया। निराशा और दु:ख से नारद आर्तनाद करने लगे। अपनी पत्नी को वे अपने शरीर की सारी शक्ति लगाकर पकड़े हुए थे, अन्त में तरंगों के वेग से पत्नी भी उनके हाथ से छूट गई और वे स्वयं तट पर जा गिरे एवं मिट्टी में लोटपोट हो बड़े कातर स्वर से

विलाप करने लगे। इसी समय मानो किसी ने उनकी पीठ पर कोमल हाथ रखा और कहा, "बच्चे जल कहाँ है ? तुम जल लेने गए थे न, मैं तुम्हारी प्रतीक्षा में खड़ा हूँ। तुम्हें गए आधा घंटा बीत चुका।" "आधा घंटा!" नारद चिल्ला पड़े। उनके मन में तो बारह वर्ष बीत चुके थे, और आधे घंटे के भीतर ही ये सब दृश्य उनके मन में से होकर निकल गए! और यही माया है!

किसी न किसी रूप में हम सभी इस माया के भीतर हैं। यह बात समझना बड़ा कठिन है—विषय भी बड़ा जटिल है। इसका तात्पर्य क्या है ? यही कि यह बात बड़ी भयानक है—सभी देशों में महापुरुषों ने इस तत्त्व का प्रचार किया है, सभी देश के लोगों ने इसकी शिक्षा प्राप्त की है, पर बहुत कम लोगों ने इस पर विश्वास किया है। इसका कारण यही है कि स्वयं बिना भोगे, स्वयं बिना ठोकर खाए हम इस पर विश्वास नहीं कर सकते। सच पूछो तो सभी वृथा है, सभी मिथ्या है। सर्वसंहारक काल आकर सबको ग्रस लेता है, कुछ भी नहीं छोड़ता। वह पापी को खा जाता है, संत को खा जाता है, राजा, प्रजा, सुन्दर, कुत्सित—सभी को खा डालता है, किसी को नहीं छोड़ता। सब कुछ उस चरम गति—विनाश—की ही ओर अग्रसर हो रहा है। हमारा ज्ञान, शिल्प, विज्ञान—सब कुछ उसी की ओर अग्रसर हो रहा है। कोई भी इस ज्वार की गति को नहीं रोक सकता। हम भले ही उसे भूले रहने की चेष्टा करें, जैसे किसी देश में महामारी फैलने पर लोग शराब, नाच, गान आदि व्यर्थ की चेष्टाओं में रत रहकर सब कुछ भूलने का प्रयत्न करते हुए, पक्षाघात-ग्रस्त से हो जाते हैं। हम लोग भी उसी प्रकार इस मृत्यु की चिन्ता को भूलने का कठोर प्रयत्न कर रहे हैं—सब प्रकार के इन्द्रिय-सुखों में रत रहकर उसे भूल जाने की चेष्टा कर रहे हैं। और यही माया है!

लोगों के सामने दो मार्ग हैं। इनमें से एक को तो सभी जानते हैं। वह यह है—'संसार में दुःख है, कष्ट है—सब सत्य है, पर इस सम्बन्ध में बिलकुल मत सोचो। **यावज्जीवेत्सुखं जीवेत् ऋणं कृत्वा घृतं पिबेत्।** दुख है अवश्य, पर उधर नजर मत डालो। जो कुछ थोड़ा-बहुत सुख मिले, उसका भोग कर लो, इस संसार-चित्र के अन्धकारमय भाग को मत देखो—केवल प्रकाशमय और आशाप्रद पक्ष की ओर दृष्टि रखो।' इस मत में कुछ सत्य तो अवश्य है, पर साथ ही एक खतरा भी है। इसमें सत्य इतना ही है कि यह हमें कार्य की प्रेरणा देता है। आशा एवं इसी प्रकार का एक प्रत्यक्ष आदर्श हमें कार्य में प्रवृत्त और उत्साहित करता है अवश्य, पर इसमें विपत्ति यह है कि अन्त में हमें हताश होकर सब चेष्टाएँ छोड़ देनी पड़ती हैं। यही हाल होता है उन लोगों का, जो कहते हैं—"संसार को जैसे देखते हो, वैसा ही ग्रहण करो; जितना स्वच्छन्द रह सकते हो, रहो; दुःख-कष्ट आने पर भी सन्तुष्ट रहो; आघात होने पर भी कहो कि आघात नहीं, पुष्प-वृष्टि है; दास के समान दुत्कार जाने पर भी कहो—'मैं मुक्त हूँ, स्वाधीन हूँ'; दूसरों तथा अपनी आत्मा के सम्मुख दिन-रात मिथ्या बोलो, क्योंकि संसार में रहने का, जीवित रहने का यही एकमात्र उपाय है।" इसी को सांसारिक

ज्ञान कहते हैं, और इस उन्नीसवीं शताब्दी में इसका जितना प्रभाव है, उतना और कभी नहीं रहा; क्योंकि लोग इस समय जो चोटें खा रहे हैं, वैसी उन्होंने पहले कभी नहीं खाईं, प्रतिद्वन्द्विता भी इतनी तीव्र पहले कभी नहीं थी; मनुष्य अपने भाइयों के प्रति आज जितना निष्ठुर है, उतना पहले कभी नहीं था, और इसीलिए आजकल यह सान्त्वना दी जाती है। आजकल इस उपदेश का ही जोर है, पर अब उससे कोई फल नहीं होता—कभी होता भी नहीं। सड़े-गले मुर्दे को फूलों से ढककर नहीं रखा जा सकता—यह असम्भव है। ऐसा अधिक दिन नहीं चलता। एक दिन ये सब फूल सूख जाएँगे, और तब वह शव पहले से भी अधिक बीभत्स दिखाई देगा। हमारा सारा जीवन भी ऐसा ही है। हम भले ही अपने पुराने, सड़े घाव को स्वर्ण के वस्त्र से ढक रखने की चेष्टा करें, पर एक दिन ऐसा आएगा, जब वह स्वर्णवस्त्र खिसक पड़ेगा और वह घाव अत्यन्त बीभत्स रूप में आँखों के सामने प्रकट हो जाएगा।

तब क्या कोई आशा नहीं है? यह सत्य है कि हम सभी माया के दास हैं, हम सभी माया के अन्दर ही जन्म लेते हैं और माया में ही जीवित रहते हैं। तब क्या कोई उपाय नहीं है? कोई आशा नहीं है? ये सब बातें तो सैकड़ों युगों से लोगों को मालूम हैं कि हम सब अतीव दुर्दशा में पड़े हैं, यह जगत् वास्तव में एक कारागार है, हमारी पूर्वप्राप्त महिमा की छटा भी एक कारागार है, हमारी बुद्धि और मन भी एक कारागार के समान है। मनुष्य चाहे जो कुछ कहे, पर ऐसा कोई भी व्यक्ति नहीं है, जो किसी न किसी समय इस बात को हृदय से अनुभव न करता हो। वृद्ध लोग इसको और भी तीव्रता के साथ अनुभव करते हैं, क्योंकि उनकी जीवन-भर की संचित अभिज्ञता रहती है। प्रकृति की मिथ्या भाषा उन्हें और अधिक नहीं ठग सकती। इस बन्धन को तोड़ने का क्या उपाय है? क्या कोई उपाय नहीं है? हम देखते हैं कि इस भयंकर व्यापार के बावजूद, हमारे सामने, पीछे, चारों ओर यह बन्धन रहने पर भी, इस दुःख और कष्ट के बीच, इस जगत् में ही, जहाँ जीवन और मृत्यु समानार्थी हैं, एक महावाणी समस्त युगों, समस्त देशों और समस्त व्यक्तियों के हृदय में गूँज रही है—

दैवी ह्येषा गुणमयी मम माया दुरत्यया।
मामेव ये प्रपद्यन्ते मायामेतां तरन्ति ते॥

—'मेरी यह दैवी, त्रिगुणमयी माया बड़ी मुश्किल से पार की जाती है। जो मेरी शरण में आते हैं, वे इस माया से अतीत हो जाते हैं।' 'हे थके-माँदे, भार से लदे मनुष्यो, आओ, मैं तुम्हें आश्रय दूँगा।' यह वाणी ही हम सबको बराबर अग्रसर कर रही है। मनुष्य ने इस वाणी को सुना है, और अनन्त युगों से सुनता आ रहा है। जब मनुष्य को लगता है कि उसका सब कुछ चला जा रहा है, तब उसकी आशा टूटने लगती है, जब अपने बल में उसका विश्वास हटने लगता है, जब सब कुछ मानो उसकी अँगुलियों में से खिसककर भागने लगता है और जीवन केवल एक भग्नावशेष में परिणत हो जाता है, तब वह इस वाणी को सुन पाता है—और यही धर्म है।

अतएव, एक ओर तो यह अभय वाणी है कि यह समस्त कुछ नहीं; केवल माया है, और साथ ही यह आशाप्रद वाक्य है कि माया के बाहर जाने का मार्ग भी है। और दूसरी ओर, हमारे सांसारिक लोग कहते हैं, ''धर्म, दर्शन ये सब व्यर्थ की वस्तुएँ लेकर दिमाग खराब मत करो। दुनिया में रहो; माना, यह दुनिया बड़ी खराब है, पर जितना हो सके, इसका आनन्द ले लो।'' सीधे सादे शब्दों में इसका अर्थ यही है कि दिन-रात पाखंडपूर्ण जीवन व्यतीत करो—अपने घाव को जब तक हो सके, ढके रखो। एक के बाद दूसरी जोड़-गाँठ करते जाओ, यहाँ तक कि सब कुछ नष्ट हो जाए और तुम केवल जोड़-गाँठ का एक समूह मात्र रह जाओ। इसी को कहते हैं सांसारिक जीवन। जो इस जोड़-गाँठ से सन्तुष्ट हैं, वे कभी भी धर्मलाभ नहीं कर सकते। जब जीवन की वर्तमान अवस्था में भयानक अशान्ति उत्पन्न हो जाती है, जब अपने जीवन के प्रति भी ममता नहीं रह जाती, जब इस जोड़-गाँठ पर अपार घृणा उत्पन्न हो जाती है, जब मिथ्या और पाखंड के प्रति प्रबल वितृष्णा उत्पन्न हो जाती है, तभी धर्म का प्रारम्भ होता है। बुद्धदेव ने बोधिवृक्ष के नीचे बैठकर दृढ़ स्वर से जो बात कही थी, उसे जो अपने रोम रोम से बोल सकता है, वही वास्तविक धार्मिक होने योग्य है। संसारी होने की इच्छा उनके भी हृदय में एक बार उत्पन्न हुई थी। इधर वे स्पष्ट रूप से देख रहे थे कि उनकी यह अवस्था, यह सांसारिक जीवन एकदम व्यर्थ है; पर इसके बाहर जाने का उन्हें कोई मार्ग नहीं मिल रहा था। मार एक बार उनके निकट आया और कहने लगा—'छोड़ो भी सत्य की खोज, चलो, संसार में लौट चलो, और पहले जैसा पाखंडपूर्ण जीवन बिताओ, सब वस्तुओं को उनके मिथ्या नामों से पुकारो, अपने निकट और सबके निकट दिन-रात मिथ्या बोलते रहो।' यह मार उनके पास पुनः आया, पर उस महावीर ने अपने अतुल पराक्रम से उसे उसी क्षण परास्त कर दिया। उन्होंने कहा, ''अज्ञानपूर्वक केवल खा-पीकर जीने की अपेक्षा मरना ही अच्छा है; पराजित होकर जीने की अपेक्षा युद्धक्षेत्र में मरना श्रेयस्कर है।'' यही धर्म की भित्ति है। जब मनुष्य इस भित्ति पर खड़ा होता है, तब समझना चाहिए कि वह सत्य की प्राप्ति के पथ पर, ईश्वर की प्राप्ति के पथ पर चल रहा है। धार्मिक होने के लिए भी पहले यह दृढ़ प्रतिज्ञा आवश्यक है। मैं अपना रास्ता स्वयं ढूँढ़ लूँगा। सत्य को जानूँगा अथवा इस प्रयत्न में प्राण दे दूँगा। कारण, संसार की ओर से तो और कुछ पाने की आशा है ही नहीं, यह तो शून्यस्वरूप है—दिन-रात उड़ता जा रहा है। आज का सुन्दर, आशापूर्ण तरुण कल का बूढ़ा है। आशा, आनन्द, सुख—ये सब मुकुलों की भाँति कल के शिशिर-पात से नष्ट हो जाएँगे। यह हुई इस ओर की बात; और दूसरी ओर है विजय का प्रलोभन—जीवन के समस्त अशुभों पर विजय-प्राप्ति की सम्भावना है। और तो और, स्वयं जीवन और जगत् पर भी विजय-प्राप्ति की सम्भावना है। इसी उपाय से मनुष्य अपने पैरों पर खड़ा हो सकता है। अतएव जो लोग इस विजय-प्राप्ति के लिए, सत्य के लिए, धर्म के लिए चेष्टा कर रहे हैं, वे ही

सत्य-पथ पर हैं, और वेद भी यही उपदेश करते हैं, 'निराश मत होओ; मार्ग बड़ा कठिन है—छुरे की धार पर चलने के समान दुर्गम; फिर भी निराश मत होओ; उठो, जागो और अपने चरम आदर्श को प्राप्त करो।'[1]

सारे धर्मों की, चाहे वे किसी भी रूप में मनुष्य के निकट अपनी अभिव्यक्ति करते हों, यही एक सामान्य केन्द्रीय भित्ति है। और वह है, संसार के बाहर जाने का अर्थात् मुक्ति का उपदेश। इन सब धर्मों का उद्देश्य संसार और धर्म के बीच सुलह कराना नहीं, पर धर्म को अपने आदर्श में दृढ़ प्रतिष्ठित करना है, संसार के साथ बिना समझौता किए ही उसकी जटिल समस्या का समाधान करना है। प्रत्येक धर्म इसका प्रचार करता है और वेदान्त का कर्तव्य है—इन सभी महत्त्वाकांक्षाओं में सामंजस्य स्थापित करना और संसार के सारे उच्चतम और निम्नतम धर्मों में विद्यमान सामान्य तत्त्व को अभिव्यक्त करना। हम जिसको अत्यन्त भ्रान्त अंधविश्वास कहते हैं, और जो सर्वोच्च दर्शन है, सभी की यही एक साधारण भित्ति है कि वे सब इस एक प्रकार के संकट से निस्तार पाने का मार्ग दिखाते हैं, और अधिकांश में किसी प्रपंचातीत पुरुषविशेष की सहायता से अर्थात् प्रकृति नियमों से नित्य मुक्त पुरुषविशेष की सहायता से इस मुक्ति की प्राप्ति करनी पड़ती है। इस मुक्त पुरुष के स्वरूप के सम्बन्ध में नाना प्रकार की कठिनाइयाँ और मतभेद होने पर भी—वह ब्रह्म सगुण है या निर्गुण, मनुष्य की भाँति ज्ञानसम्पन्न है अथवा नहीं, वह पुरुष है, स्त्री या निर्लिंग—इस प्रकार के अनन्त विचार तथा विभिन्न मतों के प्रबल विरोध होने पर भी, मूलभूत तत्त्व एक ही है। विविध मतवादों के इस प्रचंड परस्पर विरोध के बावजूद, हमें उन सबमें एकता का एक स्वर्णसूत्र मिलता है, और इस दर्शन में ही इस स्वर्णसूत्र की खोज हुई है, जो हमारी दृष्टि के सामने थोड़ा-थोड़ा करके प्रकाशित हुआ है, और यह सामान्य तत्त्व ही इस प्रकाशना का पहला सोपान है कि हम सभी मुक्ति की ही ओर अग्रसर हो रहे हैं।

अपने सुख, दुःख, विपत्ति और कष्ट—सभी अवस्थाओं में हम यह आश्चर्य की बात देखते हैं कि हम सभी धीरे-धीरे मुक्ति की ओर अग्रसर हो रहे हैं। प्रश्न उठा—यह जगत् वास्तव में क्या है? कहाँ से इसकी उत्पत्ति हुई और कहाँ इसका लय है? और इसका उत्तर था—मुक्ति से ही उसकी उत्पत्ति है, मुक्ति में यह विश्राम करता है और अन्त में मुक्ति में ही इसका लय हो जाता है। यह जो मुक्ति की भावना है कि वास्तव में हम मुक्त हैं, इस आश्चर्यजनक भावना के बिना हम एक क्षण भी नहीं चल सकते; इस भाव के बिना तुम्हारे सभी कार्य, यहाँ तक कि तुम्हारा जीवन तक व्यर्थ है। प्रतिक्षण प्रकृति यह सिद्ध किए दे रही है कि हम दास हैं, पर उसके

1. उत्तिष्ठत जाग्रत प्राप्य वरान्निबोधत।
क्षरस्य धारा निशिता दुरत्यया
दुर्गं पथस्तत्कवयो वदन्ति॥ कठोपनिषद्॥1।3।14॥

साथ ही यह दूसरा भाव भी हमारे मन में उत्पन्न होता रहता है कि हम मुक्त हैं। प्रतिक्षण हम माया से आहत होकर बद्ध से प्रतीत होते हैं, पर उसी क्षण, उस आघात के साथ ही—'हम बद्ध हैं', इस भाव के साथ ही—और भी एक भाव हममें आता है कि हम मुक्त हैं। मानो हमारे अन्दर से कोई कह रहा है कि हम मुक्त हैं। पर इस मुक्ति की हृदय से उपलब्धि करने में, अपने मुक्त स्वभाव को प्रकट करने में जो बाधाएँ उपस्थित होती हैं, वे भी एक प्रकार से अनतिक्रमणीय हैं। तो भी अन्दर से, हमारे हृदय के अन्तस्तल से मानो कोई सर्वदा कहता रहता है—'मैं मुक्त हूँ, मैं मुक्त हूँ।' और यदि तुम संसार के विभिन्न धर्मों का अध्ययन करो, तो देखोगे, उन सभी में किसी न किसी रूप में यह भाव प्रकाशित हुआ है। केवल धर्म नहीं, धर्म शब्द को तुम संकीर्ण अर्थ में मत लो, वरन् सारा सामाजिक जीवन इसी एक मुक्त भाव की अभिव्यक्ति है। सभी प्रकार की सामाजिक गतियाँ उसी एक मुक्त भाव की विभिन्न अभिव्यक्तियाँ हैं। मानो सभी ने, जाने-जनजाने, उस स्वर को सुना है, जो दिन-रात कह रहा है, "हे थके-माँदे और बोझ से लदे हुए मनुष्यो! मेरे पास आओ!" मुक्ति के लिए आह्वान करनेवाली यह वाणी भले ही एक प्रकार की भाषा अथवा एक ही ढंग से प्रकाशित न होती हो, पर किसी न किसी रूप में वह हमारे साथ सदैव वर्तमान है। हमारा यहाँ जो जन्म हुआ है, वह भी इसी वाणी के कारण; हमारी प्रत्येक गति इसी के लिए है। हम जानें या न जानें, पर हम सभी मुक्ति की ओर चल रहे हैं, उसी वाणी का अनुसरण कर रहे हैं। जिस प्रकार गाँव के बालक वंशीवादक के संगीत से खिंचकर चले जाते थे, उसी प्रकार हम भी, बिना जाने ही, उस वाणी के संगीत का अनुसरण कर रहे हैं।

जब हम उस वाणी का अनुसरण करते हैं, तभी हम नीतिपरायण होते हैं। केवल जीवात्मा नहीं, वरन् छोटे से छोटे प्राणी से लेकर ऊँचे से ऊँचे मनुष्यों तक सभी ने वह स्वर सुना है, और सब उसी की दिशा में दौड़े जा रहे हैं। और इस चेष्टा में या तो हम परस्पर मिल जाते हैं या एक दूसरे को धक्का देते रहते हैं। इसी से प्रतिद्वन्द्विता, हर्ष, संघर्ष, जीवन, सुख और मृत्यु उत्पन्न होते हैं और उस वाणी तक पहुँचने के लिए यह जो संघर्ष चल रहा है, समग्र विश्व उसी का परिणाम मात्र है। हम यही करते आ रहे हैं। यही व्यक्त प्रकृति का परिचय है।

इस वाणी के सुनने से क्या होता है? इससे हमारे सामने का दृश्य परिवर्तित होने लगता है। जैसे ही तुम इस स्वर को सुनते हो और समझते हो कि यह क्या है, वैसे ही तुम्हारे सामने का सारा दृश्य बदल जाता है। यही जगत्, जो पहले माया का बीभत्स युद्धक्षेत्र था, अब और कुछ—अपेक्षाकृत अधिक सुन्दर—हो जाता है। तब फिर प्रकृति को कोसने की कोई आवश्यकता नहीं रह जाती। संसार बड़ा बीभत्स है अथवा यह सब वृथा है, यह कहने की भी आवश्यकता नहीं रह जाती; रोने-चिल्लाने का भी प्रयोजन नहीं रह जाता। जैसे ही तुम इस स्वर का अर्थ समझते हो, वैसे ही तुम जान

लोगे कि इस सब चेष्टा, इस युद्ध, इस प्रतिद्वन्द्विता, इस कठिनाई, इस निष्ठुरता, इन सब क्षुद्र सुख एवं आनन्द आदि का प्रयोजन क्या है! तब यह स्पष्ट समझ में आ जाता है कि यह सब प्रकृति के स्वभाव से ही होता है, हम सब, जाने-अनजाने, उसी स्वर की ओर अग्रसर हो रहे हैं, इसीलिए यह सब हो रहा है। अतएव समस्त मानव-जीवन, समस्त प्रकृति उसी मुक्त भाव को अभिव्यक्त करने की चेष्टा कर रही है, बस; सूर्य भी उसी ओर जा रहा है, पृथ्वी भी इसीलिए सूर्य के चारों ओर परिक्रमा कर रही है, चन्द्र भी इसीलिए पृथ्वी के चारों ओर घूम रहा है। उस स्थान पर पहुँचने के लिए ही समस्त ग्रह-नक्षत्र धावमान हैं और वायु प्रवहमान है। उस मुक्ति के लिए ही बिजली तीव्र घोष करती है और मृत्यु भी उसी के लिए चारों ओर घूम-फिर रही है। सब कोई उसी दिशा में जाने का प्रयत्न कर रहे हैं। साधु भी उसी ओर जा रहे हैं, बिना गए वे रह ही नहीं सकते, उनके लिए यह कोई प्रशंसा की बात नहीं। पापियों की भी यही दशा है। बड़ा दानी व्यक्ति भी उसी को लक्ष्य बनाकर सरल भाव से चला जा रहा है, बिना गए वह भी नहीं रह सकता; और एक भयानक कंजूस भी उसी को लक्ष्य बनाकर चल रहा है। जो बड़े सत्कर्मशील हैं, उन्होंने भी उसी वाणी को सुना है, वे सत्कर्म किए बिना रह नहीं सकते, और एक घोर आलसी व्यक्ति का भी यही हाल है। हो सकता है, एक व्यक्ति दूसरे की अपेक्षा अधिक ठोकरें खाए। जो व्यक्ति अधिक ठोकरें खाता है, उसे हम बुरा कहते हैं और जो कम, उसे सज्जन या भला कहते हैं। भला और बुरा, ये दोनों भिन्न चीजें नहीं हैं, दोनों एक ही हैं; उनके बीच का भेद प्रकारगत नहीं, परिमाणगत है।

अब देखो, यदि वह मुक्त भावरूपी शक्ति वास्तव में समस्त जगत् में कार्य कर रही है, तो अपने विशेष आलोच्य विषय धर्म में उसका प्रयोग करने पर हम देखते हैं कि सभी धर्मों में इस एक भाव को स्वीकार किया गया है। अत्यन्त निम्न कोटि के धर्म को लो, जिसमें किसी मृत पूर्वजों अथवा निष्ठुर देवता की उपासना होती है। इन उपास्य देवताओं अथवा मृत पूर्वजों के बारे में क्या धारणा है? यही कि वे प्रकृति से उन्नत हैं, इस माया के द्वारा वे बद्ध नहीं हैं। पर हाँ, प्रकृति के बारे में उपासक की धारणा अवश्य बिलकुल सामान्य है। उपासक एक मूर्ख, अज्ञानी व्यक्ति है, उसकी बिलकुल स्थूल धारणा है, वह घर की दीवार को भेदकर नहीं जा सकता अथवा आकाश में विचरण नहीं कर सकता। अत: इन सब बाधाओं का अतिक्रमण करना—बस, इसके अतिरिक्त उसकी शक्ति की कोई उच्चतर धारणा है ही नहीं। अतएव वह ऐसे देवता की उपासना करता है, जो दीवार भेदकर अथवा आकाश में उड़कर आ-जा सकते हैं, अथवा जो अपना रूप परिवर्तित कर सकते हैं। दार्शनिक भाव से देखने पर इस प्रकार की देवोपासना में कौन-सा रहस्य है? यह कि यहाँ भी वह मुक्ति का भाव मौजूद है, उसकी देवता सम्बन्धी धारणा प्रकृति सम्बन्धी अपनी धारणा से उन्नत है। और जो लोग तदपेक्षा उन्नत देवों के उपासक हैं, उनकी भी उस एक ही मुक्ति की

दूसरे प्रकार की धारणा है। जैसे-जैसे प्रकृति के सम्बन्ध में हमारी धारणा उन्नत होती जाती है, वैसे ही वैसे प्रकृति की प्रभु आत्मा के सम्बन्ध में भी हमारी धारणा उन्नत होती जाती है; अन्त में हम एकेश्वरवाद में पहुँच जाते हैं, जो माया या प्रकृति को स्वीकार करता है, और जिसके मतानुसार मायाधीश एक ईश्वर ही है।

जहाँ सर्वप्रथम इस एकेश्वरवादसूचक भाव का आरम्भ होता है, वही वेदान्त का आरम्भ हो जाता है। वेदान्त इससे भी अधिक गम्भीर अन्वेषण करना चाहता है। वह कहता है कि इस माया-प्रपंच के पीछे जो एक आत्मा मौजूद है, जो माया का स्वामी है, पर जो माया के अधीन नहीं है, वह हमें अपनी ओर आकृष्ट कर रहा है और हम सब भी धीरे-धीरे उसी की ओर जा रहे हैं—यह धारणा है तो ठीक, पर अभी भी यह धारणा शायद स्पष्ट नहीं हुई है, अब भी यह दर्शन मानो अस्पष्ट और अस्फुट है, यद्यपि वह स्पष्ट रूप से युक्तिविरोधी नहीं है। जिस प्रकार तुम्हारे यहाँ प्रार्थना में कहा जाता है—'मेरे ईश्वर, तेरे अति निकट' (Nearer my God to Thee), वेदान्ती भी ऐसी ही प्रार्थना करता है, केवल एक शब्द बदलकर—'मेरे ईश्वर, मेरे अति निकट' (Nearer my God to me)। हमारा चरम लक्ष्य बहुत दूर है, प्रकृति से अतीत प्रदेश में है। वह हमें अपनी ओर खींच रहा है, उसे धीरे-धीरे हमें अपने निकट लाना होगा, पर आदर्श की पवित्रता और उच्चता को अक्षुण्ण रखते हुए। मानो यह आदर्श क्रमशः हमारे निकटतर होता जाता है—अन्त में स्वर्ग का ईश्वर मानो प्रकृतिस्थ ईश्वर बन जाता है, फिर प्रकृति में और ईश्वर में कोई भेद नहीं रह जाता, वही मानो इस देह-मन्दिर के अधिष्ठातृ देवता के रूप में, और अन्त में इसी देह-मन्दिर के रूप में बन जाता है और वही मानो अन्त में जीवात्मा और मनुष्य के रूप में परिज्ञात होता है। बस, यहीं वेदान्त की शिक्षा का अन्त है। जिसको ऋषिगण विभिन्न स्थानों में खोजा करते थे, वह हमारे अन्दर ही है। वेदान्त कहता है—तुमने जो वाणी सुनी थी, वह ठीक सुनी थी, पर उसे सुनकर तुम ठीक मार्ग पर चले नहीं। जिस मुक्ति के महान् आदर्श का तुमने अनुभव किया था, वह सत्य है, पर उसे बाहर की ओर खोजकर तुमने भूल की। इसी भाव को अपने निकट और निकटतर लाते चलो, जब तक कि तुम यह न जान लो कि यह मुक्ति, यह स्वाधीनता तुम्हारे अन्दर ही है, वह तुम्हारी आत्मा की अन्तरात्मा है। यह मुक्ति बराबर तुम्हारा स्वरूप ही थी, और माया ने तुम्हें कभी भी बद्ध नहीं किया। तुम पर अपना अधिकार जमाने का सामर्थ्य प्रकृति में कभी नहीं था। डरे हुए बालक के समान तुम स्वप्न देख रहे थे कि प्रकृति तुम्हारा गला दबा रही है। इस भय से मुक्त होना ही लक्ष्य है। केवल इसे बुद्धि से जानना ही नहीं, वरन् प्रत्यक्ष करना होगा, अपरोक्ष करना होगा—हम इस जगत् को जितने स्पष्ट रूप से देखते हैं, उससे भी अधिक स्पष्ट रूप से देखना होगा। तभी हम मुक्त होंगे, तब, और तभी हमारी सारी कठिनाइयों का अन्त हो जाएगा, तभी हृदय की सारी उलझनें नष्ट होंगी, सारी वक्रताएँ सरल हो जाएँगी। तब यह विविधता और प्रकृति का भ्रम

चला जाएगा। तब यह माया, आज के समान भयानक अवसादकारक स्वप्न न होकर अति सुन्दर रूप में दिखेगी, और यह जगत् जो इस समय कारागार के समान प्रतीत हो रहा है, क्रीड़ा-क्षेत्र का रूप धारण कर लेगा। तब सारी विपत्तियाँ, जटिलताएँ और तो और, हम जो सब यंत्रणाएँ भोग रहे हैं, वे भी ब्रह्मभाव में परिणत हो जाएँगी और हमारे सम्मुख अपना प्रकृत स्वरूप अभिव्यक्त करेंगी। तब हम देखेंगे कि सारी वस्तुओं के पीछे, सबके सारसत्तास्वरूप 'वही' विद्यमान है और हम जान लेंगे कि 'वही' हमारा वास्तविक अन्तरात्मास्वरूप है।

(22 अक्टूबर, 1896 को लन्दन में दिया हुआ व्याख्यान)

अमरत्व

जीवात्मा के अमरत्व के प्रश्न के सिवा अन्य कौन सा प्रश्न अधिक बार पूछा गया है, अन्य किस तत्त्व के रहस्य का उद्घाटन करने के लिए मनुष्य ने सारे जगत् की इतनी अधिक खोज की है, अन्य कौन-सा प्रश्न मानव-हृदय को इतना प्रिय और उसके इतना निकट है, अन्य कौन-सा प्रश्न हमारे अस्तित्व के साथ इतने अच्छेद्य भाव से सम्बन्धित है ? यह कवियों की कल्पना का विषय रहा है; साधु, महात्मा, ज्ञानी सभी के गम्भीर चिन्तन का विषय रहा है, सिंहासन पर बैठे हुए राजाओं ने इस पर विचार किया है, पथ के भिखारियों ने भी इसका स्वप्न देखा है। श्रेष्ठतम मानवों ने इसका उत्तर पाया है, और अति निकृष्ट मनुष्यों ने भी इसकी आशा की है। इस विषय में लोगों की रुचि अभी तक बनी हुई है, और जब तक मानव-प्रकृति विद्यमान है, तब तक वह बनी रहेगी। विभिन्न लोगों ने इसके विभिन्न उत्तर दिए हैं और यह भी देखा जाता है कि इतिहास के प्रत्येक युग में हजारों व्यक्तियों ने इस प्रश्न को बिलकुल अनावश्यक कहकर छोड़ दिया है, फिर भी यह प्रश्न ज्यों का त्यों नवीन ही बना हुआ है। जीवन-संग्राम के कोलाहल में हम प्राय: इस प्रश्न को भूल जाते हैं, परन्तु जब अचानक कोई मर जाता है—एक ऐसा व्यक्ति, जिससे हम प्रेम करते हैं, जो हमारे हृदय के अति निकट और अत्यन्त प्रिय है, अचानक हमसे छिन जाता है, तब हमारे चारों ओर का संघर्ष और कोलाहल क्षण भर में रुक सा जाता है, सब कुछ मानो निस्तब्ध हो जाता है और हमारी आत्मा के गम्भीरतम प्रदेश से वही प्राचीन प्रश्न उठता है कि इसके बाद क्या है ? देहान्त के बाद आत्मा की क्या गति होती है ?

समस्त मानव ज्ञान अनुभव से उत्पन्न होता है, अनुभव के अतिरिक्त अन्य किसी प्रकार से हम कुछ भी जान नहीं सकते। हमारी सारी तर्कना सामान्यीकृत अनुभव पर आधारित है, हमारा सारा ज्ञान सामंजस्यपूर्ण अनुभव ही है। हम अपने चारों ओर क्या देखते हैं ? सतत परिवर्तन। बीज से वृक्ष होता है और चक्र पूरा करके वह फिर बीज-रूप में परिणत हो जाता है। एक जीव उत्पन्न हुआ, कुछ दिन जीवित रहा, फिर मर गया, इस प्रकार मानो एक वृत्त पूरा हो गया। मनुष्य के सम्बन्ध में भी यही बात है। और तो और, पर्वत भी धीरे-धीरे, परन्तु निश्चित रूप से, चूर-चूर होते जाते हैं। नदियाँ धीरे-धीरे, पर निश्चित रूप से, सूखती जाती हैं; समुद्र से बादल उठते हैं

और वर्षा करके फिर समुद्र में ही मिल जाते हैं। सर्वत्र ही एक एक वृत्त पूरा हो रहा है—जन्म, वृद्धि और क्षय मानो गणितीय अपरिहार्यता के साथ ठीक एक के बाद एक आते रहते हैं। यह हमारा प्रतिदिन का अनुभव है। फिर भी, इस सबके अन्दर, क्षुद्रतम परमाणु से लेकर उच्चतम सिद्ध पुरुष तक लाखों प्रकार की, विभिन्न नाम-रूपयुक्त वस्तुओं के अन्तराल में हम एक अखंड भाव, एक एकत्व देखते हैं। हम प्रतिदिन देखते हैं कि वह दुर्भेद्य दीवार, जो एक वस्तु को दूसरी वस्तु से पृथक् करती प्रतीत होती थी, गिरती जा रही है और आधुनिक विज्ञान समस्त भूतों को एक ही पदार्थ मानने लगा है—मानो वही एक प्राण शक्ति नाना रूपों में नाना प्रकार से प्रकाशित हो रही है, मानो वह सबको जोड़नेवाली एक शृंखला के समान है, और ये सब विभिन्न रूप मानो इस शृंखला की ही एक कड़ी हैं—अनन्त रूप से विस्तृत, किन्तु फिर भी उसी एक शृंखला के अंश। इसी को क्रमविकासवाद कहते हैं। यह एक अत्यन्त प्राचीन धारणा है—उतनी ही प्राचीन, जितना कि मानव-समाज। केवल वह मानवीय ज्ञान की वृद्धि और उन्नति के साथ-साथ मानो हमारी आँखों के सम्मुख अधिकाधिक ताजी होती जा रही है। एक बात और है, जो प्राचीन लोगों ने विशेष रूप से समझा था, परन्तु जिसे आधुनिक विचारक अभी तक ठीक-ठीक नहीं समझ पाए हैं, और वह है क्रमसंकोच। बीज का ही वृक्ष होता है, बालू के कण का नहीं। पिता ही पुत्र होता है, मिट्टी का ढेला नहीं। अब प्रश्न है कि यह क्रमविकास किससे होता है? बीज क्या था? वह उस वृक्ष-रूप में ही था। भविष्य में होनेवाले वृक्ष की सभी सम्भावनाएँ बीज में निहित हैं। छोटे बच्चे में भावी मनुष्य की समस्त सम्भावनाएँ निहित हैं। किसी भी प्रकार के भावी जीवन की समस्त सम्भावनाएँ बीजाणु में विद्यमान हैं। इसका तात्पर्य क्या है? भारतवर्ष के प्राचीन दार्शनिक इसी को 'क्रमसंकोच' कहते थे। इस प्रकार हम देखते हैं कि प्रत्येक क्रमविकास के पहले क्रमसंकोच का होना अनिवार्य है। किसी ऐसी वस्तु का क्रमविकास नहीं हो सकता, जो पूर्व से ही वर्तमान नहीं है। यहाँ पर फिर आधुनिक विज्ञान हमें सहायता देता है। गणितशास्त्र के तर्क से तुम जानते हो कि जगत् में दृश्यमान शक्ति का समष्टि-योग (sum-total) सदा समान रहता है। तुम जड़ तत्त्व का एक भी परमाणु अथवा शक्ति की एक भी इकाई घटा या बढ़ा नहीं सकते। अतएव क्रमविकास कभी शून्य से नहीं होता। तब फिर वह हुआ कहाँ से? पूर्वगामी क्रमसंकोच से। बालक क्रमसंकुचित या अव्यक्त मनुष्य है और मनुष्य क्रमविकसित बालक है। क्रमसंकुचित वृक्ष ही बीज है और क्रमविकसित बीज ही वृक्ष। जीवन की सभी सम्भावनाएँ उसके बीजाणु में हैं। अब समस्या कुछ अधिक स्पष्ट हो जाती है। इसके साथ जीवन के सातत्य की पिछली धारणा जोड़ दो। निम्नतम जीविसार से लेकर पूर्णतम मानव पर्यन्त वस्तुतः एक ही जीवन है। जिस प्रकार एक ही जीवन में हम शैशव, यौवन, वार्धक्य आदि विविध अवस्थाएँ देखते हैं, उसी प्रकार जीविसार से लेकर पूर्णतम मानव पर्यन्त एक ही अविच्छिन्न जीवन,

एक ही श्रृंखला है। इसी को क्रमविकास कहते हैं, और यह हम पहले ही देख चुके हैं कि प्रत्येक क्रमविकास के पूर्व एक क्रमसंकोच रहता है। यह समग्र जीवन, जो क्रमशः व्यक्त होता है, अपने को जीविसार से लेकर पूर्णतम मानव अथवा धरती पर आविर्भूत ईश्वरावतार के रूप में, क्रमविकसित होता है, एक श्रृंखला या श्रेणी है, और यह सम्पूर्ण अभिव्यक्ति उसी जीविसार में संकुचित रही होगी। यह समस्त जीवन, मर्त्यलोक में अवतीर्ण यह ईश्वर तक उसमें निहित था, बस, धीरे-धीरे—बहुत धीरे क्रमशः उस सबकी अभिव्यक्ति मात्र हुई है। जो सर्वोच्च, चरम अभिव्यक्ति है, वह भी अवश्य बीज भाव से सूक्ष्माकार में उसके अन्दर विद्यमान रही होगी। अतएव यह शक्ति, यह सम्पूर्ण श्रृंखला उस सर्वव्यापी विश्व जीवन का क्रमसंकोच है। बुद्धि की यह एक राशि ही जीविसार से पूर्णतम मनुष्य तक अपने को व्यक्त कर और खोल रही है। ऐसी बात नहीं कि वह थोड़ा-थोड़ा करके बढ़ रहा हो। बढ़ने की भावना को मन से एकदम निकाल दो। वृद्धि कहने से ही मालूम होता है कि बाहर से कुछ आ रहा है, कुछ बाहर है, और इससे यह सत्य झूठा हो जाएगा कि हर जीवन में अव्यक्त असीम किसी भी बाह्य परिस्थिति पर निर्भर नहीं है। उसमें वृद्धि नहीं हो सकती; उसका अस्तित्व सदा रहता है, वह केवल अपने को व्यक्त कर देता है।

कार्य कारण का व्यक्त रूप है। कार्य और कारण में कोई मौलिक भेद नहीं होता। उदाहरण के लिए, यह एक गिलास है। यह अपने उपादानों और अपने निर्माता की इच्छा के सहयोग से बना है। ये दोनों उसके कारण थे और उसमें वर्तमान है। निर्माता की इच्छा-शक्ति अभी उसमें किस रूप में विद्यमान है? संहित-शक्ति (adhesion) के रूप में। यह शक्ति यदि न रहती, तो इसके परमाणु अलग-अलग हो जाते। तो अब कार्य क्या हुआ? वह कारण के साथ अभिन्न है, केवल उसने एक दूसरा रूप धारण कर लिया है। हमें यह स्मरण रखना चाहिए। इसी तत्त्व को अपनी जीवन सम्बन्धी धारणा पर प्रयुक्त करने पर हम देखते हैं कि जीविसार से लेकर पूर्णतम मानव पर्यन्त सम्पूर्ण श्रेणी अवश्य उस विश्वव्यापी जीवन के साथ अभिन्न है। पहले वह संकुचित और सूक्ष्मतर हुआ; और इस सूक्ष्मतर कारण से वह अपने को विकसित और व्यक्त करता तथा स्थूलतर होता रहा है।

किन्तु अमृतत्व के सम्बन्ध में जो प्रश्न था, वह अब भी नहीं सुलझा। हमने देखा कि जगत् के किसी भी पदार्थ का नाश नहीं होता। नूतन कुछ भी नहीं है और होगा भी नहीं। अभिव्यक्तियों की एक ही श्रृंखला चक्र की भाँति बार-बार उपस्थित होती रहती है। जगत् में जितनी गति है, वह समस्त तरंग के आकार में एक बार उठती है, फिर गिरती है। विविध ब्रह्मांड सूक्ष्मतर रूपों से प्रसूत हो रहे हैं—स्थूल रूप धारण कर रहे हैं, फिर लीन होकर सूक्ष्मभाव में जा रहे हैं। वे फिर से इस सूक्ष्म भाव से स्थूल भाव में आते हैं—कुछ समय तक उसी अवस्था में रहते हैं और पुनः धीरे-धीरे उस कारण में चले जाते हैं। ऐसा ही जीवन के सम्बन्ध में सत्य है। जीवन की प्रत्येक

अभिव्यक्ति आती है और फिर चली जाती है। तो फिर नष्ट क्या होता है? केवल रूप—आकृति। वह रूप नष्ट हो जाता है, किन्तु फिर आता है। एक अर्थ में तो सभी शरीर और सभी रूप नित्य हैं। कैसे? मान लो, मैं पाँसा खेल रहा हूँ और वे 6-5-3-4 के अनुपात से पड़े। मैं और खेलने लगा। खेलते-खेलते एक समय ऐसा अवश्य आएगा, जब वही संख्याएँ फिर से पड़ेंगी। और खेलो, वही संयोग पुन: अवश्य आएगा। मैं इस जगत् के प्रत्येक कण, प्रत्येक परमाणु की एक एक पाँसे से तुलना करता हूँ। उन्हीं को बार-बार फेंका जा रहा है, और वे बार-बार नाना प्रकार से संयुक्त हैं। तुम्हारे सम्मुख जो सारे पदार्थ हैं, वे परमाणुओं के एक विशिष्ट प्रकार के संघात से उत्पन्न हुए हैं। यह गिलास, यह मेज, यह सुराही, ये सभी वस्तुएँ परमाणुओं के समवाय विशेष हैं—क्षण भर के बाद शायद ये समवाय विशेष नष्ट हो जा सकते हैं। पर एक समय ऐसा अवश्य आएगा, जब ठीक यही समवाय पुन: उपस्थित होगा—जब तुम सब इसी तरह बैठे होगे और यह सुराही तथा अन्य सभी वस्तुएँ ठीक अपने-अपने स्थान पर रहेंगी और ठीक इसी विषय की आलोचना होगी। अनन्त बार इस प्रकार हुआ है और अनन्त बार इसकी आवृत्ति होगी। तो फिर हमने स्थूल, बाह्य वस्तुओं की आलोचना से क्या तत्त्व पाया? यही कि इन भौतिक रूपाकारों के विभिन्न समवायों की पुनरावृत्ति चिरन्तन होती रहती है।

इस परिकल्पना से जो एक अन्यतम मनोरंजक निष्कर्ष निकलता है, वह है इस प्रकार के तथ्यों की व्याख्या : शायद तुममें से कुछ लोगों ने ऐसा व्यक्ति देखा होगा, जो मनुष्य के अतीत एवं भविष्य की सारी बातें बतला देता है। यदि भविष्य किसी नियम के अधीन न हो, तो फिर किस प्रकार भविष्य के सम्बन्ध में बताया जा सकता है? अतीत के कार्य भविष्य में घटित होंगे, और हम देखते हैं कि ऐसा होता है। हिंडोले (Ferris Wheel) का उदाहरण लो। वह लगातार घूमता रहता है। लोग आते हैं और उसके एक पालने में बैठ जाते हैं। हिंडोला घूमकर फिर नीचे आता है। वे उतर जाते हैं, तो एक दूसरा दल आ बैठता है। क्षुद्रतम जन्तु से लेकर उच्चतम मानव तक प्रकृति की प्रत्येक अभिव्यक्ति मानो ऐसा एक दल है, और प्रकृति हिंडोले के चक्र सदृश है तथा प्रत्येक शरीर या रूप इस हिंडोले के एक-एक पालने जैसा है। नई आत्माओं का एक-एक दल उन पर चढ़ता है और ऊँचे से ऊँचे जाता रहता है, जब तक उसमें से प्रत्येक पूर्णता प्राप्त कर हिंडोले से बाहर नहीं आ जाती। पर हिंडोला निरन्तर चलता रहता है—हमेशा दूसरे लोगों को ग्रहण करने के लिए तैयार है। और जब तक शरीर इस चक्र के भीतर अवस्थित है, तब तक गणितीय और निरपेक्ष निश्चय के साथ, यह भविष्यवाणी की जा सकती है कि अब वह किस ओर जाएगा। किन्तु आत्मा के बारे में यह नहीं कहा जा सकता। अतएव प्रकृति के भूत और भविष्य निश्चित रूप से, गणित की तरह ठीक-ठीक बतलाना असम्भव नहीं है। अत: हम देखते हैं कि उन्हीं भौतिक घटनाओं की पुनरावृत्ति निश्चित समयों पर होती रहती है, और वही संयोजन

चिरन्तन काल से होते चले आ रहे हैं। किन्तु यह आत्मा का अमरत्व नहीं है। किसी भी शक्ति का नाश नहीं होता, कोई भी जड़ वस्तु शून्य में पर्यवसित नहीं की जा सकती। तो फिर उनका क्या होता है ? उनके आगे और पीछे परिणाम होते रहते हैं, और अन्त में जहाँ से उनकी उत्पत्ति हुई थी, वहीं वे लौट जाते हैं। सीधी रेखा में कोई गति नहीं होती। प्रत्येक वस्तु घूम-फिरकर अपने पूर्व स्थान पर लौट आती है, क्योंकि सीधी रेखा अनन्त भाव से बढ़ा दी जाने पर वृत्त में परिणत हो जाती है। यदि ऐसा ही हो, तो फिर अनन्त काल तक किसी भी आत्मा का अध:पतन नहीं हो सकता—वैसा हो नहीं सकता। इस जगत् में प्रत्येक वस्तु, शीघ्र हो या विलम्ब से, अपनी-अपनी वर्तुलाकार गति को पूरा कर फिर अपने उत्पत्ति-स्थल पर पहुँच जाती है। तुम, मैं अथवा ये सब आत्माएँ क्या हैं ? पहले क्रमसंकोच तथा क्रमविकास-तत्त्व की आलोचना करते हुए हमने देखा है कि तुम, हम उसी विराट् विश्वव्यापी चैतन्य या प्राण या मन के अंशविशेष हैं, जो हममें संकुचित या अव्यक्त हुए हैं, और हम घूमकर, क्रमविकास की प्रक्रिया के अनुसार, उस विश्वव्यापी बुद्धि में लौट जाएँगे—और यह विश्वव्यापी बुद्धि ही ईश्वर है। लोग उसी विश्वव्यापी चैतन्य को प्रभु, भगवान्, ईसा, बुद्ध या ब्रह्म कहते हैं—जड़वादी उसी की शक्ति के रूप में उपलब्धि करते हैं एवं अज्ञेयवादी उसी की उस अनन्त अनिर्वचनीय सर्वातीत पदार्थ के रूप में धारणा करते हैं और हम सब उसी के अंश हैं।

यह दूसरा तथ्य हुआ, फिर भी अनेक शंकाएँ की जा सकती हैं। किसी शक्ति का नाश नहीं है, यह बात सुनने में तो बड़ी अच्छी लगती है। पर हम जितनी भी शक्तियाँ और रूप देखते हैं, सभी मिश्रण हैं। हमारे सम्मुख यह रूप अनेक खंडों का समवाय है, इसी प्रकार प्रत्येक शक्ति अनेक शक्तियों का समवाय है। यदि तुम शक्ति के सम्बन्ध में विज्ञान का मत ग्रहण कर उसे कतिपय शक्तियों की समष्टि मात्र मानते हो, तो फिर तुम्हारे 'मैं-पन', व्यक्तित्व का क्या होता है ? जो कुछ समवाय या संघात है, वह शीघ्र अथवा विलम्ब से अपने कारणीभूत पदार्थ में लय हो जाता है। इस विश्व में जो भी जड़ अथवा शक्ति के समवाय से उत्पन्न है, वह अपने अंशों में पर्यवसित हो जाता है। शीघ्र या विलम्ब से, वह अवश्य विश्लिष्ट हो जाएगा, भग्न हो जाएगा और अपने कारणीभूत अंशों में परिणत हो जाएगा। आत्मा भौतिक शक्ति अथवा विचार-शक्ति नहीं है। वह तो चिन्तन-शक्ति की स्रष्टा है, स्वयं चिन्तन-शक्ति नहीं। वह शरीर की रचयित्री है, किन्तु वह स्वयं शरीर नहीं है। क्यों ? शरीर कभी आत्मा नहीं हो सकता, क्योंकि वह बुद्धियुक्त नहीं है। शव अथवा कसाई की दुकान का मांस का टुकड़ा बुद्धियुक्त नहीं है। हम 'बुद्धि' शब्द से क्या समझते हैं ?—प्रतिक्रिया-शक्ति। थोड़ा और गम्भीर भाव से इस तत्त्व की आलोचना करो। मैं अपने सम्मुख यह सुराही देख रहा हूँ। यहाँ पर क्या हो रहा है ? इस सुराही से कुछ प्रकाश-किरणें निकलकर मेरी आँख में प्रवेश करती हैं। वे मेरे नेत्रपटल (retina) पर एक चित्र अंकित करती है।

और यह चित्र जाकर मेरे मस्तिष्क में पहुँचता है। शरीर-वैज्ञानिक जिसको संवेदक नाड़ी (sensory nerves) कहते हैं, उन्हीं के द्वारा यह चित्र भीतर मस्तिष्क में ले जाया जाता है। किन्तु तब भी देखने की क्रिया पूरी नहीं होती, क्योंकि अभी तक भीतर की ओर से कोई प्रतिक्रिया नहीं हुई। मस्तिष्क में स्थित जो स्नायु-केन्द्र है, वह इस चित्र को मन के पास ले जाएगा, और मन उस पर प्रतिक्रिया करेगा। इस प्रतिक्रिया के होते ही सुराही मेरे सम्मुख प्रकाशित हो जाएगी। एक और अधिक सरल उदाहरण लो। मान लो, तुम खूब एकाग्र होकर मेरी बात सुन रहे हो और इसी समय एक मच्छर तुम्हारी नाक पर काटता है; किन्तु तुम मेरी बात सुनने में इतने तन्मय हो कि उसका काटना तुमको अनुभव नहीं होता। ऐसा क्यों? मच्छर तुम्हारे चमड़े को काट रहा है; उस स्थान पर कितनी ही नाड़ियाँ हैं, और वे इस संवाद को मस्तिष्क के पास पहुँचा भी रही हैं; इसका चित्र भी मस्तिष्क में मौजूद है; किन्तु मन दूसरी ओर लगा है, इसलिए वह प्रतिक्रिया नहीं करता, अतएव तुम उसके काटने का अनुभव नहीं करते। हमारे सामने कोई नया चित्र आने पर यदि मन प्रतिक्रिया न करे, तो हम उसके सम्बन्ध में कुछ जान ही न सकेंगे। किन्तु प्रतिक्रिया होते ही उसका ज्ञान होगा और तभी हम देखने, सुनने और अनुभव आदि करने में समर्थ होंगे। इस प्रतिक्रिया के साथ-साथ ही, जैसा सांख्यवादी कहते हैं, ज्ञान का प्रकाश होता है। अतएव हम देखते हैं कि शरीर कभी ज्ञान का प्रकाश नहीं कर सकता, क्योंकि जिस समय मनोयोग नहीं रहता, उस समय हम अनुभव नहीं कर पाते। ऐसी घटनाएँ सुनी गई हैं कि किसी-किसी विशेष अवस्था में एक व्यक्ति ऐसी भाषा बोलने में समर्थ हुआ है, जो उसने कभी नहीं सीखी। बाद में खोजने पर पता लगता है कि वह व्यक्ति बचपन में ऐसी जाति में रहा है, जो वह भाषा बोलती थी, और वही संस्कार उसके मस्तिष्क में रह गया। वह सब वहाँ पर संचित था; बाद में किसी कारण से उसके मन में प्रतिक्रिया हुई और त्यों ही ज्ञान आ गया और वह व्यक्ति वह भाषा बोलने में समर्थ हुआ। इससे मालूम पड़ता है कि केवल मन ही पर्याप्त नहीं है, मन भी किसी के हाथ में यंत्र मात्र है; उस व्यक्ति की बाल्यावस्था में उसके मन में वह भाषा गूढ़ भाव से सन्निहित थी, किन्तु वह उसे नहीं जानता था; पर बाद में एक ऐसा समय आया, जब वह उसे जान सका। इससे यही प्रमाणित होता है कि मन के अतिरिक्त और भी कोई है—उस व्यक्ति के बाल्यकाल में इस 'और कोई' ने उस शक्ति का उपयोग नहीं किया, किन्तु जब वह बड़ा हुआ, तब उसने उस शक्ति का उपयोग किया। पहले है यह शरीर, उसके बाद है मन अर्थात् विचार का यंत्र, और फिर है इस मन के पीछे विद्यमान वह आत्मा। आधुनिक दार्शनिक लोग विचार को मस्तिष्क में स्थित परमाणुओं के विभिन्न प्रकार के परिवर्तन के साथ अभिन्न मानते हैं, अतएव वे ऊपर कही हुई घटनावली की व्याख्या नहीं कर पाते; इसीलिए वे साधारणत: इन सब बातों को बिलकुल अस्वीकार कर देते हैं। जो हो, मन के साथ मस्तिष्क का विशेष सम्बन्ध है और शरीर का विनाश होने पर वह नष्ट हो जाता है।

आत्मा ही एकमात्र प्रकाशक है—मन उसके हाथों यंत्र के समान है, और इस यंत्र के माध्यम से आत्मा बाह्य साधन पर अधिकार जमा लेती है। इसी प्रकार प्रत्यक्ष बोध होता है। बाह्य चक्षु आदि साधनों में विषय का संस्कार पड़ता है, और वे उसको भीतर मस्तिष्क-केन्द्र में ले जाते हैं—कारण, तुमको यह याद रखना चाहिए कि चक्षु आदि केवल इन संस्कारों के ग्रहण करने वाले हैं; अन्तरिन्द्रिय अर्थात् मस्तिष्क के केन्द्र ही कार्य करते हैं। संस्कृत भाषा में मस्तिष्क के इन सब केन्द्रों को इन्द्रिय कहते हैं—ये इन्द्रियाँ इन चित्रों को लेकर मन को अर्पित कर देती हैं, फिर मन इनको बुद्धि के निकट और बुद्धि उन्हें अपने सिंहासन पर विराजमान महामहिमाशाली राजराजेश्वर आत्मा को प्रदान करती है। तब आत्मा उन्हें देखकर आवश्यक आदेश देती है। फिर मन तुरन्त इन मस्तिष्क-केन्द्रों अर्थात् इन्द्रियों पर कार्य करता है और ये इन्द्रियाँ स्थूल शरीर पर। मनुष्य की आत्मा ही इन सबकी वास्तविक अनुभवकर्ता, शास्ता, स्रष्टा, सब कुछ है।

हमने देखा कि आत्मा शरीर भी नहीं, मन भी नहीं। आत्मा कोई यौगिक पदार्थ (compound) भी नहीं हो सकती। क्यों नहीं ? इसलिए कि हर यौगिक पदार्थ हमारे दर्शन या कल्पना का विषय होता है। जिस विषय का हम दर्शन या कल्पना कुछ भी नहीं कर सकते, जिसे हम पकड़ नहीं सकते, जो न भूत है, न शक्ति, जो कार्य, कारण अथवा कार्य-कारण-सम्बन्ध कुछ भी नहीं है, वह यौगिक अथवा मिश्र नहीं हो सकता। यौगिक पदार्थों का क्षेत्र मनोजगत्—विचार-जगत् तक सीमित है। इसके परे वे सम्भव नहीं हैं। सभी यौगिक पदार्थ नियम के राज्य के अन्तर्गत हैं। नियम के परे यदि कोई वस्तु हो, तो वह कदापि यौगिक नहीं हो सकती। चूँकि मनुष्य की आत्मा कार्य-कारणवाद के परे है, अत: वह यौगिक नहीं है। यह सदा मुक्त है और नियमों के अन्तर्गत सभी वस्तुओं का नियमन करती है। उसका कभी विनाश नहीं हो सकता, क्योंकि विनाश का अर्थ है, किसी यौगिक पदार्थ का अपने उपादानों में परिणत हो जाना। और जो कभी यौगिक नहीं है, उसका विनाश कभी नहीं हो सकता। उसकी मृत्यु होती है या विनाश होता है, ऐसा कहना केवल कोरी मूर्खता है।

अब हम सूक्ष्मतर से सूक्ष्मतर क्षेत्र में आ उपस्थित हुए हैं। सम्भव है, तुममें से कुछ लोग भयभीत भी हो जाएँ। हमने देखा कि यह आत्मा भूत, शक्ति एवं विचार-रूप जगत् के अतीत एक मौलिक (simple) पदार्थ है, अत: इसका विनाश असम्भव है। इसी प्रकार उसका जीवन भी असम्भव है। कारण, जिसका विनाश नहीं; उसका जीवन भी कैसे हो सकता है ? मृत्यु क्या है ? मृत्यु एक पहलू है, और जीवन उसी का एक दूसरा पहलू है। मृत्यु का और एक नाम है जीवन, और जीवन का और एक नाम है मृत्यु। अभिव्यक्ति के एक रूपविशेष को हम जीवन कहते हैं, और उसी के अन्य रूपविशेष को मृत्यु। जब तरंग ऊपर की ओर उठती है, तो मानो जीवन है और फिर जब वह गिर जाती है, तो मृत्यु है। जो वस्तु मृत्यु के अतीत है, वह निश्चय ही

जन्म के भी अतीत है। मैं तुमको फिर उस प्रथम सिद्धान्त की याद दिलाता हूँ कि मानवात्मा उस सर्वव्यापी जगन्मयी शक्ति अथवा ईश्वर का अंश मात्र है। तो हम देखते हैं कि वह जीवन और मृत्यु, दोनों के परे है। तुम न कभी उत्पन्न हुए थे, न कभी मरोगे। हमारे चारों ओर जो जन्म और मृत्यु दिखते हैं, वे फिर क्या हैं? वे तो केवल शरीर के हैं, क्योंकि आत्मा तो सदा-सर्वदा वर्तमान है। तुम कहोगे, 'यह कैसे? हम इतने लोग यहाँ पर बैठे हुए हैं और आप कहते हैं, आत्मा सर्वव्यापी है!' मैं पूछता हूँ, जो पदार्थ नियम के, कार्य-कारण सम्बन्ध के बाहर है, उसे सीमित करने की शक्ति किसमें है? यह गिलास एक सीमित पदार्थ है—यह सर्वव्यापक नहीं है, क्योंकि इसके चारों ओर की जड़राशि इसको इसी रूप में रहने को बाध्य करती है—इसे सर्वव्यापी नहीं होने देती। यह अपने आसपास के प्रत्येक पदार्थ के द्वारा नियंत्रित है, अतएव यह सीमित है। किन्तु जो वस्तु नियम के बाहर है, जिस पर कार्य करने वाला कोई पदार्थ नहीं, वह कैसे सीमित हो सकती है? वह सर्वव्यापक होगी ही। तुम सर्वत्र विद्यमान हो। फिर, 'मैंने जन्म लिया है, मरने वाला हूँ'—ये सब भाव क्या हैं? वे सब अज्ञान की बातें हैं, मन का भ्रम है। तुम्हारा न कभी जन्म हुआ था, न तुम कभी मरोगे। तुम्हारा जन्म भी नहीं हुआ, न कभी पुनर्जन्म होगा। आवागमन का क्या अर्थ है? कुछ नहीं। यह सब मूर्खता है। तुम सब जगह मौजूद हो। आवागमन जिसे कहते हैं, वह इस सूक्ष्म शरीर अर्थात् मन के परिवर्तन के कारण उत्पन्न हुई एक मृग-मरीचिका मात्र है। यह बराबर चल रहा है। यह आकाश पर तैरते हुए बादल के एक टुकड़े के समान है। जब वह चलता रहता है, तो प्रतीत होता है कि आकाश ही चल रहा है। कभी-कभी जब चन्द्रमा के ऊपर से बादल निकलते हैं, तो भ्रम होता है कि चन्द्रमा ही चल रहा है। जब तुम गाड़ी में बैठे रहते हो, तो मालूम होता है कि पृथ्वी चल रही है, और नाव पर बैठने वाले को पानी चलता हुआ सा मालूम होता है। वास्तव में न तुम जा रहे हो, न आ रहे हो, न तुमने जन्म लिया है, न फिर जन्म लोगे। तुम अनन्त हो, सर्वव्यापी हो—सभी कार्य-कारण-सम्बन्ध से अतीत, नित्य मुक्त, अज और अविनाशी। जन्म और मृत्यु का प्रश्न ही गलत है, महामूर्खतापूर्ण है। मृत्यु हो ही कैसे सकती है, जब जन्म ही नहीं हुआ?

किन्तु निर्दोष, तर्कसंगत सिद्धान्त पर पहुँचने के लिए हमें एक कदम और बढ़ना होगा। मार्ग के बीच में रुकना नहीं है। तुम दार्शनिक हो, तुम्हारे लिए बीच में रुकना शोभा नहीं देता। हाँ, तो यदि हम नियम के बाहर हैं, तो निश्चय ही हम सर्वज्ञ हैं; नित्यानन्दस्वरूप हैं; निश्चय ही सभी ज्ञान, सभी शक्ति और सर्वविध कल्याण हमारे अन्दर ही हैं। अवश्य, तुम सभी सर्वज्ञ और सर्वव्यापी हो। परन्तु इस प्रकार की सत्ता या पुरुष क्या एक से अधिक हो सकते हैं? क्या लाखों-करोड़ों पुरुष सर्वव्यापक हो सकते हैं? कभी नहीं। तब फिर हम सबका क्या होगा? वास्तव में केवल एक ही है, एक ही आत्मा है, और तुम सब वह एक आत्मा ही हो। इस तुच्छ प्रकृति के पीछे

वह आत्मा ही विराजमान है। एक ही पुरुष है—वही एकमात्र सत्ता है, वह सदानन्दस्वरूप, सर्वव्यापक, सर्वज्ञ, जन्मरहित और मृत्युहीन है। 'उसी की आज्ञा से आकाश फैला हुआ है, उसी की आज्ञा से वायु बह रही है, सूर्य चमक रहा है, सब जीवित हैं। वही प्रकृति का आधारस्वरूप है; प्रकृति उस सत्यस्वरूप पर प्रतिष्ठित होने के कारण ही सत्य प्रतीत होती है। वह तुम्हारी आत्मा की भी आत्मा है। यही नहीं, तुम स्वयं ही वह हो, तुम और वह एक ही हैं।' जहाँ कहीं भी दो हैं, वहीं भय है, खतरा है, वहीं द्वन्द्व और संघर्ष हैं। जब सब एक ही है, तो किससे घृणा, किससे संघर्ष? जब सब कुछ वही है, तो तुम किससे लड़ोगे? जीवन-समस्या की वास्तविक मीमांसा यही है; इसी से वस्तु के स्वरूप की व्याख्या होती है। यही सिद्धि या पूर्णत्व है और यही ईश्वर है। जब तक तुम अनेक देखते हो, तब तक तुम अज्ञान में हो। 'इस बहुत्वपूर्ण जगत् में जो उस एक को, इस परिवर्तनशील जगत् में जो उस अपरिवर्तनशील को अपनी आत्मा की आत्मा के रूप में देखता है, अपना स्वरूप समझता है, वही मुक्त है, वही आनन्दमय है, उसी ने लक्ष्य की प्राप्ति की है। अतएव जान लो कि तुम्हीं वह हो, तुम्हीं जगत् के ईश्वर हो—**तत्त्वमसि**। ये धारणाएँ कि मैं पुरुष हूँ, स्त्री हूँ, रोगी हूँ, स्वस्थ हूँ, बलवान् हूँ, निर्बल हूँ, अथवा यह कि मैं घृणा करता हूँ, मैं प्रेम करता हूँ, अथवा मेरे पास इतनी शक्ति है—सब भ्रम मात्र हैं। इनको छोड़ो। तुम्हें कौन दुर्बल बना सकता है? तुम्हें कौन भयभीत कर सकता है? जगत् में तुम्हीं तो एकमात्र सत्ता हो। तुम्हें किसका भय है? अतएव उठो, मुक्त हो जाओ। जान लो कि जो कोई विचार या शब्द तुम्हें दुर्बल बनाता है, एकमात्र वही अशुभ है। मनुष्य को दुर्बल और भयभीत बनाने वाला संसार में जो कुछ है, वही पाप है और उसी से बचना चाहिए। तुम्हें कौन भयभीत कर सकता है? यदि सैकड़ों सूर्य पृथ्वी पर गिर पड़ें, सैकड़ों चन्द्र चूर-चूर हो जाएँ, एक के बाद एक ब्रह्मांड विनष्ट होते चले जाएँ, तो भी तुम्हारे लिए क्या? पर्वत की भाँति अटल रहो; तुम अविनाशी हो। तुम आत्मा हो, तुम्हीं जगत् के ईश्वर हो। कहो, ''शिवोऽहं, शिवोऽहं; मैं पूर्ण सच्चिदानन्द हूँ।'' पिंजड़े को तोड़ डालने वाले सिंह की भाँति तुम अपने बन्धन तोड़कर सदा के लिए मुक्त हो जाओ। तुम्हें किसका भय है, तुम्हें कौन बाँधकर रख सकता है?—केवल अज्ञान और भ्रम; अन्य कुछ भी तुम्हें बाँध नहीं सकता। तुम शुद्धस्वरूप हो, नित्यानन्दमय हो।

यह मूर्खों का उपदेश है कि 'तुम पापी हो, अतएव एक कोने में बैठकर हाय हाय करते रहो।' यह उपदेश देना मूर्खता ही नहीं, दुष्टता भी है, कोरी बदमाशी है। तुम सभी ईश्वर हो। क्या तुम ईश्वर को नहीं देखते और उसी को मनुष्य कहते हो? अतएव यदि तुममें साहस है, तो इस विश्वास पर खड़े हो जाओ और उसके अनुसार अपना जीवन गढ़ डालो। यदि कोई व्यक्ति तुम्हारा गला काटे, तो उसे मना मत करना, क्योंकि तुम तो स्वयं अपना गला काट रहे हो। किसी गरीब का यदि कुछ उपकार करो, तो उसके लिए तनिक भी अहंकार मत लाना। वह तो तुम्हारे लिए उपासना मात्र है, उसमें

अहंकार की कौन सी बात ? क्या तुम्हीं समस्त जगत् नहीं हो ? कहीं ऐसी कोई वस्तु है, जो तुम नहीं हो ? तुम जगत् की आत्मा हो। तुम्हीं सूर्य, चन्द्र, तारा हो, तुम्हीं सर्वत्र चमक रहे हो। समस्त जगत् तुम्हीं हो। किससे घृणा करोगे और किससे झगड़ा करोगे ? अतएव जान लो कि तुम वही हो, और इसी साँचे में अपना जीवन डालो। जो व्यक्ति इस तत्त्व को जानकर अपना सारा जीवन उसके अनुसार गठित करता है, वह फिर कभी अन्धकार में मारा-मारा नहीं फिरता।

(अमेरिका में दिया हुआ भाषण)

हम स्वयं अपना उपकार करते हैं, संसार का नहीं

यह विचार करने के पहले कि कर्तव्यनिष्ठा हमें आध्यात्मिक उन्नति में किस प्रकार सहायता पहुँचाती है, मैं तुम लोगों को संक्षेप में यह भी बता देना चाहता हूँ कि भारत में जिसे हम कर्म कहते हैं, उसका एक दूसरा पक्ष क्या है। प्रत्येक धर्म के तीन विभाग होते हैं। प्रथम दार्शनिक, दूसरा पौराणिक और तीसरा कर्मकांड। दार्शनिक भाग तो वास्तव में प्रत्येक धर्म का सार है। महापुरुषों की कम या अधिक काल्पनिक जीवनी तथा अलौकिक विषय सम्बन्धी कथाओं एवं आख्यायिकाओं द्वारा पौराणिक भाग इस दार्शनिक भाग की व्याख्या करता है। कर्मकांड इस दर्शन को और भी स्थूल रूप देता है, जिससे वह सर्वसाधारण की समझ में आ सके। वास्तव में अनुष्ठान दर्शन का ही एक स्थूलतर रूप है। यह अनुष्ठान ही कर्म है। प्रत्येक धर्म में इसकी आवश्यकता है, क्योंकि जब तक हम आध्यात्मिक जीवन में बहुत उन्नत न हो जाएँ, तब तक सूक्ष्म आध्यात्मिक तत्त्वों को समझ नहीं सकते। मनुष्य को अपने मन में यह मान लेना सरल है कि वह कोई भी बात समझ सकता है। परन्तु जब वह उसे कार्य में लाने की चेष्टा करता है, तो उसे मालूम होता है कि सूक्ष्म भावों को ठीक-ठीक समझना तथा उन्हें हृदयंगम करना बड़ा ही कठिन है। इसीलिए प्रतीक विशेष रूप से सहायक होते हैं, और उनके द्वारा सूक्ष्म विषयों को समझने की जो प्रणाली है, उसे हम किसी भी प्रकार त्याग नहीं सकते। स्मरणातीत काल से ही प्रतीकों का प्रयोग प्रत्येक धर्म में होता रहा है। एक दृष्टि से हम प्रतीक के बिना किसी बात को सोच ही नहीं सकते। स्वयं शब्द हमारे विचारों के प्रतीक ही हैं। संसार की प्रत्येक वस्तु प्रतीक के रूप में देखी जा सकती है। सारा संसार ही प्रतीक है और उसके पीछे मूल तत्त्वरूप में ईश्वर विराजमान है। इस प्रकार का प्रतीक केवल मनुष्य द्वारा उत्पन्न किया हुआ ही नहीं है। और न ऐसा है कि एक धर्म के कुछ अनुयायियों ने बैठकर कुछ प्रतीकों की कल्पना कर डाली है। धर्म के प्रतीकों की उत्पत्ति स्वाभाविक रूप से होती है। नहीं तो ऐसा क्यों है कि प्राय: सभी मनुष्यों के मन में कुछ विशेष प्रतीक कुछ विशिष्ट भावों से सदा सम्बद्ध रहते हैं? कुछ प्रतीक तो सभी जगह पाए जाते हैं। तुममें से अनेकों की यह धारणा है कि क्रॉस का चिह्न सर्वप्रथम ईसाई धर्म के साथ प्रचलित हुआ; परन्तु वास्तव में तो वह ईसाई धर्म के बहुत पहले से, मूसा के भी जन्म के पहले, वेदों के आविर्भाव

के भी पहले, यहाँ तक कि मानवीय कार्य-कलापों का किसी प्रकार का इतिहास लिपिबद्ध होने के भी पहले से विद्यमान था। ऐजटेकों तथा फिनिशिन्स जातियों में भी क्रॉस के विद्यमान होने का प्रमाण मिलता है। प्राय: प्रत्येक जाति में इसका अस्तित्व था। इतना ही नहीं, बल्कि ऐसा भी प्रतीत होता है कि क्रॉस पर लटके हुए महापुरुष का प्रतीक भी लगभग प्रत्येक जाति में प्रचलित था। सारे संसार में वृत्त भी एक महान् प्रतीक माना गया है। फिर सबसे अधिक प्रचलित 卐 स्वस्तिक का भी प्रतीक है। एक समय ऐसी धारणा थी कि बौद्ध इसे अपने साथ-साथ सारे संसार भर में ले गए; परन्तु पता चलता है कि बौद्ध धर्म के सदियों पहले कई जातियों में इसका प्रचार था। प्राचीन बेबिलोन तथा मिस्र देश में भी यह पाया जाता था। इस सबसे क्या प्रकट होता है ? यही कि ये सब प्रतीक रूढ़िजन्य मात्र नहीं हो सकते। इनका कोई न कोई विशेष कारण अवश्य रहा होगा, उनमें तथा मानवीय मन में कोई स्वाभाविक सम्बन्ध रहा होगा। भाषा भी कोई रूढ़िजन्य वस्तु नहीं है, ऐसी बात नहीं कि कुछ लोगों ने यह तय कर लिया कि कुछ विशेष भाव कुछ विशेष शब्दों द्वारा प्रकट किए जाएँ और बस, भाषा की उत्पत्ति हो गई। कोई भी भाव अपने आनुषंगिक शब्द बिना और कोई शब्द अपने आनुषंगिक भाव बिना कभी रहा नहीं। शब्द और भाव स्वभावत: अविच्छेद्य हैं। भावों को प्रकट करने के लिए शब्द-प्रतीक अथवा वर्ण-प्रतीक हो सकते हैं। गूँगों और बहरों को शब्द-प्रतीक अथवा वर्ण-प्रतीक की सहायता लेनी पड़ती है। मन में उठनेवाले प्रत्येक विचार का एक अन्य समानुरूपी भी होता है, और वह है—आकृति। इसे संस्कृत दर्शन में 'नाम-रूप' कहते हैं। जिस प्रकार कृत्रिम उपायों द्वारा एक भाषा नहीं उत्पन्न की जा सकती, उसी प्रकार कृत्रिम उपायों से प्रतीक-विधान का निर्माण भी नहीं किया जा सकता। संसार में कर्मकांडीय प्रतीकों में हमें मानव जाति के धार्मिक विचारों की एक अभिव्यक्ति मिलती है। यह कह देना बहुत सरल है कि अनुष्ठानों, मन्दिरों तथा अन्य बाह्य आडम्बरों की कोई आवश्यकता नहीं, और यह बात तो आजकल बच्चे तक कहा करते हैं। परन्तु सरलतापूर्वक यह कोई भी देख सकता है कि जो लोग मन्दिर में जाकर पूजा करते हैं, वे उन लोगों की अपेक्षा, जो ऐसा नहीं करते, कई बातों में कहीं भिन्न होते हैं। भिन्न-भिन्न धर्मों के साथ जो विशिष्ट मन्दिर, अनुष्ठान और अन्य स्थूल क्रिया-कलाप जुड़े हुए हैं, वे उन-उन धर्मावलम्बियों के मन में उन सब भावों को जाग्रत कर देते हैं, जिनके कि ये मन्दिर-अनुष्ठानादि स्थूल प्रतीकस्वरूप हैं। अतएव अनुष्ठानों एवं प्रतीकों को एकदम उड़ा देना उचित नहीं। इन सब विषयों का अध्ययन एवं अभ्यास स्वभावत: कर्मयोग का ही एक अंग है।

इस कर्मविज्ञान के और भी कई पहलू हैं। इनमें से एक है—'विचार' तथा 'शब्द' के सम्बन्ध को जानना एवं यह भी ज्ञान प्राप्त करना कि शब्द-शक्ति से क्या प्राप्त किया जा सकता है। प्रत्येक धर्म शब्द की शक्ति को मानता है; यहाँ तक कि किसी-किसी धर्म की तो यह धारणा है कि समस्त सृष्टि 'शब्द' से ही निकली है। ईश्वर

के संकल्प का बाह्य आकार 'शब्द' है और चूँकि ईश्वर ने सृष्टि-रचना के पूर्व संकल्प एवं इच्छा की थी, इसलिए सृष्टि 'शब्द' से ही निकली है। हमारे इस भौतिकतापरायण जीवन के कोलाहल में हमारी नाड़ियों में भी जड़ता आ गई है। ज्यों-ज्यों हम बूढ़े होते जाते हैं और संसार की ठोकरें खाते जाते हैं, त्यों-त्यों हममें अधिकाधिक जड़ता आती जाती है और फलस्वरूप हम उन घटनाओं की भी उपेक्षा कर देते हैं, जो हमारे चारों ओर निरन्तर घटित होती रहती हैं। परन्तु कभी-कभी मनुष्य की प्रकृति अपनी सत्ता को प्रतिष्ठापित करना चाहती है और हम इन साधारण घटनाओं का रहस्य जानने का यत्न करने लगते हैं तथा उन पर आश्चर्य करते हैं। इस प्रकार आश्चर्यचकित होना ही ज्ञान-लाभ की पहली सीढ़ी है। 'शब्द' के उच्च दार्शनिक तथा धार्मिक महत्त्व के अतिरिक्त हमारे इस जीवन-नाटक में शब्द-प्रतीकों का विशेष स्थान है। मैं तुमसे बातचीत कर रहा हूँ। तुम्हें स्पर्श नहीं कर रहा हूँ। पर मेरे शब्द द्वारा उत्पन्न वायु के स्पन्दन तुम्हारे कान में जाकर तुम्हारे कर्ण-स्नायुओं को स्पर्श करते हैं और उससे तुम्हारे मन में प्रभाव उत्पन्न करते हैं। इसे तुम रोक नहीं सकते। भला सोचो तो, इससे अधिक आश्चर्यजनक बात और क्या हो सकती है? एक मनुष्य दूसरे को बेवकूफ कह देता है और बस, इतने से ही वह दूसरा मनुष्य उठ खड़ा होता है और अपनी मुट्ठी बाँधकर उसकी नाक पर एक घूँसा जमा देता है। देखो तो, शब्द में कितनी शक्ति है! एक स्त्री बिलख-बिलखकर रो रही है; इतने में एक दूसरी स्त्री आ जाती है और वह उससे कुछ सान्त्वना के शब्द कहती है। प्रभाव यह होता है कि वह रोती हुई स्त्री उठ बैठती है, उसका दुःख दूर हो जाता है और वह मुस्कराने भी लगती है। देखो तो, शब्द में कितनी शक्ति है! उच्च दर्शन में जिस प्रकार शब्द-शक्ति का परिचय मिलता है, उसी प्रकार साधारण जीवन में भी। इस शक्ति के सम्बन्ध में विशेष विचार और अनुसन्धान न करते हुए ही हम रात-दिन इस शक्ति का उपयोग कर रहे हैं। इस शक्ति के स्वरूप को जानना तथा इसका उत्तम रूप से उपयोग करना भी कर्मयोग का एक अंग है।

दूसरों के प्रति हमारे कर्तव्य का अर्थ है—दूसरों की सहायता करना, संसार का भला करना। हम संसार का भला क्यों करें? इसलिए कि देखने में तो हम संसार का उपकार करते हैं, परन्तु असल में हम अपना ही उपकार करते हैं। हमें सदैव संसार का उपकार करने की चेष्टा करनी चाहिए, और कार्य करने में यही हमारा सर्वोच्च उद्देश्य होना चाहिए। परन्तु यदि ध्यानपूर्वक देखा जाए, तो प्रतीत होगा कि इस संसार को हमारी सहायता की बिलकुल आवश्यकता नहीं। यह संसार इसलिए नहीं बना कि हम अथवा तुम आकर इसकी सहायता करें। एक बार मैंने एक उपदेश पढ़ा था, वह इस प्रकार था—'यह सुन्दर संसार बड़ा अच्छा है, क्योंकि इसमें हमें दूसरों की सहायता करने के लिए समय तथा अवसर मिलता है।' ऊपर से तो यह भाव सचमुच सुन्दर है, परन्तु यह कहना कि संसार को हमारी सहायता की आवश्यकता है, क्या घोर ईश-निन्दा नहीं है? यह सच है कि संसार में दुःख-कष्ट बहुत है, और इसलिए

लोगों की सहायता करना हमारे लिए सर्वश्रेष्ठ कार्य है; परन्तु आगे चलकर हम देखेंगे कि दूसरों की सहायता करने का अर्थ है, अपनी ही सहायता करना। मुझे स्मरण है, एक बार जब मैं छोटा था, तो मेरे पास कुछ सफेद चूहे थे। वे चूहे एक छोटे से सन्दूक में रखे गए थे और उस सन्दूक के भीतर उनके लिए छोटे-छोटे चक्के थे। जब चूहे उन चक्कों को पार करना चाहते, तो वे चक्के वहीं के वहीं घूमते रहते, और वे बेचारे कभी बाहर नहीं निकल पाते। बस, यही हाल संसार का तथा संसार के प्रति हमारी सहायता का है। उपकार केवल इतना ही होता है कि हमें नैतिक शिक्षा मिलती है। यह संसार न तो अच्छा है, न बुरा। प्रत्येक मनुष्य अपने लिए अपना-अपना संसार बना लेता है। यदि एक अन्धा संसार के बारे में सोचता है, तो वह उसके समक्ष या तो मुलायम या कड़ा प्रतीत होगा, अथवा शीत या उष्ण। हम सुख या दु:ख की समष्टि मात्र हैं, यह हमने अपने जीवन में सैकड़ों बार अनुभव किया है। बहुधा नौजवान आशावादी होते हैं, और वृद्ध निराशावादी। तरुण के सामने अभी उसका सारा जीवन पड़ा है। परन्तु वृद्ध की केवल यही शिकायत रहती है कि उसका समय निकल गया; कितनी ही अपूर्ण इच्छाएँ उसके हृदय में मचलती रहती हैं, जिन्हें पूर्ण करने की शक्ति उसमें आज नहीं। परन्तु हैं, दोनों ही मूर्ख। हमारी मानसिक स्थिति के अनुसार ही हमें यह संसार भला या बुरा प्रतीत होता है। स्वयं यह न तो भला है, न बुरा। अग्नि स्वयं न अच्छी है, न बुरी। जब यह हमें गरम रखती है, तो हम कहते हैं, 'यह कितनी सुन्दर है!' परन्तु जब इससे हमारी अँगुली जल जाती है, तो इसे हम दोष देते हैं। परन्तु फिर भी स्वयं न तो यह अच्छी है, न बुरी। जैसा हम इसका उपयोग करते हैं, तदनुरूप यह अच्छी या बुरी बन जाती है। यही हाल इस संसार का भी है। संसार स्वयं पूर्ण है। पूर्ण होने का अर्थ यह है कि उसमें अपने सब प्रयोजनों को पूर्ण करने की क्षमता है। हमें यह निश्चित जान लेना चाहिए कि हमारे बिना भी यह संसार बड़े मजे से चलता जाएगा; हमें इसकी सहायता करने के लिए माथापच्ची करने की आवश्यकता नहीं।

परन्तु फिर भी हमें सदैव परोपकार करते ही रहना चाहिए। यदि हम सदैव यह ध्यान रखें कि दूसरों की सहायता करना एक सौभाग्य है, तो परोपकार करने की इच्छा हमारी सर्वोत्कृष्ट प्रेरणा है। एक दाता के ऊँचे आसन पर खड़े होकर और अपने हाथ में दो पैसे लेकर यह मत कहो, "ऐ भिखारी, ले, यह मैं तुझे देता हूँ।" परन्तु तुम स्वयं इस बात के लिए कृतज्ञ होओ कि तुम्हें वह निर्धन व्यक्ति मिला, जिसे दान देकर तुमने स्वयं अपना उपकार किया। धन्य पानेवाला नहीं होता, देनेवाला होता है। इस बात के लिए कृतज्ञ होओ कि इस संसार में तुम्हें अपनी दयालुता का प्रयोग करने और इस प्रकार पवित्र एवं पूर्ण होने का अवसर प्राप्त हुआ। समस्त भले कार्य हमें शुद्ध बनने तथा पूर्ण होने में सहायता करते हैं। और सच पूछो तो हम अधिक से अधिक कर ही कितना सकते हैं? या तो एक अस्पताल बनवा देते हैं, सड़कें बनवा देते हैं या सदावर्त खुलवा देते हैं, बस, इतना ही तो? हम गरीबों के लिए एक कोष खोल देते हैं, दस-

बीस लाख डालर इकट्ठा कर लेते हैं। उसमें से पाँच लाख का एक अस्पताल बनवा देते हैं, पाँच लाख नाच-तमाशे, शैम्पेन पीने में फूँक देते हैं, और शेष का आधा कर्मचारी लूट लेते हैं, बाकी जो बचता है, वह किसी तरह गरीबों तक पहुँचता है! परन्तु उतने से हुआ क्या? प्रचंड तूफान का एक झोंका तो तुम्हारी इन सारी इमारतों को पाँच मिनट में नष्ट कर दे सकता है—फिर तुम क्या करोगे? ज्वालामुखी का एक विस्फोट तो तुम्हारी तमाम सड़कों, अस्पतालों, नगरों और इमारतों को धूल में मिला दे सकता है। अतएव इस प्रकार की संसार की सहायता करने की खोखली बातों को हमें छोड़ देना चाहिए। यह संसार न तो तुम्हारी सहायता का भूखा है और न मेरी। परन्तु फिर भी हमें निरन्तर कार्य करते रहना चाहिए, निरन्तर परोपकार करते रहना चाहिए। क्यों?—इसलिए कि इसमें हमारा ही भला है। यही एक साधन है, जिससे हम पूर्ण बन सकते हैं। यदि हमने किसी भिखारी को कुछ दिया हो, तो वास्तव में वह हमारे प्रति एक सेंट का भी ऋणी नहीं है, हमीं उसके ऋणी हैं, हम पर उसका आभार है, क्योंकि उसने हमें इस बात का अवसर दिया कि हम अपनी दया का प्रयोग उस पर कर सकें। यह सोचना निरी भूल है कि हमने संसार का भला किया, अथवा कर सकते हैं, या यह कि हमने अमुक व्यक्तियों की सहायता की। यह निरी मूर्खता का विचार है; और मूर्खता के विचारों से दु:ख उत्पन्न होता है। हम कभी-कभी सोचते हैं कि हमने अमुक मनुष्य की सहायता की और इसलिए आशा करते हैं कि वह हमें धन्यवाद दे; पर जब वह हमें धन्यवाद नहीं देता, तो उससे हमें दु:ख होता है। हम जो कुछ करें, उसके बदले में किसी भी बात की आशा क्यों रखें? बल्कि उलटे हमें उसी मनुष्य के प्रति कृतज्ञ होना चाहिए, जिसकी हम सहायता करते हैं—उसे साक्षात् नारायण मानना चाहिए। मनुष्य की सहायता द्वारा ईश्वर की उपासना करना क्या हमारा परम सौभाग्य नहीं है? यदि हम वास्तव में अनासक्त हैं, तो हमें यह वृथा प्रत्याशाजनित कष्ट क्यों होना चाहिए? अनासक्त होने पर तो हम प्रसन्नतापूर्वक संसार में भलाई कर सकते हैं। अनासक्ति से किए हुए कार्य से कभी दु:ख अथवा अशान्ति नहीं आएगी। वैसे तो संसार में अनन्त काल तक सुख-दु:ख का चक्र चलता ही रहेगा।

एक गरीब आदमी को कुछ रुपयों की जरूरत पड़ी। उसे कहीं से यह मालूम हो गया कि यदि वह किसी भूत को अपने वश में कर ले, तो वह उससे जो चाहे, मँगवा सकता है। निदान उसे एक भूत ढूँढ़ने की सूझी। वह किसी ऐसे आदमी को ढूँढ़ने लगा, जिससे उसे एक भूत मिल जाए। ढूँढ़ते-ढूँढ़ते उसे एक साधु मिले। इन साधु के पास बड़ी शक्तियाँ थीं और उसने उनसे सहायता की याचना की। साधु ने उससे पूछा, "तुम भूत का क्या करोगे?" उसने उत्तर दिया, "महाराज, मैं भूत इसलिए चाहता हूँ कि वह मेरा काम कर दे। कृपा कर मुझे उसको प्राप्त करने का ढंग बता दीजिए। मुझे उसकी बड़ी जरूरत है।" साधु बोले, "देखो, तुम इस झमेले में मत पड़ो, अपने घर लौट जाओ।" दूसरे दिन वह आदमी साधु के पास फिर गया और

बहुत रोने-गाने लगा। उसने कहा, "महाराज, मुझे एक भूत दे ही दीजिए न। मुझे बड़ी आवश्यकता है।" अन्त में साधु कुछ चिढ़ से गए और उन्होंने कहा, "अच्छा, लो, यह मंत्र लो, इसका जप करने से एक भूत प्रकट होगा और फिर उससे तुम जो काम कहोगे, वही करेगा; परन्तु देखो, होशियार रहना। ये बड़े भयंकर प्राणी होते हैं। उसे निरन्तर काम में लगाए रखना। यदि कभी वह खाली रहा, तो तुम्हारी जान ही ले लेगा।" तब उस मनुष्य ने कहा, "यह कौन कठिन बात है? मैं तो उसे इतना काम दे दूँ कि उसके जीवन-भर खत्म न हो।" इसके बाद वह आदमी एक वन में चला गया और मंत्र का जप करने लगा। कुछ देर तक जप करने के बाद उसके सामने विकराल दाँतोंवाला एक बड़ा भयंकर भूत प्रकट हुआ। भूत ने कहा, "देखो, मैं भूत हूँ। तुम्हारे मंत्र ने मुझे जीत लिया है। परन्तु देखो, तुम्हें मुझको निरन्तर काम में लगाए रखना होगा, क्योंकि ज्यों ही मुझे थोड़ा सा भी अवकाश मिला कि मैं तुम्हारी जान ले लूँगा।" आदमी बोला, "ठीक है, जाओ, मेरे लिए एक महल तैयार करो।" भूत ने जवाब दिया, "लो, हो गया, महल तैयार है।" आदमी ने कहा, "जाओ, मेरे लिए धन ले आओ।" भूत बोला, "लो, धन भी तैयार है।" फिर आदमी ने कहा, "यह जंगल काट डालो और यहाँ एक शहर बसा दो।" भूत बोला, "लो, यह भी हो गया। अब और क्या करूँ, बतलाओ?" अब तो वह आदमी बड़ा घबड़ाने लगा; उसने मन में सोचा, "अब तो मेरे पास कोई काम नहीं है, जो मैं इससे करने को कहूँ। यह तो प्रत्येक काम क्षण भर में ही कर डालता है।" भूत इधर गरजकर बोला, "देखो, मुझे जल्दी कुछ काम करने को दो, नहीं तो मैं तुम्हें खा जाऊँगा।" बेचारा आदमी अब कोई काम सोच ही न सका और मारे जाने के भय से थर-थर काँपने लगा। अब तो वह बेतहाशा भागा और भागते-भागते उन्हीं साधु के पास पहुँचा और वहाँ जाकर गिड़गिड़ाने लगा, "महाराज, रक्षा कीजिए, रक्षा कीजिए, मेरी जान बचाइए।" साधु ने पूछा, "कहो, क्या हुआ?" उस मनुष्य ने उत्तर दिया, "अब मैं क्या करूँ? अब तो मेरे पास उस भूत को देने के लिए कोई भी काम शेष नहीं है। मैं उससे जो कुछ भी करने को कहता हूँ, वह क्षण भर में ही कर डालता है, और जब उसके पास कोई काम नहीं रह जाता, तो मुझे खा डालने की धमकी देता है।" इतने में ही वह भूत वहाँ आ पहुँचा और कहने लगा, "अब तो मैं तुम्हें खा जाऊँगा।" और सचमुच वह उसे खा जाता! आदमी मारे डर के काँपने लगा और उसने साधु से अपने प्राणों की भिक्षा माँगी। साधु ने कहा, "अच्छा, मैं तुम्हें रास्ता बताता हूँ। देखो, उस कुत्ते की पूँछ टेढ़ी है, अपनी तलवार निकालो और यह पूँछ काटकर इस भूत को दे दो और उससे कहो कि इसे सीधी कर दे।" आदमी ने झट से कुत्ते की पूँछ काट ली और उसे भूत को देकर कहा, "लो, इसे सीधी करके मुझे दो।" भूत ने पूँछ ले ली और उसे बड़ी सावधानी से सीधी की, पर ज्यों ही उसने उसको सीधी करके छोड़ दिया, त्यों ही वह फिर टेढ़ी हो गई। भूत ने दुबारा कोशिश की, परन्तु ज्यों ही उसने छोड़

दी, त्यों ही वह फिर टेढ़ी हो गई। इस प्रकार वह कई दिनों तक प्रयत्न करता रहा, यहाँ तक कि वह थक गया और बोला, ''मुझे ऐसा कष्ट तो अपने जीवन-भर में कभी नहीं हुआ। मैं एक बड़ा पुराना भूत हूँ, ऐसी मुसीबत में मैं कभी नहीं पड़ा।'' अब तो वह भूत उस आदमी से कहने लगा, ''आओ भाई, हम-तुम समझौता कर लें। तुम मुझे छोड़ दो, और मैंने अब तक तुम्हें जो कुछ दिया है, वह सब अपने पास ही रखे रहो। मैं वादा करता हूँ, अब आगे तुम्हें किसी प्रकार का कष्ट न दूँगा।'' यह सुन वह आदमी बड़ा खुश हुआ और बड़ी प्रसन्नतापूर्वक उसने इस समझौते को स्वीकार कर लिया।

हमारा यह संसार भी बस कुत्ते की उस टेढ़ी पूँछ के ही समान है; सैकड़ों वर्ष से लोग इसे सीधा करने का प्रयत्न कर रहे हैं, परन्तु ज्यों ही वे इसे छोड़ देते हैं, त्यों ही यह फिर टेढ़ा का टेढ़ा हो जाता है। इसके अतिरिक्त और क्या हो सकता है? मनुष्य पहले यह जान ले कि आसक्ति रहित होकर उसे किस प्रकार कर्म करना चाहिए, तभी वह दुराग्रह और मतान्धता से परे हो सकता है। अब हमें यह ज्ञात हो जाएगा कि संसार कुत्ते की टेढ़ी दुम की तरह है और कभी भी सीधा नहीं हो सकता, तब हम दुराग्रही नहीं होंगे। यदि संसार में यह दुराग्रह, यह कट्टरता न होती, तो अब तक यह बहुत उन्नति कर लेता। यह सोचना भूल है कि धर्मान्धता द्वारा मानव-जाति की उन्नति हो सकती है? बल्कि उलटे, यह तो हमें पीछे हटाने वाली शक्ति है, जिससे घृणा और क्रोध उत्पन्न होकर मनुष्य एक दूसरे से लड़ने-भिड़ने लगते हैं और सहानुभूति शून्य हो जाते हैं। हम सोचते हैं कि जो कुछ हमारे पास है अथवा जो कुछ हम करते हैं, वही संसार में सर्वश्रेष्ठ है, और जो कुछ हम नहीं करते अथवा जो कुछ हमारे पास नहीं है, वह एक कौड़ी मूल्य का भी नहीं। अतएव जब कभी तुममें दुराग्रह का यह भाव आए, तो सदैव कुत्ते की टेढ़ी पूँछ का दृष्टान्त स्मरण कर लिया करो। तुम्हें अपने आपको संसार के बारे में चिन्तित बना लेने की कोई आवश्यकता नहीं—तुम्हारी सहायता के बिना भी यह चलता ही रहेगा। जब तुम दुराग्रह और मतान्धता से परे हो जाओगे, तभी तुम अच्छी तरह कार्य कर सकोगे। जो ठंडे मस्तिष्क वाला और शान्त है, जो उत्तम ढंग से विचार करके कार्य करता है, जिसके स्नायु सहज ही उत्तेजित नहीं हो उठते तथा जो अत्यन्त प्रेम और सहानुभूति सम्पन्न है, केवल वही व्यक्ति संसार में महान् कार्य कर सकता है और इस तरह उससे अपना भी कल्याण कर सकता है। दुराग्रही व्यक्ति मूर्ख और सहानुभूति शून्य होता है। वह न तो कभी संसार को सीधा कर सकता है और न स्वयं ही शुद्ध एवं पूर्ण हो सकता है।

इस प्रकार आज के व्याख्यान का सारांश यह है : सर्वप्रथम हमें यह ध्यान में रखना चाहिए कि हमीं संसार के ऋणी हैं, संसार हमारा ऋणी नहीं। यह तो हमारा सौभाग्य है कि हमें संसार में कुछ कार्य करने का अवसर मिलता है। संसार की सहायता करने से हम वास्तव में स्वयं अपना ही कल्याण करते हैं। दूसरी बात यह है कि इस

विश्व का अधिष्ठाता एक ईश्वर है। यह बात सच नहीं कि यह संसार पिछड़ रहा है। वह अविनाशी सतत क्रियाशील और जाग्रत है। जब सारा विश्व सोता है, तब भी वह जागता रहता है। वह निरन्तर कार्य में लगा हुआ है। संसार के समस्त परिवर्तन और विकार उसी के कार्य हैं। तीसरी बात यह है कि हमें किसी से घृणा नहीं करनी चाहिए। यह संसार सदैव ही शुभ और अशुभ का मिश्रणस्वरूप रहेगा। हमारा कर्तव्य है कि हम दुर्बल के प्रति सहानुभूति रखें और एक अन्यायी के प्रति भी प्रेम रखें। यह संसार तो चरित-गठन के लिए एक विशाल नैतिक व्यायामशाला है। इससे हम सभी को अभ्यासरूप कसरत करनी पड़ती है, जिससे हम आध्यात्मिक बल से अधिकाधिक बलवान बनते रहें। चौथी बात यह कि हममें किसी प्रकार का भी दुराग्रह नहीं होना चाहिए, क्योंकि दुराग्रह प्रेम का विरोधी है। बहुधा दुराग्रहियों को तुम यह गाल बजाते सुनोगे, ''हमें पापी से घृणा नहीं है, हमें तो घृणा पाप से है।'' परन्तु यदि कोई मुझे एक ऐसा मनुष्य दिखा दे, जो सचमुच पाप और पापी में भेद कर सकता हो, तो ऐसे मनुष्य को देखने के लिए मैं कितनी भी दूर जाने को तैयार हूँ, ऐसा कहना सरल है। यदि हम द्रव्य और उसके गुण में भली-भाँति भेद कर सकें, तो हम पूर्ण हो जाएँ। पर इसे व्यवहार में लाना इतना सरल नहीं। हम जितने ही शान्तचित्त होंगे और हमारे स्नायु जितने संतुलित रहेंगे, हम उतने ही अधिक प्रेमसम्पन्न होंगे और हमारा कार्य भी उतना ही अधिक उत्तम होगा।

विश्वप्रेम और उससे आत्मसमर्पण का उदय

समष्टि से प्रेम किए बिना हम व्यष्टि से कैसे प्रेम कर सकते हैं? ईश्वर ही वह समष्टि है, सारे विश्व का यदि एक अखंड रूप से चिन्तन किया जाए, तो वही ईश्वर है, और उसे पृथक्-पृथक् रूप से देखने पर वही यह दृश्यमान संसार है—व्यष्टि है। समष्टि वह इकाई है, जिसमें लाखों छोटी-छोटी इकाइयों का योग है। इस समष्टि के माध्यम से ही सारे विश्व को प्रेम करना सम्भव है। भारतीय दार्शनिक व्यष्टि पर ही नहीं रुक जाते; वे तो व्यष्टि पर एक सरसरी दृष्टि डालकर तुरन्त एक ऐसे व्यापक या समष्टि भाव की खोज में लग जाते हैं, जिसमें सब व्यष्टियों या विशेषों का अन्तर्भाव हो। इस समष्टि की खोज ही भारतीय दर्शन और धर्म का लक्ष्य है। ज्ञानी पुरुष ऐसी एक समष्टि की, ऐसे एक निरपेक्ष और व्यापक तत्त्व की कामना करता है, जिसे जानने से वह सब कुछ जान सके। भक्त उस एक सर्वव्यापी पुरुष की साक्षात् उपलब्धि कर लेना चाहता है, जिससे प्रेम करने से वह सारे विश्व से प्रेम कर सके। योगी उस मूलभूत शक्ति को अपने अधिकार में लाना चाहता है, जिसके नियमन से वह इस सम्पूर्ण विश्व का नियमन कर सके। यदि हम भारतीय विचार-धारा के इतिहास का अध्ययन करें, तो देखेंगे कि भारतीय मन सदा से हर विषय में—भौतिक विज्ञान, मनोविज्ञान, भक्तितत्त्व, दर्शन आदि सभी में—एक समष्टि या व्यापक तत्त्व की इस अपूर्व खोज में लगा रहा है। अतएव प्रेम करते चले जाओ, तो भी अनन्त काल में भी संसार को एक समष्टि के रूप में प्यार करने में समर्थ न हो सकोगे। पर अन्त में जब यह मूल सत्य ज्ञात हो जाता है कि समस्त प्रेम की समष्टि ईश्वर है, संसार के मुक्त, बद्ध या मुमुक्षु सारे जीवात्माओं की आदर्श-समष्टि ही ईश्वर है, तभी यह विश्वप्रेम सम्भव होता है। ईश्वर ही समष्टि है और यह परिदृश्यमान जगत् उसी का परिच्छिन्न भाव है—उसी की अभिव्यक्ति है। यदि हम इस समष्टि को प्यार करें, तो इससे सभी को प्यार करना हो जाता है। तब जगत् को प्यार करना और उसकी भलाई करना सहज हो जाता है। पर पहले भगवत्प्रेम के द्वारा हमें यह शक्ति प्राप्त कर लेनी होगी, अन्यथा संसार की भलाई करना कोई हँसी-खेल नहीं है। भक्त कहता है, "सब कुछ उसी का है, वह मेरा प्रियतम है, मैं उससे प्रेम करता हूँ।" इस प्रकार भक्त को सब कुछ पवित्र प्रतीत होने लगता है, क्योंकि वह सब आखिर उसी का तो है। सभी

उसकी सन्तान हैं, उसके अंगस्वरूप हैं, उसके रूप हैं। तब फिर हम किसी को कैसे चोट पहुँचा सकते हैं? दूसरों को बिना प्यार किए हम कैसे रह सकते हैं? भगवान् के प्रति प्रेम के साथ ही, उसके निश्चित फलस्वरूप, सर्व भूतों के भी प्रति प्रेम अवश्य आएगा। हम ईश्वर के जितने समीप आते जाते हैं, उतने ही अधिक स्पष्ट रूप से देखते हैं कि सब कुछ उसी में है। जब जीवात्मा इस परम प्रेमानन्द को आत्मसात करने में सफल होती है, तब वह ईश्वर को सर्व भूतों में देखने लगती है। इस प्रकार हमारा हृदय प्रेम का एक अनन्त स्रोत बन जाता है। और जब हम इस प्रेम की ओर भी उच्चतर अवस्थाओं में पदार्पण करते हैं, तब संसार की वस्तुओं में क्षुद्र भेद की भावनाएँ हमारे हृदय से सर्वथा लुप्त हो जाती हैं। तब मनुष्य मनुष्य के रूप में नहीं दिखता, वरन् साक्षात् ईश्वर के रूप में ही दीख पड़ता है; पशु में पशु-रूप नहीं दिखाई पड़ता, वरन् उसमें स्वयं भगवान् ही दीख पड़ते हैं; यहाँ तक कि ऐसे प्रेमी की आँखों से बाघ का भी बाघ-रूप लुप्त हो जाता है और उसमें स्वयं भगवान् प्रकाशमान दीख पड़ता है। इस प्रकार, भक्ति की इस प्रगाढ़ अवस्था में सभी प्राणी हमारे लिए उपास्य हो जाते हैं। 'हरि को सब भूतों में अवस्थित जानकर ज्ञानी को सब प्राणियों के प्रति अव्यभिचारिणी भक्ति रखनी चाहिए।"[1]

इस प्रगाढ़, सर्वग्राही प्रेम के फलस्वरूप पूर्ण आत्मसमर्पण की अवस्था उपस्थित होती है। तब यह दृढ़ विश्वास हो जाता है कि संसार में भला-बुरा जो कुछ होता है, कुछ भी हमारे लिए अनिष्टकर नहीं। शास्त्रों ने इसी को 'अप्रातिकूल्य' कहा है। ऐसा प्रेमी जीव दु:ख उपस्थित होने पर कहता है, "दु:ख! स्वागत है तुम्हारा।" यदि कष्ट आए, तो कहेगा, "आओ कष्ट! स्वागत है तुम्हारा। तुम भी तो मेरे प्रियतम के पास से ही आए हो।" यदि सर्प आए, तो कहेगा, "विराजो, सर्प!" यहाँ तक कि यदि मृत्यु भी आए, तो वह अधरों पर मुस्कान लिये उसका स्वागत करेगा। "धन्य हूँ मैं, जो ये सब मेरे पास आते हैं; इन सबका स्वागत है।" भगवान् और जो कुछ भगवान् का है, उस सबके प्रति प्रगाढ़ प्रेम से उत्पन्न होनेवाली इस पूर्ण निर्भरता की अवस्था में भक्त अपने को प्रभावित करने वाले सुख और दुख का भेद भूल जाता है। दु:ख-कष्ट आने पर वह तनिक भी विचलित नहीं होता। और प्रेमस्वरूप ईश्वर की इच्छा पर यह जो स्थिर, खेदशून्य निर्भरता है, वह तो सचमुच महान् वीरतापूर्ण क्रिया-कलापों से मिलने वाले नाम-यश की अपेक्षा कहीं अधिक वांछनीय है।

अधिकतर मनुष्यों के लिए देह ही सब कुछ है; देह ही उनकी सारी दुनिया है; दैहिक सुख-भोग ही उनका सर्वस्व है। देह और देह से सम्बन्धित वस्तुओं की उपासना करने का भूत हम सबमें प्रविष्ट हो गया है। भले ही हम लम्बी-चौड़ी बातें करें, बड़ी ऊँची-ऊँची उड़ानें लें, पर आखिर हैं हम गिद्धों के ही समान; हमारा मन सदा नीचे

---

1. एवं सर्वेषु भूतेषु भक्तिरव्यभिचारिणी।
कर्तव्या पंडितैर्ज्ञात्वा सर्वभूतमयं हरिम्॥

पड़े हुए सड़े-गले मांस के टुकड़े में ही पड़ा रहता है। हम शेर से अपने शरीर की रक्षा क्यों करें? हम उसे शेर को क्यों न दे दें? कम से कम उससे शेर को तो तृप्ति होगी, और यह कार्य आत्मत्याग और उपासना से अधिक भिन्न न होगा। क्या तुम ऐसे एक भाव की उपलब्धि कर सकते हो, जिसमें स्वार्थ की तनिक भी गन्ध न हो? क्या तुम अपना अहं-भाव सम्पूर्ण रूप से नष्ट कर सकते हो? यह प्रेम-धर्म के शिखर की सिर चकरा देनेवाली ऊँचाई है, और बहुत थोड़े लोग ही उस तक पहुँच सके हैं। पर जब तक मनुष्य इस प्रकार के आत्मत्याग के लिए सारे समय, पूरे हृदय के साथ, प्रस्तुत नहीं रहता, तब तक वह पूर्ण भक्त नहीं हो सकता। हम अपने इस शरीर को अल्प अथवा अधिक समय तक के लिए भले ही बनाए रख लें, पर उससे क्या? हमारे शरीर का एक न एक दिन नाश होना तो अवश्यम्भावी है। उसका अस्तित्व चिरस्थायी नहीं है। वे धन्य हैं, जिनका शरीर दूसरों की सेवा में अर्पित हो जाता है। 'एक साधु पुरुष केवल अपनी सम्पत्ति ही नहीं, वरन् अपने प्राण भी दूसरों की सेवा में उत्सर्ग कर देने के लिए सदैव उद्यत रहता है। इस संसार में जब मृत्यु निश्चित है, तो श्रेष्ठ यही है कि यह शरीर नीच कार्य की अपेक्षा किसी उत्तम कार्य में ही अर्पित हो जाए।' हम भले ही अपने जीवन को पचास वर्ष, या बहुत हुआ, तो सौ वर्ष तक खींच ले जाएँ, पर उसके बाद? उसके बाद क्या होता है? जो वस्तु संघात से उत्पन्न होती है, वह विघटित होकर नष्ट भी होती है। ऐसा समय अवश्य आता है, जब उसे विघटित होना पड़ता है। ईसा, बुद्ध और मुहम्मद सभी दिवंगत हो गए। संसार के सारे महापुरुष और आचार्यगण आज इस धरती से उठ गए हैं।

भक्त कहता है, "इस क्षणभंगुर संसार में, जहाँ प्रत्येक वस्तु टुकड़े-टुकड़े हो धूल में मिली जा रही है, हमें अपने समय का सदुपयोग कर लेना चाहिए।" और वास्तव में जीवन का सर्वश्रेष्ठ उपयोग यही है कि उसे सर्वभूतों की सेवा में लगा दिया जाए। हमारा सबसे बड़ा भ्रम यह है कि हमारा यह शरीर ही हम है और जिस किसी प्रकार से हो, इसकी रक्षा करनी होगी, इसे सुखी रखना होगा। और यह भयानक देहात्मबुद्धि ही संसार में सब प्रकार की स्वार्थपरता की जड़ है। यदि तुम यह निश्चित रूप से जान सको कि तुम शरीर से बिलकुल पृथक् हो, तो फिर इस दुनिया में ऐसा कुछ भी नहीं रह जाएगा, जिसके साथ तुम्हारा विरोध हो सके। तब तुम सब प्रकार की स्वार्थपरता के अतीत हो जाओगे। इसीलिए भक्त कहता है कि हमें ऐसा रहना चाहिए, मानो हम दुनिया की सारी चीजों के लिए मर से गए हों। और वास्तव में यही यथार्थ आत्मसमर्पण है—यही सच्ची शरणागति है—'जो होने का है, हो।' यही 'तेरी इच्छा पूर्ण हो' का तात्पर्य है। उसका तात्पर्य यह नहीं कि हम यत्र-तत्र लड़ाई-झगड़ा करते फिरें और सारे समय यही सोचते रहें कि हमारी ये सारी कमजोरियाँ और सांसारिक आकांक्षाएँ भगवान् की इच्छा से हो रही हैं। हो सकता है कि हमारे स्वार्थपूर्ण प्रयत्नों से भी कुछ भला हो जाए; पर वह ईश्वर देखेगा, उसमें हमारा-तुम्हारा कोई हाथ नहीं। यथार्थ

भक्त अपने लिए कभी कोई इच्छा या कार्य नहीं करता। उसके हृदय के अन्तरतम प्रदेश से तो बस यही प्रार्थना निकलती है, "प्रभो, लोग तुम्हारे नाम पर बड़े-बड़े मन्दिर बनवाते हैं, बड़े-बड़े दान देते हैं; पर मैं तो निर्धन हूँ, मेरे पास कुछ भी नहीं है। अत: मैं अपने इस शरीर को ही तुम्हारे चरणों में अर्पित करता हूँ। मेरा परित्याग न करना, मेरे प्रभो!" जिसने एक बार इस अवस्था का आस्वादन कर लिया, उसके लिए प्रेमास्पद भगवान् के चरणों में यह चिर आत्मसमर्पण कुबेर के धन और इन्द्र के ऐश्वर्य से भी श्रेष्ठ है, नाम-यश और सुख-सम्पदा की महान् आकांक्षा से भी महत्तर है। भक्त के शान्त आत्मसमर्पण से हृदय में जो शान्ति आती है, उसकी तुलना नहीं हो सकती, वह बुद्धि के लिए अगोचर है। इस अप्रातिकूल्य अवस्था की प्राप्ति होने पर उसका किसी प्रकार का स्वार्थ नहीं रह जाता; और तब फिर स्वार्थ में बाधा देनेवाली कोई वस्तु भी संसार में नहीं रह जाती। इस परम शरणागति की अवस्था में सब प्रकार की आसक्ति समूल नष्ट हो जाती है और रह जाती है सर्वभूतों की अन्तरात्मा और आधारस्वरूप उस भगवान् के प्रति सर्वावगाहिनी प्रेमात्मिका आसक्ति। भगवान् के प्रति प्रेम की यह आसक्ति ही सचमुच ऐसी है, जो जीवात्मा को नहीं बाँधती, प्रत्युत उसके समस्त बन्धन सार्थक रूप से छिन्न कर देती है।

कर्तव्य क्या है ?

कर्मयोग का तत्त्व समझने के लिए यह जान लेना आवश्यक है कि कर्तव्य क्या है। यदि मुझे कोई काम करना है, तो पहले मुझे यह जान लेना चाहिए कि, ''वह मेरा कर्तव्य है, और तभी मैं उसे कर सकता हूँ। विभिन्न जातियों में, विभिन्न देशों में इस कर्तव्य के सम्बन्ध में भिन्न-भिन्न धारणाएँ हैं। मुसलमान कहता है कि जो कुछ क़ुरान-शरीफ में लिखा है, वही मेरा कर्तव्य है; इसी प्रकार हिन्दू कहता है कि जो कुछ मेरे वेदों में लिखा है, वही मेरा कर्तव्य है; फिर एक ईसाई की दृष्टि में जो कुछ उसकी बाइबिल में लिखा है, वही उसका कर्तव्य है। इससे हमें स्पष्ट दीख पड़ता है कि जीवन में अवस्था, ऐतिहासिक काल एवं जाति के भेद से कर्तव्य के सम्बन्ध में धारणाएँ भी बहुविध होती हैं। अन्यान्य सार्वभौमिक भावसूचक शब्दों की तरह 'कर्तव्य' शब्द की भी ठीक-ठीक व्याख्या करना दुरूह है। व्यावहारिक जीवन में उसकी परिणति तथा उसके फलाफलों द्वारा ही हमें उसके सम्बन्ध में कुछ धारणा हो सकती है। जब हमारे सामने कुछ बातें घटती हैं, तो हम सब लोगों में उस सम्बन्ध में एक विशेष रूप से कार्य करने की स्वाभाविक अथवा प्रशिक्षित प्रवृत्ति उदित होती जाती है और इस प्रवृत्ति के उदित होने पर मन उस घटना के सम्बन्ध में सोचने लगता है। कभी तो वह यह सोचता है कि इस प्रकार की स्थिति में इसी तरह कार्य करना उचित है, फिर किसी दूसरे समय उसी प्रकार की स्थिति होने पर भी पूर्वोक्त रूप से कार्य करना अनुचित प्रतीत होता है। कर्तव्य के सम्बन्ध में सर्वत्र साधारण धारणा यही देखी जाती है कि हर एक सत्पुरुष अपने विवेक के आदेशानुसार कर्म किया करता है। परन्तु वह क्या है, जिससे एक कर्म 'कर्तव्य' बन जाता है ? एक ईसाई के सामने गो-मांस का एक टुकड़ा रहने पर भी यदि वह अपनी प्राण-रक्षा के लिए उसे नहीं खाता अथवा किसी दूसरे मनुष्य के प्राण बचाने के लिए वह मांस नहीं दे देता, तो उसे निश्चय ही ऐसा लगेगा कि उसने अपना कर्तव्य नहीं किया। परन्तु इसी अवस्था में यदि एक हिन्दू स्वयं वह गो-मांस का टुकड़ा खा ले अथवा किसी दूसरे हिन्दू को दे दे, तो अवश्य उसे भी ठीक उसी प्रकार यह लगेगा कि उसने अपना कर्तव्य नहीं किया। हिन्दू जाति की शिक्षा तथा संस्कार ही ऐसे हैं, जिनके कारण उसके हृदय में ऐसे भाव जाग्रत हो जाते हैं। पिछली शताब्दी में भारतवर्ष में डाकुओं का एक कुख्यात दल था, जिन्हें ठग कहते

थे। वे किसी मनुष्य को मार डालना तथा उसका धन छीन लेना अपना कर्तव्य समझते थे। वे जितने अधिक मनुष्यों को मारने में समर्थ होते, उतना ही अपने को श्रेष्ठ समझते थे। साधारणतया यदि एक मनुष्य सड़क पर जाकर किसी दूसरे मनुष्य को बन्दूक से मार डाले, तो निश्चय ही उसे यह सोचकर दु:ख होगा कि कर्तव्य-भ्रष्ट हो उसने अनुचित कार्य कर डाला है। परन्तु यदि वही मनुष्य एक फौज में सिपाही की हैसियत से एक नहीं, बल्कि बीसों आदमियों को भी मार डाले, तो उसे यह सोचकर अवश्य प्रसन्नता होगी कि उसने अपना कर्तव्य बहुत सुन्दर ढंग से निबाहा। इस प्रकार यह स्पष्ट है कि केवल किसी कार्यविशेष से कर्तव्य निर्धारित नहीं होता। कर्तव्य की कोई वस्तुनिष्ठ परिभाषा कर सकना नितान्त असम्भव है। किन्तु कर्तव्य का एक आत्मनिष्ठ पक्ष भी होता है। यदि किसी कर्म द्वारा हम ईश्वर की ओर बढ़ते हैं, तो वह शुभ कर्म हैं और वह हमारा कर्तव्य है; परन्तु जिस कर्म द्वारा हम नीचे गिरते हैं, वह अशुभ है, और वह हमारा कर्तव्य नहीं। आत्मनिष्ठ दृष्टिकोण से देखने पर हमें यह प्रतीत होता है कि कुछ कार्य ऐसे होते हैं, जो हमें उन्नत बनाते हैं, और दूसरे ऐसे, जो हमें नीचे ले जाते हैं और पशुवत् बना देते हैं। किन्तु विभिन्न व्यक्तियों में कौन-सा कार्य किस तरह का भाव उत्पन्न करेगा, यह निश्चित रूप से बताना असम्भव है। सभी युगों में समस्त सम्प्रदायों और देशों के मनुष्यों द्वारा मान्य यदि कर्तव्य का कोई एक सार्वभौमिक भाव रहा है, तो वह है—**परोपकारः पुण्याय पापाय परपीडनम्।**—अर्थात परोपकार ही पुण्य है, और दूसरों को दु:ख पहुँचाना ही पाप है।

भगवद्गीता में जन्म तथा जीवन की विविध अवस्थाओं के अनुसार कर्तव्यों का बारम्बार उल्लेख हुआ है। जीवन के विभिन्न कर्तव्यों के प्रति मनुष्य का जो मानसिक और नैतिक दृष्टिकोण रहता है, वह अनेक अंशों में उसके जन्म और उसकी अवस्था द्वारा नियमित होता है। इसीलिए जिस समाज में हमारा जन्म हुआ हो, उसके आदर्शों और व्यवहार के अनुरूप उदात्त एवं उन्नत बनाने वाले कार्य करना ही हमारा कर्तव्य है। परन्तु यह विशेष रूप से ध्यान रखना चाहिए कि सभी देशों और समाजों में एक ही प्रकार के आदर्श एवं आचरण प्रचलित नहीं हैं। इस विषय में हमारी अज्ञता ही एक जाति की दूसरी के प्रति घृणा का मुख्य कारण है। एक अमेरिका निवासी समझता है कि उसके देश की प्रथाएँ ही सर्वोत्कृष्ट हैं, अतएव जो कोई उसकी प्रथाओं के अनुसार व्यवहार नहीं करता, वह दुष्ट है। इसी प्रकार एक हिन्दू सोचता है कि केवल उसी के रीति-रिवाज ठीक और संसार भर में सर्वोत्तम हैं, और जो उनका पालन नहीं करता, वह महादुष्ट है। हम सहज ही इस भ्रम में पड़ जाते हैं, और ऐसा होना बहुत स्वाभाविक भी है। परन्तु यह बहुत अहितकर है; संसार में परस्पर के प्रति सहानुभूति के अभाव एवं पारस्परिक घृणा का यह प्रधान कारण है। मुझे स्मरण है, जब मैं इस देश में आया और जब मैं शिकागो-महामेला में से जा रहा था, तो किसी आदमी ने पीछे से मेरा साफा खींच लिया। मैंने पीछे घूमकर देखा, तो अत्यन्त सम्भ्रान्त लगते

एक सज्जन दिखाई पड़े। मैंने उनसे बातचीत की, और जब उन्हें यह मालूम हुआ कि मैं अंग्रेजी भी जानता हूँ, तो वे बहुत शर्मिन्दा हुए। इसी प्रकार, उसी सम्मेलन में एक-दूसरे अवसर पर एक मनुष्य ने मुझे धक्का दे दिया; पीछे घूमकर जब मैंने उससे कारण पूछा, तो वह भी बहुत लज्जित हुआ और हकला-हकलाकर मुझसे माफी माँगते हुए कहने लगा, "आप ऐसी पोशाक क्यों पहनते हैं?" इन लोगों की सहानुभूति बस अपनी ही भाषा और वेशभूषा तक सीमित थी। शक्तिशाली जातियाँ कमजोर जातियों पर जो अत्याचार करती हैं, उसका अधिकांश इसी दुर्भावना के कारण होता है। मानव मात्र के प्रति मानव का जो बन्धु-भाव रहता है, उसको यह सोख लेता है। सम्भव है, वह मनुष्य, जिसने मुझसे मेरी पोशाक के बारे में पूछा था तथा जो मेरे साथ मेरी पोशाक के कारण ही दुर्व्यवहार करना चाहता था, एक भला आदमी रहा हो, एक सन्तानवत्सल पिता और एक सभ्य नागरिक रहा हो; परन्तु उसकी स्वाभाविक सहृदयता का अन्त बस उसी समय हो गया, जब उसने मुझ जैसे एक व्यक्ति को दूसरे वेश में देखा। सभी देशों में विदेशियों का शोषण होता है, क्योंकि वह यह नहीं जानते कि परदेश में अपने को कैसे बचाएँ। और इस प्रकार वे उन देशवासियों के प्रति अपने देश में भ्रान्त धारणाएँ साथ ले जाते हैं। मल्लाह, सिपाही और व्यापारी दूसरे देशों में ऐसे अद्भुत व्यवहार किया करते हैं, जैसा अपने देश में करना वे स्वप्न में भी नहीं सोच सकेंगे। शायद यही कारण है कि चीनी लोग यूरोप और अमेरिकावासियों को 'विदेशी शैतान' कहा करते हैं। पर यदि उन्हें पश्चिमी देश की सज्जनता तथा उसकी नम्रता का भी अनुभव हुआ होता, तो वे शायद ऐसा न कहते।

अतएव हमें जो बात विशेष रूप से ध्यान में रखनी चाहिए, वह यह है कि हम दूसरे के कर्तव्यों को उसकी दृष्टि से देखें, दूसरों के रीति-रिवाजों को अपने रीति-रिवाज के मापदंड से न जाँचे। मैं विश्व भर के लिए मापदंड नहीं हूँ। हमीं को संसार के साथ मिल-जुलकर चलना होगा, न कि संसार को हमारे साथ। इस प्रकार हम देखते हैं कि देश-काल के अनुसार हमारे कर्तव्य कितने बदल जाते हैं और सबसे श्रेष्ठ कर्म तो यह है कि जिस विशिष्ट समय पर हमारा जो कर्तव्य हो, उसी को हम भली-भाँति निबाहें। पहले तो हमें जन्म से प्राप्त कर्तव्य को करना चाहिए और उसे कर चुकने के बाद, समाज और जीवन में हमारी स्थिति के अनुसार जो कर्तव्य हो, उसे सम्पन्न करना चाहिए। मानव-स्वभाव की एक विशेष कमजोरी यह है कि वह स्वयं अपनी ओर कभी नजर नहीं डालता। वह तो सोचता है कि मैं भी राजा के सिंहासन पर बैठने के योग्य हूँ। और यदि मान लिया जाए कि वह है भी, तो सबसे पहले उसे यह दिखा देना चाहिए कि वह अपनी वर्तमान स्थिति का कर्तव्य भली-भाँति कर चुका है; ऐसा होने पर उसके सामने उच्चतर कर्तव्य आएँगे। जब संसार में हम लगन से काम शुरू करते हैं, तो प्रकृति हमें चारों ओर से धक्के देने लगती है और शीघ्र ही हमें इस योग्य बना देती है कि हम अपनी स्थिति प्राप्त कर सकें। जो जिस पद के योग्य नहीं है, वह

दीर्घकाल तक उसमें रहकर सबको सन्तुष्ट नहीं कर सकता। अतएव प्रकृति के विधान के विरुद्ध बड़बड़ाना व्यर्थ है। यदि कोई मनुष्य छोटा कार्य करे, तो उसी कारण वह छोटा नहीं कहा जा सकता। कर्तव्य के केवल ऊपरी रूप से ही मनुष्य की उच्चता या नीचता का निर्णय करना उचित नहीं, देखना तो यह चाहिए कि वह अपना कर्तव्य किस भाव और ढंग से करता है।

आगे चलकर हम देखेंगे कि कर्तव्य की यह धारणा भी परिवर्तित हो जाती है, और यह भी देखेंगे कि सबसे श्रेष्ठ कार्य तो तभी होता है, जब उसके पीछे किसी प्रकार के स्वार्थ की प्रेरणा नहीं होती। फिर भी यह स्मरण रखना चाहिए कि कर्तव्य ज्ञान से किया हुआ कर्म ही हमें कर्तव्य-ज्ञान से अतीत कर्म की ओर ले जाता है। और तब कर्म उपासना में परिणत हो जाता है—इतना ही नहीं, वरन् उस समय कर्म का अनुष्ठान केवल कर्म के लिए ही होता है। फिर हमें प्रतीत होगा कि कर्तव्य का दर्शन, चाहे वह नैतिकता पर अधिष्ठित हो अथवा प्रेम पर, वही है, जो अन्य किसी योग का—जिसका उद्‌देश्य है, 'निम्न अहं' को क्रमशः घटाते-घटाते बिलकुल नष्ट कर देना, जिससे अन्त में 'उच्च अहं' प्रकाशित हो जाए तथा निम्न स्तर में अपनी शक्तियों का क्षय होने से रोकना, जिससे आत्मा अधिकाधिक उच्च भूमि में प्रकाशमान हो सके। यह कार्य नीच वासनाओं के उदय होने पर, कर्तव्य की कठोर आवश्यकता के अनुसार, उनका निग्रह करने से किया जा सकता है। जान या अनजान में सारी समाज-संस्था इस प्रकार संगठित हुई है कि कर्म और अनुभूति के क्षेत्र में स्वार्थ को धीरे-धीरे कम करते हुए, हम मनुष्य के वास्तविक स्वरूप के अनन्त विकास का पथ खोल देते हैं।

कर्तव्य का पालन शायद ही कभी मधुर होता हो। कर्तव्य-चक्र तभी हलका और आसानी से चलता है, जब उसके पहियों में प्रेमरूपी चिकनाई लगी होती है, अन्यथा वह एक अविराम घर्षण मात्र है। यदि ऐसा न हो, तो माता-पिता अपने बच्चों के प्रति, बच्चे अपने माता-पिता के प्रति, पति अपनी पत्नी के प्रति तथा पत्नी अपने पति के प्रति अपना-अपना कर्तव्य कैसे निभा सकें ? क्या इस घर्षण के उदाहरण हमें अपने दैनिक जीवन में सदैव दिखाई नहीं देते ? कर्तव्य-पालन की मधुरता प्रेम में ही है, और प्रेम का विकास केवल स्वतंत्रता में होता है। परन्तु सोचो तो सही, इन्द्रियों का, क्रोध का, ईर्ष्या का तथा मनुष्य के जीवन में प्रतिदिन होनेवाली अन्य सैकड़ों छोटी-छोटी बातों का गुलाम होकर रहना क्या स्वतंत्रता है ? अपने जीवन के इन सब क्षुद्र संघर्षों में सहिष्णुता धारण करना ही स्वतंत्रता की सर्वोच्च अभिव्यक्ति है। स्त्रियाँ स्वयं अपने चिड़चिड़े एवं ईर्ष्यापूर्ण स्वभाव की गुलाम होकर अपने पतियों को दोष दिया करती हैं। वे दावा करती हैं कि हम स्वाधीन हैं; परन्तु वे नहीं जानतीं कि ऐसा करने से वे स्वयं को निरी गुलाम सिद्ध कर रही हैं। और यही हाल उन पतियों का भी है जो सदैव अपनी स्त्रियों में दोष देखा करते हैं।

पवित्रता ही स्त्री और पुरुष का सर्वप्रथम धर्म है। ऐसा उदाहरण शायद ही कहीं हो कि एक पुरुष—वह चाहे जितना भी पथ-भ्रष्ट क्यों न हो गया हो—अपनी नम्र, प्रेमपूर्ण तथा पतिव्रता स्त्री द्वारा ठीक रास्ते पर न लाया जा सके। संसार अभी भी उतना गिरा नहीं है। हम बहुधा संसार में बहुत से निर्दय पतियों तथा पुरुषों के भ्रष्टाचरण के बारे में सुनते रहते हैं; परन्तु क्या यह बात सच नहीं है कि संसार में उतनी ही निर्दय तथा भ्रष्ट स्त्रियाँ भी हैं ? यदि सभी स्त्रियाँ इतनी शुद्ध और पवित्र होतीं, जितना कि वे दावा करती हैं, तो मुझे पूरा विश्वास है कि समस्त संसार में एक भी अपवित्र पुरुष न रह जाता। ऐसा कौन-सा पाशविक भाव है, जिसे पवित्रता और सतीत्व पराजित नहीं कर सकता ? एक शुद्ध पतिव्रता स्त्री, जो अपने पति को छोड़कर अन्य सब पुरुषों को पुत्रवत् समझती है तथा उनके प्रति माता का भाव रखती है, धीरे-धीरे अपनी पवित्रता की शक्ति में इतनी उन्नत हो जाएगी कि एक अत्यन्त पाशविक प्रवृत्तिवाला मनुष्य भी उसके सान्निध्य में पवित्र वातावरण का अनुभव करेगा। इसी प्रकार प्रत्येक पति को, अपनी स्त्री को छोड़कर अन्य सब स्त्रियों को अपनी माता, बहन अथवा पुत्री के समान देखना चाहिए। विशेषकर उस मनुष्य को, जो धर्म का प्रचारक होना चाहता है, यह आवश्यक है कि वह प्रत्येक स्त्री को मातृवत् देखे और उसके साथ सदैव तद्रूप व्यवहार करे।

मातृपद ही संसार में सबसे श्रेष्ठ पद है, क्योंकि यही एक ऐसी स्थिति है, जहाँ नि:स्वार्थता की महत्तम शिक्षा प्राप्त की जा सकती है। केवल भगवत् प्रेम ही माता के प्रेम से उच्च है, अन्य सब तो निम्न श्रेणी के हैं। माता का कर्तव्य है कि पहले वह अपने बच्चों की सोचे, फिर अपने लिए; परन्तु उसके बजाय यदि माता-पिता सर्वदा पहले अपने ही बारे में सोचें, तो फल यह होगा कि उनमें तथा उनके बच्चों में वही सम्बन्ध स्थापित हो जाएगा, जो चिड़ियों तथा उनके बच्चों में होता है। चिड़ियों के बच्चे जब उड़ने योग्य हो जाते हैं, तो अपने माँ-बाप को पहचानते तक नहीं। वास्तव में वह पुरुष धन्य है, जो स्त्री को ईश्वर के मातृभाव की प्रतिमूर्ति समझता है। और वह स्त्री भी धन्य है, जो पुरुष को ईश्वर के पितृभाव की प्रतिमूर्ति मानती है; तथा वे बच्चे भी धन्य हैं, जो अपने माता-पिता को भगवान् का ही रूप मानते हैं।

हमारी उन्नति का एकमात्र उपाय यह है कि हम पहले वह कर्तव्य करें, जो हमारे हाथ में है। और इस प्रकार धीरे-धीरे शक्ति-संचय करते हुए क्रमश: हम सर्वोच्च अवस्था को प्राप्त कर सकते हैं।

एक तरुण संन्यासी वन में गया। वहाँ उसने दीर्घकाल तक ध्यान-भजन तथा योगाभ्यास किया। अनेक वर्षों की कठिन तपस्या के बाद एक दिन जब वह एक वृक्ष के नीचे बैठा था, तो उसके ऊपर वृक्ष की कुछ सूखी पत्तियाँ आ गिरीं। उसने ऊपर निगाह उठाई, तो देखा कि एक कौआ और एक बगुला पेड़ पर लड़ रहे हैं। यह देखकर संन्यासी को बहुत क्रोध आया। उसने कहा, ''यह क्या! तुम्हारा इतना साहस कि तुम

ये सूखी पत्तियाँ मेरे सिर पर फेंको ?'' इन शब्दों के साथ संन्यासी की क्रुद्ध आँखों से आग की एक ज्वाला सी निकली, और वे बेचारे दोनों पक्षी उससे जलकर भस्म हो गए। अपने में यह शक्ति देखकर वह संन्यासी बड़ा खुश हुआ; उसने सोचा, 'वाह, अब तो मैं दृष्टि मात्र से कौए-बगुले को भस्म कर सकता हूँ।' कुछ समय बाद भिक्षा के लिए वह एक गाँव को गया। गाँव में जाकर वह एक दरवाजे पर खड़ा हुआ और पुकारा, ''माँ कुछ भिक्षा मिले।'' भीतर से आवाज आई, ''थोड़ा रुको, मेरे बेटे।'' संन्यासी ने मन में सोचा, 'अरे दुष्टा, तेरा इतना साहस कि तू मुझसे प्रतीक्षा कराए! अब भी तू मेरी शक्ति नहीं जानती ?' संन्यासी ऐसा सोच ही रहा था कि भीतर से फिर एक आवाज आई, ''बेटा, अपने को इतना बड़ा मत समझ। यहाँ न तो कोई कौआ है और न बगुला।'' यह सुनकर संन्यासी को बड़ा आश्चर्य हुआ। बहुत देर तक खड़े रहने के बाद अन्त में घर में से एक स्त्री निकली और उसे देखकर संन्यासी उसके चरणों पर गिर पड़ा और बोला, ''माँ, तुम्हें यह सब कैसे मालूम हुआ ?'' स्त्री ने उत्तर दिया, ''बेटा, न तो मैं तुम्हारा योग जानती हूँ और न तुम्हारी तपस्या। मैं तो एक साधारण स्त्री हूँ। मैंने तुम्हें इसलिए थोड़ी देर रोका था कि मेरे पतिदेव बीमार हैं और मैं उनकी सेवा-शुश्रूषा में संलग्न थी। यही मेरा कर्तव्य है। सारे जीवन-भर मैं इसी बात का यत्न करती रही हूँ कि मैं अपना कर्तव्य पूर्ण रूप से निबाहूँ। जब मैं अविवाहित थी, तब मैंने अपने माता-पिता के प्रति पुत्री का कर्तव्य किया और अब जब मेरा विवाह हो गया है, तो मैं अपने पतिदेव के प्रति पत्नी का कर्तव्य करती हूँ। बस, यही मेरा योगाभ्यास है। अपना कर्तव्य करने से ही मेरे दिव्य चक्षु खुल गए हैं, जिससे मैंने तुम्हारे विचारों को जान लिया और मुझे इस बात का भी पता चल गया कि तुमने वन में क्या किया है। यदि तुम्हें इससे भी कुछ उच्चतर तत्त्व जानने की इच्छा है, तो अमुक नगर के बाजार में जाओ, वहाँ तुम्हें एक व्याध मिलेगा। वह तुम्हें कुछ ऐसी बातें बतलाएगा जिन्हें सुनकर तुम बड़े प्रसन्न होगे।'' संन्यासी ने विचार किया, 'भला मैं उस शहर में उस व्याध के पास क्यों जाऊँ ?' परन्तु उसने अभी जो घटना देखी, उसे सोचकर उसकी आँखें कुछ खुल गईं। अतएव वह उस शहर में गया। जब वह शहर के नजदीक आया, तो उसने दूर से एक बड़े मोटे व्याध को बाजार में बैठे हुए और बड़े-बड़े छुरों से मांस काटते हुए देखा। वह लोगों से अपना सौदा कर रहा था। संन्यासी ने मन ही मन सोचा, 'हरे! हरे! क्या यही वह व्यक्ति है, जिससे मुझे शिक्षा मिलेगी ? दिखता तो यह शैतान का अवतार है!' इतने में व्याध ने संन्यासी की ओर देखा और कहा, ''महाराज, क्या उस स्त्री ने आपको मेरे पास भेजा है ? कृपया बैठ जाइए। मैं जरा अपना काम समाप्त कर लूँ।'' संन्यासी ने सोचा, 'यहाँ मुझे क्या मिलेगा ?' खैर, वह बैठ गया। इधर व्याध अपना काम लगातार करता रहा और जब वह अपना काम पूरा कर चुका, तो उसने अपने रुपए-पैसे समेटे और संन्यासी से कहा, ''चलिए महाराज, घर चलिए।'' घर पहुँचकर व्याध ने उसे आसन दिया और कहा, ''आप यहाँ थोड़ा

ठहरिए।" व्याध अपने घर में चला गया। उसने अपने वृद्ध माता-पिता को स्नान कराया, उन्हें भोजन कराया और उन्हें प्रसन्न करने के लिए जो कुछ कर सकता था, किया। उसके बाद वह उस संन्यासी के पास आया और कहा, "महाराज, आप मेरे पास आए हैं। अब बताइए, मैं आपकी क्या सेवा कर सकता हूँ?" संन्यासी ने उससे आत्मा तथा परमात्मा सम्बन्धी कुछ प्रश्न किए और उनके उत्तर में व्याध ने उसे जो उपदेश दिया, वही महाभारत में 'व्याध-गीता' के नाम से प्रसिद्ध है। व्याध-गीता में हमें वेदान्त दर्शन की एक पराकाष्ठा के दर्शन होते हैं। जब व्याध अपना उपदेश समाप्त कर चुका, तो संन्यासी को बड़ा आश्चर्य हुआ और उसने कहा, "फिर आप इस शरीर में क्यों हैं? इतने ज्ञानी होते हुए भी आप व्याध-शरीर में क्यों हैं, इतना गंदा और घिनौना कार्य क्यों करते हैं?" व्याध ने उत्तर दिया, "वत्स, कोई भी कर्तव्य गंदा नहीं है। कोई भी कर्तव्य अपवित्र नहीं है। मेरे जन्म ने मुझे इस परिस्थिति में रख दिया। बचपन से ही मैंने यह व्यापार सीखा है, मैं अनासक्त हूँ और अपना कर्तव्य उत्तम रूप से किए लाता हूँ। मैं गृहस्थ के नाते अपना कर्तव्य करता हूँ और अपने माता-पिता को प्रसन्न रखने के लिए जो कुछ मुझसे बन पड़ता है, करता हूँ। न तो मैं तुम्हारा योग जानता हूँ और न मैं कभी संन्यासी ही हुआ। संसार छोड़कर मैं कभी वन में नहीं गया। परन्तु फिर भी जो कुछ तुमने मुझसे सुना तथा देखा, वह सब मुझे अनासक्त भाव से अपनी अवस्था के अनुरूप कर्तव्य का पालन करने से ही प्राप्त हुआ है।"

भारतवर्ष में एक बहुत बड़े महात्मा[1] हैं। अपने जीवन में मैंने जितने महा अद्भुत पुरुष देखे, उनमें से वह एक हैं। वे विचित्र व्यक्ति हैं, कभी किसी को उपदेश नहीं देते; यदि तुम उनसे कोई प्रश्न पूछो भी, तो भी वे उसका उत्तर नहीं देते। गुरु का पद ग्रहण करने में वे बड़े संकुचित होते हैं। यदि तुम उनसे आज एक प्रश्न पूछो और उसके बाद कुछ दिन प्रतीक्षा करो, तो किसी दिन अपनी बातचीत में वे उस प्रश्न को उठाकर उस पर बड़ा सुन्दर प्रकाश डालते हैं। उन्होंने मुझे एक बार कर्म का रहस्य बताया था। उन्होंने कहा, "साधन और सिद्धि को एकरूप समझो।" अर्थात साधना-काल में साधन में ही मन-प्राण अर्पण कर कार्य करो, क्योंकि उसकी चरम अवस्था का नाम ही सिद्धि है। जब तुम कोई कर्म करो, तब अन्य किसी बात का विचार ही मत करो। उसे एक उपासना के—बड़ी से बड़ी उपासना के रूप में करो, और उस समय उसमें अपना सारा तन-मन लगा दो। यही बात हमने उपर्युक्त कथा में भी देखी है। व्याध एवं वह स्त्री—दोनों ने अपना-अपना कर्तव्य बड़ी प्रसन्नता से तथा तन्मनस्क होकर किया और उसका फल यह हुआ कि उन्हें दिव्य ज्ञान प्राप्त हुआ। इससे हमें यह स्पष्ट प्रतीत होता है कि जीवन की किसी भी अवस्था में, कर्मफल में बिना आसक्ति रखे यदि कर्तव्य उचित रूप से किया जाए, तो उससे हमें आत्मा की पूर्णता का सर्वोच्च अनुभव प्राप्त होता है।

1. पवहारी बाबा एक प्रसिद्ध महात्मा थे। इनका आश्रम गाजीपुर में था। स्वामी विवेकानन्द ने इन पर एक संक्षिप्त जीवन-चरित्र लिखा। देखिए नवम खंड, पृष्ठ 258। सं.

कर्मफल में आसक्ति रखने वाला व्यक्ति अपने भाग्य में आए हुए कर्तव्य पर भिनभिनाता है। अनासक्त पुरुष को सब कर्तव्य समरूप से शुभ हैं। उसके लिए तो वे कर्तव्य स्वार्थपरता तथा इन्द्रियपरायणता को नष्ट करके आत्मा को मुक्त कर देने के लिए शक्तिशाली साधन है। हम सब अपने को बहुत बड़ा मानते हैं। प्रकृति ही सदैव कड़े नियम से हमारे कर्मों के अनुसार उचित कर्मफल का विधान करती है। और इसलिए अपनी ओर से चाहे हम किसी कर्तव्य को स्वीकार करने के लिए भले ही अनिच्छुक हों, फिर भी वास्तव में हमारे कर्मफल के अनुसार ही हमारे कर्तव्य निर्दिष्ट होंगे। स्पर्धा से ईर्ष्या उत्पन्न होती है और उससे हृदय की कोमलता नष्ट हो जाती है। भिनभिनाते रहनेवाले पुरुष के लिए सभी कर्तव्य नीरस होते हैं। उसे कभी किसी चीज से सन्तोष नहीं होता और फलस्वरूप उसका जीवन दूभर हो उठना और असफल हो जाना स्वाभाविक है। हमें चाहिए कि हम काम करते रहें; जो कुछ भी हमारा कर्तव्य हो, उसे करते रहें, अपना कन्धा सदैव काम से भिड़ाए रखें। तभी अवश्य हमें प्रकाश की उपलब्धि होगी।

चित्त की एकाग्रता

[यह तथा परवर्ती दो व्याख्यान 'वेदान्त सोसाइटी ऑफ साउथ कैलिफोर्निया' के सौजन्य से 'वेदान्त एंड दि वेस्ट' से यहाँ उद्धृत किए जा रहे हैं। अमेरिका में इनके प्रकाशन का कॉपीराइट (सर्वाधिकार) 'वेदान्त सोसाइटी ऑफ साउथ कैलिफोर्निया' ने अपने लिए सुरक्षित रखा है। इन वक्तृताओं को आइडा ऐंसेल ने जिन परिस्थितियों में लिपिबद्ध किया, उनका उल्लेख वे स्वयं इस प्रकार करती हैं :

''स्वामी विवेकानन्द ने पश्चिम की अपनी दूसरी यात्रा सन् 1899-1900 में की। सन् 1900 के पूर्वार्द्ध में उन्होंने कैलिफोर्निया के सैन फ्रांसिस्को नगर में तथा उसके आसपास कार्य किया। उस समय मैं उक्त नगर में रहती थी और मैं बाईस वर्ष की थी। ...सन् 1900 के मार्च से मई तक मैंने उनके लगभग बीस व्याख्यान सुने और उनके सत्तरह प्रवचनों को मैंने लिख लिया।...

''ये व्याख्यान सैन फ्रांसिस्को, ओकलैंड और अलामेडा के गिरजाघरों में 'दि अलामेडा एंड सैन फ्रांसिस्को होम्स ऑफ ट्रुथ' में तथा किराए पर लिए गए हॉलों में हुए। स्वामी जी प्राय: नित्य प्रश्नों का उत्तर देते और अनौपचारिक तौर पर कक्षाएँ लेते थे और इनके अतिरिक्त मार्च, अप्रैल एवं मई के महीनों में उन्होंने कम से कम तीस या चालीस प्रमुख व्याख्यान दिए। ...

''मेरे नोट अधूरे थे, इसलिए इन व्याख्यानों को शार्टहैंड से पूरा लिखकर प्रकाश में लाने में लम्बे अरसे तक मैं संकोच करती रही। जिन दिनों मैं इन व्याख्यानों को नोट करती थी, उन दिनों मैं एक शौकिया स्टेनोग्राफर मात्र थी। स्वामी जी के धारा-प्रवाह भाषण को पूर्णतया लिपिबद्ध करने के लिए प्रति मिनट कम से कम तीन सौ शब्द अंकित करने की गति अपेक्षित थी। मेरी गति अपेक्षित के आधे से भी कम थी और उस समय मेरे मन में यह ख्याल तक नहीं आया कि मेरे अतिरिक्त दूसरे किसी के लिए इस सामग्री का मूल्य होगा। वक्तृता की गति तेज होने के अतिरिक्त स्वामी जी उच्च कोटि के अभिनेता थे। जब वह कोई कहानी सुनाते और नकल उतारते, तब उन्हें देखने का आनन्द लेने में लिखना हठात् रुक जाता। मैंने जो नोट तैयार किए थे, यद्यपि वे स्फुट से थे, तथापि मुझे यह मत मानना पड़ा कि उनमें अन्तर्निष्ठ सामग्री बहुमूल्य है और उसे प्रकाशन के लिए अवश्य देना चाहिए।

''सामान्य बोलचाल की भाषा में और ताजगी से ओतप्रोत उनकी भाषण-शैली

जोरदार थी। उसमें कोई हेर-फेर नहीं किया गया है; प्रकाशन के अभिप्राय से न तो उनके सहज धारा-प्रवाह को श्रुतिमधुर बनाया गया है और न क्रमबद्ध किया गया है। अर्थ न समझ सकने के कारण जहाँ शब्द छूट गए थे, उनका संकेत रिक्त स्थान पर तीन बिन्दु देकर किया गया है। स्पष्टीकरण के उद्देश्य से यदि कोई शब्द बाहर से लिया गया है, तो उसे कोष्ठक में रखा गया है। इन विशिष्टताओं के साथ स्वामी जी के भाषण के शब्द ज्यों के त्यों रख दिए गए हैं।

''स्वामी जी जो कुछ बोलते थे, उसमें प्रबल शक्ति रहती थी। ये व्याख्यान पचास वर्षों तक मेरी स्टेनोग्राफ नोटबुक में सुप्तावस्था में पड़े रहे। अब ये बाहर आ रहे हैं, तो प्रतीत होता है कि उनमें अब भी शक्ति है।'']

हमको जो भी ज्ञान है, चाहे वह बाह्य जगत् का हो अथवा अन्तर्जगत् का, उसे प्राप्त करने का केवल एक ही ढंग है—चित्त की एकाग्रता द्वारा। जब तक हम किसी विषय में अपना मन एकाग्र कर न लगाएँ, तब तक तद्विषयक विज्ञान का कोई ज्ञान प्राप्त नहीं कर सकते। ज्योतिर्विद् दूरवीक्षण-यंत्र द्वारा चित्त को एकाग्र करता है... और इसी प्रकार अन्य भी। यदि तुम स्वयं अपने मन का अध्ययन करना चाहते हो, तो उसकी भी वही विधि है। तुमको अपना चित्त एकाग्र करना पड़ेगा और उसे स्वयं उसी चित्त पर लगाना होगा। इस दुनिया में एक मन से दूसरे मन के भेद का कारण एकाग्रता की क्षमता की सीधी सी बात है। जो एकाग्रता में अपेक्षाकृत अधिक समर्थ होता है, वह दूसरे से अधिक ज्ञान अर्जित कर लेता है।

भूतकाल तथा वर्तमान काल के महान् पुरुषों के जीवन में हमें उनकी चित्त की एकाग्रता की अपार शक्ति का पता लगता है। तुम कहते हो कि वे प्रतिभाशाली पुरुष हैं। योग-विज्ञान हमें बतलाता है कि हम सभी प्रतिभाशाली हैं, बशर्ते वैसा होने के लिए हम कठिन प्रयत्न करें। कुछ लोग औरों से अधिक सक्षम होकर जीवन में प्रवेश करते हैं और शायद अपेक्षाकृत अल्प समय में इसे सम्पन्न कर लेते हैं। हम सब वैसा कर सकते हैं। प्रत्येक व्यक्ति में वही शक्ति है। वर्तमान व्याख्यान का विषय है, स्वयं मन के अध्ययन के लिए मन को किस प्रकार एकाग्र किया जाए। योगियों ने कतिपय नियम निर्धारित किए हैं और आज रात मैं इनमें से कुछ नियमों की रूपरेखा तुम लोगों के समक्ष प्रस्तुत करने जा रहा हूँ।

निश्चय ही मन की एकाग्रता कई साधनों द्वारा प्राप्त होती है। इन्द्रियों द्वारा तुम मन को एकाग्र कर सकते हो। कुछ लोग सुन्दर संगीत को सुनकर और अन्य लोग सुन्दर दृश्य देखकर एकाग्रमन होते हैं... कुछ लोग कीलों की शय्या पर, लोहे की तेज नोकदार कीलों पर लेटकर तथा दूसरे लोग तीक्ष्ण कंकड़ियों पर बैठकर मन को एकाग्र करते हैं। ये असाधारण प्रयत्न हैं, जिनमें अत्यन्त अवैज्ञानिक विधि का सहारा लिया गया है। वैज्ञानिक विधि है, मन को शनैः शनैः प्रशिक्षित करना।

कोई ऊर्ध्वबाहु होकर मन को एकाग्र करते हैं। यातना उन्हें अभीप्सित एकाग्रता प्रदान करती है। परन्तु ये सभी असाधारण हैं।

भिन्न-भिन्न दार्शनिकों के मतानुरूप सार्वभौम विधियों की योजना की गई है। कुछ का कहना है कि हम जिस अवस्था को प्राप्त करना चाहते हैं, वह है चित्त की अतिचेतन अवस्था—देहजनित सीमाओं के परे पहुँचने की स्थिति। योगी के लिए नैतिकता का मूल्य यह है कि वह मन को निर्मल बनाती है। मन जितना ही निर्मल होगा, उसे वश में करना उतना ही सरल होगा। जो भी संकल्प मन में उठता है, प्रत्येक को ग्रहण कर मन उसे कार्यान्वित करता है। मन जितना ही अशुद्ध होता है, (उसे) वश में करना (उतना ही) कठिन होता है। अनैतिक पुरुष मनोविज्ञान के अध्ययन में कभी मन को एकाग्र नहीं कर सकता। आरम्भ करने पर संयम की थोड़ी सिद्धि प्राप्त हो जाएगी, श्रवण-शक्ति भी थोड़ी उपलब्ध हो जाएगी... और ये सिद्धियाँ भी उसके पास से चली जाएँगी। कठिनाई यह है कि तुम बारीकी से अध्ययन करने पर देखोगे कि जो असाधारण सिद्धि उपलब्ध हुई थी, उसकी प्राप्ति विधिवत् वैज्ञानिक प्रशिक्षण द्वारा नहीं हुई थी। जो लोग जादू की शक्ति से साँपों को वश में करते हैं, वे सर्पों द्वारा मृत्यु को प्राप्त होते हैं। ...जो व्यक्ति किसी प्रकार की असाधारण सिद्धियाँ प्राप्त कर लेते हैं, वे अन्ततोगत्वा उन्हीं सिद्धियों के शिकार हो जाते हैं। भारत में ऐसे लाखों व्यक्ति हैं, जो नाना प्रकार से सिद्धियाँ प्राप्त कर लेते हैं। उनमें से अधिकांश पागलपन का प्रलाप करते हुए नजर आते हैं। मस्तिष्क असन्तुलित (होने से) बहुत से तो आत्महत्या कर लेते हैं।

अध्ययन निरापद होना चाहिए—वैज्ञानिक, शनैः शनैः और शान्तिपूर्वक। प्रथम आवश्यकता है नैतिक बनने की। यदि व्यक्ति ऐसा चाहे कि देवगण आ जाएँ, तो वे आकर उसे दर्शन देंगे। यह हमारे मनोविज्ञान और दर्शन का सार है, पूर्ण नैतिक बनो। जरा सोचो कि इसका क्या अर्थ है ! अहिंसा, पूर्ण पवित्रता और पूर्ण संयम। ये नितान्त आवश्यक हैं। जरा सोचो कि कोई व्यक्ति इनका पूर्ण रूप से पालन कर सकता है ! इससे अधिक तुम चाहते क्या हो ? यदि वह किसी भी जीव के प्रति सर्वभावेन निर्वैर है... तो सब जीव (उसकी उपस्थिति में) वैर त्याग देंगे।[1] योगी बड़े कठिन नियम रखते हैं... कोई व्यक्ति दानी हुए बिना दूसरों की दृष्टि में दानी नहीं हो सकता। ...

मेरा विश्वास करें, मैंने एक ऐसे पुरुष को देखा है, जो एक गुफा में रहते थे। उसमें उनके साथ नाग और मेढक एक संग रहते थे। ...कभी-कभी वह (कई-कई दिन और महीनों) उपवास करते थे और तब बाहर निकलते थे। वह सर्वदा मौन रहते थे। एक दिन एक लुटेरा पहुँचा... ।[2]

---

1. अहिंसाप्रतिष्ठायां तत्सन्निधौ वैरत्यागः ॥ साधनपाद, 35 ॥
2. स्पष्टतः पवहारी बाबा के प्रसंग में उपर्युक्त बातें कही गई हैं। इस प्रसंग में वर्णित पवहारी बाबा के जीवन-चरित के लिए 'विवेकानन्द साहित्य', नवम खंड, पृष्ठ 256 द्रष्टव्य। ...

मेरे वृद्ध गुरुदेव कहा करते थे, ''जब हृदय-कमल खिल उठेगा, तब मधु-मक्खियाँ अपने आप आ जाएँगी। उस प्रकार के मनुष्य वहाँ अब भी हैं। उन्हें बोलने की जरूरत नहीं। ...जब कोई व्यक्ति हृदय से पूर्ण हो जाता है और उसमें घृणा का लेश भी नहीं रह जाता, तब उसके समक्ष सभी प्राणी घृणा का त्याग कर देते हैं। शुचिता का भी यही हाल है। साथ के सभी प्राणियों के प्रति व्यवहार में ये बातें आवश्यक हैं। सबको हम प्यार करें। ...दूसरों के दोष देखना हमारा काम नहीं; इससे कुछ लाभ नहीं होता। हमें उनकी कल्पना भी नहीं करनी चाहिए। गुणों से हमारा प्रयोजन है; दोषों को ढूँढ़ना नहीं। अच्छा बनना हमारा काम है।

कुमारी अमुक-तमुक यहाँ आती है। वह कहती है, ''मैं योगी बनने जा रही हूँ।'' वह इस समाचार को बीस बार सुनाती हैं, पचास दिन ध्यान का अभ्यास करती है और तब कहती है, ''इस धर्म में कुछ नहीं है। मैंने इसे आज़मा लिया है। इसमें कुछ नहीं है।''

यहाँ (आध्यात्मिक जीवन की) नींव ही नहीं है। पूर्ण नैतिकता को (ही) नींव बनाना चाहिए। वह सबसे बड़ी कठिनाई है।...

हमारे देश में निरामिषभोजी (वैष्णव) सम्प्रदाय के लोग हैं। वे प्रातःकाल सेरों चीनी लेकर निकलते हैं और चींटियों के निमित्त जमीन पर डालते जाते हैं। कथा यह है कि जब एक व्यक्ति ने चींटियों के लिए जमीन पर चीनी डाली, तब दूसरे आदमी ने चीटियों पर पाँव रख दिया। पहले ने कहा, ''नीच! तूने जीवों की हत्या की है!'' और यह कहते हुए उसने ऐसा प्रहार किया कि वह आदमी मर ही गया!

बाह्य शौच बड़ा आसान है। (उसकी) ओर सारी दुनिया टूटती है। यदि नैतिकता (का पालन) एक विशेष प्रकार का बाना धारण करने से हो जाए, तो कोई भी मूर्ख वैसा कर सकता है। जब साक्षात् मन को उससे संघर्ष करना पड़ता है, तब वह कठिन कार्य हो जाता है।

जो लोग ऊपरी बाह्याचार करते हैं, वे अपने आप बड़े पुण्यात्मा बनते हैं! मुझे याद है कि जब मैं बालक था, तब मुझमें ईसा मसीह के चरित्र के प्रति बड़े आदर का भाव था। (तब मैंने बाइबिल में विवाह के भोज के विषय में पढ़ा।) मैंने ग्रन्थ बन्द कर दिया और कहा, ''उन्होंने मांस खाया और शराब पी! वह भले आदमी नहीं हो सकते।''

वस्तु का सच्चा अर्थ हमारी आँखों से सदा ओझल होता रहता है। क्षुद्र खान-पान और वस्त्र! इन्हें तो हर मूर्ख देख सकता है। उसको कौन देखता है, जो सबसे परे है? हृदय का संस्कार है, जिसे हम चाहते हैं। ...भारत में हम एक समुदाय के व्यक्तियों को कभी-कभी दिन में बीस बार स्नान करते देखते हैं, अपने को बहुत पवित्र बनाते हैं। वे किसी को नहीं छूते। ...स्थूल तथ्य, बाह्य वस्तुएँ! (यदि स्नान से ही कोई पवित्र हो जाए, तो) मछलियाँ सबसे बढ़कर पवित्र जीव हैं।

स्नान, वस्त्र और आहार का नियमन—इन सबको तब सार्थक माना जाता है, जब वे आध्यात्मिक बनने में... सहायक हों। वह प्रथम है, और ये सब सहायक हैं। इसके बिना तो कितनी भी घास खाई जाए... किंचित् लाभप्रद नहीं। यदि उनको सही ढंग से समझा जाए, तो वे सहायक हैं। किन्तु गलत समझने से वे क्षतिकारक हैं। ...

यही कारण है कि मैं इन बातों को समझा रहा हूँ—क्योंकि प्रथम तो सभी धर्मों में प्रत्येक (वस्तु अज्ञानियों द्वारा) अभ्यास किए जाने पर भ्रष्ट हो जाती हैं। बोतल में रखा हुआ कपूर तो उड़ गया और लोग बोतल के लिए झगड़ रहे हैं।

दूसरी बात... जब वे कहने लगते हैं, "यह ठीक है और वह गलत है" तब (आध्यात्मिकता) उड़ जाती है। सभी विवाद (रूप तथा सम्प्रदाय को लेकर) हैं, आत्मा में कदापि नहीं हैं। वर्षों तक बौद्धों ने अपने गौरवशाली उपदेश दिए; धीरे-धीरे आध्यात्मिकता का लोप हो गया ... (यही ईसाई मत में हुआ) तब यह विवाद उठा कि एक में त्रिदेव हैं या त्रिदेव में एक, जबकि ईश्वर क्या है, यह जानने के लिए कोई ईश्वर के पास नहीं जाना चाहता। यह जानने के लिए कि वह एक में तीन हैं अथवा तीन में एक है, हमें स्वयं ईश्वर के सान्निध्य में जाना होगा।

इस व्याख्या के साथ, अब आसन। मन को वश में करने के प्रयत्न में कोई आसन आवश्यक है। जिस आसन में बैठना आसान हो, वही उस व्यक्ति के लिए आसन है। नियमत: मेरुदंड को उन्मुक्त रखना चाहिए। वह शरीर के भारवहन के लिए नहीं है। आसन लगाने में केवल एक बात याद रखनी चाहिए, कोई भी आसन (लगाया गया) हो, शरीर के भार से मेरुदंड पूर्णतया उन्मुक्त रहे।

फिर (प्राणायाम) ...श्वास-प्रश्वास-क्रिया। श्वास-प्रश्वास... पर बहुत जोर दिया जाता है। मैं तुमको जो बात बता रहा हूँ, वह भारत के किसी सम्प्रदाय से संगृहीत नहीं की गई है। यह सार्वभौम सत्य है। जैसे इस देश में तुम अपने बच्चों को कुछ प्रार्थनाएँ सिखाते हो, वैसे ही (भारत में) अपने बच्चों को लेकर उन्हें कुछ तथ्यों से अवगत कराते हैं, इत्यादि।

भारत में बच्चों को दो-एक प्रार्थनाएँ सिखाने के अतिरिक्त किसी धर्म की शिक्षा नहीं दी जाती। तब वे किसी ऐसे व्यक्ति की खोज आरम्भ करते हैं, जिसे वे अपना गुरु बना सकें। वे भिन्न-भिन्न व्यक्तियों के पास जाते हैं और अन्तत: उन्हें एक ऐसा आदमी मिलता है, जिसके बारे में वे कहते हैं, "मेरे लिए यही गुरु है," और उससे दीक्षा लेते हैं। यदि मैं विवाहित हूँ, तो मेरी पत्नी शायद किसी दूसरे व्यक्ति को गुरु के रूप में प्राप्त कर सकती है और मेरे पुत्र को कोई तीसरा गुरु मिल सकता है, तथा मेरे और मेरे गुरु के बीच की बात सदा गोपनीय रहेगी। पत्नी के धर्म को जानना पति के लिए आवश्यक नहीं है और उसे यह पूछने का साहस नहीं पड़ेगा कि तुम अपना धर्म बताओ। यह भली-भाँति विदित है कि वे कभी नहीं बताएँगे। केवल उस व्यक्ति तथा उसके गुरु को ज्ञात रहेगा। ... कभी-कभी तुमको पता लगेगा कि जो वस्तु एक

के लिए बिलकुल हास्यास्पद है, वही दूसरे के लिए उपदेश लायक है। ...प्रत्येक व्यक्ति अपना-अपना बोझा ढो रहा है और रुचि-वैचित्र्य के अनुसार उसे सहायता मिलनी चाहिए। प्रत्येक व्यक्ति का यह अपना कार्य है, जिसका प्रयोजन उससे, उसके गुरु तथा ईश्वर से है। लेकिन कुछ सामान्य नियम हैं, जिन्हें ये सभी गुरु सिखाते हैं। प्राणायाम और ध्यान सर्वत्र सिखाए जाते हैं। भारत में यही उपासना है।

गंगा-तट पर तुम स्त्रियों, पुरुषों और बच्चों, सबको प्राणायाम (का अभ्यास) करते हुए और तदुपरान्त ध्यान लगाते हुए पाओगे। उन्हें अन्य कार्य भी करने हैं। इसमें वे बहुत समय नहीं लगा सकते। परन्तु जिन लोगों ने इसे जीवन की साधना के रूप में अंगीकार किया है, वे अनेक विधियों से इसका अभ्यास करते हैं। एक दूसरे से भिन्न कुल चौरासी आसन हैं। जो किसी व्यक्ति की देख-रेख में अभ्यास शुरू करते हैं, उन्हें शरीर के सभी विभिन्न अंगों में सदैव प्राणों की गति और स्फुरण का अनुभव होता है।

तत्पश्चात् धारणा (एकाग्रता) का स्थान है... चित्त को एक जगह ठहराना धारणा है **(देशबंधचित्तस्य धारणा)।**

हिन्दू बालिका या बालक... दीक्षा ग्रहण करता है। वह अपने गुरु से एक शब्द पाता है, जिसे मंत्र कहते हैं। यह मंत्र गुरु को (अपने गुरु से) प्राप्त रहता है और वह फिर अपने शिष्य को देता है। इसी प्रकार का एक मंत्र है ॐ। इन सभी प्रतीकों का विशेष अर्थ है, वे उसे गुप्त रखते हैं और कभी लिखते नहीं। मंत्र गुरु से कान में लिया जाता है—लिखित रूप में नहीं—और फिर उसे साक्षात् परमेश्वर ही माना जाता है। तब वे मंत्र का ध्यान करते हैं।

एक समय था, जब मैं इसी प्रकार वर्षा ऋतु में चौमासे भर प्रार्थना करता था। सबेरे उठकर नदी में गोता लगाता और गीले कपड़े पहने ही सूर्यास्त पर्यन्त मंत्र जपता था। तब मैं कुछ भोजन करता—थोड़ा सा चावल या दूसरी कोई चीज। बरसात के चार महीने।

भारतीय मन का विश्वास है कि विश्व में कोई वस्तु अप्राप्य नहीं है। इस देश में व्यक्ति द्रव्य चाहता है, वह काम करने जाता है और उसका उपार्जन करता है। वहाँ उसे एक सूत्र मिल जाता है, वह पेड़ के नीचे बैठता है और विश्वास रखता है कि पैसा अवश्य आना चाहिए। उसकी (संकल्प) शक्ति द्वारा हर चीज आनी चाहिए। तुम यहाँ धन कमाते हो। बात वही है। पैसा कमाने में तुम अपनी सारी शक्ति लगा देते हो।

कुछ सम्प्रदाय ऐसे लोगों के हैं, जिन्हें हठयोगी कहा जाता है। ...वे कहते हैं कि सर्वोत्तम यह है कि शरीर को मरने से... बचाया जाए। उनकी सारी क्रिया शरीरपरक है। बारह वर्ष का अभ्यास! छुटपन से ही वे अभ्यास कराते हैं, अन्यथा यह असम्भव है। ...हठयोगियों के विषय में एक बात बड़ी विचित्र (है), पहले जब वह शिष्य बनता

है, तब जंगल में चला जाता है और ठीक चालीस दिनों तक बिलकुल एकान्त में रहता है। उन चालीस दिनों में उन्हें जो कुछ सीखना रहता, वह सीख लेते हैं। ...

कलकत्ते में एक आदमी है, जिसका यह दावा है उसकी उम्र पाँच सौ वर्ष है। सब लोग मुझे बतलाते हैं कि उनके पितामह ने उस व्यक्ति को देखा था। ...बीस मील रोज चलना उसकी कसरत है और वह कभी टहलता नहीं, वरन् दौड़ता है। जल में प्रवेश करता है, नख-शिख (पर्वत) कीचड़ पोत लेता है और इसके बाद वह पुनः जल में गोता लगाता है। और फिर कीचड़ का लेप कर लेता है... मुझे इसमें कोई अच्छाई नजर नहीं आती। (कहते हैं कि सर्प दो सौ वर्ष जीवित रहता है।) वह बहुत वृद्ध होगा, क्योंकि मैंने भारत में चौदह वर्ष भ्रमण किया और मैं जहाँ गया, वहीं के लोग उसे जानते हैं। वह जिन्दगी भर घूमता रहा है। ... (हठयोगी) एक रबड़ का अस्सी इंच लम्बा टुकड़ा निगल जाएगा और फिर उसे बाहर निकाल लेगा। नित्य चार बार उसे शरीर के बाह्याभ्यन्तर प्रत्येक अंग का प्रक्षालन करना पड़ता है।...

दीवारें अपने शरीरों को हजारों वर्षों तक कायम रख सकती हैं। ...उससे क्या? मैं उतने काल तक जीना नहीं चाहूँगा। 'एक दिन के लिए उसका दोष ही पर्याप्त है।' अपनी तमाम भ्रान्तियों एवं सीमाओं से युक्त एक ही क्षुद्र काया पर्याप्त है।

अन्य सम्प्रदाय भी हैं। ...वे तुमको संजीवनी औषधि की एक बूँद दे देंगे और तुम युवा बने रहोगे। ... (सभी सम्प्रदायों के) नाम गिनने में मुझे महीनों लग जाएँगे। उनके सभी क्रिया-कलाप ऐहिक (भौतिक जीवन के) हैं। नित्य नए-नए सम्प्रदाय।

सभी सम्प्रदायों की शक्ति का स्रोत मन है। मन को स्थिर रखना उनकी परिकल्पना है। पहले मन को एकाग्र कर उसे किसी विशेष स्थान पर स्थिर करो। सामान्यतः उनका कहना है कि धारणा में चित्त को शरीर के भीतर सुषुम्ना में अथवा किसी नाड़ी-केन्द्र में स्थिर करना चाहिए। केन्द्रों में चित्त को स्थिर करने से (योगी को) शरीर पर अधिकार प्राप्त होता है। शरीर के कारण उसकी मानसिक शान्ति में बड़ी बाधा पहुँचती है, वह उसके सर्वोच्च लक्ष्य के विरुद्ध है, इसलिए वह उस पर अधिकार चाहता है, (जिससे) शरीर किंकर का काम करे।

फिर ध्यानावस्था आती है। वह उच्चतम अवस्था है। ...जब तक (चित्त में) संशय रहता है, ऊँची अवस्था नहीं होती। समाधि उच्चावस्था है। वह द्रष्टा और साक्षी के रूप में वस्तुओं को देखता है, परन्तु उनके साथ तदाकार नहीं होता। जब तक मुझे दुःख होता है, तब तक शरीर में मेरी तादात्म्य वृत्ति है। जब तक मुझे मौज या खुशी का अनुभव होता है, तब तक शरीर में मेरी तादात्म्य वृत्ति है। परन्तु जो उच्चावस्था है, उसमें सुख-दुःख, दोनों में एक सा सुख अथवा आनन्द प्रतीत होगा। ...प्रत्येक प्रकार का ध्यान प्रत्यक्ष समाधि है। चित्त के पूर्ण एकाग्र हो जाने पर जीवात्मा स्थूल शरीर के बंधन से वस्तुतः मुक्त हो जाती है और उसके वास्तविक स्वरूप का ज्ञान हो जाता है। जिस वस्तु की इच्छा होती है, वह प्राप्त होती है। सिद्धि और ज्ञान, दोनों

हो जाते हैं। जीवात्मा शक्ति रहित जड़ पदार्थ से तादात्म्य स्थापित कर लेती है, अत: रोती है। वह नाशवान रूपों से तादात्म्य स्थापित करती है। ...परन्तु वह विमुक्तात्मा यदि किसी सिद्धि का प्रयोग करना चाहती है, तो उसे वह मिल जाएगी। यदि नहीं चाहती, तो नहीं आती। जिसने ईश्वर को जान लिया, वह ईश्वर हो गया। ऐसी मुक्तात्मा के लिए कुछ भी असम्भव नहीं है। उनका जन्म और मरण नहीं होता। वह सर्वदा के लिए मुक्त है।

(16 मार्च, 1900 को सैन फ्रांसिस्को के वाशिंगटन हॉल में दिया गया व्याख्यान)

यथार्थ उपासना

कुछ समय बाद स्वामी जी श्री रामेश्वर-मन्दिर में गए, वहाँ एकत्र जनता को दो शब्द कहने के लिए उनसे प्रार्थना की गई। उस अवसर पर स्वामी जी ने निम्नलिखित शब्दों में भाषण दिया :

धर्म प्रेम में ही है, अनुष्ठानों में नहीं; और वह भी हार्दिक प्रेम जो शुद्ध तथा निष्कपट हो। यदि मनुष्य शरीर तथा मन दोनों से शुद्ध नहीं है तो उसका मन्दिर में जाकर शिवोपासना करना व्यर्थ ही है। उन्हीं लोगों की प्रार्थना को, जो शरीर तथा मन से शुद्ध हैं, शिव सुनते हैं और इसके विपरीत जो लोग अशुद्ध होकर भी दूसरों को धर्म की शिक्षा देते हैं, वे अन्त में निश्चय ही असफल रहेंगे। बाह्य पूजा मानस-पूजा का प्रतीक मात्र है—असल में मानस-पूजा तथा चित्त की शुद्धि ही सच्ची चीजें हैं। इनके बिना बाह्य पूजा से कोई लाभ नहीं। इसका सदैव मनन करना चाहिए। अत: तुम सभी को यह अवश्य स्मरण रखना चाहिए।

आजकल कलियुग में लोगों का इतना अधिक मानसिक पतन हो गया है कि वे यह समझ बैठे हैं कि वे चाहे जितना भी पाप करते रहें, परन्तु उसके बाद यदि वे किसी पुण्य तीर्थ में चले जाएँ, तो उनके सारे पाप नष्ट हो जाएँगे। पर यदि कोई मनुष्य अशुद्ध मन से मन्दिर में जाता है तो उसका पाप और भी अधिक बढ़ जाता है तथा वह अपने घर निम्नतर स्थिति में वापस जाता है। तीर्थ वह स्थान है, जहाँ शुद्ध पवित्र लोग रहते हैं तथा पवित्र वस्तुओं से परिपूर्ण है। किसी स्थान पर पवित्र लोग रहने लगे और यदि वहाँ कोई मन्दिर न भी हो, तो भी वह स्थान तीर्थ बन जाता है। इसी प्रकार किसी ऐसे स्थान में जहाँ सैकड़ों मन्दिर हों, यदि अशुद्ध लोग रहने लगें तो यह समझ लेना चाहिए कि उस स्थान का तीर्थत्व नष्ट हो गया है। अतएव किसी तीर्थ-स्थान में रहना भी बड़ा कठिन काम है, क्योंकि यदि किसी साधारण स्थान पर कोई पाप किया जाता है तो उससे तो छुटकारा सरलता से हो सकता है, परन्तु किसी तीर्थ-स्थान में किया हुआ पाप कभी भी दूर नहीं किया जा सकता। समस्त उपासनाओं का यही धर्म है कि मनुष्य शुद्ध रहे तथा दूसरों के प्रति सदैव भला करे। वह मनुष्य जो शिव को निर्धन, दुर्बल तथा रुग्ण व्यक्ति में भी देखता है, वही सचमुच शिव की उपासना करता है, परन्तु यदि वह उन्हें केवल मूर्ति में ही देखता है तो कहा जा सकता है कि उसकी

उपासना अभी नितान्त प्रारम्भिक ही है। यदि किसी मनुष्य ने किसी एक निर्धन मनुष्य की सेवा-शुश्रूषा बिना जाति-पाँति अथवा ऊँच-नीच के भेद-भाव के यह विचार कर की है कि उसमें साक्षात् शिव विराजमान हैं, तो शिव उस मनुष्य से दूसरे एक मनुष्य की अपेक्षा, जो कि उन्हें केवल मन्दिर में देखता है, अधिक प्रसन्न होंगे।

एक धनी व्यक्ति का एक बगीचा था जिसमें दो माली काम करते थे। एक माली बड़ा सुस्त तथा कमजोर था, परन्तु जब कभी वह अपने मालिक को आते देखता तो झट उठकर खड़ा हो जाता और हाथ जोड़कर कहता, ''मेरे स्वामी का मुख कैसा सुन्दर है!'' और उसके सम्मुख नाचने लगता। दूसरा माली ज्यादा बातचीत नहीं करता था, उसे तो बस अपने काम से काम था। और वह बड़ी मेहनत से बगीचे में तरह-तरह, के फल, तरकारी पैदा कर उन्हें स्वयं अपने सिर पर रखकर मालिक के घर पहुँचाता था, यद्यपि मालिक का घर बहुत दूर था। अब इन दो मालियों में से मालिक किसको अधिक चाहेगा? बस ठीक इसी प्रकार यह संसार एक बगीचा है, जिसके मालिक शिव हैं। यहाँ भी दो प्रकार के माली हैं—एक तो वह जो सुस्त, अकर्मण्य तथा ढोंगी है और कभी-कभी शिव के सुन्दर नेत्र, नासिका तथा अन्य अंगों की प्रशंसा करता रहता है और दूसरा ऐसा है जो शिव की सन्तान की, सारे दीन-दुःखी प्राणियों की और उनकी समस्त सृष्टि की चिन्ता रखता है। इन दो प्रकार के लोगों में से कौन शिव को अधिक प्यारा होगा? निश्चय ही, वही जो उनकी सन्तान की सेवा करता है। जो व्यक्ति अपने पिता की सेवा करना चाहता है, उसे अपने भाइयों की सेवा सबसे पहले करनी चाहिए, इसी प्रकार जो शिव की सेवा करना चाहता है, उसे उनकी सन्तान की, विश्व के प्राणी मात्र की पहले सेवा करनी चाहिए। शास्त्रों में कहा भी गया है कि जो भगवान् के दासों की सेवा करता है वही भगवान् का सर्वश्रेष्ठ दास है। यह बात सर्वदा ध्यान में रखनी चाहिए।

मैं यह फिर कहे देता हूँ कि तुम्हें स्वयं शुद्ध रहना चाहिए तथा यदि कोई तुम्हारे पास सहायतार्थ आए, तो जितना तुमसे बन सके, उतनी उसकी सेवा अवश्य करनी चाहिए। यही श्रेष्ठ कर्म कहलाता है। इसी श्रेष्ठ कर्म की शक्ति से तुम्हारा चित्त शुद्ध हो जाएगा और फिर शिव, जो प्रत्येक हृदय में वास करते हैं, प्रकट हो जाएँगे। प्रत्येक हृदय में उनका वास है। यह यों समझ लो कि यदि शीशे पर धूल पड़ी है, तो उसमें हम अपना प्रतिबिम्ब नहीं देख सकते। अज्ञान तथा पाप ही हमारे हृदयरूपी शीशे पर धूल की भाँति जमा हो गए हैं। स्वार्थपरता ही अर्थात् स्वयं के सम्बन्ध में पहले सोचना सबसे बड़ा पाप है। जो मनुष्य यह सोचता रहता है कि मैं ही पहले खा लूँ, मुझे ही सबसे अधिक धन मिल जाए, मैं ही सर्वस्व का अधिकारी बन जाऊँ, मेरी ही सबसे पहले मुक्ति हो जाए तथा मैं ही औरों से पहले सीधा स्वर्ग को चला जाऊँ, वही व्यक्ति स्वार्थी है। निःस्वार्थ व्यक्ति तो यह कहता है, 'मुझे अपनी चिन्ता नहीं है, मुझे स्वर्ग जाने की भी कोई आकांक्षा नहीं है, यदि मेरे नरक में जाने से भी किसी को लाभ हो

सकता है, तो भी मैं उसके लिए तैयार हूँ।' यह निःस्वार्थपरता ही धर्म की कसौटी है। जिसमें जितनी ही अधिक निःस्वार्थपरता है वह उतना ही आध्यात्मिक है तथा उतना ही शिव के समीप। चाहे वह पंडित हो या मूर्ख, शिव का सामीप्य दूसरों की अपेक्षा उसे ही प्राप्त है, उसे चाहे इसका ज्ञान हो अथवा न हो। परन्तु इसके विपरीत यदि कोई मनुष्य स्वार्थी है, तो चाहे उसने संसार के सब मन्दिरों के ही दर्शन क्यों न किए हों, सारे तीर्थ क्यों न गया हो और रंग भभूत रमाकर अपनी शक्ल चीता जैसी क्यों न बना ली हो, शिव से वह बहुत दूर है।

[रामेश्वरम् के मन्दिर में दिया हुआ भाषण]

मेरी क्रान्तिकारी योजना

उस दिन अधिक भीड़ के कारण मैं व्याख्यान समाप्त नहीं कर सका था, अतएव मद्रास निवासी मेरे प्रति जो निरन्तर सदय व्यवहार करते आए हैं, उसके लिए आज मैं उन्हें अनेकानेक धन्यवाद देता हूँ। मैं यह नहीं जानता कि अभिनन्दन-पत्रों में मेरे लिए जो सुन्दर-सुन्दर विशेषण प्रयुक्त हुए हैं, उनके लिए मैं किस प्रकार अपनी कृतज्ञता प्रकट करूँ। मैं प्रभु से इतनी ही प्रार्थना करता हूँ कि वे मुझे इन कृपापूर्ण तथा उदार प्रशंसाओं के योग्य बना दें और इस योग्य भी मैं अपना सारा जीवन अपने धर्म और मातृभूमि की सेवा में अर्पण कर सकूँ; प्रभु मुझे इनके योग्य बनाए।

मैं समझता हूँ कि मुझमें अनेक दोषों के होते हुए भी थोड़ा साहस है। मैं भारत से पाश्चात्य देशों में कुछ सन्देश ले गया था, और उसे मैंने निर्भीकता से अमेरिका और इंग्लैंडवासियों के सामने प्रकट किया। आज का विषय आरम्भ करने के पूर्व मैं साहसपूर्वक दो शब्द तुम लोगों से कहना चाहता हूँ। कुछ दिनों से मेरे चारों ओर कुछ ऐसी परिस्थितियाँ उपस्थित हो रही हैं, जो मेरे कार्य की उन्नति में विशेष रूप से विघ्न डालने की चेष्टा कर रही हैं; यहाँ तक कि, यदि सम्भव हो सके, तो वे मुझे एकबारगी कुचलकर मेरा अस्तित्व ही नष्ट कर डालें। पर ईश्वर को धन्यवाद कि ये सारी चेष्टाएँ विफल हो गई हैं, और इस प्रकार की चेष्टाएँ सदैव विफल ही सिद्ध होती हैं। मैं गत तीन वर्षों से देख रहा हूँ, कुछ लोग मेरे एवं मेरे कार्यों के सम्बन्ध में कुछ भ्रान्त धारणाएँ बनाए हुए हैं। जब तक मैं विदेश में था, मैं चुप रहा; मैं एक शब्द भी नहीं बोला। पर आज मैं अपने देश की भूमि पर खड़ा हूँ, मैं स्पष्टीकरण के रूप में कुछ शब्द कहना चाहता हूँ। इन शब्दों का क्या फल होगा, अथवा वे शब्द तुम लोगों के हृदय में किन-किन भावों का उद्रेक करेंगे, इसकी मैं परवाह नहीं करता। मुझे बहुत कम चिन्ता है; क्योंकि मैं वही संन्यासी हूँ, जिसने लगभग चार वर्ष पहले अपने दंड और कमंडल के साथ तुम्हारे नगर में प्रवेश किया था, और वही सारी दुनिया इस समय भी मेरे सामने पड़ी है।

बिना और अधिक भूमिका के मैं अब अपने विषय को आरम्भ करता हूँ। सबसे पहले मुझे थियोसॉफिकल सोसायटी के सम्बन्ध में कुछ कहना है। यह कहने की आवश्यकता नहीं कि उक्त सोसायटी से भारत का कुछ भला हुआ है और इसके लिए

प्रत्येक हिन्दू उक्त सोसायटी और विशेषकर श्रीमती बेसेन्ट का कृतज्ञ है। यद्यपि मैं श्रीमती बेसेन्ट के सम्बन्ध में बहुत कम ही जानता हूँ, पर जो कुछ भी मुझे उनके बारे में मालूम है, उसके आधार पर मेरी यह धारणा है कि वे हमारी मातृभूमि की सच्ची हितचिन्तक हैं और यथाशक्ति उसकी उन्नति की चेष्टा कर रही है, इसलिए वे प्रत्येक सच्ची भारत-सन्तान की विशेष कृतज्ञता की अधिकारिणी हैं। प्रभु उन पर तथा उनसे सम्बन्धित सब पर आशीर्वाद की वर्षा करें! परन्तु यह एक बात है, और थियोसॉफिकल सोसायटी में सम्मिलित होना एक दूसरी बात। भक्ति, श्रद्धा और प्रेम एक बात है, और कोई मनुष्य जो कुछ कहे, उसे बिना विचारे, बिना तर्क किए, बिना उसका विश्लेषण किए निगल जाना सर्वथा दूसरी बात। एक अफवाह चारों ओर फैल रही है और वह यह कि अमेरिका और इंग्लैंड में जो कुछ काम मैंने किया है, उसमें थियोसॉफिस्टों ने मेरी सहायता की है। मैं तुम लोगों को स्पष्ट शब्दों में बता देना चाहता हूँ कि इसका प्रत्येक शब्द गलत है, प्रत्येक शब्द झूठ है। हम लोग इस जगत् में उदार भावों एवं भिन्न मतवालों के प्रति सहानभूति के सम्बन्ध में बड़ी लम्बी-चौड़ी बातें सुना करते हैं। यह है तो बहुत अच्छी बात, पर कार्यत: हम देखते हैं कि जब कोई मनुष्य किसी दूसरे मनुष्य की सब बातों में विश्वास करता है, केवल तभी तक वह उससे सहानुभूति पाता है; पर ज्यों ही वह किसी विषय में उससे भिन्न विचार रखने का साहस करता है, त्यों ही वह सहानुभूति गायब हो जाती है, वह प्रेम खत्म हो जाता है। फिर, कुछ ऐसे भी लोग हैं, जिनका अपना-अपना स्वार्थ रहता है। और यदि किसी देश में ऐसी कोई बात हो जाए, जिससे उनके स्वार्थ में कुछ धक्का लगता हो, तो उनके हृदय में इतनी ईर्ष्या और घृणा उत्पन्न हो जाती है कि वे उस समय क्या कर डालेंगे, कुछ कहा नहीं जा सकता। यदि हिन्दू अपने घरों को साफ करने की चेष्टा करते हों, तो इससे ईसाई मिशनरियों का क्या बिगड़ता है ? यदि हिन्दू प्राणपण से अपना सुधार करने का प्रयत्न करते हों, तो इसमें ब्राह्मसमाज और अन्यान्य सुधार संस्थाओं का क्या जाता है ? ये लोग हिन्दुओं के सुधार के विरोध में क्यों खड़े हों ? ये लोग इस आन्दोलन के प्रबलतम शत्रु क्यों हों ? क्यों ?—यही मेरा प्रश्न है। मेरी समझ में तो उनकी घृणा और ईर्ष्या की मात्रा इतनी अधिक है कि इस विषय में उनसे किसी प्रकार का प्रश्न करना भी सर्वथा निरर्थक है।

आज से चार वर्ष पहले जब मैं अमेरिका जा रहा था—सात समुद्र पार, बिना किसी परिचय-पत्र के, बिना किसी जान-पहचान के, एक धनहीन, मित्रहीन, अज्ञात संन्यासी के रूप में—तब मैंने थियोसॉफिकल सोसायटी के नेता से भेंट की। स्वभावत: मैंने सोचा था कि जब ये अमेरिकावासी हैं और भारत-भक्त हैं, तो सम्भवत: अमेरिका के किसी सज्जन के नाम मुझे एक परिचय-पत्र दे देंगे। किन्तु जब पूछा, "क्या आप हमारी सोसायटी के सदस्य बनेंगे ?" मैंने उत्तर दिया, "नहीं, मैं किस प्रकार आपकी सोसायटी का सदस्य हो सकता हूँ? मैं तो आपके अधिकांश सिद्धान्तों पर विश्वास

नहीं करता।'' उन्होंने कहा, ''तब मुझे खेद है, मैं आपके लिए कुछ भी नहीं कर सकता।'' क्या यही मेरे लिए रास्ता बना देना था? जो हो, मैं अपने कतिपय मद्रासी मित्रों की सहायता से अमेरिका गया। उन मित्रों में से अनेक यहाँ पर उपस्थित हैं, केवल एक ही अनुपस्थित हैं, न्यायाधीश सुब्रह्मण्यम अय्यर[1] जिनके प्रति अपनी परम कृतज्ञता प्रकट करना शेष है। उनमें प्रतिभाशाली पुरुष की अन्तर्दृष्टि विद्यमान है। इस जीवन में मेरे सच्चे मित्रों में से वे एक हैं, वे भारत-माता के सच्चे सपूत हैं। अस्तु, धर्म-महासभा के कई मास पूर्व ही मैं अमेरिका पहुँच गया। मेरे पास रुपए बहुत कम थे, और वे शीघ्र ही समाप्त हो गए। इधर जाड़ा भी आ गया, और मेरे पास थे सिर्फ़ गरमी के कपड़े। उस घोर शीतप्रधान देश में मैं आखिर क्या करूँ, यह कुछ सूझता नहीं था। यदि मैं मार्ग में भीख माँगने लगता, तो परिणाम यही होता कि मैं जेल भेज दिया जाता। उस समय मेरे पास केवल कुछ ही डालर बचे थे। मैंने अपने मद्रासवासी मित्रों के पास तार भेजा। यह बात थियोसॉफिस्टों को मालूम हो गई और उनमें से एक ने लिखा, 'अ़ब शैतान शीघ्र ही मर जाएगा; ईश्वर की कृपा से अच्छा ही हुआ। बला टली!' तो क्या यही मेरे लिए रास्ता बना देना था? मैं ये बातें इस समय कहना नहीं चाहता था, किन्तु मेरे देशवासी यह सब जानने के इच्छुक थे, अतः कहनी पड़ी। गत तीन वर्षों तक इस सम्बन्ध में एक शब्द भी मैंने मुँह से नहीं निकाला। चुपचाप रहना ही मेरा मूलमंत्र रहा, किन्तु आज ये बातें मुँह से निकल पड़ीं। पर बात यहीं पर पूरी नहीं हो जाती। मैंने धर्म-महासभा में कई थियोसॉफिस्टों को देखा। मैंने उनसे बातचीत करने और मिलने-जुलने की चेष्टा की। उन लोगों ने जिस अवज्ञा भरी दृष्टि से मेरी ओर देखा, वह आज भी मेरी नजरों पर नाच रही है—मानो वह कह रही थी, ''यह कहाँ का क्षुद्र कीड़ा, यहाँ देवताओं के बीच आ गया?'' मैं पूछता हूँ, क्या यही मेरे लिए रास्ता बना देना था? हाँ, तो धर्म-महासभा में मेरा बहुत नाम तथा यश हो गया, और तब से मेरे ऊपर अत्यधिक कार्यभार आ गया। पर प्रत्येक स्थान पर इन लोगों ने मुझे दबाने की चेष्टा की। थियोसॉफिकल सोसायटी के सदस्यों को मेरे व्याख्यान सुनने की मनाही कर दी गई। यदि वे मेरी वक्तृता सुनने आते, तो वे सोसायटी की सहानुभूति खो देते; क्योंकि इस सोसायटी के गुप्त (एसोटेरिक) विभाग का यह नियम ही है कि जो मनुष्य उक्त विभाग का सदस्य होता है, उसे केवल कुथमी और मोरिया (वे जो भी हों) के पास से ही शिक्षा ग्रहण करनी पड़ती है—अवश्य इनके दृश्य प्रतिनिधि, मिस्टर जज और मिसेज बेसेन्ट से। अतः उक्त विभाग के सदस्य होने का अर्थ यह है कि मनुष्य अपना स्वाधीन विचार बिलकुल छोड़कर पूर्ण रूप से इन लोगों के हाथ में आत्मसमर्पण कर दे। निश्चय ही मैं ये सब बातें नहीं कर सकता था, और जो मनुष्य ऐसा करे, उसे मैं हिन्दू कह भी नहीं सकता। मेरे हृदय में स्वर्गीय मिस्टर जज के लिए

1. इन्होंने स्वामी जी की अमेरिका यात्रा में भारी मदद की थी। इसलिए स्वामी जी ने यहाँ उन्हें याद किया है। —सं.

बड़ी श्रद्धा है। वे गुणवान, उदार, सरल और थियोसॉफिस्टों के योग्यतम प्रतिनिधि थे। उनमें और श्रीमती बेसेन्ट में जो विरोध हुआ था, उसके सम्बन्ध में कुछ भी राय देने का मुझे अधिकार नहीं है, क्योंकि दोनों ही अपने-अपने 'महात्मा' की सत्यता का दावा करते हैं। और यहाँ आश्चर्य की बात तो यह है कि दोनों एक ही 'महात्मा' का दावा करते हैं। ईश्वर जानें, सत्य क्या है—वे ही एकमात्र निर्णायक हैं। और जब दोनों पक्षों में प्रमाण की मात्रा बराबर है, तब ऐसी अवस्था में किसी भी पक्ष में अपनी राय प्रकट करने का किसी को अधिकार नहीं।

हाँ, तो इस प्रकार उन लोगों ने समस्त अमेरिका में मेरे लिए मार्ग प्रशस्त किया! पर वे यहीं पर नहीं रुके, वे दूसरे विरोधी पक्ष—ईसाई मिशनरियों—से जा मिले। इन ईसाई मिशनरियों ने मेरे विरुद्ध ऐसे-ऐसे भयानक झूठ गढ़े, जिनकी कल्पना तक नहीं की जा सकती। यद्यपि मैं उस परदेश में अकेला और मित्रहीन था, तथापि उन्होंने प्रत्येक स्थान में मेरे चरित्र पर दोषारोपण किया। उन्होंने मुझे प्रत्येक मकान से बाहर निकाल देने की चेष्टा की, और जो भी मेरा मित्र बनता, उसे मेरा शत्रु बनाने का प्रयत्न किया। उन्होंने मुझे भूखों मार डालने की कोशिश की; और यह कहते मुझे दुःख होता है कि इस काम में मेरे एक भारतवासी भाई का भी हाथ था। वे भारत में एक सुधारक दल के नेता हैं। ये सज्जन प्रतिदिन घोषित करते हैं कि 'ईसा भारत में आए हैं।' तो क्या इसी प्रकार ईसा भारत में आएँगे? क्या इसी प्रकार भारत का सुधार होगा? इन सज्जन को मैं अपने बचपन से ही जानता था, ये मेरे परम मित्र भी थे। जब मैं उनसे मिला, तो बड़ा ही प्रसन्न हुआ, क्योंकि मैंने बहुत दिनों से अपने किसी देशभाई को नहीं देखा था। पर उन्होंने मेरे प्रति ऐसा व्यवहार किया! जिस दिन धर्म-महात्मा ने मुझे सम्मानित किया, जिस दिन शिकागो में मैं लोकप्रिय हो गया, उसी दिन से उनका स्वर बदल गया और छिपे-छिपे मुझे हानि पहुँचाने में उन्होंने कोई कसर उठा नहीं रखी। मैं पूछता हूँ, क्या इसी तरह ईसा भारतवर्ष में आएँगे? क्या बीस वर्ष ईसा की उपासना कर उन्होंने यही शिक्षा पाई है? हमारे ये बड़े-बड़े सुधारकगण कहते हैं कि ईसाई धर्म और ईसाई लोग भारतवासियों को उन्नत बनाएँगे। तो क्या वह इसी प्रकार होगा? यदि उक्त सज्जन को इसका एक उदाहरण लिया जाए, तो निस्सन्देह स्थिति कोई आशाजनक प्रतीत नहीं होती।

एक बात और। मैंने समाज-सुधारकों के मुखपत्र में पढ़ा था कि मैं शूद्र हूँ, और मुझसे पूछा गया था कि एक शूद्र को संन्यासी होने का क्या अधिकार है? तो इस पर मेरा उत्तर यह है कि मैं उन महापुरुष का वंशधर हूँ, जिनके चरणकमलों पर प्रत्येक ब्राह्मण 'यमाय धर्मराजाय चित्रगुप्ताय वै नमः' उच्चारण करते हुए पुष्पांजलि प्रदान करता है और जिनके वंशज विशुद्ध क्षत्रिय हैं। यदि अपने पुराणों पर विश्वास हो, तो इन समाज-सुधारकों को जान लेना चाहिए कि मेरी जाति ने पुराने जमाने में अन्य सेवाओं के अतिरिक्त, कई शताब्दियों तक आधे भारतवर्ष का शासन किया था। यदि

मेरी जाति की गणना छोड़ दी जाए, तो भारत की वर्तमान सभ्यता का क्या शेष रहेगा? अकेले बंगाल में ही, मेरी जाति में सबसे बड़े दार्शनिक, सबसे बड़े कवि, सबसे बड़े इतिहासज्ञ, सबसे बड़े पुरातत्त्ववेता और सबसे बड़े धर्मप्रचारक उत्पन्न हुए हैं। मेरी ही जाति ने वर्तमान समय के सबसे बड़े वैज्ञानिकों से भारतवर्ष को विभूषित किया है। इन निन्दकों को थोड़ा अपने देश के इतिहास का तो ज्ञान प्राप्त करना था; ब्राह्मण, क्षत्रिय तथा वैश्य इन तीनों वर्णों के सम्बन्ध में जरा अध्ययन तो करना था; जरा यह तो जानना था कि तीनों ही वर्णों को संन्यासी होने और वेद के अध्ययन करने का समान अधिकार है। ये बातें मैंने यों ही प्रसंगवश कह दीं। वे जो मुझे शूद्र कहते हैं, इसकी मुझे तनिक भी पीड़ा नहीं। मेरे पूर्वजों ने गरीबों पर जो अत्याचार किया था, इससे उसका कुछ परिशोध हो जाएगा। यदि मैं पैरिया (नीच चांडाल) होता, तो मुझे और भी आनन्द आता, क्योंकि मैं उन महापुरुष का शिष्य हूँ, जिन्होंने सर्वश्रेष्ठ ब्राह्मण होते हुए भी एक पैरिया (चांडाल) के घर को साफ करने की अपनी इच्छा प्रकट की थी। अवश्य वह इस पर सहमत हुआ नहीं—और भला होता भी कैसे? एक तो ब्राह्मण, फिर उस पर संन्यासी, वे आकर घर साफ करेंगे, इस पर क्या वह कभी राजी हो सकता था? निदान, एक दिन आधी रात को उठकर गुप्त रूप से उन्होंने उस पैरिया के घर में प्रवेश किया और उसका पाखाना साफ कर दिया, उन्होंने अपने लम्बे-लम्बे बालों से उस स्थान को पोंछ डाला। और यह काम वे लगातार कई दिनों तक करते रहे, ताकि वे अपने को सबका दास बना सकें। मैं उन्हीं महापुरुष के श्री चरणों को अपने मस्तक पर धारण किए हूँ। वे ही मेरे आदर्श हैं—मैं उन्हीं आदर्श पुरुष के जीवन का अनुकरण करने की चेष्टा करूँगा। सबका सेवक बनकर ही एक हिन्दू अपने को उन्नत करने की चेष्टा करता है। उसे इसी प्रकार, न कि विदेशी प्रभाव की सहायता से, सर्वसाधारण को उन्नत करना चाहिए। बीस वर्ष की पश्चिमी सभ्यता मेरे मन में उस मनुष्य का दृष्टान्त उपस्थित कर देती है, जो विदेश में अपने मित्र को भूखा मार डालना चाहता है। क्यों?—केवल इसीलिए कि उसका मित्र लोकप्रिय हो गया है और उसके विचार में वह मित्र उसके धनोपार्जन में बाधक होता है। और असल, सनातन हिन्दू धर्म के उदाहरणस्वरूप हैं ये दूसरे व्यक्ति, जिनके सम्बन्ध में मैंने अभी कहा है। इससे विदित हो जाएगा कि सच्चा हिन्दू धर्म किस प्रकार कार्य करता है। हमारे इन सुधारकों में से एक भी, ऐसा जीवन गठन करके दिखाए तो सही जो एक पैरिया की भी सेवा के लिए तत्पर हो। फिर तो मैं उसके चरणों के समीप बैठकर शिक्षा ग्रहण करूँ, पर हाँ, उसके पहले नहीं। लम्बी-चौड़ी बातों की अपेक्षा थोड़ा कुछ कर दिखाना लाख गुना अच्छा है।

अब मैं मद्रास की समाज-सुधारक समितियों के बारे में कुछ कहूँगा। उन्होंने मेरे साथ बड़ा सदय व्यवहार किया है। उन्होंने मेरे लिए अनेक मधुर शब्दों का प्रयोग किया है और मुझे बताया है कि मद्रास और बंगाल के समाज-सुधारकों में बड़ा अन्तर है।

मैं उनसे इस बात में सहमत हूँ। मैंने अक्सर तुम लोगों से कहा है, और यह तुम लोगों में से बहुतों को याद भी होगा कि मद्रास इस समय बड़ी अच्छी अवस्था में है। बंगाल में जैसी क्रिया-प्रतिक्रिया चल रही है, वैसी मद्रास में नहीं है। यहाँ पर धीरे-धीरे स्थायी रूप से सब विषयों में उन्नति हो रही है; यहाँ पर समाज का क्रमश: विकास हो रहा है, किसी प्रकार की प्रतिक्रिया नहीं। बंगाल में कहीं-कहीं कुछ-कुछ पुनरुत्थान हुआ है, पर मद्रास में यह पुनरुत्थान नहीं है, यह है समाज की स्वाभाविक उन्नति। अतएव दोनों प्रदेशों के निवासियों की विभिन्नता के सम्बन्ध और हैं, जिसे वे नहीं समझते। इन संस्थाओं में से कुछ मुझे डराकर अपना सदस्य बनाना चाहती हैं। ये लोग ऐसा करें, यह एक आश्चर्यजनक बात है। जो मनुष्य अपने जीवन के चौदह वर्षों तक लगातार फाकाकशी का मुकाबला करता रहा हो, जिसे यह भी न मालूम रहा हो कि दूसरे दिन का भोजन कहाँ से आएगा, सोने के लिए स्थान कहाँ मिलेगा, वह इतनी सरलता से धमकाया नहीं जा सकता। जो मनुष्य बिना कपड़ों के और बिना यह जाने कि दूसरे समय भोजन कहाँ से मिलेगा, उस स्थान पर रहा हो, जहाँ का तापमान शून्य से भी तीस डिग्री कम हो, वह भारत में इतनी सरलता से नहीं डराया जा सकता। यही पहली बात है, जो मैं उनसे कहूँगा—मुझमें अपनी थोड़ी दृढ़ता है, मेरा थोड़ा निज का अनुभव भी है और मेरे पास संसार के लिए एक सन्देश है, जो मैं बिना किसी डर के, बिना भविष्य की चिन्ता किए सबको दूँगा। सुधारकों से मैं कहूँगा कि मैं स्वयं उनसे कहीं बढ़कर सुधारक हूँ। वे लोग केवल इधर-उधर थोड़ा सुधार करना चाहते हैं। और मैं चाहता हूँ आमूल सुधार। हम लोगों का मतभेद है केवल सुधार की प्रणाली में। उनकी प्रणाली विनाशात्मक है, और मेरी संघटनात्मक। मैं सुधार में विश्वास नहीं करता, मैं विश्वास करता हूँ स्वाभाविक उन्नति में। मैं अपने को ईश्वर के स्थान पर प्रतिष्ठित कर अपने समाज के लोगों के सिर पर यह उपदेश मढ़ने का साहस नहीं कर सकता कि 'तुम्हें इसी भाँति चलना होगा, दूसरी तरह नहीं।' मैं तो सिर्फ़ उस गिलहरी की भाँति होना चाहता हूँ, जो राम के सेतु बाँधने के समय अपने योगदानस्वरूप थोड़ा बालू लाकर सन्तुष्ट हो गई थी। यही मेरा भाव है। यह अद्भुत राष्ट्र-जीवनरूपी यंत्र युग-युग से कार्य करता आ रहा है, राष्ट्रीय जीवन का यह अद्भुत प्रवाह हम लोगों के सम्मुख बह रहा है। कौन जानता है, कौन साहसपूर्वक कह सकता है कि यह अच्छा है या बुरा, और यह किस प्रकार चलेगा? हजारों घटनाचक्र उसके चारों ओर उपस्थित होकर उसे एक विशिष्ट प्रकार की स्फूर्ति देकर कभी उसकी गति को मन्द और कभी उसे तीव्र कर देते हैं। उसके वेग को नियमित करने का कौन साहस कर सकता है? हमारा काम तो फल की ओर दृष्टि न रख केवल काम करते जाना है, जैसा कि गीता में कहा है। राष्ट्रीय जीवन को जिस ईंधन की जरूरत है, देते जाओ, बस वह अपने ढंग से उन्नति करता जाएगा; कोई उसकी उन्नति का मार्ग निर्दिष्ट नहीं कर सकता। हमारे समाज में बहुत सी बुराइयाँ हैं, पर इस तरह बुराइयाँ तो दूसरे समाजों में भी

हैं। यहाँ की भूमि विधवाओं के आँसू से कभी-कभी तर होती है, तो पाश्चात्य देश का वायुमंडल अविवाहित स्त्रियों की आहों से भरा रहता है। यहाँ का जीवन गरीबी की चपेटों से जर्जरित है, तो वहाँ पर लोग विलासिता के विष से जीवन-मृत हो रहे हैं। यहाँ पर लोग इसलिए आत्महत्या करना चाहते हैं कि उनके पास खाने को कुछ नहीं है, तो वहाँ खाद्यान्न (भोग) की प्रचुरता के कारण लोग आत्महत्या करते हैं। बुराइयाँ सभी जगह हैं, यह तो पुराने वात-रोग की तरह है। यदि उसे पैर से हटाओ, तो वह सिर में चला जाता है। वहाँ से हटाने पर वह दूसरी जगह भाग जाता है। बस उसे केवल एक जगह से दूसरी जगह ही भगा सकते हैं। ऐ बच्चो, बुराइयों के निराकरण की चेष्टा करना ही सही उपाय नहीं है। हमारे दर्शनशास्त्रों में लिखा है कि अच्छे और बुरे का नित्य सम्बन्ध है। वे एक ही सिक्के के दो पहलू हैं। यदि तुम्हारे पास एक है, तो दूसरा अवश्य रहेगा। जब समुद्र में एक स्थान पर लहर उठती है तो दूसरे स्थान पर गड्ढा होना अनिवार्य है। इतना ही नहीं, सारा जीवन ही दोषयुक्त है। बिना किसी की हत्या किए एक साँस तक नहीं ली जा सकती, बिना किसी का भोजन छीने हम एक कौर भी नहीं खा सकते। यही प्रकृति का नियम है, यही दार्शनिक सिद्धान्त है।

इसलिए हमें केवल यह समझ लेना होगा कि सामाजिक दोषों के निराकरण का कार्य उतना वस्तुनिष्ठ नहीं है, जितना आत्मनिष्ठ। हम कितनी भी लम्बी चौड़ी डींग क्यों न हाँकें समाज के दोषों को दूर करने का कार्य जितना स्वयं के लिए शिक्षात्मक है, उतना समाज के लिए वास्तविक नहीं। समाज के दोष दूर करने के सम्बन्ध में सबसे पहले इस तत्त्व को समझ लेना होगा, और इसे समझकर अपने मन को शान्त करना होगा, अपने खून की चढ़ती गरमी को रोकना होगा, अपनी उत्तेजना को दूर करना होगा। संसार का इतिहास भी हमें यह बताता है कि जहाँ कहीं इस प्रकार की उत्तेजना से समाज के सुधार करने का प्रयत्न हुआ है, वहाँ केवल यही फल हुआ कि जिस उद्‌देश्य से वह किया गया था, उस उद्‌देश्य को ही उसने विफल कर दिया। दासत्व को नष्ट कर देने के लिए अमेरिका में जो लड़ाई ठनी थी, उसकी अपेक्षा, अधिकार और स्वतंत्रता की स्थापना के लिए किसी बड़े सामाजिक आन्दोलन की कल्पना ही नहीं की जा सकती। तुम सभी लोग उसे जानते हो। पर उसका फल क्या हुआ ? यही कि आजकल के दास इस युद्ध के पूर्व के दासों की अपेक्षा सौगुनी अधिक बुरी दशा को पहुँच गए। इस युद्ध के पूर्व ये बेचारे नीग्रो कम से कम किसी की सम्पत्ति तो थे, और सम्पत्ति होने के नाते इनकी देखभाल की जाती थी कि ये कहीं दुर्बल और बेकाम न हो जाएँ। पर आज तो ये किसी की सम्पत्ति नहीं हैं, इनके जीवन का कुछ भी मूल्य नहीं है। मामूली बातों के लिए ये जीते जी जला दिए जाते हैं, गोली से उड़ा दिए जाते हैं, और इनके हत्यारों पर कोई कानून ही लागू नहीं होता। क्यों ? इसीलिए कि ये 'निगर' हैं, मानो ये मनुष्य तो क्या पशु भी नहीं हैं! समाज के दोषों को प्रबल उत्तेजनापूर्ण आन्दोलन द्वारा अथवा कानून के बल पर सहसा हटा देने का यही परिणाम होता है।

इतिहास इस बात का साक्षी है—इस प्रकार का आन्दोलन चाहे किसी भले उद्देश्य से ही क्यों न किया गया हो। यह मेरा प्रत्यक्ष अनुभव है। प्रत्यक्ष अनुभव से ही मैंने यह सीखा है। यही कारण है कि मैं केवल दोष ही देखने वाली इन संस्थाओं का सदस्य नहीं हो सकता। दोषारोपण अथवा निन्दा करने की भला आवश्यकता क्या? ऐसा कौन-सा समाज है, जिसमें दोष न हों? सभी समाज में तो दोष हैं। यह तो सभी कोई जानते हैं। आज का एक बच्चा भी इसे जानता है; वह भी सभामंच पर खड़ा होकर हमारे सामने हिन्दू धर्म की भयानक बुराइयों पर एक लम्बा भाषण दे सकता है। जो भी अशिक्षित विदेशी पृथ्वी की प्रदक्षिणा करता हुआ भारत में पहुँचता है, वह रेल पर से भारत को उड़ती नजर से देख भर लेता है, और बस, फिर भारत की भयानक बुराइयों पर बड़ा सारगर्भित व्याख्यान देने लगता है! हम जानते हैं कि यहाँ बुराइयाँ हैं। पर बुराई तो हर कोई दिखा सकता है। मानव समाज का सच्चा हितैषी तो वह है, जो इन कठिनाइयों से बाहर निकलने का उपाय बताए। यह तो इस प्रकार है कि कोई एक दार्शनिक एक डूबते हुए लड़के को गम्भीर भाव से उपदेश दे रहा था, तो लड़के ने कहा, ''पहले मुझे पानी से बाहर निकालिए, फिर उपदेश दीजिए।'' बस ठीक इसी तरह भारतवासी भी कहते हैं, ''हम लोगों ने बहुत व्याख्यान सुन लिए, बहुत-सी संस्थाएँ देख लीं, बहुत से पत्र पढ़ लिए, अब तो ऐसा मनुष्य चाहिए, जो अपने हाथ का सहारा दे, हमें इन दुःखों से बाहर निकाल दे। कहाँ है वह मनुष्य जो हमसे वास्तविक प्रेम करता है, जो हमारे प्रति सच्ची सहानुभूति रखता है?'' बस उसी आदमी की हमें जरूरत है। यहीं पर मेरा इन समाज-सुधारक आन्दोलनों से सर्वथा मतभेद है। आज सौ वर्ष हो गए ये आन्दोलन चल रहे हैं, पर सिवाय निन्दा और विद्वेषपूर्ण साहित्य की रचना के इनसे और क्या लाभ हुआ है? ईश्वर करता, यहाँ ऐसा न होता। इन्होंने पुराने समाज की कठोर आलोचना की है, उस पर तीव्र दोषारोपण किया है, उसकी कटु निन्दा की है, और अन्त में पुराने समाज ने भी इनके समान स्वर उठाकर ईंट का जवाब ईंट से दिया है। इसके फलस्वरूप प्रत्येक भारतीय भाषा में ऐसे साहित्य की रचना हो गई है, जो जाति के लिए, देश के लिए कलंकस्वरूप है। क्या यही सुधार है? क्या इसी तरह देश गौरव के पथ पर बढ़ेगा? यह दोष है किसका?

इसके बाद एक और महत्त्वपूर्ण विषय पर हमें विचार करना है। भारतवर्ष में हमारा शासन सदैव राजाओं द्वारा हुआ है, राजाओं ने ही हमारे सब कानून बनाए हैं। अब वे राजा नहीं हैं, और इस विषय में अग्रसर होने के लिए हमें मार्ग दिखलाने वाला अब कोई नहीं रहा। सरकार साहस नहीं करती। वह तो जनमत की गति देखकर ही अपनी कार्य-प्रणाली निश्चित करती है। अपनी समस्याओं को हल कर लेनेवाला एक कल्याणकारी और प्रबल लोकमत स्थापित करने में समय लगता है—काफी लम्बा समय लगता है, और इस बीच हमें प्रतीक्षा करनी होगी। अतएव सामाजिक सुधार की सम्पूर्ण समस्या यह रूप लेती है : कहाँ हैं वे लोग, जो सुधार चाहते हैं? पहले

उन्हें तैयार करो। सुधार चाहनेवाले लोग हैं कहाँ ? कुछ थोड़े से लोग किसी बात को उचित समझते हैं और बस उसे अन्य सब पर जबरदस्ती लादना चाहते हैं। इन अल्पसंख्यक व्यक्तियों के अत्याचार के समान दुनिया में और कोई अत्याचार नहीं। मुट्ठी भर लोग, जो सोचते हैं कि कतिपय बातें दोषपूर्ण हैं, राष्ट्र को गतिशील नहीं कर सकते। राष्ट्र में आज प्रगति क्यों नहीं है ? क्यों वह जड़भावापन्न है ? पहले राष्ट्र को शिक्षित करो, अपनी निजी विधायक संस्थाएँ बनाओ, फिर तो कानून आप ही आ जाएँगे। जिस शक्ति के बल से, जिसके अनुमोदन से क़ानून का गठन होगा, पहले उसकी सृष्टि करो। आज राजा नहीं रहे; जिस नई शक्ति से, जिस नए दल की सम्मति से नई व्यवस्था गठित होगी, वह लोक-शक्ति कहाँ है ? पहले उसी लोक-शक्ति को संगठित करो। अतएव समाज-सुधार के लिए भी प्रथम कर्तव्य है—लोगों को शिक्षित करना। और जब तक यह कार्य सम्पन्न नहीं होता, तब तक प्रतीक्षा करनी ही पड़ेगी।

गत शताब्दी में सुधार के लिए जो भी आन्दोलन हुए हैं, उनमें से अधिकांश केवल ऊपरी दिखावा मात्र रहे हैं। उनमें से प्रत्येक ने केवल प्रथम दो वर्णों से ही सम्बन्ध रखा है, शेष दो से नहीं। विधवा-विवाह के प्रश्न से 700 प्रतिशत भारतीय स्त्रियों का कोई सम्बन्ध नहीं है। और देखो, मेरी बात पर ध्यान दो, इस प्रकार के सब आन्दोलनों का सम्बन्ध भारत के केवल उच्च वर्णों से ही रहा है, जो जनसाधारण का तिरस्कार करके स्वयं शिक्षित हुए हैं। इन लोगों ने अपने-अपने घर को साफ करने एवं अंग्रेजों के सम्मुख अपने को सुन्दर दिखाने में कोई कसर बाकी नहीं रखी। पर यह तो सुधार नहीं कहा जा सकता। सुधार करने में हमें चीज के भीतर, उसकी जड़ तक पहुँचना होता है। इसी को मैं आमूल सुधार कहता हूँ। आग जड़ में लगाओ और उसे क्रमश: ऊपर उठने दो एवं एक अखंड भारतीय राष्ट्र संगठित करो।

पर यह एक बड़ी भारी समस्या है, और उसका समाधान भी कोई सरल नहीं है। अतएव शीघ्रता करने की आवश्यकता नहीं। यह समस्या तो गत कई शताब्दियों से हमारे देश के महापुरुषों को ज्ञात थी।

आजकल, विशेषत: दक्षिण में, बौद्ध धर्म और उसके अज्ञेयवाद की आलोचना करने की एक प्रथा सी चल पड़ी है। यह उन्हें स्वप्न में भी ध्यान नहीं आता कि जो विशेष दोष आजकल हमारे समाज में वर्तमान हैं, वे सब बौद्ध धर्म द्वारा ही छोड़े गए हैं। बौद्ध धर्म ने हमारे लिए यही वसीयत छोड़ी है। जिन लोगों ने बौद्ध धर्म की उन्नति और अवनति का इतिहास कभी नहीं पढ़ा, उनके द्वारा लिखी गई पुस्तकों में हम पढ़ते हैं कि बौद्ध धर्म के इतने विस्तार का कारण था—गौतम बुद्ध द्वारा प्रचारित अपूर्व आचार-शास्त्र और उनका लोकोत्तर चरित्र। भगवान् बुद्धदेव के प्रति मेरी यथेष्ट श्रद्धा-भक्ति है। पर मेरे शब्दों पर ध्यान दो, बौद्ध धर्म का विस्तार उक्त महापुरुष के मत और अपूर्व चरित्र के कारण उतना नहीं हुआ, जितना बौद्धों द्वारा निर्माण किए गए बड़े-बड़े मन्दिरों एवं भव्य प्रतिमाओं के कारण, समग्र देश के सम्मुख किए गए भड़कीले

उत्सवों के कारण। इसी भाँति बौद्ध धर्म ने उन्नति की। इन सब बड़े-बड़े मन्दिरों एवं आडम्बर भरे क्रियाकलापों के सामने घरों में हवन के लिए प्रतिष्ठित छोटे-छोटे अग्निकुंड ठहर न सके। पर अन्त में इन सब क्रिया-कलापों में भारी अवनति हो गई—ऐसी अवनति कि उसका वर्णन भी श्रोताओं के सामने नहीं किया जा सकता। जो इस सम्बन्ध में जानने के इच्छुक हों, वे इसे किंचित् परिणाम में दक्षिण भारत के नाना प्रकार के कलाशिल्प से युक्त बड़े मन्दिरों में देख लें, और बौद्धों के उत्तराधिकार के रूप में हमने केवल यही पाया।

इसके बाद महान् सुधारक श्री शंकराचार्य और उनके अनुयायियों का अभ्युदय हुआ। उस समय से आज तक इन कई सौ वर्षों में भारतवर्ष की सर्वसाधारण जनता को धीरे-धीरे उस मौलिक विशुद्ध वेदान्त के धर्म की ओर लाने की चेष्टा की गई है। उन सुधारकों को बुराइयों का पूरा ज्ञान था, पर उन्होंने समाज की निन्दा नहीं की। उन्होंने यह नहीं कहा कि 'जो कुछ तुम्हारे पास है, वह सभी गलत है, उसे तुम फेंक दो।' ऐसा कभी नहीं हो सकता था। आज मैंने पढ़ा, मेरे मित्र डॉक्टर बैरोज कहते हैं कि ईसाई धर्म के प्रभाव ने 300 वर्षों में यूनानी और रोमन धर्म के प्रभाव को उलट दिया। पर जिसने कभी यूरोप, यूनान और रोम को देखा है, वह ऐसा कभी नहीं कह सकता। रोमन और यूनानी धर्मों का प्रभाव प्रोटेस्टेन्ट देशों तक में सर्वत्र व्याप्त है। प्राचीन देवता नए वेश में वर्तमान हैं—केवल नाम भर बदल दिए गए हैं। देवियाँ तो हो गई हैं 'मेरी', देवता हो गए हैं 'सन्त' (saints) और अनुष्ठानों ने नया-नया रूप धारण कर लिया है। यहाँ तक कि प्राचीन उपाधि पांटिफेक्स मैक्सिमस[1] पूर्ववत् ही विद्यमान है। अतएव, अचानक परिवर्तन नहीं हो सकते। शंकराचार्य और रामानुज इसे जानते थे। इसलिए उस समय प्रचलित धर्म को धीरे-धीरे उच्चतम आदर्श तक पहुँचा देना ही उनके लिए एक उपाय शेष था। यदि वे दूसरी प्रणाली का सहारा लेते, तो वे पाखंडी सिद्ध होते, क्योंकि उनके धर्म का प्रधान मत ही है क्रम-विकासवाद। उनके धर्म का मूलतत्त्व यही है कि इन सब नाना प्रकार की अवस्थाओं में से होकर आत्मा उच्चतम लक्ष्य पर पहुँचती है। अत: ये सभी अवस्थाएँ आवश्यक और हमारी सहायक हैं। भला कौन इनकी निन्दा करने का साहस कर सकता है?

आजकल मूर्ति-पूजा को गलत बताने की प्रथा सी चल पड़ी है, और सब लोग बिना किसी आपत्ति के उसमें विश्वास भी करने लग गए हैं। मैंने भी एक समय ऐसा ही सोचा था और उसके दंडस्वरूप मुझे ऐसे व्यक्ति के चरण-कमलों में बैठकर शिक्षा ग्रहण करनी पड़ी, जिन्होंने सब कुछ मूर्ति-पूजा के ही द्वारा प्राप्त किया था, मेरा अभिप्राय श्री रामकृष्ण परमहंस से है। यदि मूर्ति-पूजा के द्वारा श्री रामकृष्ण जैसे व्यक्ति उत्पन्न हो सकते हैं, तब तुम क्या पसन्द करोगे—सुधारकों का धर्म या मूर्ति-पूजा? मैं इस

1. रोम में पुरोहित विद्यालय के प्रधानाध्यापक इसी नाम से पुकारे जाते हैं। इसका अर्थ है—प्रधान पुरोहित। अभी पोप इसी नाम से सम्बोधित किए जाते हैं।

प्रश्न का उत्तर चाहता हूँ। यदि मूर्ति-पूजा के द्वारा इस प्रकार श्री रामकृष्ण परमहंस उत्पन्न हो सकते हों, तो और हजारों मूर्तियों की पूजा करो। प्रभु तुम्हें सिद्धि दे! जिस किसी भी उपाय से हो सके, इस प्रकार के महापुरुषों की सृष्टि करो। और इतने पर भी मूर्ति-पूजा की निन्दा की जाती है! क्यों? यह कोई नहीं जानता। शायद इसलिए कि हजारों वर्ष पहले किसी यहूदी ने इसकी निन्दा की थी। उस यहूदी ने कहा था, यदि ईश्वर का भाव किसी विशेष प्रतीक या सुन्दर प्रतिमा द्वारा प्रकट किया जाए, तो यह भयानक दोष है, एक जघन्य पाप है; परन्तु यदि उसका अंकन एक सन्दूक के रूप में किया जाए, जिसके दोनों किनारों पर दो देवदूत बैठे हैं और ऊपर बादल का एक टुकड़ा लटक रहा है, तो वह बहुत ही पवित्र, पवित्रतम होगा। यदि ईश्वर पेंडुकी का रूप धारण करके आए, तो वह महापवित्र होगा; पर यदि वह गाय का रूप लेकर आए, तो यह मूर्ति-पूजकों का कुसंस्कार होगा।—उसकी निन्दा करो। दुनिया का बस यही भाव है। इसीलिए कवि ने कहा है, 'हम मर्त्य जीव कितने निर्बोध हैं!' परस्पर एक दूसरे के दृष्टिकोण से देखना और विचार करना कितना कठिन है! और यही मनुष्य समाज की उन्नति में घोर विघ्नस्वरूप है। यही है ईर्ष्या, घृणा और लड़ाई-झगड़े की जड़। अरे बालको, अपरिपक्व बुद्धिवाले नासमझ लड़को, तुम लोग कभी मद्रास के बाहर गए नहीं, और खड़े होकर सहस्त्रों प्राचीन संस्कारों से नियंत्रित तीस करोड़ मनुष्यों पर कानून चलाना चाहते हो! क्या तुम्हें लज्जा नहीं आती? दूर हो जाओ धर्मनिन्दा के इस कुकर्म से, और पहले खुद अपना सबक सीखो। श्रद्धाहीन बालको, तुम कागज पर कुछ पंक्तियाँ घसीट सकने में और किसी मूर्ख को पकड़कर उन्हें छपवा लेने में अपने को समर्थ समझकर सोचते हो कि तुम जगत् के शिक्षक हो, तुम्हारा मत ही भारत का जनमत है! तो क्या ऐसी बात है? इसीलिए मैं मद्रास के समाज-सुधारकों से कहना चाहता हूँ कि मुझमें उनके प्रति बड़ी श्रद्धा और प्रेम है। उनके विशाल हृदय, उनकी स्वदेश-प्रीति, पीड़ित और निर्धन के प्रति उनके प्रेम के कारण ही मैं उनसे प्यार करता हूँ। किन्तु भाई जैसे भाई से स्नेह करता है और साथ ही उनके दोष भी दिखा देता है, ठीक इसी तरह मैं उनसे कहता हूँ कि उनकी कार्यप्रणाली ठीक नहीं है। यह प्रणाली भारत में सौ वर्ष तक आजमाई गई, पर वह कामयाब न हो सकी। अब हमें किसी नई प्रणाली का सहारा लेना होगा।

क्या भारतवर्ष में कभी सुधारकों का अभाव था? क्या तुमने भारत का इतिहास पढ़ा है? रामानुज, शंकर, नानक, चैतन्य, कबीर और दादू कौन थे? ये सब बड़े-बड़े धर्माचार्य, जो भारत-गगन में अत्यन्त उज्ज्वल नक्षत्रों की तरह एक के बाद एक उदय हुए और फिर अस्त हो गए, कौन थे? क्या रामानुज के हृदय में नीच जातियों के लिए प्रेम नहीं था? क्या उन्होंने अपने सारे जीवन-भर पैरिया (चांडाल) तक को अपने सम्प्रदाय में ले लेने का प्रयत्न नहीं किया? क्या उन्होंने अपने सम्प्रदाय में मुसलमान तक को मिला लेने की चेष्टा नहीं की? क्या नानक ने मुसलमान और हिन्दू दोनों को

समान भाव से शिक्षा देकर समाज में एक नई अवस्था लाने का प्रयत्न नहीं किया ? इन सबने प्रयत्न किया, और उनका काम आज भी जारी है। भेद केवल इतना है कि वे आज के समाज-सुधारकों की तरह दम्भी नहीं थे; वे इनके समान अपने मुँह से कभी अभिशाप नहीं उगलते थे। उनके मुँह से केवल आशीर्वाद ही निकलता था। उन्होंने कभी भर्त्सना नहीं की। उन्होंने लोगों से कहा कि जाति को सतत उन्नतिशील होना चाहिए। उन्होंने अतीत में दृष्टि डालकर कहा, ''हिन्दुओ, तुमने अभी तक जो किया अच्छा ही किया, पर भाइयो, तुम्हें अब इससे भी अच्छा करना होगा।'' उन्होंने यह नहीं कहा, ''पहले तुम दुष्ट थे, और अब तुम्हें अच्छा होना होगा।'' उन्होंने यही कहा, ''पहले तुम अच्छे थे, अब और भी अच्छे बनो।'' इससे जमीन-आसमान का फ़र्क़ पैदा हो ज़ाता है। हम लोगों को अपनी प्रकृति के अनुसार उन्नति करनी होगी। विदेशी संस्थाओं ने बलपूर्वक जिस कृत्रिम प्रणाली को हममें प्रचलित करने की चेष्टा की है, उसके अनुसार काम करना वृथा है। वह असम्भव है। जय हो प्रभु ! हम लोगों को तोड़-मरोड़कर नए सिरे से दूसरे राष्ट्रों के ढाँचे में गढ़ना असम्भव है ! मैं दूसरी कौमों की सामाजिक प्रथाओं की निन्दा नहीं करता। वे उनके लिए अच्छी हैं, पर हमारे लिए नहीं। उनके लिए जो कुछ अमृत है, हमारे लिए वही विष हो सकता है। पहले यही बात सीखनी होगी। अन्य प्रकार के विज्ञान, अन्य प्रकार के परम्परागत संस्कार और अन्य प्रकार के आचारों से उनकी वर्तमान सामाजिक प्रथा गठित हुई है। और हम लोगों के पीछे हैं हमारे अपने परम्परागत संस्कार और हजारों वर्षों के कर्म। अतएव हमें स्वभावत: अपने संस्कारों के अनुसार ही चलना पड़ेगा; और यह हमें करना ही होगा।

तब फिर मेरी योजना क्या है ? मेरी योजना है—प्राचीन महान् आचार्यों के उपदेशों का अनुसरण करना। मैंने उनके कार्य का अध्ययन किया है, और जिस प्रणाली से उन्होंने कार्य किया, उनके आविष्कार करने का मुझे सौभाग्य मिला। वे सब महान् समाज-संस्थापक थे। बल, पवित्रता और जीवन-शक्ति के वे अद्‌भुत आधार थे। उन्होंने सबसे अद्‌भुत कार्य किया-समाज में बल, पवित्रता और जीवन-शक्ति संचारित की। हमें भी सबसे अद्‌भुत कार्य करना है। आज अवस्था कुछ बदल गई है, इसलिए कार्यप्रणाली में कुछ थोड़ा-सा परिवर्तन करना होगा; बस इतना ही इससे अधिक कुछ नहीं। मैं देखता हूँ कि प्रत्येक व्यक्ति की भाँति प्रत्येक राष्ट्र का भी एक विशेष जीवनोद्‌देश्य है। वही उसके जीवन का केन्द्र है, उसके जीवन का प्रधान स्वर है, जिसके साथ अन्य सब स्वर मिलकर समरसता उत्पन्न करते हैं। किसी देश में, जैसे इंग्लैंड में, राजनीतिक सत्ता ही उसकी जीवन-शक्ति है। कला-कौशल की उन्नति करना किसी दूसरे राष्ट्र का प्रधान लक्ष्य है। ऐसे ही और दूसरे देशों का भी समझो। किन्तु भारतवर्ष में धार्मिक जीवन ही राष्ट्रीय जीवन का केन्द्र है और वही राष्ट्रीय जीवनरूपी संगीत का प्रधान स्वर है। यदि कोई राष्ट्र अपनी स्वाभाविक जीवन-शक्ति को दूर फेंक देने

की चेष्टा करे—शताब्दियों से जिस दिशा की ओर उसकी विशेष गति हुई है, उससे मुड़ जाने का प्रयत्न करे—और यदि वह अपने इस कार्य में सफल हो जाए, तो वह राष्ट्र मृत हो जाता है। अतएव यदि तुम धर्म को फेंककर राजनीति, समाज-नीति अथवा अन्य किसी दूसरी नीति को अपनी जीवन-शक्ति का केन्द्र बनाने में सफल हो जाओ, तो उसका फल यह होगा कि तुम्हारा अस्तित्व तक न रह जाएगा। यदि तुम इससे बचना चाहो, तो अपनी जीवन-शक्तिरूपी धर्म के भीतर से ही तुम्हें अपने सारे कार्य करने होंगे—अपनी प्रत्येक क्रिया का केन्द्र इस धर्म को ही बनाना होगा। तुम्हारे स्नायुओं का प्रत्येक स्पन्दन तुम्हारे इस धर्मरूपी मेरुदंड के भीतर से होकर गुजरे।

मैंने देखा है कि 'सामाजिक जीवन पर धर्म का कैसा प्रभाव पड़ेगा', यह बिना दिखाए मैं अमेरिकावासियों में धर्म का प्रचार नहीं कर सकता था। इंग्लैंड में भी, बिना यह बताए कि 'वेदान्त के द्वारा कौन कौन से आश्चर्यजनक राजनीतिक परिवर्तन हो सकेंगे,' मैं धर्म-प्रचार नहीं कर सका। इसी भाँति भारत में सामाजिक सुधार का प्रचार तभी हो सकता है, जब यह दिखा दिया जाए कि उस नई प्रथा से आध्यात्मिक जीवन की उन्नति में कौन सी विशेष सहायता मिलेगी। राजनीति का प्रचार करने के लिए हमें दिखाना होगा कि उसके द्वारा हमारे राष्ट्रीय जीवन की आकांक्षा—आध्यात्मिक उन्नति—की कितनी अधिक पूर्ति हो सकेगी। इस संसार में प्रत्येक व्यक्ति को अपना-अपना मार्ग चुन लेना पड़ता है, उसी भाँति प्रत्येक राष्ट्र को भी। हमने युगों पूर्व अपना पथ निर्धारित कर लिया था, और अब हमें उसी से लगे रहना चाहिए—उसी के अनुसार चलना चाहिए। फिर, हमारा यह चयन भी तो उतना कोई बुरा नहीं। जड़ के बदले चैतन्य का, मनुष्य के बदले ईश्वर का चिन्तन करना क्या संसार में इतनी बुरी चीज है? परलोक में दृढ़ आस्था, इस लोक के प्रति तीव्र विरक्ति, प्रबल त्याग-शक्ति एवं ईश्वर और अविनाशी आत्मा में दृढ़ विश्वास तुम लोगों में सतत विद्यमान है। क्या तुम इसे छोड़ सकते हो? नहीं, तुम इसे कभी नहीं छोड़ सकते। तुम कुछ दिन भौतिकवादी होकर और भौतिकवाद की चर्चा करके भले ही मुझमें विश्वास जमाने की चेष्टा करो, पर मैं जानता हूँ कि तुम क्या हो। तुमको थोड़ा धर्म अच्छी तरह समझा देने भर की देर है कि तुम परम आस्तिक हो जाओगे। सोचो, अपना स्वभाव भला कैसे बदल सकते हो?

अत: भारत में किसी प्रकार का सुधार या उन्नति की चेष्टा करने के पहले धर्म-प्रचार आवश्यक है। भारत को समाजवादी अथवा राजनीतिक विचारों से प्लावित करने के पहले आवश्यक है कि उसमें आध्यात्मिक विचारों की बाढ़ ला दी जाए। सर्वप्रथम, हमारे उपनिषदों, पुराणों और अन्य सब शास्त्रों में जो अपूर्व सत्य छिपे हुए हैं, उन्हें इन सब ग्रन्थों के पन्नों से बाहर निकालकर, मठों की चहारदीवारियाँ भेदकर, वनों की शून्यता से दूर लाकर, कुछ सम्प्रदाय-विशेषों के हाथों से छीनकर देश में सर्वत्र बिखेर देना होगा, ताकि ये सत्य दावानल के समान सारे देश को चारों ओर से लपेट

लें—उत्तर से दक्षिण और पूर्व से पश्चिम तक सब जगह फैल जाएँ—हिमालय से कन्याकुमारी और सिन्धु से ब्रह्मपुत्र तक सर्वत्र वे धधक उठें। सबसे पहले हमें यही करना होगा। सभी को इन सब शास्त्रों में निहित उपदेश सुनाने होंगे, क्योंकि उपनिषद् में कहा है, ''पहले इसे सुनना होगा, फिर मनन करना होगा और उसके बाद निदिध्यासन।''[1] पहले लोग इन सत्यों को सुनें। और जो भी व्यक्ति अपने शास्त्र के इन महान् सत्यों को दूसरों को सुनाने में सहायता पहुँचाएगा, वह आज एक ऐसा कर्म करेगा, जिसके समान कोई दूसरा कर्म ही नहीं। महर्षि व्यास ने कहा है, ''इस कलियुग में मनुष्यों के लिए एक ही कर्म शेष रह गया है। आजकल यज्ञ और कठोर तपस्याओं से कोई फल नहीं होता। इस समय दान ही एकमात्र कर्म है।''[2] और दोनों में धर्मदान, अर्थात् आध्यात्मिक ज्ञान का दान ही सर्वश्रेष्ठ है। दूसरा दान है विद्यादान, तीसरा प्राणदान और चौथा अन्नदान। इस अपूर्व दानशील हिन्दू जाति की ओर देखो! इस निर्धन, अत्यन्त निर्धन देश में लोग कितना दान करते हैं, इसकी ओर जरा नजर डालो। यहाँ के लोग इतने अतिथिसेवी हैं कि एक व्यक्ति बिना एक कौड़ी अपने पास रखे उत्तर से दक्षिण तक यात्रा करके आ सकता है। और हर स्थान में उसका ऐसा सत्कार होगा, मानो वह परम मित्र हो। यदि यहाँ कहीं पर रोटी का एक टुकड़ा भी है, तो कोई भिक्षुक भूख से नहीं मर सकता।

इस दानशील देश में हमें पहले प्रकार के दान के लिए अर्थात् आध्यात्मिक ज्ञान के विस्तार के लिए साहसपूर्वक अग्रसर होना होगा। और यह ज्ञान–विस्तार भारतवर्ष की सीमा में ही आबद्ध नहीं रहेगा, इसका विस्तार तो सारे संसार भर में करना होगा। और अभी तक यही होता भी रहा है। जो लोग कहते हैं कि भारत के विचार कभी भारत से बाहर नहीं गए, जो सोचते हैं कि मैं ही पहला संन्यासी हूँ जो भारत के बाहर धर्मप्रचार करने गए, वे अपनी जाति के इतिहास को नहीं जानते। यह कई बार घटित हो चुका है। जब कभी भी संसार को इसकी आवश्यकता हुई, उसी समय इस निरन्तर बहने वाले आध्यात्मिक ज्ञान–स्रोत ने संसार को प्लावित कर दिया। राजनीति सम्बन्धी विद्या का विस्तार रणभेरियों और सुसज्जित सेनाओं के बल पर किया जा सकता है। लौकिक एवं समाज सम्बन्धी विद्या का विस्तार आग और तलवारों के बल पर हो सकता है। पर आध्यात्मिक विद्या का विस्तार तो शान्ति द्वारा ही सम्भव है। जिस प्रकार चक्षु और कर्णगोचर न होता हुआ भी मृदु ओस–बिन्दु गुलाब की कलियों को विकसित

---

1. आत्मा वा अरे द्रष्टव्यः श्रोतव्यो मन्तव्यो
   निदिध्यासितव्यो मैत्रेय्यात्मनि खल्वरे दृष्टे श्रुते
   मते विज्ञात इदं सर्वं विदितम्॥ वृहदारण्यक 4।5।6॥
2. इसी आशय की व्यवस्था निम्नलिखित श्लोक में भी है :
   तपः परं कृते युगे त्रेतायां ज्ञानमुच्यते।
   द्वापरे यज्ञमेवाहुर्दानमेकं कलौ युगे॥ मनुसंहिता 1।86॥

कर देता है, बस वैसा ही आध्यात्मिक ज्ञान के विस्तार के सम्बन्ध में भी समझो। यही एक दान है, जो भारत दुनिया को बार-बार देता आया है। जब कभी भी कोई दिग्विजयी जाति उठी, जिसने संसार के विभिन्न देशों को एक साथ ला दिया और आपस में यातायात तथा संचार की सुविधा कर दी, त्यों ही भारत उठा और उसने संसार की समग्र उन्नति में अपने आध्यात्मिक ज्ञान का भाग भी प्रदान कर दिया। बुद्धदेव के जन्म के बहुत पहले से ही ऐसा होता आया है, और इसके चिह्न आज भी चीन, एशिया माइनर और मलय द्वीप समूह में मौजूद हैं। जब उस महाबलशाली दिग्विजयी यूनानी ने उस समय के ज्ञात संसार के सब भागों को एक साथ ला दिया था, तब भी यही बात घटी थी—भारत के आध्यात्मिक ज्ञान की बाढ़ ने बाहर उमड़कर संसार को प्लावित कर दिया था। आज पाश्चात्य देशवासी जिस सभ्यता का गर्व करते हैं, वह उसी प्लावन का अवरोध मात्र है। आज फिर से वही सुयोग उपस्थित हुआ है। इंग्लैंड की शक्ति ने सारे संसार की जातियों को एकता के सूत्र में इस प्रकार बाँध दिया है, जैसा पहले कभी नहीं हुआ था। अंग्रेजों के यातायात और संचार के साधन संसार के एक छोर से लेकर दूसरे छोर तक फैले हुए हैं। आज अंग्रेजों की प्रतिभा के कारण संसार अपूर्व रूप से एकता की डोर में बँध गया है। इस समय संसार के भिन्न-भिन्न स्थानों में जिस प्रकार के व्यापारिक केन्द्र स्थापित हुए हैं, वैसे मानव जाति के इतिहास में पहले कभी नहीं हुए थे। अतएव इस सुयोग में भारत फौरन उठकर ज्ञात अथवा अज्ञात रूप से जगत् को अपने आध्यात्मिक ज्ञान का दान दे रहा है। अब इन सब मार्गों के सहारे भारत की यह भाव राशि समस्त संसार में फैलती रहेगी। मैं जो अमेरिका गया, वह मेरी या तुम्हारी इच्छा से नहीं हुआ, वरन् भारत के भाग्य-विधाता भगवान् ने मुझे अमेरिका भेजा, और वे ही इसी भाँति सैकड़ों आदमियों को संसार के अन्य सब देशों में भेजेंगे। इसे दुनिया की कोई ताकत नहीं रोक सकती। अतएव तुमको भारत के बाहर भी धर्म-प्रचार के लिए जाना होगा। इसका प्रचार जगत् की सब जातियों और मनुष्यों में करना होगा। पहले यही धर्म-प्रचार आवश्यक है। धर्म-प्रचार करने के बाद उसके साथ ही साथ लौकिक विद्या और अन्यान्य आवश्यक विद्याएँ आप ही आ जाएँगी। पर यदि तुम लौकिक विद्या, बिना धर्म के ग्रहण करना चाहो, तो मैं तुमसे साफ कहे देता हूँ कि भारत में तुम्हारा ऐसा प्रयास व्यर्थ सिद्ध होगा, वह लोगों के हृदयों में स्थान प्राप्त न कर सकेगा। यहाँ तक कि इतना बड़ा बौद्ध धर्म भी कुछ अंशों में इसी कारणवश यहाँ अपना प्रभाव न जमा सका।

इसलिए, मेरे मित्रो, मेरा विचार है कि मैं भारत में कुछ ऐसे शिक्षालय स्थापित करूँ, जहाँ हमारे नवयुवक अपने शास्त्रों के ज्ञान में शिक्षित होकर भारत तथा भारत के बाहर अपने धर्मों का प्रचार कर सकें। मनुष्य, केवल मनुष्य भर चाहिए। बाकी सब कुछ अपने आप हो जाएगा। आवश्यकता है वीर्यवान, तेजस्वी, श्रद्धा-सम्पन्न और दृढ़विश्वासी निष्कपट नवयुवकों की। ऐसे सौ मिल जाएँ, तो संसार का कायाकल्प

हो जाए। इच्छाशक्ति संसार में सबसे अधिक बलवती है। उसके सामने दुनिया की कोई चीज नहीं ठहर सकती; क्योंकि वह भगवान्—साक्षात् भगवान् से आती है। विशुद्ध और दृढ़ इच्छाशक्ति सर्वशक्तिमान है। क्या तुम इसमें विश्वास नहीं करते? सबके समक्ष अपने धर्म के महान् सत्यों का प्रचार करो, संसार इनकी प्रतीक्षा कर रहा है। सैकड़ों वर्षों से लोगों को मनुष्य की हीनावस्था का ही ज्ञान कराया गया है। उनसे कहा गया है कि वे कुछ नहीं हैं। संसार भर में सर्वत्र सर्वसाधारण से कहा गया है कि तुम लोग मनुष्य ही नहीं हो। शताब्दियों से इस प्रकार डराए जाने के कारण वे बेचारे सचमुच ही करीब-करीब पशुत्व को प्राप्त हो गए हैं। उन्हें कभी आत्मतत्त्व के विषय में सुनने का मौका नहीं दिया गया। अब उनको आत्मतत्त्व सुनने दो, यह जान लेने दो कि उनमें से नीच से नीच में भी आत्मा विद्यमान है—वह आत्मा, जो न कभी मरती है, न जन्म लेती है, जिसे न तलवार काट सकती है न आग जला सकती है और न हवा सुखा सकती है,[1] जो अमर है, अनाद और अनन्त है, जो शुद्धस्वरूप, सर्वशक्तिमान और सर्वव्यापी है।

उन्हें अपने में विश्वास करने दो। आखिर अंग्रेजों में और तुममें किसलिए इतना अन्तर है? उन्हें अपने धर्म, अपने कर्तव्य आदि के सम्बन्ध में कहने दो। पर मुझे अन्तर मालूम हो गया है। अन्तर यही है कि अंग्रेज अपने ऊपर विश्वास करता है, और तुम नहीं। जब वह सोचता है कि मैं अंग्रेज हूँ, तो वह उस विश्वास के बल पर जो चाहता है वही कर सकता है। इस विश्वास के आधार पर उसके अन्दर छिपा हुआ ईश्वर भाव जाग उठता है। और तब वह उसकी जो भी इच्छा होती है, वही कर सकने में समर्थ होता है। इसके विपरीत, लोग तुमसे कहते आए हैं, तुम्हें सिखाते आए हैं कि तुम कुछ भी नहीं हो, तुम कुछ भी नहीं कर सकते, और फलस्वरूप तुम आज इस प्रकार अकर्मण्य हो गए हो। अतएव आज हम जो चाहते हैं, वह है—बल, अपने में अटूट विश्वास।

हम लोग शक्तिहीन हो गए हैं। इसीलिए गुप्तविद्या और रहस्यविद्या—इन रोमांचक वस्तुओं ने धीरे-धीरे हममें घर कर लिया है। भले ही उनमें अनेक सत्य हों, पर उन्होंने लगभग हमें नष्ट कर डाला है। अपने स्नायु बलवान बनाओ। आज हमें जिसकी आवश्यकता है, वह है—लोहे के पुट्ठे और फौलाद के स्नायु। हम लोग बहुत दिन रो चुके। अब और रोने की आवश्यकता नहीं। अब अपने पैरों पर खड़े हो जाओ और 'मर्द' बनो। हमें ऐसे धर्म की आवश्यकता है, जिससे हम मनुष्य बन सकें। हमें ऐसे सिद्धान्तों की जरूरत है, जिससे हम मनुष्य हो सकें। हमें ऐसी सर्वांगसम्पन्न शिक्षा चाहिए, जो हमें मनुष्य बना सके। और यह रही सत्य की कसौटी—जो भी तुमको शारीरिक, मानसिक और आध्यात्मिक दृष्टि से दुर्बल बनाए उसे जहर की भाँति त्याग

1. नैनं छिन्दन्ति शस्त्राणि नैनं दहति पावकः।
न चैनं क्लेदयन्त्यापो न शोषयति मारुतः॥ गीता 2। 23॥

दो, उसमें जीवन-शक्ति नहीं है, वह कभी सत्य नहीं हो सकता। सत्य तो बलप्रद है, वह पवित्रता है, वह ज्ञानस्वरूप है। सत्य तो वह है जो शक्ति दे, जो हृदय के अन्धकार को दूर कर दे, जो हृदय में स्फूर्ति भर दे। भले ही इन रहस्य-विद्याओं में कुछ सत्य हो, पर ये तो साधारणतया मनुष्य को दुर्बल ही बनाती हैं। मेरा विश्वास करो, मेरा यह जीवन-भर का अनुभव है। मैं भारत के लगभग सभी स्थानों में घूम चुका हूँ, सभी गुफाओं का अन्वेषण कर चुका हूँ और हिमालय पर भी रह चुका हूँ। मैं ऐसे लोगों को भी जानता हूँ, जो जीवन-भर वहीं रहे हैं। और अन्त में मैं इसी निष्कर्ष पर पहुँचा हूँ कि इन सब रहस्य-विद्याओं से मनुष्य दुर्बल ही होता है। मैं अपने देश से प्रेम करता हूँ; मैं तुम्हें और अधिक पतित और ज़्यादा कमजोर नहीं देख सकता। अतएव तुम्हारे कल्याण के लिए, सत्य के लिए और जिससे मेरी जाति और अधिक अवनत न हो जाए, इसलिए मैं जोर से चिल्लाकर कहने के लिए बाध्य हो रहा हूँ—बस ठहरो। अवनति की ओर और न बढ़ो—जहाँ तक गए हो, बस उतना ही काफी हो चुका। अब वीर्यवान होने का प्रयत्न करो, कमजोर बनानेवाली इन सब रहस्यविद्याओं को तिलांजलि दे दो, और अपने उपनिषदों का—उस बलप्रद, आलोकप्रद, दिव्यदर्शन शास्त्र का—आश्रय ग्रहण करो। सत्य जितना ही महान् होता है, उतना ही सहज बोधगम्य होता है—स्वयं अपने अस्तित्व के समान सहज। जैसे अपने अस्तित्व को प्रमाणित करने के लिए और किसी की आवश्यकता नहीं होती, बस वैसा ही। उपनिषद् के सत्य तुम्हारे सामने हैं। इनका अवलम्बन करो, इनकी उपलब्धि कर इन्हें कार्य में परिणत करो। बस देखोगे, भारत का उद्धार निश्चित है।

एक बात और कहकर मैं समाप्त करूँगा। लोग देशभक्ति की चर्चा करते हैं। मैं भी देशक्ति में विश्वास करता हूँ, और देशभक्ति के सम्बन्ध में मेरा भी एक आदर्श है। बड़े काम करने के लिए तीन बातों की आवश्यकता होती है। पहला है हृदय की अनुभव-शक्ति। बुद्धि या विचार-शक्ति में क्या है ? वह तो कुछ दूर जाती है और बस वहीं रुक जाती है। पर हृदय तो प्रेरणा-स्रोत है ? प्रेम असम्भव द्वारों को भी उद्घाटित कर देता है। यह प्रेम ही जगत् के सब रहस्यों का द्वार है। अतएव, ऐ मेरे भावी सुधारको, मेरे भावी देशभक्तो, तुम अनुभव करो। क्या तुम अनुभव करते हो ? क्या तुम हृदय से अनुभव करते हो कि देव और ऋषियों की करोड़ों सन्तानें आज पशुतुल्य हो गई हैं ? क्या तुम हृदय से अनुभव करते हो कि लाखों आदमी आज भूखों मर रहे हैं, और लाखों लोग शताब्दियों से इसी भाँति भूखों मरते आए हैं ? क्या तुम अनुभव करते हो कि अज्ञान के काले बादल ने सारे भारत को ढक लिया है ? क्या तुम यह सोचकर बेचैन हो जाते हो ? क्या इस भावना ने तुमको निद्राहीन कर दिया है ? क्या यह भावना तुम्हारे रक्त के साथ मिलकर तुम्हारी धमनियों में बहती है ? क्या वह तुम्हारे हृदय के स्पन्दन से मिल गई है ? क्या उसने तुम्हें पागल सा बना दिया है ? क्या देश की दुर्दशा की चिन्ता ही तुम्हारे ध्यान का एकमात्र विषय बन बैठी है ? और

क्या इस चिन्ता में विभोर हो जाने से तुम अपने नाम–यश, पुत्र–कलत्र, धन–सम्पत्ति, यहाँ तक कि अपने शरीर की भी सुध बिसर गए हो ? क्या तुमने ऐसा किया है ? यदि 'हाँ', तो जानो कि तुमने देशभक्त होने की पहली सीढ़ी पर पैर रखा है—हाँ, केवल पहली ही सीढ़ी पर! तुममें से अधिकांश जानते हैं, मैं अमेरिका धर्म–महासभा के लिए नहीं गया, वरन् इस भावना का दैत्य मुझमें, मेरी आत्मा में था। मैं पूरे बारह वर्ष सारे देश भर भ्रमण करता रहा, पर अपने देशवासियों के लिए कार्य करने का मुझे कोई रास्ता ही नहीं मिला। यही कारण था कि मैं अमेरिका गया। तुममें से अधिकांश, जो मुझे उस समय जानते थे, इस बात को अवश्य जानते हैं। इस धर्म–महासभा की कौन परवाह करता था ? यहाँ मेरे देशवासी, मेरे ही रक्त–मांसमय देहस्वरूप मेरे देशवासी, दिन पर दिन डूबते जा रहे थे। उनकी कौन खबर ले ? बस यही मेरा पहला सोपान था।

अच्छा, माना कि तुम अनुभव करते हो; पर पूछता हूँ, क्या केवल व्यर्थ की बातों में शक्तिक्षय न करके इस दुर्दशा का निवारण करने के लिए तुमने कोई यथार्थ कर्तव्य–पत्र निश्चित किया है ? क्या लोगों की भर्त्सना न कर उनकी सहायता का कोई उपाय सोचा है ? क्या स्वदेशवासियों को उनकी इस जीवन्मृत अवस्था से बाहर निकालने के लिए कोई मार्ग ठीक किया है ? क्या उनके दु:खों को कम करने के लिए दो सान्त्वनादायक शब्दों को खोजा है ? यही दूसरी बात है।

किन्तु इतने ही से पूरा न होगा। क्या तुम पर्वताकार विघ्न–बाधाओं को लाँघकर कार्य करने के लिए तैयार हो ? यदि सारी दुनिया हाथ में नंगी तलवार लेकर तुम्हारे विरोध में खड़ी हो जाए, तो भी क्या तुम जिसे सत्य समझते हो, उसे पूरा करने का साहस करोगे ? यदि तुम्हारे पुत्र–कलत्र तुम्हारे प्रतिकूल हो जाएँ, भाग्य–लक्ष्मी तुमसे रूठकर चली जाए, नाम की कीर्ति भी तुम्हारा साथ छोड़ दे, तो भी क्या तुम उस सत्य में संलग्न रहोगे ? फिर भी क्या तुम उसके पीछे लगे रहकर अपने लक्ष्य की ओर सतत बढ़ते रहोगे ? जैसा कि महान् राजा भर्तृहरि ने कहा है, 'चाहे नीतिनिपुण लोग निन्दा करें या प्रशंसा, लम्बी आय या जहाँ उसकी इच्छा हो चली जाए, मृत्यु आज हो या सौ वर्ष बाद, धीर पुरुष तो वह है जो न्याय के पथ से तनिक भी विचलित नहीं होता।'[1] क्या तुममें ऐसी दृढ़ता है ? बस यही तीसरी बात है। यदि तुममें ये तीन बातें हैं, तो तुममें से प्रत्येक अद्भुत कार्य कर सकता है। तब फिर तुम्हें समाचार–पत्रों में छपवाने की अथवा व्याख्यान देते हुए फिरते रहने की आवश्यकता न होगी, स्वयं तुम्हारा मुख ही दीप्त हो उठेगा ? फिर तुम चाहे पर्वत की कन्दरा में रहो, तो भी तुम्हारे विचार पर्वत की चट्टानों को भेदकर बाहर निकल आएँगे और सैकड़ों वर्ष तक सारे संसार में प्रतिध्वनित होते रहेंगे। और हो सकता है, तब तक ऐसे ही रहें, जब तक उन्हें किसी

1. निन्दन्तु नीतिनिपुणा यदि वा स्तुवन्तु लक्ष्मीः समाविशतु गच्छतु वा यथेष्टम्।
अद्यैव वा मरणमस्तु युगान्तरे वा न्याय्यात् पथः प्रविचलन्ति पदं न धीराः॥

मस्तिष्क का आधार न मिल जाए, और वे उसी के माध्यम से कार्यशील हो उठें। विचार, निष्कपटता और पवित्र उद्देश्य में ऐसी ही जबरदस्त शक्ति है।

मुझे डर है कि तुम्हें देर हो रही है, पर एक बात और। ऐ मेरे स्वदेशवासियो, मेरे मित्रो, मेरे बच्चो, राष्ट्रीय जीवनरूपी यह जहाज लाखों लोगों के जीवनरूपी समुद्र को पार करता रहा है। कई शताब्दियों से इसका यह कार्य चल रहा है और इसकी सहायता से लाखों आत्माएँ इस सागर के उस पार अमृतधाम में पहुँची हैं। पर आज शायद तुम्हारे ही दोष से इस पोत में कुछ खराबी आ गई है, इसमें एक दो छेद हो गए हैं, तो क्या तुम इसे कोसोगे ? संसार में जिसने तुम्हारा सबसे अधिक उपकार किया है, उसके विरुद्ध खड़े होकर उस पर गाली बरसाना क्या तुम्हारे लिए उचित है ? यदि हमारे इस समाज में, इस राष्ट्रीय जीवनरूपी जहाज में छेद है, तो हम तो उसकी सन्तान हैं। आओ चलें, उन छेदों को बन्द कर दें—उसके लिए हँसते हँसते अपने हृदय का रक्त बहा दें। और यदि हम ऐसा न कर सकें तो हमें मर जाना ही उचित है। हम अपना भेजा निकालकर उसकी डाट बनाएँगे और जहाज के उन छेदों में भर देंगे। पर उसकी कभी भर्त्सना न करें ? इस समाज के विरुद्ध एक कड़ा शब्द तक न निकालो। उसकी अतीत की गौरव-गरिमा के लिए मेरा उस पर प्रेम है। मैं तुम सबको प्यार करता हूँ, क्योंकि तुम देवताओं की सन्तान हो, महिमाशाली पूर्वजों के वंशज हो। तब भला मैं तुम्हें कैसे कोस सकता हूँ ? यह असम्भव है। तुम्हारा सब प्रकार से कल्याण हो। ऐ मेरे बच्चो, मैं तुम्हारे पास आया हूँ अपनी सारी योजनाएँ तुम्हारे सामने रखने के लिए। यदि तुम उन्हें सुनो, तो मैं तुम्हारे साथ काम करने को तैयार हूँ। पर यदि तुम उनको न सुनो, और मुझे ठुकराकर अपने देश के बाहर भी निकाल दो, तो भी मैं तुम्हारे पास वापस आकर यही कहूँगा, "भाई, हम सब डूब रहे हैं।" मैं आज तुम्हारे बीच बैठने आया हूँ। और यदि हमें डूबना है,तो आओ, हम सब साथ ही डूबें, पर एक भी कटु शब्द हमारे ओठों पर न आने पाए।

[मद्रास के विक्टोरिया हॉल में दिया गया भाषण]

मेरा जीवन तथा ध्येय

देवियो और सज्जनो ! आज प्रात:काल का विषय वेदान्त दर्शन था, किन्तु रोचक होते हुए भी यह विषय बहुत विशाल और कुछ रूखा सा है।

अभी-अभी तुम्हारे अध्यक्ष महोदय एवं अन्य देवियों और सज्जनों ने मुझसे अनुरोध किया है कि मैं अपने कार्य के बारे में उनसे कुछ निवेदन करूँ। यह तुम लोगों में से कुछ को भले ही रुचिकर जान पड़े, किन्तु मेरे लिए वैसा नहीं है। सच पूछो तो मैं स्वयं समझ नहीं पाता कि उसका वर्णन किस प्रकार करूँ, क्योंकि अपने जीवन में इस विषय पर बोलने का यह मेरा पहला ही अवसर है।

अपने स्वल्प ढंग से, जो कुछ भी मैं करता रहा हूँ, उसको समझाने के लिए मैं तुमको कल्पना द्वारा भारत ले चलूँगा। विषय के सभी ब्योरों और सूक्ष्म विवरणों में जाने का समय नहीं है, और न एक विदेशी जाति की सभी जटिलताओं को इस अल्प समय में समझ पाना तुम्हारे लिए सम्भव है। इतना कहना ही पर्याप्त होगा कि मैं कम से कम भारत की एक लघु रूपरेखा तुम्हारे सम्मुख करने का प्रयास करूँगा।

भारत खँडहरों में ढेर हुई पड़ी एक विशाल इमारत के सदृश है। पहले देखने पर आशा की कोई किरण नहीं मिलती। वह एक विगत और भग्नावशिष्ट राष्ट्र है। पर थोड़ा और रुको, रुककर देखो, जान पड़ेगा कि इनके परे कुछ और भी है। सत्य यह है कि वह तत्त्व, वह आदर्श, मनुष्य जिसकी बाह्य व्यंजना मात्र है, जब तक कुंठित अथवा नष्ट-भ्रष्ट नहीं हो जाता, तब तक मनुष्य भी निर्जीव नहीं होता, तब तक उसके लिए आशा भी अस्त नहीं होती। यदि तुम्हारे कोट को कोई बीसों बार चुरा ले, तो क्या उससे तुम्हारा अस्तित्व भी शेष हो जाएगा ? तुम नवीन कोट बनवा लोगे—कोट तुम्हारा अनिवार्य अंग नहीं। सारांश यह कि किसी धनी व्यक्ति की चोरी हो जाए, तो उसकी जीवनी शक्ति का अन्त नहीं हो जाता, उसे मृत्यु नहीं कहा जा सकता। मनुष्य तो जीता ही रहेगा।

इस सिद्धान्त के आधार पर खड़े होकर आओ, हम अवलोकन करें और देखें—अब भारत राजनीतिक शक्ति नहीं, आज वह दासता में बँधी हुई एक जाति है। अपने ही प्रशासन में भारतीयों की कोई आवाज नहीं, उनका कोई स्थान नहीं—वे हैं केवल तीस करोड़ गुलाम—और कुछ नहीं। भारतवासी की औसत आय डेढ़ रुपया प्रतिमास

है। अधिकांश जन-समुदाय की जीवन-चर्या उपवासों की कहानी है, और जरा सी आय कम होने पर लाखों काल-कवलित हो जाते हैं। छोटे से अकाल का अर्थ है मृत्यु। इसलिए, जब मेरी दृष्टि उस ओर जाती है, तो मुझे दिखाई पड़ता है नाश, असाध्य नाश।

पर हमें यह भी विदित है कि हिन्दू जाति ने कभी धन को श्रेय नहीं माना। धन उन्हें खूब प्राप्त हुआ,—दूसरे राष्ट्रों से कहीं अधिक धन उन्हें मिला, पर हिन्दू जाति ने धन को कभी श्रेय नहीं माना। युगों तक भारत शक्तिशाली बना रहा, तो भी शक्ति उसका श्रेय नहीं बनी, कभी उसने अपनी शक्ति का उपयोग अपने देश के बाहर किसी पर विजय प्राप्त करने में नहीं किया। वह अपनी सीमाओं से सन्तुष्ट रहा, इसलिए कभी भी उसने किसी से युद्ध नहीं किया, उसने कभी भी साम्राज्यवादी गौरव को महत्त्व नहीं दिया। धन और शक्ति इस जाति के आदर्श कभी न बन सके।

तो फिर? उसका मार्ग उचित था अथवा अनुचित—यह प्रश्न प्रस्तुत नहीं है, वरन् बात यह है कि यही एक ऐसा राष्ट्र है, मानव-वंशों में एक ऐसी जाति है, जिसने श्रद्धापूर्वक सदैव यही विश्वास किया कि यह जीवन वास्तविक नहीं। सत्य तो ईश्वर है, और इसलिए दुःख और सुख में उसी को पकड़े रहें। अपने अध:पतन के बीच भी उसने धर्म को प्रथम स्थान दिया है। हिन्दू का खाना धार्मिक, उसका पीना धार्मिक, उसकी नींद धार्मिक, उसकी चाल-ढाल धार्मिक, उसके विवाहादि धार्मिक, यहाँ तक कि उसकी चोरी करने की प्रेरणा भी धार्मिक होती है।

क्या तुमने अन्यत्र भी ऐसा देश देखा है? यदि वहाँ एक डाकुओं के गिरोह की जरूरत होगी, तो उसका नेता एक धार्मिक तत्त्व गढ़कर उसका प्रचार करेगा, उसकी कुछ खोखली सी आध्यात्मिक पृष्ठभूमि रचेगा और फिर उद्घोष करेगा कि परमात्मा तक पहुँचने का यही सबसे सुस्पष्ट और शीघ्रगामी मार्ग है। तभी लोग उसके अनुचर बनेंगे—अन्यथा नहीं। इसका एक ही कारण है और वह यह है कि इस जाति की सजीवता, इस देश का ध्येय धर्म है, और क्योंकि धर्म पर अभी आघात नहीं हुआ, अतः यह जाति जीवित है।

रोम की ओर देखो। रोम का ध्येय था साम्राज्य-लिप्सा—शक्ति-विस्तार। और ज्यों ही उस पर आघात हुआ नहीं कि रोम छिन्न-भिन्न हो गया, विलीन हो गया। यूनान की प्रेरणा थी बुद्धि। ज्यों ही उस पर आघात हुआ नहीं कि यूनान की इतिश्री हो गई। और वर्तमान युग में स्पेन इत्यादि वर्तमान देशों का भी यही हाल हुआ है। हर एक राष्ट्र का विश्व के लिए एक ध्येय होता है, और जब तक वह ध्येय आक्रान्त नहीं होता, तब तक वह राष्ट्र जीवित रहता है—चाहे जो संकट क्यों न आए। पर ज्यों ही वह ध्येय नष्ट हुआ कि राष्ट्र भी ढह जाता है।

भारत की वह सजीवता अभी भी अकाल नहीं हुई है। उन्होंने उसका त्याग नहीं किया है, वह आज भी बलशाली है—अंधविश्वासों के बावजूद भी। वहाँ भयानक

अंधविश्वास हैं, उनमें से कुछ अत्यन्त जघन्य एवं घृणास्पद—चिन्ता न करो उनकी। पर राष्ट्रीय जीवन धारा—जाति का ध्येय अभी भी जीवित है।

भारतीय राष्ट्र कभी बलशाली, दूसरों को पराजित करनेवाला राष्ट्र नहीं बनेगा—कभी नहीं। वह कभी भी राजनीतिक शक्ति नहीं बन सकेगा; ऐसी शक्ति बनना उसका व्यवसाय ही नहीं—राष्ट्रों की संगीत-संगति में भारत इस प्रकार का स्वर कभी दे ही नहीं सकेगा। पर आखिर भारत का स्वर होगा क्या? वह स्वर होगा ईश्वर, केवल ईश्वर का। भारत उससे कठोर मृत्यु की तरह चिपटा हुआ है। इसीलिए वहाँ अभी आशा है।

अतः इस विश्लेषण के उपरान्त यह निष्कर्ष निकलता है कि ये तमाम विभीषिकाएँ, ये सारे दैन्य-दारिद्रय और दुःख विशेष महत्त्व के नहीं—भारत-पुरुष अभी भी जीवित है, और इसलिए आशा है।

वहाँ सारे देश में तुमको धार्मिक क्रियाशीलता का बाहुल्य दिखाई पड़ेगा। मुझे ऐसा एक भी वर्ष स्मरण नहीं, जब कि भारत में अनेक नवीन सम्प्रदाय उत्पन्न न हुए हों। जितनी ही उद्दाम धारा होगी, उतने ही उसमें भँवर और चक्र उत्पन्न होंगे—यह स्वाभाविक है। इन सम्प्रदायों को क्षय का सूचक नहीं समझा जा सकता, वे जीवन के चिह्न हैं। होने दो इन सम्प्रदायों की संख्या में वृद्धि—इतनी वृद्धि कि हममें से प्रत्येक व्यक्ति ही एक सम्प्रदाय हो जाए, हर एक व्यक्ति। इस विषय को लेकर कलह करने की आवश्यकता ही क्या है?

अब तुम अपने देश को ही लो। (किसी आलोचना की दृष्टि से नहीं) यहाँ के सामाजिक कानून, यहाँ की राजनीतिक संस्थाएँ, यहाँ की हर एक चीज का निर्माण इसी दृष्टि से हुआ है कि मानव की लौकिक यात्रा सरलतापूर्वक सम्पन्न हो जाए। जब तक वह जीवित है, तब तक खूब सुखपूर्वक जीवन-यापन करे। अपने राजमार्गों की ओर देखो, कितने स्वच्छ हैं वे सब! तुम्हारे सौन्दर्यशाली नगर! और इसके अतिरिक्त वे तमाम साधन, जिनसे धन को निरन्तर द्विगुणित किया जाता है। जीवन के सुखोपभोग करने के कितने ही रास्ते! पर यदि तुम्हारे देश में कोई व्यक्ति इस वृक्ष के नीचे बैठ जाए और कहने लगे कि मैं तो यहीं पर आसन मारकर ध्यान लगाऊँगा, काम नहीं करूँगा, तो उसे कारागृह जाना होगा। देखा तुमने? उसके लिए जीवन में कोई अवसर नहीं। मनुष्य तभी इस समाज में रह सकता है, जबकि वह समाज की पाँत में एकरस होकर काम किया करे। प्रस्तुत जीवन में आनन्दोपभोग की इस घुड़दौड़ में हर एक आदमी को शामिल होना पड़ता है, अन्यथा वह मर जाता है।

अब हम जरा भारत की ओर चलें। वहाँ यदि कोई व्यक्ति कहे कि मैं उस पर्वत की चोटी पर जाकर बैठूँगा और अपने शेष जीवन-भर अपनी नाक की नोक को देखते रहना चाहता हूँ, तो हर आदमी यही कहता है, 'जाओ, शुभमस्तु!' उसे कुछ कहने की जरूरत नहीं। किसी ने उसे कपड़ा ला दिया और वह सन्तुष्ट हो गया। पर यदि

कोई व्यक्ति आकर कहे कि 'देखो, मैं इस जिन्दगी के कुछ ऐशो-आराम लूटना चाहता हूँ', तो शायद उसके लिए सब द्वार बन्द ही मिलेंगे।

मेरा कहना है कि दोनों देशों की धारणाएँ भ्रमात्मक हैं। मुझे कोई कारण नहीं दिखता कि कोई व्यक्ति यहाँ आसन लगाकर त्राटक बाँधे तब तक क्यों न बैठा रहे, जब तक कि उसकी इच्छा हो। क्यों वह भी वही करता रहे, जो अधिकांश जनसमुदाय किया करता है? मुझे तो कोई उचित कारण नहीं दिखाई देता।

उसी प्रकार मैं यह समझ नहीं पाता कि भारत में क्यों मानव इस जीवन की सामग्रियाँ न पाए, धनोपार्जन न करे? लेकिन, तुम जानते हो, वहाँ से करोड़ों को इसके विरुद्ध दृष्टिकोण को स्वीकार करने के लिए आतंकित कर विवश किया जाता है। वहाँ के ऋषियों की यह निरंकुशता है! यह निरंकुशता है महात्माओं की, यह निरंकुशता है ज्ञानियों की। और ज्ञानियों की निरंकुशता, याद रखो, अज्ञानियों की निरंकुशता से कहीं अधिक प्रबल होती है। जब पंडित और ज्ञानवान अपने मतों को औरों पर लादना प्रारम्भ कर देते हैं, तो वे बाधाओं और बन्धनों को रचने के ऐसे लाखों उपाय सोच लेते हैं, जिनको तोड़ने की शक्ति अज्ञानियों में नहीं होती।

मैं अब यह कहना चाहता हूँ कि इसे एकदम रोक दिया जाए। लाखों-करोड़ों का होम करके एक बड़ा आध्यात्मिक दिग्गज पैदा किया जाने का कोई अर्थ नहीं है। यदि हम ऐसा समाज निर्माण करें, जिसमें एक ऐसा आध्यात्मिक दिग्गज भी हो और सारे अन्य लोग भी सुखी हों, तो वह ठीक है। पर अगर करोड़ों को पीसकर एक ऐसा दिग्गज बनाया गया, तो वह अन्याय है। अधिक उचित तो यह होगा कि सारे संसार के परित्राण के लिए एक व्यक्ति कष्ट झेले।

किसी राष्ट्र में यदि तुमको कुछ कार्य करना है, तो उसी राष्ट्र की विधियों को अपनाना होगा। हर आदमी को उसी की भाषा में बतलाना होगा। अगर तुमको अमेरिका या इंग्लैंड में धर्म का उपदेश देना है, तो तुमको राजनीतिक विधियों के माध्यम से काम करना होगा—संस्थाएँ बनानी होंगी, समितियाँ गढ़नी होंगी, वोट देने की व्यवस्था करनी होगी, बैलेट के डिब्बे बनाने होंगे, सभापति चुनना होगा—इत्यादि—क्योंकि पाश्चात्य जातियों की यही विधि और यही भाषा है। पर यहाँ भारत में यदि तुमको राजनीति की ही बात कहनी है, तो धर्म की भाषा को माध्यम बनाना होगा। तुमको इस प्रकार कुछ कहना होगा—'जो आदमी प्रतिदिन सबेरे अपना घर साफ करता है, उसे इतना पुण्य प्राप्त होता है, उसे मरने पर स्वर्ग मिलता है, वह भगवान् में लीन हो जाता है।' जब तक तुम इस प्रकार उनसे न कहो, वे तुम्हारी बात समझेंगे ही नहीं। यह प्रश्न केवल भाषा का है। बात जो की जाती है, वह तो एक ही है। हर जाति के साथ यही बात है। परन्तु प्रत्येक जाति के हृदय को स्पर्श करने के लिए तुमको उसी की भाषा में बोलना पड़ेगा। और यह ठीक भी है। हमें इसमें बुरा नहीं मानना चाहिए।

जिस सम्प्रदाय का मैं हूँ, उसे संन्यासी की संज्ञा दी जाती है। इस शब्द का अर्थ है—'विरक्त'—जिसने संसार छोड़ दिया हो, यह सम्प्रदाय बहुत प्राचीन है। गौतम बुद्ध जो ईसा के 560 वर्ष पूर्व आविर्भूत हुए, वे भी इसी सम्प्रदाय में थे। वे इसके सुधारक मात्र थे। इतना प्राचीन है वह! संसार के प्राचीनतम ग्रन्थ वेद में भी इसका उल्लेख है। प्राचीन भारत का यह नियम था कि प्रत्येक पुरुष और स्त्री अपने जीवन की संध्या के निकट सामाजिक जीवन को त्यागकर केवल अपने मोक्ष और परमात्मा के चिन्तन में संलग्न रहे। यह सब उस महान् घटना का स्वागत करने की तैयारी है, जिसे मृत्यु कहते हैं। इसलिए उस प्राचीन युग में वृद्धजन संन्यासी हो जाया करते थे। बाद में युवकों ने भी संसार त्यागना आरम्भ किया। युवकों में शक्ति-बाहुल्य रहता है, इसलिए वे एक वृक्ष के नीचे बैठकर सदा-सर्वदा अपनी मृत्यु के चिन्तन में ही ध्यान लगाए न रह सके, वे यहाँ-वहाँ जाकर उपदेश देने और नए-नए सम्प्रदायों का निर्माण करने लगे। इसी प्रकार युवा बुद्ध ने वह महान् सुधार आरम्भ किया। यदि वे जरा-जर्जरित होते, तो वे उस नासाग्र पर दृष्टि रखते और शान्तिपूर्वक मर जाते।

यह सम्प्रदाय कोई धर्म संघ—चर्च—नहीं है और न इसके अनुयायी पुरोहित होते हैं। पुरोहितों और संन्यासियों में मौलिक भेद है। भारत के अन्य व्यवसायों की भाँति पुरोहिती भी सामाजिक जीवन का एक पैतृक व्यवसाय है। पुरोहित का पुत्र उसी प्रकार पुरोहित बन जाता है, जिस प्रकार बढ़ई का पुत्र बढ़ई अथवा लोहार का बेटा लोहार। पुरोहित को विवाह-सूत्र में भी बँधना पड़ता है। हिन्दू का मत है कि पत्नी के बिना पुरुष अधूरा है। अविवाहित पुरुष को धार्मिक कृत्य करने का अधिकार नहीं।

संन्यासियों के पास सम्पत्ति नहीं होती, वे विवाह नहीं करते। उनके ऊपर कोई समाज-व्यवस्था नहीं। एकमात्र बन्धन जो उन पर व्यापता है, वह है गुरु और शिष्य का आपसी सम्बन्ध—और कुछ नहीं। और यह भारत की अपनी निजी विशेषता है। गुरु कोई ऐसा व्यक्ति नहीं, जो बस कहीं से आकर मुझे शिक्षा दे देता है और उसके बदले में मैं उसे कुछ धन देता हूँ और बात खत्म हो जाती है। भारत में यह गुरु-शिष्य-सम्बन्ध वैसी ही प्रथा है, जैसे पुत्र का गोद लेना। गुरु पिता से भी बढ़कर है और मैं सचमुच गुरु का पुत्र हूँ—हर तरह से उनका पुत्र। पिता से भी बढ़कर मैं उनकी आज्ञा का अनुचर हूँ, उनसे बढ़कर वे मेरे सम्मान्य हैं—और वह इसलिए कि जहाँ मेरे पिता ने मुझे केवल यह शरीर मात्र दिया, मेरे गुरु ने मुझे मेरी मुक्ति का मार्ग प्रदर्शित किया और इसलिए वे पिता से बढ़कर हैं। मेरा अपने गुरु के प्रति यह सम्मान जीवन-व्यापी होता है, मेरा प्रेम चिरंजीवी होता है। बस एकमात्र यही सम्बन्ध है, जो बचा रहता है। मैं इसी प्रकार अपने शिष्यों को ग्रहण करता हूँ। कभी-कभी तो गुरु एकदम नवयुवक होता है और शिष्य कहीं अधिक बूढ़ा। पर चिन्ता नहीं, बूढ़ा पुत्र बनता है और मुझे 'पिता' शब्द से सम्बोधन करता है और मुझे भी उसे पुत्र अथवा पुत्री कहकर पुकारना पड़ता है।

एक समय की बात है कि मुझे एक वृद्ध शिक्षक मिले—वे बिलकुल विचित्र थे। उन महाशय को बौद्धिक पांडित्य में कुछ चाव न था, क्वचित् ही वे पुस्तकें देखते या उनका मनन करते। पर जब वे कम उम्र के ही थे, तभी से उनके मन में सत्य का सीधा साक्षात्कार कर लेने की बड़ी उग्र आकांक्षा समा गई। पहले-पहल उन्होंने अपने ही धर्म पर प्रयोग किया। फिर उनके मन में आया कि नहीं, और भी धर्मों के सत्य को पाया जाए। इस उद्‌देश्य से एक के बाद एक धर्मों का वे अनुष्ठान करते चले। उस समय तक तो जो कुछ उनसे कहा जाता, वे ध्यानपूर्वक करते और तब तक उस सम्प्रदाय विशेष में रहते, जब तक कि उस सम्प्रदाय के विशिष्ट आदर्श का साक्षात्कार न कर लेते। फिर कुछ वर्षों बाद दूसरे सम्प्रदाय की साधना में लग जाते। जब वे सारे सम्प्रदायों का अनुभव कर चुके, तब वे इस निष्कर्ष तक पहुँचे कि ये समस्त ठीक हैं। किसी में भी वे दोष न देख सके, हर सम्प्रदाय एक ऐसा मार्ग है, जिससे लोग एक निश्चित केन्द्र पर ही पहुँचते हैं। और तब उन्होंने घोषणा की, 'यह कितने गौरव की बात है कि यहाँ इतने अधिक मार्ग हैं, क्योंकि यदि केवल एक ही मार्ग होता, तो शायद वह केवल एक ही व्यक्ति के अनुकूल होता। इतने अधिक मार्ग होने से हर एक व्यक्ति को 'सत्य' तक पहुँच सकने का अधिक से अधिक अवसर सुलभ है। यदि मैं एक भाषा के माध्यम से नहीं सीख सकता, तो मुझे दूसरी भाषा आजमानी चाहिए।' और इस तरह उन्होंने प्रत्येक धर्म को आशीष दिया।

मैं जिन विचारों का सन्देश देना चाहता हूँ, वे सब उनके विचारों को प्रतिध्वनित करने की मेरी अपनी चेष्टा है। इसमें मेरा अपना निजी कोई भी मौलिक विचार नहीं; हाँ, जो कुछ असत्य अथवा बुरा है, वह अवश्य मेरा ही है। पर हर ऐसा शब्द, जिसे मैं तुम्हारे सामने कहता हूँ और जो सत्य एवं शुभ है, केवल उन्हीं की वाणी को झंकार देने का प्रयत्न मात्र है। प्रोफेसर मैक्समूलर द्वारा लिखित उनके जीवन-चरित्र को तुम पढ़ो।[1]

बस उन्हीं के चरणों मे मुझे ये विचार प्राप्त हुए। मेरे साथ और भी अनेक नवयुवक थे। मैं केवल बालक ही था। मेरी उम्र रही होगी सोलह वर्ष की, कुछ और तो मुझसे भी छोटे थे और कुछ बड़े भी थे—लगभग एक दर्जन रहे होंगे, हम सब। और हम सबने बैठकर यह निश्चय किया कि हमें इस आदर्श का प्रसार करना है। और चल पड़े हम लोग—न केवल उस आदर्श का प्रसार करने के लिए, बल्कि उसे और भी व्यावहारिक रूप देने के लिए। तात्पर्य यह है कि हमें दिखलाना था हिन्दुओं की आध्यात्मिकता, बौद्धों की जीव-दया, ईसाइयों की क्रियाशीलता, एवं मुस्लिमों का बन्धुत्व—और ये सब अपने व्यावहारिक जीवन के माध्यम द्वारा। हमने निश्चय किया, 'हम एक सार्वभौम धर्म का निर्माण करेंगे—अभी और यहाँ ही। हम रुकेंगे नहीं।'

1. अंग्रेजी भाषा में लिखित 'रामकृष्ण : हिज लाइफ-एंड सेइंग्स' जो पहले 1896 में लन्दन से प्रकाशित हुई और जिसका पुनर्मुद्रण 1951 में अद्वैत आश्रम ने किया।

हमारे गुरु एक वृद्धजन थे, जो एक सिक्का भी कभी हाथ से नहीं छूते थे। बस जो कुछ थोड़ा-सा भोजन दिया जाता था, वे उसे ही ले लेते थे, और कुछ गज कपड़ा— अधिक कुछ नहीं। उन्हें और कुछ स्वीकार करने के लिए कोई प्रेरित ही न कर पाता था। इन तमाम अनोखे विचारों से युक्त होने पर भी वे बड़े अनुशासन-कठोर थे, क्योंकि इसी ने उन्हें मुक्त किया था। भारत का संन्यासी आज राजा का मित्र है, उसके साथ भोजन करता है, तो कल वह भिखारी के साथ है और तरु-तले सो जाता है। उसे प्रत्येक व्यक्ति से सम्पर्क स्थापित करना है, उसे सदैव चलते ही रहना है। कहते हैं—'लुढ़कते पत्थर पर कोई कहाँ?' अपने जीवन के गत चौदह वर्षों में कभी भी मैं एक स्थान पर एक साथ तीन माह से अधिक रुका नहीं, सदा भ्रमण ही करता रहा। हम सबके सब यही करते हैं।

इन मुट्ठी भर युवकों ने इन विचारों को और उनसे निकलने वाले सभी व्यावहारिक निष्कर्षों को अपनाया। सार्वभौमिक धर्म, दोनों से सहानुभूति और ऐसी ही बातें, जो सिद्धान्ततः बड़ी अच्छी है, पर जिन्हें चरितार्थ करना आवश्यक था। उसी का बीड़ा इन्होंने उठाया।

तब वह दुःख का दिन आया, जब हमारे वृद्ध गुरुदेव ने महासमाधि ली। हमसे जितना बना, हमने उनकी सेवा-शुश्रूषा की। हमारे कोई मित्र न थे। सुनता भी कौन, हम कुछ विचित्र सी विचारधारा के छोकरों की बात? कोई नहीं। कम से कम भारत में तो छोकरों की कोई वकत नहीं। जरा सोचो—बारह लड़के लोगों को विशाल महान् सिद्धान्त सुनाएँ, और कहें कि वे इन विचारों को जीवन में चरितार्थ करने के लिए कृतसंकल्प हैं! हाँ, सभी ने हँसी की, हँसी करते-करते वे गम्भीर हो गए—हमारे पीछे पड़ गए—उत्पीड़न करने लगे। बालकों के माता-पिता हमें क्रोध से धिक्कारने लगे, और ज्यों-ज्यों लोगों ने हमारी खिल्ली उड़ाई, त्यों-त्यों हम और भी दृढ़ होते गए।

तब इसके बाद एक भयंकर समय आया, मेरे लिए और मेरे अन्य बालक मित्रों के लिए भी। पर मुझ पर तो और भी भीषण दुर्भाग्य छा गया था! एक ओर थे मेरी माता और भ्रातागण। मेरे पिता जी का अवसान हो गया और हम लोग असहाय, निर्धन रह गए, इतने निर्धन कि हमेशा फाकाकशी की नौबत आ गई। कुटुम्ब की एकमात्र आशा मैं था, जो थोड़ा कमाकर कुछ सहायता पहुँचा सकता। मैं दो दुनियाओं की सन्धि पर खड़ा था। एक ओर था मेरी माता और भाइयों के भूखों मरने का दृश्य, और दूसरी ओर थे इन महान् पुरुष के विचार, जिनसे—मेरा ख्याल था—भारत का ही नहीं, सारे विश्व का कल्याण हो सकता है और इसलिए जिनका प्रचार करना, जिन्हें कार्यान्वित करना अनिवार्य था। इस तरह मेरे मन में महीनों यह संघर्ष चलता रहा। कभी तो मैं छह-छह, सात सात दिन और रात निरन्तर प्रार्थना करता रहता। कैसी वेदना थी वह! मानो मैं जीवित ही नरक में था। कुटुम्ब के नैसर्गिक बन्धन और मोह मुझे अपनी ओर खींच रहे थे—मेरा बाल्य हृदय भला कैसे अपने इतने सगों का दर्द देखते रहता? फिर

दूसरी ओर कोई सहानुभूति करने वाला भी नहीं था! बालक की कल्पनाओं से सहानुभूति करता भी कौन, ऐसी कल्पनाएँ जिनसे औरों को तकलीफ ही होती? मुझसे भला किसकी सहानुभूति होती?—किसी की नहीं—सिवा एक के।

ऐसे एक की सहानुभूति ने मुझे आशीष दिया, मुझमें आशा जगाई। वह स्त्री थी। हमारे गुरुदेव—ये महासंन्यासी—बाल्यावस्था में ही विवाहित हो गए थे। युवा होने पर जब उनकी धर्मप्रवणता अपनी चरम सीमा पर थी, वे आए एक दिन अपनी पत्नी को देखने। बाल्यावस्था में विवाह हो जाने के उपरान्त युवावस्था तक उन्हें परस्पर मेल-मिलाप करने का अवसर क्वचित् ही मिला था। पर जब वे बड़े हो चुके, तो आए एक दिन अपनी पत्नी के पास, और बोले, ''देखो, मैं तुम्हारा पति हूँ, इस देह पर तुम्हारा अधिकार है। पर मैं कामुक जीवन बिता नहीं सकता, यद्यपि मैंने तुमसे ब्याह कर लिया है। मैं अब सब कुछ तुम्हारे फैसले पर छोड़ता हूँ।'' उन्होंने रोते हुए कहा, ''प्रभु तुम्हें आशीष दें। क्या तुम्हारी यह धारणा है कि मैं तुम्हें अध:पतित करनेवाली स्त्री हूँ? बन सकेगा तो मैं तुम्हारी सहायक ही होऊँगी। जाओ, अपने कार्य में अग्रसर होओ।''

ऐसी स्त्री थीं वे! पति अग्रसर होते गए और अन्त में संन्यासी बन गए, अपनी राह पर बढ़ते गए और यहाँ पत्नी अपने ही स्थान से उन्हें सहायता पहुँचाती रहीं, जहाँ तक बन सका, वहाँ तक। और बाद में जब वे पुरुष आध्यात्मिक दिग्गज बन गए, तब वे आईं। सचमुच में वे ही उनकी प्रथम शिष्या हुईं और उन्होंने अपना शेष जीवन उनकी देह की सुरक्षा और सेवा करने में बिताया। उन्हें तो कभी यह पता भी न चला कि वे जी रहे हैं, मर रहे हैं अथवा कुछ और। बोलते-बोलते कई बार तो ऐसे भावाविष्ट हो जाते कि जलते अंगारों पर बैठने पर भी उन्हें कोई खयाल न होता! हाँ, जलते अंगारों पर!! अपने शरीर की ऐसी सुधि उन्हें भूल जाती।

तो, वे ही एक ऐसी देवी थीं, जिन्हें उन बालकों की विचारधारा से कुछ सहानुभूति थी। लेकिन उनके पास शक्ति ही क्या थी, वे तो हम लोगों से भी निर्धन थीं। पर चिन्ता नहीं—हम लोग तो धारा में कूद पड़े थे। मेरा विश्वास था कि इन विचारों से भारत अधिक ज्ञानोद्भासित होगा तथा भारत के सिवा और भी अनेक देशों और जातियों का उससे कल्याण हो सकेगा। तभी यह अनुभव हुआ कि इन विचारों का नाश होने देने के बदले तो कहीं यह श्रेयस्कर है कि कुछ मुट्ठी भर लोग स्वयं अपने को मिटाते रहें! क्या बिगड़ जाएगा यदि एक माँ न रही, यदि दो भाई मर गए तो? यह तो बलिदान है, ये तो करना ही होगा। बिना बलिदान के कोई भी महत् कार्य सिद्ध नहीं हो सकता। कलेजे को बाहर निकालना होगा और निकालकर पूजा की वेदी पर उसे लहूलुहान चढ़ा देना होगा। तभी कुछ महान् की उपलब्धि होती है। और भी कोई दूसरा मार्ग है क्या? अभी तक तो किसी को मिला नहीं। मैं तुम सब लोगों से यही प्रश्न करता हूँ। कितना मूल्य चुकाना पड़ा है किसी सफल कार्य का? कैसी वेदना—कैसी पीड़ा!

प्रत्येक सफल क्रिया के पीछे कैसी भयानक यातना की कहानी है! हर जीवन में ही! तुम तो उसे जानते हो, तुममें से प्रत्येक व्यक्ति।

और बस इसी तरह हम लोग, हम बालकों का समूह चलता गया—बढ़ता गया। हमारे निकट के लोगों ने चारों ओर से हमें जो दिया, वह थी गाली और ठोकर। द्वार द्वार पर हमें भोजन की भिक्षा माँगनी पड़ी, कहीं हमें दुत्कार मिली तो कहीं घुड़की। किस्सा यह कि सब अनाप-शनाप ही हमें दिया गया। यहाँ एक टुकड़ा मिला, तो वहाँ दूसरा। आखिर हमें एक घर भी मिल गया—टूटा-फूटा, खँडहर, जिसमें रहते थे फुफकारते काले नाग। पर हमें उसे लेना ही पड़ा—सबसे सस्ता जो था न! हम उसमें गए और जाकर वहाँ रहे।

इस तरह कुछ वर्ष काटे, सारे भारत का भ्रमण किया और यही कोशिश की कि हमारे विचार और आदर्श को एक निश्चित स्वरूप प्राप्त हो जाए। दस वर्ष बीत गए—प्रकाश की किरण न दिखी। और भी दस वर्ष बीते! हजारों बार निराशा आई। पर इन सबके बीच हरदम आशा की एक किरण बनी रही, और वह था हम लोगों का उत्कट पारस्परिक सहयोग, हमारा आपसी प्रेम। आज मेरे साथ लगभग सौ साथी हैं—स्त्री और पुरुष। वे ऐसे हैं कि यदि मैं एक बार शैतान भी बन जाऊँ, तो भी वे ढाढ़स बँधाते हुए कहेंगे, 'अरे अभी हम हैं! हम तुम्हें कभी भी न छोड़ेंगे।' और सचमुच यह बड़ा सौभाग्य है। सुख में, दुःख में, अकाल में, दर्द में, कब्र में, स्वर्ग में, नरक में जो मेरा साथ न छोड़े, सचमुच वही मेरा मित्र है। ऐसी मैत्री क्या हँसी-मजाक है? ऐसी मैत्री से तो मानव को मोक्ष तक मिल सकता है। यदि इस प्रकार हम प्रेम कर सकें, तो उससे मोक्ष प्राप्त होता है। यदि ऐसी भक्ति आ जाए, तो वही सारी ध्यान-धारणाओं का सार है। तुमको किसी देवता का पूजन करने की जरूरत नहीं, यदि इस दुनिया में तुममें वह भक्ति है, वह श्रद्धा है, वह शक्ति है, वह प्रेम है। और उन मुसीबत के दिनों में वही बात हम सब में थी, और उसी के बल पर हिमालय से कन्याकुमारी तथा सिन्धु से ब्रह्मपुत्र तक हमने भ्रमण किया।

इन युवकों का समूह भ्रमण करता रहा। शनैः-शनैः लोगों का ध्यान हमारी ओर खिंचा; 90 प्रतिशत उसमें विरोधी थे, बहुत ही अल्पांश सहायक था। हम लोगों की एक सबसे बड़ी कमी थी और वह यह कि हम सब युवा थे, निर्धन थे और युवकों की सारी अनम्रता हममें मौजूद थी। जिसको जीवन में खुद अपनी राह बनाकर चलना पड़ता है, वह थोड़ा अविनीत हो ही जाता है; उसे कोमल, नम्र और मिष्टभाषी बनने का अधिक अवकाश कहाँ? 'मेरे सज्जनो, मेरी देवियो' इत्यादि सम्बोधनों का उसे अवसर कहाँ? जीवन में तुमने सदैव यह देखा होगा। वह तो अनगढ़ हीरा है, उसमें चिकनी पालिश नहीं। वह मामूली सी डिबिया में एक रत्न है।

और हम लोग ऐसे थे। 'समझौता नहीं करेंगे', यही हमारा मूलमंत्र था। 'यह आदर्श है और इसे चरितार्थ करना ही होगा। यदि हमें राजा भी मिले, तो भी हम उससे अपनी बात कहे बिना न रहेंगे, भले ही हमें प्राणदंड क्यों दिया जाय! और यदि कृषक मिला,

तो उससे भी यही कहेंगे।' अतः हमारा विरोध होना स्वाभाविक था।

पर ध्यान रखो, जीवन का यही अनुभव है। यदि सचमुच तुम पर-हित के लिए कटिबद्ध हो, तो सारा ब्रह्मांड भले ही तुम्हारा विरोध करे, तुम्हारा बाल भी बाँका न होगा। यदि तुम निःस्वार्थ और हृदय के सच्चे हो, तो तुम्हारे अन्तर में निहित परमात्मा की शक्ति के समक्ष, ये सारी विघ्न-बाधाएँ क्षार-क्षार हो जाएँगी। वे युवक बस ऐसे ही थे। प्रकृति की गोद से पवित्रता और ताजगी लिए हुए शिशुओं के समान थे। हमारे गुरुदेव ने कहा, "मैं प्रभु की वेदी पर उन्हीं फूलों को चढ़ाना चाहता हूँ, जिनकी सुगन्ध अभी तक किसी ने नहीं ली, जिन्हें अपनी अँगुलियों से किसी ने स्पर्श नहीं किया।" उन महात्मा के ये शब्द हमें जीवन देते रहे। उन्होंने कलकत्ता की गलियों से समेटे हुए इन बालकों के जीवन की सारी भावी रूप-रेखा देख ली थी। जब वे कहते, "देखना इस लड़के को, उस लड़के को—आगे चलकर क्या होगा वह," तब लोग उन पर हँसते थे। पर उनकी आस्था और विश्वास अडिग था। कहते, "यह तो मुझसे माँ (जगन्माता) ने कहा है। मैं निर्बल हूँ सही, पर जब वह ऐसा कहती—उससे भूल हो नहीं सकती—तो अवश्य ऐसा ही होगा।"

इस तरह चलता रहा। दस साल बीत गए, पर प्रकाश नहीं मिला। इधर स्वास्थ्य दिन पर दिन क्षीण होता चला। शरीर पर इनका असर हुए बिना नहीं रह सकता : कभी रात के नौ बजे एक बार खा लिया, तो कभी सबेरे आठ बजे ही एक बार खाकर रह गए, तो दूसरी बार दो रोज के बाद खाया—तीसरी बार तीन रोज के बाद—और हर बार नितान्त रूखा-सूखा, शुष्क, नीर भोजन! अधिकांश समय पैदल ही चलते, बर्फीली चोटियों पर चढ़ते, कभी-कभी तो दस-दस मील पहाड़ पर चढ़ते हो जाते—केवल इसलिए कि एक बार का भोजन मिल जाए। बतलाओ भला, भिखारी को कौन अपना अच्छा भोजन देता है? फिर सूखी रोटी ही भारत में उनका भोजन है और कई बार तो वे सूखी रोटियाँ बीस-बीस, तीस-तीस दिन के लिए इकट्ठी करके रख ली जाती हैं और जब वे ईंट की तरह कड़ी हो जाती है, तब उनसे षड्रस व्यंजन का उपभोग सम्पन्न होता है! एक बार का भोजन पाने के लिए मुझे द्वार-द्वार भीख माँगते फिरना पड़ता था। और फिर रोटी ऐसी कड़ी कि खाते-खाते मुँह से लहू बहने लगता था। सच कहूँ, वैसी रोटी से तुम अपने दाँत तोड़ सकते हो। मैं तो रोटी को एक पात्र में रख देता और उसमें नदी का पानी उड़ेल देता था। इस तरह महीनों गुजारने पड़े, निश्चय ही इन सबका प्रभाव स्वास्थ्य पर पड़ रहा था।

फिर मैंने सोचा कि भारत को तो अब देख लिया—चलो अब किसी और देश को आजमाया जाए। उसी समय तुम्हारी धर्म-महासभा होनेवाली थी और वहाँ भारत से किसी को भेजना था। मैं तो एक खानाबदोश सा था, पर मैंने कहा, "यदि मुझे भेजा जाए, तो मैं जाऊँगा। मेरा कुछ बिगड़ता तो है नहीं, और अगर बिगड़े भी, तो मुझे परवाह नहीं।" पैसा जुटा सकना बड़ा कठिन था। पर बड़ी खटपट के बाद

रुपया इकट्ठा हुआ और वह भी मेरे किराए मात्र का। और बस, मैं यहाँ आ गया—दो एक महीने पहले ही। क्या करता—न किसी से जान, न पहचान। बस सड़कों पर यहाँ-वहाँ भटकने लगा।

अन्त में धर्म-महासभा का उद्‌घाटन हुआ और मुझे बड़े सदय मित्र मिले, जिन्होंने मेरी खूब सहायता की। मैंने थोड़ा परिश्रम किया, धन जमा किया और दो पत्र निकाले। इसके बाद मैं इंग्लैंड गया और यहाँ भी काम किया। साथ ही साथ अमेरिका में भी भारत के हित का कार्य साधता रहा।

भारत विषयक मेरी योजना का जो विकास और केन्द्रीकरण हुआ है, वह इस प्रकार है : मैं कह चुका हूँ कि संन्यासी लोग वहाँ किस प्रकार जीवन यापन करते हैं, किस प्रकार द्वार-द्वार भीख माँगने जाते हैं और बिना किसी शुल्क के धर्म को उन तक पहुँचाते हैं। बहुत हुआ तो बदले में एक रोटी का टुकड़ा ले लिया। यही कारण है कि भारत का अदने से अदना व्यक्ति भी धर्म की ऐसी उच्च प्रेरणाएँ अपने साथ रखता है। यह सब इन्हीं संन्यासियों के कार्य का फल है। तुम उससे प्रश्न करो, ''अंग्रेज लोग कौन हैं ?''—उसे पता नहीं। शायद उत्तर मिल जाए, ''वे उन राक्षसों की सन्तान हैं, जिनका वर्णन उन ग्रन्थों में है। है न यही ?'' ''तुम्हारा शासक कौन है ?'' ''हमें पता नहीं।'' ''शासन क्या है ?'' ''हमें पता नहीं।'' पर तत्त्वज्ञान वे जानते हैं। जो उनकी असली कमजोरी है, वह है इस पार्थिव जीवन सम्बन्धी व्यावहारिक बौद्धिक शिक्षा का अभाव। ये कोटि-कोटि मानव इस संसार से परे के जीवन के लिए सदा प्रस्तुत रहते हैं—और यही क्या उनके लिए पर्याप्त नहीं ? नहीं, कदापि नहीं। उन्हें कहीं अच्छे रोटी के टुकड़े की जरूरत है, उनकी देह को कहीं अच्छे कपड़े के टुकड़े की आवश्यकता है। विकट समस्या यही है कि यह अच्छा रोटी का टुकड़ा और अच्छा कपड़ा इन गए-बीते कोटि-कोटि मानवों को प्राप्त हो कहाँ से ?

पहले मैं तुमसे कह दूँ कि उन लोगों के लिए बड़ी आशा है, क्योंकि वे संसार में सबसे अधिक नम्र व्यक्ति हैं। पर कायर अथवा भीरु नहीं। जब उन्हें लड़ना होता है, तो दैत्यों की भाँति लड़ते हैं। अंग्रेजों के सर्वोत्तम सैनिक भारत के किसानों से ही भर्ती किए गए हैं। मृत्यु का उनके सामने कोई महत्त्व नहीं। उनका मत है—''बीसों बार तो मेरी मौत हो चुकी और सैकड़ों बार अभी मौत होनी है। इससे क्या ?'' पीछे हटना उन्हें नहीं आता। भावुकता के वे कायल नहीं, पर योद्धा वे उच्चतम कोटि के हैं।

स्वभाव से खेती उन्हें प्यारी है। तुम उन्हें लूट लो, उनको कत्ल कर दो, उन पर कर लगा दो, तुम उनके साथ कुछ भी करो, पर जब तक तुम उन्हें अपने धर्म-पालन की स्वतंत्रता देते हो, तब तक वे बड़े नम्र बने रहेंगे, बड़े ही शान्त और चुप। वे कभी औरों के धर्म से नहीं भिड़ते। 'हमारे देवताओं की पूजा करने की हमें स्वतंत्रता दो, फिर चाहे हमसे और सब कुछ छीन लो'—यही उनका रुख है। अंग्रेजों ने जब उस

मर्मस्थल को छुआ, तो प्रारम्भ हो गया उपद्रव! सन् 57 के गदर का यही सच्चा कारण था—वे धार्मिक दमन सह न सके। मुस्लिम सरकारें बस इसीलिए उड़ा दी गईं कि उन्होंने भारत के धर्म को छूने की चेष्टा की।

यह अगर छोड़ दो, तो वे बड़े शान्तिप्रिय, अवाचाल, नम्र और सर्वोपरि, दुर्व्यसनों से दूर होते हैं। उनमें मादक-पेय का अभाव उन्हें किसी भी देश की साधारण जनता से बहुत ऊँचा उठा देता है। भारत के दरिद्रों के जीवन की उत्तमता की तुलना तुम अपने देश की बस्तियों के जीवन से नहीं कर सकते। बस्ती का अर्थ निस्सन्देह दरिद्रता है, पर भारत में दरिद्रता के मानी पाप, गन्दगी, व्यभिचार और दुर्व्यसन तो कभी नहीं होते। अन्य देशों में व्यवस्था ही ऐसी है कि केवल व्यभिचारी और आलसी लोग ही दरिद्र बने रहें। यहाँ दरिद्रता का कारण ही नहीं, जब तक कि मनुष्य निपट मूढ़ अथवा मक्कार न हो, ऐसा मूढ़ जिसे नागरिक जीवन के ऐश्वर्य का मोह हो। ऐसे लोग गाँव में कभी न जाएँगे। उनका कहना है, 'हम तो जीवन के मनोरंजनों, रँगरेलियों के बीच रहते हैं, भोजन हमें दिया ही जाना चाहिए।' पर हमारे देश की बात ऐसी नहीं। वहाँ के दरिद्र सबेरे से दिन डूबे तक पसीना बहाते हैं और अन्त में कोई अन्य व्यक्ति आकर उनके हाथ से उनकी रोटी छीन ले जाता है—उनके बच्चे भूखे तड़पते रहते हैं। भारत में करोड़ों टन गेहूँ पैदा किया जाता है, पर शायद ही एक दाना गरीब के मुँह में जाता हो! वे तो ऐसे निकृष्ट अन्न पर पलते हैं, जिसे तुम अपनी चिड़ियों को भी न खिलाओ।

सचमुच ऐसा कोई कारण नहीं कि इतने अच्छे, इतने पवित्र लोगों को ऐसी मुसीबतें झेलनी पड़ें—ये बेचारे गरीब! हम बहुत सुनते हैं इन कोटि-कोटि दीन-दुःखियों की दुःखभरी कहानियाँ, वहाँ की पतिता स्त्रियों के दर्द-भरे किस्से। पर कोई तो आए उनका दुःख दूर करके उनका दर्द बँटाने! बस मुख से कहते भर हैं, 'तुम्हारा दुःख, तुम्हारा दर्द तभी दूर हो सकता है, जब तुम वह न रहो जो कि आज हो। हिन्दुओं को मदद देना व्यर्थ है।' ऐसा कहनेवाले जातियों के इतिहास को नहीं जानते। भारत उस दिन बचेगा ही कहाँ, जिस दिन उसकी प्राणदायिनी शक्तियों का अन्त हो जाएगा—जिस दिन वहाँ के निवासी अपना धर्म बदल देंगे, जिस दिन वे अपनी संस्थाओं का रूपान्तर कर देंगे! उस दिन तो वह जाति ही विलीन हो जाएगी, तब तुम सहायता करोगे किसकी?

एक बात और भी हम सबको सीख लेनी है—और वह यह कि हम सचमुच में किसी को सहायता नहीं दे सकते। हम एक दूसरे के लिए भला क्या कर सकते हैं? तुम अपने जीवन में बढ़ते जाते हो और मैं अपने जीवन में। अधिक से अधिक यह सम्भव है कि मैं तुमको थोड़ा-सा सहारा देकर आगे बढ़ा दूँ, जिससे अन्ततोगत्वा तुम भी अपनी मंजिल पर पहुँच जाओ—इस पूरी जानकारी के साथ कि सारी दुनिया का गंतव्य एक ही है—राहें अलग-अलग। यह वृद्धि क्रमिक होती है। ऐसी कोई राष्ट्रीय

सभ्यता नहीं, जिसे पूर्ण कहा जा सके। सभ्यता को थोड़ा सा सहारा दे दो, और वह अपने गंतव्य तक पहुँच जाएगी। उसे बदलने का प्रयास न करो। छीन लो किसी देश से उसकी संस्थाएँ, उसके रीति-रिवाज, उसके चाल-चलन, फिर बचा ही क्या रहेगा भला? इन्हीं तन्तुओं से तो राष्ट्र बँधा रहता है।

पर तभी विदेशी पंडित महोदय आते हैं और कहते हैं, "देखो, इन हजारों वर्षों की संस्थाओं और रीतियों को तुम तिलांजलि दो और गले लगाओ हमारे इन नए मूढ़ता के टीन-पाट (tin pot) को और मौज करो।" यह सब मूर्खता है!

हमें आपस में मदद तो करनी होगी, पर एक कदम इसके भी आगे जाना होगा। मदद करने में सबसे अधिक जरूरी यह है कि हम स्वार्थ के परे हो जाएँ। 'मैं तुम्हें तभी सहायता दूँगा, जब तुम मेरे कहने के अनुसार बर्ताव करोगे, अन्यथा नहीं।' क्या यह सहायता है?

और इसलिए यदि हिन्दू तुम्हें आध्यात्मिक सहायता पहुँचाना चाहता है, तो वह पूर्ण निरपेक्ष, सम्पूर्ण नि:स्वार्थ बनकर ही अग्रसर होगा। मैंने दिया और बस, बात वहीं खत्म हो गई—मुझसे दूर चली गई। मेरा दिमाग, मेरी शक्ति, मेरा सर्वस्व जो कुछ भी देना था, मैंने दे दिया—इसलिए दे दिया कि देना था, और बस। मैंने देखा है, जो दुनिया के आधे लोगों को लूटकर अपना घर भरते हैं, वे 'बुतपरस्त के धर्मपरिवर्तन' के लिए बीस हजार डॉलरों का दान देते हैं! किसलिए? बुतपरस्त के सुधार के लिए अथवा अपनी ही आत्मा के उत्कर्ष के लिए? जरा सोचो तो सही!

और पापों के प्रतिशोध का देवता अपना काम कर रहा है। हम अपनी ही आँखों में धूल झोंकना चाहते हैं। पर हमारे हृदय में वह परम सत्य—परमात्मा विद्यमान है। वह कभी नहीं भूलता। उसे हम धोखा नहीं दे सकते। उसकी आँखों में धूल नहीं डाली जा सकती। जहाँ कहीं सच्ची दानशीलता की प्रेरणा मौजूद है, उसका असर तो होगा ही—चाहे वह हजार वर्षों के बाद ही क्यों न हो। भले ही रुकावट डालो, पर वह जाग उठेगा, और उल्कापात की तरह जोर से उमड़ पड़ेगा। हर ऐसी प्रेरणा, जिसका उद्‌देश्य स्वार्थपूर्ण है, स्वार्थ-प्रेरित है, अपने लक्ष्य पर कभी न पहुँच सकेगी—भले ही तुम सारे अखबारों को उसकी चमकीली तारीफों से रँग डालो, भले ही विराट् जनसमूहों को तुम उसका जय-जयकार करने के लिए खड़ा कर दो।

मैं इस पर गर्व नहीं कर रहा हूँ। पर देखो, मैं कह रहा था उन बालकों की कहानी। आज भारत में ऐसा गाँव नहीं, ऐसा पुरुष नहीं, ऐसी नारी नहीं, जिसे उनके कार्य का पता न हो, जिसका आशीर्वाद उन पर न बरसता हो। देश में ऐसा अकाल नहीं, जिसकी दाढ़ में घुसकर ये बालक रक्षा का काम न करें, अधिक से अधिक लोगों को न बचाएँ। और वही लोगों के हृदय को बेधता है। दुनिया उसे जान जाती है। इसीलिए जब कभी सम्भव हो, सहायता करो, पर अपने उद्‌देश्य का ध्यान रखो। अगर वह स्वार्थ है, तो न औरों को उससे लाभ होगा न तुमको ही। यदि वह स्वार्थ-शून्य है, तो जिसको दी

जा रही है, उसके लिए कल्याणप्रद होगी, और तुम्हारे ऊपर भी अमोघ आशीर्वादों की वर्षा करेगी। यह बात उतनी ही निश्चित है, जितना कि तुम्हारा जीवित होना। प्रभु को धोखा नहीं दिया जा सकता; कर्म के नियम को धोखे में नहीं डाला जा सकता।

अत: मेरी योजना है, भारत के इस जनता-समूह तक पहुँचने की। मान लो, इन तमाम गरीबों के लिए तुमने पाठशालाएँ खोल भी दीं, तो भी उनको शिक्षित करना सम्भव न होगा। कैसे होगा ? चार बरस का बालक तुम्हारी पाठशाला में जाने की अपेक्षा अपने हल-बखर की ओर जाना अधिक पसन्द करेगा। वह तुम्हारी पाठशाला न जा सकेगा। यह असम्भव है। आत्मरक्षा निसर्ग की पहली जन्मजात-प्रवृत्ति है। पर यदि पहाड़ मुहम्मद के पास नहीं जाता, तो मुहम्मद पहाड़ के पास पहुँच सकता है। मैं कहता हूँ कि शिक्षा स्वयं दरवाजे-दरवाजे क्यों न जाए ? यदि खेतिहर का लड़का शिक्षा तक नहीं पहुँच पाता, तो उससे हल के पास, या कारखाने में अथवा जहाँ भी हो, वहीं क्यों न भेंट की जाए ? जाओ उसी के साथ—उसकी परछाई के समान। ये जो हजारों और लाखों की संख्या में संन्यासी हैं, जो जनता को आध्यात्मिक भूमिका पर शिक्षा प्रदान कर रहे हैं, वे क्यों न बौद्धिक भूमिका पर भी शिक्षा प्रदान करें ? क्यों न वे जनता से कुछ इतिहास तथा अन्यान्य विषय की बातें करें ? हमारे कान ही हमारे सबसे प्रभावशाली शिक्षक हैं। हमारे जीवन के सर्वोत्तम सिद्धान्त वे ही हैं, जो हमने कानों से अपनी माताओं से सुने थे। पुस्तकें तो बाद में आईं। पुस्तकीय ज्ञान की भला क्या बिसात ? कानों के जरिए ही हमें सर्जनात्मक सिद्धान्तों की उपलब्धि होती है। फिर, ज्यों-ज्यों उनकी दिलचस्पी बढ़ने लगेगी, वे तुम्हारी पुस्तकों के भी पास आने लगेंगे। पर पहले उसी तरह चलने दो—मेरा यही विचार है।

मैं यह बता देना चाहता हूँ कि मैं इन संन्यासी सम्प्रदायों में बहुत अधिक विश्वासी नहीं। उनमें महान् गुण हैं, और उनमें दोष भी महान् हैं। संन्यासियों और गृहस्थों के बीच पूर्ण सन्तुलन अपेक्षित है। लेकिन भारत की सारी शक्ति संन्यासी सम्प्रदायों ने हथिया ली है। हम उच्चतम शक्ति का प्रतिनिधित्व करते हैं। संन्यासी राजकुमार से भी बढ़कर है। भारत का ऐसा कोई सम्राट् नहीं, जो गैरिक वस्त्रधारी संन्यासी के समक्ष आसन ग्रहण करे—वह अपना आसन छोड़कर खड़ा ही रहता है। इतनी अधिक शक्ति, फिर वह कितने ही अच्छे लोगों के हाथ में क्यों न हो, अच्छी नहीं—यद्यपि मैं मानता हूँ कि लोगों की सुरक्षा इन संन्यासी सम्प्रदायों के द्वारा पर्याप्त मात्रा में हुई है। ये संन्यासी पुरोहित-प्रपंच और ज्ञान के बीच में खड़े हुए हैं। सुधार और ज्ञान के ये केन्द्र हैं। इनका वही स्थान है, जो यहूदियों में पैगम्बरों का था। पैगम्बर सदा पुरोहितों के विरुद्ध प्रचार करते रहे, कुसंस्कारों को निकाल भगाने की प्रेरणा देते रहे। बस, यही हाल भारत में हुआ। जो भी हो, पर इतनी शक्ति वहाँ ठीक नहीं, इससे भी अच्छी रीतियों का अनुसन्धान किया जाना चाहिए। पर कार्य उसी मार्ग से किया जा सकता है, जिसमें बाधाएँ सबसे कम हों। भारत की सारी राष्ट्रीय आत्मा संन्यास पर ही केन्द्रित है। तुम

भारत में जाओ और गृहस्थ के रूप में कोई धर्म-सन्देश कहो। हिन्दू मुँह फेरकर चले जाएँगे। पर यदि तुमने संसार त्याग दिया है, तब तो वे कहेंगे, "हाँ, यह ठीक है, उन्होंने संसार तज दिया है। वे सच्चे हैं; वे वही करना चाहते हैं, जो कहते हैं।" मेरे कहने का अभिप्राय यह है कि यह एक प्रचंड शक्ति का सूचक है। और हमें जो करना है, वह यह कि हम इसका रूपान्तर कर दें—उसे दूसरा आकार दे दें। परिव्राजक संन्यासियों के हाथों में सन्निहित यह अपरिमित शक्ति रूपान्तरित हो जानी चाहिए, जिससे जनसमूह उद्बुद्ध हो, उन्नत हो।

इस तरह कागजों पर तो हमने अच्छी योजना तैयार कर ली, पर साथ ही मैंने उसे आदर्शवाद के क्षेत्र से ग्रहण किया था। तब तक मेरी योजना शिथिल और आदर्श के रूप में थी। पर समय की गति के साथ वह स्थिर और सुस्पष्ट होती गई। उसको सक्रिय बनाते समय मुझे उसके दोष आदि दिखाई पड़ने लगे।

भौतिक भूमिका पर उसे क्रियान्वित करते हुए मैंने क्या खोज की? पहले, हमें ऐसे केन्द्रों की जरूरत है, जहाँ संन्यासियों को ऐसी शिक्षा की रीतियों से अवगत कराने की व्यवस्था हो सके। उदाहरणार्थ, मैं अपने एक मनुष्य को कैमरा लेकर बाहर भेज देता हूँ—पर इसके पहले उसके बारे में सिखा देना भी तो आवश्यक है। तुम देखोगे कि भारत का हर आदमी बिलकुल निरक्षर है, इसलिए शिक्षा देने के लिए विशाल केन्द्रों की जरूरत है। और इन सबका तात्पर्य क्या हुआ?—धन! आदर्श की भूमिका पर से तुम दैनिक कार्य-प्रणाली पर उतर आते हो। मैंने तुम्हारे देश में चार वर्ष श्रम किया और इंग्लैंड में दो वर्ष। और मैं कृतज्ञ हूँ कि कुछ मित्रों ने मुझे सहारा देकर बचा लिया। आज की मंडली में उनमें से एक उपस्थित हैं। कुछ अमेरिकी और अंग्रेजी मित्र मेरे साथ भारत भी गए और हमारा कार्य बड़े ही प्रारम्भिक रूप में आरम्भ हुआ। कुछ अंग्रेज आए और सम्प्रदाय में सम्मिलित हुए। एक बेचारे ने तो बड़ा परिश्रम किया और भारत में उसका देहान्त हो गया। वहाँ अभी एक अंग्रेज सज्जन और देवी हैं, जिन्होंने अवकाश ग्रहण किया है। उनके पास कुछ साधन हैं। उन्होंने हिमालय में एक केन्द्र का सूत्रपात किया है और वे बालकों को शिक्षा देते हैं। मैंने उनके जिम्मे अपना एक पत्र—'प्रबुद्ध भारत' दे दिया है, जिसकी एक प्रति मेज पर रखी हुई है। वहाँ पर वे लोग जनता को शिक्षा देते तथा उनके बीच कार्य करते हैं। मेरा एक केन्द्र कलकत्ता में है। स्वभावतः राजधानी से ही सारे आन्दोलन प्रारम्भ होते हैं, क्योंकि राजधानी ही तो राष्ट्र का हृदय है। सारा रक्त पहले हृदय में ही आता है और वहाँ से सब जगह वितरित होता है। अतः सारा धन, सारी विचारधाराएँ, सारी शिक्षा, सारी आध्यात्मिकता पहले राजधानी में ही पहुँचेगी और फिर वहाँ से सर्वत्र प्रसारित होगी।

मुझे यह बताते हर्ष होता है कि हमने प्रगल्भ रूप में प्रारम्भ कर दिया है। ठीक इसी तरह मैं नारियों के लिए भी आयोजना करना चाहता हूँ। मेरा सिद्धान्त है कि प्रत्येक अपनी सहायता आप करता है। मेरी सहायता तो दूर की सहायता है। भारतीय स्त्रियाँ

हैं, अंग्रेज स्त्रियाँ हैं और मुझे आशा है, अमेरिकी स्त्रियाँ भी इस कार्य को हाथ में लेने के लिए आगे आएँगी। उनके आरम्भ करते ही मैं अपना हाथ अलग कर लूँगा। नारी पर पुरुष क्यों शासन करे ? तथैव, पुरुष पर नारी क्यों शासन करे ? प्रत्येक स्वतंत्र है। यदि कोई बन्धन है, तो वह है प्रेम का। नारियाँ स्वयं अपने भाग्य का विधान कर लेंगी— पुरुष जो कुछ उनके लिए कर सकते हैं, उससे कहीं उत्तम रूप से। यह समस्या नारी के प्रति अनौचित्य, वह केवल इसलिए कि पुरुषों ने स्त्रियों के भाग्य-विधान का दायित्व ले लिया। और मैं ऐसी गलती के साथ प्रारम्भ नहीं करना चाहता, क्योंकि यही गलती फिर समय के साथ बड़ी होती जाएगी—इतनी बड़ी कि अन्ततोगत्वा उसके अनुपात को सँभाल सकना असम्भव हो जाएगा। अत: यदि स्त्रियों के कार्य में पुरुषों को लगाने की भूल मैंने की, तो स्त्रियाँ कभी भी उससे मुक्त न हो सकेंगी—वह एक रस्म ही बन जाएगी। पर मुझे एक बार अवसर मिला है। मैंने तुमको अपने गुरुदेव की धर्मपत्नी की बात बताई है। हमारी उन पर अटूट श्रद्धा है। वे कभी भी हम पर शासन नहीं करतीं। अत: यह मार्ग पूर्णत: सुरक्षित है।

कार्य के इस अंश को अभी सम्पन्न होना है।

(27 जनवरी, 1900 ई. को पँसाडेना के शेक्सपियर क्लब में दिया हुआ भाषण)

भारतीय नारी

स्वामी विवेकानन्द—उपस्थित सज्जनों में से कुछ लोग व्याख्यान के पूर्व हिन्दुओं के दर्शन के सम्बन्ध में कुछ प्रश्न पूछना चाहते हैं तथा व्याख्यान के पश्चात् भी भारतवर्ष के सम्बन्ध में साधारण प्रश्न करना चाहते हैं; किन्तु प्रधान कठिनाई यह है कि मैं यही नहीं जानता कि मुझे किस विषय पर व्याख्यान देना है। हिन्दुओं के दर्शन, अथवा उस जाति, उसके इतिहास या साहित्य से सम्बन्धित किसी भी विषय पर व्याख्यान देने में मुझे बड़ी प्रसन्नता होगी। यदि उपस्थित सज्जनों और महिलाओं में से कोई किसी विषय का निर्देश कर दे, तो मुझे विशेष प्रसन्नता होगी।

प्रश्नकर्ता—स्वामी जी, मैं आपसे पूछना चाहता हूँ कि अमेरिका के निवासियों को, जो अत्यन्त व्यवहारनिपुण हैं, आप हिन्दू दर्शन के किस विशेष सिद्धान्त को अपनाने का आदेश देंगे, और ईसाई धर्म की अपेक्षा वह सिद्धान्त हमारा क्या विशेष उपकार करेगा?

स्वामी विवेकानन्द—यह निर्णय करना मेरे लिए बड़ा कठिन है, यह आप लोगों पर ही निर्भर है। यदि आपको कुछ ऐसा मिले, जो आपको अपनाने योग्य लगे, जिससे आपका कुछ उपकार हो, तो आप उसे ही अपनाइए। आपको स्मरण रखना चाहिए कि मैं कोई मिशनरी नहीं हूँ और न अपने मत में लोगों को खींचने के लिए ही घूम रहा हूँ। मेरा मत है कि इस प्रकार के सभी विचार अच्छे और महान् हैं, इसलिए सम्भव है, आपके कतिपय विचार कुछ भारतीयों के लिए उपयुक्त हों और हमारे कुछ विचार यहाँ के कुछ लोगों के लिए। अतएव इन सब विचारों का सारे संसार में प्रचार होना आवश्यक है।

प्रश्नकर्ता—हम लोग आपके दर्शन का फलाफल जानना चाहते हैं; क्या आपके धर्म और दर्शन ने आप लोगों की स्त्रियों को हमारे देश की स्त्रियों से आगे बढ़ा दिया है?

स्वामी विवेकानन्द—आप स्वयं समझ सकते हैं कि यह एक जटिल प्रश्न है; मैं अपने यहाँ की स्त्रियों को चाहता हूँ, आपके यहाँ कि स्त्रियों को भी।

प्रश्नकर्ता—हाँ, क्या आप अपने यहाँ की स्त्रियों के रीति-रिवाज, उनकी शिक्षा और पारिवारिक जीवन में उनके स्थान के सम्बन्ध में कुछ बताएँगे?

स्वामी विवेकानन्द—हाँ, ठीक, ये सब बातें मैं आप लोगों से बड़ी प्रसन्नता से बताऊँगा। तो इस समय आप लोग भारतीय स्त्रियों के सम्बन्ध में कुछ जानना चाहते हैं; भारतीयों के दर्शन या अन्य बातों के सम्बन्ध में नहीं ?

स्वामी जी का भाषण

इस विषय को आरम्भ करने के साथ ही मुझे यह बतला देना चाहिए कि मैं ऐसे आश्रम का मनुष्य हूँ, जिसमें विवाह नहीं किया जाता, इसलिए स्त्रियों का प्रत्येक दृष्टिकोण से—माता, स्त्री, कन्या और बहन के रूप से—मेरा ज्ञान अन्य लोगों की तरह पूर्ण नहीं भी हो सकता। फिर, मुझे यह भी नहीं भूलना चाहिए कि भारतवर्ष एक विशाल महादेश है, केवल एक देश ही नहीं; और वहाँ विभिन्न मानव-वंश वास करते हैं। यूरोप के विभिन्न राष्ट्र भारतवर्ष के मानव-वंशों की अपेक्षा एक दूसरे के अधिक निकट और अधिक समान हैं। इस बात की मोटे तौर पर धारणा आप इसी से कर सकते हैं कि सारे भारतवर्ष में आठ विभिन्न भाषाएँ बोली जाती हैं। विभिन्न भाषाओं का—बोलियाँ नहीं—अपना साहित्य है। केवल हिन्दी ही दस करोड़ मनुष्य बोलते हैं और लगभग छह करोड़ लोग बंगला, इसी प्रकार और भी समझ लीजिए। इसके उपरान्त उत्तर भारत की चार भाषाएँ दक्षिण की चार भाषाओं से इतनी भिन्न हैं कि यूरोपीय देशों की भाषाएँ आपस में उतनी भिन्नता नहीं रखतीं। उनमें इतना अन्तर है, जितना आपकी भाषा और जापानी भाषा में है। इसलिए आपको सुनकर आश्चर्य होगा कि यदि हम दक्षिण भारत में जाएँ, तो जब तक हमें कोई ऐसे व्यक्ति न मिलें, जो संस्कृत जानते हों, तब तक हमें वहाँ के लोगों से अंग्रेजी में बातें करनी पड़ती हैं। इनके अतिरिक्त, इन विभिन्न मानव-वंशों के आचार, रीति-रिवाज, खान-पान, वेश-भूषा और विचारों में भी बहुत अन्तर है।

इसके बाद फिर जातियाँ हैं। प्रत्येक जाति मानो एक पृथक् प्रजाति बन गई है। यदि कोई बहुत दिनों तक भारतवर्ष में रहे, तो वह शक्ल देखकर बता सकता है कि अमुक व्यक्ति किस जाति का है। इन जातियों के भी आचार और रीति-रिवाजों में अन्तर है। ये सभी जातियाँ पृथक्-पृथक् रहती हैं, अर्थात् वे सामाजिक ढंग से आपस में मिलती-जुलती अवश्य हैं, पर आपस में खान-पान या विवाह नहीं करतीं। इन बातों में वे अलग रहती हैं। वे आपस में मिलेंगी-जुलेंगी और उनमें मैत्री भी रहेगी, पर बस, यहीं तक।

यद्यपि दूसरे लोगों की अपेक्षा मुझे, एक धर्म-प्रचारक के नाते, भारतीय स्त्रियों के बारे में जानने का साधारणतः अधिक अवसर प्राप्त होता है, फिर भी मेरे लिए यह कहना है कि मैं भारतवर्ष की स्त्रियों के सम्बन्ध में सब कुछ जानता हूँ, अतिशयोक्ति होगी। मेरी इस जानकारी का कारण यह है कि मैं बराबर एक स्थान से दूसरी जगह घूमा ही करता हूँ और समाज के हर श्रेणी के लोगों से मिलता-जुलता हूँ, यहाँ तक

कि उत्तर भारत की स्त्रियों से भी, जो पुरुषों के सामने नहीं आतीं, पर जो कहीं-कहीं धर्म के लिए इस नियम को तोड़कर हमारे सामने आती हैं, हमारे उपदेश सुनती हैं और हमसे बातें करती हैं।

अतएव मैं आप लोगों के सामने भारतीय स्त्रियों के आदर्श को रखने का प्रयत्न करूँगा। प्रत्येक राष्ट्र में पुरुष या स्त्री किसी एक आदर्श को व्यक्त करती है, जिसकी पूर्ति ज्ञात या अज्ञात भाव से होती रहती है। व्यक्तिविशेष अभिप्रेत आदर्श का बाह्य रूप मात्र है। ऐसे व्यक्तियों के समूह को राष्ट्र कहते हैं; और ऐसा राष्ट्र भी किसी महान् आदर्श का प्रतीक होता है, जिसकी ओर वह बढ़ता रहता है। इसलिए यह कहना बिलकुल ठीक है कि किसी राष्ट्र को समझने के लिए पहले उसके आदर्श को समझना आवश्यक है, कोई राष्ट्र अपना आदर्श छोड़कर किसी दूसरे आदर्श से जाँचा जाना स्वीकार नहीं करता।

सभी उन्नति, प्रगति, भलाई या अवनति सापेक्ष होती है। वह किसी आदर्श का निर्देश करती है, और प्रत्येक व्यक्ति की पूर्णता को समझने के लिए उसी आदर्श से उसे जाँचना होगा। ये बातें राष्ट्रविशेष में अधिक स्पष्ट होती हैं। जिसे एक राष्ट्र अच्छा समझता है, सम्भव है, उसे दूसरा अच्छा न समझे। चचेरे भाई-बहनों में विवाह इस देश में पूर्ण रूप से वैध है। किन्तु भारतवर्ष में यह केवल गैर-कानूनी ही नहीं, वरन् व्यभिचार-सदृश एक बहुत बड़ा अपराध समझा जाता है। विधवा-विवाह यहाँ सर्वथा न्यायसंगत है, किन्तु भारतवर्ष की उच्च श्रेणी की स्त्रियों के लिए दूसरी बार विवाह करना उनका सबसे बड़ा पतन है। अत: देखा आपने, विचारों की इतनी महान् विभिन्नता में रहने वाले हम लोगों को एक के आदर्श से दूसरे को जाँचना न तो उचित है और न सम्भव ही। इसलिए हमें पहले जान लेना चाहिए कि किस राष्ट्र ने किस आदर्श को अपने समक्ष रखा है। विभिन्न राष्ट्रों के सम्बन्ध में कुछ कहते समय, हम यह पहले ही मान लेते हैं कि सभी जातियों के लिए एक ही आदर्श और एक ही आचार है। जब हम दूसरों का विचार करने लगते हैं, तब हम मान लेते हैं कि जो हमारे लिए शुभ है, वह सबके लिए शुभ होगा; जो हम करते हैं, ठीक करते हैं; और जो कुछ हम नहीं करते, वह यदि दूसरे करते हैं, तो गलती करते हैं। इसे मैं आलोचना के ढंग से नहीं, वरन् सच्ची बात बताने के लिए कहता हूँ। जब पाश्चात्य स्त्रियाँ चीनी स्त्रियों को पैर बाँध रखने के लिए दोषी ठहराने लगती हैं, तो वे भूल जाती हैं कि उसकी अपेक्षा पाश्चात्य देश की अँगिया (corset) उनकी जाति का कहीं अधिक अनुपकार कर रही है। यह तो केवल एक उदाहरण है। आप समझते ही हैं कि पैर की बाढ़ को रोकना मनुष्य की शक्ल की लक्षांश भी उतनी हानि नहीं करता, जितनी हानि उस अँगिया द्वारा हुई और हो रही है—उससे शरीर के अवयव विकृत हो जाते हैं और रीढ़ साँप की तरह टेढ़ी हो जाती है। जब नाप-जोख होती है, तो उस टेढ़ेपन को आप अच्छी तरह देख सकते हैं। इसे मैं आलोचना के लिए नहीं कह रहा हूँ, वरन् आपको परिस्थिति

समझाने के लिए। आप लोग अपने को सबसे श्रेष्ठ समझते हुए दूसरी जाति की स्त्रियों के प्रति आश्चर्य प्रकट करते हैं; उसी प्रकार वे भी आपके आचार-व्यवहार, रीति-रिवाज को ग्रहण नहीं करतीं, क्योंकि वे भी आपको देखकर चकित रह जाती हैं।

अतएव दोनों ही ओर कुछ गलतफहमी हो गई है। एक सर्वसामान्य मंच, ज्ञान की एक सर्वसामान्य भूमि, एक सर्वसामान्य मानवता, हमारे कार्यों का आधार होनी चाहिए। हमें उस पूर्ण और समीचीन मानव-प्रकृति को ढूँढ़ निकालना चाहिए, जो केवल आंशिक रूप से इधर-उधर कार्य कर रही है। किसी व्यक्ति विशेष को प्रत्येक बात में पूर्ण होने का विधान नहीं है। आपका एक कर्तव्य है; और मेरा, अपने विनम्र ढंग से, कुछ दूसरा; हर एक व्यक्ति अपना-अपना अंश पूरा करता है। इन सब अंशों के एकीकरण से पूर्णता प्राप्त होती है। व्यक्तियों के लिए जो बात सत्य है, वही जातियों के लिए भी। प्रत्येक जाति का एक विशेष कर्तव्य है, उसे मानव-प्रकृति के एक पक्ष को उन्नत करना है; हमें इन सबको एकत्र करना होगा। और सम्भवत: सुदूर भविष्य में विभिन्न जातियों की आश्चर्यजनक जातीय पूर्णताओं का समन्वय होकर एक ऐसी अद्‌भुत नई जाति की उत्पत्ति होगी, जिसकी विश्व ने अभी तक कल्पना ही नहीं की है। यह कहने के अतिरिक्त मुझे किसी की कोई आलोचना नहीं करनी है। मैंने अपने जीवन में कोई थोड़ा भ्रमण नहीं किया; मैंने सदैव अपनी आँखें खुली रखी हैं; जितना ही अधिक मैं विभिन्न देशों से परिचित होता हूँ, उतनी ही मेरी बोली बन्द होती जाती है। मुझे कोई आलोचना नहीं करनी है।

भारत में स्त्री-जीवन के आदर्श का आरम्भ और अन्त मातृत्व में ही होता है। प्रत्येक हिन्दू के मन में 'स्त्री' शब्द के उच्चारण से मातृत्व का स्मरण हो जाता है, और हमारे यहाँ ईश्वर को माँ कहा जाता है। बाल्यावस्था में प्रत्येक हिन्दू बालक प्रतिदिन प्रात:काल एक कटोरी में जल भरकर अपनी माता के पास ले जाता है, माता उसमें अपने पैर का अँगूठा डुबा देती है और पुत्र उस जल का पान करता है।

पश्चिम में स्त्री पत्नी है। वहाँ पत्नी के रूप में ही स्त्रीत्व का भाव केन्द्रित है। किन्तु भारत में जनसाधारण समस्त स्त्रीत्व को मातृत्व में ही केन्द्रीभूत मानते हैं। पाश्चात्य देशों में गृह की स्वामिनी और शासिका पत्नी है, भारतीय गृहों में घर की स्वामिनी और शासिका माता है। पाश्चात्य गृह में यदि माता हो भी, तो उसे पत्नी के अधीन रहना पड़ता है, क्योंकि घर पत्नी का है। हमारे घरों में माता सदैव रहती और पत्नी अनिवार्यत: उसके अधीन होती है। आदर्शों की इस भिन्नता पर ध्यान दीजिए।

अब मैं चाहता हूँ कि आप इनकी तुलना कीजिए। मैं आपके समक्ष कुछ तथ्य उपस्थित करूँगा, जिससे आप स्वयं इन दोनों की तुलना कर सकें। यदि आप पूछें, "पत्नी के रूप में भारतीय स्त्री का क्या स्थान है ?" भारतीय पूछ सकता है, "माता के रूप में अमेरिकन स्त्री कहाँ है ? उस तपस्विनी एवं ओजस्विनी माता का, जिसने हमें जन्म दिया, तुमने क्या सम्मान किया है ? जिसने हमें अपने शरीर में नौ मास तक

वहन किया, वह माता क्या है ? जो हमारे जीवन के लिए यदि प्राणों की आहुति देने की आवश्यकता हो, तो बीस बार भी देने को उद्यत है, वह माता कहाँ है ? कहाँ है वह, जिसका प्रेम कभी नहीं मरता—मैं कितना ही दुष्ट और अधम क्यों न हो जाऊँ ? साधारण सी बात को लेकर तलाक के लिए न्यायालय का द्वार खटखटाने वाली तुम्हारी उस पत्नी के सामने उसका स्थान कहाँ ? हे अमेरिका की स्त्रियो, वह माता कहाँ है ?'' उसे मैं आपके देश में नहीं पा सकूँगा। मुझे यहाँ वह पुत्र दिखाई नहीं देता, जो कहता हो कि माता का पद प्रथम है। हमारे देश में तो कोई भी पुरुष यह कभी इच्छा नहीं करता कि उसकी मृत्यु के उपरान्त भी उसकी पत्नी और पुत्र उसकी माता का स्थान लें। हमारी माँ!—यदि हमारी मृत्यु उसके पहले हो, तो हम चाहते हैं कि मृत्यु के समय पुनः एक बार हमारा सिर उसकी गोद में हो। कहाँ है वह ? क्या 'स्त्री' संज्ञा केवल भौतिक शरीर मात्र को ही दी जाने के लिए है ? हिन्दू मन उन आदर्शों के प्रति सशंकित रहता है, जिनमें यह कहा जाता है कि मांस को मांस से ही संलग्न रहना चाहिए। नहीं, नहीं, देवि ! मांसलता से सम्बद्ध किसी भी वस्तु से तुम्हें संलग्न नहीं किया जाएगा। तुम्हारा नाम तो सदा ही पवित्रता का प्रतीक रहा है, विश्व में 'माँ' नाम से अधिक पवित्र और निर्मल दूसरा कौन-सा नाम है, जिसके पास वासना कभी फटक भी नहीं सकती ? यही भारत का आदर्श है।

मैं उस आश्रम का हूँ, जो बहुत कुछ आप लोगों के कैथोलिक चर्च के परिव्राजक साधुओं (Mendicant Friars of the Catholic Church) से मिलता-जुलता है; अर्थात् हमें बिना बहुत कुछ कपड़ा-लत्ता पहने इधर-उधर जाना पड़ता है; हम लोग दरवाजे दरवाजे भीख माँगते हैं और उसी से अपना गुजर करते हैं; आवश्यकता पड़ने पर लोगों को उपदेश देते हैं; जहाँ भी स्थान मिल जाता है, वहीं सो रहते हैं। हमें इसी प्रकार जीवन निर्वाह करना पड़ता है। नियम यह है कि इस आश्रम के सभी लोग प्रत्येक स्त्री को 'माँ' कहकर पुकारें। प्रत्येक स्त्री को ही क्यों, हमें तो छोटी लड़की को भी 'माँ' ही कहकर पुकारना पड़ता है; यही नियम है। पाश्चात्य देशों में आने पर भी वही संस्कार बना रहा। जब मैं स्त्रियों से कहता, 'हाँ, माता !' तो वे दहल उठतीं। पहले तो मैं नहीं समझ सका कि उनके इस प्रकार आश्चर्य प्रकट करने का क्या कारण है। बाद में मुझे इसका कारण मालूम हुआ। उस कथन का अर्थ होता है कि ये वृद्धा हैं। भारतवर्ष में स्त्रीत्व मातृत्व का ही बोधक है, मातृत्व में महानता, स्वार्थशून्यता, कष्ट-सहिष्णुता और क्षमा-शीलता का भाव निहित है। पत्नी तो छाया की तरह पीछे चलती है, उसे माता के जीवन का अनुकरण करना पड़ता है, यही उसका कर्तव्य है। किन्तु माता प्रेम का आदर्श होती है। वह परिवार का शासन करती है और उस पर अधिकार रखती है। भारतवर्ष में यदि बालक कोई अपराध करता है, तो पिता ही उसे मारता-पीटता है। माता सदा पिता और बालक में बीच-बचाव करती है। यहाँ पर ठीक उल्टा है। इस देश में बच्चों को मारना-पीटना माताओं का कर्तव्य हो गया है और पिता बीच-

बचाव करता है। आप समझ सकते हैं कि आदर्श की कितनी भिन्नता है। इसे मैं आलोचनात्मक ढंग से नहीं कहता। आप लोग जो करते हैं, अच्छा ही करते हैं; पर हम लोगों को जो सदा से सिखाया गया है, हमें तो उसी का अभ्यास है। कोई भी माता कभी अपने बच्चों को अभिशाप नहीं देती, वह सदा क्षमा ही करती रहती है। 'हमारे स्वर्गस्थ पिता' के बदले में हम सदा 'माता' ही कहते हैं। एक हिन्दू के लिए उस शब्द और भाव में अनन्त प्रेम भरा है। इस नश्वर संसार में ईश्वर के प्रेम के समीपतम माता का ही प्रेम है। "हे माता! दया करो, मैं तो कुपुत्र हूँ! माँ, कुपुत्र तो अनेक हुए हैं, किन्तु माता कुमाता कभी नहीं हुई।"—महान् साधु रामप्रसाद ने यही कहा है।

यह हिन्दू माता है। पुत्र की पत्नी घर में आती है, वह माता की दृष्टि में अपनी पुत्री के समान आती है और उसने उस पुत्री का स्थान ले लिया है, जो विवाहित होकर अपनी माता के घर से अन्यत्र चली गई है। उसे घर की सम्राज्ञी माता की आज्ञा के अनुसार चलना आवश्यक है। यद्यपि संन्यास-आश्रम में प्रवेश करने के कारण मेरे लिए विवाह करना निषिद्ध है, परन्तु फिर भी कल्पना कीजिए—यदि मैं विवाह कर सकता और यदि मेरी पत्नी मेरी माता को किसी कारण अप्रसन्न रखती, तो ऐसी पत्नी से मुझे बड़ी ग्लानि होती। क्यों ? क्या मैं अपनी माता की पूजा नहीं करता ? फिर पुत्रवधू माता की पूजा क्यों न करे ? मैं जिसकी आराधना करता हूँ, वह भी उसकी आराधना क्यों न करे ? उसे क्या अधिकार है कि मेरे सिर पर चढ़कर मेरी माता पर शासन करे ? उसको अपने स्त्रीत्व की निष्पत्ति होने तक प्रतीक्षा करनी होगी; और वह वस्तु, जो नारीत्व को पूर्ण करने के लिए तथा नारी को नारी बनाने के लिए अपेक्षित—मातृत्व है। मातृपद प्राप्त होने तक उसे अपेक्षा करनी चाहिए, तदुपरान्त उसे उस पद का अधिकार प्राप्त होगा। हिन्दू-संस्कृति के अनुसार स्त्री-जीवन का महान् उद्देश्य माता का गौरवमय पद प्राप्त करना ही है। किन्तु अरे, कितना अन्तर है! कितना अन्तर है! मेरे माता-पिता ने कितने दिनों तक भगवान् से प्रार्थना की थी और व्रत रखा था कि उन्हें एक सन्तान प्राप्त हो। भारत में माता-पिता प्रत्येक बालक के जन्म के लिए ईश्वर से प्रार्थना-याचना करते हैं। 'आर्य' की परिभाषा लिखते हुए हमारे स्मृतिकार मनु कहते हैं—वही सन्तान आर्य है, जो प्रार्थना के द्वारा जन्म लेती है; बिना प्रार्थना के उत्पन्न प्रत्येक सन्तान मानो अधर्म से उत्पन्न सन्तान है। प्रत्येक बच्चे के लिए माता-पिता को प्रार्थना करनी चाहिए। इस प्रकार की सन्तानों से इस संसार में अधिक क्या आशा की जा सकती है, जो अभिशापों के साथ जन्म लेती हैं, जो दुर्बलता के एक क्षण में, संसार में इसलिए सरक आते हैं कि उससे बचना सम्भव नहीं था ? अमेरिका की माताओ! इस पर जरा विचार कीजिए! हृदय के अन्तस्तल से जरा सोचिए, क्या आप सचमुच नारी होना चाहती हैं ? इसमें किसी जाति या किसी देश का प्रश्न नहीं—किसी प्रकार के राष्ट्रीय गौरव के मिथ्या गर्व का स्थान नहीं। इस क्षणभंगुर जीवन में, इस दुःख एवं सन्तापपूर्ण संसार में गर्व करने का साहस भला कौन कर सकता है ? ईश्वर

की अनन्त शक्तियों के समक्ष मानव कितना तुच्छ है! क्या आप अपनी सन्तान की प्राप्ति के लिए ईश्वर से हार्दिक प्रार्थना करती हैं ? क्या आप माता होने के लिए कृतज्ञ हैं ? क्या आप यह समझती हैं कि मातृत्व प्राप्त करके आप पावित्र्यपूर्ण गौरव को प्राप्त करती हैं ? आप अपना हृदय टटोलें और पूछें। यदि नहीं, तो आपका विवाह मिथ्या है, आपका नारीत्व मिथ्या है, और आपकी शिक्षा एक ढकोसला है, और यदि आपके बच्चे प्रार्थना के बिना जन्म लेते हैं, तो वे संसार के लिए अभिशाप सिद्ध होंगे।

अब आप आगे आनेवाले नारीत्व के भिन्न-भिन्न आदर्शों की तुलना करें। मातृत्व से आपका उत्तरदायित्व अत्यन्त महान् हो जाता है। इसी नींव से आरम्भ कीजिए। माता इतनी पूजनीय क्यों है ? क्योंकि हमारे शास्त्रों के अनुसार जन्म-पूर्व प्रभाव बालक को शुभ या अशुभ प्रवृत्तियुक्त बनाता है। आप सैकड़ों महाविद्यालयों में अध्ययन करें, लाखों ग्रन्थ पढ़ डालें, संसार के समस्त विद्वानों के संसर्ग का लाभ उठाएँ, किन्तु यदि आपने शुभ संस्कार लेकर जन्म लिया है, तो आप इन सबसे अच्छी रहेंगी। शुभ या अशुभ के निमित्त आप जन्म लेते हैं। शास्त्रों का मत है कि बालक जन्म से ही देव या असुर पैदा होता है। शिक्षा आदि का स्थान बाद में आता है—उनका प्रभाव नगण्य होता है। रहती आप वही हैं, जो जन्म से होती हैं। यदि आपको माता ने रोगी शरीर दिया है, तो कितने ही औषधि-भंडारों का थोक निगल डालिए, फिर भी क्या आप अपने को स्वस्थ रख सकती हैं ? क्या आप एक भी स्वस्थ पुरुष बता सकती हैं, जिसे रोगी, दुर्बल और विषैले रक्तवाले माता-पिता ने जन्म दिया हो ? कितने ? एक भी नहीं—एक भी नहीं! हम प्रचंड सुप्रवृत्ति या कुप्रवृत्ति के साथ जन्म लेते हैं, हम जन्मजात देव या असुर होते हैं। शिक्षा आदि का प्रभाव नगण्य ही होता है।

हमारे शास्त्र कहते हैं—बालक का जन्म होने के पूर्व के प्रभाव का निर्देशन करते रहो। माता की पूजा क्यों हो ? इसलिए कि उसने अपने को पवित्र बनाया। उसने अपने को मूर्तिमान पवित्रता जैसा पवित्र रखने के लिए अनेक कठोर तपश्चर्याएँ की हैं। स्मरण रखिए, भारत में कोई भी स्त्री अपने शरीर को किसी भी व्यक्ति को समर्पण नहीं कर देती, वह उसका अपना होता है। इंग्लैंड में एक सुधार के रूप में एक नया कानून बना है, जिसे वे 'दाम्पत्य अधिकारों का पुन:स्थापन,' कहते हैं, पर कोई भी भारतवासी इस अधिकार से लाभ उठाने के लिए राजी न होगा। अपने पति के साथ शारीरिक मिलन के अवसर पर कितनी प्रार्थनाएँ और व्रतों के द्वारा स्त्री ही परिवेश का नियंत्रण करती है! क्योंकि उसकी दृष्टि, जिससे बालक का जन्म होता है, वह स्वयं ईश्वर का ही पवित्रतम प्रतीक है। पति और पत्नी के मध्य ही यह प्रार्थना सर्वोच्च प्रार्थना है, क्योंकि इसी प्रार्थना से विश्व में उस नई आत्मा का प्रादुर्भाव होता है, जिसमें भले या बुरे संस्कारों की प्रचंड शक्ति विद्यमान रहती है। क्या यह केवल खेल है ? क्या यह केवल क्षणिक नाड़ीय परितुष्टि मात्र है ? क्या यह केवल पाशविक सुख प्राप्त करने का साधन मात्र है ? हिन्दू कहता है—नहीं, सहस्त्र बार नहीं!

साथ ही साथ एक दूसरी बात भी है। हमारे विचार का विषय था कि हमारा आदर्श माता के प्रति प्रेम होना चाहिए—उस माता के प्रति, जो त्याग, प्रेम और सहिष्णुता की प्रतिमूर्ति है। माता की पूजा का मूल स्रोत यही है। मुझे इस संसार में लाने के लिए उसे कितनी तपस्याएँ करनी पड़ीं, कितना आत्म-त्याग करना पड़ा, उसने मुझे जन्म देने के लिए, वर्षों अपने शरीर को, मन को, भोजन को, वस्त्रों को, यहाँ तक कि अपनी कल्पनाओं को शुद्ध और पवित्र रखा। यही कारण है कि हम उसे पूज्य मानते हैं। और इसीलिए मातृत्व के साथ पत्नीत्व सम्बद्ध है।

आप पाश्चात्य लोग व्यक्तिवादी हैं। आप कोई कार्य इसलिए करते हैं कि वह आपको प्रिय है। आपके मतानुसार, मैं यहाँ पर उपस्थित सब लोगों को धक्के मार सकता हूँ। क्यों ? इसलिए कि मुझे यह अच्छा लगता है। मैं इस स्त्री से क्यों विवाह करता हूँ ?—क्योंकि इससे मुझे प्रसन्नता होती है। क्यों ? इसलिए कि वह मुझे अच्छी लगती है। यह स्त्री मुझसे क्यों विवाह करती है ?—क्योंकि मैं उसे प्रिय हूँ। बस, बात खत्म। इस अनन्त विश्व में मैं और मेरी पत्नी, बस, ये ही दो प्राणी हैं; वह मुझसे विवाह करती है, और मैं उससे—इससे किसी का कुछ बिगड़ता नहीं, इसके लिए अन्य कोई उत्तरदायी नहीं। आपके जॉन और जेन्स जंगल में जाकर रह सकते हैं और मनमाना जीवन बिता सकते हैं; परन्तु जब उन्हें समाज में रहना होगा, तब उनके विवाह का समाज के जीवन पर अत्यन्त शुभ या अशुभ प्रभाव पड़ सकता है। सम्भव है, उनके बच्चे दानव बनें, सर्वत्र लूट-पाट करें, डाका डालें, आग लगाएँ, हत्या करें और मद्य-पान आदि नीच कर्मों में रत रहें।

तो फिर भारतीय समाज का आधार क्या है ? वह है जाति-नियम। मैं जाति के लिए पैदा हुआ हूँ, और जाति के लिए जीवित हूँ। यहाँ 'मैं' कहने से मेरा अभिप्राय मुझ स्वयं से नहीं है, क्योंकि संन्यास आश्रम में रहने के कारण मैं इस नियम के बाहर हूँ। मेरा अभिप्राय उन लोगों से है, जो समाज में रहते हैं। जाति में पैदा होने से सारा जीवन जाति के नियमानुसार बिताना होगा। दूसरे शब्दों में, आपके देश की वर्तमान भाषा में यह कहा जा सकता है कि पश्चिमी देशों में मनुष्य जन्मना व्यक्तिपरक होता है, और हिन्दू समाजपरक—नितान्त समाजपरक। अब शास्त्रों का कहना है, यदि हम तुम्हें उस स्त्री से विवाह करने की आज्ञा देते हैं, जिसे तुम पसन्द करते हो, और स्त्री को उस पुरुष से विवाह करने की, जिसे वह पसन्द करती है, तो इसका परिणाम क्या होता है ? तुम्हें तो प्रेम हो जाता है, किन्तु यदि उस स्त्री का पिता किसी मानसिक रोग या क्षय से पीड़ित हो, तब ? स्त्री उस पुरुष की शक्ल देखकर मुग्ध हो जाती है, जिसका पिता एक भयानक शराबी था। तब नियम क्या कहता है ? उसका कहना है कि ऐसी परिस्थिति में ये सभी विवाह अनियमित माने जाएँगे। शराबी, पागल और क्षयरोगी पुरुषों के बच्चों का विवाह नहीं किया जा सकेगा। लूले, लँगड़े, कुबड़े और पागलों का विवाह नहीं हो सकेगा—नहीं, कभी नहीं; यही शास्त्रों की आज्ञा है।

मुसलमान लोग अरब से आते हैं और अरब का कानून अपने साथ ले आते हैं; इसलिए अरब की मरुभूमि का कानून हम लोगों पर लाद दिया जाता है। अंग्रेज अपना कानून लेकर आते हैं और जहाँ तक सम्भव होता है, उसे हमारे ऊपर लादने की चेष्टा करते हैं। हम विजित हैं। वह कहता है कि मैं तुम्हारी बहन से कल विवाह करूँगा। ऐसी दशा में हम भला क्या कर सकते हैं? हम लोगों के कानून का कहना है कि जो लोग एक ही वंश में उत्पन्न हुए हैं, वे चाहे सौ पीढ़ी दूर क्यों न हों, उन्हें आपस में विवाह नहीं करना चाहिए, ऐसा विवाह अवैध है; क्योंकि इससे जाति क्षीण अथवा बाँझ हो जाएगी। ऐसा नहीं होने देना चाहिए, और बात यहीं खत्म हो जाती है। अतएव अपने विवाह में न तो मुझे कुछ बोलने का अधिकार है और न मेरी बहन को। जाति ही इन बातों का निर्णय करती है। हमारा विवाह कभी-कभी बाल्यावस्था में ही हो जाता है। क्यों? जाति का कहना है कि यदि बिना उनकी इच्छा के ही उन लोगों का विवाह करना है, तो बाल्यकाल में ही उनका विवाह हो जाना चाहिए, जब उन्हें किसी से प्रेम न हुआ हो। यदि वे लोग बड़े हो जाएँगे, तो बालक किसी दूसरी बालिका को पसन्द करेगा, और बालिका किसी दूसरे बालक से प्रेम कर सकती है। इससे कुछ न कुछ बुराई हो सकती है। इसलिए जाति का कहना है कि इसे यहीं रोक दो। मैं इस बात की चिन्ता नहीं करता कि मेरी बहन लूली-लँगड़ी है, देखने में सुन्दर है या कुरूप; वह मेरी बहन है, बस, इतना ही पर्याप्त है। वह मेरा भाई है, बस, मुझे इतनी ही जानकारी चाहिए। अतः वे परस्पर प्रेम करेंगे। आप कह सकते हैं, ''इस प्रकार तो उनका बहुत कुछ मजा जाता रहता है—किसी पुरुष का किसी स्त्री के और किसी स्त्री का किसी पुरुष के प्रेमपाश में आबद्ध होने की वह उत्कृष्ट प्रेमतरंग! इस प्रेम में तो कोई रस नहीं—भाई-बहन की तरह एक दूसरे को प्यार करना मानो उनका कर्तव्य है।'' यह चाहे जो हो, पर हिन्दू का कहना है कि हम लोग समाजपरक हैं। किसी एक पुरुष या स्त्री के सुखोन्माद के लिए हम दूसरे सैकड़ों लोगों पर यह दुःख-कष्ट का बोझ नहीं लादना चाहते।

उनका विवाह होता है। स्त्री अपने पति के साथ घर आती है। इसे 'गीता' कहते हैं। छोटी उम्र का विवाह पहला विवाह समझा जाता है, और वे पृथक् रूप से महिलाओं और अपने माता-पिता के साथ बड़ी होती हैं। जब वे बड़ी होती जाती हैं, तो एक दूसरा धार्मिक कृत्य होता है, जिसे 'गौना' कहते हैं। तब से वे साथ रहते हैं, पर पति के माता-पिता के साथ एक ही मकान में। जब वधू माता हो जाती है, तब वह भी अपने समय में घर की मालकिन बन जाती है।

इसके बाद दूसरा विचित्र भारतीय नियम आता है। मैं पहले आप लोगों को बता चुका हूँ कि प्रथम दो या तीन जातियों की विधवाओं को पुनर्विवाह करने की आज्ञा नहीं है। यदि उनकी इच्छा भी हो, तो भी वे ऐसा नहीं कर सकतीं। अवश्य यह बहुतों पर अत्याचार-जैसा है। सभी विधवाएँ इस नियम को पसन्द करती हों, ऐसा

तो नहीं कहा जा सकता; क्योंकि विवाह न करने से ब्रह्मचारिणियों की भाँति जीवन बिताना उनके लिए आवश्यक हो जाता है। ब्रह्मचारिणी को मछली-मांस नहीं खाना चाहिए, शराब नहीं पीनी चाहिए, रंगीन कपड़े नहीं पहनना चाहिए। इसी प्रकार के और भी बहुत से नियम हैं। हमारा साधुओं का देश है, सदा तपस्या करते रहते हैं, और यह हमें पसन्द भी है। अत: आपने देखा, एक स्त्री न तो शराब पीना पसन्द करती है और न माँस खाना। जब हम लोग विद्यार्थी थे, तो हम लोगों को यह अखरता था, पर लड़कियों को नहीं। हमारी स्त्रियाँ मांस खाने की बात को पतित होना मानती हैं। कुछ जातियों के पुरुष कभी-कभी मांस खा भी लेते हैं, किन्तु स्त्रियाँ नहीं। फिर भी पुनर्विवाह की आज्ञा न पाना अनेक स्त्रियों के लिए जुल्म हो सकता है। मुझे इसका विश्वास है।

किन्तु हमें इसके मूल तत्त्व की ओर ध्यान देना चाहिए। वे विशेष रूप से समाज-परक हैं। प्रत्येक देश के उच्च वर्णों में, जैसा आँकड़ों से पता चलता है, पुरुषों की अपेक्षा स्त्रियों की संख्या बहुत अधिक होती है। क्यों? इसलिए कि उच्च वर्णों में स्त्रियाँ पीढ़ी-दर-पीढ़ी सुख से जीवन व्यतीत करती हैं। उन्हें कुछ काम-धाम नहीं करना पड़ता, और शान-शौकत में तो सालोमन[1] को भी उनके सामने लज्जित होना पड़ता है। उनकी तो मानो 'बिल्लियों की तरह नौ जिन्दगियाँ' हैं—जैसा भारत में कहा जाता है। और बेचारे लड़के?—वे तो मक्खियों की मौत मरते हैं। हमें आँकड़ों से पता लगता है कि लड़कियाँ बहुत थोड़े समय में लड़कों से संख्या में आगे बढ़ जाती हैं। आज भले ही वैसा न हो, क्योंकि आजकल वे भी लड़कों की भाँति कठिन से कठिन काम कर रही हैं। उच्च वर्णों में लड़कियों की संख्या निम्न वर्णों की अपेक्षा बहुत अधिक है। निम्न वर्णों की परिस्थिति बिलकुल भिन्न है। वे सभी कठिन परिश्रम करते हैं, स्त्रियों को तो और भी कठिन परिश्रम करना पड़ता है, क्योंकि उन्हें घर के सब काम-काज भी करने पड़ते हैं। स्मरण रहे, मैं इस बात पर कभी ध्यान न देता, पर एक अमेरिकन यात्री मार्क ट्वेन भारत के सम्बन्ध में लिखते हैं—'पाश्चात्य देशीय आलोचकों ने हिन्दुओं के रीति-रिवाज के सम्बन्ध में चाहे जो कहा हो, किन्तु मैंने भारतवर्ष में कभी किसी स्त्री को बैल के साथ हल में जोते जाते या कुत्ते के साथ गाड़ी खींचते नहीं देखा, जैसा यूरोप के कुछ देशों में होता है। मैंने भारतवर्ष के खेतों में स्त्रियों को काम करते नहीं देखा। रेल में से देखने पर दोनों ओर साँवले, बिना कपड़ा पहने मनुष्य और लड़के खेतों में काम करते दिखाई पड़ते हैं, किन्तु एक भी स्त्री दिखाई नहीं पड़ती। मैंने दो घंटों में एक स्त्री को भी खेत में काम करते नहीं देखा। भारतवर्ष में सबसे निम्न जाति की स्त्रियाँ भी कोई कठिन काम नहीं करतीं। दूसरे देश की उसी परिस्थिति वाली स्त्रियों की अपेक्षा उन्हें कम काम करना पड़ता है। और खेत तो वे कभी जोतती ही नहीं।

1. Solomon—एक राजा का नाम।

अब समझा आपने! नीच जातियों में, स्त्रियों की अपेक्षा पुरुषों की संख्या बहुत अधिक है। अतएव आप स्वाभाविक रूप से क्या अनुमान करेंगे? यही कि पुरुषों की संख्या अधिक होने के कारण स्त्रियों को विवाह करने के अधिक अवसर मिलते हैं।

विधवाओं के विवाह न करने का जो प्रश्न है, उसके सम्बन्ध में कहना है : प्रथम दो वर्णों में स्त्रियों की संख्या पुरुषों की संख्या से बहुत अधिक है, इससे एक दुविधा उत्पन्न हो गई है। या तो विवाह न करने वाली विधवाओं की समस्या है अथवा पति न पाने वाली नवयुवतियों का प्रश्न है—विधवाओं की समस्या या वयस्क कुमारियों की समस्या! इन्हीं दोनों में से किसी एक पर विचार करना होगा। अब पुनः इस बात को स्मरण कीजिए कि भारतीयों का मन समाजपरक है। उनका कहना है कि हम विधवाओं की समस्या को गौण महत्त्व देते हैं। क्यों? 'इसलिए कि उन्हें अवसर दिया गया था, उनका विवाह कर दिया गया था। यदि उनका अवसर खो गया, फिर भी यह तो मानना ही पड़ेगा कि उन्हें एक अवसर तो मिला ही था। अत: बैठ जाइए, चुप होकर जरा इन बेचारी गरीब लड़कियों के बारे में विचार कीजिए, जिन्हें विवाह करने का एक भी अवसर न मिला।' मुझे स्मरण है, एक बार ऑक्सफोर्ड स्ट्रीट में, कोई दस बजे के बाद, जितनी स्त्रियाँ वहाँ आ रही थीं, उनमें हजारों बाजार कर रही थीं। उन्हें देखकर एक अमेरिकन पुरुष ने कहा, "हा ईश्वर! इनमें से कितनों को पति प्राप्त होगा, मैं नहीं जानता!" अतएव भारतीय मनीषियों ने विधवाओं के प्रति कहा, "तुम्हें तो अवसर दिया गया था, अब हमें इसका बहुत ही अधिक दु:ख है कि तुम्हारे ऊपर यह भयंकर वज्रपात हुआ, पर हम अब कुछ नहीं कर सकते; क्योंकि दूसरी कुमारियाँ प्रतीक्षा कर रही हैं।"

अब देखें, धर्म इस पर क्या कहता है। हिन्दू धर्म सान्त्वना लेकर आता है। आप एक बात स्मरण रखें, हमारा धर्म शिक्षा देता है कि विवाह बुरी चीज है और वह कमजोरों के लिए है। यथार्थ धार्मिक स्त्री या पुरुष तो कभी विवाह ही नहीं करेगा। धार्मिक स्त्री कहती है, "परमात्मा ने मुझे अधिक अच्छा अवसर दिया है। अत: मुझे अब विवाह करने की क्या जरूरत है? मैं बस, ईश्वर की पूजा-अर्चना करूँ, किसी पुरुष से प्रेम करने की क्या जरूरत?" अवश्य उनमें से सभी ईश्वर पर ध्यान नहीं लगा सकतीं। कुछ के लिए तो यह सर्वथा असम्भव होता है और इसलिए उन्हें कष्ट होता है। किन्तु दूसरी बेचारियों को—कुमारियों को तो उनके लिए कष्ट नहीं होना चाहिए। यही भारतीयों का भाव है। पर इसका निर्णय मैं आप लोगों के ऊपर छोड़ देता हूँ।

इसके बाद हम स्त्री को एक पुत्री के रूप में लेंगे। भारतीय घरों में कन्या एक समस्या है। कन्या और जाति-विभाग मिलकर बेचारे हिन्दू को पीस डालते हैं; क्योंकि कन्या का विवाह अपनी ही जाति में या यों कहिए, अपनी ही जाति के अन्तर्गत एक ही उपजाति में होना चाहिए। और इसीलिए लड़की का विवाह करने के लिए कभी-कभी तो पिता को भिखारी बन जाना पड़ता है। वर का पिता अपने पुत्र के लिए बहुत

अधिक मूल्य माँगता है। इसलिए कन्या के पिता को कभी-कभी अपना सब कुछ बेचकर अपनी कन्या का विवाह करना पड़ता है। यही कारण है कि कन्या हिन्दू-जीवन की एक बड़ी समस्या है। आश्चर्य की बात तो यह है कि प्राचीन काल में कन्या को 'दुहिता' कहते हैं। इस शब्द की मूल उत्पत्ति इस प्रकार है कि प्राचीन काल में कन्याएँ ही गाएँ दुहा करती थीं। इसलिए 'दुह्' क्रिया से 'दुहिता' संज्ञा बन गई। अतएव दूध दुहनेवाली को 'दुहिता' कहते हैं। इसके पश्चात् इन लोगों ने 'दुहिता' का नवीन अर्थ लगाया—जो घर का सारा दूध दुह ले जाती है, उसे दुहिता कहते हैं। यही दुहिता का दूसरा अर्थ है।

समाज में भारतीय स्त्रियों के ये ही विभिन्न सम्बन्ध हैं। जैसा मैंने आप लोगों से बताया है, माता का स्थान सबसे उच्च है, दूसरा स्थान पत्नी का है, उसके बाद कन्या का स्थान आता है। यह कोटिक्रम बहुत ही दुर्बोध और पेचीदा है। इसे कोई विदेशी समझ ही नहीं सकता, चाहे वह वर्षों तक वहाँ क्यों न रहे। उदाहरणार्थ, हमारे यहाँ सम्बोधनवाचक सर्वनाम के तीन रूप होते हैं। इनमें से एक (आप) सबसे अधिक सम्मानसूचक है, दूसरा (तुम) मध्यम श्रेणी का, और सबसे नीची श्रेणी का (तू और तेरा) आप लोगों के thou और thee की तरह का है। बच्चों और नौकरों के लिए तीसरे का प्रयोग होता है और बराबरी वालों के लिए मध्यम का। इन सबका प्रयोग जीवन के सभी जटिल सम्बन्धों में करना पड़ता है। उदाहरणार्थ, मैंने अपने सारे जीवन में अपनी बड़ी बहन के लिए 'आप' का प्रयोग किया है, किन्तु वह मेरे लिए 'आप' का प्रयोग नहीं करती, वह मुझे 'तुम' कहती है। उसे भूलकर भी मेरे लिए 'आप' का प्रयोग नहीं करना चाहिए, क्योंकि उससे मेरा अकल्याण होगा। बड़ों के प्रति प्रेम का प्रकाश उसी प्रकार की भाषा में होना चाहिए। यही रिवाज है। इसी प्रकार मैं भी, माता-पिता तो क्या, बड़े भाई और बहन के लिए भी 'तू' या 'तुम' का प्रयोग नहीं कर सकता। अपने माता-पिता का नाम लेकर तो हम लोग कभी पुकार ही नहीं सकते। इस देश का रीति-रिवाज जानने के पूर्व, एक बार जब एक अत्यन्त सुसंस्कृत परिवार के लड़के ने अपनी माता का नाम लेकर पुकारा, तो मेरे हृदय पर बड़ा धक्का लगा। फिर मुझे इसका अभ्यास हो गया। यह इस देश का रिवाज है। किन्तु हम लोग अपने माता-पिता का नाम उनके सामने नहीं ले सकते। उनके सम्मुख भी हम उन्हें अन्य पुरुष बहुवचन में ही व्यक्त करते हैं।

अब आप समझ सकते हैं कि हमारे स्त्री-पुरुषों का सामाजिक जीवन और सम्बन्ध का तारतम्य किस प्रकार जाल के समान जटिल है। हम अपने बड़ों के सामने अपनी पत्नी से बात नहीं कर सकते; केवल अपने से छोटों के सामने या अकेले में ही हम उससे बातें कर सकते हैं। यदि मेरा विवाह हुआ होता, तो मैं अपनी पत्नी से अपने छोटे भाई, भतीजे और भानजी के सामने बात कर सकता, किन्तु अपनी बड़ी बहन, माता और पिता के सामने नहीं। मैं अपनी बहनों से उनके पति के सम्बन्ध में कोई

बात नहीं कर सकता। बात यह है कि हिन्दू धर्म के अनुसार समाज-संस्था का अन्तिम आदर्श संन्यास ही है। इस सर्वोच्च एवं पवित्रतम आदर्श की तुलना में विवाह एक निम्न कोटि की चीज है, यद्यपि सापेक्षिक दृष्टि से सर्वोच्च आदर्श की ओर ले जानेवाला वह एक सोपानस्वरूप है। इसीलिए कुटुम्ब में दाम्पत्य-प्रेम सम्बन्धी बातें करना निषिद्ध माना गया है। मैं अपनी बहन, अपने भाई, अपनी माता या दूसरों के सामने उपन्यास नहीं पढ़ सकता, मुझे पुस्तक बन्द कर देनी पड़ती है।

खाने-पीने के सम्बन्ध में भी यही बात है। हम लोग बड़ों के सामने नहीं खा सकते। हमारी स्त्रियाँ तो पुरुषों के सामने कभी भोजन नहीं करतीं! हाँ, अपने से छोटों या बच्चों के सामने खा सकती हैं। स्त्री भूखी रहना पसन्द करेगी, पर अपने पति के सामने कभी भोजन नहीं करेगी। कभी-कभी भाई और बहन एक साथ खा सकते हैं। यदि मैं और मेरी बहन खाते हों, और उसका पति दरवाजे पर आ जाए, तो वह खाना बन्द कर देगी, और पति बेचारा भाग जाएगा।

हमारे देश के ये विचित्र रीति-रिवाज हैं। इनमें से कुछ तो मैंने दूसरे देशों में भी पाए हैं। अपना विवाह न करने के कारण पत्नी सम्बन्धी मेरा ज्ञान अपर्याप्त है, पर माता और बहनों के सम्बन्ध में मैं भली-भाँति जानता हूँ। दूसरे लोगों की पत्नियों को देखकर ही मैंने आप लोगों की पत्नी के सम्बन्ध में ये सब बातें बताई हैं।

शिक्षा और संस्कृति की बात पुरुषों पर अवलम्बित है। अर्थात् जहाँ के पुरुष शिक्षित और सुसंस्कृत हैं, वहाँ की स्त्रियाँ भी शिक्षिता और सभ्य हैं; जहाँ पुरुष सभ्य और शिक्षित नहीं, वहाँ स्त्रियाँ भी वैसी ही हैं। आप लोग जानते हैं कि पुराने जमाने से, हिन्दुओं के प्राचीन रीति-रिवाज के अनुसार, प्राथमिक शिक्षा ग्राम-पंचायत के अधीन है। अति प्राचीन काल से सारी भूमि राष्ट्र या राजा की समझी जाती है। भूमि पर व्यक्तिविशेष का कोई अधिकार नहीं होता। भारत में सारा राजस्व भूमि के लगान से ही आता है; क्योंकि प्रत्येक व्यक्ति सरकार से ही भूमि पाता है। यह भूमि पाँच, दस, बीस या सौ परिवारों की साधारण सम्पत्ति के रूप में रहती है। वे ही भूमि की सारी व्यवस्था करते हैं, सरकार को मालगुजारी देते हैं, बीमारों की चिकित्सा के लिए एक वैद्य और बालक-बालिकाओं की शिक्षा के लिए एक शिक्षक का प्रबन्ध करते हैं, आदि, आदि।

आप लोगों में से जिन्होंने हर्बर्ट स्पेन्सर की किताबें पढ़ी हैं, उनको याद होगा कि उन्होंने शिक्षा की एक 'मठ-प्रथा' (Monastery System) का उल्लेख किया है, जिसका यूरोप में प्रचार किया गया और जो कुछ भागों में सफल भी हुई। इस प्रथा के अनुसार गाँववाले एक शिक्षक को रखते हैं। ये प्राथमिक पाठशालाएँ नितान्त प्रारम्भिक होती हैं, क्योंकि हमारी प्रणाली बहुत सरल है। प्रत्येक लड़का एक छोटा-सा आसन लाता है और लिखने के लिए उसका पहला कागज होता है ताड़ का पत्ता। पहले ताड़ के पत्ते पर इसलिए लिखता है कि कागज महँगा पड़ता है। अपना आसन

बिछाकर प्रत्येक लड़का बैठ जाता है और अपनी दावात और किताबें निकालकर लिखना आरम्भ कर देता है। थोड़ा अंकगणित, थोड़ा संस्कृत व्याकरण, थोड़ी भाषा और थोड़ा बहीखाता, बस, इतना ही प्राइमरी स्कूल में पढ़ाया जाता है।

एक वयोवृद्ध अध्यापक द्वारा पढ़ाई गई एक सदाचार की पुस्तक में से हमें एक पाठ कंठस्थ कराया गया था, जो मुझे आज तक स्मरण है—

'गाँव की भलाई के लिए मनुष्य अपने कुल को छोड़ दे।
देश की भलाई के लिए मनुष्य अपने गाँव को छोड़ दे।
मानव-समाज की भलाई के लिए मनुष्य अपने देश को छोड़ दे।
विश्व की भलाई के लिए मनुष्य अपना सर्बस्व छोड़ दे।'

पुस्तक में इसी प्रकार के भाव व्यक्त करने वाले पद्य हैं। इसे हम लोग कंठस्थ करते हैं और अध्यापक इसे विद्यार्थियों को समझा देते हैं। इन बातों को बालक और बालिकाएँ एक साथ ही सीखते हैं। इसके बाद शिक्षा में अन्तर पड़ जाता है। पुराने संस्कृत विश्वविद्यालयों में केवल बालक ही पढ़ते थे। बालिकाएँ विश्वविद्यालयों में पढ़ने के लिए बहुत कम जाती थीं; पर कुछ अपवाद अवश्य हैं।

आजकल यूरोपीय ढंग पर उच्च शिक्षा देने की ओर लोगों का विशेष ध्यान है। स्त्रियों को भी यह उच्च शिक्षा देने के पक्ष में अधिक लोगों की सम्मति है। हाँ, भारत में कुछ ऐसे भी लोग हैं, जो यह पसन्द नहीं करते; पर प्रबल सम्मति स्त्री-शिक्षा के पक्षपातियों की ही है। यह आश्चर्य की बात है कि ऑक्सफोर्ड और केम्ब्रिज विश्वविद्यालयों के दरवाजे स्त्रियों के लिए आज भी बन्द हैं। यही हालत हार्वर्ड और येल के विश्वविद्यालयों की भी है; पर कलकत्ता विश्वविद्यालय ने बीस वर्ष पूर्व ही स्त्रियों के लिए अपना द्वार खोल दिया था। मुझे स्मरण है, जिस साल मैं बी.ए. में उत्तीर्ण हुआ, उस साल कई लड़कियाँ भी बी.ए. में उत्तीर्ण हुई थीं। उन लोगों की पाठ्य पुस्तकें और अन्यान्य विषय लड़कों के ही समान थे, फिर भी बहुत सी लड़कियाँ बड़ी सफलतापूर्वक उत्तीर्ण हुईं। हमारे धर्म में तो स्त्रियों को शिक्षा देने का निषेध है ही नहीं। लड़कियों को इसी प्रकार पढ़ाना चाहिए, उन्हें इसी प्रकार शिक्षा देनी चाहिए और पुराने ग्रन्थों में तो हमें यह भी लिखा मिलता है कि विद्यापीठों में लड़के-लड़कियाँ दोनों ही जाते थे। पर बाद में सारे राष्ट्र की ही शिक्षा उपेक्षित हो गई। विदेशियों के राज्य में भला क्या आशा की जा सकती है ? विदेशी विजयी वहाँ हमारी भलाई करने के लिए नहीं हैं; वह तो अपना रुपया चाहता है। मैंने बड़ी मेहनत से बारह वर्ष अध्ययन किया और कलकत्ता विश्वविद्यालय से बी.ए. पास किया; फिर भी मैं अपने देश में मुश्किल से मासिक पाँच डॉलर पैदा कर सकता हूँ। शायद आपको इसमें विश्वास न हो; पर यह सत्य है। विदेशियों की ये शिक्षा-संस्थाएँ तो थोड़े मूल्य पर उपयोगी गुलाम पैदा करने के कारखाने हैं; अर्थात कारखानों से मुंशी, डाकबाबू, तारबाबू आदि पैदा होते हैं। बस, केवल यहीं तक—इससे अधिक नहीं।

फलस्वरूप, लड़के और लड़कियाँ, दोनों ही की शिक्षा की उपेक्षा हो रही है। उस देश (भारत) में बहुत से कार्य करने के हैं। आप लोग मुझे क्षमा करेंगे, मैं आप लोगों की ही एक कहावत द्वारा आप लोगों को स्मरण करा देना चाहता हूँ कि what is sauce for the goose is sauce for the gander— 'जो हंसिनी के लिए सुखाद्य है, वही हंस के लिए भी है।' विदेश की महिलाएँ हिन्दू स्त्रियों पर किए गए अत्याचारों के प्रति दुःख प्रदर्शित करती हैं, पर वे हिन्दू पुरुषों पर किए गए अत्याचारों को कभी नहीं देखतीं। वे केवल बालिकाओं के लिए आँसू बहाती हैं, पर बालिकाओं के साथ विवाह करते कौन हैं? किसी व्यक्ति से जब यह कहा गया कि हिन्दू बालिकाओं का विवाह बूढ़ों से किया जाता है, तो उसने पूछा, "तब नवयुवक क्या करते हैं? सब लड़कियाँ केवल बूढ़ों से ही ब्याही जाती हैं, यह कैसी बात है!" हम आजन्म वृद्ध हैं—वहाँ के शायद सभी पुरुष।

भारत का आदर्श है—आत्मा की मुक्ति। यह संसार असार है। यह केवल एक कल्पना है। एक स्वप्न है। यह जीवन ऐसे कई लाख जीवनों में से एक है। यह सारा विश्वब्रह्मांड केवल माया है, मरीचिका है, मरीचिकाओं के कोड़ों का घर है। यही हमारा दर्शन है। बच्चे जीवन को देखकर प्रसन्न होते हैं और समझते हैं कि यह बड़ा सुन्दर और अच्छा है, किन्तु कुछ ही वर्षों बाद उनका वह सुख का स्वप्न टूट जाता है। उन्होंने जीवन का आरम्भ किया था रोते हुए, और रोते ही हुए वे जीवन को छोड़ेंगे भी। राष्ट्र अपनी जवानी के जोश में समझते हैं कि हम सब कुछ कर सकते हैं—'हम पृथ्वी के देवता हैं, हमें ही ईश्वर ने चुना है।' वे सोचते हैं कि परमात्मा ने उन्हें संसार पर शासन करने, परमात्मा के कार्यों को आगे बढ़ाने, जो मन चाहे करने तथा दुनिया को उलट तक देने का अधिकार दिया है—लूटने, मारने और कत्ल करने की उन्हें छुट्टी दे दी है। वस्तुतः वे ऐसा इसलिए सोचते हैं कि वे केवल नासमझ बच्चे हैं। कितने साम्राज्य पर साम्राज्य उठे, चमके और महिमान्वित हुए, और बाद में कहाँ विलीन हो गए, कौन जानता है? सम्भवतः वे ध्वंस का एक विराट् स्तूप मात्र रह गए हों।

नलिनीदलगतजलमतितरलम्
तद्वज्जीवनमतिशयचपलम्।

—'कमल के पत्ते पर पड़ी हुई पानी की बूँद इतस्ततः डोलती हुई एक क्षण में जैसे गिर जाती है, बस, वही हाल इस मृत्युशील जीवन का भी है।'[1] जिस ओर हम घूमते हैं, नाश ही दिखाई पड़ता है। जहाँ आज जंगल है, वहाँ किसी जमाने में अनेक नगरों से पूर्ण कोई साम्राज्य रहा होगा। भारतीयों के प्रधान भाव, विचार आदि इसी प्रकार के होते हैं। हम जानते हैं कि आप पाश्चात्यों की नसों में नौजवानी का खून दौड़ रहा है। हम जानते हैं कि मनुष्यों की भाँति राष्ट्रों का भी समय होता है। इस समय यूनान कहाँ? रोम कहाँ? कल के शक्तिशाली स्पेनवाले आज कहाँ? इन सबको देखते

1. शंकराचार्य मोहमुद्गर।

हुए, कौन जानता है, भारत का क्या होगा ? इस प्रकार राष्ट्र जन्म लेते हैं और मर जाते हैं; ऊपर उठते हैं और फिर नीचे गिर पड़ते हैं। हिन्दू बचपन से ही उस आक्रमणकारी मंगोल से परिचित हैं, जिसकी सेना को पृथ्वी की कोई शक्ति नहीं रोक सकी और जिसने आपकी भाषा में भयंकर 'Tartar' (तातार) शब्द का निर्माण किया। हिन्दुओं ने अपना पाठ पढ़ लिया है। वे आजकल के बच्चों की तरह बकना नहीं चाहते। पश्चिमदेशीय लोगो! तुम्हारी जो इच्छा हो, कह डालो—अभी यह तुम्हारा समय है। बच्चो! जितना बकना हो, बक लो—यही हिन्दुओं का दृष्टिकोण है।

भगवान् लम्बी-चौड़ी बातों द्वारा नहीं मिलता। बौद्धिक शक्ति द्वारा भी वह नहीं मिलता। विजेता की अतुल शक्ति द्वारा भी वह नहीं प्राप्त होता। पर जो व्यक्ति विश्व के मूल रहस्य को जानता है और यह समझता है कि उन परमात्मा के अतिरिक्त अन्य सभी कुछ नाशवान है, केवल उसी के पास परमात्मा प्रकट होता है, दूसरों के पास नहीं। भारत ने कई युगों की अनुभूति से अपना पाठ सीखा है। उसने परमात्मा की ओर अपनी दृष्टि फेरी है। अवश्य उसने बहुत सी गलतियाँ की हैं, कूड़ों का ढेर उस जाति पर लदा है। पर कोई बात नहीं, उससे क्या ? कूड़ा-कर्कट और नगरों को साफ करने से भला क्या मिलेगा ? क्या इससे जीवन मिलता है ? जिन जातियों में अच्छी अच्छी संस्थाएँ हैं, वे भी तो मर जाती हैं। फिर पाँच दिनों में बननेवाली और छठवें दिन टूट जानेवाली इन दिखावटी पश्चिमी संस्थाओं की भला क्या बिसात! इन मुट्ठी भर राष्ट्रों में से एक भी तो दो शताब्दियों तक जीवित नहीं रह सकता। किन्तु हमारी जाति की संस्थाएँ युगों की कसौटी पर खरी उतरी हैं। हिन्दुओं का कहना है—"हाँ, हमने पृथ्वी के समस्त पुराने राष्ट्रों को दफना दिया है और सभी नए राष्ट्रों को भी दफना देने के लिए यहाँ खड़े हैं; क्योंकि हमारा लक्ष्य यह जगत् नहीं, वरन् जगदतीत है। जैसा आपका आदर्श है, आप वैसे ही हो जाएँगे। यदि आपका आदर्श अनित्य है, पार्थिव है, तो आप वैसे ही हो जाएँगे। यदि आपका आदर्श जड़ है, तो आप भी जड़ ही हो जाएँगे। स्मरण रहे, हमारा आदर्श है परमात्मा। एकमात्र वही अविनाशी है—अन्य किसी का अस्तित्व नहीं है, और उन परमात्मा की भाँति हम भी सदा जीवित रहेंगे।"

(पँसाडेना, कैलिफोर्निया के शेक्सपियर क्लब हाउस में 18 जनवरी, 1900 को दिया हुआ भाषण)

समालाप

भारत और इंग्लैंड

'लन्दन सीजन' में, स्वामी विवेकानन्द उन बहुसंख्यक लोगों को शिक्षण और भाषण देते रहे हैं, जो उनके सिद्धान्त और दार्शनिक दृष्टिकोण के प्रति आकृष्ट हुए हैं। अधिकतर अंग्रेज समझते हैं कि फ्रांस द्वारा किए जाने वाले थोड़े से काम को छोड़कर, मिशनरी कार्य पर इंग्लैंड का लगभग एकच्छत्र एकाधिकार है। इसलिए मैं स्वामी जी से उनके अस्थायी निवास स्थान साउथ बेलग्रेविया में यह जानने के लिए मिला कि भारत उन प्रतिवादों के अतिरिक्त, जो वह गृह-खर्च, शासन और न्याय के अधिकारों के एक ही व्यक्ति में निष्ठ होने, सूडान और दूसरी चढ़ाइयों पर होनेवाले व्यय के निपटारे से सम्बन्धित विषयों पर अक्सर भेजता रहता है, क्या सम्भवतया इंग्लैंड को कोई दूसरा सन्देश भी भेज सकता है।

स्वामी जी ने शान्त भाव से कहा, ''यह कोई नई बात नहीं है कि भारत बाहर धर्म-प्रचारक भेजे। वह सम्राट अशोक के समय में यह काम किया करता था, उन दिनों जब बौद्ध धर्म नया था और उसके पास आसपास के राष्ट्रों को सिखाने के लिए कोई बात थी।''

''तो क्या हम यह पूछ सकते हैं कि उसने यह काम बन्द क्यों कर दिया था और उसे अब फिर आरम्भ क्यों किया है ?''

''यह बन्द इसलिए हो गया था कि वहाँ स्वार्थ बढ़ गया था और यह सिद्धान्त भुला दिया गया था कि राष्ट्र और व्यक्ति समान रूप से आपस में लेन-देन के द्वारा ही कायम रहते हैं और उन्नति करते हैं। संसार के प्रति उसका सन्देश सदा एक ही रहा है। वह आध्यात्मिक है : अन्तर्मुखी विचारों का क्षेत्र युगों से उसका रहा है; अमूर्त विज्ञान, तत्त्वमीमांसा, न्याय उसके अपने विशेष क्षेत्र हैं। वास्तव में इंग्लैंड के प्रति मेरा सन्देश भारत के प्रति इंग्लैंड के सन्देश से उत्पन्न हुआ है। विजय करना, शासन करना, अपने और हमारे लाभ के लिए भौतिक विज्ञान के अपने ज्ञान का उपयोग करना, उसका काम रहा है। संसार के प्रति भारत की देन को संक्षेप में कहने का प्रयत्न करते हुए मुझे एक संस्कृत और एक अंग्रेजी मुहावरे की याद आती है। जब मनुष्य मरता है, तो आप कहते हैं कि 'उसने आत्मा त्याग दी है', जबकि हम कहते हैं कि 'उसने शरीर त्याग दिया है।' इसी प्रकार जब आप यह कहते हैं कि 'शरीर में एक आत्मा

होती है', तो यह इस बात का केवल संकेत ही नहीं देता, वरन् आपके इस दृष्टिकोण को स्पष्ट दर्शाता है कि शरीर मनुष्य का प्रमुख भाग है। जबकि हम कहते हैं कि मनुष्य आत्मा है और उसके एक शरीर होता है। ये सतह के ऊपर की नन्ही लहरियाँ हैं, फिर भी ये आपके राष्ट्रीय विचारधारा को दर्शाती हैं। मैं आपको याद दिलाना चाहूँगा कि शापेनहॉवर ने यह भविष्यवाणी की है कि जब भारतीय दर्शन यूरोप में सुपरिचित हो जाएगा, तो उसका प्रभाव यहाँ उतना ही गहरा पड़ेगा, जितना कि अन्ध युग के अन्त में यूनानी और लेटिन ज्ञान के पुनर्जीवन का पड़ा था। प्राच्य अन्वेषणों में बड़ी प्रगति हो रही है। विचारों का एक नया संसार सत्य के अन्वेषी के सामने खुल रहा है।''

''और भारत अन्त में अपने विजेताओं पर विजयी होगा?''

''हाँ विचारों के क्षेत्र में। इंग्लैंड के पास हथियार है, सांसारिक समृद्धि है, वैसे ही जैसे उससे पहले हमारे मुसलमान विजेताओं के पास थी। फिर भी महान् अकबर व्यावहारिक रूप में हिन्दू हो गया था, शिक्षित मुसलमानों, सूफियों को हिन्दुओं से अलग कर पाना बहुत कठिन है। वे गोमांस नहीं खाते और दूसरी बातों में भी उनका रहन-सहन हमारे समान है। हमारे विचार उनके विचारों में रम गए हैं।''

''तो आप साहब बहादुर के भविष्य को इस रूप में देखते हैं? पर अभी, इस क्षण तो वह बहुत दूर जान पड़ता है।''

''नहीं, वह इतना दूर नहीं है, जितना कि आप समझते हैं। धार्मिक विचारों के क्षेत्र में हिन्दू और अंग्रेज में बहुत सी बातें एक सी हैं; और दूसरे धार्मिक समाजों के बीच में भी इसी बात के प्रमाण उपस्थित हैं। जहाँ अंग्रेज शासक अथवा सिविल सर्वेंट को भारत के साहित्य, विशेषतया उसके दर्शन का ज्ञान है, वहाँ एक संवेदन का क्षेत्र है, ऐसा क्षेत्र, जो निरन्तर बढ़ता जा रहा है। यह कहना अत्युक्ति नहीं है कि विलगाव का—कभी-कभी अवहेलना का भी—जो रुख कुछ लोगों द्वारा अपनाया जाता है, उसका एकमात्र कारण अज्ञान है।''

''हाँ, यह कुछ मूर्खता है। क्या आप बताएँगे कि आप अपने सन्देश के लिए इंग्लैंड आने के बजाय अमेरिका क्यों गए?''

''केवल संयोगवश—इसलिए कि विश्व-धर्म-महासभा लन्दन में होने के बजाय, जहाँ कि उसे होना चाहिए था, विश्व-मेले के अवसर पर शिकागो में की गई। मैसूर के राजा और दूसरे मित्रों ने मुझे हिन्दू प्रतिनिधि के रूप में अमेरिका भेजा। मैं वहाँ, पिछली गर्मी और इस गर्मी में भाषण देने के लिए लन्दन आने के अतिरिक्त, तीन वर्ष ठहरा। अमेरिकन एक महान् जाति है, उनका भविष्य उज्ज्वल है। मैं उनका बड़ा प्रशंसक हूँ, और मैंने उनमें बहुत से दयालु मित्र पाए हैं। अंग्रेजों की तुलना में उनमें पूर्वाग्रह कम है, वे किसी नए विचार को परखने और तौलने के लिए, उसके नए होने पर भी उसे मान देने के लिए अधिक तैयार हैं। वे अत्यधिक अतिथि-सत्कारी भी हैं; वहाँ मानो किसी को परिचित होने में बहुत कम समय लगता है। मैंने जैसा किया था,

आप भी वैसा अमेरिका में नगर से नगर भाषण देते हुए यात्रा कर सकते हैं—सदैव आपको मित्र मिलेंगे। मैंने बोस्टन, न्यूयॉर्क, फिलाडेल्फिया, बाल्टिमोर, वाशिंगटन, डेसमोनीस, मेम्फिस और दूसरे बहुत से स्थान देखे हैं।''

''और उनमें से प्रत्येक में अपने शिष्य छोड़े हैं ?''

''शिष्य, हाँ; पर संगठन नहीं। वह मेरे कार्य का भाग नहीं है। सब प्रकार से इनकी संख्या पहले ही काफी है। संगठनों के प्रबन्ध के लिए मनुष्यों की आवश्यकता होती है; वे शक्ति, धन और प्रभाव प्राप्त करना चाहते हैं। वे अक्सर शासन हथियाने के लिए संघर्ष करते हैं, लड़ते तक हैं।''

''क्या आपके सन्देश का सार कुछ शब्दों में कहा जा सकता है ? क्या यह तुलनात्मक धर्म है, जिसका आप प्रचार करना चाहते हैं ?''

''यह वास्तव में धर्म का दर्शन है, उसके समस्त बाह्य रूपों की भीतरी आत्मा है। धर्म के सब रूपों में एक सार भाग और एक अ-सार भाग होता है। यदि हम उनसे अ-सार को अलग कर दें, तो सब धर्मों का वह वास्तविक आधार बच रहता है, जो धर्म के सब रूपों में सामान्यत: मिलता है। उन सबके पीछे वही एक है। हम उसे गॉड, अल्लाह, जिहोवा, चेतना, प्रेम जो चाहें, कहें। यह वही एक है, जो समस्त जीवन को, उसके न्यूनतम रूप से लेकर मनुष्य में उसकी उच्चतम अभिव्यक्ति तक, सबको अनुप्राणित करता है। यही एकता है, जिस पर हमें बल देना चाहिए, जबकि पश्चिम में, और वास्तव में सभी जगह, मनुष्य की प्रवृत्ति अ-सार पर बल देने की रही है। वे इन रूपों के लिए, अपने साथियों को सहमत बनाने के लिए, आपस में लड़ते हैं, एक दूसरे की हत्या करते हैं। यह देखते हुए कि सार-तत्त्व ईश्वर का प्रेम और मनुष्य का प्रेम है, कम से कम इतना तो कहा ही जा सकता है कि यह बड़ी विचित्र बात है।''

''मैं समझता हूँ कि एक हिन्दू कभी उत्पीड़न नहीं कर सकता।''

''उसने अभी तक ऐसा नहीं किया है; वह मनुष्य की जातियों में सबसे अधिक सहनशील है। यदि हम इस बात पर ध्यान दें कि वह कितनी गम्भीरता से धार्मिक है, तो हम यह सोच सकते हैं कि वह नास्तिकों को अवश्य उत्पीड़ित करेगा। जैन इस विश्वास को कोरा भ्रम मानते हैं, पर किसी जैन को कभी उत्पीड़ित नहीं किया गया। भारत में सर्वप्रथम मुसलमान ने ही तलवार उठाई।''

''इंग्लैंड में सारभूत एकता के सिद्धान्त ने क्या प्रगति की है ? यहाँ तो हमारे हजार समुदाय हैं।''

''ज्यों-ज्यों स्वतंत्रता और ज्ञान में वृद्धि होगी, उन्हें धीरे-धीरे समाप्त हो जाना होगा। वे उस अ-सार पर आधारित हैं, जो अपनी प्रकृति के कारण ही सदा जीवित नहीं रह सकता। सम्प्रदायों ने अपना उद्देश्य पूरा कर लिया है; यह था उनके सदस्यों की कल्पना के अनुरूप एक एकान्तिक बन्धुत्व का निर्माण। हम धीरे-धीरे विभाजन

की उन दीवारों को गिराकर, जो व्यक्तियों के ऐसे समूहों को अलग-अलग करती हैं, विश्वबंधुत्व के विचार पर पहुँचते हैं। इंग्लैंड में काम की गति मन्द है, सम्भवतया इसलिए कि अभी इसका समय नहीं आया है। पर, फिर भी, उसमें प्रगति हो रही है। मैं आपका ध्यान एक ऐसे ही काम की ओर आकृष्ट करूँ, जिसमें इंग्लैंड भारत में लगा हुआ है। जाति-पाँति का आधुनिक भेद-भाव भारत की प्रगति में बाधक है। यह संकीर्ण बनाता है, बाधा डालता है, विलग करता है। यह विचारों की प्रगति के सामने ढह जाएगा।''

''पर कुछ अंग्रेज हैं, और जिनमें न भारत के प्रति सहानुभूति का अभाव है और जो न उसके इतिहास से अनभिज्ञ हैं, वे इस जाति-भेद को मुख्य रूप से लाभकारी मानते हैं। कोई भी सरलता से आवश्यकता से अधिक यूरोपियन बन सकता है। आप स्वयं हमारे बहुत से विचारों को भौतिकतावादी कहकर उनकी निन्दा करते हैं।''

''यह सच है। किसी बुद्धिमान व्यक्ति का उद्देश्य यह नहीं है कि भारत को इंग्लैंड का अंग बना लिया जाए। शरीर अपने पीछे निहित विचार द्वारा निर्मित होता है। इस प्रकार सामाजिक संगठन राष्ट्रीय विचार की अभिव्यक्ति होता है, और भारत में वह हजारों वर्षों के विचारों की अभिव्यक्ति है। इसलिए भारत का यूरोपीयकरण एक असम्भव और मूर्खतापूर्ण कार्य है। प्रगति के तत्त्व भारत में सदा सक्रिय रूप से उपस्थित रहे हैं। जब कभी वहाँ शान्तिपूर्ण शासन आया है, वे सदा उभरकर सामने आए हैं। उपनिषदों के काल से लेकर आज तक हमारे लगभग सभी महान् शिक्षकों ने जाति-भेद की दीवारों को तोड़ने का प्रयत्न किया है, मेरा तात्पर्य है, पतित अवस्था में जाति-भेद की दीवारों को, मौलिक प्रणाली को नहीं। आप वर्तमान जाति-व्यवस्था में जो अच्छाई देखते हैं, वह उसमें उस आरम्भिक जाति-व्यवस्था का अवशेष है, जो एक शानदार सामाजिक संस्था थी। बुद्ध ने जाति-व्यवस्था को उसके आरम्भिक रूप में फिर से स्थापित करने का प्रयत्न किया था। भारतीय जागरण के प्रत्येक काल में जाति-भेद को तोड़ डालने के सदा महाप्रयत्न किए गए हैं। पर यह सदा 'हम' होंगे, जो जहाँ कहीं से प्राप्त सहायक विदेशी तत्त्वों को आत्मसात करते हुए नवीन भारत को उसके अतीत के प्रति फलन और उसी के एक अंग के रूप में बनाएँगे; यह 'वे' कभी नहीं हो सकते। विकास भीतर से होना चाहिए। इंग्लैंड जो कर सकता है, वह यही है कि स्वयं भारत को अपनी समस्याओं का समाधान प्राप्त करने में सहायता दे। मेरी राय में, किसी ऐसे दूसरे की, जिसका हाथ भारत की गर्दन पर है, आज्ञा से होनेवाली सब प्रगति सारहीन है। उच्चतम कार्य भी उस समय केवल पतित ही होता है, जब उसे करने के लिए दासता का श्रम काम में लाया जाता है।''

''क्या आपने इंडियन नेशनल कांग्रेस की ओर कुछ ध्यान दिया है ?''

''मैं यह नहीं कह सकता कि मैंने काफी ध्यान दिया है; मेरा कार्यक्षेत्र दूसरा है। पर मैं इस आन्दोलन को महत्त्वपूर्ण मानता हूँ और हृदय से उसकी सफलता चाहता

हूँ। भारत की विभिन्न जातियों से एक राष्ट्र का निर्माण किया जा रहा है। कभी–कभी मैं सोचता हूँ कि उनकी भिन्नता यूरोप के विभिन्न लोगों से कम नहीं है। अतीत में यूरोप ने भारतीय वाणिज्य के लिए संघर्ष किया है, वह वाणिज्य, जिसने संसार की सभ्यता का स्वरूप निश्चित करने में बहुत बड़ा भाग लिया है; और जिसकी प्राप्ति को मनुष्य के इतिहास में लगभग एक मोड़ कहा जा सकता है। हम देखते हैं कि डचों, पुर्तगालियों, फ्रांसीसियों और अंग्रेजों ने क्रमिक रूप से इसके लिए लड़ाइयाँ लड़ी हैं। अमेरिका के अन्वेषण को वह क्षतिपूर्ति कहा जा सकता है, जिसे वेनिसवासियों ने पूर्व में उठाई गई हानि के बदले में सुदूर पश्चिम में खोजा था।''

''पर इसका अन्त कहाँ होगा?''

''इसका अन्त निश्चय ही भारत की एकता सम्पादित करने में, और उसके द्वारा वह प्राप्त करने में होगा, जिन्हें हम जनतांत्रिक विचार कह सकते हैं। मनीषा को कुछ संस्कृत लोगों का ही एकाधिकार नहीं रहना चाहिए; वह ऊपर से नीचे के वर्गों में फैलाई जाएगी। शिक्षा आ रही है, और इसके बाद अनिवार्य शिक्षा आएगी। हमारे लोगों में कार्य कर सकने की जो महान् क्षमता है, उसका उपयोग किया जाएगा। भारत की सम्भावनाएँ बड़ी हैं और उनको प्रस्फुटित किया जाएगा।''

''क्या कभी कोई राष्ट्र बिना महान् सैनिक शक्ति बने महान् हुआ है?''

स्वामी जी ने बिना एक क्षण झिझके उत्तर दिया, ''हाँ चीन हुआ है। अन्य देशों के साथ मैंने चीन और जापान की भी यात्रा की है। चीन आज एक अव्यवस्थित भीड़ के समान है, पर अपनी महानता के शिखर पर उसका तत्कालीन संगठन अन्य सब देशों से अधिक प्रशंसनीय था। वे बहुत सी युक्तियाँ और विधियाँ, जिन्हें हम आज आधुनिक कहते हैं, चीनियों द्वारा सैकड़ों और हजारों वर्षों से भी, इस्तेमाल की जा रही हैं। प्रतियोगिता–परीक्षा इसका एक उदाहरण है।''

''वह अव्यवस्थित क्यों हो गया?''

''इसलिए कि वह ऐसे क्षमतावान लोग नहीं पैदा कर सका, जो इस व्यवस्था को चालू रखते। आपके यहाँ एक कहावत है कि लोगों को पार्लियामेन्ट के कानून से पुण्यात्मा नहीं बनाया जा सकता। चीनियों ने यह अनुभव आपसे पहले प्राप्त कर लिया था। और इसलिए धर्म राजनीति की अपेक्षा अधिक गहरे महत्त्व की वस्तु है, वह जड़ तक पहुँचता है और आचरण के सार से सम्बन्ध रखता है।''

''क्या भारत को उस जागरण का ज्ञान है, जिसकी आप चर्चा कर रहे हैं?''

''अच्छी तरह संसार उसे शायद मुख्यतया कांग्रेस आन्दोलन और सामाजिक सुधारों के क्षेत्र में देखता है, पर यह जागरण धर्म में भी उतना ही वास्तविक है, यद्यपि वह वहाँ अधिक निस्तब्धता से काम करता है।''

''पश्चिम और पूर्व के जीवन के आदर्शों में बड़ा अन्तर है। हमारा आदर्श सामाजिक व्यवस्था को पूर्णता प्रदान करना मालूम होता है। जबकि हम इन कामों

में लगे हुए हैं, पूर्व के लोग सूक्ष्म तत्त्वों पर मनन कर रहे हैं। यहाँ पार्लियामेन्ट सूडान में भारतीय सेना के खर्च पर बहस कर रही है। सब प्रतिष्ठित कंजर्वेटिव समाचार-पत्रों ने सरकार के इस अन्यायपूर्ण निर्णय के विरुद्ध बहुत जोर से आवाज उठाई है, जबकि आप कदाचित् इस सम्पूर्ण मामले को ध्यान देने योग्य भी नहीं समझते।''

''पर यहाँ आप एक बड़ी भूल कर रहे हैं।'' स्वामी जी ने समाचार-पत्र उठाकर कंजर्वेटिव अखबारों के उद्धरणों पर अपनी दृष्टि दौड़ाते हुए कहा, ''इस सम्बन्ध में मेरी सहानुभूति स्वाभाविक रूप से अपने देश के साथ है। फिर भी इस पर मुझे एक संस्कृत कहावत की याद आती है : 'जब तुमने हाथी बेच दिया है, तो अंकुश के ऊपर झगड़ा क्यों करते हो?' भारत सदा ही अदा करता है। राजनीतिज्ञों के झगड़े बहुत विचित्र होते हैं। धर्म को राजनीति में पहुँचाने में अभी युग लगेंगे।''

''फिर भी हमें इसका प्रयत्न जल्दी ही करना चाहिए।''

''हाँ, इस महान् लन्दन के बीच में, जो निश्चय ही मनुष्य का सबसे विशाल गतिशील शासन-यंत्र है, एक विचार का रोपण किया जाना चाहिए। मैं अक्सर इसकी उस शक्ति और पूर्णता को, जिससे वह सूक्ष्मतम शिरा तक पहुँचता है, और इसकी प्रसारण तथा वितरण की आश्चर्यजनक प्रणाली को काम करते हुए देखता हूँ। यह हमें इस बात को अनुभव करने में सहायता देता है कि साम्राज्य कितना विशाल है और इसका काम कितना बड़ा है। और अन्य सब वस्तुओं के साथ यह विचारों का वितरण करता है। मनुष्य का यह कार्य उचित ही होगा कि वह इस विशाल यंत्र के हृदय में कुछ विचार रख दे, जिससे कि वे दूरतम भागों में फैल सकें।''

स्वामी जी एक विशिष्ट आकृति के व्यक्ति हैं। उनकी लम्बी, चौड़ी और सुन्दर आकृति उनकी दर्शनीय पूर्वी वेश-भूषा से और भी उभर आती है। उनका व्यक्तित्व बहुत प्रभावोत्पादक है। वे जन्म से बंगाली, और शिक्षा से कलकत्ता विश्वविद्यालय के ग्रेजुएट हैं। भाषणकर्ता के रूप में उनकी प्रतिभा उच्च कोटि की है। वे बिना किसी नोट की सहायता लिये और किसी शब्द के लिए बिना तनिक भी अटके डेढ़ घंटे तक बोल सकते हैं।

सी.एस.बी.

('इंडिया', लन्दन, 1896)

इंग्लैंड में भारत के मिशनरी का उद्देश्य

...मैं समझता हूँ कि अपने देश में स्वामी जी किसी वृक्ष के नीचे रहते, अथवा अधिक से अधिक किसी मन्दिर के आसपास रहते, उनका सिर घुटा होता और वे अपने देश के वस्त्र पहनते। पर लन्दन में ये बातें नहीं की जातीं, इसलिए मैंने स्वामी जी को बहुत कुछ दूसरे लोगों के समान पाया, और गहरे नारंगी रंग का एक लम्बा कोट पहनने के अतिरिक्त वे अन्य लोगों के समान ही वस्त्र धारण किए हुए थे। उन्होंने हँसते हुए बताया कि उनका पहनावा, विशेषतया उस समय जब वे साफा बाँधे हुए होते हैं, लन्दन की गलियों में भटकने वाले छोकरों को बिलकुल पसन्द नहीं आता; और वे उसकी जो आलोचना करते हैं, उसे मुँह से न निकालना ही अच्छा है। मैंने इस भारतीय योगी से वार्तालाप आरम्भ करते हुए कहा कि आप अपने नाम का बहुत धीरे-धीरे हिज्जे कीजिए। ...

"क्या आप समझते हैं कि आजकल लोग अ-सार वस्तुओं पर बहुत बल दे रहे हैं?"

"मैं समझता हूँ कि पिछड़े हुए राष्ट्रों और पश्चिम के सभ्य लोगों में, जो कम संस्कृत हैं, ऐसा किया जा रहा है। आपके प्रश्न में से यह ध्वनि निकलती है कि संस्कृत और समृद्ध लोगों की बात दूसरी है। और सचमुच वैसा है भी; जो समृद्ध हैं, वे अपनी सम्पदा के उपयोग में अथवा अधिक बटोरने में डूबे हुए हैं। वे, और कामकाजी लोगों का एक बड़ा भाग कहता है कि धर्म सड़ाँध, बकवास और मूर्खता है, और वे ईमानदारी से ऐसा समझते हैं। आजकल जिस एकमात्र धर्म का फैशन है, वह है देशभक्ति और लोकाचार। लोग चर्च में उसी समय जाते हैं जब वे विवाह करते हैं अथवा किसी को दफनाते हैं।"

"क्या आपके उपदेश उन्हें चर्च में अधिक बार ले जाएँगे?"

"मैं ऐसा नहीं समझता : क्योंकि मेरा किसी अनुष्ठान या मान्यता से कोई सम्बन्ध नहीं है। मेरा उद्देश्य केवल यह दर्शाना है कि धर्म सब कुछ है और सब वस्तुओं में है... और यहाँ इंग्लैंड में जो व्यवस्था है, हम उसके विषय में क्या कह सकते हैं? सब बातों से यही प्रकट हो रहा है कि समाजवाद अथवा जनता द्वारा शासन का कोई स्वरूप, उसे आप चाहे जिस नाम से पुकारें, उभरता आ रहा है। लोग निश्चय ही यह

चाहेंगे कि उनकी पार्थिव आवश्यकताओं की पूर्ति हो, वे कम काम करें, उनका शोषण न हो, युद्ध न हो और भोजन अधिक मिले। इस बात का हमारे पास क्या प्रमाण है कि यह अथवा कोई दूसरी सभ्यता, जब तक कि वह धर्म पर, मनुष्य के भीतर के शुभ पर आधारित न हो, स्थायी होगी? विश्वास कीजिए कि धर्म इस समस्या की जड़ तक पहुँचता है। यदि वह ठीक है, तो सब ठीक है।''

''लोगों के मस्तिष्क में धर्म के सार भाग को, तत्त्वमीमांसा को, पहुँचाना अवश्य कठिन काम है। वह उनके विचारों और रहन-सहन से काफी दूर है।''

''हम सब धर्मों में सत्य से उच्च सत्य की ओर जाते हैं, कभी असत्य से सत्य की ओर नहीं जाते। सम्पूर्ण सृष्टि के पीछे एक एकता है, पर मनों में बड़ी विविधता है। 'वह जो है, एक है; ज्ञानी उसे विभिन्न नामों से पुकारते हैं।' मेरा तात्पर्य यह है कि हम छोटे सत्य से बड़े सत्य की ओर बढ़ते हैं। निम्नतम धर्म केवल सत्य के निम्न पाठ मात्र हैं। हम धीरे-धीरे समझते हैं। शैतान की उपासना भी चिरन्तन सत्य और अनन्त ब्रह्म का ही विकृत पाठ मात्र है। धर्म की अन्य अवस्थाओं में भी सदा सत्य की कम या अधिक मात्रा उपस्थित रहती है। धर्म के किसी भी स्वरूप में उसका पूर्ण रूप नहीं पाया जाता।''

''क्या हम पूछ सकते हैं कि जिस धर्म का आप इंग्लैंड में प्रचार करने आए हैं, उसकी उद्भावना आपने ही की है?''

''निश्चय ही नहीं। मैं भारत के एक महान् ज्ञानी रामकृष्ण परमहंस का शिष्य हूँ। वे ऐसे नहीं थे, जिन्हें हम बहुत विद्वान् कह सकें, जैसा कि हमारे बहुत से ज्ञानी हैं, पर वे बहुत पवित्र थे, और वेदान्त दर्शन की चेतना में गहरे डूबे हुए थे। जब मैं दर्शन कहता हूँ, तो मुझे लगता है कि शायद मुझे धर्म कहना चाहिए था, क्योंकि वह वास्तव में दोनों है। आपको 'नाइन्टीन्थ सेन्चुरी' के एक हाल के अंक में मेरे गुरु के बारे में प्रो. मैक्समूलर का विवरण पढ़ना चाहिए। रामकृष्ण का जन्म हुगली जिले में 1836 ई. में हुआ था और 1886 ई. में उनकी मृत्यु हुई। केशवचन्द्र सेन और दूसरे लोगों के जीवन पर उनका प्रभाव बहुत गम्भीर पड़ा है। अपने शरीर को संयमित करके और अपने मन को जीतकर उन्होंने आध्यात्मिक संसार में आश्चर्यजनक गहरी पैठ प्राप्त की थी। उनका चेहरा उनकी शिशुवत् कोमलता, गम्भीर नम्रता और कथन की उल्लेखनीय मधुरता के कारण असाधारण था। उसे देखकर कोई प्रभावित हुए बिना नहीं रह सकता था।''

''तो क्या आपके उपदेश वेदों से लिए गए हैं?''

''हाँ। वेदान्त का अर्थ है वेदों का अन्त, तीसरा भाग अर्थात् उपनिषद्, जिनमें वे विचार प्रौढ़ रूप में उपस्थित हैं, जो आरम्भिक भाग में अंकुर रूप में वर्तमान थे। वेदों का सबसे प्राचीन भाग संहिता है, जो बहुत पुरानी संस्कृत में है, और यह केवल एक बहुत पुराने कोश, यास्क से निरुक्त की सहायता से समझा जा सकता है।''

"मैं समझता हूँ कि हम अंग्रेजों का विचार कुछ ऐसा है कि भारत को हमसे बहुत कुछ सीखना है; यहाँ औसत मनुष्य इस बात को विशेष नहीं जानता कि भारत से क्या सीखा जा सकता है।"

"बात ऐसी ही है। पर विद्वानों का जगत् अच्छी तरह जानता है कि कितना सीखना है और यह पाठ कितना महत्त्वपूर्ण है। आप मैक्समूलर, मोनियर विलियम्स, सर विलियम हंटर अथवा प्राच्य विद्या के जर्मन विद्वानों को भारतीय तत्त्व मीमांसा को हँसी में उड़ाते हुए नहीं पाएँगे।"

...स्वामी जी अपना भाषण 39 विक्टोरिया स्ट्रीट पर देते हैं। सबका स्वागत किया जाता है; और जैसा कि प्राचीन धर्म-प्रचार के युग में होता था, यह नवीन उपदेश निःशुल्क और बिना मूल्य दिया जाता है। ये भारतीय धर्मोपदेशक असाधारण सुन्दर शरीर के पुरुष हैं; अंग्रेजी पर उनके अधिकार का वर्णन केवल पूर्ण कहकर ही किया जा सकता है।

सी.एस.बी.

('दि इको', लन्दन 1896)

मदुरा में स्वामी विवेकानन्द के साथ

प्रश्न—यह सिद्धान्त कि जगत् मिथ्या है, निम्नलिखित अर्थों में समझा जाता जान पड़ता है। (अ) इस अर्थ में कि नाशवान रूपों और नामों की आयु अनन्त काल की तुलना में अनन्त रूप से छोटी है; (आ) इस अर्थ में कि किन्हीं दो प्रलयों (विश्व के संकोचन) के बीच की अवधि अनन्त काल की तुलना में अनन्त रूप से छोटी है; (इ) इस अर्थ में कि विश्व अन्तिम रूप से मिथ्या है, यद्यपि वह, एक प्रकार की चेतना के अनुसार, इस समय उसी तरह वास्तविक दिखाई देता है, जैसे कि सीपी में चाँदी की धारणा अध्यस्त होती है, अथवा रस्सी में सर्प का भ्रम होता है, जो कुछ समय के लिए सत्य होता है और मन की एक विशेष स्थिति पर आश्रित रहता है; (ई) इस अर्थ में कि विश्व उसी तरह कल्पना मात्र है, जैसे कि बन्ध्या-पुत्र और शश-श्रृंग।

अद्वैत दर्शन में यह सिद्धान्त इन अर्थों में से किसमें समझा जाता है?

उत्तर—अद्वैतवादियों में बहुत से मत हैं और प्रत्येक ने इस सिद्धान्त को अलग-अलग अर्थ में समझा है। शंकर ने इस सिद्धान्त का (इ) अर्थ में प्रचार किया और उनका उपदेश यह है कि विश्व, जैसा कि वह दिखाई देता है, प्रत्येक व्यक्ति के लिए उसकी वर्तमान चेतना में सब कार्यों के लिए वास्तविक है, पर जब चेतना एक उच्चतर रूप ग्रहण करती है, तो यह अन्तर्धान हो जाता है। आप एक वृक्ष के तने को अपने सामने खड़ा देखते हैं और उसे भ्रमवश भूत समझते हैं। कुछ समय के लिए भूत का विचार सत्य होता है, क्योंकि वह आपके मन पर कार्य करता है और उसके ऊपर ऐसा प्रभाव डालता है, मानो वह सचमुच भूत हो। पर ज्यों ही आपको उसके तने होने का पता चल जाता है, भूत का विचार समाप्त हो जाता है। तने का विचार और भूत का विचार साथ-साथ नहीं रह सकते। जब एक होता है, तो दूसरा नहीं होता।

प्रश्न—क्या शंकर की कुछ रचनाओं में (ई) अर्थ नहीं लिया गया है?

उत्तर—नहीं। कुछ ऐसे लोगों ने, जो शंकर के विचारों को अति की सीमा तक ले गए हैं, भ्रमवश अपनी रचनाओं में (ई) अर्थ का उपयोग किया है। अर्थ (अ) और (आ) कुछ अन्य मतों के अद्वैत दार्शनिकों की रचनाओं में पाए जाते हैं, पर शंकर ने उन्हें कभी स्वीकार नहीं किया।

प्रश्न—इस आपातप्रतीयमान सत्य का कारण क्या है?

उत्तर—आपको तने में भूत का भ्रम होने का कारण क्या है ? वास्तव में, विश्व तो वही है, यह आपका मन है, जो उसके लिए विभिन्न परिस्थितियाँ उत्पन्न करता है।

प्रश्न—इस कथन का वास्तविक अर्थ क्या है कि वेद अनादि और नित्य है ? क्या इसका सम्बन्ध वैदिक वाणी से अर्थात् वेद में दिए हुए कथनों से है ? यदि यह ऐसे कथनों में निहित सत्य की ओर संकेत करता है, तो क्या न्याय, ज्यामिति, रसायनशास्त्र आदि जैसे विज्ञान उतने ही अनादि और नित्य नहीं हैं ? क्योंकि उनमें नित्य सत्य निवास करता है।

उत्तर—एक समय था, जब वेद स्वयं इस अर्थ में नित्य समझे जाते थे कि उनमें निहित दैवी सत्य अपरिवर्तनशील तथा स्थायी है, और केवल मनुष्य के प्रति उद्घाटित किया गया है। उसके बाद के समय में ऐसा मालूम होता है कि अर्थों के ज्ञान सहित वैदिक मंत्रों का पाठ महत्त्वपूर्ण था, और यह विश्वास किया जाता था कि मंत्र स्वयं ईश्वर द्वारा रचे गए होंगे। उसके और भी बाद के काल में मंत्रों के अर्थों से यह पता चला कि वे दैवी रचना नहीं हो सकते; क्योंकि वे मनुष्य को, पशुओं को कष्ट देने के समान अनेक अपवित्र काम करने को कहते हैं; इसके अतिरिक्त, हम वेदों में बहुत सी हास्यास्पद कथाएँ भी पाते हैं। इस कथन का कि 'वेद अनादि और नित्य हैं', शुद्ध अर्थ यह है कि उनके द्वारा मनुष्य के प्रति जो नियम अथवा सत्य उद्घाटित होता है, वह स्थायी और अपरिवर्तनशील है। न्याय, ज्यामिति, रसायनशास्त्र आदि भी ऐसे नियम या सत्य को उद्घाटित करते हैं, जो स्थायी और अपरिवर्तनशील हैं और इस अर्थ में वे अनादि और नित्य हैं। पर ऐसा कोई सत्य या नियम नहीं है, जो वेदों में अनुपस्थित हो, और मैं आपमें से प्रत्येक से कहूँगा कि आप मुझे ऐसा कोई भी सत्य बताएँ, जिसका विवेचन वेदों में न किया गया हो।

प्रश्न—अद्वैत दर्शन के अनुसार मुक्ति का तात्पर्य क्या है, अथवा दूसरे शब्दों में क्या वह एक चेतन अवस्था है ? क्या अद्वैतवाद की मुक्ति और बौद्ध मत के निर्वाण में कोई अंतर है ?

उत्तर—मुक्ति में एक चेतना है, जिसे हम अतिचेतना कहते हैं। वह आपकी इस समय की चेतना से भिन्न है। यह कहना तर्कसंगत नहीं होगा कि मुक्ति में चेतना नहीं है। चेतना तीन प्रकार की होती है—मंद, मध्यम और तीन-जैसा कि प्रकाश में होता है। जब कम्पन तीव्र होता है, तो चमक इतनी शक्तिशाली होती है कि उससे दृष्टि चौंधिया जाती है, और परिणामतः वह उतनी ही व्यर्थ होती है, जितना कि मंदतम प्रकाश। बौद्ध लोग चाहे कुछ भी कहें, उनके निर्वाण में भी चेतना की मात्रा इतनी ही होनी चाहिए। हमारी मुक्ति की परिभाषा अपनी प्रकृति में सकारात्मक है, जब कि बौद्धों के निर्वाण की नकारात्मक है।

प्रश्न—निरुपाधिक ब्रह्म संसार की सृष्टि की अभिव्यक्ति के लिए उपाधि क्यों स्वीकार करता है ?

उत्तर—यह प्रश्न स्वयं में अत्यधिक तर्करहित है। ब्रह्म अवाङ्मनसगोचरम् है अर्थात् वह शब्द और मन द्वारा पकड़ा नहीं जा सकता। देश, काल और कार्यकारण के क्षेत्र से जो परे है, वह मानव-मस्तिष्क की कल्पना से बाहर है; और तर्क तथा जिज्ञासा का क्षेत्र केवल देश, काल और कार्य-कारण की सीमा के भीतर ही है। ऐसी स्थिति में यह प्रश्न उठाना कि मानव-कल्पना की संभावनाओं से परे क्या है, एक निरर्थक प्रयत्न है।

प्रश्न—कहीं-कहीं पुराणों में ऐसे छिपे हुए विचारों की स्थापना का प्रयत्न किया जाता है, जो कहा जाता है कि उनमें रूपकों के रूप में उपस्थित हैं। कभी यह कहा जाता है कि यह आवश्यक नहीं कि पुराणों में कोई ऐतिहासिक सत्य हो; वे वास्तव में काल्पनिक पात्रों की सहायता से चित्रित केवल उच्चतम विचारों के निरूपण हैं। विष्णुपुराण, रामायण अथवा महाभारत इसके उदाहरण हैं : क्या उनमें ऐतिहासिक सत्य है, अथवा वे तात्विक सत्यों के रूपकात्मक निरूपण हैं, अथवा वे मानव के आचरण के लिए उच्चतम आदर्शों के निरूपण हैं अथवा वे होमर की रचनाओं की भाँति केवल महाकाव्य मात्र हैं?

उत्तर—प्रत्येक पुराण के केन्द्र में कोई न कोई ऐतिहासिक सत्य है। पुराणों का उद्‌देश्य मनुष्य मात्र को विभिन्न रूपों में उदात्त सत्य की शिक्षा देना है; और यदि उनमें कोई ऐतिहासिक सत्य नहीं है, तो भी वे उस उच्चतम सत्य के विषय में, जिसका वे प्रचार करते हैं, हमारे लिए प्रामाणिक रचनाएँ है। उदाहरण के लिए रामायण को लीजिए। चरित्र-निर्माण के सम्बन्ध में उसको एक प्रामाणिक रचना की दृष्टि से देखने के लिए यह आवश्यक नहीं है कि राम के समान कोई व्यक्ति कभी रहा हो। रामायण अथवा महाभारत के द्वारा उपस्थित की गई व्यवस्था की उदात्तता राम अथवा कृष्ण के समान किसी व्यक्ति के सत्य होने पर निर्भर नहीं है, और हम यह भी कह सकते हैं कि ऐसा व्यक्ति कभी हुआ ही नहीं; इसके साथ ही इन रचनाओं को मानव-जाति के सम्मुख उनके द्वारा रखे जानेवाले महान् विचारों के लिए उच्च प्रामाणिकता प्रदान कर सकते हैं। हमारा दर्शन अपने सत्य के लिए किसी व्यक्ति पर निर्भर नहीं है। कृष्ण ने संसार को कोई बात नई अथवा मौलिक नहीं बताई और न रामायण में कोई ऐसी बात कही गई है, जो धर्मशास्त्रों में नहीं है। यह ध्यान देने की बात है कि ईसाई मत ईसा के अभाव में, इस्लाम मुहम्मद के बिना, बौद्ध मत बुद्ध के बिना खड़ा नहीं रह सकता, पर हिन्दू धर्म किसी व्यक्ति पर आश्रित नहीं है; और पुराणों के दार्शनिक सत्य के मूल्यांकन के उद्‌देश्य से हमें इस प्रश्न पर विचार करने की आवश्यकता नहीं है कि उनमें जिन व्यक्तियों का वर्णन किया गया है, वे वास्तव में हाड़-मांस के मनुष्य थे अथवा कल्पित पात्र। पुराणों का उद्‌देश्य मनुष्यों को शिक्षा देना है और जिन ऋषियों ने उनकी रचना की है, उन्होंने कुछ ऐतिहासिक व्यक्तियों को लिया, उनके ऊपर बिल्कुल अपनी इच्छा के अनुसार सर्वोत्तम अथवा सबसे हीन गुणों का आरोपण किया और मनुष्य-जाति

के आचरण के लिए नैतिक नियम निर्धारित किये। क्या यह आवश्यक है कि जैसा रामायण में वर्णित है, दस शिरोंवाले (दशमुख) एक राक्षस को यथार्थ में होना ही चाहिए था! यह सत्य विशेष का निरूपण है, जो असल में इस प्रश्न से अलग अध्ययन की वस्तु है कि दशमुख वास्तविक था अथवा काल्पनिक पात्र। अब आप कृष्ण को कुछ अधिक आकर्षक रीति से चित्रित कर सकते हैं, और यह चित्रण आपके आदर्श की उदात्तता पर निर्भर करता है, पर पुराणों के भीतर महान् दर्शन निहित है।

प्र.—क्या यह सम्भव है कि यदि कोई मनुष्य सिद्ध हो तो, वह अपने पूर्व जन्मों की घटनाओं को याद रखे? पिछले जन्म में उसका जो शारीरिक मस्तिष्क था और जिसमें उसके अनुभवों के प्रभाव संचित थे, अब उपस्थित नहीं है। इस जन्म में उसे एक नया शारीरिक मस्तिष्क मिला है, और ऐसी स्थिति में वर्तमान मस्तिष्क के लिए यह कैसे सम्भव हो सकता है कि वह एक ऐसे दूसरे उपकरण द्वारा प्राप्त किए गए प्रभावों तक पहुँच जाए, जिसका अब अस्तित्व ही नहीं है?

स्वामी जी—सिद्ध से आपका क्या तात्पर्य है?

संवाददाता—वह जिसने अपनी प्रकृति की गुप्त शक्तियों को विकसित कर लिया है।

स्वामी जी—मेरी समझ में नहीं आता कि गुप्त शक्तियाँ किस प्रकार विकसित की जा सकती हैं। मैं समझ रहा हूँ कि आप क्या कहना चाहते हैं, पर मैं सदा यह चाहता हूँ कि जिन शब्दों का उपयोग किया जाए, वे सुनिश्चित और ठीक हों। आप कह सकते हैं कि गुप्त शक्तियों का उद्‌घाटन किया जाता है। यह सम्भव है कि वे लोग, जिन्होंने अपनी प्रकृति की गुप्त शक्तियों को उद्‌घाटित कर लिया है, अपने पूर्व जन्मों से सम्बन्धित घटनाओं को स्मरण रखें, क्योंकि उनके वर्तमान मस्तिष्क का बीज मृत्यु के उपरांत सूक्ष्म मनुष्य में होता है।

प्रश्न—क्या हिन्दू धर्म की भावना उसमें बाहरी लोगों को सम्मिलित होने की अनुमति देती है? और क्या ब्राहाण चांडाल के द्वारा की हुइ दर्शन की व्याख्या को सुन सकता है?

उत्तर—निज धर्म में दूसरों का सम्मिलित होना हिन्दुओं द्वारा सहन किया जाता है। कोई व्यक्ति, चाहे वह शूद्र हो या चांडाल, ब्राह्मण के प्रति भी दर्शन की व्याख्या कर सकता है। सत्य निम्नतम व्यक्ति से भी सीखा जा सकता है, चाहे वह किसी भी जाति अथवा सम्प्रदाय का हो।

यहाँ स्वामी जी ने अपने कथन के समर्थन में उच्च प्रामाणिकता के संस्कृत श्लोक उद्धृत किए।

वार्तालाप समाप्त हो गया, क्योंकि कार्यक्रम में उनके मंदिर जाने का निश्चित समय हो गया था। इसलिए उन्होंने उपस्थित सज्जनों से विदा ली और मन्दिर चले गए।

(दि हिन्दू, मद्रास, फरवरी 1897)

भारतीय नारियाँ—उनका भूत, वर्तमान और भविष्य

हमारा प्रतिनिधि लिखता है :

यह हिमालय की एक सुहावनी घाटी में एक रविवार के तड़के की बात है कि मैं अन्त में अपने सम्पादक की आज्ञा पालन करने और स्वामी विवेकानन्द से भारतीय नारियों की स्थिति और भविष्य के बारे में उनके विचारों का कुछ पता लगाने के लिए मिलने में सफल हुआ।

जब मैंने अपना कार्य बताया, तो स्वामी जी ने कहा, ''चलो, टहलने चलें।'' और हम तुरन्त संसार के कुछ सबसे अधिक रमणीक दृश्यों के बीच चल दिए।

हम चलें धूप और छाया के मार्गों से, शान्त गाँवों के बीच, खेलते हुए बच्चों में होकर और सुनहरे मक्के के खेतों के पार। यहाँ ऊँचे वृक्ष ऊपर आकाश में छेद करते हुए मालूम होते थे और वहाँ किसान कन्याओं का दल कलगीदार मक्के के पौधों को काटकर जाड़े के भंडारों के लिए ले जाने के वास्ते हाथ में हँसिया लिये झुका हुआ था। अब सड़क एक सेबों के बाग में से गुजरती थी; यहाँ हरे, गुलाबी फलों के बड़े ढेर वृक्षों के नीचे छाँटे जाने के लिए पड़े हुए थे। और फिर हम खुले में आ गए। हमारे सामने हिमाद्रि था, जो आकाश की पृष्ठभूमि पर सफेद बादलों से ऊपर सौन्दर्य की महान् प्रतिमा की भाँति उठा हुआ था।

अन्त में मेरे साथी ने मौन तोड़ा। उन्होंने कहा, ''नारी के आर्य और सेमेटिक आदर्श सदा ही एक दूसरे के बिलकुल विपरीत रहे हैं। सेमेटिक लोगों में नारी की उपस्थिति भक्ति में बाधक मानी गई है, और वहाँ वह कोई धार्मिक कृत्य नहीं करती, जैसे कि भोजन के लिए एक पक्षी को मारना तक भी : आर्य लोगों के अनुसार पुरुष कोई भी धार्मिक कृत्य अपनी पत्नी के बिना नहीं कर सकता।''

''पर स्वामी जी!'' मैंने इतनी व्यापक और अप्रत्याशित स्थापना से चौंककर कहा, ''क्या हिन्दू धर्म आर्य धर्म नहीं है?''

स्वामी जी शान्त भाव से बोले, ''आधुनिक हिन्दू धर्म अधिकतर पौराणिक है, अर्थात् बुद्ध के बाद उत्पन्न हुआ है। स्वामी दयानन्द सरस्वती ने इस बात की ओर ध्यान आकृष्ट किया है कि यद्यपि पत्नी गार्हपत्य अग्नि में आहुति प्रदानरूप वैदिक अनुष्ठान के लिए नितान्त आवश्यक है; पर वह शालग्राम-शिला अथवा घर

में ठाकुर जी की मूर्ति को नहीं छू सकती, क्योंकि वे पिछले पुराण-काल की उत्पत्ति हैं।''

''और इसलिए आपका विचार है कि हम लोगों में नारी की असमानता पूर्णतया बौद्ध मत के प्रभाव के कारण है?''

''जहाँ वह है, निश्चय ही ऐसा है,'' स्वामी जी ने कहा, ''पर हमें यूरोपीय आलोचना की अचानक आई हुई बाढ़ और उसके कारण अपने में उत्पन्न हुई अन्तर की भावना के वशीभूत होकर अपनी नारियों की असमानता के विचार को स्वीकार करने में अत्यधिक शीघ्रता नहीं करनी चाहिए। परिस्थितियों ने हमारे लिए अनेक शताब्दियों से नारी की रक्षा की आवश्यकता को अनिवार्य बनाया है। हमारे इस रिवाज का कारण इस तथ्य में है, नारी की हीनता में नहीं।''

''तो स्वामी जी, आप हमारे बीच नारियों की स्थिति से पूर्णतया सन्तुष्ट हैं?''

''कदापि नहीं'', स्वामी जी ने कहा, ''पर हमारा हस्तक्षेप करने का अधिकार केवल शिक्षा का प्रचार कर देने तक ही सीमित है। हमें नारियों को ऐसी स्थिति में पहुँचा देना चाहिए, जहाँ वे अपनी समस्या को अपने ढंग से स्वयं सुलझा सकें। उनके लिए यह काम न कोई कर सकता है और न किसी को करना ही चाहिए। और हमारी भारतीय नारियाँ संसार की अन्य किन्हीं भी नारियों की भाँति इसे करने की क्षमता रखती हैं।''

''वह बुरा प्रभाव, जिसका कारण आप बुद्धमत को बताते हैं, क्यों आया?''

''वह केवल धर्म के क्षय से आया।'' स्वामी जी ने कहा, ''प्रत्येक आन्दोलन अपने कुछ असाधारण लक्षणों के कारण विजय प्राप्त करता है, और जब वह गिरता है तो यह गर्व का विषय उसकी दुर्बलता का मुख्य तत्त्व बन जाता है। भगवान् बुद्ध, मनुष्यों में महानतम, अद्‌भुत संगठनकर्ता थे, और उन्होंने इस साधन से संसार को विजित किया। पर उनका धर्म भिक्षुओं का धर्म था। इसलिए इसका बुरा प्रभाव यह पड़ा कि स्वयं भिक्षुक का वेश ही आदर का पात्र हो गया। उन्होंने पहली बार धर्म-स्थानों पर सामूहिक जीवन का भी आरम्भ किया और उससे नारियों को अनिवार्यतः नरों से हीन बना दिया; क्योंकि महाभिक्षुणियाँ कुछ विशिष्ट भिक्षुओं की सलाह के बिना महत्त्वपूर्ण कार्य नहीं कर सकती थीं। इससे उनके तात्कालिक उद्‌देश्य, धर्म की दृढ़ता, की तो पूर्ति हो गई; पर आप देखते हैं कि उसके जो दूरगत परिणाम निकले, वही शोचनीय हुए।''

''पर संन्यास को तो वेदों की स्वीकृति प्राप्त है!''

''निश्चय ही है; पर उसमें नर और नारी के बीच कोई भेद नहीं किया गया है। आपको याद होगा कि राजा जनक की सभा में याज्ञवल्क्य से किस प्रकार प्रश्न पूछे गए थे? उनकी मुख्य प्रश्न करने वाली थी, वाचक्नवी, वाग्मी कन्या—ब्रह्मवादिनी, जैसा कि उन दिनों कहा जाता था। वह कहती है, ''मेरे प्रश्न एक कुशल धनुर्धर के

हाथ में दो चमकदार तीरों के समान हैं।'' उसके नारी होने की चर्चा भी नहीं की गई है। और फिर, क्या वनों में स्थित हमारे पुरातन विश्वविद्यालयों में लड़कों और लड़कियों की समानता से अधिक पूर्ण कुछ और हो सकता है। हमारे संस्कृत नाटकों को पढ़िए, शकुन्तला की कहानी पढ़िए और देखिए कि क्या टेनीसन की 'प्रिन्सेज' हमें कुछ सिखा सकती है?''

''स्वामी जी, हमारे अतीत के गौरव को उद्घाटित करने की आपकी रीति अद्भुत है!''

''शायद इसलिए कि मैंने संसार को दोनों तरफ से देखा है,'' स्वामी जी ने नम्रतापूर्वक कहा, ''और मैं जानता हूँ कि जिस जाति ने सीता को उत्पन्न किया है—चाहे उसने उसकी कल्पना ही की हो—नारी के प्रति उसका आदर पृथ्वी पर अद्वितीय है। पश्चिमी नारी के कन्धों पर कानूनी दृढ़ता से बँधे हुए बहुत-से बोझ हैं, जिनका हमारी नारियों को पता भी नहीं है। निश्चय ही हमारे अपने दोष हैं और अपने अपवाद हैं, पर इसी प्रकार उनके भी हैं। हमें यह कभी नहीं भूलना चाहिए कि संसार भर में सबका प्रयत्न यह रहा है कि प्रेम, दया और ईमानदारी को अभिव्यक्ति दी जाए, और यह भी कि इस अभिव्यक्ति के लिए निकटतम माध्यम राष्ट्रीय रीति-रिवाज हैं। जहाँ तक घरेलू गुणों का सम्बन्ध है, मुझे यह कहने में तनिक भी झिझक नहीं है कि हमारे भारतीय रीति-रिवाज बहुत सी बातों में सभी दूसरों से अच्छे हैं।''

''तो स्वामी जी, क्या हमारी नारियों की कोई समस्या है भी?''

''निश्चय ही है, उनकी समस्याएँ बहुत सी हैं और गम्भीर हैं, पर उनमें एक भी ऐसी नहीं है, जो जादू भरे शब्द 'शिक्षा' से हल न की जा सकती हो। पर वास्तविक शिक्षा की तो अभी हम लोगों में कल्पना भी नहीं की गई है।''

''और आप उसकी परिभाषा कैसे करेंगे?''

''मैं कभी किसी बात की परिभाषा नहीं करता'', स्वामी जी ने मुस्कराते हुए कहा, ''फिर भी हम इसे मानसिक शक्तियों का विकास—केवल शब्दों का रटना मात्र नहीं, अथवा व्यक्तियों को ठीक तरह से और दक्षतापूर्वक इच्छा करने का प्रशिक्षण देना कह सकते हैं। इस प्रकार हम भारत की आवश्यकता के लिए महान् निर्भीक नारियाँ तैयार करेंगे—नारियाँ जो संघमित्रा, लीला, अहिल्याबाई और मीराबाई की परम्पराओं को चालू रख सकें—नारियाँ जो वीरों की माताएँ होने के योग्य हों, इसलिए कि वे पवित्र और आत्मत्यागी हैं, और उस शक्ति से शक्तिशाली हैं, जो भगवान् के चरण छूने से आती है।''

''तो, स्वामी जी, आप समझते हैं कि शिक्षा में धार्मिक तत्त्व भी होना चाहिए?''

''मैं धर्म को शिक्षा का अन्तरतम अंग समझता हूँ'', स्वामी जी ने गम्भीरता से कहा, ''ध्यान रखिए कि धर्म के विषय में मैं अपनी अथवा किसी दूसरे की राय की बात नहीं कहता। मैं समझता हूँ कि शिक्षक को, जैसा कि दूसरी बातों में किया जाता

है, चाहिए कि वह विद्यार्थिनी को उसके आरम्भिक बिन्दु से ले और उसे इस योग्य बनाए कि वह स्वयं अपने अल्पतम बाधा के मार्ग से विकसित हो सकें।''

''पर निश्चय ही ब्रह्मचर्य को धर्म में उच्च आसन देकर, और माँ तथा पत्नी से उच्चतम स्थान लेकर और उसे इन सम्बन्धों से बचनेवाले लोगों को देकर नारी पर सीधा प्रहार किया गया है।''

स्वामी जी ने कहा, ''आपको याद रखना चाहिए कि यदि धर्म नारी के लिए ब्रह्मचर्य को ऊँचा स्थान देता है, तो वह बिलकुल वही बात पुरुष के लिए भी करता है। इसके अतिरिक्त आपके प्रश्न से मालूम होता है कि स्वयं आपके मन में कुछ अस्पष्टता है। हिन्दू धर्म मानवात्मा के लिए एक, केवल एक कर्तव्य बताता है। वह नश्वरता के बीच अविनश्वर को पाने की खोज है। कोई भी मनुष्य ऐसा एक मार्ग बताने का साहस नहीं करता, जिसके द्वारा वह प्राप्त किया जा सकता है। विवाह अथवा अ-विवाह, भलाई अथवा बुराई, विद्वत्ता अथवा अज्ञान, इनमें से कोई भी उचित है, यदि वह हमें ध्येय की ओर ले जाता है। इस तरह, इस बात में और बुद्धमत में बड़ा अन्तर है, क्योंकि बुद्धमत का प्रमुख निर्देश यह है कि बाह्य के अस्थायित्व का अनुभव प्राप्त किया जाए, साधारणत: जो केवल एक तरह से किया जा सकता है। क्या आपको महाभारत में उस युवक योगी की कहानी याद है, जो अपनी मनोशक्ति पर इसलिए गर्व करता था कि उसने एक कौवे और एक सारस के शरीर को अपनी तीव्र इच्छा के अनुसार क्रोध से उत्पन्न हुई अग्नि से जला दिया था। क्या आपको याद है कि वह युवक योगी नगर में जाता है और पहले एक पत्नी को अपने रोगी पति की सेवा करते हुए पाता है और फिर कसाई धर्म-व्याध को देखता है, जिन दोनों ने सामान्य सच्चाई और कर्तव्य के मार्ग से ज्ञान प्राप्त किया है।''

''तो स्वामी जी, आप इस देश की नारियों को क्या सन्देश देंगे?''

स्वामी जी ने कहा, ''इस देश की नारियों को ही क्यों, मैं उनसे भी वही बात कहूँगा, जो पुरुषों से कहता हूँ। भारत में विश्वास करो और हमारे भारतीय धर्म में विश्वास करो। शक्तिशाली बनो, आशावान बनो और संकोच छोड़ो; और याद रखो कि यदि हम बाहर से कोई वस्तु लेते हैं, तो संसार की किसी अन्य जाति की तुलना में हिन्दू के पास उसके बदले में देने को अनन्त गुना अधिक है।''

('प्रबुद्ध भारत', दिसम्बर, 1898)

लन्दन में भारतीय योगी

भारतीय दर्शन इधर विगत कुछ वर्षों से बहुत से लागों के लिए गम्भीर और वर्तमान आकर्षण का विषय रहा है, यद्यपि अभी तक जिन लोगों ने इन देश में उस दर्शन की व्याख्या की है, उनकी चिन्तन-प्रणाली और शिक्षा-दीक्षा पूरी तरह पाश्चात्य होने के कारण वेदान्त-तत्त्व के गम्भीर रहस्यों के सम्बन्ध में वास्तव में लोगों को बहुत ही थोड़ी जानकारी प्राप्त हुई है; और जो कुछ हुई, वह भी इने-गिने व्यक्तियों तक सीमित है। प्राच्य परम्परा में शिक्षित-दीक्षित योग्य आचार्यगण वेदान्त-शास्त्र से जिस गम्भीर तत्त्वज्ञान की प्राप्ति कर लेते हैं, उस ज्ञान-भंडार को भाषाविज्ञानियों की दृष्टि से किए गए विशाल अनुवादों से प्राप्त करने की अन्तर्दृष्टि और साहस बहुतों में नहीं होता।

एक संवाददाता लिखते हैं—उपर्युक्त कारणों से—कुछ तो जिज्ञासा और कुछ कौतूहलवश मैं पाश्चात्य लोगों के लिए एक नितान्त नए व्याख्याता स्वामी विवेकानन्द से भेंट करने गया। वे सचमुच एक भारतीय योगी हैं। युग-युगान्तर से संन्यासी और योगी शिष्य-परम्परा से जिस ज्ञान का प्रचार करते आ रहे हैं, उसी की व्याख्या करने के लिए वे साहसपूर्वक पाश्चात्य जगत् में आए हुए हैं, एवं उसी उद्देश्य से उन्होंने कल रात को प्रिंसेज हॉल में एक भाषण भी दिया।

सिर पर पगड़ी धारण किए हुए, शान्त और सौम्य मुखमुद्रायुक्त स्वामी विवेकानन्द एक भव्य व्यक्ति हैं।

मेरे यह पूछने पर कि क्या उनके नाम का कोई विशेष अर्थ है, यदि है तो क्या, उन्होंने कहा :

"अब मैं जिस (स्वामी विवेकानन्द) नाम से परिचित हूँ, उसके प्रथम शब्द का अर्थ है संन्यासी, अर्थात् वह जिसने विधिपूर्वक संसार का परित्याग कर दिया हो। दूसरा शब्द (विवेकानन्द) एक उपाधि मात्र है, जिसको संसार त्यागते समय मैंने ग्रहण किया था। सभी संन्यासी ऐसा करते हैं। इसका अर्थ है—विवेक अर्थात् सदसद्विचार का आनन्द।"

मैंने फिर पूछा, "स्वामी जी, आपने संसार के सामान्य जीवन का त्याग क्यों कर दिया?"

उन्होंने उत्तर दिया, "बाल्यकाल से ही धर्म और दर्शन में मेरी विशेष रुचि थी। हमारे शास्त्रों का उपदेश है कि त्याग ही मनुष्य का श्रेष्ठतम आदर्श है। मुझमें उस

मार्ग का अनुसरण करने के अन्तिम निश्चय की प्रेरणा देने के लिए महान् धर्मगुरु रामकृष्ण परमहंस के दर्शन प्राप्त होने भर की ही देर थी। वे स्वयं इसी मार्ग पर चल रहे थे और उनमें मैंने अपने सर्वोच्च आदर्श की निष्पत्ति के दर्शन किए।''

''तब क्या उन्होंने किसी सम्प्रदाय की स्थापना की, जिसका प्रतिनिधित्व आप इस समय कर रहे हैं?''

स्वामी जी ने तत्काल उत्तर दिया, ''नहीं, उनका सारा जीवन साम्प्रदायिकता और कट्टरता के तोड़ने में ही व्यतीत हुआ। उन्होंने किसी सम्प्रदाय की स्थापना नहीं की। उसका ठीक विपरीत ही किया। वे पूर्ण विचार-स्वातन्त्र्य के समर्थक थे और उसकी स्थापना के निमित्त उन्होंने पूर्ण प्रयास किया। वे एक महान् योगी थे।''

प्रश्न—तब तो इस देश के किसी समाज या सम्प्रदाय जैसे, थियोसॉफिकल सोसाइटी, क्रिश्चियन साइंटिस्ट[1] अथवा अन्य किसी सम्प्रदाय के साथ आपका कुछ भी सम्बन्ध न होगा?

स्वामी जी ने स्पष्ट और हृदयस्पर्शी स्वर में उत्तर दिया, ''नहीं, तनिक भी नहीं।'' (स्वामी जी का मुख ऐसा सरल, निष्कपट और ईमानदार है कि उनका मुखमंडल बालक की तरह चमक उठता है)। ''अपने गुरु के उपदेशों के आलोक में मैंने अपने प्राचीन शास्त्रों को जैसा समझा है, मैं उसी की शिक्षा देता हूँ। अलौकिक उपाय से प्राप्त किसी अलौकिक प्रामाण्य का दावा मैं नहीं करता। मेरे उपदेशों में सर्वोच्च बुद्धि को, जो ग्राह्य प्रतीत हो और विचारशील व्यक्ति जो कुछ स्वीकार कर सकें, उसी को मैं अपना पुरस्कार समझूँगा।''

वे कहते गए—''सभी धर्मों का लक्ष्य है कि किसी पूर्व रूप में भक्ति, ज्ञान अथवा योग की शिक्षा। वेदान्त इन साधना-पद्धतियों का अमूर्त विज्ञान है और मैं इसी विज्ञान का प्रचार करता हूँ। अपने निजी मूर्त मार्ग पर उसे लागू करने का कार्य मैं व्यक्तियों पर ही छोड़ देता हूँ। मैं प्रत्येक व्यक्ति को उसके अनुभव को ही प्रमाण-रूप से ग्रहण करने का उपदेश देता हूँ। और मैं यदि किन्हीं ग्रन्थों का उल्लेख करता हूँ, तो उन्हीं का जो प्राप्य हैं, और जिन्हें प्रत्येक स्वयं ही पढ़ सकता है। और सर्वोपरि मैं साधारण लोगों के लिए सर्वथा अदृश्य रहनेवाले उन अलौकिक महात्माओं की प्रामाणिकता का उपदेश नहीं करता, जो किसी व्यक्ति को माध्यम बनाकर अपनी बात कहते हैं; और न मैं यह दावा करता हूँ कि किन्हीं गुप्त पुस्तकों या पांडुलिपियों से मैंने कुछ

1. क्रिश्चियन साइन्टिस्ट (Christian Scientist)—अमेरिका के एक धर्म-सम्प्रदाय का नाम है। श्रीमती एडी नामक एक अमेरिका महिला इस सम्प्रदाय की प्रतिष्ठात्री हैं। इनके मतानुसार रोग, दु:ख, पाप आदि मन के भ्रम मात्र हैं; इसलिए हमें यदि दृढ़ विश्वास हो जाए कि 'हममें कोई भी रोग नहीं है; तो हम अवश्य रोगमुक्त हो जाएँगे। ये लोग कहते हैं कि हमीं वास्तव में ईसा के मत का पालन कर रहे हैं'; और वे (ईसा) जिस अलौकिक उपाय से रोगी को रोगमुक्त कर देते थे, हम भी पूर्वोक्त दृढ़ विश्वास के बल से वैसा कर सकते हैं। स.

सीखा है। न मैं किसी गुह्य समाज का प्रचारक हूँ और न मैं उस प्रकार की संस्थाओं से किसी प्रकार कल्याण होने में विश्वास ही रखता हूँ। सत्य स्वयं प्रमाण है और वह दिन के प्रकाश को सह सकता है।''

मैंने पूछा, ''तो, स्वामी जी, कोई समाज आदि स्थापित करने का विचार आपका नहीं है?''

उत्तर—नहीं, कोई भी समिति या समाज नहीं। मैं तो केवल उस आत्मा का उपदेश करता हूँ, जो सब प्राणियों के हृदय में गूढ़ भाव से अवस्थित है और जो सब में व्याप्त है। आत्मा का ज्ञान रखने वाले और उसके प्रकाश में अपना जीवन-यापन करने वाले मुट्ठी भर शक्तिशाली लोग सारी दुनिया में आज भी ऐसी क्रान्ति उत्पन्न कर सकते हैं, जैसी प्राचीन काल में एक दृढ़चित्त महापुरुष ने अपने समय में की थी।

चूँकि स्वामी जी का मुख प्राच्य सूर्य का संकेत देता है, इसलिए मैंने पूछा, ''क्या आप भारत से यहाँ हाल ही में आए हैं?''

स्वामी जी ने उत्तर दिया, ''नहीं, 1893 ई. में अमेरिका के शिकागो शहर में, जो धर्म-महासभा का अधिवेशन हुआ था, उसमें मैंने हिन्दू धर्म का प्रतिनिधित्व किया था। तब से मैं संयुक्त राष्ट्र अमेरिका में भ्रमण करते हुए वक्तृताएँ दे रहा हूँ। अमेरिकन लोग मेरे व्याख्यानों के अत्यन्त आग्रहवान श्रोता और मेरे सहानुभूतिशील मित्र रहे हैं। वहाँ मेरा कार्य इतना जम गया है कि मुझे शीघ्र ही वहाँ अवश्य लौट जाना पड़ेगा।''

प्रश्न—स्वामी जी, पाश्चात्य धर्म-मतों के विषय में आपकी क्या राय है?

उत्तर—मैं एक ऐसे दर्शन का प्रचार कर रहा हूँ, जो संसार के सारे धर्म-मतों की आधारशिला बन सकता है। मैं उन सबके प्रति अत्यन्त सहानुभूति रखता हूँ—मेरा उपदेश किसी धर्म का विरोधी नहीं है। मैं व्यक्ति की ओर ही विशेष ध्यान देता हूँ, उसे तेजस्वी बनाने की चेष्टा करता हूँ। मैं तो यही शिक्षा देता हूँ कि प्रत्येक व्यक्ति साक्षात् ब्रह्म है, और सबको उनके इसी आन्तरिक ब्रह्म भाव के सम्बन्ध में सचेत होने के लिए आह्वान करता हूँ। जानकर हो या बिना जाने, वस्तुतः यही सब धर्मों का आदर्श है।

प्रश्न—इस देश में आपका कार्य किस प्रकार का रूप लेगा?

उत्तर—मैं मनुष्यों को इन उपदेशों से, जिनका उल्लेख मैंने किया, भर देने की, और अपने-अपने ढंग से दूसरों के पास उनके प्रचारार्थ उत्साहित करने की आशा करता हूँ। वे मेरे उपदेशों को अपनी इच्छानुसार रूपान्तरित करें। मैं मतों के रूप में उनकी शिक्षा नहीं देता हूँ। अन्ततः सत्य की ही अवश्य जय होती है।

''प्रकृत कार्य-यंत्र, जिसके माध्यम से मैं कार्य कर रहा हूँ, उसका भार मेरे दो-एक बन्धुओं पर है। 22 अक्टूबर की शाम को साढ़े आठ बजे 'पिकेडिली प्रिन्सेज हॉल' में अंग्रेज श्रोताओं के लिए उन्होंने मेरे एक भाषण की व्यवस्था की है। इस विषय की घोषणा की जा रही है। विषय है मेरे दर्शन का मूल तत्त्व—'आत्म-ज्ञान।' उसके

बाद अपने उद्देश्य की पूर्ति के लिए जो भी उपाय दिखेंगे, मैं उनका अवलम्बन करने के लिए तैयार हूँ—लोगों के बैठकखाने में या अन्य किसी स्थान की सभा में उपस्थित होना, पत्र का उत्तर देना अथवा स्वयं ही विचार-विमर्श करना इत्यादि। इस अर्थ-लिप्सा-प्रधान युग में मैं इस बात को स्पष्ट कर देना चाहता हूँ कि मेरा कोई भी कार्य अर्थ-प्राप्ति के लिए नहीं है।"

इसके उपरान्त, जितने लोगों से मुझे मिलने का सौभाग्य प्राप्त हुआ है, उनमें इस अत्यन्त मौलिक व्यक्ति से मैंने विदा ली।

('वेस्ट मिनिस्टर गजट', 23 अक्टूबर, 1895 ई.)

भारत का मिशन

इंग्लैंडवासी इस तथ्य को अच्छी तरह जानते हैं कि वे भारत के 'प्रवाल तटों'[1] को मिशनरी भेजते हैं। वास्तव में, वे इस धर्माज्ञा का, 'तुम समस्त संसार में जाओ और ईश्वर के सन्देश का प्रचार करो' इतनी पूर्णता के साथ पालन करते हैं, कि मुख्य ब्रिटिश सम्प्रदायों में कोई भी ईसा की शिक्षा के प्रचार के इस आदेश का पालन करने में पीछे नहीं रहा है। पर लोग इस बात को इतनी अच्छी तरह नहीं जानते कि भारत भी इंग्लैंड में धर्म-प्रचारक भेजता है।

संयोग की बात है, यदि इस शब्द का उपयोग किया जा सके, मैं स्वामी विवेकानन्द के अस्थायी निवास 63, सेंट जॉर्ज रोड, एस. डब्ल्यू. में उनके सामने पड़ गया; और क्योंकि उन्होंने अपने कार्य की रूपरेखा और अपने इंग्लैंड आगमन के विषय में बातचीत करने से कोई आपत्ति नहीं की, इसलिए मैं उनके निकट पहुँचा, और अपने अनुरोध की स्वीकृति पर आश्चर्य प्रकट करते हुए बात आरम्भ की।

"मैं अमेरिका में इंटरव्यू लेनेवालों से पूर्ण अभ्यस्त हो गया हूँ। क्योंकि मेरे देश में ऐसा रिवाज नहीं है, इसलिए यह कोई कारण नहीं है कि मैं जिस देश में जाऊँ, वहाँ सुलभ साधनों का उपयोग उन बातों को फैलाने के लिए न करूँ, जिनका मैं प्रचार करना चाहता हूँ! वहाँ मैं 1893 में, शिकागो की विश्व-धर्म-महासभा में हिन्दू धर्म का प्रतिनिधि था। मैसूर के राजा और कुछ दूसरे मित्रों ने मुझे वहाँ भेजा था। मैं समझता हूँ कि मैं अमेरिका में कुछ सफलता प्राप्त करने का दावा कर सकता हूँ। शिकागो के अतिरिक्त मुझे अमेरिका के अन्य बड़े नगरों से भी बहुत से निमंत्रण मिले। मैं वहाँ बहुत दिनों तक ठहरा; क्योंकि पिछली गर्मियों में और, जैसा कि आप देख रहे हैं, इन गर्मियों में इंग्लैंड आने के अतिरिक्त, मैं अमेरिका में लगभग तीन वर्ष रहा। मेरी राय में अमेरिका की सभ्यता एक महान् सभ्यता है। मैंने अमेरिकी मस्तिष्क को नए विचारों के प्रति विशेष रूप से संवेदनशील पाया है। वहाँ कोई बात इसलिए त्याज्य नहीं है, क्योंकि वह नई है। वह अपनी अच्छाई और बुराई के आधार पर जाँची जाती है और केवल इसी आधार पर स्वीकार अथवा अस्वीकार की जाती है।"

---

1. इस धारणा के अनुसार कि भारत के सागर-तट पर प्रवाल पाए जाते हैं, प्राचीन समय में पाश्चात्य लोग भारत के साथ इसी नाम से परिचित थे। सं.

''जबकि इंग्लैंड में—क्या आप संकेत से कुछ कहना चाहते हैं ?''

''हाँ। इंग्लैंड में सभ्यता पुरानी है। ज्यों-ज्यों सदियाँ बीती हैं, उसमें बहुत विस्तार हुआ है। विशेष रूप से, आपके बहुत से पूर्वाग्रह बन गए हैं, जिनको जीतने की आवश्यकता है, और जो कोई आपसे विचारों का आदान-प्रदान करता है, उसे यह काम करना होगा।''

''ऐसा कहा जाता है। मैं समझता हूँ कि आपने अमेरिका में किसी धर्म अथवा नए मत की स्थापना नहीं की है।''

''यह सच है। संगठनों की संख्या बढ़ाना हमारे सिद्धान्तों के विपरीत है; क्योंकि, सब प्रकार से, उनकी संख्या पहले ही काफी है। और जब संगठन बनाए जाते हैं, तो उनकी देख-रेख के लिए व्यक्तियों की आवश्यकता होती है। और वे जिन्होंने संन्यास ले लिया है—अर्थात् जिन्होंने सब सांसारिक पद, सम्पदा और ख्याति त्याग दी है—तथा जिनका उद्देश्य आध्यात्मिक ज्ञान की खोज है, इस काम को नहीं सँभाल सकते, और वह फिर दूसरों के हाथों में चला जाता है।''

''क्या आपकी शिक्षा एक तुलनात्मक धर्म-प्रणाली है ?''

''इस विषय में अधिक सुनिश्चित धारणा हमें शायद यह कहने से प्राप्त हो सकती है कि वह धर्म के सब रूपों का सार है; उनके ऊपर से अ-सार को हटाकर उसके ऊपर बल देना है जो उनका वास्तविक आधार है। मैं रामकृष्ण परमहंस का शिष्य हूँ। वे एक पूर्ण संन्यासी थे। मैं उनके प्रभाव और विचारों से प्रभावित हुआ। इस महान् संन्यासी ने दूसरे धर्मों के प्रति कभी नकारात्मक अथवा आलोचनात्मक दृष्टिकोण नहीं रखा, वरन् उनके सकारात्मक पक्ष को प्रदर्शित किया अर्थात् जीवन में उनका कैसे पालन और अभ्यास किया जा सकता है। झगड़ना, विरोध का दृष्टिकोण रखना उनकी शिक्षा के बिलकुल विपरीत पड़ता है; उनकी शिक्षा का विषय यह सत्य है कि संसार प्रेम से चलता है। आप जानते हैं कि हिन्दू धर्म विधर्मियों को कभी कष्ट नहीं पहुँचाता। यह एक ऐसा देश है, जहाँ सब धर्म शान्ति और सद्भावना के साथ रह सकते हैं। मुसलमान अपने साथ हत्या और वध लाए, पर उनके आने से पहले शान्ति का शासन था। इस प्रकार जैन, जो किसी ईश्वर में विश्वास नहीं करते और ऐसे विश्वास को भ्रम समझते हैं, सहन किए गए और वे आज भी हैं। भारत वास्तविक शक्ति, नम्रता का उदाहरण उपस्थित करता है। आक्रमण, दुस्साहस, संघर्ष ये सब बातें दुर्बलता हैं।''

''यह बहुत कुछ टाल्स्टाय के सिद्धान्त के समान जान पड़ता है, इससे व्यक्तियों का काम चल सकता है, यद्यपि मैं स्वयं इस पर सन्देह करता हूँ। पर इससे राष्ट्रों का काम कैसे चलेगा ?''

''उनका काम भी बहुत अच्छी तरह से चलेगा। यह भारत का कर्म था, उसका भाग्य था, कि वह जीत जाए, और अपनी बारी आने पर, अपने विजेता पर विजय प्राप्त करे। वह अपने मुसलमान विजेताओं के प्रति यह कर चुका है। शिक्षित मुसलमान

सूफी हैं, उनमें और हिन्दुओं में विशेष भेद नहीं है। हिन्दू विचार उनकी सभ्यता में रम गया और उन्होंने शिक्षार्थी की स्थिति ले ली है। मुगल सम्राट् महान् अकबर व्यवहारत: हिन्दू था। और समय आने पर इंग्लैंड भी विजित होगा। आज उसके हाथों में तलवार है, पर विचारों के संसार में वह व्यर्थ से भी अधिक गया-बीता है। आप जानते हैं कि शापेनहॉवर ने भारतीय चिन्तन के बारे में क्या कहा है। उन्होंने भविष्यवाणी की है कि जब ये विचार हमारे सुपरिचित हो जाएँगे, तो यूरोप पर उनका प्रभाव उतना ही गम्भीर पड़ेगा, जितना कि अन्ध युग के बाद यूनानी और लेटिन संस्कृति के पुनर्जीवन का पड़ा था।''

''क्षमा करें, यदि मैं कहूँ कि अभी तो इसके कोई लक्षण दिखाई नहीं देते।''

''शायद नहीं।'' स्वामी जी गम्भीरता से बोले, ''मैं यह कहने का साहस कर सकता हूँ कि बहुत से लोगों को पुराने नवजागरण के चिह्न भी दिखाई नहीं दिए थे, और उन्हें उसके आगमन का पता उस समय भी नहीं चला था, जबकि वह आ चुका था। पर एक महान् गति आ रही है, जिसे वे लोग ही पहचान सकते हैं, जो समय के संकेतों को समझते हैं। पिछले कुछ वर्षों में प्राच्य अन्वेषणों में बहुत प्रगति हुई है। अभी वे विद्वानों के हाथों में हैं, और जो कार्य उन्होंने किया है, उसमें वे नीरस और भारी दिखाई देते हैं। पर धीरे-धीरे समझ का प्रकाश फैलेगा।''

''और भारत भविष्य का महान् विजेता होगा। पर वह अपने विचारों के प्रचार के लिए अधिक धर्मोपदेशक नहीं भेजता। मैं समझता हूँ कि वह उस समय तक प्रतीक्षा करेगा, जब तक कि संसार उसके चरणों में नहीं आ जाता।''

''एक समय था, जब भारत धर्म-प्रचार-कार्य की एक महान् शक्ति था। इंग्लैंड के ईसाई धर्म स्वीकार करने के सैकड़ों वर्ष पहले बुद्ध ने एशिया को दुनिया को अपने सिद्धान्त में दीक्षित करने के लिए धर्म-प्रचारक भेजे थे। विचारों के संसार में परिवर्तन आ रहा है। हम अभी केवल आरम्भ कर रहे हैं। उन लोगों की संख्या जो धर्म के किसी रूपविशेष को स्वीकार करने से इनकार करते हैं, बहुत बढ़ रही है, और यह हलचल शिक्षित वर्ग में है। अभी हाल की एक अमेरिकी जन-गणना में बहुत से लोगों ने अपने को किसी विशिष्ट धार्मिक वर्ग से सम्बन्ध रखनेवाला लिखवाना अस्वीकार किया है। सब धर्म एक ही सत्य की विभिन्न अभिव्यक्तियाँ हैं; वे आगे बढ़ते हैं, नहीं तो मर जाते हैं। वे एक ही सत्य-स्वरूप केन्द्र की त्रिज्याएँ हैं; वे रूप हैं जिनकी विविध मस्तिष्कों को आवश्यकता होती है।''

''अब हम समस्या के निकट पहुँच रहे हैं। यह केन्द्रीय सत्य क्या है ?''

''वह है भीतर का ईश्वर। प्रत्येक व्यक्ति, चाहे वह कितना ही पतित हो, ईश्वर की—दिव्यत्व की अभिव्यक्ति है। दिव्यत्व पर आवरण आ जाता है, वह दृष्टि से छिप जाता है। मुझे भारतीय विद्रोह की एक घटना याद आती है। वर्षों तक चिर मौन रहने के व्रत की साधना करने वाले एक स्वामी जी को एक मुसलमान ने छुरा भोंक दिया।

लोग हत्यारे को खींचकर आहत के सामने ले गए और बोले, 'स्वामी जी, आप कहें, तो हम इसे ठिकाने लगा दें।' अनेक वर्षों तक मौन रहने के बाद उसने अपना व्रत अपने अन्तिम समय में यह कहने के लिए तोड़ा, 'मेरे बच्चो, तुम सब भूल में हो। यह मनुष्य साक्षात् ईश्वर है।' महान् शिक्षा यह है कि सबके पीछे वही एक है। उसे गॉड, प्रेम, आत्मा, अल्लाह, जिहोवा—चाहे जो कहिए, वह है वही एक, जो निम्नतम जन्तु से लेकर उच्चतम मनुष्य तक, सब जीवों को प्राणवान बनाता है। आप बहुविध छिद्रों में विद्ध हिम से आवेष्ठित एक महासागर की कल्पना कीजिए, इनमें से प्रत्येक छिद्र एक आत्मा है, एक मनुष्य है, जो अपनी बुद्धि की मात्रा के अनुसार मुक्त होने का प्रयत्न कर रहा है और बर्फ़ को तोड़कर निकलने का प्रयास कर रहा है।''

''मैं समझता हूँ कि मुझे पूर्व और पश्चिम के आदर्श में एक अन्तर दिखाई देता है। आप संन्यास, मनन और ऐसे ही उपायों द्वारा अत्यन्त पूर्ण व्यक्ति उत्पन्न करना चाहते हैं। और पश्चिम का आदर्श यह जान पड़ता है कि वह समाज-व्यवस्था को पूर्ण बनाए और इसलिए हम राजनीतिक और सामाजिक समस्याओं पर कार्य करते हैं, क्योंकि हम समझते हैं कि हमारी सभ्यता का स्थायित्व लोगों के कल्याण पर निर्भर है।''

स्वामी जी ने बड़ी गम्भीरता से कहा, ''पर सभी सामाजिक और राजनीतिक व्यवस्थाएँ मनुष्यों के भलेपन पर टिकती हैं। कोई राष्ट्र इसलिए महान् और अच्छा नहीं होता कि पार्लियामेंट ने यह या वह पास कर दिया है, वरन् इसलिए होता है कि उसके निवासी महान् और अच्छे होते हैं। मैं चीन गया हूँ, उसका संगठन, सब राष्ट्रों से अधिक प्रशंसनीय है। फिर भी चीन आज एक अव्यवस्थित भीड़ है, क्योंकि उसके निवासी अब प्राचीन काल में बनाई गई व्यवस्था की आवश्यकता के अनुसार सक्षम नहीं हैं। धर्म इस समस्या की जड़ तक पहुँचता है। यदि वह ठीक रहता है, तो सब ठीक होता है।''

''ईश्वरत्व प्रत्येक के भीतर है, पर आच्छन्न है, यह बात अस्पष्ट और व्यावहारिक जीवन से दूर मालूम होती है। मनुष्य सदा उसी की खोज में नहीं रह सकता।''

''बहुत से लोग अक्सर एक ही उद्देश्य के लिए काम करते हैं, पर इस तथ्य को पहचान नहीं पाते। यह तो हमें मान ही लेना चाहिए कि कानून, सरकार, राजनीति ऐसी अवस्थाएँ हैं, जो किसी प्रकार अन्तिम नहीं हैं। उनसे परे एक ध्येय है, जहाँ कानून की आवश्यकता नहीं होती। और साथ ही स्वयं संन्यासी शब्द का अर्थ है : विधित्यागी ब्रह्मतत्त्वान्वेषी, या यह कह सकते हैं, 'नेतिवादी' ब्रह्मज्ञानी। पर यह भी है कि जो लोग ऐसे शब्द का उपयोग करते हैं, उन्हें सदा भ्रम बना रहता है। ईसा ने देखा कि विधि-नियम उन्नति का मूल नहीं है, केवल नैतिकता और पवित्रता ही शक्ति है। अपने इस कथन के बारे में कि पूर्व का उद्देश्य उच्चतर आत्म-विकास और पश्चिम के सामाजिक शासन को पूर्ण करना है, आप निश्चय ही यह नहीं भूल रहे हैं कि एक हमारा दृश्य व्यक्तित्व है और एक वास्तविक व्यक्तित्व है।''

''आपका तात्पर्य निश्चय ही यह है कि हम दृश्य के लिए काम करते हैं और आप वास्तविक के लिए।''

''मन पूर्ण विकास प्राप्त करने के लिए विभिन्न अवस्थाओं में होकर आगे बढ़ता है। पहले वह ठोस को पकड़ता है और फिर धीरे-धीरे सिद्धान्तों में पहुँचता है। यह भी देखिए कि हम विश्व-बन्धुत्व के विचार तक कैसे पहुँचते हैं। पहले हम उसे एक दृढ़, संकीर्ण और पृथक् सम्प्रदाय के भीतर ग्रहण करते हैं। फिर धीरे-धीरे हम विस्तृत सामान्यीकरण और सूक्ष्म विचारों के संसार में पदार्पण करते हैं।''

''तो आप समझते हैं कि वे सम्प्रदाय जो इंग्लैंडवासियों को इतने प्रिय हैं, समाप्त हो जाएँगे? आप जानते हैं कि एक फ्रांसीसी ने कहा था कि 'इंग्लैंड ऐसा देश है, जहाँ सम्प्रदाय तो हजार हैं, पर सबकी रुचि एक ही है।''

''मुझे पूर्ण विश्वास है कि उन्हें समाप्त होना है। उनकी स्थापना अ-सार बातों के आधार पर हुई है : उनका सार भाग रहेगा और एक दूसरी इमारत के रूप में निर्मित होगा। आप इस पुरानी कहावत को तो जानते हैं कि किसी सम्प्रदाय में पैदा होना तो ठीक है, पर उसी में मरना ठीक नहीं है।''

''शायद आप इस विषय में कुछ कहेंगे कि इंग्लैंड में आपका काम कैसा चल रहा है?''

''धीरे-धीरे, उसी कारण से, जो मैंने अभी बताया है। जब आप मूल और आधार के प्रति कुछ करना चाहते हैं, तो समस्त वास्तविक प्रगति मन्द ही होगी। निश्चय ही मुझे यह कहने की आवश्यकता नहीं है कि ये विचार, इस रीति से नहीं, तो किसी दूसरी से, फैले बिना न रहेंगे, और हममें से बहुतों का विचार है कि उनके प्रचार का उचित समय अब आ गया है।''

इसके बाद मैंने वह विवरण सुना कि उनका काम किस प्रकार चलाया जाता है। बहुत से पुराने सिद्धान्तों के समान यह नया सिद्धान्त भी बिना शुल्क और बिना मूल्य वितरित किया जाता है, यह पूर्णतया उन्हीं लोगों के निजी प्रयासों पर निर्भर होता है, जो उसे अपनाते हैं।

स्वामी जी अपनी पूर्वीय वेश-भूषा में एक दर्शनीय व्यक्ति हैं। उनका सरल और प्रेमपूर्ण ढंग, जिससे उदासीपन की सामान्य धारणा की तनिक भी गन्ध नहीं आती, अंग्रेजी भाषा पर उनका असाधारण अधिकार और वार्तालाप की महान् क्षमता उनके व्यक्तित्व की रोचकता में काफी वृद्धि करती है। उनके संन्यास व्रत का अर्थ है पद, सम्पदा और ख्याति का त्याग और आध्यात्मिक ज्ञान की निरन्तर खोज।

('संडे टाइम्स', लन्दन, 1896)

वार्तालाप एवं संलाप

स्थान : दक्षिणेश्वर कालीमन्दिर और आलमबाजार मठ
(वर्ष : 1897, मार्च)

जब स्वामी जी प्रथम बार इंग्लैंड से लौटे, तब रामकृष्ण मठ आलमबाजार में था। जिस भवन में मठ था, उसे लोग 'भुतहा मकान' कहते थे—परन्तु वहाँ संन्यासियों के संसर्ग से यह भुतहा मकान रामकृष्ण तीर्थ में परिणत हो गया था। वहाँ के साधन-भजन, जप-तप, शास्त्र-प्रसंग और नाम-कीर्तन का क्या ठिकाना था! कलकत्ते में राजाओं के समान सम्मान प्राप्त होने पर भी स्वामी जी उस टूटे-फूटे मठ में ही रहने लगे। कलकत्ता-निवासियों ने श्रद्धान्वित होकर कलकत्ते की उत्तर दिशा में काशीपुर में गोपाललाल शील के बाग में एक स्थान उनके लिए एक मास के लिए निर्धारित किया था। वहाँ भी स्वामी जी कभी-कभी रहकर दर्शनोत्सुक लोगों से धर्म-चर्चा करके उनके मन की इच्छा पूर्ण करने लगे।

श्री रामकृष्ण का जन्मोत्सव अब निकट है। इस वर्ष रानी रासमणि के दक्षिणेश्वर काली मन्दिर में उत्सव के लिए काफी जोरों से तैयारी हुई है। प्रत्येक धर्मपिपासु व्यक्ति के आनन्द और उत्साह की कोई सीमा नहीं, रामकृष्ण के सेवकों का तो कहना ही क्या है। इसका विशेष कारण यह है कि विश्वविजयी स्वामी जी श्री रामकृष्ण की भविष्यवाणी को सफल करके इस वर्ष विदेश से लौट आए हैं। उनके सभी गुरुभाई आज उनसे मिलकर श्री रामकृष्ण के सत्संग का आनन्द अनुभव कर रहे हैं। काली मन्दिर के दक्षिण की विस्तृत रंधनशाला में भोगादिक की व्यवस्था हो रही है। स्वामी जी कुछ गुरुभाइयों को अपने साथ लेकर 9-10 बजे के लगभग वहाँ आ पहुँचे। उनके पाँव नंगे थे और सिर पर गेरुए रंग की पगड़ी थी। उनकी आनन्दमूर्ति का दर्शन कर चरण-कमलों का स्पर्श करने और उनके श्रीमुख से ज्वलन्त धर्मवाणी सुनकर कृतार्थ होने के लिए लोग चारों ओर से बड़ी भीड़ में आने लगे। इसी कारण आज स्वामी जी के विश्राम के लिए तनिक भी अवसर नहीं। माँ काली के मन्दिर के सामने हजारों लोग एकत्र हैं। स्वामी जी ने जगन्माता को साष्टांग प्रणाम किया और उनके साथ ही साथ सहस्त्रों लोगों ने भी उसी तरह प्रणाम किया। तत्पश्चात् श्री राधाकान्त जी की मूर्ति को प्रणाम करके श्री रामकृष्ण के वासगृह में पधारे। यहाँ ऐसी भीड़ हुई कि तिल भर भी स्थान शेष न रहा। काली मन्दिर की चारों दिशाएँ 'जय रामकृष्ण' ध्वनि से भर

गईं। होरमिलर (Hoarmiller) कम्पनी का जहाज हजारों दर्शकों को आज अपनी गोद में बिठाकर बराबर कलकत्ते से यातायात कर रहा है। नौबत आदि के मधुर स्वर पर सुरधुनी गंगा नृत्य कर रही हैं; मानो उत्साह, आकांक्षा, धर्मपिपासा और अनुराग साक्षात् देह धारण कर श्री रामकृष्ण के पार्षदों के रूप में चारों ओर विराजमान हैं। इस वर्ष के उत्सव का अनुमान ही किया जा सकता है। भाषा में इतनी शक्ति कहाँ कि उसका वर्णन कर सके।

स्वामी जी के साथ आई हुई दो अंग्रेज महिलाएँ उत्सव में उपस्थित हैं। शिष्य उनसे अभी तक परिचित न था। स्वामी जी उनको साथ लेकर पवित्र पंचवटी और बेलतल्ला दिखला रहे थे। शिष्य का स्वामी जी से विशेष परिचय न होने पर भी उसने उनके पीछे-पीछे जाकर उत्सव विषयक स्वरचित एक संस्कृत स्तोत्र उनके हाथ में दिया। स्वामी जी उसे पढ़ते हुए पंचवटी की ओर चले। चलते-चलते शिष्य की ओर देखकर बोले, "अच्छा लिखा है, तुम और भी लिखना।"

पंचवटी की एक ओर श्री रामकृष्ण के गृहस्थ भक्तगण एकत्र हैं। गिरीशचन्द्र घोष पंचवटी के उत्तर में गंगा की ओर मुँह किए बैठे हैं और उनको घेरे बहुत से भक्त श्री रामकृष्ण के गुणों के व्याख्यान और कथा प्रसंग में मग्न हुए बैठे हैं। इसी अवसर पर स्वामी जी बहुत से लोगों के साथ गिरीशचन्द्र जी के पास उपस्थित हुए और "अरे! घोष जी यहाँ हैं!" यह कहकर उनको प्रणाम किया। गिरीश बाबू को पिछली बातों का स्मरण दिलाकर स्वामी जी बोले, "घोष जी, वह भी एक समय था और यह भी एक समय है।" गिरीश बाबू ने भी प्रतिनमस्कार किया। गिरीश बाबू स्वामी जी से सहमत होकर बोले, "इसमें क्या संदेह! किन्तु अभी तक मन चाहता है कि और भी देखूँ।" दोनों में कुछ ऐसा ही वार्तालाप हुआ। उसका गूढ़ अर्थ ग्रहण करने में और कोई समर्थ न हुआ। कुछ देर वार्तालाप कर स्वामी जी पंचवटी के उत्तर-पूर्व जो बेल का वृक्ष था, उसकी ओर चले गए। स्वामी जी के चले जाने पर गिरीश बाबू ने उपस्थित भक्त मंडली को सम्बोधन करके कहा, "एक दिन हरमोहन मित्र ने संवाद-पत्र में पढ़कर मुझसे कहा था कि अमेरिका में स्वामी जी के विषय में निन्दा प्रकाशित हुई है। मैंने तब उनसे कहा था कि यदि मैं अपनी आँखों से ही नरेन्द्र को कोई बुरा काम करते देखूँ तो यही समझूँगा कि यह मेरी आँखों का विकार है, मैं उन आँखों को निकाल फेंकूँगा। वे सब (नरेन्द्रादि) सूर्योदय से पहले निकाले हुए मक्खन के सदृश हैं; क्या साररूपी पानी में वे कभी घुल सकते हैं? जो उसमें दोष निकालेगा वह नरक का भागी होगा।" यह वार्तालाप हो ही रहा था कि इतने में स्वामी निरंजनानन्द गिरीश बाबू के पास आए और एक नारियल का हुक्का पीते-पीते कोलम्बो से कलकत्ते तक लौटने की घटना—किस प्रकार विभिन्न स्थानों में लोगों ने स्वामी जी का आदर और सत्कार किया और स्वामी जी ने अपने व्याख्यानों में उनको कैसे अनमोल उपदेश दिए—आदि का वर्णन करने लगे। गिरीश बाबू इन बातों को सुन आश्चर्यचकित हो बैठे रहे।

उस दिन दक्षिणेश्वर के देवालय में एक प्रकार का दिव्य भाव प्रवाहित हो रहा था। अब यह विराट् जनसंघ स्वामी जी के व्याख्यान को सुनने के लिए उद्ग्रीव होकर खड़ा हो गया। परन्तु अनेक चेष्टा करने पर भी स्वामी जी लोगों के कोलाहल की अपेक्षा ऊँचे स्वर से भाषण न दे सके। लाचार होकर उन्होंने कोशिश छोड़ दी और दोनों अंग्रेज महिलाओं को साथ लेकर श्री रामकृष्ण के साधना-स्थान दिखाने और उनके विशिष्ट भक्तों तथा अंतरंगों से उनका परिचय कराने लगे। धर्मशिक्षा के निमित्त ये दो अंग्रेज महिलाएँ बहुत दूर से स्वामी जी के साथ आई हैं, यह जानकर किसी-किसी को बहुत आश्चर्य हुआ और वे आपस में स्वामी जी की अद्भुत शक्ति की बातें करने लगे।

तीसरे पहर तीन बजे स्वमाी जी ने शिष्य से कहा, ''एक गाड़ी लाओ, मठ को जाना है।'' शिष्य आलमबाजार तक के लिए दो आने किराए पर एक गाड़ी ले आया। स्वामी जी उसमें बैठे और अपने दाएँ-बाएँ स्वामी निरंजनानन्द और शिष्य को ले बड़े आनन्द से मठ की ओर अग्रसर हुए। जाते-जाते शिष्य से कहने लगे, ''जिन कल्पित भावों को अपने जीवन या कार्य में न उतारा हो, उनसे क्या होगा ? इन सब उत्सवों की जरूरत है। इन्हीं से तो जनसमुदाय में ये सब भाव धीरे-धीरे फैलेंगे। हिन्दुओं के बारह महीनों में तेरह पर्व होते हैं। उनका उद्देश्य यही है कि धर्म में जितने ऊँचे भाव हैं उनको सर्वसाधारण में फैलाया जाए। परन्तु इनमें एक दोष भी है। साधारण लोग इनका यथार्थ भाव न समझकर उत्सवों में ही मग्न हो जाते हैं और उनके समाप्त हो जाने पर ज्यों के त्यों बने रहते हैं। इस कारण ये उत्सव धर्म के बाहरी आवरण मात्र हैं। धर्म तथा आत्मज्ञान को निस्सन्देह ये ढाँके रहते हैं।

''परन्तु जो लोग धर्म क्या है, आत्मा क्या है, यह नहीं जानते, वे भी उत्सवों से प्राप्त आनन्द के जरिए धीरे-धीरे इन विषयों के जानने की चेष्टा करने लगते हैं। आज ही जो श्री रामकृष्ण का जन्मोत्सव हुआ और इसमें जो लोग आए, उनके हृदय में श्री गुरुदेव के विषय में जानने की—वे कौन थे जिनके नाम पर इतने लोग एकत्र हुए और उन्हीं के नाम पर क्यों वे आए—इच्छा अवश्य उत्पन्न होगी। और जिनके मन में यह भाव भी उत्पन्न नहीं हुआ होगा वे कम से कम वर्ष में एक बार कीर्तन सुनने तथा प्रसाद पाने के निमित्त तो आएँगे ही और ऊपर से श्री गुरुदेव के भक्तों के दर्शन लाभ कर उनका उपकार ही होगा, न कि अपकार।''

शिष्य—यदि लोग इस उत्सव और भजन-कीर्तन को ही धर्म का सार समझ लें तो क्या वे भी धर्ममार्ग में आगे बढ़ सकेंगे ? हमारे देश में जैसे षष्ठी पूजा, मंगलचंडी पूजा आदि नित्य-नैमित्तिक हो गई हैं, वैसे ही ये भी हो जाएँगे। लोग मृत्यु पर्यन्त ऐसी पूजा करते रहते हैं, परन्तु मैंने ऐसा कोई भी मनुष्य नहीं देखा जो ऐसा पूजन करने से ब्रह्मज्ञ हो गया हो।

स्वामी जी—क्यों ? इस भारत में जितने धर्मवीरों ने जन्म लिया, वे सब इन्हीं पूजाओं का अवलम्बन कर ऊँची अवस्था को प्राप्त हुए हैं। इन पूजाओं का आश्रय

लेकर साधना करते हुए जब आत्मदर्शन होता है, तब इनसे मन बँधा नहीं रहता; फिर लोकसंग्रह के लिए अवतारी महापुरुष भी इन सबको मानते हैं।

शिष्य—जी, लोगों को दिखाने के लिए ऐसा मान सकते हैं, किन्तु जब आत्मज्ञ पुरुषों को यह संसार ही इन्द्रजालवत मिथ्या प्रतीत होता है, तब क्या वे इन सब बाहरी लौकिक व्यवहारों को सच्चे भाव से मान सकते हैं?

स्वामी जी—क्यों नहीं? हमारा सत्य समझना भी तो देश काल पात्र सापेक्ष होता है। इसीलिए अधिकारी से इन सब व्यवहारों का प्रयोजन है। श्री ठाकुर जैसा कहा करते थे, "माता किसी सन्तान को पुलाव और दलिया पकाकर देती है तो किसी को साबूदाना।" ठीक उसी तरह।

अब शिष्य समझ पाया और शान्त हो गया। देखते-देखते गाड़ी भी आलम-बाजार के मठ में आ पहुँची। शिष्य गाड़ी का किराया देकर स्वामी जी के साथ मठ में गया और स्वामी जी के पीने के लिए जल ले आया। स्वामी जी ने जल पीकर अपना कुर्ता उतार डाला और जमीन पर जो दरी बिछी थी उसी पर अर्द्ध शयन करते हुए विश्राम करने लगे। स्वामी निरंजनानन्द जो पास ही विराजमान थे, बोले, "उत्सव में ऐसी भीड़ इसके पहले कभी नहीं हुई थी, मानो सारा कलकत्ता टूटा पड़ा हो।"

स्वामी जी—क्यों न ऐसा होगा, आगे और भी कितना कुछ होगा।

शिष्य—प्रत्येक धर्म-सम्प्रदाय में यह देखा जाता है कि किसी न किसी प्रकार का बाहरी उत्सव और आमोद मनाया जाता है, परन्तु इस विषय में कोई किसी से मेल नहीं रखता! ऐसे उदार मोहम्मदीय धर्म में भी शिया-सुन्नियों में दंगा-फसाद होता है। मैंने स्वयं ढाका शहर में देखा है।

स्वामी जी—सम्प्रदाय होने पर थोड़ा-बहुत ऐसा होगा ही, परन्तु क्या तू यहाँ का भाव जानता है? यहाँ पूर्ण असाम्प्रदायिकता है। यही दिखलाने के निमित्त हमारे गुरुदेव ने जन्म लिया था। वे सबको मानते थे, परन्तु यह भी कहते थे कि ब्रह्मज्ञान की दृष्टि से यह सब मिथ्या माया ही है।

शिष्य—महाराज आपकी बात समझ में नहीं आती। मेरे मन में कभी-कभी ऐसा अनुमान होता है कि आप भी ऐसे उत्सवों का प्रचार करके श्री रामकृष्ण के नाम से एक नए सम्प्रदाय को जन्म दे रहे हैं। मैंने पूज्यपाद नाग महाशय से सुना है कि श्री गुरुदेव किसी भी सम्प्रदाय में नहीं थे। शाक्त, वैष्णव, ब्राह्मसमाजी, मुसलमान, ईसाई इन सभी धर्मों का वे बहुत मान करते थे।

स्वामी जी—तूने कैसे समझा कि हम सब मतों का समान आदर नहीं करते?

यह कहकर स्वामी जी हँसकर स्वामी निरंजनानन्द से बोले, "अरे! यह गँवार कहता क्या है?"

शिष्य—कृपा करके यह बात मुझे समझा दीजिए।

स्वामी जी—तूने तो मेरे व्याख्यान पढ़े हैं। क्या कहीं भी मैंने श्री रामकृष्ण का

नाम लिया है ? मैंने तो जगत् में केवल उपनिषदों के धर्म का ही प्रचार किया है।

शिष्य—महाराज, यह तो ठीक है। परन्तु आपसे परिचय होने पर मैं देखता हूँ कि आप श्री रामकृष्ण में लीन हैं। यदि आपने श्री गुरुदेव को भगवान् जाना है तो क्यों नहीं लोगों से आप यह स्पष्ट कह देते ?

स्वामी जी—मैंने जो अनुभव किया है वही बतलाया है। यदि तूने वेदान्त के अद्वैत मत को ही ठीक माना है तो क्यों नहीं लोगों को भी यह समझा देता ?

शिष्य—पहले मैं स्वयं अनुभव करूँगा, तभी तो समझाऊँगा। मैंने अभी तो केवल इस मत को पढ़ा ही है।

स्वामी जी—तब पहले तू इसकी अनुभूति कर ले; फिर लोगों को समझा सकेगा। वर्तमान में तो प्रत्येक मनुष्य एक-एक मत पर विश्वास करके चल रहा है। इसमें तू कुछ कह ही नहीं सकता, क्योंकि तू भी तो अभी एक मत पर ही विश्वास करके चल रहा है।

शिष्य—हाँ महाराज, यह सत्य है कि मैं भी एक मत पर विश्वास करके चल रहा हूँ, किन्तु मैं इसका प्रमाण शास्त्र से देता हूँ। मैं शास्त्र के विरोधी मत को नहीं मानता।

स्वामी जी—शास्त्र से तेरा क्या अर्थ है ? यदि उपनिषदों को प्रमाण माना जाए तो क्यों बाइबिल, जेन्दावेस्ता न प्रमाण माने जाएँ ?

शिष्य—इन पुस्तकों को प्रमाण स्वीकार करने पर भी यह तो कहा ही जाएगा कि ये तो वेद के समान प्राचीन ग्रन्थ नहीं हैं। और वेद में जैसा आत्म-तत्त्व का समाधान है, वैसा और किसी में है भी नहीं।

स्वामी जी—अच्छा, तेरी यह बात मैंने स्वीकार की, परन्तु वेद के अतिरिक्त और कहीं भी सत्य नहीं है, यह कहने का तेरा क्या अधिकार है ?

शिष्य—जी महाराज, वेद के अतिरिक्त और सब धर्म ग्रन्थों में भी सत्य हो सकता है, इसके विरुद्ध मैं कुछ नहीं कहता, किन्तु मैं उपनिषद् के मत को ही मानूँगा। इसी में मेरा परम विश्वास है।

स्वामी जी—अवश्य मानो; परन्तु यदि किसी का अन्य किसी मत पर 'परम' विश्वास हो तो, उसको उसी विश्वास पर चलने दो। अन्त में देखोगे तुम और वह एक ही स्थान पर पहुँचे हो। महिम्न स्तोत्र में क्या तूने नहीं पढ़ा, **त्वमसि पयसामर्णव इव ?**

स्थान : आलमबाजार मठ
(वर्ष : 1897 ई., मई)

स्वामी जी दार्जिलिंग से कलकत्ते लौट आए हैं। आलमबाजार मठ में ही ठहरे हुए हैं। गंगा के किनारे किसी स्थान पर मठ को स्थानान्तरित करने का प्रबन्ध हो रहा है। आजकल उनके पास शिष्य का प्रतिदिन आना-जाना रहता है, और कभी-कभी रात्रि में भी वह वहीं रह जाता है। जीवन के प्रथम पथप्रदर्शक श्री नाग महाशय ने शिष्य को मंत्र दीक्षा नहीं दी थी। दीक्षा के विषय में वार्तालाप होते ही वे स्वामी जी का नाम लेकर कहते थे, ''वे (स्वामी जी) ही जगत् के गुरु होने के योग्य हैं।'' इसी कारण, स्वामी जी से ही दीक्षा ग्रहण करने का संकल्प कर शिष्य ने दार्जिलिंग को एक पत्र उनके पास भेजा था। उत्तर में स्वामी जी ने लिखा था, ''यदि श्री नाग महाशय को कोई आपत्ति न हो तो मैं बड़े आनन्द से तुमको दीक्षा दूँगा।'' यह पत्र शिष्य के पास अभी तक है।

आज वैशाख 1303 (बंगला सन्) की उन्नीसवीं तिथि है। स्वामी जी ने शिष्य को आज दीक्षा देना स्वीकार किया है। आज शिष्य के जीवन में सभी दिनों की अपेक्षा एक विशेष दिन है। शिष्य प्रात:काल ही गंगास्नान कर कुछ लीची तथा अन्यान्य सामग्री मोल लेकर लगभग 8 बजे आलमबाजार मठ में उपस्थित हुआ। शिष्य को देखकर स्वामी जी ने हँसकर कहा, ''आज तुम्हारा बलिदान देना होगा, क्यों ?''

स्वामी जी शिष्य से यह कहकर फिर औरों के साथ अमेरिका के सम्बन्ध में वार्तालाप करने लगे। आध्यात्मिक जीवन के संगठन में किस प्रकार एकनिष्ठ होना पड़ता है, गुरु पर किस प्रकार अटल विश्वास एवं दृढ़ भक्ति भाव होना चाहिए, गुरु वाक्यों पर किस प्रकार निर्भर रहना चाहिए और गुरु के निमित्त किस प्रकार अपने प्राण तक देने को भी प्रस्तुत रहना चाहिए—आदि आदि बातों की भी चर्चा होने लगी। तत्पश्चात् वे शिष्य के हृदय की परीक्षा लेने के निमित्त कुछ प्रश्न करने लगे, ''मैं जब भी जिस काम की आज्ञा दूँगा, क्या तू तुरन्त उस आज्ञा का पालन करने की यथाशक्ति चेष्टा करेगा ? तेरा मंगल समझकर यदि मैं तुझे गंगा में डूबकर मर जाने की या छत से कूद पड़ने की आज्ञा दूँ तो क्या तू बिना विचारे इसका पालन करेगा ? अब भी तू विचार कर ले। बिना विचारे गुरु करने को तैयार न हो।'' शिष्य के मन में कैसा विश्वास

है, यही जानने के लिए वे कुछ ऐसे प्रश्न करने लगे। शिष्य भी सिर झुकाये "करूँगा" कहकर प्रत्येक प्रश्न का उत्तर देने लगा।

स्वामी जी कहने लगे—"वही सच्चा गुरु है, जो इस मायारूपी संसार के पार ले जाता है, जो कृपा करके सब मानसिक आधि-व्याधि विनष्ट करता है। पूर्वकाल में शिष्यगण समित्पाणि होकर गुरु के आश्रम में जाया करते थे। गुरु उनको अधिकारी समझने पर दीक्षा देकर वेद पढ़ाते थे और तन-मन वाक्य को शासित करने के व्रत के चिह्नस्वरूप त्रिरावृत्त मुंज-मेखला उसकी कमर में बाँध देते थे। शिष्य अपनी कौपीनों को उससे तानकर बाँधते थे। उस मुंज-मेखला के स्थान पर अब यज्ञसूत्र या जनेऊ पहनने की रीति निकली है।"

शिष्य—तब क्या सूत का उपवीत धारण करना वैदिक प्रथा नहीं है?

स्वामी जी—वेद में कहीं सूत्र उपवीत का प्रसंग नहीं है। स्मार्त पंडित रघुनन्दन ने भी लिखा है—अस्मिन्नेव समये यज्ञसूत्रं परिधारयेत्। ऐसे उपवीत का प्रसंग गोभिल के गृह्यसूत्र में भी नहीं है। गुरु के पास होनेवाले इस वैदिक संस्कार को ही शास्त्रों में उपनयन कहा गया है; परन्तु आजकल देश की कैसी दुरवस्था हो गई है! शास्त्रपथ को छोड़कर केवल कुछ देशाचार, लोकाचार तथा स्त्री-आचार से सारा देश भरा हुआ है। इसी कारण मैं कहता हूँ कि जैसा प्राचीन काल में था, वैसा ही कार्य शास्त्र के अनुसार करते जाओ। स्वयं श्रद्धावान् होकर अपने देश में भी श्रद्धा लाओ। अपने हृदय में नचिकेता के समान श्रद्धा लाओ। नचिकेता के समान यमलोक में चले जाओ। आत्म-तत्व जानने के लिए, आत्मा के उद्धार के लिए, इस जन्म-मृत्यु की समस्या की यथार्थ मीमांसा के लिए यदि यम के द्वार पर भी जाकर सत्य का लाभ कर सको तो निर्भय हृदय से वहाँ जाना उचित है। भय ही मृत्यु है। भय से पार हो जाना चाहिए। आज से ही भयशून्य हो जाओ। अपने मोक्ष तथा परहित के निमित्त आत्मोत्सर्ग करने के लिए अग्रसर हो जाओ। थोड़ा सा हाड़-मांस का बोझ लिये फिरने से क्या होगा? ईश्वर के निमित्त सर्वस्व त्यागरूप मंत्र में दीक्षा ग्रहण कर दधीचि के समान औरों के लिए अपना हाड़-मांस दान कर दो। शास्त्र में लिखा है कि जो वेद-वेदान्त का अध्ययन कर चुके हैं; जो ब्रह्मज्ञ हैं, जो अन्य को भय के पार ले जाने में समर्थ हैं, वे ही यथार्थ गुरु हैं। उनके दर्शन पाते ही उनसे दीक्षित होना उचित है; नात्र कार्या विचारणा। आजकल वह रीति कहाँ पहुँची है? देखो तो—अन्धेनैव नीयमाना यथान्धाः।

9 बजे हैं। स्वामी जी आज गंगा-स्नान करने नहीं गये, मठ में ही उन्होंने स्नान किया। स्नान के बाद एक नया गेरुआ वस्त्र पहन कर धीरे से पूजा-घर में प्रवेश करके आसन पर बैठ गये। शिष्य ने वहाँ प्रवेश नहीं किया, वह बाहर ही प्रतीक्षा करने लगा, सोचा 'स्वामी जी जब बुलाएँगे तभी भीतर जाऊँगा।' अब स्वामी जी ध्यानस्थ हुए—मुक्त-पद्मासन, ईषन्मुद्रित नयन से ऐसा अनुमान होता था कि तन-मन-प्राण सब स्पन्दनहीन हो गया है। ध्यान के अन्त में स्वामी जी ने "वत्स, इधर आओ" कहकर

बुलाया। शिष्य स्वामी जी के स्नेहयुक्त आह्वान से मुग्ध होकर यंत्रवत पूजा-घर में प्रविष्ट हुआ। वहाँ प्रवेश करते ही स्वामी जी ने शिष्य को आदेश दिया, ''द्वार बन्द करो।'' द्वार के बन्द होने पर स्वामी जी ने कहा, ''मेरी बाईं ओर स्थिर होकर बैठो।'' स्वामीजी के आदेश को शिरोधार्य कर शिष्य आसन पर बैठा। उस समय एक अनिर्वचनीय, अपूर्व भाव से उसका हृदय थर-थर काँप रहा था। इसके अनन्तर स्वामी जी ने अपने हस्त-कमल को शिष्य के मस्तक पर रखकर उससे दो चार गुह्य बातें पूछीं। उनके यथासाध्य उत्तर पाने पर स्वामी जी ने उसके कान में महाबीज मंत्र तीन बार उच्चारण किया और शिष्य से तीन बार उच्चारण करवाया। उसके बाद साधना के विषय में कुछ उपदेश प्रदान करके निश्चल होकर अनिमेष नेत्रों से शिष्य के नेत्रों की ओर कुछ देर तक देखते रहे। अब शिष्य का मन स्तब्ध और एकाग्र हो जाने से वह एक अनिर्वचनीय भाव से निश्चल होकर बैठा रहा। कितनी देर तक इस अवस्था में रहा, इसका कुछ ध्यान ही नहीं रहा। इसके बाद स्वामी जी बोले, ''गुरुदक्षिणा लाओ।'' शिष्य ने कहा, ''क्या लाऊँ?'' यह सुनकर स्वामी जी ने आज्ञा दी, ''भण्डार से कुछ फल ले आओ।'' शिष्य भागता हुआ भण्डार में गया और दस-बारह लीची ले आया। स्वामी जी अपने हाथ में लीची लेकर एक-एक करके सब खा गये और बोले—''अच्छा, तेरी गुरुदक्षिणा हो गई।'' जिस समय पूजागृह में स्वामी जी से शिष्य दीक्षित हो रहा था, उसी समय मठ का एक और ब्रह्मचारी दीक्षित होने के लिए कृतसंकल्प हो द्वार के बाहर खड़ा था। स्वामी शुद्धानन्द ने उस समय तक ब्रह्मचारी अवस्था में मठ में रहने पर भी यथाविधि दीक्षा ग्रहण नहीं की थी। आज शिष्य को इस प्रकार दीक्षित होते देख उन्होंने भी बड़े उत्साह से दीक्षा लेने का निश्चय किया। पूजा-घर से दीक्षित होकर शिष्य के निकलते ही वे वहाँ जा पहुँचे और स्वामी जी से अपना अभिप्राय प्रकट किया। स्वामी जी भी शुद्धानन्द जी के विशेष आग्रह से सहमत हो गये और पुनः पूजा करने के लिए आसन ग्रहण किया।

शुद्धानन्द जी को दीक्षा देने के कुछ समय बाद स्वामी जी पूजा-घर से बाहर निकल आये। कुछ देर बाद उन्होंने भोजन किया और फिर विश्राम करने लगे। शिष्य ने भी शुद्धानन्द जी के साथ स्वामी जी के पात्रावशेष को बड़े प्रेम से ग्रहण किया और उनके पायताने बैठकर धीरे-धीरे उनकी चरणसेवा करने लगा। कुछ देर विश्राम के बाद स्वामी जी ऊपर की बैठक में जाकर बैठे। शिष्य ने भी उस समय सुअवसर पाकर उनसे प्रश्न किया—''महाराज, पाप और पुण्य का भाव कहाँ से उत्पन्न हुआ?''

स्वामी जी—बहुत्व के भाव से यह सब आ पहुँचा है। मनुष्य एकत्व की ओर जितना बढ़ता जाता है, उतना ही उसका 'हम-तुम' भाव कम होता जाता है, जिससे सारा धर्माधर्म जैसा द्वन्द्वभाव उत्पन्न हुआ है। 'हमसे यह पृथक् है', ऐसा भाव मन में उत्पन्न होने से ही अन्य द्वन्द्व भावों का विकास होता है, किन्तु सम्पूर्ण एकत्व अनुभव होने पर मनुष्य का शोक या मोह नहीं रह जाता -तत्र को मोहः कः शोकः

एकत्वमनुपश्यतः। सब प्रकार की दुर्बलता को ही पाप कहते हैं। इससे हिंसा तथा द्वेष आदि का जन्म होता है। इसलिए दुर्बलता का दूसरा नाम पाप है। हृदय में आत्मा सर्वदा प्रकाशमान है, परन्तु उधर कोई ध्यान नहीं देता। केवल इस जड़ शरीर, 'हड्डी तथा मांस के एक अद्‌भुत पिंजरे पर ही ध्यान रखकर लोग 'मैं', 'मैं' करते हैं। यही सब प्रकार की दुर्बलता का मूल है। इस अभ्यास से ही जगत् में व्यावहारिक भाव निकले हैं; परमार्थ भाव तो इस द्वन्द्व भाव के परे है।

शिष्य—तो क्या इस व्यावहारिक सत्ता में कुछ भी सत्य नहीं है?

स्वामी जी—जब तक 'मैं शरीर हूँ' यह ज्ञान है, तब तक यह सत्य है। किन्तु जब 'मैं आत्मा हूँ' यह अनुभव हो जाता है, तब यह सब व्यावहारिक सत्ता मिथ्या प्रतीत होती है। लोग जिसे पाप कहते हैं, वह दुर्बलता का फल है। इस शरीर को 'मैं' जानना--यह अहं भाव—दुर्बलता का रूपान्तर है। जब 'मैं आत्मा हूँ' इसी भाव पर मन स्थिर होगा, तब तुम पाप और पुण्य, धर्म और अधर्म के पार पहुँच जाओगे। श्री रामकृष्ण कहा करते थे, 'मैं' के नाश में ही दुःख का अन्त है।

शिष्य—यह 'अहं' तो मरने पर भी नहीं मरता। इसको मारना बड़ा कठिन है।

स्वामी जी—हाँ, एक प्रकार से यह कठिन भी है, परन्तु दूसरे प्रकार से बड़ा सरल भी है। 'मैं' नामक वस्तु कहाँ है, क्या मुझे समझा सकता है? जो स्वयं है ही नहीं, उसका मरना और जीना कैसा? अहंरूप जो एक मिथ्या भाव है, उसी से मनुष्य सम्मोहित है, बस। इस पिशाच से मुक्ति प्राप्त होने पर यह स्वप्न दूर हो जाता है और दीख पड़ता है कि एक आत्मा ही ब्रह्म से लेकर तिनका तक सब में विराजमान है। इसी को जानना होगा, प्रत्यक्ष करना पड़ेगा। जो भी साधन-भजन हैं, वे सब इस आवरण को दूर करने के निमित्त हैं। इसके हटने से ही विदित होगा कि चित् सूर्य अपनी प्रभा से स्वयं चमक रहा है; क्योंकि आत्मा ही एकमात्र स्वयंज्योति-स्वयंवेद्य है, वह क्या दूसरे की सहायता से जानी जा सकती है? इसी कारण श्रुति कहती है, विज्ञातारमरे केन विजानीयात। तू जो कुछ जानता है, वह मन की सहायता से, किन्तु मन तो जड़ है। उसके पीछे शुद्ध आत्मा रहने के कारण ही मन का कार्य होता है। तब मन के द्वारा उस आत्मा को कैसे जानोगे? जान इतना सकते हो कि मन या बुद्धि कोई भी शुद्धात्मा के पास नहीं पहुँच सकती। ज्ञान की दौड़ यहीं तक है। परन्तु आगे जब मन विकल्परहित या वृत्तिहीन होता है तभी मन का लोप होता है और तभी आत्मा प्रत्यक्ष होती है। इस अवस्था का वर्णन भाष्यकार श्री शंकराचार्य ने 'अपरोक्षानुभूति' कहकर किया है।

शिष्य—किन्तु महाराज, मन ही तो 'अहं' है। मन का यदि लोप हुआ तो 'मैं' कहाँ रहा?

स्वामी जी—वह जो अवस्था है, यथार्थ में वही 'अहं' का स्वरूप है। उस समय का जो 'अहं' रहेगा, वह सर्वभूतस्थ सर्वगत सर्वान्तरात्मा होता है। घटाकाश टूटकर महाकाश का प्रकाश होता है—घट टूटने पर क्या उसके अन्दर के अकाश का विनाश

हो जाता है ? इसी प्रकार यह छोटा 'अहं' जिसे तू शरीर में बन्द समझता था, फैलकर सर्वगत 'अहं' या आत्मरूप से प्रत्यक्ष हो जाता है। अतएव मैं कहता हूँ कि मन मरा या रहा, इससे यथार्थ अहं या आत्मा का क्या ? यह बात समय आने पर तुझे प्रत्यक्ष होगी—कालेनात्मनि विन्दति। श्रवण और मनन करते-करते इस बात की अनुभूति होगी और तब तू मन के अतीत में चला जाएगा, तब ऐसे प्रश्न करने का अवसर भी न रहेगा। शिष्य यह सुन स्थिर होकर बैठा रहा। स्वामी जी ने फिर कहा—''इसी सहज विषय को समझाने के लिए न जाने कितने शास्त्र लिखे गए हैं; तिस पर भी लोग इसको नहीं समझ सकते। आपातमधुर चाँदी के चमकते रुपये और स्त्रियों के क्षणभंगुर सौन्दर्य से मोहित होकर इस दुर्लभ मनुष्य-जन्म को कैसे खो रहे हैं! महामाया का कैसा आश्चर्यजनक प्रभाव है! माँ! माँ!!''

स्थान : बेलूड़ किराए का मठ
(वर्ष : 1898 ई.)

जिस वर्ष स्वामी जी इंग्लैंड से लौटे थे उस वर्ष दक्षिणेश्वर में रानी रासमणि के काली मन्दिर में श्री रामकृष्ण का जन्मोत्सव हुआ था। परन्तु अनेक कारणों से अगले वर्ष यह उत्सव यहाँ नहीं हो पाया और मठ को भी आलमबाजार से बेलूड़ में गंगा जी के तट पर नीलाम्बर मुखोपाध्याय की वाटिका को किराए पर लेकर वहाँ स्थापित किया गया। इसके कुछ ही दिन पश्चात् वर्तमान मठ के निमित्त जमीन मोल ली गई, किन्तु इस वर्ष यहाँ जन्मोत्सव नहीं हो सका, क्योंकि यह स्थान समतल नहीं था और जंगल से भी भरा था। इसलिए इस वर्ष का जन्मोत्सव बेलूड़ में दो बाबुओं की ठाकुरबाड़ी में हुआ। परन्तु श्री रामकृष्ण की जन्मतिथि पूजा जो फाल्गुन की शुक्ल द्वितीया को होती है, वह नीलाम्बर बाबू की वाटिका में ही हुई और इसके दो-एक दिन बाद ही श्री रामकृष्ण की मूर्ति इत्यादि का प्रबन्ध करके शुभ मुहूर्त में नई भूमि पर पूजा-हवन इत्यादि कर उसकी प्रतिष्ठा की गई। इस समय स्वामी जी नीलाम्बर बाबू की वाटिका में ठहरे हुए थे। जन्म-तिथि पूजा के निमित्त बड़ा आयोजन था। स्वामी जी के आदेशानुसार पूजागृह बड़ी उत्तम सामग्रियों से परिपूर्ण था। स्वामी जी उस दिन स्वयं ही सब चीजों की देखभाल कर रहे थे।

जन्मतिथि के दिन प्रातःकाल से ही सब लोग आनन्दित हो रहे थे। भक्तों के मुँह में श्री रामकृष्ण के प्रसंग के अतिरिक्त और कोई प्रसंग न था। अब स्वामी जी पूजाघर के सम्मुख खड़े होकर पूजा का आयोजन देखने लगे।

इन सब की देखभाल करने के पश्चात् स्वामी जी ने शिष्य से पूछा, ''जनेऊ ले आए हो न?''

शिष्य—जी हाँ, आपके आदेशानुसार सब सामग्री प्रस्तुत है। परन्तु इतने जनेऊ मँगवाने का कारण मेरी समझ में नहीं आया।

स्वामी जी—प्रत्येक द्विजाति का ही उपनयन संस्कार में अधिकार है। स्वयं वेद इसका प्रमाण है। आज श्री रामकृष्ण की जन्मतिथि में जो लोग यहाँ आएँगे, मैं उन सबको जनेऊ पहनाऊँगा। वे सब व्रात्य (संस्कार से पतित) हो गए हैं। शास्त्र कहता है कि प्रायश्चित करने से व्रात्यों का फिर उपनयन संस्कार में अधिकार हो

जाता है। आज श्री गुरुदेव का शुभ जन्म-तिथि पूजन है—उनके नाम से वे सब शुद्ध पवित्र हो जाएँगे। इसलिए आज उन उपस्थित भक्तगणों को जनेऊ पहनाना है। समझे?

शिष्य—मैं आपके आदेश से बहुत से जनेऊ लाया भी हूँ। पूजा के अन्त में समागत भक्तों को आपकी आज्ञानुसार पहना दूँगा।

स्वामी जी—ब्राह्मणों के अतिरिक्त अन्य भक्तों को इस प्रकार गायत्री मंत्र बतला देना। (यहाँ स्वामी जी ने शिष्य से क्षत्रिय आदि द्विजातियों का गायत्री मंत्र बतला दिया)। क्रमश: देश के सब लोगों को ब्राह्मण पद पर आरूढ़ करना होगा; श्री गुरुदेव के भक्तों का तो कहना ही क्या है? हिन्दू मात्र एक दूसरे के भाई हैं। 'इसे नहीं छूते, उसे नहीं छूते', कहकर ही तो हमने इनको ऐसा बना दिया है। इसीलिए तो हमारा देश हीनता, भीरुता, मूर्खता तथा कापुरुषता की चरम अवस्था को प्राप्त हुआ है। इनको उठाना होगा, इन्हें अभय वाणी सुनानी होगी, बतलाना होगा कि तुम भी हमारे समान मनुष्य हो, तुम्हारा भी हमारे ही समान सब अधिकार है। समझे?

शिष्य—जी महाराज।

स्वामी जी—अब जो लोग जनेऊ पहनेंगे, उनसे कह दो कि वे गंगा जी में स्नान कर आएँ। फिर श्री रामकृष्ण को प्रणाम कर वे जनेऊ पहनेंगे।

स्वामी जी के आदेशानुसार समागत भक्तों में से कोई चालीस-पचास लोगों ने गंगा स्नान कर शिष्य से गायत्री मंत्र सीखकर जनेऊ पहन लिए। मठ में बड़ी चहल-पहल मच गई। भक्तगणों ने जनेऊ धारण कर श्री रामकृष्ण को पुन: प्रणाम किया और स्वामी जी के चरण-कमलों की भी वन्दना की। स्वामी जी का मुखारविन्द उनको देखकर मानो सौगुना प्रफुल्लित हो गया। इसके कुछ ही देर पश्चात् श्री गिरीशचन्द्र घोष मठ में आ पहुँचे।

अब स्वामी जी की आज्ञा से संगीत का आयोजन होने लगा और मठ के संन्यासी लोग स्वामी जी को अपनी इच्छानुसार सजाने लगे। उनके कानों में शंख का कुंडल, सर्वांग में कपूर के समान श्वेत पवित्र विभूति, मस्तक पर आपादलम्बित जटाभार, वाम हस्त में त्रिशूल, दोनों बाँहों में रुद्राक्ष की माला और गले में आजानुलम्बित तीन लड़ की बड़े रुद्राक्ष की माला आदि पहनाईं। यह सब धारण करने पर स्वामी जी का रूप ऐसा शोभायमान हुआ कि उसका वर्णन करना सम्भव नहीं। उस दिन जिन लोगों ने उनकी इस मूर्ति का दर्शन किया था, उन्होंने एक स्वर से कहा था कि साक्षात् कालभैरव स्वामी-शरीर रूप में पृथ्वी पर अवतीर्ण हुए हैं। स्वामी जी ने भी अन्य सब संन्यासियों के शरीर में विभूति लगा दी। उन्होंने स्वामी जी के चारों ओर सदेह भैरवगण के समान स्थित होकर, मठ-भूमि पर कैलाश पर्वत की शोभा का विस्तार किया। आज भी उस दृश्य का स्मरण हो जाने से बड़ा आनन्द आता है।

अब स्वामी जी पश्चिम दिशा की ओर मुँह फेरे हुए मुक्त पद्मासन में बैठ कर

कूजन्तं रामरामेति स्तोत्र धीरे-धीरे उच्चारण करने लगे और अन्त में 'राम राम श्री राम राम' बारम्बार कहने लगे। ऐसा अनुमान होता था कि मानो प्रत्येक अक्षर से अमृत धारा बह रही है। स्वामी जी के नेत्र अर्धनिमीलित थे और वे हाथ से तानपूरे में स्वर दे रहे थे। कुछ देर तब मठ में 'राम राम श्री राम राम' ध्वनि के अतिरिक्त और कुछ भी सुनने में नहीं आया। इस प्रकार लगभग आधे घंटे से भी अधिक समय व्यतीत हो गया, तब भी किसी के मुँह से अन्य कोई शब्द नहीं निकला। स्वामी जी के कंठ से निःसृत रामनाम सुधा का पान कर आज सब मतवाले हो गए हैं। शिष्य विचार करने लगा, क्या सचमुच ही स्वामी जी शिव के भाव से मतवाले होकर रामनाम ले रहे हैं? स्वामी जी के मुख का स्वाभाविक गाम्भीर्य मानो आज सौगुना हो गया है। अर्धनिमीलित नेत्रों से मानो बाल सूर्य की प्रभा निकल रही है और गहरे नशे में मानो उनका सुन्दर शरीर झूम रहा है। इस रूप का वर्णन करना अथवा किसी को समझाना सम्भव नहीं है। इसका केवल अनुभव ही किया जा सकता है। दर्शकगण चित्र के समान स्थिर बैठे रहे।

राम नाम कीर्तन के अन्त में स्वामी जी उसी प्रकार मतवाली अवस्था में ही गाने लगे—सीतापति रामचन्द्र रघुपति रघुराई। साथ देनेवाला अच्छा न होने के कारण स्वामी जी का कुछ रसभंग होने लगा। अतः स्वामी सारदानन्द को गाने का आदेश देकर स्वामी जी स्वयं पखावज बजाने लगे। स्वामी सारदानन्द ने पहले एक रूप अरूप नाम वरण गीत गाया। पखावज के स्निग्ध गम्भीर घोष से गंगा जी मानो उछलने लगीं और स्वामी सारदानन्द के सुन्दर कंठ और साथ ही मधुर आलाप से सारा गृह भर गया। तत्पश्चात् श्री रामकृष्ण स्वयं जिन गीतों को गाते थे, क्रमशः वे गीत भी होने लगे।

अब स्वामी जी एकाएक अपनी वेश-भूषा को उतारकर बड़े आदर से गिरीश बाबू को उससे सजाने लगे। गिरीश बाबू के विशाल शरीर में अपने हाथ से भस्म लगाकर, कानों में कुंडल, मस्तक पर जटाभार, कंठ और बाँहों में रुद्राक्ष की माला पहनाने लगे। गिरीश बाबू इस देश में मानो एक नवीन मूर्ति में प्रकाशमान हुए। भक्तगण इसको देखकर अवाक् हो गए। फिर स्वामी जी बोले, "श्री रामकृष्ण कहा करते थे कि गिरीश भैरव का अवतार है और हममें और उसमें कोई भेद नहीं है।" गिरीश बाबू चुप बैठे रहे। उनके संन्यासी गुरुभाई जैसे चाहें उनको सजाएँ, उन्हें सब स्वीकार है। अन्त में स्वामी जी के आदेशानुसार एक गेरुआ वस्त्र मँगवाकर गिरीश बाबू को पहनाया गया। गिरीश बाबू ने कुछ भी मना नहीं किया। गुरुभाइयों की इच्छानुसार अपने शरीर को उन्हीं के हाथ में छोड़ दिया। अब स्वामी जी ने कहा, "जी.सी., तुमको आज श्री गुरुदेव की कथा सुनानी होगी।" औरों को लक्ष्य करके कहा, "तुम लोग सब स्थिर होकर बैठो। अभी तक गिरीश बाबू के मुँह से कोई शब्द नहीं निकला। जिनके जन्मोत्सव में आज हम सब लोग एकत्र हुए हैं, उनकी लीला और उनके भक्तों का दर्शन कर वे आनन्द से जड़वत हो गए हैं।" अन्त में गिरीश बाबू बोले, "दयामय श्री गुरुदेव

की कथा मैं और क्या कहूँ? उन्होंने इस अधम को तुम्हारे समान काम-कांचन त्यागी बाल संन्यासी के साथ एक ही आसन पर बैठने का जो अधिकार दिया है, इससे ही उनकी अपार करुणा का अनुभव कर रहा हूँ।'' इन बातों को कहते-कहते उनका गला भर आया और फिर उस दिन वे कुछ भी न कह सके। इसके बाद स्वामी जी ने कई एक हिन्दी गीत गाए, 'बैयां न पकरो मोरी नरम कलैयाँ', 'प्रभु मेरे अवगुन चित न धरो' इत्यादि। शिष्य संगीत विद्या में ऐसा पूर्ण पंडित था कि गीत का एक वर्ण भी उसकी समझ में नहीं आया! केवल स्वामी जी के मुँह की ओर टकटकी लगाकर देखता ही रहा! अब प्रथम पूजा सम्पन्न होने पर जलपान के निमित्त भक्तगण बुलाए गए। जलपान के पश्चात् स्वामी जी नीचे की बैठक में जाकर बैठे। आए हुए भक्तगण भी उनको वहाँ घेरकर बैठ गए। उपवीतधारी किसी गृहस्थ को सम्बोधित कर स्वामी जी ने कहा, ''तुम यथार्थ में द्विजाति हो, बहुत दिनों से व्रात्य हो गए थे। आज से फिर द्विजाति बने। अब प्रतिदिन कम से कम सौ बार गायत्री मंत्र जपना। समझे?'' गृहस्थ ने, ''जैसी आज्ञा महाराज की'' कहकर स्वामी जी की आज्ञा शिरोधार्य कर ली। इस अवसर पर श्री महेन्द्रनाथ गुप्त[1] आ पहुँचे। स्वामी जो मास्टर महाशय को देख बड़े स्नेह से उनका सत्कार करने लगे। महेन्द्र बाबू भी उनको प्रणाम कर एक कोने में जाकर खड़े रहे। स्वामी जी के बार-बार कहने पर भी संकोच से वहीं बैठ गए।

स्वामी जी—मास्टर महाशय, आज श्री रामकृष्ण का जन्मदिन है, आपको हम लोगों को उनकी कथा सुनानी होगी।

मास्टर महाशय मुस्कराकर सिर झुकाए ही रहे। इस बीच स्वामी अखंडानन्द[2] मुर्शिदाबाद से लगभग 1॥ मन के दो पन्तुआ (एक प्रकार की बंगाली मिठाई) बनवाकर साथ लेकर मठ में आ पहुँचे। इतने बड़े दो पन्तुओं को देखने सब दौड़े। अखंडानन्द जी ने वह मिठाई सबको दिखलाई। फिर स्वामी जी ने कहा, ''जाओ, इसे श्री रामकृष्ण के मन्दिर में रख आओ।''

स्वामी अखंडानन्द को लक्ष्य करके स्वामी जी शिष्य से कहने लगे, ''देखो कैसा कर्मवीर है! भय, मृत्यु आदि का कुछ ज्ञान ही नहीं। बहुजनहिताय बहुजनसुखाय अपना कार्य धीरज के साथ और एक चित्त में कर रहा है।''

शिष्य—अधिक तपस्या के फल से ऐसी शक्ति उनमें आई होगी।

स्वामी जी—तपस्या से शक्ति उत्पन्न होती है, यह सत्य है। किन्तु दूसरों के निमित्त कर्म करना ही तपस्या है। कर्मयोगी कर्म को तपस्या का एक अंग कहते हैं। जैसे तपस्या

1. इन्होंने ही 'श्री रामकृष्ण कथामृत' लिखी है। किसी स्कूल के अध्यापक होने के कारण ये मास्टर महाशय के नाम से विख्यात हैं।
2. श्री रामकृष्ण के एक अन्तरंग लीलासहचर। इन्होंने मुर्शिदाबाद के अन्तर्गत सारगाछी में अनाथाश्रम, शिल्पविद्यालय और दातव्य चिकित्सालय स्थापित किए हैं। यहाँ बिना जात-पाँत के विचार के सबकी सेवा की जाती है और उनका कुल व्यय उदार सज्जनों की सहायता पर निर्भर है।

से परहित की इच्छा बलवान होकर साधकों से कर्म कराती है, वैसे ही दूसरों के निमित्त कार्य करते-करते तपस्या फल के रूप में होती है। चित्त-शुद्धि और परमात्मा का दर्शन प्राप्त होता है।

शिष्य—परन्तु महाराज, दूसरों के निमित्त पहले से ही कितने मनुष्य प्राणपण से कार्य कर सकते हैं? वह उदारता मन में पहले से ही कैसे आएगी जिससे मनुष्य आत्मसुख की इच्छा को बलि देकर औरों के निमित्त जीवन दान करता है?

स्वामी जी—और तपस्या करने में ही कितने मनुष्यों का मन लगता है? कामिनीकांचन के आकर्षण में पड़कर कितने मनुष्य भगवान् लाभ करने की इच्छा करते हैं? तपस्या जैसी कठिन है, निष्काम कर्म भी वैसा ही कठिन है। अतएव औरों के मंगल के लिए जो लोग कार्य करते हैं, उनके विरुद्ध तुझे कुछ कहने का अधिकार नहीं है। तुझे यदि तपस्या अच्छी लगे तो तू किए जा। परन्तु यदि किसी को कर्म ही अच्छा लगे तो उसे रोकने का तुझे क्या अधिकार है? तू क्या यही सोच बैठा है कि कर्म तपस्या नहीं है?

शिष्य—जी महाराज। पहले मैं तपस्या का अर्थ कुछ और समझता था।

स्वामी जी—जैसे साधन-भजन का अभ्यास करते-करते उस पर दृढ़ता हो जाती है, वैसे ही पहले अनिच्छा के साथ कर्म करते भी क्रमशः हृदय उसी में मग्न हो जाता है और परार्थ कार्य करने की प्रवृत्ति होती है, समझे? तुम एक बार अनिच्छा के साथ ही औरों की सेवा कर देखो न, फिर देखो तपस्या का फल प्राप्त होता है या नहीं। परार्थ कर्म करने के फल से मन का टेढ़ापन नष्ट हो जाता है और वह मनुष्य निष्कपट भाव से औरों के मंगल के लिए प्राण देने को भी तैयार हो जाता है।

शिष्य—परन्तु महाराज, परहित का प्रयोजन क्या है?

स्वामी जी—अपना ही हित साधन। यदि तुम यह सोचो कि तुमने इस शरीर को जिसका अहंभाव लिये बैठे हो, दूसरों के निमित्त उत्सर्ग कर दिया है तो तुम इस अहंभाव को भी भूल जाओगे और अन्त में विदेह बुद्धि आ जाएगी। एकाग्र चित्त से औरों के लिए जितना सोचोगे उतना ही अपने अहंभाव को भूलोगे। इस प्रकार कर्म करने पर जब क्रमशः चित्तशुद्धि हो जाएगी, तब इस तत्त्व की अनुभूति होगी कि अपनी ही आत्मा सब जीवों तथा घटों में विराजमान है। औरों का हित करना आत्मविकास का एक उपाय है—एक पथ है। इसे भी एक प्रकार की ईश्वर साधना जानना। इसका भी उद्देश्य आत्मविकास है। ज्ञान, भक्ति आदि की साधना से जैसा आत्मविकास होता है, परार्थ कर्म करने से भी वैसा ही होता है।

शिष्य—किन्तु महाराज, यदि मैं रात-दिन औरों की चिन्ता में लगा रहूँ तो आत्मचिन्तन कब करूँगा? किसी एक विशेष भाव को पकड़े रहने से अभावात्मक आत्मा का साक्षात्कार कैसे होगा?

स्वामी जी—आत्मज्ञान लाभ ही समस्त साधनाओं का, सारे पथों का मुख्य उद्देश्य

है। तुम सेवापरायण होकर कर्मफल से चित्तशुद्धि प्राप्त करो। यदि सब जीवों को आत्मवत देख सको तो आत्मदर्शन होने में रह ही क्या गया? आत्मदर्शन का अर्थ जड़ के समान एक दीवाल या लकड़ी के समान पड़ा रहना तो नहीं है।

शिष्य—माना ऐसा नहीं है, परन्तु शास्त्र में समस्त वृत्ति और सारे कर्म के निरोध को ही तो आत्मा का स्व-स्वरूप अवस्थान कहा है।

स्वामी जी—शास्त्र में जिस अवस्था को समाधि कहा गया है, यह अवस्था तो सहज में हर एक को प्राप्त नहीं होती। और किसी को हुई भी तो अधिक समय तक टिकती नहीं है। तब बताओ यह किस प्रकार समय बिताएगा? इसलिए शास्त्रोक्त अवस्था लाभ करने के बाद साधक प्रत्येक भूत में आत्मदर्शन कर अभिन्न ज्ञान से सेवापरायण बनकर अपने प्रारब्ध को नष्ट कर देते हैं। इस अवस्था को शास्त्रकार जीवन्मुक्त अवस्था कह गए हैं।

शिष्य—महाराज, इससे तो यही सिद्ध होता है कि जीवन्मुक्त अवस्था को प्राप्त न करने से कोई भी ठीक-ठीक परार्थ कार्य नहीं कर सकता।

स्वामी जी—शास्त्र में यह बात है। फिर यह भी है कि परार्थ सेवापरायण होते-होते साधक को जीवन्मुक्त अवस्था प्राप्त होती है। नहीं तो शास्त्र में 'कर्मयोग' के नाम से एक भिन्न पथ के उपदेश का कोई प्रयोजन नहीं था।

शिष्य यह सब बातें समझकर अब चुप हो गया। स्वामी जी ने भी इस प्रसंग को छोड़कर अपने कल कंठ से एक गीत गाना आरम्भ किया।

गिरीश बाबू तथा अन्य भक्तगण भी उनके साथ उसी गीत को गाने लगे। 'जगत् को तापित लख कातर हो' इत्यादि पद को बार-बार गाने लगे। इस प्रकार 'मजलो आमार मन भ्रमरा, कालीपद-नीलकमले', 'अगणन भुवनभारधारी' इत्यादि कई एक गीत गाने के पश्चात् तिथिपूजन के नियमानुसार एक जीती मछली को खूब गा बजाकर गंगा जी में छोड़ दिया गया। तत्पश्चात् प्रसाद पाने के लिए भक्तों में बड़ी धूम मच गई।

धर्म, सभ्यता और चमत्कार

'ला सै लेट अकादमी'[1] की बैठक में, जो कि मेमफिस प्रवास में उनका घर था, बैठे हुए उन्होंने कहा, "मैं संन्यासी हूँ, पुरोहित नहीं। अपने देश में मैं जगह-जगह घूमता हूँ, जिन गाँवों और शहरों से होकर निकलता हूँ, वहाँ के लोगों को उपदेश देता हूँ। अपने भरण-पोषण के लिए मैं उनके ऊपर निर्भर हूँ, क्योंकि मुझे पैसा स्पर्श करने की आज्ञा नहीं है।"

एक प्रश्न के उत्तर में उन्होंने कहा, "मैं बंगाल में उत्पन्न हुआ था और मैंने अपनी इच्छा से संन्यासी और ब्रह्मचारी का जीवन स्वीकार किया। मेरे जन्म पर मेरे पिता ने मेरी जन्म-पत्री बनवाई थी, किन्तु उन्होंने मुझे कभी नहीं बताया कि उसमें क्या था। अपने पिता की मृत्यु के कुछ दिन बाद मैं अपने घर गया, मैंने अपनी माँ के पास रखे हुए कागजों में वह पत्री देखी। उससे मैंने जाना कि मेरे भाग्य में पृथ्वी पर विचरण करना लिखा था।"

वक्ता के स्वर में एक करुणा थी और श्रोता-समूह में से एक सहानुभूति की ध्वनि सुनाई पड़ी। विवेकानन्द अपने सिगार की राख झाड़ते हुए थोड़े काल के लिए चुप हो गए।

तभी किसी ने पूछा :

"यदि आपका धर्म, जो कुछ आप दावा करते हैं वैसा ही है, यदि वही सच्चा धर्म है, तो क्या कारण है कि आपके देशवासी जितने सभ्य हैं, उससे अधिक सभ्य नहीं हो सके? उसने दुनिया के राष्ट्रों के बीच उनको ऊँचा क्यों नहीं उठा दिया?"

"क्योंकि वह किसी भी धर्म का क्षेत्र नहीं है," हिन्दू ने गम्भीरतापूर्वक उत्तर दिया। "मेरे देशवासी दुनिया में सबसे अधिक, या किसी भी जाति के समतुल्य, नैतिक हैं। वे अपने मानव-भाइयों के अधिकारों के प्रति, मूक पशुओं तक के प्रति, कहीं अधिक ध्यान देते हैं। परन्तु वे भौतिकवादी नहीं हैं। किसी भी धर्म ने कभी किसी राष्ट्र या जाति के विचार या प्रेरणा को आगे नहीं बढ़ाया। वास्तव में इतिहास में कभी भी कोई ऐसी महान् सफलता नहीं प्राप्त की गई, जिसको धर्म ने बाधा नहीं पहुँचाई हो। आपके स्तुत्य ईसाई धर्म ने भी अपने को इसका अपवाद नहीं सिद्ध किया। आपके डारविन,

1. जनवरी 21, 1894 ई.

मिल, ह्यूम आदि को आपके धर्माधिकारियों का समर्थन नहीं प्राप्त था। तब इसके लिए मेरे धर्म की आलोचना क्यों?''

''मैं उस धर्म को एक कानी कौड़ी भी नहीं देना चाहूँगा, जो मानव जाति के भौतिक जीवन और आध्यात्मिक दशा दोनों के उत्थान के लिए सचेष्ट न हो।'' उस समूह के एक व्यक्ति ने कहा, ''और इसी कारण मैं आपके वक्तव्यों की सत्यता स्वीकार करने के लिए तैयार नहीं हूँ। ईसाई धर्म ने कॉलेजों और अस्पतालों की स्थापना की और पतितों को उठाया है। उसने दलितों का उत्थान किया और अपने अनुयायियों को जीवन बसर करने में मदद की।''

''कुछ हद तक आप ठीक कहते हैं,'' संन्यासी ने शान्त भाव से उत्तर दिया, ''फिर भी इससे यह सिद्ध नहीं हो जाता कि ये सीधे आपके ईसाई धर्म के परिणाम हैं। पश्चिम में अनेक कारण विद्यमान रहे हैं, और ये सब उन्हीं के परिणाम हैं।''

''धर्म का प्रयोग मनुष्य के आध्यात्मिक पक्ष का विकास करने में होना चाहिए। विज्ञान, कला, दार्शनिक अनुसंधान सभी का जीवन में अलग-अलग कार्य है। किन्तु यदि तुम इनका मिश्रण करना चाहो, तो तुम उनकी व्यक्तिगत विशेषताओं को नष्ट कर दोगे, जैसे अन्ततः कुछ दिनों में तुम लोग धर्म से आध्यात्मिकता को बिलकुल ही निकाल बाहर करोगे। तुम अमेरिकन लोग किसकी उपासना करते हो? डालर की। स्वर्ण के पीछे पागल होकर भागते हुए तुम अध्यात्म को भूल रहे हो और अन्ततः तुम भौतिकतापरायण बन गए हो। तुम्हारे उपदेशक और गिरजाघर भी इसी सर्वव्यापी लालसा से कलुषित हैं। अपनी जाति के इतिहास में एक भी ऐसा व्यक्ति बताओ, जिसने वैसा आध्यात्मिक जीवन बिताया हो, जैसा हमारे देश में लोगों ने बिताया और जिनके कि मैं नाम गिना सकता हूँ। ऐसे लोग कहाँ हैं, जो मृत्यु के आने पर कह सकते हों, 'ओ बन्धु मृत्यु, मैं तुम्हारा स्वागत करता हूँ।' तुम्हारा धर्म तुम्हें फेरिस-चक्रों और आइफेल-मीनारों के निर्माण में मदद देता है, पर क्या वह तुम्हारे आन्तरिक जीवन के विकास में भी तुम्हारी सहायता करता है?''

संन्यासी गम्भीरतापूर्वक बोल रहे थे और उनका मधुर तथा सुनियंत्रित स्वर उस कमरे में छाए हुए धुँधलेपन से छनकर आ रहा था : कुछ विषादपूर्ण और कुछ आरोपयुक्त। छः हजार वर्ष पुराने इतिहासवाले देश के इस नवागन्तुक के द्वारा की गई उन्नीसवीं शताब्दी के अमेरिका की समालोचना में कुछ अलौकिकता सी थी।

''किन्तु अध्यात्म की साधना में आप वर्तमान की माँगों के प्रति आँखें बन्द कर लेते हैं,'' किसी ने कहा। ''आपका सिद्धान्त मनुष्य को जीवित रहने में सहायता नहीं देता।''

''वह उन्हें मरने में सहायता देता है।'' उत्तर था।

''हम वर्तमान के प्रति विश्वस्त हैं।''

''आप किसी चीज के प्रति विश्वस्त नहीं हैं।''

"आदर्श धर्म का लक्ष्य व्यक्ति को जीवित रखने के साथ-साथ उसे मरने के लिए सहायता प्रदान करना होना चाहिए।"

"ठीक ऐसा ही है," हिन्दू ने शीघ्रता से कहा, "और ठीक इसी को प्राप्त करने का प्रयत्न हम कर रहे हैं। मेरा विश्वास है कि हिन्दू धर्म ने भौतिक मूल्य चुकाकर अपने साधकों में अध्यात्म का विकास किया है, और मैं सोचता हूँ कि पश्चिमी दुनिया में सत्य इसके विपरीत है। मेरा विश्वास है कि पश्चिम के भौतिकवाद और पूर्व के अध्यात्मवाद के समन्वय से बहुत कुछ किया जा सकता है। यह हो सकता है कि इस प्रयत्न में हिन्दू धर्म अपने वैशिष्ट्य को बहुत कुछ खो देगा।"

"जो कुछ आप करने की आशा करते हैं, क्या उससे भारत की समस्त सामाजिक व्यवस्था में क्रान्ति न करनी होगी?"

"हाँ, शायद, फिर भी धर्म अक्षुण्ण बना रहेगा।"

अब बातचीत का रुख हिन्दुओं की उपासना-विधि की ओर बदला, और विवेकानन्द ने इस विषय पर बहुत सी बातें बतलाईं। भारत में तथा अन्यत्र सभी जगह अज्ञेयवादी और नास्तिक हैं। ब्रह्म के अनुयायियों के जीवन में 'अनुभूति' एक आवश्यक वस्तु है। श्रद्धा आवश्यक नहीं है। थियोसाफी एक ऐसा विषय है, जिसमें विवेकानन्द की गति नहीं है। वह अलग अध्ययन का विषय है। विवेकानन्द कभी मैडम ब्लावट्स्की से नहीं मिले, किन्तु अमेरिकन थिसोसाफिस्ट सोसायटी के कर्नल ऑलकट से उनकी भेंट हुई है। वे एनी बेसेंट से भी परिचित हैं। भारत के फकीरों, प्रसिद्ध मदारियों अथवा जादूगरों, जिनके प्रसिद्ध चमत्कार विश्वविश्रुत हैं, की चर्चा करते हुए विवेकानन्द ने कुछ ऐसी घटनाएँ सुनाईं, जो उन्होंने स्वयं देखी थीं और जो विश्वास से परे थीं।

जब इस विषय पर प्रश्न पूछे गए, उन्होंने कहा, "पाँच मास पूर्व और इस देश के लिए भारत से प्रस्थान करने के ठीक एक मास पूर्व मुझे पच्चीस व्यक्तियों के दल के साथ देश के भीतर स्थित एक नगर में कुछ समय तक ठहरना पड़ा। वहाँ पर हमने इन भ्रमणशील जादूगरों में से एक के आश्चर्यजनक चमत्कारों के विषय में सुना और उसे अपने सामने बुलाया। उसने हमें बताया कि हम जिस किसी वस्तु की इच्छा करें, वह उसे उपस्थित कर देगा। हमने उसके कहने के अनुसार उसके वस्त्रों को उतारा, यहाँ तक कि वह बिलकुल नग्न हो गया और उसे कमरे में एक कोने में बैठा दिया। मैंने अपने यात्रा के कम्बल को उसके ऊपर डाल दिया और तब हमने उससे अपने वादे के अनुसार कार्य करने को कहा। उसने पूछा कि आप लोग क्या चाहते हैं? मैंने कैलिफोर्निया के (?) अंगूरों का एक गुच्छा देने के लिए कहा और तुरन्त उस व्यक्ति ने उन्हें कम्बल के नीचे से बाहर निकाला। संतरे और दूसरे फल निकाले और अन्त में गरम भात की बड़ी-बड़ी थालियाँ।"

अपनी वक्तृता जारी रखते हुए संन्यासी ने कहा, "मेरा एक 'छठवीं इन्द्रिय' और मानसिक विद्या (telepathy) में विश्वास है।" उन्होंने फकीरों के चमत्कारों की व्याख्या

नहीं की, केवल यही कहा कि वे अत्यन्त आश्चर्यजनक थे। मूर्तिपूजा के विषय में चर्चा हुई और संन्यासी ने बताया कि केवल प्रतीक के रूप में ही मूर्ति हमारे धर्म का अंग है।

"आप किसकी उपासना करते हैं ?" संन्यासी ने पूछा, "ईश्वर के सम्बन्ध में आपकी क्या धारणा है ?"

"आत्मा।" एक महिला ने धीरे से कहा।

"आत्मा क्या है ? तुम प्राटेस्टेंट लोग बाइबिल के शब्दों की अथवा उनके परे किसी और चीज की उपासना करते हो ? हम लोग प्रतिमा द्वारा ईश्वर की उपासना करते हैं।"

"अर्थात्, आप विषय को वस्तु द्वारा प्राप्त करते हैं।" नवागन्तुक की बातों को ध्यान से सुननेवाले एक सज्जन ने कहा।

"हाँ, ठीक यही।" संन्यासी ने आभारपूर्वक कहा।

विवेकानन्द उसी स्वर में आगे बात करते रहे और हिन्दू के भाषण का समय समीप होने के कारण इस गोष्ठी का अन्त हुआ।

('दी अपील-आभालांस' में प्रकाशित)

धार्मिक समन्वय

स्वामी जी का शरीर मँझले कद का है। वे अपनी जाति के लोगों में सामान्य रूप से पाए जानेवाले श्याम वर्ण के हैं। वे व्यवहार में मृदु, क्रियाओं में सजग और प्रत्येक शब्द, क्रिया और भंगिमा में अतीव शिष्ट हैं। किन्तु उनके व्यक्तित्व का सर्वाधिक प्रभावशाली अंग उनकी आँखें हैं, जिनमें महान् तेज है। स्वभावत: वार्तालाप धर्म के विषय पर चलता रहा। तब स्वामी जी ने अन्य अनेक उल्लेखनीय बातों के मध्य कहा :

''मैं धर्म और सम्प्रदाय में अन्तर मानता हूँ। धर्म समस्त प्रचलित सम्प्रदायों को यह मानकर स्वीकार करता है कि वे एक ही लक्ष्य की प्राप्ति के निमित्त एक ही प्रकार के प्रयास हैं। सम्प्रदाय कुछ विरोधी और संघर्षात्मक होता है। भिन्न-भिन्न सम्प्रदाय इसलिए हैं, क्योंकि भिन्न-भिन्न जातियाँ हैं और सम्प्रदाय अपने को समाज-विशेष के अनुकूल बनाकर, जनता जो चाहती है, उसे वह प्रदान करता है। चूँकि दुनिया बौद्धिक, आध्यात्मिक एवं भौतिक दृष्टि से अनन्त प्रकार से भिन्न प्रकृतिवाले मनुष्यों से बनी हुई है, इसलिए ये लोग महान् और मंगलमय नैतिक विधान के अस्तित्व में उस प्रकार का विश्वास ग्रहण करते हैं, जो उनके लिए सबसे अधिक उपयुक्त होता है। धर्म इन विश्वासों (सम्प्रदायों) को मान्यता प्रदान करता है और इनमें एक दिव्य तत्त्व निहित होने के कारण इनके विविध रूपों से उसे प्रसन्नता होती है। विभिन्न मार्गों द्वारा ही लक्ष्य पर पहुँचा जाता है, किन्तु सम्भव है, मेरा मार्ग मेरे पश्चिमी पड़ोसी की प्रकृति के अनुकूल न हो और उसी प्रकार, हो सकता है कि उसका मार्ग मेरी प्रकृति और दार्शनिक चिन्तन पद्धति के अनुरूप न हो। मेरा धर्म हिन्दू धर्म है; वह बौद्धों का विश्वास नहीं है, जो हिन्दू धर्म के अन्तर्गत एक सम्प्रदाय है। हम कभी धर्म-प्रचार कार्य नहीं अपनाते। हम अपने धर्म के सिद्धान्त दूसरों के ऊपर लादने की चेष्टा नहीं करते। हमारे धर्म के आधारभूत सिद्धान्त इसका वर्जन करते हैं। न हम उन प्रचारकों के विरुद्ध कुछ कहते हैं, तुम जिन्हें इस देश से कहीं भेजते हो। हम सब विश्व के अन्तरतम में उनके प्रवेश करने का स्वागत करते हैं। बहुत से लोग हमारे पास आते हैं, किन्तु हम उनके (पाने के) लिए संघर्ष नहीं करते हैं। दूसरों की विचारधारा को अपनी जैसी बनाने की चेष्टा में तत्पर रहनेवाले धर्मप्रचारक हमारे पास नहीं हैं। बिना हमारे किसी प्रयत्न के हिन्दू धर्म के अनेक रूप दूर-दूर तक फैल रहे हैं और इन

अभिव्यक्तियों ने 'ईसाई-विज्ञान', थिसोयाफी और एडविन अर्नाल्ड के 'लाइट ऑफ एशिया' ('एशिया का प्रकाश') का रूप लिया है। हमारा धर्म अधिकांश धर्मों से पुराना है और ईसाई मत—मैं इसे इसकी संघर्षात्मक विशेषताओं के कारण धर्म नहीं कहता—यह सीधे हिन्दू धर्म से प्रादुर्भूत हुआ है। यह उसकी शाखाओं में से एक बड़ी शाखा है। कैथोलिक मत अपने सभी रूप हमसे प्राप्त करता है, पाप स्वीकार-पीठिका, सन्तों में विश्वास आदि। एक कैथोलिक पादरी को, जिसने इस पूर्ण साम्य को देखा था और कैथोलिक मत के स्रोत का तथ्य स्वीकार किया था, पदच्युत कर दिया गया था। क्योंकि उसने जो कुछ निरूपित किया था और जिसके ऊपर उसे पूर्ण विश्वास था, उसका विवेचन करते हुए एक ग्रन्थ प्रकाशित कराने का दुस्सास किया था।

"आप अपने धर्म में अज्ञेयवादी को स्थान देते हैं?" प्रश्न किया गया।

"जी हाँ, दार्शनिक अज्ञेयवादी को और जिन्हें आप नास्तिक कहते हैं, उन्हें भी। जब बुद्ध से, जिन्हें हम सन्त मानते हैं, उनके किसी अनुयायी ने पूछा, 'क्या ईश्वर है?' उन्होंने उत्तर दिया : ईश्वर। मैंने ईश्वर की बात कब कही है? मैं कहता हूँ, 'भले बनो और भलाई करो।' हम लोगों में से बहुत से लोग दार्शनिक अज्ञेयवादी हैं, जो प्रकृति की प्रत्येक वस्तु में अन्तर्निहित महान् नैतिक नियम तथा अन्तिम पूर्णता में विश्वास करते हैं। सभी मनुष्यों द्वारा स्वीकृत सभी मत महान् भविष्य में अन्तर्निहित आत्मा की अनन्तता को अनुभव करने के लिए मानवता के प्रयत्न मात्र हैं।"

"क्या प्रचार-कार्य का अवलम्बन लेना आपके धर्म की मर्यादा के विरुद्ध है?"

इसके उत्तर के लिए पूर्व के इस पर्यटक ने एक छोटी सी पुस्तक खोली और अन्यान्य प्रसिद्ध राजाज्ञाओं में से एक राजाज्ञा का हवाला दिया।

उन्होंने अत्यन्त स्पष्ट एवं सुन्दर स्वर में उसे पढ़ा :

"देवताओं के प्रिय प्रियदर्शी महाराज सभी सम्प्रदायों का आदर करते हैं, संन्यासियों और गृहस्थों दोनों का। वे भोजन और दूसरे उपहार देकर उन्हें तुष्ट करते हैं। किन्तु वे मूलभूत नैतिक गुणों के उत्थान की अपेक्षा उपहारों और सम्मानों को कम महत्त्व देते हैं। यह सत्य है कि विभिन्न सम्प्रदायों में मौलिक गुणों का अस्तित्त्व भिन्न-भिन्न रूपों में है, किन्तु उनमें एक सामान्य आधार विद्यमान है, जैसे शील तथा वाणी में संयम तथा नैतिकता। इस प्रकार किसी को अपने सम्प्रदाय की प्रशंसा और दूसरे की निन्दा नहीं करनी चाहिए, वरन् प्रत्येक अवसर पर उन्हें यथायोग्य सम्मान प्रदान करना चाहिए। ऐसा करने से दूसरों की सेवा करता हुआ वह अपने ही सम्प्रदाय की भलाई करता है। इसके विपरीत करने से वह अपने सम्प्रदाय की सेवा नहीं करता और दूसरों का अपकार करता है। जो मनुष्य अपने सम्प्रदाय के प्रति मोह के कारण, उसके उत्थान के उद्‌देश्य से प्रेरित होकर दूसरों की निन्दा करता है, वह बस अपने ही सम्प्रदाय पर कुठाराघात करता है। इसलिए केवल मैत्री ही प्रशंसनीय है, ताकि सभी लोग एक-दूसरे के विश्वासों के प्रति सहिष्णु हों और सहिष्णु होना पसन्द करें।

इसी उद्देश्य के निमित्त यह राजाज्ञा लिखी गई है। सभी लोगों को, चाहे वे जिस दशा में हों, प्रत्येक को मूलभूत नैतिक सिद्धान्तों के उत्थान के लिए और सभी दूसरे सम्प्रदायों के प्रति पारस्परिक आदर भाव रखने के लिए प्रोत्साहित करना चाहिए। इसी उद्देश्य के लिए धर्म-मंत्रियों, निरीक्षकों और अन्य सभी अधिकारियों को कार्य करना चाहिए।''

इस प्रभावशाली उद्धरण को पढ़कर स्वामी विवेकानन्द ने कहा कि उसी बुद्धिमान राजा ने, जिसने यह राजाज्ञा खुदवाई थी, युद्ध करने से मना किया था, क्योंकि इसकी विभीषिकाएँ सभी महान् सार्वभौमिक नैतिक सिद्धान्तों के प्रतिकूल होती हैं। उन्होंने कहा, ''इसी कारण भारत ने भौतिक पक्ष में हानि उठाई है। जहाँ पाशविक शक्ति और रक्तपात ने दूसरे राष्ट्रों को आगे बढ़ाया है, भारत ने इस प्रकार के पाशविक प्रदर्शन का प्रत्याख्यान किया है और योग्यतम की विजय के नियम के अनुसार, जो राष्ट्रों और व्यक्तियों दोनों के लिए लागू होता है, वह भौतिक अर्थ में दुनिया की एक शक्ति के रूप में बहुत पीछे रह गया है।''

''किन्तु शान्तिप्रिय भारत में व्याप्त इस भावना को क्या महान् युद्ध-प्रिय पश्चिमी देशों में पाना असम्भव न होगा; जहाँ उन्नीसवीं शताब्दी की अति व्यावहारिक आवश्यकताओं के विकास के लिए इतनी अधिक शक्ति की आवश्यकता है?''

वे तेजस्वी आँखें चमक उठीं और उस पूर्वीय बन्धु के मुख पर एक हास की रेखा दौड़ गई।

''क्या कोई अपने में सिंह की शक्ति और मेमने के भोलेपन का समन्वय नहीं कर सकता?'' उन्होंने पूछा।

इसी क्रम में उन्होंने कहा कि सम्भवत: भविष्य में पूर्व और पश्चिम का समन्वय होने को है, एक ऐसा समन्वय जिसके परिणाम अद्भुत होंगे। पश्चिमी राष्ट्रों की प्रकृति को प्रशंसा का पात्र बनानेवाला उनका एक गुण है, और वह है स्त्रियों के प्रति अत्यन्त आदरभाव तथा उनके साथ सहृदयतापूर्ण व्यवहार।

महाप्रयाण के समय बुद्ध के द्वारा कथित शब्दों में उन्होंने कहा, ''अपने निर्वाण के लिए स्वयं साधना करो। मैं तुम्हारी सहायता नहीं कर सकता। तुम्हारी सहायता कोई नहीं कर सकता। अपनी सहायता अपने आप करो।'' सौमनस्य और शान्ति हो, कलह न हो, यही उनका आदर्श-वाक्य है।

विभिन्न मतवादों की दोषान्वेषण की प्रवृत्ति के सम्बन्ध में उन्होंने हाल में जो कहानी कही वह निम्नलिखित है :

एक कुएँ में एक मेढ़क रहता था। वह वहाँ कुछ दिनों से रहता था। वहीं पैदा हुआ और वहीं बड़ा हुआ। फिर भी एक छोटा, नन्हा-सा मेढ़क था। निस्संदेह वहाँ पर विकासवादी नहीं थे, जो हमें बताते कि मेढ़क की आँखें थीं या नहीं थीं। किन्तु अपनी कहानी के लिए हम लोग यह मान लेंगे कि उसकी आँखें थीं और वह प्रत्येक दिन इस गति से जल में रहने वाले सभी कीड़ों तथा कीटाणुओं से उसे साफ करता

था, जो आधुनिक जीवाणुविज्ञान शास्त्री के लिए गौरव की बात होगी। इस प्रकार रहते हुए वह कुछ चिकना और मोटा हो गया—शायद इतना जैसा मैं। अच्छा, एक दिन एक अन्य मेढ़क जो समुद्र में रहता था आया और कुएँ में गिर पड़ा।

"तुम कहाँ से आए हो?"

"समुद्र से।"

"समुद्र? वह कितना बड़ा है? क्या वह मेरे कुएँ के बराबर है?" और उसने कुएँ से एक किनारे से दूसरे किनारे तक छलाँग मारी।

"मेरे मित्र," समुद्र के मेढ़क ने कहा, "तुम अपने छोटे से कुएँ से समुद्र की तुलना कैसे करते हो?"

तब मेढ़क ने दूसरी छलाँग मारी और पूछा, "क्या तुम्हारा समुद्र इतना बड़ा है?"

"समुद्र से अपने कुएँ की तुलना करके तुम कैसी मूर्खता की बात कर रहे हो।"

कुएँ के मेढ़क ने कहा, "अच्छा, तब मेरे कुएँ से बड़ी कोई चीज नहीं हो सकती। यह झूठा है, इसे बाहर निकालो।"

"यही कठिनाई सदा से चली आ रही है।"

"मैं हिन्दू हूँ। मैं अपने छोटे से कुएँ में बैठा हूँ और सोचता हूँ कि मेरा कुआँ ही दुनिया है। ईसाई अपने छोटे से कुएँ में बैठा है और वह कुआँ उसकी दुनिया है। मुसलमान अपने कुएँ में बैठा है और उसी को सम्पूर्ण दुनिया समझता है। मैं तुम अमेरिकनों को धन्यवाद देता हूँ कि तुम हमारी इस अपनी छोटी दुनिया की दीवारों को तोड़ने का प्रयत्न कर रहे हो और आशा करता हूँ कि भविष्य में प्रभु तुमको इस उद्देश्य की पूर्ति में सहायता प्रदान करेंगे।"

('डिट्राएट, फ्री प्रेस', फरवरी 14, 1894 ई. में प्रकाशित)

रचनानुवाद-गद्य

योग के चार मार्ग[1]

हमारी प्रधान समस्या मुक्त होना है। अतएव यह स्पष्ट है कि जब तक हम अपने ब्रह्म होने की अनुभूति प्राप्त नहीं कर लेते, हम मोक्ष प्राप्त नहीं कर सकते। इस सिद्धि को प्राप्त करने के अनेक मार्ग हैं। इन पद्धतियों का जातीय नाम योग (जोड़ना, अपने को अपनी वास्तविकता से जोड़ना) है। विविध वर्गों में विभक्त इन योगों को मुख्यतया चार में वर्गीकृत किया जा सकता है; और चूँकि प्रत्येक ब्रह्म की सिद्धि का केवल परोक्ष मार्ग है, वे विभिन्न स्वभाव के लोगों के अनुकूल हैं। यह स्मरण रखना चाहिए कि मिथ्या मनुष्य वास्तविक मनुष्य या ब्रह्म नहीं हो जाता। ब्रह्म को लेकर 'होने' जैसा कुछ नहीं होता। वह सदा मुक्त, सदा पूर्ण है; केवल उस अविद्या को दूर होना है, जिसने सम्प्रति उसके स्वरूप को आच्छन्न कर रखा है। अतः योग की सभी प्रणालियों (और प्रत्येक धर्म ऐसी ही एक पद्धति का प्रतिनिधि है) का लक्ष्य इस अविद्या को हटाना और आत्मा को अपने स्वरूप की पुनःस्थापना करने देना है। इस मोक्ष में प्रमुख सहायक अभ्यास और वैराग्य हैं। वैराग्य जीवन से अनासक्त होना है, क्योंकि भोग की इच्छा ही अपने साथ बन्धनों को लाती है; और अभ्यास योगों में से किसी एक की सतत साधना है।

कर्मयोग : कर्मयोग कर्म के द्वारा मन को शुद्ध करना है। शुभ या अशुभ कर्म किए जाने पर शुभ या अशुभ परिणाम अवश्य उत्पन्न होता है; कारण विद्यमान होने पर कोई भी शक्ति उसे रोक नहीं सकती। अतएव जब तक शुभ कार्य शुभ कर्म, और अशुभ कार्य अशुभ कर्म उत्पन्न करते रहेंगे, कभी भी मोक्ष प्राप्त कर सकने की आशा से रहित आत्मा शाश्वत बन्धनों में पड़ी रहेगी। कर्म केवल शरीर या मन से सम्बद्ध है, आत्मा से नहीं; वह आत्मा के समक्ष एक पर्दा भर डाल सकता है। अशुभ कर्म द्वारा डाला पर्दा अविद्या है। शुभ कर्म में नैतिक बल को पुष्ट करने की शक्ति है। इस प्रकार वह अनासक्ति को उत्पन्न करता है, अशुभ कर्म के प्रति प्रवृत्ति को नष्ट करता है और फलस्वरूप मन को निर्मल करता है। किन्तु कर्म यदि मोक्ष की प्रेरणा से किया जाता है, तो वह केवल इस भोग को उत्पन्न करता है, मन या चित्त को शुद्ध नहीं करता।

1. स्वामी जी की प्रथम अमेरिका यात्रा में एक पश्चिमी शिष्य के प्रश्नों के उत्तर के रूप में उनके द्वारा लिखित।

अतएव समस्त कर्म उसके फलों को भोगने की इच्छा से नितान्त मुक्त होकर किए जाने चाहिए। कर्मयोगी के समस्त भय तथा इहलोक या परलोक में भोग की इच्छा को सदा के लिए निकाल देना चाहिए। इसके अतिरिक्त, प्रतिदान की इच्छा से रहित यह कर्म स्वार्थपरता को नष्ट कर देगा, जो सारे बन्धनों की जड़ है। कर्मयोगी का जीवन-मंत्र है 'मैं नहीं, वरन तू', और आत्मोत्सर्ग का कोई भी परिमाण उसके लिए अधिक नहीं होता। किन्तु ऐसा वह स्वर्ग जाने, नाम और यश कमाने या इस संसार में कोई अन्य लाभ उपलब्ध कर सकने की इच्छा से नितान्त मुक्त होकर करता है। इस प्रकार के नि:स्वार्थ कर्म की व्याख्या और हेतु यद्यपि केवल ज्ञानयोग में ही मिलते हैं, पर मनुष्य की नैसर्गिक दिव्यता, बिना किसी प्रच्छन्न स्वार्थभाव के, दूसरों के हित मात्र के लिए, उसका सम्प्रदाय या मत जो भी हो, उसे समस्त उत्सर्ग से प्रेम करने के लिए विवश करती है। बहुतेरे लोगों के लिए धन का बन्धन बहुत बड़ा होता है; और धन के प्रति प्रेम के आस-पास जम गई पपड़ी को तोड़ने के निमित्त उनके लिए कर्मयोग परमावश्यक है।

दूसरा है भक्तियोग : भक्ति अथवा पूजा अथवा किसी रूप में प्रेम मनुष्य के लिए सबसे अधिक सरल, सुखद और स्वाभाविक मार्ग है। इस विश्व की नैसर्गिक स्थिति आकर्षण की है; और अनिवार्य रूप से उसका अन्त वियोग में होता है। यहाँ तक कि मानव हृदय में प्रेम मिलने की नैसर्गिक प्रेरणा है; और यद्यपि वह स्वयं क्लेश का एक बड़ा कारण है। भक्ति का आलम्बन ईश्वर है। प्रेम बिना एक कर्ता और आलम्बन के नहीं हो सकता। इसके अतिरिक्त प्रेम का आलम्बन पहले एक ऐसा प्राणी होना चाहिए, जो हमारे प्यार का प्रतिदान दे सके। अतएव प्रेम का ईश्वर किसी न किसी धर्म में एक मानवीय ईश्वर होना चाहिए। वह प्रेम का ईश्वर होना आवश्यक है। ऐसा ईश्वर है या नहीं, इस प्रश्न के बावजूद, यह एक तथ्य है कि जिनके हृदय में प्रेम है, उनके प्रति यह ब्रह्म प्रेम के ईश्वर के रूप में, व्यक्तित्व रूप में प्रकट होता है।

उपासना के वे रूप जो ईश्वर को एक न्यायाधीश, दंडदाता, अथवा भय के कारण जिसकी आज्ञा पालन करना पड़े, ऐसा कुछ समझते हैं, प्रेम कहलाने के पात्र नहीं हैं, यद्यपि ये उपासना के वे रूप हैं, जो शनै:-शनै: उच्चतर रूपों में विकसित हो जाते हैं। अब हम स्वयं प्रेम पर विचार करेंगे। प्रेम का प्रतिनिधान हम एक ऐसे त्रिभुज द्वारा प्रस्तुत करेंगे, जिसके आधार का पहला कोण निर्भयता का है। जब तक भय रहता है, प्रेम नहीं होता। प्रेम सारे भय का निराकरण कर देता है। माँ अपने बच्चे की रक्षा करने के लिए एक बाघ का भी सामना करेगी। दूसरा कोण (इस बात का) है कि प्रेम कभी कुछ चाहता नहीं, माँगता नहीं। तीसरा कोण अथवा शीर्ष यह है कि प्रेम स्वयं प्रेम के निमित्त प्रेम करता है। प्रेम ही केवल वह रूप है, जिसमें प्रेम को प्रेम किया जाता है। यह सर्वोच्च अमूर्तीकरण है और यह वही है जो ब्रह्म है।

तीसरा है राजयोग : इस योग की संगति इन योगों में प्रत्येक से हो जाती है। आस्थावान या आस्थारहित सभी वर्गों की जिज्ञासाओं से इसकी संगति हो जाती है,

और यह धार्मिक जिज्ञासा का यथार्थ उपकरण है। जिस प्रकार हर विज्ञान की अनुसन्धान करने की अपनी विशिष्ट पद्धति होती है, उसी प्रकार राजयोग धर्म की पद्धति है। विविध शरीर-संरचनाओं के अनुरूप इस विज्ञान का व्यावहारिक उपयोग भी विविध होता है। इसके मुख्य अंग प्राणायाम, ध्यान और धारणा हैं। जो लोग ईश्वर में विश्वास करते हैं, किसी गुरु से प्राप्त कोई प्रतीकात्मक नाम, जैसे ओ३म् या अन्य पवित्र शब्द इसमें बड़े सहायक सिद्ध होते हैं। ओउम् इनमें महानतम है और उसका अर्थ है ब्रह्म। इन पवित्र नामों का जप करते हुए उनके अर्थ की धारणा करना मुख्य अभ्यास है।

चौथा है ज्ञानयोग : यह तीन अंगों में विभक्त है। पहला : इस सत्य का श्रवण कि आत्मा ही एकमात्र वास्तविकता है और सब माया (सापेक्षता) है। दूसरा : इस दर्शन पर सभी दृष्टिकोणों से मनन। तीसरा : इसके आगे सारे तर्क-वितर्क को वर्जित करके सत्य की अनुभूति प्राप्त करना। यह अनुभूति इतने प्रकार से प्राप्त होती है : (1) इस बात के निश्चय से कि ब्रह्म ही सत्य है, और सब मिथ्या है; (2) भोग की समग्र इच्छा का त्याग; (3) मन और इन्द्रियों का संयम; (4) मुक्त होने की तीव्र आकांक्षा। इस सत्य की सतत धारणा और आत्मा को उसके वास्तविक स्वरूप का सदैव स्मरण कराते रहना ही इस योग के मार्ग हैं। यह योग सर्वोच्च किन्तु कठिनतम है। इसको बुद्धि के द्वारा तो बहुत से लोग ग्रहण कर लेते हैं, लेकिन उसकी सिद्धि बहुत कम लोग कर पाते हैं।

कल्प-विराम एवं परिवर्तन

यह समस्त विश्व खोए हुए सन्तुलन का एक दृष्टान्त है। समस्त गति क्षुब्ध विश्व द्वारा अपनी साम्यावस्था पुनः प्राप्त करने के निमित्त संघर्ष है; वह (साम्यावस्था) गति नहीं हो सकती। अतः आन्तरिक जगत् के सन्दर्भ में यह अवस्था विचार के परे होगी, क्योंकि विचार स्वयं ही एक गति है। यद्यपि सारे संकेत प्रसार के द्वारा पूर्ण साम्यावस्था प्राप्त कर लेने के पक्ष में हैं और समग्र विश्व उसी की ओर दौड़ रहा है, हमें यह कहने का अधिकार नहीं है कि वह अवस्था कभी प्राप्त ही नहीं की जा सकती। इसके अतिरिक्त, उस साम्यावस्था में किसी भी विविधता का होना असम्भव है। उसके लिए समजातीय होना आवश्यक है; क्योंकि जब तक दो भी परमाणु शेष रहेंगे, वे एक दूसरे को आकृष्ट और विकृष्ट करते रहकर सन्तुलन को भंग करते रहेंगे। अतएव साम्य की यह अवस्था एकत्व, विराम और समजातीयता की है। अंतस् की भाषा में, साम्य की यह अवस्था न विचार है, न शरीर, और न वह कुछ जिसे हम गुण कहते हैं। एकमात्र वस्तु जिसके लिए हम कह सकते हैं कि वह बनाए रखेगी, है स्वयं उसका अपना स्वरूप, सत्-चित्त-आनन्द।

इसी प्रकार यह अवस्था दो नहीं हो सकती। अनिवार्य रूप से उसे एक इकाई होना चाहिए, और मैं, तुम आदि के समस्त काल्पनिक भेद, विभिन्न विविधताएँ विलुप्त होनी चाहिए; क्योंकि वे सब परिवर्तनों या माया की अवस्था के हैं। यह कहा जा सकता है कि परिवर्तन की यह अवस्था आत्मा को अब प्राप्त हुई है, जो यह सिद्ध करती है कि इसके पूर्व उसकी अवस्था विराम और मुक्ति की थी; अब इस समय विभेदीकरण की अवस्था ही यथार्थ है, समजातीयता की अवस्था आदिम अपरिपक्वता की है, जिससे यह परिवर्तनशील अवस्था निर्मित हुई है; और उस विभेदरहित अवस्था में पुनः लौट जाना अपकर्ष मात्र ही होगा। यदि यह सिद्ध किया जा सकता कि सजातीयता और विजातीयता की दो व्यवस्थाएँ ही समस्त काल में केवल एक बार घटित होनेवाली दो अवस्थाएँ हैं, तो इस तर्क में कोई बल हो सकता था। जो एक बार घटित होता है, वह बारम्बार घटित होता है। विराम का अनुगमन परिवर्तन—विश्व—करता है। किन्तु उस विराम के पूर्व अन्य परिवर्तन हुए होंगे, और इस परिवर्तन के बाद विराम की अन्य अवस्थाएँ घटित होंगी। यह सोचना उपहासास्पद होगा कि कभी विराम की

अवधि थी, जिसके बाद यह परिवर्तन आया जो अब सदा चलता रहेगा। प्रकृति में प्रत्येक कण यह दिखलाता है कि वह बारम्बार एक कल्पीय विराम और परिवर्तन को प्राप्त होता रहता है।

विराम की दो अवधियों के बीच के कालान्तर को एक कल्प कहते हैं। किन्तु यह कल्पीय विराम (प्रलय) पूर्ण सजातीयता का नहीं हो सकता, अन्यथा भविष्य में अभिव्यक्ति (सृष्टि) होना समाप्त हो जाएगा। यह कहना असंगत है कि परिवर्तन (सृष्टि) की प्रस्तुत अवस्था विराम की पूर्वगामी अवधि काल में अधिक सुदूरवर्ती होने के कारण अधिक पूर्ण होगी! प्रकृति में उन्नति या अवनति नहीं होती। वह बारम्बार उन्हीं रूपाकारों को व्यक्त करती रहती है। वस्तुत: नियम शब्द का अर्थ ही यह है। लेकिन आत्माओं को लेकर एक उन्नति अवश्य होती है। अर्थात्, आत्माएँ अपने स्वरूप के निकटतर आती हैं, और प्रत्येक कल्प में वे बड़ी संख्या में इस प्रकार चक्कर काटते रहने से मुक्ति प्राप्त करती हैं। यह कहा जा सकता है कि चूँकि जीवात्मा विश्व और प्रकृति का अंश है और बारम्बार वापस आती रहती है, आत्मा के लिए कोई मुक्ति नहीं हो सकती, क्योंकि उस दशा में विश्व को विनष्ट करना आवश्यक हो जाता है। उत्तर यह है कि जीवात्मा माया के माध्यम से एक मिथ्या वस्तु है, और स्वयं प्रकृति से अधिक सत्य नहीं। वस्तुत: यह जीवात्मा निरुपाधिक निरपेक्ष (पर) ब्रह्म ही है।

प्रकृति में जो कुछ सत्य है वह ब्रह्म है, केवल वह माया के अभ्यास से इस विविधता या प्रकृति के रूप में भासित होता है। भ्रम होने के कारण माया को सत्य नहीं कहा जा सकता; फिर भी वह इस गोचर प्रपंच की सृष्टि कर रही है। यदि यह पूछा जाए कि स्वयं भ्रम होते हुए माया यह सब किस प्रकार उत्पन्न कर सकती है, तो हमारा उत्तर यह है कि उत्पाद्य अविद्या होने के कारण उत्पादक भी वही होना चाहिए। ज्ञान के द्वारा अज्ञान की उत्पत्ति कैसे हो सकती है। अत: यह माया विद्या और अविद्या (सापेक्ष ज्ञान), इन दो रूपों में कार्य करती है; और यह विद्या अविद्या या अज्ञान को नष्ट करने के उपरान्त स्वयं नष्ट हो जाती है। यह माया अपने को स्वयं नष्ट कर डालती है और जो निश्शेष रहता है, वह है ब्रह्म, सत् का सार तत्त्व, ज्ञान और आनन्द। अत: प्रकृति में जो भी वास्तविकता है, वह यह ब्रह्म है, और हमें प्रकृति तीन रूपों में प्राप्त होती है—ईश्वर, चेतन और अचेतन, अर्थात्, ईश्वर, व्यक्तितायुक्त आत्माएँ, और अचेतन प्राणी। इन सबकी वास्तविकता ब्रह्म है, यद्यपि माया के कारण वह विविध प्रतीत होता है। किन्तु ईश्वर का दर्शन वास्तविकता के निकटतम और उच्चतम है। (व्यक्तितायुक्त) सगुण ईश्वर की धारणा मनुष्य के लिए सर्वोच्च सम्भव विचार है। ईश्वर में आरोपित समस्त गुण उसी अर्थ में सत्य हैं, जिसमें प्रकृति के गुण सत्य हैं। फिर भी हमें यह कभी नहीं भूलना चाहिए कि सगुण ईश्वर माया के माध्यम से देखा जाने वाला ब्रह्म ही है।

बुद्धि, श्रद्धा और प्रेम

[स्वामी जी के कार्य-क्षेत्र का केन्द्र अमेरिका के अटलांटिक तट की ओर पूर्व दिशा में जाने के पहले सन् 1894 ई. के पूरे वर्ष भर के लगभग उन्होंने हेल परिवार के निवास-स्थान को अपना प्रधान कार्यालय बनाया था। श्री जॉर्ज डब्ल्यू. हेल के पत्र लिखने के कागजों पर, और इस प्रकार सम्भवत: उनके घर में अपने किसी आवास-काल में, स्वामी जी ने पेंसिल से ही बुद्धि, श्रद्धा और प्रेम के सम्बन्ध में कुछ टिप्पणियाँ सी लिख डाली थीं, जो अभी हाल ही में प्रकाश में आईं। दुर्भाग्यवश इस पांडुलिपि की तिथि निश्चयपूर्वक निर्धारित नहीं की जा सकती।]

बुद्धि—उसकी सीमाएँ हैं—उसका आधार है—
उसका पतन है। उसके चतुर्दिक् प्राचीर हैं—
अज्ञेयवाद। अनीश्वरवाद। पर रुकना नहीं है;
प्रतिक्षण परात्पर सक्रिय है, हमें प्रभावित कर रहा है—
यह आकाश, ये तारे, जो अदृश्य हैं वह भी हम पर प्रभाव डाल रहे हैं।
अत: हमें इस सबके पार जाना ही है। अकेली बुद्धि नहीं जा सकती!
ससीम असीम को नहीं पा सकता।
अकेली श्रद्धा भ्रष्ट हो जाती है—
कट्टरता—धर्मान्धता—साम्प्रदायिकता। अत:
सतत संकीर्ण ससीम असीम को नहीं पा सकता!
कभी गम्भीरता आ जाती है, तो विस्तार खो जाता है।
और स्वमताग्रही एवं धर्मान्धों में तो
अपने ही गर्व और मिथ्या अहं की उपासना में परिणत हो जाती है!
तो क्या अन्य कोई मार्ग ही नहीं है?—प्रेम है!
जो कभी भ्रष्ट नहीं होता!—शान्त, कोमलतादायक
सतत वितानी—यह विश्व उसकी व्याप्ति के लिए अत्यन्त छोटा है!
हम उसकी परिभाषा नहीं दे सकते, उसके विकास विधान के माध्यम से हम केवल उसका रेखांकन कर सकते हैं और उसके परिवेश का वर्णन कर

सकते हैं।
पहले तो वह वही है, जो बहिर्जगत् में गुरुत्वाकर्षण है—
एकीकरण की—मिलन की प्रवृत्ति।—विधि-विधान और रूढ़िबद्धता तो उसकी मृत्यु है।
जब तक विधि-विधानों, पद्धतियों, प्रार्थना-विधियों में उपासना जकड़ी है, तब तक प्रेम नहीं।
जब प्रेम आता है, तब पद्धतियाँ तिरोहित हो जाती हैं।
मानव-भाषा और मानव-आकार—पितृ-रूप ईश्वर,
मातृ-रूप ईश्वर, प्रिय-रूप ईश्वर—सुरत-वर्धनम् आदि
सालोमन का महागान—परतंत्रता और स्वतंत्रता—
बन्धन और मुक्ति—
प्रेम, प्रेम!!
पावन पत्नी-रूप प्रेम—अनुसूया, सीता—
रुक्ष-कठोर कर्तव्य-रूप नहीं, वरन्
सतत आह्लादकारी प्रेम—सीता की पूजा—
प्रेम का उन्माद—भगवत्प्रेमोन्मत्त मानव—
राधा का रूपक—गलत समझा गया
नियंत्रण और भी बढ़ जाता है—
काम प्रेम की मृत्यु है,
अहम् प्रेम की मृत्यु है,
व्यक्ति से सामान्य की ओर,
मूर्त से अमूर्त की ओर—परात्पर की ओर।
प्रार्थनारत मुसलमान और बालिका,
सहानुभूति—कबीर—
वह ईसाई तपस्विनी जिसके हाथों से रक्त बह चला,
मुसलमान सन्त!
प्रत्येक परमाणु अपने पूरक की खोज में रत—
जब उसे पा जाता है, शान्त हो जाता है।
प्रत्येक मनुष्य सुख और स्थिरता की खोज में।
खोज तो सत्य है
पर उसके लक्ष्य तो वे स्वयं ही हैं।
फिर भी इन लक्ष्यों की खोज में
कम से कम क्षणिक सुख तो उन्हें मिलता ही है!
एकमात्र ध्रुव लक्ष्य और मानवात्मा की प्रकृति और अभीप्सा का

एकमात्र पूरक ईश्वर ही है!
अपना पूरक, अपनी स्थायी साम्यावस्था—अपनी
अनन्त शान्ति की प्राप्ति के लिए मानवात्मा का
संघर्ष ही प्रेम है—

रचनानुवाद-पद्य

अज्ञात देवदूत

1

जीवन के बोझ से जिसके कन्धे झुक गए थे,
घोर दु:खों के घेरे में जिसने सुख न जाना,
जो निर्जन अँधियारी राहों में चलता आया,
हृदय और मस्तिष्क को कहीं प्रकाश की झलक भी न मिली,
एक क्षण हँसने को न मिला,
मैं अन्तर न कर सका,
उसने एक शुभ रात्रि में देखा
कि एक प्रकाश-किरण उतरकर
उसके पास आ रही है,
पता नहीं, क्या है, कहाँ से ?
उसने इस प्रकाश को ईश्वर कहा
और उसे पूजा।
आशा, उसके पास एक अजनबी की तरह आई,
और उसे अनुप्राणित किया,
जीवन ऐसा बन गया कि जिसकी
स्वप्न में भी कभी कल्पना नहीं की,
उसने समझा और
इस विश्व के परे भी देखा।
ऋषियों ने मुसकराकर इसे अन्धविश्वास कहा,
किन्तु, उसने शक्ति और शान्ति का अनुभव किया था,
और नम्रतापूर्वक बोला,
'कितना शुभ है यह अन्धविश्वास।'

2

जिसने वैभव और सत्ता के मद में चूर होकर
स्वास्थ्य के साथ उपभोग किया
और मदान्ध होकर धरती को अपना क्रीड़ाक्षेत्र
और विवश मानव को अपना खिलौना बनाया,
हजारों सुख भोगे,
दिन और रात की चमचमाती रंगीनियाँ देखीं,
एक क्षण ऐसा भी देखा कि
उसकी दृष्टि धूमिल हो चली है,
अघाई हुई इन्द्रियाँ शिथिल हो रही हैं
और स्वार्थ की कठोर विकृत रचना ने
उसके हृदय को ढँक लिया है।
सुख, दुःख की तरह काटने को दौड़ रहा है,
जीवन, जैसे अनुभूति एवं संज्ञाहीन होकर
सड़ते हुए शव की भाँति उसकी बाँहों में जकड़ गया है,
जिससे अवश्य ही घृणा है उसे,
किन्तु, जितना ही वह उस विकृत शव से
मुक्त होने का प्रयत्न करता है,
उतना ही वह उससे चिपकता जाता है।
विक्षिप्त मस्तिष्क से उसने मृत्यु के अनेक
स्वरूपों की कल्पना की,
और जीवन के आकर्षण सामने खड़े रहे।
फिर दुःख आया—और सम्पत्ति और वैभव चले गए,
तब पीड़ाओं और आँसुओं के बीच उसे लगा
कि सम्पूर्ण मानव जाति से उसका नाता है,
यद्यपि उसके मित्रों ने उसका उपहास किया।
उसके अधर कृतज्ञ भाव से बुदबुदाए—
'यह दुःख भी कितना शुभ है!'

3

वह, जिसे स्वस्थ काया मिली,
किन्तु, वह संकल्प-शक्ति न मिली,
जो गहन भावनाओं और आवेशों पर विजय पा सके,

फिर भी वह अधिकाधिक दायित्व वहन न कर सका और
सबके लिए भला रहा,
उसने देखा कि वह सुरक्षित है,
जबकि दूसरे, जीवन–सागर की उत्ताल तरंगों में
बचाव का असफल प्रयत्न करते रहे।
फिर वह स्वास्थ्य गया, मस्तिष्क विकृत हुआ
और मन कलुषों में वैसे ही लगा
जैसे सड़ी गली वस्तु पर मक्खियाँ।
भाग्य मुस्कराया और उसका पाँव फिसला।
उसकी आँखें खुल गईं और उसने समझा
कि ये कंकड़–पत्थर और पेड़–पौधे सदैव तद्वत् हैं
क्योंकि ये विधान का अतिक्रमण नहीं करते।
मनुष्य की ही यह शक्ति है कि वह
भाग्य से संघर्ष कर उसे जीत सकता है
और नियम–बन्धनों से ऊपर उठ सकता है।
उसकी वह निष्क्रिय प्रकृति बदली और
उसे जीवन नया–नया लगा, व्यापक और व्यापक,
और वह दिन आया कि सामने प्रकाश फूटा
और शाश्वत शान्ति के कक्षों की झलक उसने पायी—
इन संघर्षों के समुद्र को चीरकर ही वह सम्भव है।
और तब उसने पीछे मुड़कर देखा,
अतीत का अकृतार्थ निष्फल जीवन,
तरु और प्रस्तर सम चेतनाविहीन;
दूसरी ओर उसका स्खलन–पतन—
जिसके लिए संसार ने त्याग दिया उसे;
अब उस पतन को भी उसने धन्य माना।
और वह प्रसन्न हृदय से बोला,
"यह पाप भी कितना शुभ सिद्ध हुआ!!"

(सन् 1898, नवम्बर में कलकत्ता में लिखित)

धीरज रखो तनिक और हे वीर हृदय[1]!

भले ही तुम्हारा सूर्य बादलों से ढक जाए,
आकाश उदास दिखाई दे,
फिर भी धैर्य धरो कुछ हे वीर हृदय,
तुम्हारी विजय अवश्यम्भावी है।

शीत के पहले ही ग्रीष्म आ गया,
लहर का दबाव ही उसे उभारता है
धूप-छाँह का खेल चलने दो
और अटल रहो, वीर बनो!

जीवन में कर्तव्य कठोर हैं,
सुखों के पंख लग गए हैं,
मंजिल दूर, धुँधली सी झिलमिलाती है,
फिर भी अन्धकार को चीरते हुए बढ़ जाओ,
अपनी पूरी शक्ति और सामर्थ्य के साथ!

कोई कृति खो नहीं सकती और
न कोई संघर्ष व्यर्थ जाएगा,
भले ही आशाएँ क्षीण हो जाएँ
और शक्तियाँ जवाब दे दें।
हे वीरात्मन्, तुम्हारे उत्तराधिकारी
अवश्य जनमेंगे
और कोई सत्कर्म निष्फल न होगा!

1. खेतड़ी के महाराज को लिखित।

यद्यपि भले और ज्ञानवान कम ही मिलेंगे,
किन्तु, जीवन की बागडोर उन्हीं के हाथों में होगी,
यह भीड़ सही बातें देर से समझती है,
तो भी चिन्ता न करो, मार्ग–प्रदर्शन करते जाओ।

तुम्हारा साथ वे देंगे, जो दूरदर्शी हैं,
तुम्हारे साथ शक्तियों का स्वामी है,
आशीषों की वर्षा होगी तुम पर,
ओ महात्मन्,
तुम्हारा सर्वमंगल हो!

'प्रबुद्ध भारत' के प्रति[1]

जाओ फिर एक बार!
यह तो केवल निद्रा थी, मृत्यु नहीं थी,
नवजीवन पाने के लिए,
कमल नयनों के विराम के लिए
उन्मुक्त साक्षात्कार के लिए।

एक बार फिर जागो।
आकुल विश्व तुम्हें निहार रहा है,
हे सत्य!
तुम अमर हो!

फिर बढ़ो,
कोमल चरण ऐसे धरो
कि एक रज-कण की भी शान्ति भंग न हो
जो सड़क पर, नीचे पड़ा है।
सबल, सुदृढ़, आनन्दमय, निर्भय और मुक्त
जागो, बढ़े चलो और उदात्त स्वर में बोलो!

तेरा घर छूट गया,
जहाँ प्यारभरे हृदयों ने तुम्हारा पोषण किया
और सुख से तुम्हारा विकास देखा,
किन्तु, भाग्य प्रबल है—यही नियम है—
सभी वस्तुएँ उद्गम को लौटती हैं, जहाँ से
निकली थीं और नव शक्ति लेकर फिर निकल पड़ती हैं।

1. अगस्त 1898 में 'प्रबुद्ध भारत' (Awakened India) पत्रिका के मद्रास से, स्वामी जी द्वारा स्थापित भ्रातृमंडल के हाथों में अल्मोड़ा से स्थानांतरित होने के अवसर पर।

नये सिरे से आरम्भ करो,
अपनी जननी–जन्मभूमि से ही,
जहाँ, विशाल मेघराशि से बद्धकटि,
हिमशिखर तुममें नव शक्ति का संचार कर
चमत्कारों की क्षमता देता है,
जहाँ स्वर्गिक सरिताओं का स्वर
तुम्हारे संगीत को अमरत्व प्रदान करता है,
जहाँ देवदारु की शीतल छाया में तुम्हें अपूर्व शान्ति मिलती है।

और सबसे ऊपर,
जहाँ शैल–बाला उमा, कोमल और पावन,
विराजती हैं,
जो सभी प्राणियों की शक्ति और जीवन हैं,
जो सृष्टि के सभी कार्य–व्यापारों के मूल में हैं,
जिनकी कृपा से सत्य के द्वार खुलते हैं
और जो अनन्त करुणा और प्रेम की मूर्ति हैं;
जो अजस्त्र शक्ति की स्रोत हैं
और जिनकी अनुकम्पा से सर्वत्र
एक ही सत्ता के दर्शन होते हैं।

तुम्हें उन सबका आशीर्वाद मिला है,
जो महान् द्रष्टा रहे हैं,
जो किसी एक युग अथवा प्रदेश के ही नहीं रहे हैं,
जिन्होंने जाति को जन्म दिया,
सत्य की अनुभूति की,
साहस के साथ भले–बुरे सबको ज्ञान दिया।
हे उनके सेवक,
तुमने उनके एकमात्र रहस्य को पा लिया है।

तब बोलो, ओर प्यार!
तुम्हारा कोमल और पावन स्वर!
देखो, ये दृश्य कैसे ओझल होते हैं,
ये तह पर तह सपने कैसे उड़ते हैं
और सत्य की महिमामयी आत्मा

किस प्रकार विकीर्ण होती है!

और संसार से कहो—
जागो, उठो, सपनों में मत खोए रहो,
यह सपनों की धरती है, जहाँ कर्म
विचारों की सूत्रहीन मालाएँ गूँथता है,
वे फूल, जो मधुर होते हैं अथवा विषाक्त,
जिनकी न जड़ें हैं, न तने, जो शून्य में उपजते हैं,
जिन्हें सत्य आदि शून्य में ही विलीन कर देता है।
साहसी बनो और सत्य के दर्शन करो,
उससे तादात्म्य स्थापित करो
छायाभासों को शान्त होने दो;
यदि सपने ही देखना चाहो तो
शाश्वत प्रेम और निष्काम सेवाओं के ही सपने देखो!

ओ स्वर्गीय स्वप्न[1]!

अच्छा या बुरा, समय बीतता है—
कभी हर्षातिरेक से हृदय गद्‌गद होता है
और कभी दुःखों के सागर लहराने लगते हैं,
यहीं, हम सभी सुख-दुःख से प्रभावित हो
कभी रोते और कभी हँसते हैं।
हम अपने-अपने रंग में होते हैं
और ये दृश्य अदल-बदलकर आते रहते हैं—
चाहे सुख चमके या दुःख बरसे।

ओ स्वप्न! ओ स्वर्गीय स्वप्न!
यह कुहर-जाल फैलाकर सब कुछ ढक दो,
इन तीखी रेखाओं को कुछ और मधुर करो
और परुष को जरा और कोमल कर दो।

ओ स्वप्न!
केवल तुम्हीं में जादू है,
तुम्हारे स्पर्श से रेगिस्तान उपवन बनकर लहराते हैं,
कड़कती बिजलियों का भीषण घोष
मधुर संगीत में बदल जाता है
और मृत्यु एक सुखद मुक्ति बनकर आती है।

---

1. 17 अगस्त, 1900 को पेरिस से भगिनी क्रिश्चिन को लिखित।
(क्रिस्टीन (क्रिश्चिन) स्वामी जी की शिष्या थी। भगिनी निवेदिता के नारी शिक्षा के काम में सहयोग करने भारत आई थी। यह कविता स्वामी जी ने उसी को लिखकर भेजी थी। —सं.)

जाग्रत देवता

वह, जो तुममें है और तुमसे परे भी,
जो सबके हाथों में बैठकर काम करता है,
जो सबके पैरों में समाया हुआ चलता है,
जो तुम सबके घट में व्याप्त है,
उसी की आराधना करो और
अन्य प्रतिमाओं को तोड़ दो!

जो एक साथ ही ऊँचे पर और नीचे भी हैं;
पापी और महात्मा, ईश्वर और निकृष्ट कीट,
एक साथ ही है,
उसी का पूजन करो—
जो दृश्यमान है,
ज्ञेय है,
सत्य है,
सर्वव्यापी है,
अन्य सभी प्रतिमाओं को तोड़ दो!

जो अतीत जीवन से मुक्त,
भविष्य के जन्म-मरणों से परे हैं,
जिसमें हमारी स्थिति है
और जिसमें हम सदा स्थित रहेंगे,
उसी की आराधना करो,
अन्य सभी प्रतिमाओं को तोड़ दो!

ओ विमूढ़! जाग्रत देवता की उपेक्षा मत करो,
उसके अनन्त प्रतिबिम्बों से ही यह विश्व पूर्ण है।

काल्पनिक छायाओं के पीछे मत भागो,
जो तुम्हें विग्रहों में डालती हैं;
उस परम प्रभु की उपासना करो,
जिसे सामने देख रहे हो;
अन्य सभी प्रतिमाएँ तोड़ दो!

उसे शान्ति में विश्राम मिले[1]

आगे बढ़ो ओ' आत्मन्! अपने नक्षत्र-जड़ित पथ पर,
हे परम आनन्दपूर्ण!! बढ़ो, जहाँ मुक्त विचार हैं,
जहाँ काल और देश से दृष्टि धूमिल नहीं होती,
और जहाँ चिरन्तन शान्ति और वरदान हैं तुम्हारे लिए!

जहाँ तुम्हारी सेवा बलिदान को पूर्णत्व देगी,
जहाँ श्रेयस् प्यार से भरे हृदयों में तुम्हारा निवास होगा,
मधुर स्मृतियाँ देश और काल की दूरियाँ खत्म कर देती हैं।
बलिवेदी के गुलाबों के समान
तुम्हारे पश्चात् विश्व को आपूरित करेगी।

अब तुम बन्धनमुक्त हो, तुम्हारी खोज परमानन्द तक पहुँच गई,
अब तुम उसमें लीन हो, जो मरण और जीवन बनकर आता है,
हे परोपकाररत, हे निःस्वार्थ प्राण, आगे बढ़ो!
इस संघर्षरत विश्व को अब भी तुम सप्रेम सहायता करो।

::

1. श्री जे.जे. गुडविन की स्मृति में लिखित, अगस्त, 1898।

कौन जानता माँ की लीला!

शायद तुम्हीं वह द्रष्टा हो,
जो जानता है
कि कौन उन गहराइयों का स्पर्श कर सकता है,
जहाँ माँ ने अपने शब्दहीन अमोघ बाण
छिपा रखे हैं!

सम्भवत: शिशु ने उन छायाओं की झलक पाई है,
इन दृश्यों के पीछे,
विस्मय और कौतूहल भरी आँखों से
वे कम्पित आकृतियाँ, जो
अनिवार्य प्रबल घटनाओं का कारण हैं!
माँ के अतिरिक्त और कौन जानता है
कि वे कैसे, कहाँ से और कब आती हैं।

ज्ञानदीप्त उस ऋषि ने सम्भवत:
जो कुछ कहा,
कहीं उससे समधिक देखा था!
कब, किस आत्मा के सिंहासन पर
माँ विराजेगी,
कौन जानता है!

किन नियमों में मुक्ति बँधी है,
कौन पुण्य करते उसकी
इच्छा-संचालन!
वह किस धुन में कौन सी
बड़ी से बड़ी व्याख्या कर दे, कौन जाने,

उसकी इच्छा मात्र ही वह विधान है,
जिसका कोई विरोध सम्भव नहीं।

पता नहीं, पुत्र को कौन से वैभव प्राप्त हो जाएँ,
पिता ने जिसका स्वप्न भी न देखा हो,
माँ अपनी पुत्री में
हजार गुनी शक्तियाँ भर सकती है,
उसकी इच्छा!!

गाता हूँ गीत मैं तुम्हें ही सुनाने को

गाता हूँ गीत मैं तुम्हे ही सुनाने को;
भले और बुरे की—
लोक-निन्दा, यश-कथा की
नहीं परवाह मुझे;
दास हूँ तुम दोनों का,
सशक्तिक चरणों में प्रमाण है तुम्हारे देव।
पीछे खड़े रहते हो,
इसीलिए हँसते हुए मुख को
मैं देखता हूँ बार-बार मुड़-मुड़कर;
बार-बार गाता मैं—खौफ नहीं खाता कभी,
जन्म और मृत्यु मेरे पैरों पर लौटते हैं।
दया के सागर तुम,
दास हूँ तुम्हारा जन्म-जन्म का मैं;
गति मैं तुम्हारी नहीं जानता हूँ—
अपनी गति?—वह भी नहीं,
कौन चाहता भी है जानने को?
भुक्ति-मुक्ति-भक्ति आदि जितने हैं
जप-तप-साधन-भजन सब
आज्ञा से तुम्हारी ही दूर मैंने कर दिए हैं,
एकमात्र आशा पहचान की है लगी हुई,
इससे भी करो पार!
नेत्र देखते हैं यह सारा ब्रह्मांड,
नहीं देखते वे अपने को[1],
देखें भी क्यों, कहो?—

---

1. पूरे विश्व को देखकर, आँखें अब अपने को देखना नहीं चाहती हैं। इसका कारण बाद में बतलाया गया है।

देखते अपना ही मुख
दूसरों का देख रूप।
मेरे तुम नेत्र हो,
रूप तुम्हारा ही सब घटों में विराजमान।
बालकेलि करता हूँ तुमसे मैं
और क्रोध करके देव
तुमसे किनारा कर जाना कभी चाहता हूँ
किन्तु निशा-काल में
शय्या के शिरोभाग में,
देखता हूँ तुमको मैं खड़े हुए,—
चुपचाप—आँखें छलछलाई हुईं,
हेरते हो मेरे तुम मुख की ओर।
उसी समय बदल जाता भाव मेरा,
पैरों पड़ता हूँ,
पर क्षमा नहीं माँगता;
तुम नहीं करते हो रोष।
पुत्र हूँ तुम्हारा, कहो,
और कोई कैसे इस प्रगल्भता को
सहन कर सकता है?
प्रभु हो तुम मेरे,
तुम प्राणसखा मेरे हो।
कभी देखता हूँ—
''तुम मैं हो, मैं तुम हूँ,
तुम वाणी, हो वीणापाणि मेरे तुम कंठ में—
तुम्हारी ही तरंगों से बह जाते नारी-नर।''
सिन्धु-नाद जैसा तुम्हारा हुंकार है,
सूर्य और चन्द्र में हैं वचन तुम्हारे देव,
मृदु मन्द पवन तुम्हारा आलाप है,
ये सब हैं सच बातें,
किन्तु फिर भी स्थूल भाव ही है यह,
तत्त्व-वेत्ताओं का प्रसंग यह है नहीं।
सूर्य चन्द्र-तारा-ग्रहमंडल सब,
कोटि-कोटि मंडली-निवास,
धूमकेतु, बिजली की चमक और

विस्तृत अनन्त यह आकाश देखता है मन।
काम-क्रोध-लोभ-मोह आदि,
इस तरंग-लीला का उत्थान जहाँ होता है,
विद्या-अविद्या का स्थान,
जन्म-जरा-जीवन-मरण जैसे
सुख-दुःख-द्वन्द्वों से भरा,
केन्द्र जिसका अहं है,
दोनों भुज-बहि; और अभ्यन्तर,
आसमुद्र आसूर्य-चन्द्रमा,
आतारक अनन्त आकाश,
मन-बुद्धि-चित्त-अहंकार,
देव-यक्ष-मानव-दानव-गण,
पशु-पक्षी-कृमि-कीट आदि,
अणुक-द्व्यणुक-जड़जीव,
उसी समक्षेत्र में हैं विद्यमान।
अति स्थूल ही तो किन्तु यह बाह्य विकास है
केश जैसे मस्तक पर।
मेरुतट पर हिमाच्छादित पर्वत
है योजनों का उसका विस्तार;
निरभ्र नभ में उठे अभ्रभेदी बहु शृंग;
दृष्टि झुलसाती हैं हिमशिलाएँ,
बिजली के प्रकाश से सौगुण बढ़ा है तेज।
उत्तर अयन में
एकीभूत किरणों की हजारों ज्योति-रेखाएँ
कोटि-वज्र-सम-खर कर-धारा जब ढालती हैं,
हर एक शृंग पर
मूर्च्छित हुए से भुवन-भास्कर नजर आते हैं,
गलता हिमशृंग जब टपकता है गुहा में,
घोर नाद करता हुआ
टूट जब पड़ता गिरि,
स्वप्न सम जलबिम्ब जल में मिल जाता है।
मन की सब वृत्तियाँ जब एक ही हो जाती हैं,
कोटि सूर्य से भी बढ़ा
फैलता है चित्प्रकाश,

गल जाते सूर्य-चन्द्र-तारा-दल—
खमंडल-तलातल-पाताल भी,
ब्रह्मांड गोष्पद समान जान पड़ता तब।
बाह्य भूमि के बाहर जाता जब, शान्तधातु होता,
मन निश्छल होता है स्थिर,
तंत्रियाँ हृदय की सब ढीली पड़ जाती हैं,
खुल जाते बन्धनसमूह
और दूर होते माया-मोह,
गूँजता अनाहत नाद सुन्दर तुम्हारा वहाँ,
भक्तिपूर्वक सुनता यह दास
है तत्पर सदा ही
पूर्ण करने को तुम्हारा काम।

"मैं ही विद्यमान हूँ,
प्रलय के समय में
अनन्त ब्रह्मांड ग्रास करके जब
ज्ञान-ज्ञेय जाता मिट जाते हैं,
नामोनिशान नहीं रहते संसार के—
पार करता तर्क की भी सीमा को
नहीं रहते हैं जब सूर्य-चन्द्र-तारा-ग्रह—
वह महा निर्वाण है—
नहीं रह जाता कर्म करण या कारण कुछ,
घोर अन्धकार होता अन्धकार-हृदय में,
(तब) मैं ही विद्यमान हूँ।
दूर होते जगत् के तीनों गुण—
अथवा वे मिल करके शान्त भाव धरते जब
एकाकार होते सूक्ष्म शुद्ध परमाणुकाय,
(तब) मैं ही विद्यमान हूँ।

"मैं विकसित फिर होता हूँ।
मेरी ही शक्ति धरती पहले विकार-रूप।
आदि वाणी प्रणव-ओंकार ही
बजता महाशून्य-पथ में
अनन्त आकाश है सुनता महानाद-ध्वनि

कारणमंडली की निद्रा छूट जाती है,
अनन्त अनन्त परमाणुओं में
प्राण भी आ जाते हैं,
नर्तन-आवर्त औ' उच्छ्वास
बड़ी दूर से
चलते केन्द्र ही की ओर,
चेतन पवन है उठाती ऊर्मिमालाएँ
महाभूत-सिन्धु पर,
परमाणुओं के आवर्त घन विकास और
रंग-भंग-पतन उच्छ्वास-संग
बहती बड़े वेग से हैं वे तरंगराजियाँ
जिनसे अनन्त—हाँ, अनन्त खंड उठे हुए
घात-प्रतिघातों से
शून्यपथ में दौड़ते हैं—
खमंडल बन बनकर,
तारा-ग्रह घूमते हैं,
घूमती यह पृथ्वी भी—मनुष्यों की वास-भूमि।

"आदि कवि मैं ही हूँ,
मेरी ही शक्ति के रचना-कौशल में हैं
जड़ और जीव सारे।
मैं ही खेलता हूँ शक्तिरूपिणी निज माया से।
एक, होता हूँ अनेक
मैं देखने के लिए सब अपने स्वरूपों को।

"आदि कवि मैं ही हूँ,
मेरी ही शक्ति के रचना-कौशल में हैं
जड़ और जीव सारे।
मेरी ही आज्ञा से
बहती इस वेग से झंझा इस पृथ्वी पर,
गरज उठता है मेघ—
अशनि में नाद होता,
मृदु मन्द वायु भी
आती और जाती है
मेरे ही श्वास के ग्रहण और त्याग में;

हिमकर सुख-हिमकर की धारा जब बहती है,
तरु औ' लताएँ हैं ढकतीं धरा की देह,
शिशिर से धुले हुए मुख को उठा करके
ताकते रह जाते हैं
भास्कर को सुमनवन्द!''

पत्रावली

श्री आलासिंगा पेरुमल को लिखित

शिकागो,
2 नवम्बर, 1893

प्रिय आलासिंगा,

कल तुम्हारा पत्र मिला। मुझे खेद है कि मेरी एक क्षणिक कमजोरी के कारण तुम्हें इतना कष्ट हुआ। उस समय मैं खर्चे से तंग था। उसके बाद प्रभु की प्रेरणा से मुझे बहुत से मित्र मिल गए। बोस्टन के निकट एक गाँव में हार्वर्ड विश्वविद्यालय के यूनानी भाषा के प्रोफेसर डॉ. राइट से मेरी जान-पहचान हो गई। उन्होंने मेरे प्रति बहुत सहानुभूति दिखाई और इस बात पर जोर दिया कि मैं धर्म-महासभा में अवश्य जाऊँ, क्योंकि उनके विचार से उसके द्वारा मेरा परिचय सम्पूर्ण अमेरिका से हो जाएगा। चूँकि वहाँ किसी से मेरी जान-पहचान न थी इसलिए प्रोफेसर साहब ने मेरे लिए सब बन्दोबस्त करने का भार अपने ऊपर लिया और उसके बाद मैं फिर शिकागो आ गया। यहाँ धर्म-महासभा में आए हुए पूर्वी और पश्चिमी देशों के प्रतिनिधियों के साथ एक सज्जन के मकान में मेरे ठहरने की व्यवस्था हो गई है।

महासभा के उद्‌घाटन के दिन सुबह हम लोग 'आर्ट पैलेस' नामक एक भवन में एकत्र हुए, जहाँ एक बड़ा और कुछ छोटे-छोटे हॉल सभा के अधिवेशनों के लिए अस्थायी रूप से निर्मित किए गए थे। सभी राष्ट्रों के लोग वहाँ थे। भारत से ब्राह्म समाज के प्रतापचन्द्र मजूमदार थे, बम्बई से नगरकर, जैन धर्म के प्रतिनिधि वीरचन्द गांधी थे, थियोसॉफी के प्रतिनिधि श्रीमती एनी बेसेन्ट तथा चक्रवर्ती थे। इन सबमें मजूमदार मेरे पुराने मित्र थे और चक्रवर्ती मेरे नाम से परिचित थे। शानदार जुलूस के बाद हम सब लोग मंच पर बैठाए गए। कल्पना करो, नीचे एक बड़ा हॉल और ऊपर एक बहुत बड़ी गैलरी, दोनों में छः-सात हजार स्त्री-पुरुष जो इस देश की सर्वोत्कृष्ट संस्कृति के प्रतिनिधि हैं, खचाखच भरे हैं तथा मंच पर संसार की सभी जातियों के बड़े-बड़े विद्वान् एकत्र हैं। और मुझे, जिसने अब तक कभी किसी सार्वजनिक सभा में भाषण नहीं दिया, इस विराट् जन-समुदाय के समक्ष भाषण देना होगा!! उसका उद्‌घाटन बड़े समारोह से संगीत और भाषणों द्वारा हुआ। तदुपरान्त आए हुए प्रतिनिधियों का एक-एक करके परिचय दिया गया और वे सामने आ-आकर अपना भाषण देने लगे।

नि:सन्देह मेरा हृदय धड़क रहा था और जबान प्राय: सूख गई थी। मैं इतना घबराया हुआ था कि सबेरे बोलने की हिम्मत न हुई। मजूमदार की वक्तृता सुन्दर रही। चक्रवर्ती की तो उससे भी सुन्दर। दोनों के भाषणों के समय खूब करतल-ध्वनि हुई। वे सब अपने-अपने भाषण तैयार करके आए थे। मैं अबोध था और बिना किसी प्रकार की तैयारी के था। किन्तु मैं देवी सरस्वती को प्रणाम करके सामने आया और डॉ. बरोज ने मेरा परिचय दिया। मैंने एक छोटा सा भाषण दिया। मैंने इस प्रकार सम्बोधन किया, 'अमेरिकानिवासी बहनो और भाइयो!' इसके बाद ही दो मिनट तक ऐसी घोर करतल-ध्वनि हुई कि कान में अँगुली देते ही बनी। फिर मैंने आरम्भ किया। और जब अपना भाषण समाप्त कर बैठा, तो भावावेग से मानो मैं अवश हो गया था। दूसरे दिन सब समाचार-पत्रों में छपा कि मेरी ही वक्तृता उस दिन सबसे अधिक सफल थी। पूरा अमेरिका मुझे जान गया। महान् टीकाकार श्रीधर ने ठीक ही कहा है, मूकं करोति वाचालं, अर्थात् जिसकी कृपा मूक को भी धाराप्रवाह वक्ता बना देती है, वह प्रभु धन्य है! उस दिन मैं विख्यात हो गया और जिस दिन मैंने हिन्दू धर्म पर अपनी वक्तृता पढ़ी, उस दिन तो हॉल में इतनी अधिक भीड़ थी, जितनी पहले कभी न थी। एक समाचार-पत्र का कुछ अंश उद्धृत करता हूँ—'केवल महिलाएँ ही महिलाएँ, कोने कोने में, जहाँ देखो, वहाँ ठसाठस भरी हुई दिखाई देती थीं। अन्य सब वक्तृताओं के समाप्त होते तब वे किसी प्रकार धैर्य धारण कर विवेकानन्द की वक्तृता की बाट जोहती रहीं', इत्यादि। तुम्हारे पास यदि मैं समाचार-पत्रों की करतनें भेजूँ, तो तुम आश्चर्यचकित हो जाओगे। परन्तु तुम जानते ही हो कि मैं नाम-यश से घृणा करता हूँ। इतना ही कहना पर्याप्त होगा कि जब कभी मैं मंच पर आया, तो बहरा कर देनेवाली करतल-ध्वनि से मेरा स्वागत किया गया। प्राय: सभी पत्रों ने मेरी प्रशंसा के पुल बाँध दिए और उनमें जो बड़े कट्टर थे, उन्हें भी स्वीकार करना पड़ा कि 'यह मनुष्य अपनी सुन्दर आकृति, आकर्षक व्यक्तित्व और आश्चर्यजनक वक्तृत्व के कारण सम्मेलन में सबसे प्रमुख व्यक्ति है'—इत्यादि, इत्यादि। तुम्हें इतना ही जान लेना पर्याप्त होगा कि किसी प्राच्य व्यक्ति ने अमेरिकी समाज पर इतना गहरा प्रभाव इसके पूर्व कभी नहीं डाला।

अमेरिकावासियों की दया का बखान मैं कैसे करूँ? मुझे अब किसी वस्तु का अभाव नहीं। मैं बहुत अच्छी तरह हूँ। यूरोप जाने के लिए आवश्यक धन मुझे यहाँ से मिल जाएगा। इसलिए तुम लोगों को कष्ट सहन कर रुपए भेजने की आवश्यकता नहीं। एक बात पूछनी है—क्या तुम लोगों ने 800 रुपए एक ही साथ भेजे थे? कुक कम्पनी से मुझे केवल 30 पौंड ही मिले हैं। तुमने और महाराज ने अगर अलग-अलग रुपए भेजे हैं, तो अभी तक कुछ रकम मुझे नहीं मिली है। यदि एक साथ ही भेजे हैं, तो एक बार पूछ-ताछ करना। नरसिंहाचार्य नाम का एक युवक हमारे बीच आ उपस्थित हुआ है। पिछले तीन सालों से वह इस शहर में इधर-उधर घूमता रहा। घूमता रहा हो या न हो, वह मुझे अच्छा लगता है। पर यदि तुम उसे जानते हो, तो उसका

पूर्व वृत्तान्त विस्तार के साथ लिखो। वह तुमको जानता है। जिस वर्ष पेरिस में प्रदर्शनी हुई थी, उस वर्ष वह यूरोप आया। ...

मुझे अब कुछ भी अभाव नहीं रहा। शहर के कई अच्छे से अच्छे घरों में मेरा प्रवेश हो गया है। मैं सदैव किसी न किसी का अतिथि होकर रहता हूँ। जैसी जिज्ञासा इस देश के लोगों में है, वैसी अन्यत्र नहीं। प्रत्येक वस्तु का ज्ञान प्राप्त करना इन्हें सदैव अभीष्ट रहता है और इनकी महिलाएँ तो संसार में सबसे अधिक उन्नत हैं। सामान्यत: अमेरिकी पुरुषों की अपेक्षा अमेरिकी महिलाएँ बहुत अधिक सुसंस्कृत हैं। पुरुष तो धन कमाने के लिए आजीवन दासत्व की शृंखला में बँधे रहते हैं, परन्तु नारियाँ अपनी उन्नति के प्रत्येक अवसर से लाभ उठाती हैं। ये लोग बड़े दयालुहृदय और स्पष्टवादी हैं। जिस किसी को अपने किसी सनक का प्रचार करना होता है, वह यहाँ चला आता है और मुझे खेद है कि इनमें से बहुतेरे अधकचरे निकलते हैं। अमेरिकनों में दोष भी हैं और दोष किस जाति में नहीं हैं? परन्तु मेरा निष्कर्ष यह है—एशिया ने सभ्यता की नींव डाली, यूरोप ने पुरुषों की उन्नति की, और अमेरिका महिलाओं और जनसाधारण की उन्नति कर रहा है। यह महिलाओं और श्रमजीवियों का स्वर्ग है। अब अमेरिकी लोक-समाज तथा नारियों की तुलना अपने देश के लोगों से करो—भेद तुरन्त स्पष्ट हो जाएगा। अमेरिकी लोग द्रुत गति से उदारमना होते जा रहे हैं। उनकी तुलना उन 'कट्टर' (यह उन्हीं का शब्द है) ईसाई मिशनरियों से न करो, जो तुम्हें भारतवर्ष में दिखाई देते हैं। यहाँ भी वैसे लोग हैं, पर उनकी संख्या दिनोंदिन तेजी से कम होती जा रही है। और यह महान् राष्ट्र शीघ्रता से उस आध्यात्मिकता की ओर अग्रसर होता जा रहा है, जिसका हिन्दुओं को गौरवपूर्ण अभिमान है।

हिन्दुओं को अपना धर्म छोड़ने की आवश्यकता नहीं। किन्तु उन्हें चाहिए कि धर्म को एक उचित मर्यादा के भीतर सीमित रखें और समाज को उन्नतिशील होने के लिए स्वाधीनता दे दें। भारत के सभी समाज-सुधारकों ने पुरोहितों के अत्याचारों और अवनति का उत्तरदायित्व धर्म के मत्थे मढ़ने की एक भयंकर भूल की और एक अभेद्य गढ़ को ढहाने का प्रयत्न किया। नतीजा क्या हुआ? असफलता! बुद्धदेव से लेकर राममोहन राय तक सबने जाति-भेद को धर्म का एक अंग माना और जाति-भेद के साथ ही धर्म पर भी पूरा आघात किया और असफल रहे। पुरोहितगण चाहे कुछ भी बकें, वर्ण-व्यवस्था केवल एक सामाजिक विधान ही है, जिसका काम हो चुका, अब तो वह भारतीय वायुमंडल में दुर्गन्ध फैलाने के अतिरिक्त कुछ नहीं करती। यह तभी हटेगी, जब लोगों को उनका खोया हुआ सामाजिक व्यक्तित्व पुन: प्राप्त हो जाएगा। इस देश में जन्म लेनेवाला प्रत्येक व्यक्ति अपने को एक 'मनुष्य' समझता है। भारत में जन्म लेनेवाला प्रत्येक व्यक्ति समझता है कि वह समाज का एक दास है। उन्नति का एकमात्र सहायक स्वाधीनता है। उसके अभाव में अवनति अवश्यम्भावी है। देखो, आधुनिक प्रतिस्पर्धा के युग में जाति-भेद अपने आप कैसे नष्ट होता जा

रहा है। उसका नाश करने के लिए किसी धर्म की आवश्यकता नहीं। उत्तर भारत में दुकानदारी, जूतों का धन्धा और शराब बनाने का काम करनेवाले ब्राह्मण देखने में आते हैं। इसका कारण ?—प्रतिद्वन्द्विता। वर्तमान राज-शासन में किसी भी मनुष्य पर इच्छानुसार कोई भी व्यवसाय करने की रोक-टोक नहीं। फलत: जबरदस्त प्रतियोगिता उत्पन्न हो गई है। इस प्रकार हजारों लोग नीचे पड़े रहकर जड़ता प्राप्त होने की जगह उन ऊँचे से ऊँचे पदों को प्राप्त करने के लिए प्रयत्नशील हैं और प्राप्त भी कर रहे हैं, जिनके लिए उन्होंने जन्म ग्रहण किया है।

कम से कम जाड़े भर मुझे इस देश में रहना ही है। फिर यूरोप जाऊँगा। मेरे लिए प्रभु सब प्रबन्ध कर देंगे। तुम उसकी चिन्ता न करो। तुम्हारे प्रेम के लिए कृतज्ञता प्रकट करना मेरे लिए असम्भव है।

प्रतिदिन मुझे ऐसा प्रतीत होता है कि प्रभु मेरे साथ हैं और मैं उनके आदेशानुसार चल रहा हूँ। उनकी इच्छा पूर्ण हो। ...हम लोग संसार के लिए बड़े महत्त्वपूर्ण कार्य करेंगे और वे सब नि:स्वार्थ भाव से किए जाएँगे, नाम अथवा यश के लिए नहीं।

प्रश्न करने का हमें कोई अधिकार नहीं; हमें तो अपना कार्य करते-करते प्राण छोड़ने हैं (Ours not to reason why, ours but to do and die); साहस रखो और इस बात का विश्वास रखो कि प्रभु ने बड़े-बड़े कार्य करने के लिए हम लोगों को चुना है और हम उन्हें करके ही रहेंगे। उसके लिए तैयार रहो, अर्थात् पवित्र, विशुद्ध एवं नि:स्वार्थ—प्रेमसम्पन्न बनो। दरिद्रों, दु:खियों और दलितों से प्रेम करो, प्रभु तुम्हारा कल्याण करेंगे।

रामनाड़ के राजा और अन्य बन्धुओं से प्राय: मिलते रहो और उनसे आग्रह करो कि वे भारत के साधारण लोगों के प्रति सहानुभूति रखें। उन्हें बतलाओ कि वे किस प्रकार गरीबों की गर्दनों पर सवार हैं और यह कि यदि वे पूजा की उन्नति के लिए प्रयत्न न करें, तो वे मनुष्य कहलाने योग्य नहीं। निर्भय हो जाओ। प्रभु तुम्हारे साथ हैं और वे भारत के करोड़ों भूखों और अशिक्षितों का उद्धार करेंगे। यहाँ का रेलवे का कुली तुम्हारे यहाँ के बहुत से युवकों और राजाओं से अधिक सुशिक्षित हैं। जिस शिक्षा की हिन्दू ललनाएँ कल्पना तक न कर सकती होंगी, उससे कहीं अधिक शिक्षा यहाँ प्रत्येक अमेरिकी महिला को प्राप्त है। हमें वैसी शिक्षा क्यों न प्राप्त हो ? वह हमारे लिए आवश्यक है।

अपने को निर्धन मत समझो। धन बल नहीं; साधुता एवं पवित्रता ही बल हैं। आओ, देखो, सारे संसार में यह बात कितनी सही उतरती है।

आशीर्वादक,
विवेकानन्द

पुनश्च—तुम्हारे चाचा का लेख एक अद्‌भुत चीज थी, जो मेरे देखने में आई।

वह तो एक व्यापारी के चिट्ठे की भाँति थी और वह धर्म–महासभा में पढ़े जाने के योग्य नहीं समझा गया। अतएव नरसिंहाचार्य ने उसमें से कुछ उद्धरण एक ओर के एक हॉल में पढ़ सुनाए और किसी ने उसके एक शब्द का भी अर्थ न समझा। उनसे यह बात न कहना। बहुत सा विचार थोड़े शब्दों में व्यक्त करना एक महती कला है। यहाँ तक कि मणिलाल द्विवेदी के लेख में भी बहुत काट–छाँट करनी पड़ी। एक हजार से अधिक निबन्ध पढ़े गए थे और इस प्रकार के व्यर्थ वाग्जाल को सुनने के लिए समय न था। सबके लिए सामान्यत: जो आधे घंटे का समय निश्चित था, उससे भी अधिक समय मुझे मिला था, क्योंकि सर्वप्रिय वक्ता आखिर में बोलने के लिए रखे जाते थे, ताकि श्रोतृमंडली प्रतीक्षा में बैठी रहे। प्रभु उनका कल्याण करें; क्या गजब की सहानुभूति और क्या गजब का धैर्य है उसमें! सुबह दस बजे से लेकर रात के दस बजे तक बैठे रहते थे। बीच में केवल आधे घंटे का अवकाश भोजन के लिए मिलता था। एक–एक करके सभी प्रबन्ध पढ़े गए। उनमें से अधिकांश ही बहुत साधारण थे, पर लोग अपने प्रिय वक्ताओं के लिए धैर्यपूर्वक बाट जोहते रहे।

लंका के धर्मपाल ऐसे ही प्रिय वक्ताओं में से थे। किन्तु दुर्भाग्य से वे सुवक्ता नहीं थे, श्रोताओं के सम्मुख कहने के लिए उनके पास सिर्फ़ मैक्समूलर एवं रिस् डेविड्स की कुछ उक्तियाँ ही थीं। किन्तु वे बहुत ही मधुर स्वभाववाले हैं। महासभा की बैठकों के दिनों में हम दोनों में खूब घनिष्ठता हो गई।

पूना की एक ईसाई महिला कुमारी सोराब जी और जैन प्रतिनिधि श्री गांधी इस देश में ठहरकर जगह–जगह व्याख्यान देंगे। आशा है, वे सफल होंगे। व्याख्यान देना इस देश में एक बड़ा लाभजनक व्यवसाय है और कभी–कभी उससे खूब धन भी प्राप्त होता है। श्री इंगरसोल को प्रति व्याख्यान पाँच सौ से लेकर छ: सौ डालर तक मिलते हैं। इस देश में वे बड़े प्रसिद्ध वक्ता हैं। इस पत्र को प्रकाशित मत करना। पढ़ने के बाद इसे (खेतड़ी के) महाराजा के पास भेज देना। मैंने उनके पास अमेरिका में लिया गया अपना चित्र भेजा है।

वि.

खेतड़ी के लिए महाराज को खत

अमेरिका,
1894

प्रिय महाराज

... संस्कृत के किसी कवि ने कहा है, **न गृहं न गृहमित्याहुर्गृहिणी गृहमुच्यते**— अर्थात् 'ईंट-पत्थर की इमारत से घर नहीं बनता, गृहिणी के होने से बनता है।' यह कितना सत्य है! घर की छत जो गर्मी-जाड़े तथा वर्षा से तुम्हारी रक्षा करती है, उसके गुण-दोषों का विचार उन खम्भों से, जिनके सहारे कि वह खड़ी हुई है, नहीं हो सकता, चाहे वे कितने ही सुन्दर, शिल्पमय 'कोरिन्थियन्' खम्भे क्यों न हों। उसका निर्णय होगा नारी से, जो वास्तविक मर्म-स्तम्भ है, सबका केन्द्र है, घर का वास्तविक अवलम्बन है। उस आदर्श के अनुसार विचार करने पर अमेरिका का पारिवारिक जीवन जगत् के अन्य किसी स्थान के पारिवारिक जीवन से न्यून न होगा।

अमेरिका के पारिवारिक जीवन के सम्बन्ध में मुझे अनेक निरर्थक कहानियाँ सुनने को मिलीं।—जैसे वहाँ स्वाधीनता स्वेच्छाचार तक पहुँच जाती हैं, वहाँ की धर्मवर्जित स्त्रियाँ स्वाधीनता के अपने उन्माद नृत्य में अपने पारिवारिक जीवन की सुख-शान्ति को पददलित कर चूर्ण-विचूर्ण कर देती हैं एवं इसी तरह की और भी सारी बकवास। किन्तु अब एक वर्ष के बाद अमेरिकी परिवार तथा अमेरिका की स्त्रियों के सम्बन्ध में मुझे जो अनुभव प्राप्त हुआ है, उससे यह स्पष्ट प्रतीत हो रहा है कि उक्त प्रकार की धारणाएँ कितनी भ्रान्त तथा निर्मूल हैं। अमेरिकी महिलाओ! सौ जन्म में भी मैं तुमसे उऋण न हो सकूँगा। मेरे पास तुम्हारे प्रति कृतज्ञता प्रकाश करने की भाषा नहीं है। 'प्राच्य अतिशयोक्ति' ही प्राच्यवासी मानवों की कृतज्ञता की गम्भीरता को प्रकट करने की एकमात्र भाषा है : 'यदि समुद्र मसि-पात्र हो, हिमालय पर्वत लेखनी, पृथ्वी पत्र तथा महाकाल स्वयं लेखक, फिर भी तुम्हारे प्रति मेरी कृतज्ञता प्रकट करने में ये सब समर्थ न हो सकेंगे।'[1]

---

1. असितगिरिसमं स्यात् कज्जलं सिन्धुपात्रे।
सुरतरुवरशाखा लेखनी पत्रमूर्वी॥
लिखति यदि गृहीत्वा सारदा सर्वकालम्।
तदपि तब गुणानामीश पारं न याति॥ [शिवमहिम्नस्तोत्र॥ 32॥ पर आधारित।]

गत वर्ष ग्रीष्म में दूर देश से नाम–यश–धन–विद्याविहीन, बन्धुरहित, असहाय दशा में प्राय: खाली हाथ जब मैं एक पारिव्राजक प्रचारक के रूप में इस देश में आया, उस समय अमेरिका की महिलाओं ने ही मेरी सहायता की, मेरे ठहरने तथा भोजन की व्यवस्था की, मुझे अपने घर ले गईं तथा मेरे साथ अपने पुत्र तथा सहोदर जैसा बर्ताव किया। जब उनके पुरोहितों ने इस 'भयानक विधर्मी' को त्याग देने के लिए उन्हें बाध्य करना चाहा, जब उनके सबसे अंतरंग बन्धु 'इस संदिग्ध भयानक चरित्र के अपरिचित विदेशी व्यक्ति' का संग छोड़ने के लिए उपदेश देने लगे, तब भी वे मेरी मित्र बनी रहीं। किन्तु ये महिलाएँ ही मानव–चरित्र तथा मानव–प्रकृति की सच्ची निर्णायिकाएँ हैं—क्योंकि स्वच्छ दर्पण में ही प्रतिबिम्ब स्पष्ट पड़ता है।

कितने ही सुन्दर पारिवारिक जीवन मैंने यहाँ देखे हैं, कितनी ही ऐसी माताओं को देखा है, जिनके निर्मल चरित्र तथा नि:स्वार्थ सन्तान–स्नेह का वर्णन भाषा के द्वारा नहीं किया जा सकता। कितनी दुहिताएँ तथा पवित्र कन्याएँ—देवी डायना के मन्दिर पर की तुषारकणिकाओं के समान पवित्र—तदुपरान्त उनकी वैसी संस्कृति, वैसी शिक्षा और वैसी सर्वोच्च कोटि की आध्यात्मिकता! तब क्या अमेरिका की सभी नारियाँ देवीस्वरूपा हैं ? यह बात नहीं, भले–बुरे सभी स्थानों में होते हैं। किन्तु दुर्बल व्यक्तियों द्वारा, जिन्हें हम दुष्टों के नाम से अभिहित करते हैं, किसी जाति के बारे में किसी प्रकार की धारणा नहीं बनाई जा सकती, क्योंकि वे तो व्यर्थ के कूड़े–करकट की तरह पीछे रह जाते हैं; जो लोग सत्, उदार तथा पवित्र होते हैं, उनके द्वारा ही जातीय जीवन का निर्मल तथा प्रबल प्रवाह सूचित होता है।

किसी सेब के पेड़ तथा उसके फलों के गुण–दोषों का विचार करने के लिए क्या तुम उसके कच्चे, अविकसित तथा कीटग्रस्त फलों का सहारा लोगे, जो धरती पर जहाँ–तहाँ बिखरे हुए पड़े रहते हैं और जो कभी–कभी संख्या में भी अधिक ही होते हैं ? यदि कोई सुपक्व तथा पुष्ट फल मिले, तो उस एक से ही उस सेब के वृक्ष की शक्ति, सम्भावना तथा उद्देश्य का अनुमान किया जाता है, उन असंख्य अपक्व फलों से नहीं।

अमेरिका की आधुनिक महिलाओं के विशाल और उदार मन की मैं प्रशंसा करता हूँ। मैंने इस देश में अनेक उदार पुरुषों को भी देखा है, उनमें से कोई–कोई तो अत्यन्त संकीर्ण मनोवृत्तिवाले सम्प्रदायों के अन्तर्गत हैं। भेद इतना ही है कि पुरुषों के विषय में यह आशंका बनी रहती है कि उदार बनने के लिए वे अपना धर्म, अपनी आध्यात्मिक विशिष्टता खो सकते हैं, परन्तु महिलाएँ कहीं भी भलाई देखती हैं, उसे सहानुभूतिपूर्वक, उदारता से अपने धर्म से तनिक भी विचलित हुए बिना ग्रहण करती हैं। सहज रूप से ही वे यह अनुभव करती हैं कि यह एक भाव का विषय है, अभाव का नहीं, संयोजन का विषय है, वियोग का नहीं। दिनोंदिन वे इस विषय में सचेतन होती जा रही हैं कि हर वस्तु का स्वीकारात्मक व इतिवाचक भाग ही संचित होता रहेगा तथा स्वीकारात्मक व इतिवाचक इन भावों के, और इसलिए प्रकृति की आध्यात्मिक शक्तियों के, संचय

करने का कार्य ही संसार के नेतिवाचक व ध्वंसात्मक तत्त्वों का नाश करता है।

शिकागो का वह विश्व-मेला कितना अद्‌भुत काम था! और वह अद्‌भुत धर्म-महासभा भी, जिसमें पृथ्वी के सभी देशों के लोगों ने एकत्र होकर अपने-अपने विचार व्यक्त किए थे! डॉ. बैरोज तथा श्री बॉनी के अनुग्रह से मुझे भी अपने विचारों को सबके समक्ष रखने का अवसर प्राप्त हुआ था। श्री बॉनी कितने अद्‌भुत व्यक्ति हैं! जरा उनकी कल्पनाशक्ति के बारे में सोचो, जिन्होंने इतने विशाल आयोजन की कल्पना की और उसे सफलतापूर्वक कार्य में परिणत किया! और भी उन्होंने समस्त धर्म-सम्प्रदायों के परिचालकों का नेतृत्व ग्रहण किया था। उसका स्वभाव अत्यन्त मधुर है एवं वे एक विद्वान् तथा धीर व्यक्ति हैं—उनकी हृदयस्थ भावनाओं का प्रकाश उनके उज्ज्वल नेत्रों से ही होता था...!

तुम्हारा,
विवेकानन्द

गुरुभाइयों के लिए लिखित

न्यूयॉर्क,
25 सितम्बर, 1894

कल्याणीय,

तुम लोगों के कई पत्र मिले। शशि आदि जो तहलका मचाए हुए हैं, यह जानकर मुझे बड़ी खुशी होती है। हमें तहलका मचाना ही होगा, इससे कम में किसी तरह नहीं चल सकता। इस तरह सारी दुनिया भर में प्रलय मच जाएगी, वाहे गुरु की फतह! अरे भाई, **श्रेयांसि बहुविघ्नानि**—महान् कार्यों में कितने ही विघ्न आते हैं—उन्हीं विघ्नों की रेल-पेल में आदमी तैयार होता है। चारु को अब मैं समझ गया हूँ। जब वह लड़का था, मैंने उसे देखा था, इसीलिए उसका मतलब नहीं भाँप सका था। उसे मेरा अनेक आशीर्वाद कहना। अरे, मोहन, यह मिशनरी-फिशनरी का काम थोड़े ही है, जो यह धक्का सँभाले? अब मिशनरियों के सार पर मानो विपत्ति आ गई है, जो बड़े-बड़े पादरी बड़ी-बड़ी कोशिशें कर रहे हैं। लेकिन क्या इस 'गिरि गोवर्द्धन' को हिला सकते हैं भला? बड़े-बड़े बह गए, अब क्या वह गड़रिये का काम है, जो थाह ले? यह सब नहीं चलने का भैया, कोई चिन्ता न करना। सभी कामों में एक दल वाहवाही देता है, तो दूसरा नुक्स निकालता है। अपना काम करते जाओ, किसी की बात का जवाब देने से क्या काम? **सत्यमेव जयते नानृतं, सत्येनैव पन्था विततो देवयानः।** (सत्य की ही विजय होती है, मिथ्या की नहीं, सत्य से ही देवयान मार्ग की गति मिलती है।) गुरुप्रसन्न बाबू को एक पत्र लिख रहा हूँ। मोहन, रुपए की फिक्र न करो। धीरे-धीरे सब होगा।

इस देश में ग्रीष्मकाल में सब समुद्र के किनारे चले जाते हैं, मैं भी गया था। यहाँवालों को नाव खेने और 'याट' चलाने का रोग है। 'याट' एक प्रकार का हल्का जहाज होता है और यह यहाँ के लड़के, बूढ़े तथा जिस किसी के पास धन है, उसी के पास है। उसी में पाल लगाकर वे लोग प्रतिदिन समुद्र में डाल देते हैं; और खाने-पीने और नाचने के लिए घर लौटते हैं; और गाना-बजाना तो दिन-रात लगा ही रहता है। पियानो के मारे घर में टिकना मुश्किल हो जाता है।

हाँ, तुम जिन जी.डब्ल्यू. हेल के पते पर चिट्ठियाँ भेजते हो, उनकी भी कुछ

बातें लिखता हूँ। वे वृद्ध हैं और उनकी वृद्धा पत्नी हैं। दो कन्याएँ हैं, दो भतीजियाँ और एक लड़का। लड़का नौकरी करता है, इसलिए उसे दूसरी जगह रहना पड़ता है। लड़कियाँ घर पर रहती हैं। इस देश में लड़की का रिश्ता ही रिश्ता है। लड़के का विवाह होते ही वह और हो जाता है, कन्या के पति को अपनी स्त्री से मिलने के लिए प्राय: उसके बाप के घर जाना पड़ता है। यहाँ वाले कहते हैं—

Son is son till he gets a wife;
The daughter is daughter all her life.[1]

चारों कन्याएँ युवती और अविवाहित हैं। विवाह होना इस देश में महा कठिन काम है। पहले तो, मन के लायक वर हो, दूसरे धन हो! लड़के यारी में तो बड़े पक्के हैं, परन्तु पकड़ में आने के वक्त नौ दो ग्यारह! लड़कियाँ नाच-कूदकर किसी को फँसाने की कोशिश करती हैं, लड़के जाल में पड़ना नहीं चाहते। आखिर इस तरह 'लव' हो जाता है, तब शादी होती है। यह हुई साधारण बात, परन्तु हेल की कन्याएँ रूपवती हैं, बड़े आदमी की कन्याएँ हैं, विश्वविद्यालय की छात्राएँ हैं, नाचने, गाने और पियानो बजाने में अद्वितीय हैं। कितने ही लड़के चक्कर मारते हैं, लेकिन उनकी नजर में नहीं चढ़ते। जान पड़ता है, वे विवाह नहीं करेंगी, तिस पर अब मेरे साथ रहने के कारण महावैराग्य सवार हो गया है। वे इस समय ब्रह्मचिन्ता में लगी रहती हैं।

दोनों कन्याओं के बाल सुनहले हैं, और दोनों भतीजियों के काले। ये 'जूते सीने से चंडी पाठ' तक सब जानती हैं। भतीजियों के पास उतना धन नहीं है, उन्होंने एक किंडरगार्टन स्कूल खोला है, लेकिन कन्याएँ कुछ नहीं कमातीं। कोई किसी के भरोसे नहीं रहता। करोड़पतियों के पुत्र भी रोजगार करते हैं, विवाह करके अलग किराए का मकान लेकर रहते हैं। कन्याएँ मुझे दादा कहती हैं, मैं उनकी माँ को माँ कहता हूँ। मेरा सब सामान उन्हीं के घर में है। मैं कहीं भी जाऊँ, वे उसकी देखभाल करती हैं। यहाँ के सब लड़के बचपन से ही रोजगार में लग जाते हैं और लड़कियाँ विश्वविद्यालय में पढ़ती लिखती हैं, इसलिए यहाँ की सभाओं में 90 फीसदी स्त्रियाँ रहती हैं, उनके आगे लड़कों की दाल नहीं गलती।

इस देश में पिशाच-विद्या के पंडित बहुत हैं। माध्यम (medium) उसे कहते हैं, जो भूत बुलाता है। वह एक पर्दे की आड़ में जाता है और पर्दे के भीतर से भूत निकलते रहते हैं, बड़े-छोटे हर रंग के! मैंने भी कई भूत देखे, परन्तु यह मुझे झाँसा-पट्टी ही जान पड़ती है। और भी कुछ देखने के बाद मैं निश्चित रूप से निर्णय लूँगा। उस विद्या के पंडित मुझ पर बड़ी श्रद्धा रखते हैं।

दूसरा है क्रिश्चियन सायन्स—यह आजकल सबसे बड़ा दल है, सर्वत्र इसका

1. लड़का तभी तक लड़का है, जब तक उसका विवाह नहीं होता, परन्तु कन्या जीवन-भर कन्या ही है।

प्रभाव है। ये खूब फैल रहे हैं और कट्टरतावादियों की छाती में शूल से चुभ रहे हैं। ये वेदान्ती हैं, अर्थात् अद्वैतवाद के कुछ मतों को लेकर उन्हीं को बाइबिल में घुसेड़ दिया है और 'सोऽहम् सोऽहम्' कहकर रोग अच्छा कर देते हैं—मन की शक्ति से। ये सभी मेरा बड़ा आदर करते हैं।

आजकल यहाँ कट्टरपन्थी ईसाई 'त्राहि माम्' मचाए हुए हैं। प्रेतोपासना (devil worship)[1] की अब जड़ सी हिल गई है। वे मुझे यम जैसा देखते हैं। और कहते हैं, "यह पापी कहाँ से टपक पड़ा, देश भर की नर-नारियाँ इसके पीछे लगी फिरती हैं—यह कट्टरपन्थियों की जड़ ही काटना चाहता है।" आग लग गई है भैया, गुरु की कृपा से जो आग लगी है, वह बुझने की नहीं। समय आएगा, जब कट्टरवादियों का दम निकल जाएगा। अपने यहाँ बुलाकर बेचारों ने एक मुसीबत मोल ले ली है, ये अब यह महसूस करने लगे हैं!

थियोसॉफिस्टों का ऐसा कुछ दबदबा नहीं है, किन्तु वे भी कट्टरवादियों के पीछे पड़े हुए हैं।

यह क्रिश्चियन सायन्स ठीक हमारे देश के कर्ताभजा[2] सम्प्रदाय की तरह है। कहो कि रोग नहीं है—बस, अच्छे हो गए, और कहो, 'सोऽहम्'—बस, तुम्हें छुट्टी, खाओ, पियो और मौज करो। यह देश घोर भौतिकवादी है। ये क्रिश्चियन देश के लोग बीमारी अच्छी करो, करामात दिखलाओ, पैसे कमाने का रास्ता बताओ, तब धर्म मानते हैं, इसके सिवा और कुछ नहीं समझते। परन्तु कोई-कोई अच्छे हैं। जितने बदमाश, लुच्चे, पाखंडी, मिशनरी हैं, उन्हें ठगकर पैसे कमाते हैं और इस तरह उनका पाप-मोचन करते हैं। यहाँ के लोगों के लिए मैं एक नए प्रकार का आदमी हूँ। कट्टरतावादियों तक की अक्ल गुम है। और लोग अब मुझे श्रद्धा की दृष्टि से देखने लगे हैं। ब्रह्मचर्य, पवित्रता से बढ़कर क्या और शक्ति है!

मैं इस समय मद्रासियों के अभिनन्दन का, जिसे छापकर यहाँ के समाचार-पत्रवालों ने ऊधम मचा दिया था, जवाब लिखने में लगा हूँ। अगर सस्ते में ही हो जाए, तो छपवाकर भेजूँगा। यदि महँगा होगा, तो टाइप करवाकर भेजूँगा। तुम्हारे पास भी एक कापी भेजूँगा, 'इंडियन मिरर' में छपा देना। इस देश की अविवाहित कन्याएँ बड़ी अच्छी हैं। उनमें आत्म-सम्मान है। ...ये विरोचन के वंशज हैं। शरीर ही इनका धर्म है, उसी को माँजते-धोते हैं, उसी पर सारा ध्यान लगाते हैं। नख काटने के कम से कम हजार औजार हैं, बाल काटने के दस हजार और कपड़े, पोशाक, तेल-फुलेल का तो ठिकाना ही नहीं! ...ये भले आदमी, दयालु और सत्यवादी हैं। सब अच्छा है,

1. प्रेतोपासना : कट्टरपन्थी ईसाई लोग हिन्दू तथा अन्य धर्मावलम्बी लोगों को प्रेतोपासक कहकर घृणा करते हैं।
2. यह पतनशील वैष्णव मत की एक शाखा है। इसके अनुयायी ईश्वर को 'कर्ता' कहते हैं और झाड़-फूँक द्वारा रोग दूर करने के लिए प्रसिद्ध हैं।

परन्तु 'भोग' ही उनके भगवान् हैं, जहाँ धन की नदी, रूप की तरंग, विद्या की विचि, और विलास का जमघट है।

कांक्षन्तः कर्मणां सिद्धिं यजन्त इह देवताः।
क्षिप्रं हि मानुषे लोके सिद्धिर्भवति कर्मजा॥

—'कर्म की सिद्धि की आकांक्षा करके इस लोक में देवताओं का यजन किया जाता है। कर्मजनित सिद्धि मनुष्य लोक में बहुत जल्दी मिलती है।'[1]

यहाँ अद्‌भुत चरित्र, बल और शक्ति का विकास है—कितना बल, कैसी कार्यकुशलता, कैसी ओजस्विता! हाथी जैसे घोड़े बड़े-बड़े मकान जैसी गाड़ियाँ खींच रहे हैं। इस विशालकाय पैमाने को तुम दूसरी चीजों में भी नमूने के तौर पर ले सकते हो। यहाँ महाशक्ति का विकास है—ये सब वाममार्गी हैं। उसी की सिद्धि यहाँ हुई, और क्या है? खैर—इस देश की नारियों को देखकर मेरे तो होश उड़ गए हैं। मुझे बच्चे की तरह घर-बाहर, दुकान-बाजार में लिये फिरती हैं। सब काम करती हैं। मैं उसका चौथाई का चौथाई हिस्सा भी नहीं कर सकता! ये रूप में लक्ष्मी और गुण में सरस्वती हैं—ये साक्षात् जगदम्बा हैं, इनकी पूजा करने से सर्वसिद्धि मिल सकती है। अरे, राम भजो, हम भी भले आदमी हैं? तो निश्चिन्त होकर मर सकूँगा। तभी तुम्हारे देश के आदमी आदमी कहलाने लायक हो सकेंगे। तुम्हारे देश के पुरुष इस देश के नारियों के पास भी आने योग्य नहीं हैं—तुम्हारे देश की नारियों की बात तो अलग रही! हरे, हरे, कितने महापापी हैं! दस साल की कन्या का विवाह कर देते हैं! हे प्रभु! हे प्रभु! किमधिकमिति।

मैं इस देश की महिलाओं को देखकर आश्चर्यचकित हो जाता हूँ। माँ जगदम्बा की यह कैसी कृपा है! ये क्या महिलाएँ हैं? बाप रे! मर्दों को एक कोने में ठूँस देना चाहती हैं। मर्द गोते खा रहे हैं। माँ, तेरी ही कृपा है। गोलाप माँ जैसा कर रही हैं, उससे मैं बहुत प्रसन्न हूँ। गोलाप माँ या गौरी माँ उनको मंत्र क्यों नहीं दे रही हैं? स्त्री-पुरुष-भेद की जड़ नहीं रखूँगा। अरे, आत्मा में भी कहीं लिंग का भेद है? स्त्री और पुरुष का भाव दूर करो, सब आत्मा है। शरीराभिमान छोड़कर खड़े हो जाओ। अस्ति अस्ति कहो, नास्ति नास्ति करके तो देश गया! सोऽहम्, सोऽहम्, शिवोऽहम्। कैसा उत्पात! हरेक आत्मा में अनन्त शक्ति है। अरे अभागे, नहीं-नहीं करके क्या तुम कुत्ता-बिल्ली हो जाओगे? कौन नहीं है? क्या नहीं है? किसके नहीं है? शिवोऽहम् शिवोऽहम्। नहीं-नहीं सुनने पर मेरे सिर पर वज्रपात होता है। राम! राम! बकते-बकते मेरी जान चली गई। यह जो दीन-हीन भाव है, वह एक बीमारी है—क्या यह दीनता है?—यह गुप्त अहंकार है। **न लिंगं धर्मकारणं, समता सर्वभूतेषु एतन्मुक्तस्य लक्षणम्। अस्सि, अस्ति, अस्ति; सोऽहम् सोऽहम्; चिदानन्दरूपः**

1. गीता॥ 4।12॥

शवोऽहम् शिवोऽम्। निर्गच्छति जगज्जालात् पिंजरादिव केसरी।[1] बुजदिली करोगे, तो हमेशा पिसते रहोगे। **नायमात्मा बलहीनेन लभ्यः**।[2] शशि! बुरा मत मानना, कभी-कभी मैं नर्वस हो जाता हूँ। तब दो-चार शब्द कह देता हूँ। तुम तो मुझे जानते ही हो। तुम कट्टर नहीं हो, इसकी मुझे खुशी है। बर्फ़ की चट्टान (avalanche) की तरह दुनिया पर टूट पड़ो—दुनिया चट-चट करके फट जाए—हर हर महादेव! **उद्धरेदात्मनात्मान्**। (अपने ही सहारे अपना उद्धार करना पड़ेगा)।

रामदयाल बाबू ने मुझे एक पत्र लिखा है, और तुलसीराम बाबू का एक पत्र मिला। राजनीति में भाग मत लेना। तुलसीराम बाबू राजनीति विषयक पत्र न लिखें। जनता के आदमी को आवश्यक रूप से शत्रु नहीं बनना चाहिए। ...इस तरह का दिन क्या कभी आएगा कि परोपकार के लिए जान जाएगी। दुनिया बच्चों का खिलवाड़ नहीं है और बड़े आदमी वे हैं, जो अपने हृदय के रक्त से दूसरों का रास्ता तैयार करते हैं—अनन्त काल से यही होता आया है—एक आदमी अपना शरीर पात करके एक सेतु का निर्माण करता है, और हजारों आदमी उसके ऊपर से नदी पार करते हैं। एवमस्तु एवमस्तु, शिवोऽहम्, शिवोऽहम्, शिवोऽम्। रामदयाल बाबू के कथनानुसार सौ फोटोग्राफ भेज दूँगा। वे बेचना चाहते हैं। रुपया मुझे भेजने की आवश्यकता नहीं। उसे मठ को देने को कहो। यहाँ मेरे पास प्रचुर धन है, कोई कमी नहीं!... वह यूरोप-यात्रा तथा पुस्तक-प्रकाशन के लिए है। यह पत्र प्रकाशित न करना।

आशीर्वादक
नरेन्द्र

पुनश्च—

मुझे मालूम होता है कि अब काम ठीक चलेगा। सफलता से ही सफलता मिलती है। शशि! दूसरों में जागृति उत्पन्न करो, यही तुम्हारा काम है। क. विषयक-बुद्धि में बड़ा पक्का है। काली को प्रबन्धक बनाओ। माता जी[3] के लिए एक निवास-स्थान का प्रबन्ध कर सकने पर मैं बहुत कुछ निश्चिन्त हो जाऊँगा। समझे? दो-तीन हजार रुपए तक खरीदने लायक कोई जमीन देखो। जमीन थोड़ी बड़ी होनी चाहिए। पहले कम से कम मिट्टी का मकान तैयार करो, बाद में वहाँ एक भवन निर्मित हो जाएगा। शीघ्र ही जमीन ढूँढ़ो। मुझे पत्र लिखना। कालीकृष्ण बाबू से पूछना कि मैं किस तरह रकम भेजूँ—कुक कम्पनी के द्वारा, किस तरह? यथाशीघ्र यह काम करो। यह होने

1. बाहरी चिह्न धर्म के कारण नहीं हैं। सर्वभूतों में समता रखना ही मुक्त पुरुषों का लक्षण है। (कहो) अस्ति अस्ति, वह मैं ही हूँ, वह मैं ही हूँ, मैं चिदानन्दस्वरूप शिव हूँ। जिस तरह सिंह पिंजरे से निकलता है, उसी तरह जगज्जाल से भी वे निकल पड़ते हैं।
2. दुर्बल मनुष्य इस आत्मा को प्राप्त नहीं कर सकता।
3. श्री रामकृष्ण देव की लीलासहधर्मिणी परमाराध्या श्री माँ सारदा देवी।

पर मैं बहुत कुछ निश्चित हो जाऊँगा। जमीन बड़ी होनी चाहिए, बाकी सब बाद में देखा जाएगा। कलकत्ते के जितने समीप होगी, उतना ही अच्छा। एक बार निवास-स्थान ठीक हो जाने पर माता जी को केन्द्र बनाकर गौरी माँ, गोलाप माँ को भी कार्य की धूम मचा देनी होगी।

यह खुशी की बात है कि मद्रास में खूब तहलका मचा हुआ है।

सुना था, तुम लोग एक मासिक पत्रिका निकालना चाहते हो, उसकी क्या खबर है? सबके साथ मिलना होगा, किसी के पीछे पड़ने से काम नहीं होगा। All the powers of good against all the power of evil. (अशुभ शक्तियों के विरुद्ध शुभ शक्तियों का प्रयोग करना होगा)—असल बात यही है।

विजय बाबू का यथासम्भव आदर-यत्न करना। Do not insist upon everybody's believing in your Guru. हमारे गुरु पर जबरदस्ती विश्वास करने के लिए लोगों से मत कहना। गोलाप माँ को मैं अलग से एक चिट्ठी लिख रहा हूँ, उसे पहुँचा देना। अभी इतना समझ लो—शशि को घर छोड़कर बाहर नहीं जाना है। काली को प्रबन्ध-कार्य देखना है और पत्र-व्यवहार करना है। सारदा, शरत् या काली, इनमें से एक न एक मठ में जरूर रहे। जो बाहर जाएँ, उन्हें चाहिए कि मठ से सहानुभूति रखनेवालों को मठ से सम्पर्क स्थापित करा दें। काली, तुम लोगों को एक मासिक पत्रिका का सम्पादन करना होगा। उसमें आधी बंगला रहेगी, आधी हिन्दी और हो सके तो, एक अंग्रेजी में भी। ग्राहकों को इकट्ठा करने में कितना दिन लगता है? जो मठ से बाहर हैं, उन्हें पत्रिका का ग्राहक बनाने के लिए प्रयत्न करना चाहिए। गुप्त से हिन्दी भाग सँभालने को कहो, नहीं तो हिन्दी में लिखनेवाले बहुत लोग मिल जाएँगे। केवल घूमते रहने से क्या होगा? जहाँ भी जाओ, वहीं तुम्हें एक स्थायी प्रचार-केन्द्र खोलना होगा। तभी व्यक्तियों में परिवर्तन आएगा। मैं एक पुस्तक लिख रहा हूँ। इसके समाप्त होते ही बस, एक ही दौड़ में घर आ जाऊँगा। अब मैं बहुत नर्वस हो गया हूँ। कुछ दिन शान्ति से बैठने की जरूरत है। मद्रासवालों से हमेशा पत्र व्यवहार करते रहना। जगह-जगह संस्कृत पाठशालाएँ खोलने का प्रयत्न करना। शेष भगवान् के ऊपर है। सदा याद रखो कि श्री रामकृष्ण संसार के कल्याण के लिए आए थे—नाम या यश के लिए नहीं। वे जो कुछ सिखाने आए थे, केवल उसी का प्रसार करो। उनके नाम की चिन्ता न करो—वह अपने आप ही होगा। 'हमारे गुरुदेव को मानना ही पड़ेगा,' इस पर जोर देते ही दलबन्दी पैदा होगी और सब सत्यानाश हो जाएगा, इसलिए सावधान! सभी से मधुर भाषण करना, गुस्सा करने से ही सब काम बिगड़ता है। जिसका जो जी चाहे, कहे, अपने विश्वास में दृढ़ रहो—दुनिया तुम्हारे पैरों तले आ जाएगी, चिन्ता मत करो। लोग कहते हैं—"इस पर विश्वास करो।" यही सही रास्ता है। Have faith in yourself, all power is in you—be conscious and bring it out. (अपने पर विश्वास करो—

सब शक्ति तुममें है—इसे जान लो और उसे विकसित करो।) कहो, ''हम सब कुछ कर सकते हैं।'' 'नहीं, नहीं कहने से साँप का विष भी नहीं हो जाता है।' खबरदार, No 'नहीं-नहीं', कहो, 'हाँ हाँ', 'सोऽहम्, सोऽहम्।'

कन्नाम रोदिषि सखे त्वयि सर्वशक्तिः
आमंत्रयस्व भगवन् भगदं स्वरूपम्।

कुमारी अल्बर्टा स्टारगीज को लिखित

19 पश्चिम 38, न्यूयॉर्क,
8 जुलाई, 1895

प्रिय अल्बर्टा,

अवश्य ही तुम अपने संगीत सम्बन्धी अध्ययन में तल्लीन होगी। आशा है, तुमने सरगम के सम्बन्ध में सब कुछ जान लिया है। अब अगली बार मिलने पर मैं तुमसे सप्तकों के सम्बन्ध में कुछ सीखूँगा।

पर्सी में श्री लेगेट के साथ समय बड़े आनन्द में बीता। क्या उन्हें सन्त न कहें?

मुझे विश्वास है कि होलिस्टर भी जर्मनी का खूब आनन्द ले रहा है और आशा है, तुम लोगों में से किसी ने जर्मन शब्दों—विशेषत: sch, tz, tsz से प्रारम्भ होनेवाले शब्दों तथा अन्य मधुर शब्दों के उच्चारण से अपनी जीभी छलनी नहीं की होगी।

मैंने जहाज में लिखा हुआ तुम्हारा पत्र तुम्हारी माता जी को सुना दिया। बहुत सम्भव है कि मैं आगामी सितम्बर में यूरोप जाऊँ। अभी तक मुझे यूरोप जाने का अवसर नहीं मिला। आखिर वह संयुक्त राज्य से बहुत भिन्न न होगा और अब तो मैं इस देश के रहन-सहन और रीति-रिवाज में पूर्ण अभ्यस्त हो चुका हूँ।

पर्सी में हम लोगों ने नाव खेने का बहुत आनन्द उठाया और मैंने नाव खेने की एक-दो बातें सीखीं। कुमारी जो जो की अपनी मधुरता का मूल्य चुकाना पड़ा। क्योंकि मक्खियों और मच्छरों ने उन्हें क्षण भर के लिए भी नहीं छोड़ा। उन्होंने मुझे काफी तरह दी, शायद इसलिए कि वे अति कट्टर सब्बाटेरियन मक्खियाँ थीं और एक गैर-ईसाई को कभी भी स्पर्श नहीं कर सकती थीं। मैं सोचता हूँ पर्सी में मैं फिर बहुत गाने लगा और अवश्य ही इसने उन्हें डरा दिया होगा। भोजपत्र के वृक्ष बड़े सुन्दर थे। मेरे मन में उनकी छाल से पुस्तकें बनाने का विचार आया, जैसा प्राचीन काल में मेरे देश में रिवाज था और तुम्हारी माता जी तथा चाची जी के लिए संस्कृत श्लोकों की रचना की।

अल्बर्टा, मुझे विश्वास है कि तुम शीघ्र ही अति महान् विदुषी नारी बनोगी।

तुम दोनों के लिए प्रेम और आशीर्वाद।

तुम्हारा चिर स्नेही,
स्वामी विवेकानन्द

स्वामी ब्रह्मानन्द को लिखित

ऊँ नमो भगवते रामकृष्णाय

1895

प्राणाधिक,

समाचार-पत्र आदि अब बहुत कुछ इकट्ठे हो चुके हैं, और भेजने की आवश्यकता नहीं है। अब भारत में ही आन्दोलन चलने दो।...

प्रत्येक दिन सनसनी फैलाना कोई विशेष लाभकारक नहीं है। किन्तु यह जो सारे देश में उत्तेजना फैल रही है, इसी के आधार पर तुम लोग चारों ओर फैल जाओ अर्थात् जगह-जगह शाखाएँ स्थापित करने का प्रयत्न करो। मौका खाली न जाने पाए। मद्रासियों से मिलकर जगह-जगह समिति आदि की स्थापना करनी होगी। उस पत्रिका के विषय में क्या हुआ, जो मैंने सुना था कि प्रकाशित होने जा रही है। इसको चलाने में तुम लोग क्यों घबरा रहे हो ? ...आगे बढ़ो। अपनी बहादुरी तो दिखाओ। प्रिय भाई, मुक्ति नहीं मिली, तो यह सही, दो-चार बार नरक ही जाना पड़े, तो हानि ही क्या है ? क्या यह बात असत्य है।

मनसि वचसि काये पुण्यपीयूषपूर्णाः
त्रिभुवनमुपकारश्रेणिभिः प्रीणयन्तः।
परगुणपरमाणुं पर्वतीकृत्य नित्यं
निजहृदि विकसन्तः सन्ति सन्तः कियन्तः ॥[1]

भले ही न हो तुम्हारी मुक्ति। यह कैसी बच्चों की सी बकवास ? राम राम ! 'नहीं हैं', 'नहीं हैं' कहने से साँप का जहर भी उतर जाता है। क्या यह सत्य नहीं है ? 'मैं कुछ नहीं जानता', 'मैं कुछ भी नहीं हूँ'—ये किस प्रकार के वैराग्य और विनय हैं भाई ? यह तो मिथ्या वैराग्य एवं व्यंग्यपूर्ण विनय हैं। इस प्रकार के दीन-हीन भावों को दूर करना होगा। यदि मैं नहीं जानता हूँ, तो और कौन जानता है ? यदि तुम नहीं जानते हो, तो अब तक तुमने क्या किया ? ये सब नास्तिकों की बात है, अभागे आवारों

---

1. ऐसे साधु कितने हैं, जिनके कार्य, मन तथा वाणी पुण्यरूप अमृत से परिपूर्ण हैं और जो विभिन्न उपकारों के द्वारा त्रिभुवन की प्रीति सम्पादन कर दूसरों के परमाणु तुल्य अर्थात् अत्यन्त स्वल्प गुण को भी पर्वतप्रमाण बढ़ाकर अपने हृदयों का विकास साधन करते हैं ॥भर्तृहरि॥

की विनयशीलता है। हम सब कुछ कर सकते हैं और करेंगे; जिनका सौभाग्य है, वे गर्जना करते हुए हमारे साथ निकल आएँगे और जो भाग्यहीन हैं, वे बिल्ली की तरह एक कोने में बैठकर म्याऊँ-म्याऊँ करते रहेंगे। एक महापुरुष लिखते हैं कि 'आन्दोलन बहुत कुछ हो चुका है, और अधिक की क्या आवश्यकता है, अब घर लौटना चाहिए।' मैं तो उनको मर्द तब जानता, जब मेरे रहने के लिए कोई मठ बनवाकर वे मुझे बुलाते। मेरे दस वर्ष के अनुभव ने मुझे पक्का बना दिया है। केवल मात्र बातों से कुछ होने-जाने का नहीं है। जिसके मन में साहस तथा हृदय में प्यार है, वही मेरा साथी बने— मुझे और किसी की आवश्यकता नहीं है। जगन्माता की कृपा से मैं अकेला ही एक लाख के बराबर हूँ तथा स्वयं ही बीस लाख बन जाऊँगा। अब एक कार्य समाप्त होने से मैं निश्चिन्त हो जाता। भाई राखाल, तुम उत्साहपूर्वक उसे कर दो। वह है माता जी के लिए जमीन खरीदना। मेरे पास रुपए-पैसे मौजूद हैं। सिर्फ़ तुम उद्यम के साथ जमीन को देखकर खरीद लेना। जमीन के लिए 3-4 या 5 हजार तक लग जाए, तो कोई हर्ज नहीं है। ...मेरा भारत लौटना अभी अनिश्चित है। मेरे लिए जैसे वहाँ भ्रमण करना, वैसे यहाँ भी है, भेद केवल मात्र इतना ही है कि यहाँ पर पंडितों का संग है, वहाँ मूर्खों का—यही स्वर्ग-नरक का भेद है। यहाँ के लोग मिल-जुलकर कार्य करते हैं और हम लोगों के तमाम कार्यों में तथाकथित वैराग्य यानी आलस्य है, ईर्ष्या आदि के कारण सब कुछ नष्ट-भ्रष्ट हो जाता है।

हरमोहन बीच-बीच में बहुत ही लम्बा-चौड़ा पत्र लिखते हैं, उसका आधा भी मैं नहीं समझ पाता, हालाँकि यह मेरे लिए परम लाभजनक है। क्योंकि उसमें अधिकांश समाचार इस प्रकार के होते हैं कि अमुक व्यक्ति अमुक की दुकान पर बैठकर मेरे विरुद्ध इस प्रकार की बातें बना रहा था, जो उनके लिए असहनीय हो गया एवं इस बात पर उससे उनका झगड़ा हो गया आदि। मेरे पक्ष के समर्थन के लिए उनको अनेक धन्यवाद। किन्तु मुझे कौन क्या कह रहा है, उसे ध्यानपूर्वक सुनने में मुख्य बाधा यही है कि **स्वल्पश्च कालो वहवश्च विघ्नाः।**—'समय अत्यन्त कम है और विघ्न अनेक हैं।'...

एक organised society (संगठित समिति) की आवश्यकता है। शशि घरेलू कार्यों की व्यवस्था करे, रुपया-पैसा तथा बाजार आदि का भार सान्याल सम्हाले तथा शरत् secretary (मंत्री) बने, अर्थात् पत्र-व्यवहार आदि कार्य वह करता रहे। एक स्थायी केन्द्र स्थापित करो, क्यों व्यर्थ के झगड़े में पड़े हुए हो, समझे न? अखबारी प्रकाशन बहुत कुछ हो चुका है, अब तो कुछ करके दिखलाओ। यदि कोई मठ बना सको, तब मैं समझूँगा कि तुम बहादुर हो, नहीं तो कुछ नहीं। मद्रासियों से परामर्श कर कार्य करना, उनमें कार्य करने की बड़ी भारी शक्ति है। इस वर्ष श्री रामकृष्णोत्सव को इस शान के साथ सम्पन्न करो कि एक उदाहरण प्रस्तुत हो सके। भोजनादि का प्रचार जितना ही कम हो सके, उतना ही अच्छा। हाथोंहाथ प्रसाद का वितरण भी हो जाए, तो अच्छा ही है।

श्री रामकृष्ण देव की एक अत्यन्त संक्षिप्त जीवन अंग्रेजी में लिखकर मैं भेज रहा हूँ। उसके बंगानुवाद के साथ उसे छपवाकर महोत्सव में बेचना; मुफ्त वितरण की हुई पुस्तकों को लोग प्राय: नहीं पढ़ते हैं, इसलिए कुछ मूल्य अवश्य रखना चाहिए। खूब धूम-धाम के साथ महोत्सव करना। ...

बुद्धि प्रशस्त होनी चाहिए, तब कहीं कार्य होता है। गाँव अथवा शहर में जहाँ कहीं भी जाओ, श्री परमहंस देव के प्रति श्रद्धासम्पन्न दस व्यक्ति भी जहाँ मिलें, वहीं एक सभा स्थापित करो। गाँवों में जाकर अब तक तुमने क्या किया ? हरि-सभा इत्यादि को धीरे-धीरे स्वाह करना होगा। क्या कहूँ, यदि मुझ जैसा एक भूत और मुझे मिलता ! समय आने पर प्रभु सब कुछ जुटा देंगे। ...यदि शक्ति विद्यमान हैं, तो उसका विकास अवश्य दिखाना होगा। ...मुक्ति-भक्ति की भावना को दूर कर दो। **परोपकाराय हि सतां जीवितं, परार्थ प्राज्ञ उत्सृजेत्**—'साधुओं का जीवन परोपकार के लिए ही है, प्राज्ञ व्यक्तियों को दूसरों के लिए सब कुछ त्याग देना चाहिए।' संसार में यही एकमात्र रास्ता है। तुम्हारी भलाई करने से मेरी भी भलाई है, दूसरा कोई उपाय नहीं है, बिलकुल नहीं है। तुम्हारी भलाई करने से मेरी भी भलाई है, दूसरा कोई उपाय नहीं है, बिलकुल नहीं है। ...तुम भगवान् हो, मैं भगवान् हूँ और मनुष्य भगवान् है। यह वही भगवान् है, जो मानवता के रूप में अभिव्यक्त होकर दुनिया में सब कुछ कर रहा है, फिर क्या भगवान् कहीं अन्यत्र बैठा हुआ है ? अत: कार्य में संलग्न हो जाओ।

शशि (सान्याल) द्वारा लिखित एक पुस्तक विमला ने मुझे भेजी है। उस ग्रन्थ का अध्ययन कर विमला को यह ज्ञान प्राप्त हुआ है कि इस दुनिया में जितने भी लोग हैं, सभी अपवित्र हैं तथा उन लोगों के संस्कार ही इस प्रकार के हैं कि उनसे धर्म का अनुष्ठान हो ही नहीं सकता, केवल मात्र कुछ भारतीय ब्राह्मण लोग ही धर्मानुष्ठान कर सकते हैं। उनमें भी शशि (सान्याल) और विमला चन्द्र-सूर्य-स्वरूप हैं। शाबाश, कितना शक्तिशाली धर्म है ! खासकर बंगाल में इस प्रकार का धर्मानुष्ठान अत्यन्त ही सहज है। ऐसा कोई दूसरा सहज मार्ग ही नहीं है। यही तो जप-तप आदि का सार सिद्धान्त है कि मैं पवित्र हूँ और बाकी सब लोग अपवित्र। यह कितना पैशाचिक, राक्षसी तथा नारकीय धर्म है। यदि अमेरिका के लोग धर्मानुष्ठान नहीं कर सकते, यदि इस देश में धर्म का प्रचार उचित नहीं है, तो फिर इन लोगों से सहायता माँगने की क्या आवश्यकता है ? एक ओर अयाचित-वृत्ति का गुणगान और दूसरी ओर पोथी में ऐसे आक्षेपों की भरमार कि मुझे कोई भी कुछ नहीं देता है। विमला तो इस निर्णय पर पहुँचे हैं कि यदि भारत के लोग शशि (सान्याल) तथा विमला के चरणों पर धनराशि अर्पित नहीं करते, तो इसका अर्थ यह है कि भारत का सर्वनाश होने में विलम्ब नहीं है। क्योंकि शशि बाबू को सूक्ष्म व्याख्या मालूम है और उसे पढ़कर विमला को यह निश्चित रूप से विदित हो चुका है कि उनके सिवाय इस दुनिया में और कोई भी पवित्र नहीं है। इस रोग की दवा क्या है ? शशि बाबू से कहना कि वे मलाबार चले जाएँ।

वहाँ के राजा ने प्रजा से जमीन छीनकर ब्राह्मणों के चरणों में अर्पित की है, गाँव-गाँव में बड़े-बड़े मठ हैं, उत्तम भोजन की व्यवस्था है, साथ में दक्षिणा भी। ...भोग करते समय ब्राह्मणेतर जाति के स्पर्श से कोई दोष नहीं होता—भोग समाप्त होते ही स्नान आवश्यक है, क्योंकि ब्राह्मणेतर जाति तो अपवित्र है, अन्य समय में उसे स्पर्श करने की आवश्यकता भी नहीं है। साधु-संन्यासी तथा ब्राह्मण दुष्टों ने देश को रसातल पहुँचाया है। 'देहि, देहि' की रट लगाना तथा चोरी-बदमाशी करना—किन्तु हैं धर्म के प्रचारक। धन कमाएँगें, सर्वनाश करेंगे, साथ ही यह भी कहेंगे कि हमें न छूना। कितने महान् कार्यों को वे लोग सम्पन्न करते रहे हैं!—यदि आलू से बैगन का स्पर्श हो जाए, तो कितने समय के अन्दर यह ब्रह्मांड रसातल को पहुँच जाएगा? चौदह बार हाथ मिट्टी न करने से पूर्वजों के चौदह पुश्त नरकगामी होते हैं अथवा चौबीस, इन उलझनपूर्ण प्रश्नों की मीमांसा में ये लोग आज दो हजार वर्षों से लगे हुए हैं, जब कि दूसरी ओर one fourth of the people are starving (जनता का एक-चौथाई भाग भूखा मर रहा है)। आठ वर्ष की कन्या के साथ तीस वर्ष के पुरुष का विवाह करके कन्या के पिता-माताओं के आनन्द की सीमा नहीं रहती! ...फिर इस काम में बाधा पहुँचने से वे कहते हैं कि हमारा धर्म ही चला जाएगा! आठ वर्ष की लड़की के गर्भाधान की जो लोग वैज्ञानिक व्याख्या करते हैं, उनका धर्म कहाँ का धर्म है? बहुत से लोग इस प्रथा के लिए मुसलमानों को दोषी ठहराते हैं। वास्तव में क्या, मुसलमान इसके लिए दोषी हैं? सम्पूर्ण गृह्यसूत्रों को तो एक बार पढ़कर देखो, **हस्तात् योनिं न गूहति**—दशा जब तक है, तभी तक कन्या मानी जाती है, इसके पहले ही उसका विवाह कर देना चाहिए। तमाम गृह्यसूत्रों का यही आदेश है।

वैदिक अश्वमेध यज्ञानुष्ठान की ओर ध्यान दो—**तदनन्तरं महिषीं अश्वसन्निधौ पातयेत्**—आदि वाक्य देखने को मिलेंगे। होता, ब्रह्मा, उद्गाता इत्यादि नशे में चूर होकर कितना घृणित आचरण करते थे। अच्छा हुआ कि जानकी के वन-गमन के बाद राम ने अकेले ही अश्वमेध यज्ञ किया, इससे चित्त को बड़ी शान्ति मिली।

समस्त ब्राह्मण ग्रन्थों में इनका उल्लेख विद्यमान है तथा सभी टीकाकारों ने माना है, फिर कैसे अस्वीकार किया जा सकता है।

तात्पर्य यह है कि प्राचीन काल में बहुत सी चीजें अच्छी भी थीं और बुरी भी। उत्तम वस्तुओं की रक्षा करनी होगी, किन्तु Ancient India (प्राचीन भारत) से Future India (भावी भारत) अधिक महत्त्वपूर्ण होगा। जिस दिन श्री रामकृष्ण देव ने जन्म लिया है, उसी दिन से Modern India (वर्तमान भारत) तथा सत्ययुग का आविर्भाव हुआ है। तुम लोग सत्ययुग का उद्घाटन करो और इसी विश्वास को लेकर कार्यक्षेत्र में अवतीर्ण हो।

एक ओर तो तुम श्री रामकृष्ण देव को अवतार बतलाते हो और उसके साथ ही साथ अपने को अज्ञ भी बतलाते हो, यही कारण है कि मैं बिना किसी संकोच के तुम

लोगों को liar (झूठा) कहता हूँ। यदि श्री रामकृष्ण देव सत्य हैं, तो तुम भी सत्य हो। किन्तु तुमको यह प्रमाणित कर दिखाना होगा। ...तुम्हारे अन्दर महाशक्ति विद्यमान है, नास्तिकों में कुछ भी नहीं है। आस्तिक लोग वीर होते हैं। जो महाशक्ति उनमें विद्यमान है, उसका विकास अवश्य होगा और उससे जगत् परिप्लावित हो जाएगा। 'गरीबों का उपकार करना ही दया है'; 'मनुष्य भगवान् है, नारायण है'; 'आत्मा में स्त्री-पुरुष-नपुंसक तथा ब्राह्मण, क्षत्रियादि भेद नहीं है'; 'ब्रह्मादिस्तम्बपर्यन्त सब कुछ नारायण है।' कीट स्वल्प अभिव्यक्त (less manifested) तथा ब्रह्म अधिक अभिव्यक्त (more manifested) है।

'धीरे-धीरे ब्रह्मभाव की अभिव्यक्ति के लिए जिन कार्यों से जीवन को सहायता मिलती है, वे ही अच्छे हैं और जिनके द्वारा उसमें बाधा पहुँचती है, वे बुरे हैं।'

'अपने में ब्रह्मभाव को अभिव्यक्त करने का यही एकमात्र उपाय है कि इस विषय में दूसरों की सहायता करना।'

'यदि स्वभाव में समता न भी हो, तो भी सबको समान सुविधा मिलनी चाहिए। फिर भी यदि किसी को अधिक तथा किसी को कम सुविधा देनी हो, तो बलवान की अपेक्षा दुर्बल को अधिक सुविधा प्रदान करनी आवश्यक है।'

अर्थात् चांडाल के लिए शिक्षा की जितनी आवश्यकता है, उतनी ब्राह्मण के लिए नहीं। यदि किसी ब्राह्मण के पुत्र के लिए एक शिक्षक आवश्यक हो, तो चांडाल के लड़के के लिए दस शिक्षक चाहिए। कारण यह है कि जिसकी बुद्धि की स्वाभाविक प्रखरता प्रकृति के द्वारा नहीं हुई है, उसके लिए अधिक सहायता करनी होगी। चिकने-चुपड़े पर तेल लगाना पागलों का काम है। The poor, the downtrodden, the ignorant, let these be your God. 'दरिद्र, पददलित तथा अज्ञ तुम्हारे ईश्वर बनें।'

तुम्हारे सामने एक भयानक दलदल है—उससे सावधान रहना; सब कोई उस दलदल में फँसकर खत्म हो जाते हैं। वर्तमान हिन्दुओं का धर्म न तो वेद में है और न पुराण में, न भक्ति में है और न मुक्ति में—धर्म तो भात की हाँड़ी में समा चुका है—यही वह दलदल है। वर्तमान हिन्दू धर्म न तो विचार-प्रधान ही है और न ज्ञान-प्रधान, 'मुझे न छूना, मुझे न छूना', इस प्रकार की अस्पृश्यता ही उसका एकमात्र अवलम्बन है, बस इतना ही। इस घोर वामाचाररूप अस्पृश्यता में फँसकर तुम अपने प्राणों से हाथ न धो लेना। **आत्मवत् सर्वभूतेषु,** क्या यह वाक्य केवल मात्र पोथी में निबद्ध रहने के लिए है? जो लोग गरीबों को रोटी का एक टुकड़ा नहीं दे सकते, वे फिर मुक्ति क्या दे सकते हैं? दूसरों के श्वास-प्रश्वासों से जो अपवित्र बन जाते हैं, वे फिर दूसरों को क्या पवित्र बना सकते हैं? अस्पृश्यता is a form of mental disease. (एक प्रकार की मानसिक व्याधि है); उससे सावधान रहना। 'सब प्रकार का विस्तार ही जीवन है और सब प्रकार की संकीर्णता मृत्यु है। जहाँ प्रेम है, वहीं विस्तार है और जहाँ स्वार्थ है, वहीं संकोच। अतः प्रेम ही जीवन का एकमात्र विधान है। जो प्रेम करता

है, वही जीवित है; जो स्वार्थी है, वह मृतक है। अत: प्रेम प्रेम के निमित्त, क्योंकि यह जीवन का वैसा ही एकमात्र विधान है, जैसा जीने के लिए श्वास लेना। निष्काम प्रेम, निष्काम कर्म इत्यादि का यही रहस्य है।' ...यदि हो सके, तो शशि (सान्याल) की कुछ भलाई का प्रयत्न करना। वह अत्यन्त उदार तथा निष्ठावान है, किन्तु उसका हृदय संकीर्ण है। दूसरों के दु:ख में दु:खी होना सबके लिए सम्भव नहीं है। हे प्रभो, अब अवतारों में श्री चैतन्य महाप्रभु श्रेष्ठ हैं, किन्तु उनमें प्रेम की तुलना में ज्ञान का अभाव था, श्री रामकृष्णावतार में ज्ञान, भक्ति तथा प्रेम—तीनों ही विद्यमान हैं। उनमें अनन्त ज्ञान, अनन्त प्रेम, अनन्त कर्म तथा प्राणियों के लिए अनन्त दया है। अभी तक तुम्हें इसका अनुभव नहीं हुआ है। **श्रुत्वाप्येनं वेद न चैव कश्चित्**—'इनके बारे में सुनकर भी कोई-कोई इनको जान नहीं पाते हैं।' 'युग-युगान्त के समग्र हिन्दू जाति के लिए जो चिन्तन का विषय रहा, उन्होंने अपने एक ही जीवन में उसकी उपलब्धि की। उनका जीवन सब जातियों के शास्त्रों का सजीव भाष्यरूप है।' लोगों को धीरे-धीरे इसका पता लगेगा। मेरी तो यही पुरानी वाणी है—Struggle, struggle up to light! Onward! (अपनी पूरी शक्ति के साथ ज्योति की ओर अग्रसर हो।) इति।

दास,

नरेन्द्र

श्री. ई.टी. स्टर्डी को लिखित

न्यूयॉर्क,
अगस्त, 1895

प्रिय स्टर्डी,

यहाँ का काम बड़े ठाट से चल रहा है। जब से मैं आया हूँ, लगातार दो कक्षाएँ प्रतिदिन ले रहा हूँ। कल मैं श्री लेगेट के साथ एक सप्ताह के लिए नगर से बाहर जा रहा हूँ। क्या तुम श्रीमती एन्टॉयनेट स्टलिंग से जो तुम्हारी नामी गायिकाओं में से हैं, परिचित हो? वे इस काम में विशेष रुचि ले रही हैं।

मैंने इस कार्य का लौकिक भाग एक सभा को सौंप दिया है और मैं सभी झंझटों से मुक्त हूँ। मुझमें संगठन की क्षमता नहीं है। उससे मैं बिलकुल टूट जाता हूँ।

... 'नारद-सूत्र' का क्या हुआ? उस पुस्तक की यहाँ अच्छी बिक्री होगी, मुझे विश्वास है। मैंने अब योग-सूत्र हाथ में लिया है। क्रम से एक-एक सूत्र लेकर उनके साथ-साथ भाष्यकारों के मत की आलोचना कर रहा हूँ। ये सभी वार्ताएँ लिख ली जाती हैं और समाप्त होने पर अंग्रेजी में यह पतंजलि का टीका सहित सबसे पूर्ण अनुवाद होगा। निश्चय ही यह कार्य महत्त्वपूर्ण होगा।

शायद टुबनर की दुकान में 'कूर्मपुराण' का एक संस्करण होगा। भाष्यकार विज्ञान भिक्षु इस पुस्तक से निरन्तर उद्धरण देते रहते हैं। मैंने स्वयं कभी इस पुस्तक को नहीं देखा। क्या तुम कृपया कुछ समय निकालकर इस पुस्तक में देख सकोगे कि योग पर उसमें कुछ अध्याय हैं या नहीं? यदि हों, तो क्या कृपा करके एक प्रति मुझे भेज दोगे? क्या 'हठयोग-प्रदीपिका', 'शिव संहिता' तथा और कोई योग पर पुस्तक भी होगी? निःसन्देह मूल ग्रन्थ। वे जैसे ही पहुँचेंगी, मैं उनके लिए रुपया तुमको भेज दूँगा। जॉन डेविस द्वारा लिखी हुई ईश्वर-कृष्ण की 'सांख्यकारिका' की एक प्रति भी भेजना। अभी भारत की डाक के साथ तुम्हारा पत्र मिला। एक आदमी जो तैयार है, वह अस्वस्थ हो गया। दूसरे कहते हैं कि इस प्रकार अकस्मात् वे आ नहीं सकते। अब तक तो निराशा ही दिखाई दे रही है। मुझे दुःख है कि वे लोग न आ सके। क्या किया जा सकता है? भारत में मन्द गति से काम होता है!

रामानुज का मत है कि बद्ध आत्मा या जीव की पूर्णता उसमें अव्यक्त या सूक्ष्म भाव से रहती है। जब इस पूर्णता का पुन: विकास होता है, जीव मुक्त हो जाता है। परन्तु अद्वैतवादी कहता है कि ये दोनों बातें केवल भासित होती हैं। न क्रमसंकोच है, न क्रमविकास। दोनों क्रियाएँ मायारूप हैं, केवल भासमान—परिदृश्यमान अवस्था मात्र।

पहली बात यह है कि आत्मा स्वभावत: ज्ञाता नहीं है। 'सच्चिदानन्द' आत्मा की केवल आंशिक परिभाषा है, 'नेति, नेति' शब्दों द्वारा ही उसके यथार्थ स्वरूप का वर्णन होता है। शापेनहॉवर ने अपना 'इच्छावाद' बौद्धों से ग्रहण किया है। हम लोग वासना, तृष्णा (पाली भाषा में 'तनहा') आदि शब्दों में भी यही भाव ग्रहण करते हैं। हम भी यह स्वीकार करते हैं कि वासना ही सब प्रकार की अभिव्यक्ति का मूल कारण है, और प्रत्येक अभिव्यक्ति उसका विशिष्ट परिणाम है। परन्तु जो कुछ भी 'हेतु' या 'कारण' है, वह ब्रह्म और माया, इन दोनों के सम्मिश्रण से उद्‌भूत होता है। इतना ही नहीं, वरन् 'ज्ञान' भी एक मिश्रित पदार्थ होने के कारण निरपेक्ष अर्थात् ब्रह्म नहीं हो सकता, परन्तु ज्ञात या अज्ञात सब प्रकार की वासना की अपेक्षा यह नि:सन्देह श्रेष्ठ है एवं अद्वितीय ब्रह्म की निकटतम वस्तु है। वह अद्वैत तत्त्व प्रथम ज्ञान एवं उसके पश्चात् इच्छा की समष्टि के रूप में अभिव्यक्त होता है। यदि यह कहा जाए कि वनस्पति 'अचेतन' है या अधिक से अधिक वह 'चैतन्यरहित इच्छा-शक्तियुक्त' है, तो उसका यह उत्तर होगा कि यह 'अचेतन वनस्पति-क्रिया' भी चैतन्य की ही अभिव्यक्ति है, यह चैतन्य उस वनस्पति का भले ही न हो, किन्तु वह उसी विश्वव्यापी चेतन बुद्धिशक्ति की अभिव्यक्ति है, जिसे सांख्य दर्शन में महत् कहते हैं। ''वास्तव-जगत् का सभी कुछ उस 'एषणा' या 'संकल्प' आदि से उद्‌भूत है''—बौद्धों का यह मतवाद अपूर्ण है; क्योंकि, प्रथमत: 'इच्छा' स्वयं ही एक मिश्र पदार्थ है, और द्वितीयत: चेतना या ज्ञान, जो सर्वश्रेष्ठ मिश्र पदार्थ है, वह इच्छा के भी पहले विद्यमान है। ज्ञान ही क्रिया है। प्रथम क्रिया, फिर प्रतिक्रिया। मन पहले अनुभव करता है एवं उसके बाद प्रतिक्रिया के रूप में उसमें संकल्प का उदय होता है। संकल्प मन में रहता है, अत: संकल्प अन्तिम निष्कर्ष है, यह कहना असंगत है। डॉयसन डारविन मतावलम्बियों के हाथ की कठपुतली मात्र है।

परन्तु क्रमविकासवाद के सिद्धान्त का उच्च भौतिक विज्ञान के साथ सामंजस्य स्थापित करना चाहिए, जिसके अनुसार क्रमविकास की प्रत्येक परम्परा के पीछे क्रमसंकोच की क्रिया निहित है। इसलिए 'वासना' या 'संकल्प' के विकास के पूर्व 'महत्' या 'विश्वचेतना' संकुचित अथवा सूक्ष्म भाव से विद्यमान रहती है।

विश्वचेतना या महत्

(Consciousness or Mahat)

अवचेतन (Subconscious)	चेतन (Conscious)	अतिचेतन (superconscious)
चेतनारहित संकल्प या क्रिया (Unconscious will)	यथार्थ चेतन संकल्प (Conscious will proper)	अतिचेतन संकल्प (Superconscious Will)

बिना ज्ञान के संकल्प असम्भव है, क्योंकि इच्छित वस्तु के सम्बन्ध में यदि किसी भी प्रकार का ज्ञान हो, तो इसकी इच्छा का उदय होगा ही कैसे ?

जिस क्षण ज्ञान की चेतन और अवचेतन, दो अवस्थाओं की कल्पना की जाएगी, उसी क्षण आपाततः कठिन ज्ञात होनेवाला यह तत्त्व सरल हो जाएगा। और ऐसा हो भी क्यों नहीं ? यदि संकल्प का हम इस प्रकार विश्लेषण कर सकते हैं, तो उसकी मूल वस्तु का क्यों नहीं कर सकते ?

तुम्हारा,
विवेकानन्द

श्रीमती ओलि बुल को लिखित

सहस्त्रद्वीपोद्यान,
अगस्त, 1895

प्रिय श्रीमती बुल,

...श्री स्टर्डी का, जिनके बारे में मैंने उस दिन आपको लिखा है, और एक पत्र मिला। उसे मैं आपके पास भेज रहा हूँ। सब कुछ मानो पहले ही से अपने आप ठीक हो जा रहा है। श्री लेगेट के आमंत्रण-पत्र के साथ इस पत्र को मिलाकर देखने से क्या यह आपको दैव का बुलावा मालूम नहीं होता है ? मैं तो यही मानता हूँ; अत: उसका अनुसरण कर रहा हूँ। अगस्त के अन्त में श्री लेगेट के साथ मैं पेरिस जा रहा हूँ एवं वहाँ से लन्दन जाऊँगा। ...हेल परिवार से मिलने के लिए मुझे शिकागो जाना है। इसलिए ग्रीनेकर-सम्मेलन में मैं सम्मिलित नहीं हो सका।

मेरे तथा मेरे गुरुभाइयों के कार्यों में आप जितनी सहायता कर सकती हैं, इस समय मैं आपसे उतनी ही सहायता चाहता हूँ। अपने देशवासियों के प्रति मैंने अपना थोड़ा-सा कर्तव्य निभाया है। अब जगत् के लिए—जिससे कि मुझे यह शरीर मिला है, देश के लिए—जिसने कि मुझे यह भावना प्रदान की है तथा मनुष्य-जाति के लिए—जिसमें कि मैं अपनी गणना कर सकता हूँ—कुछ करना है। जितनी ही मेरी उम्र बढ़ रही है, उतना ही मैं 'मनुष्य सब प्राणियों में श्रेष्ठ है'—हिन्दुओं की इस धारणा का तात्पर्य अनुभव कर रहा हूँ। मुसलमान भी यही कहते हैं। अल्लाह ने देवदूतों से आदम को प्रणाम करने के लिए कहा था। इबलीस (Iblis) ने ऐसा नहीं किया, इसलिए वह शैतान (Satan) बना। यह पृथ्वी सब स्वर्गों से ऊँची है—सृष्टि का यही सर्वश्रेष्ठ विद्यालय है। मंगल तथा बृहस्पति ग्रह के लोग हम लोगों की अपेक्षा उच्च श्रेणी के नहीं हैं—क्योंकि वे हमारे साथ किसी प्रकार का सम्बन्ध स्थापित नहीं कर सकते। तथाकथित उच्च श्रेणी के प्राणी अर्थात् मरे हुए लोग अन्य प्रकार के देहधारी मनुष्यों के सिवाय और कुछ नहीं हैं; सूक्ष्म होने पर भी उनके शरीर वास्तव में हस्तपदादिविशिष्ट मनुष्य-शरीर ही हैं और वे इसी पृथ्वी के किसी दूसरे आकाश में रहते हैं तथा एकदम अदृश्य भी नहीं हैं। हम लोगों की तरह ही उनमें चिन्तन-शक्ति, ज्ञान तथा अन्यान्य सब कुछ विद्यमान है। इसलिए वे भी

मनुष्य ही हैं। देवता तथा देवदूतों के बारे में भी यही बात है। किन्तु केवल मनुष्य ही ईश्वर बन सकता है तथा देवादि को पुनः ईश्वरत्व-प्राप्ति के लिए मनुष्य-जन्म धारण करना पड़ेगा। मैक्समूलर का अन्तिम लेख आपको कैसा लगा?

आपका,

विवेकानन्द

कुमारी मेरी हेल को लिखित

एयरली लॉज, रिजवे गार्डन्स
विम्बल्डन, इंग्लैंड,
17 सितम्बर, 1896

प्रिय बहन,

स्विट्जरलैंड में दो महीने तक पर्वतारोहण, पद-यात्रा और हिमनदों का दृश्य देखने के बाद आज लन्दन पहुँचा। इससे मुझे एक लाभ हुआ—शरीर का व्यर्थ का मोटापा छँट गया और वजन कुछ पौंड घट गया। ठीक, किन्तु उसमें भी खैरियत नहीं, क्योंकि इस जन्म में जो ठोस शरीर प्राप्त हुआ है, उसने अनन्त विस्तार की होड़ में मन को मात देने की ठान रखी है। अगर यह रवैया जारी रहा तो मुझे जल्द ही अपने शारीरिक रूप में अपनी व्यक्तिगत पहचान खोनी पड़ेगी—कम-से-कम शेष सारी दुनिया की निगाह में।

हैरियट के पत्र के शुभ संवाद से मुझे जो प्रसन्नता हुई, उसे शब्दों में व्यक्त करना मेरे लिए असम्भव है। मैंने उसे आज पत्र लिखा है। खेद है कि उसके विवाह के अवसर पर मैं न आ सकूँगा, किन्तु समस्त शुभकामनाओं और आशीर्वादों के साथ मैं अपने 'सूक्ष्म शरीर' से उपस्थित रहूँगा। खैर, अपनी प्रसन्नता की पूर्णता के निमित्त मैं तुमसे तथा अन्य बहनों से भी इसी प्रकार के समाचार की अपेक्षा करता हूँ।

इस जीवन में मुझे एक बड़ी नसीहत मिली है, और प्रिय मेरी, मैं अब उसे तुम्हें बताना चाहता हूँ। वह है—'जितना ही ऊँचा तुम्हारा ध्येय होगा, उतना ही अधिक तुम्हें सन्तप्त होना पड़ेगा।' कारण यह है कि 'संसार में' अथवा इस जीवन में भी आदर्श नाम की वस्तु की उपलब्धि नहीं हो सकती। जो संसार में पूर्णता चाहता है, वह पागल है, क्योंकि वह हो नहीं सकती।

ससीम में असीम तुम्हें कैसे मिलेगा? इसलिए मैं तुम्हें बता देना चाहता हूँ कि हैरियट का जीवन अत्यन्त आनन्दमय और सुखमय होगा, क्योंकि वह इतनी कल्पनाशील और भावुक नहीं है कि अपने को मूर्ख बना ले। जीवन को सुमधुर बनाने के लिए उसमें पर्याप्त भावुकता है और जीवन की कठोर गुत्थियों को, जो प्रत्येक के सामने आती ही हैं, सुलझाने के लिए उसमें काफी समझदारी तथा कोमलता भी है।

उससे भी अधिक मात्रा में वे ही गुण मैककिंडले में भी हैं। वह ऐसी लड़की है जो सर्वोत्तम पत्नी होने लायक है, पर यह दुनिया ऐसे मूढ़ों की खान है कि इने-गिने लोग ही आन्तरिक सौन्दर्य परख पाते हैं! जहाँ तक तुम्हारा और आइसाबेल का सवाल है, मैं तुम्हें सच बताऊँगा और मेरी भाषा स्पष्ट है।

मेरी, तुम तो एक बहादुर अरब जैसी हो—शानदार और भव्य। तुम भव्य राजमहिषी बनने योग्य हो—शारीरिक दृष्टि से और मानसिक दृष्टि से भी। तुम किसी तेज-तर्रार, बहादुर और जोखिम उठानेवाले वीर पति की पार्श्ववर्ती बनकर चमक उठोगी; किन्तु प्रिय बहन, पत्नी के रूप में तुम खराब से खराब सिद्ध होगी। सामान्य दुनिया में जो आराम से जीवन व्यतीत करनेवाले, व्यावहारिक तथा कार्य के बोझ से पिसनेवाले पति हुआ करते हैं, उनकी तो तुम जान ही निकाल लोगी। सावधान, बहन, यद्यपि किसी उपन्यास की अपेक्षा वास्तविक जीवन में अधिक रूमानियत है, लेकिन वह है बहुत कम। अतएव तुम्हें मेरी सलाह है कि जब तक तुम अपने आदर्शों को व्यावहारिक स्तर पर न ले आ सको, तब तक हरगिज विवाह मत करना। यदि कर लिया तो दोनों का जीवन दुःखमय होगा। कुछ ही महीनों में सामान्य कोटि के उत्तम, भले युवक के प्रति तुम अपना सारा आदर खो बैठोगी और तब जीवन नीरस हो जाएगा। बहन आइसाबेल का स्वभाव भी तुम्हारे ही जैसा है। अन्तर इतना ही है कि किंडरगार्टन की अध्यापिका होने के नाते उसने धैर्य और सहिष्णुता का अच्छा पाठ सीख लिया है। सम्भवतः वह अच्छी पत्नी बनेगी।

दुनिया में दो तरह के लोग हैं। एक कोटि तो उन लोगों की है जो दृढ़ स्नायुओं वाले, शान्त तथा प्रकृति के अनुरूप आचरण करनेवाले होते हैं; वे अधिक कल्पनाशील नहीं होते, फिर भी अच्छे, दयालु, सौम्य आदि होते हैं। दुनिया ऐसे लोगों के लिए ही है—वे ही सुखी रहने के लिए पैदा हुए हैं। दूसरी कोटि उन लोगों की है जिनके स्नायु अधिक तनाव के हैं, जिनमें प्रगाढ़ भावना है, जो अत्यधिक कल्पनाशील हैं, सदा एक क्षण में बहुत ऊँचे चले जाते हैं और दूसरे क्षण नीचे उतर आते हैं—उनके लिए सुख नहीं। प्रथम कोटि के लोगों का सुख-काल प्रायः सम होता है और द्वितीय कोटि के लोगों को हर्ष विषाद के द्वन्द्व में जीवन व्यतीत करना पड़ता है। किन्तु इसी द्वितीय कोटि में ही उन लोगों का आविर्भाव होता है, जिन्हें हम प्रतिभासम्पन्न कहते हैं। इस हाल के सिद्धान्त में कुछ सत्य है कि 'प्रतिभा एक प्रकार का पागलपन है।'

इस कोटि के लोग यदि महान् बनना चाहें तो उन्हें वारे-न्यारे की लड़ाई लड़नी होगी—युद्ध के लिए मैदान साफ करना पड़ेगा। कोई बोझ नहीं—न जोरू न जाँता, न बच्चे और न किसी वस्तु के प्रति आवश्यकता से अधिक आसक्ति। अनुरक्ति केवल एक 'भाव' के प्रति और उसी के निमित्त जीना-मरना। मैं इसी प्रकार का व्यक्ति हूँ। मैंने केवल वेदान्त का भाव ग्रहण किया है और 'युद्ध के लिए मैदान साफ कर लिया है।' तुम और आइसाबेल भी इसी कोटि में हो, परन्तु मैं तुम्हें बता देना चाहता हूँ,

यद्यपि है यह कटु सत्य, कि 'तुम लोग अपना जीवन व्यर्थ चौपट कर रही हो।' या तो तुम लोग एक भाव ग्रहण कर लो, तन्निमित्त मैदान साफ कर लो और जीवन अर्पित कर दो; या सन्तुष्ट एवं व्यावहारिक बनो; आदर्श नीचा करो, विवाह कर लो एवं 'सुखमय जीवन' व्यतीत करो। या तो 'भोग' या 'योग'—सांसारिक सुख भोगो या सब त्यागकर योगी बनो। 'एक साथ दोनों की उपलब्धि किसी को नहीं हो सकती।' अभी या फिर कभी नहीं—शीघ्र चुन लो। कहावत है कि 'जो बहुत सविशेष होता है, उसके हाथ कुछ नहीं लगता।' अब सच्चे दिल से वास्तव में और सदा के लिए कर्म-संग्राम के लिए 'मैदान साफ करने' का संकल्प करो; कुछ भी ले लो, दर्शन या विज्ञान या धर्म अथवा साहित्य कुछ भी ले लो और अपने शेष जीवन के लिए उसी को अपना ईश्वर बना लो। या तो सुख ही लाभ करो या महानता। तुम्हारे और आइसाबेल के प्रति मेरी सहानुभूति नहीं, तुमने इसे चुना है न उसे। मैं तुम्हें सुखी—जैसा कि हैरियट ने ठीक ही चुना है—अथवा 'महान्' देखना चाहता हूँ। भोजन, मद्यपान, शृंगार तथा सामाजिक अल्हड़पन ऐसी वस्तुएँ नहीं कि जीवन को उनके हवाले कर दो—विशेषत: तुम, मेरी। तुम एक उत्कृष्ट मस्तिष्क और योग्यताओं में घुन लगने दे रही हो, जिसके लिए जरा भी कारण नहीं है। तुममें महान् बनने की महत्त्वाकांक्षा होनी चाहिए। मैं जानता हूँ कि तुम मेरी इन कटुक्तियों को समुचित भाव से ग्रहण करोगी, क्योंकि तुम्हें मालूम है कि मैं तुम्हें बहन कहकर जो सम्बोधित करता हूँ, वैसा ही या उससे भी अधिक तुम्हें प्यार करता हूँ। इसे बताने का मेरा बहुत पहले से विचार था और ज्यों-ज्यों अनुभव बढ़ता जा रहा है, त्यों-त्यों इसे बता देने का विचार हो रहा है। हैरियट से जो हर्षमय समाचार मिला, उससे हठात् तुम्हें यह सब कहने को प्रेरित हुआ। तुम्हारे भी विवाहित हो जाने और सुखी होने पर, जहाँ तक इस संसार में सुख सुलभ हो सकता है, मुझे बेहद खुशी होगी, अन्यथा मैं तुम्हारे बारे में यह सुनना पसन्द करूँगा कि तुम महान् कार्य कर रही हो।

जर्मनी में प्रोफेसर डॉयसन से मेरी भेंट मजेदार थी। मुझे विश्वास है कि तुमने सुना होगा कि वे जीवित जर्मन दार्शनिकों में सर्वश्रेष्ठ हैं। हम दोनों साथ ही इंग्लैंड आए और आज साथ ही यहाँ अपने मित्र से मिलने आए, जहाँ इंग्लैंड के प्रवास-काल में मैं ठहरनेवाला हूँ। संस्कृत में वार्तालाप उन्हें अत्यन्त प्रिय है और पाश्चात्य देशों में संस्कृत के विद्वानों में वे ही एक ऐसे व्यक्ति हैं जो उसमें बातचीत कर सकते हैं। वह अभ्यस्त बनना चाहते हैं, इसलिए संस्कृत के सिवा अन्य किसी भाषा में वे मुझसे बातें नहीं करते।

यहाँ मैं अपने मित्रों के बीच आया हूँ, कुछ सप्ताह कार्य करूँगा और तब जाड़ों में भारत वापस लौट जाऊँगा।

तुम्हारा सदैव सस्नेह भाई,
विवेकानन्द

भगिनी निवेदिता को लिखित

अल्मोड़ा,
29 जुलाई, 1897

प्रिय कुमारी नोबल,

श्री स्टर्डी का एक पत्र कल मुझे मिला, जिससे मुझे यह मालूम हुआ कि तुमने भारत आने का, और स्वयं सब चीजों को देखने का विचार मन में ठान लिया है। उसका उत्तर कल मैं दे चुका हूँ, परन्तु मैंने कुमारी सूलर से तुम्हारे इस संकल्प के विषय में जो कुछ सुना उससे यह दूसरा संक्षिप्त पत्र आवश्यक हो गया, और अच्छा है कि मैं तुम्हें सीधे ही लिखूँ।

मैं तुमसे स्पष्ट रूप से कहना चाहता हूँ कि मुझे विश्वास है कि भारत के काम में तुम्हारा भविष्य उज्ज्वल है। आवश्यकता है स्त्री की, पुरुष को नहीं—सच्ची सिंहिनी की जो भारतीयों के लिए, विशेषकर स्त्रियों के लिए काम करे।

भारत अभी तक महान् महिलाओं को उत्पन्न नहीं कर सकता, उसे दूसरे राष्ट्रों से उन्हें उधार लेना पड़ेगा। तुम्हारी शिक्षा, सच्चा भाव, पवित्रता, महान् प्रेम, दृढ़ निश्चय और सबसे अधिक तुम्हारे केल्टिक (celtic) रक्त ने तुमको वैसी ही नारी बनाया है, जिसकी आवश्यकता है।

परन्तु कठिनाइयाँ भी बहुत हैं। यहाँ जो दुःख, कुसंस्कार और दासत्व है, उसकी तुम कल्पना नहीं कर सकतीं। तुम्हें एक अर्द्धनग्न स्त्री-पुरुषों के समूह में रहना होगा, जिनके जाति और पृथकता के विचित्र विचार हैं, जो भय और द्वेष से सफेद चमड़े से दूर रहना चाहते हैं और जिनसे सफेद चमड़ेवाले स्वयं अत्यन्त घृणा करते हैं। दूसरी ओर श्वेत जाति के लोग तुम्हें सनकी समझेंगे और तुम्हारे आचार-व्यवहार को सशंकित दृष्टि से देखते रहेंगे।

फिर यहाँ भयंकर गर्मी पड़ती है; अधिकांश स्थानों में हमारा शीतकाल तुम्हारी गर्मी के समान होता है और दक्षिण में हमेशा आग बरसती रहती है।

नगरों के बाहर विलायती आराम की कोई भी सामग्री नहीं मिल सकती। ये सब बातें होते हुए भी यदि काम करने का साहस करोगी तो हम तुम्हारा स्वागत करेंगे, सौ बार स्वागत करेंगे। मेरे विषय में यह बात है कि जैसे अन्य स्थानों में वैसे ही मैं यहाँ भी कुछ नहीं हूँ, फिर भी जो कुछ मेरा सामर्थ्य होगा, वह तुम्हारी सेवा में लगा दूँगा।

इस कार्यक्षेत्र में प्रवेश करने से पहले तुमको अच्छी तरह विचार कर लेना चाहिए और यदि काम करने के बाद तुम असफल हो जाओगी अथवा अप्रसन्न हो जाओगी तो मैं अपनी ओर से तुमसे प्रतिज्ञा करता हूँ कि चाहे तुम भारत के लिए काम करो या न करो, तुम वेदान्त को त्याग दो या उसमें स्थित रहो, मैं आमरण तुम्हारे साथ हूँ। 'हाथी के दाँत बाहर निकलते हैं, परन्तु अन्दर नहीं जाते।'—इसी तरह मर्द के वचन वापस नहीं फिर सकते। तुमको अपने पैरों पर खड़ा होना चाहिए, और कुमारी मूलर आदि के आश्रित न रहना चाहिए। अपने ढंग की वह एक शिष्ट महिला है, परन्तु दुर्भाग्यवश जब वह बालिका ही थी, तभी से उसके मन में यह बात समा गई है कि वह जन्म से ही एक नेता है और संसार को हिलाने के लिए धन के अतिरिक्त किसी गुण की आवश्यकता नहीं है। यह भाव फिर-फिरकर उसकी इच्छा के विरुद्ध उसके मन में उठता है और थोड़े दिनों में तुम देखोगी कि उसके साथ मिलकर रहना तुम्हारे लिए असम्भव होगा। अब उसका विचार कलकत्ते में एक मकान लेने का है, जहाँ तुम और वह तथा अन्य यूरोपीय या अमरीकी मित्र यदि आकर रहना चाहें तो रह सकें।

उसका विचार शुभ है, परन्तु महन्तिन बनने का उसका संकल्प दो कारणों से कभी सफल न होगा—उसका क्रोधी स्वभाव और अहंकारयुक्त व्यवहार, तथा उसका अत्यन्त अस्थिर मन। बहुतों से मित्रता करना दूर से ही अच्छा रहता है और जो मनुष्य अपने पैरों पर खड़ा होता है, उसका हमेशा भला होता है।

श्रीमती सेवियर नारियों में एक रत्न हैं, ऐसी गुणवती और दयालु। केवल सेवियर दम्पत्ति ऐसे अंग्रेज हैं जो भारतवासियों से घृणा नहीं करते, स्टर्डी की भी गिनती इनमें नहीं है। श्रीमान् और श्रीमती सेवियर दो ही व्यक्ति हैं जो अभिमानपूर्वक हमें उत्साह दिलाने नहीं आए थे, परन्तु उनका अभी कोई निश्चित कार्यक्रम नहीं है। जब तुम आओ तब उन्हें अपने साथ काम में लगाओ। इससे तुमको भी सहायता मिलेगी और उन्हें भी। परन्तु अन्त में अपने पैरों पर ही खड़ा होना परमावश्यक है।

अमेरिका से मैंने यह सुना है कि बोस्टन निवासी मेरी दो मित्र श्रीमती बुल और कुमारी मैक्लिऑड शरद ऋतु में भारत आनेवाली हैं। कुमारी मैक्लिऑड को तुम लन्दन में जानती थीं—वह पेरिस के वस्त्र पहने हुए अमेरिकी युवकी; श्रीमती बुल पचास वर्ष के लगभग हैं और अमेरिका में वे सहानुभूति रखनेवाली मेरी मित्र थीं।

मैं तुमको यह सम्मति दूँगा कि यदि तुम उनके साथ ही आओगी तो यात्रा की क्लान्ति कम हो जाएगी, क्योंकि वे भी यूरोप होते हुए आ रही हैं।

श्री स्टर्डी का बहुत दिनों के बाद पत्र पाकर मुझे हर्ष हुआ। किन्तु वह पत्र रूखा और प्राणहीन था। मालूम होता है कि लन्दन के कार्य के असफल होने से वे निराश हुए।

तुम्हें मेरा अनन्त प्यार।

भगवत्पदाश्रित,
विवेकानन्द

श्री प्रमदादास मित्र को लिखित

ईश्वरो जयति

बराहनगर, कलकत्ता,
17 अगस्त, 1889

पूज्यपाद,

आपने पिछले पत्र में लिखा है कि जब मैं आपको आदरसूचक शब्दों से सम्बोधित करता हूँ, तो आपको बहुत संकोच होता है। किन्तु इसमें मेरा कुछ दोष नहीं। इसका उत्तरदायित्व तो आपके सद्गुणों पर है। मैंने इस पत्र के पूर्व एक पत्र में लिखा था कि आपके सद्गुणों से जो मैं आपकी ओर आकृष्ट होता हूँ, उससे यह प्रतीत होता है कि हमारा और आपका पूर्व जन्म का कुछ सम्बन्ध है। इस सम्बन्ध में मैं एक गृहस्थ और संन्यासी में कोई भेद नहीं मानता और जहाँ कहीं महानता, हृदय की विशालता, मन की पवित्रता एवं शान्ति पाता हूँ, वहाँ मेरा मस्तक श्रद्धा से नत हो जाता है—शान्तिः शान्तिः शान्ति! आजकल जितने लोग संन्यास ग्रहण करते हैं—ऐसे लोग जो वास्तव में मान-सम्मान के भूखे हैं, जीवन-निर्वाह के निमित्त त्याग का दिखावा करते हैं और जो गृहस्थ और संन्यास, इन दोनों के आदर्शों से गिरे हुए होते हैं—उनमें कम से कम एक लाख में एक तो आपके जैसा महात्मा निकले, ऐसी मेरी प्रार्थना है! मेरे जिन ब्राह्मण गुरुभाइयों ने आपके सद्गुणों की चर्चा सुनी है, वे सब आपको सादर प्रणाम करते हैं।

मेरे जिन अनेक प्रश्नों के आपने उत्तर लिख भेजे हैं, उनमें से एक से सम्बन्धित मेरा भ्रम दूर हो गया है। इसके लिए मैं आपका चिर अनुगृहीत रहूँगा। इन प्रश्नों में एक ओर यह था कि, क्या भगवान् शंकराचार्य ने गुण-कर्मानुसार जाति-विभाग पर, जिसका उल्लेख महाभारत इत्यादि पुराणों में हुआ है, अपना स्पष्ट निर्णय दिया है? अगर दिया है, तो वह कहाँ मिलेगा? मुझे इसमें सन्देह नहीं है कि इस देश की प्राचीन रुढ़ि के अनुसार जाति-विभाग जन्म के अनुसार होता आया है और इसमें सन्देह नहीं कि समय-समय पर शूद्रों के साथ उससे भी अधिक अत्याचार किया जाता रहा होगा, जैसा कि स्पार्टा के लोगों ने वहाँ के हेलट्स (अस्पृश्यों) के साथ किया और आज भी अमेरिका में हब्शियों के साथ किया जाता है। मैं तो जाति-पाँति के मामले में किसी

भी वर्ग के प्रति कोई पक्षपात नहीं रखता, क्योंकि मैं जानता हूँ कि यह एक सामाजिक नियम है और गुण एवं कर्म के भेद पर आधारित है। यदि कोई नैष्कर्म्य एवं निर्गुणत्व को प्राप्त करना चाहता है, तो उसे अपने मन में किसी प्रकार का जाति-भेद रखना हानिकर है। इन मामलों में गुरु के प्रसाद से मेरे कुछ निश्चित विचार हैं, परन्तु यदि मैं आपके विचार जान सकूँ, तो मैं उनके आधार पर पहले कुछ मतों की परिपुष्टि कर सकूँगा और शेष का संशोधन। मधुमक्खी के छत्ते को बाँस से बिना कोंचे शहद नहीं टपक सकता। अत: मैं आपसे कुछ प्रश्न और करूँगा। मुझको अज्ञ और बालक समझकर बिना किसी प्रकार का क्रोध किए कृपया यथार्थ उत्तर देंगे।

1. वेदान्त-सूत्र में जिस मुक्ति का वर्णन हुआ है, क्या उसमें और अवधूत गीता तथा अन्य ग्रन्थों में वर्णित निर्वाण में कोई भेद है या नहीं?

2. यदि **जगद्व्यापारवर्जं प्रकरणादसंनिहितत्वाच्च**[1] इस सूत्र के अनुसार किसी को पूर्ण ईश्वरत्व प्राप्त नहीं होता, तो निर्वाण का वास्तव में क्या अर्थ है?

3. यह कहा जाता है कि चैतन्यदेव ने सार्वभौम से पुरी में कहा, "मैं व्यास के सूत्रों को समझता हूँ। वे द्वैतात्मक हैं, परन्तु भाष्यकारों ने उन्हें अद्वैतात्मक बना दिया है। यह बात समझ में नहीं आती।" क्या यह सच है? किंवदन्ती के अनुसार चैतन्यदेव का प्रकाशानन्द सरस्वती से इस विषय पर शास्त्रार्थ हुआ और चैतन्यदेव की विजय हुई। कहते हैं कि चैतन्यदेव द्वारा लिखित एक भाष्य प्रकाशानन्द जी के मठ में था।

4. तंत्र में आचार्य शंकर को प्रच्छन्न बुद्ध (छिपे हुए बुद्ध) कहा गया है। बौद्ध महायान के प्रसिद्ध अन्य 'प्रज्ञापारमिता' में वर्णित सिद्धान्त आचार्य शंकर द्वारा प्रतिपादित वेदान्त मत से बिलकुल मिलता-जुलता है। पंचदशीकार का भी यह कहना है कि 'जिसे हम लोग ब्रह्म कहते हैं, वही तत्त्वत: बौद्धों का शून्य है।' इस सबका क्या अर्थ है?

5. वेदान्त-सूत्रों में वेदों के प्रमाण के विषय में कोई कारण क्यों नहीं दिए गए? पहले तो यह कहा गया है कि वेद परमात्मा के अस्तित्व के प्रमाण हैं और फिर यह बताया गया है कि वेद 'परमात्मा से नि:श्वस्ति है', इसीलिए प्रमाण हैं। अब यह बताइए कि पश्चिमी तर्कशास्त्र के अनुसार यह कथन एक अन्योन्याश्रय दोष (Argument in a circle) के समान दोषपूर्ण है या नहीं?

6. वेदान्त श्रद्धा की अपेक्षा करता है, क्योंकि केवल तर्क से निर्णय नहीं हो सकता। तो फिर शास्त्रार्थ करनेवाले पंडितों ने सांख्य और न्याय की पद्धतियों में थोड़ी-सी भी कमी पाकर उस पर आक्षेपों की इतनी बौछार क्यों की है? हम किसका

1. इस सूत्र के अनुसार सृष्टि, स्थिति और प्रलय, इन तीनों कर्मों का कर्ता केवल ईश्वर है। जो जीव मुक्त हो जाते हैं, उनको यह सामर्थ्य नहीं प्राप्त है, लेकिन, अतिरिक्त सभी दैवी शक्तियाँ प्राप्त हो जाती हैं। सं.

विश्वास करें? जिसे देखिए, वह अपने ही मत के प्रतिपादन के पीछे मतवाला है। यदि व्यास के अनुसार स्वयं महासिद्ध[1] कपिल मुनि ने ही भूल की है, तो कौन कह सकता है कि स्वयं व्यास ने उसकी अपेक्षा बड़ी भूल नहीं की? क्या कपिल वेदों को नहीं समझ सके?

7. न्यायशास्त्र के अनुसार 'शब्द या वेद' (सत्य का प्रमाण) उनकी वाणी है, जो सर्वोच्च पद पर पहुँच चुके हैं या आप्त हैं। इस दृष्टि से ऋषि सर्वज्ञ हैं। तो फिर यह कैसे मानें कि वे 'सूर्य सिद्धान्त' के अनुसार इतने साधारण ज्योतिष-तत्त्वों के ज्ञाता नहीं थे? उनके कथनानुसार पृथ्वी त्रिकोण है और वासुकि नाग के सिर पर रखी है, आदि। इन सब बातों को देखते हुए भी हम यह कैसे मान लें कि उनकी बुद्धि-नौका हमें जन्म-मरण के इस भवसागर के पार पहुँचा देगी?

8. यदि परमात्मा प्राणियों के शुभ-अशुभ कर्मों के अनुसार ही उन्हें जन्म देता है, तो फिर उसकी उपासना से हमें क्या लाभ? नरेशचन्द्र का एक सुन्दर गीत है, जिसमें कहा गया है : 'हे माता, यदि जो कुछ भाग्य में लिखा है, उसका होना अवश्यम्भावी है, तो फिर हम दुर्गा के पवित्र नाम को लेकर प्रार्थना क्यों करें?'

9. माना कि एक ही विषय पर जब अनेक वाक्य एकार्थक हैं, तब उसका एक-दो वाक्यों द्वारा विरोध मान्य नहीं हो सकता। मधुपर्क[2] और इस प्रकार की दूसरी चिर प्रचलित प्रथाओं का अश्वमेध, गोवध, संन्यास, श्राद्ध आदि में मांस-पिंडदान आदि द्वारा क्यों निषेध हो जाता है?

यदि वेद नित्य हैं, तो फिर इन कथाओं में कहाँ तक सत्य है कि 'धर्म की वह विधि द्वापर के लिए है,' और 'यह कलियुग के लिए है' इत्यादि इत्यादि?

10. जिस परमात्मा ने वेदों का निर्माण किया, उसी ने फिर बुद्धावतार धारण कर उनका खंडन किया। इन धर्मादेशों में किसका अनुगमन किया जाए? इनमें से किसको प्रमाणस्वरूप माना जाए? पहले को या बादवाले को?

11. तंत्र कहते हैं कि कलियुग में वेद-मंत्र व्यर्थ हैं। अब भगवान् शिव के भी किस उपदेश का पालन किया जाए?

---

1. सिद्धानां कपिलो मुनिः ॥ गीता ।10 । 26 ॥
वेदान्तसूत्र-भाष्य, 2 । 1 । 1 में शंकर ने वैदिक कपिल और सांख्यकार कपिल के एक होने में सन्देह प्रकट किया है। सं.

2. मधुपर्क एक वैदिक विधि थी, जिसके अनुसार किसी अतिथि के सत्कारार्थ उसके सम्मुख बहुत से सुस्वादु भोज्य पदार्थ, जिनमें गोमांस भी था, रखे जाते थे। जिस वाक्य का स्वामी जी ने उल्लेख किया है, वह अंशतः ऐसे भोजन का निषेध करता है, क्योंकि पूरे वाक्य का अर्थ यह है कि कलियुग में पाँच कर्म निषिद्ध हैं—1. अश्वमेध, 2. गोवध, 3. श्राद्ध में मांस-पिंडदान, 4. संन्यास-ग्रहण और 5. पति के अभाव में देवर के द्वारा पुत्रोत्पादन करना।
अश्वमेध गवालम्भं संन्यासं पलपैतृकम्।
देवरेणसुतोत्पत्तिं कलौ पंचविवर्जयेत्॥

12. व्यास के वेदान्त–सूत्र में यह स्पष्ट कथन है कि वासुदेव संकर्षणादि चतुर्व्यूह उपासना ठीक नहीं। फिर वे ही व्यास भागवत में इसी उपासना के गुणानुवाद गाते हैं। तो क्या व्यास पागल थे ?

इनके अतिरिक्त मेरी और बहुत सी शंकाएँ हैं। उनके समाधान की आशा से मैं भविष्य में उन्हें आपके सम्मुख उपस्थित करूँगा। इस प्रकार के प्रश्न बिना साक्षात् मिले भली प्रकार प्रकट नहीं किए जा सकते और न प्रत्याशित समाधान ही उपलब्ध हो सकता है। अतएव मेरी इच्छा है कि गुरुकृपा से मैं जब निकट भविष्य में आपसे मिलूँगा, उसी समय वे सब प्रश्न करूँगा।

मैंने ऐसा कहते सुना है कि बिना आध्यात्मिक साधना में आन्तरिक प्रगति हुए इन विषयों पर केवल युक्ति आदि के बल से किसी निर्णय पर पहुँचना असम्भव है। पर शुरू में कम से कम कुछ परिभाषा में समाधान तो होना चाहिए।

आपका,

नरेन्द्र